明代山东海防研究

The Research on the Coast Defense of
Shan Dong in Ming Dynasty

张金奎　著

中国社会科学出版社

序

中国海防史研究，长期以来一直是史学界研究相对薄弱的环节，而中国海防史之研究中，又尤以北方海防史研究更为薄弱。北方沿海诸省，山东海防最为冲要，而山东海防史研究迄为空白。张金奎《明代山东海防研究》即为填补此学术空白之力作。

中国历史上有所谓海防之建设，必备两个基本条件，一是国家统一，二是有来自海上侵扰之威胁。舍此二条，则无需海防之谈。中国近代国家之概念，虽晚于西方，但是中国之统一，则为西方国家所不能相比。然此泱泱大国，历来不重海防，自有其历史之原因。我们且观中国之地理，乃是处于欧亚大陆东南临海之大国。其自周、秦以来，国家安全之威胁，皆来自内陆，故其北方防御实为国防之重点，而长期以来尚无来自海上之威胁。故中国之有海防，已是宋、元时期。然宋、元两朝并无来自海上之强大威胁，故海防仍非国防之重点。至明朝以后，海上屡有倭寇之侵扰，末期复有西方殖民者之东来，海防之事，始为所重，故今日研究明朝海防之意义毋庸置疑。

我们今日所见有明一代海防之研究成果，其重点关注者，多为明嘉、隆间的东南倭寇之患，由此渐及东南沿海之防务，而于北方沿海地区海防之研究，尚置阙如。

然明朝自太祖朱元璋建国，即有山东海防之部署，登、莱之设府，即在其时，是以其为海防之要地。顾炎武称："三面负海，利擅鱼盐，僻在东陲，土田狭窄，埆卤半之。自成山以东，通朝鲜诸国，直抵扶桑，一望无际。自沙门岛以北，势控金、辽，宋人于此屯重兵，习水战。而国朝亦设三营：登州营以控北海之险，文登营以控东海之险，而即墨营南望淮安，片帆可至，视二营尤重。若沿海岛屿环抱，可为天造之险，亦为逋逃之薮，利害等也。"（《肇域志》）

其地水城备倭，亦始于洪武之初，即立帅府，有登莱兵备、备倭都司之设。太祖立国之策，实为与民休息，并无对外扩张之意，故其所立海防，仅防海上之倭患而已，而于周边相邻诸国，皆列为不征之国，立为祖训。至成祖迁都北京，山东防务更重。故登州、天津有京师大门、二门之说。

然其后承平日久，且重在北边，而海防渐弛，故迨倭乱之兴，备倭诸臣，无不叹息海防之废坏。晚明以降，不乏有识之士，关注国家之兴衰，探经世之大略，揽形胜、审要害，以为行师立国之本图，兼及山东之海防。尝读王士性《广志绎》，其与客所论山东备倭府立于登州海防诸事，令人拍案太息。

> 余谓客曰："此非山东之所谓备倭也。"曰："祖宗不建府于登州乎？"曰："登州备倭之设，祖宗盖为京师，非为山东也。海上艨艟大舰，乘风而来，仅可抵登郡东面而止，过此而入则海套之元，大舰无顺风直达，欲泊而待风，则岸浅多礁石，难系缆。故论京师，则登州乃大门而天津二门也，安得不于登备之。"曰："然则山东备何地乎？"曰："以山东筹之，则登乃山东东北一隅，犹人家之有后水门也，尚有前堂在。倭从釜山、对马乘东风而来，正对淮口，然淮有督储部府，尚宿重兵，在倭不遽登岸也，其登必从安东、日照，此数百里无兵。然中国之殷瘠夷险，倭必有向导预知之，而泰山香税，外国所艳闻也，则必驰泰安州。既则济宁商店咸在城外，倭必觊之而走济宁。又进则临清大贾所必觊也，而驰临清。掠劫既饱，然后入省城，此山东大厅堂而倭所必由之道也，不备前门而备后门乎？"曰："然则当何备之？"曰："总府立登州，既祖法不可改，当从倭汛议，以关中防秋例处之。登州至安东惟胶州为中，南北救援咸相去五六百里，今遇汛时，当调登州总戎驻胶州，以南援安东、日照、安邱、诸城一带，而北仍不失救援，随遉随发，而调临清参戎于登州坐镇之……汛毕，仍归本镇，是于备京师、山东经权两不失也。"

后论临清非倭所欲袭取之地，及登州防倭坚壁清野之策，文长不录。且遑论其说正确与否，其于海防之忧患，士大夫担当国家责任的精神，跃然纸上。

明朝自中叶以后，人多急功近利，少有事功之追求，观士性所言，尤为感概。因知士大夫之忧国之心，尚未泯灭，而国策所致，故难申其志，悲夫！然明际之海防虽渐于废坏，尚未至其后清朝的败局，清朝闭关之策，终成有海无防之败局，其后尽受列强之欺侮，至今为国人之痛。

今日中国已自立于世界民族之林，虽无意于对外之扩张，却不容任何外人之侵扰，是谓祖宗之领土，不可再有一寸之失。我辈学史之人，虽不能献身于海防，却可以所学而为海防建设之用。金奎此书，即以此心而成之力作。

我与金奎交友多年，其在中国人民大学师从于毛佩琦兄读书之时，我们即已相识。后金奎入历史所工作，再攻读博士学业，即以明代军事为研究方向，著有博士学位论文《明代卫所军户研究》，对于有明一代军事史之研究颇有建树。此次再成《明代山东海防研究》，为其明代军事史研究又一重要成果。

金奎所作，虽以山东海防成书，但不限于山东海防之本身，而系之于明代政治之变动，外交之形势，经济之变化以及军事改革之成败，堪称自宏观而至微观，全方位之研究。所涉既广，更可见作者把握研究主题之能力。

金奎是一位讷于言的书生，他却将满腔热血和多年辛勤研究，尽付于有明一代的军事历史，这仿佛是让我们随同他进入了数百年前的那个时代，与那些在海风摇拽的军旗下的将士们为伍；更让我们看到今日中国之兴起，与今日我国海疆之上悬挂五星红旗劈波斩浪的海军将士们为伍。我想这也是金奎著此书的目的吧？

戚南塘抗倭东南沿海之时，曾经吟道：“封侯非我意，但愿海波平。”封侯自然更非我辈书生之所意，而海波平却实乃中华儿女千百年来之愿望。今日海波未平，吾辈尚须努力！金奎成此厚重之作，为此付出之努力，深深令我钦佩。是为序。

商　传
于城南凉水湾
2015 年 5 月

目　　录

绪论 …………………………………………………………………（1）
第一章　洪武朝海防战略的演变与山东沿海卫所防御体系的建立 …………………………………………………………（6）
第一节　元末明初的中、朝邦交与海防形势 ……………………（8）
第二节　洪武海防战略的转型 ……………………………………（19）
第三节　洪武朝山东沿海的防御体系 ……………………………（45）
第二章　山东海防体系的野战化与战略功能的初步转型 …………（97）
第一节　对日外交的困惑
——兼论倭寇“三角贸易”的形成 ……………………（97）
第二节　永乐朝的海防战略与倭寇问题的“意外”破解 ……（128）
第三节　山东半岛海防建设的新进展 …………………………（148）
第四节　从国防前线到战略预备区的初步转型 ………………（159）
第三章　明中叶山东海防体系的战略预备化 ………………………（172）
第一节　明中叶的海防形势 ……………………………………（172）
第二节　山东海防体系的新变化 ………………………………（197）
第三节　山东海防官兵的全面预备化 …………………………（217）
第四节　山东总督备倭都司主官考述 …………………………（232）
第五节　登州的海船与海运 ……………………………………（258）
第四章　万历援朝背景下的山东海防 ………………………………（270）
第一节　山东沿海的战备部署 …………………………………（270）
第二节　山东半岛：勉为其难的后勤补给基地 ………………（317）
第三节　战争善后过程中的饷粮之争 …………………………（339）
第四节　战后山东沿海的销兵节饷 ……………………………（350）
第五章　明清战争期间的山东海防（上）……………………………（360）
第一节　战争初期的山东海防 …………………………………（360）
第二节　万历、天启之际的海运饷辽 …………………………（372）

第三节 登莱成镇:天启年间的山东海防 …………………… (383)
第六章 明清战争期间的山东海防(下) ………………………… (459)
第一节 袁崇焕总制下的登莱与东江 ………………………… (459)
第二节 从登莱之变到东江撤镇 …………………………… (482)
第三节 山东海防的最后七年 ……………………………… (511)
第四节 弘光朝的错误决策与山东的沦陷 …………………… (528)
第七章 山东海防建设与移民 ………………………………… (551)
第一节 明初海防卫所建设与半岛人口的迁移 ……………… (551)
第二节 枣强裔移民考 …………………………………… (570)
第三节 扑朔迷离的"小云南" ……………………………… (585)
第四节 莱州四川裔移民考 ………………………………… (602)
第五节 近水楼台东海人 …………………………………… (608)
第六节 海禁背景下的辽东移民 …………………………… (614)
余论 …………………………………………………………… (625)
第一节 海防建设与山东沿海的社会发展 …………………… (625)
第二节 山东海防卫所在清代的变革 ………………………… (633)
参考文献 …………………………………………………… (650)
后记 …………………………………………………………… (662)

绪　论

海洋与人类的发展息息相关，我国自古就是一个陆地国土与海洋国土兼具的大国，但因为科技条件的限制以及持续不断的来自北方少数民族的压力，历代中央政权不约而同地把国防中心放在了北部边境，东部广阔的海洋在相当长的时间内充当的是陆地国土的天然屏障角色，而不是作为经略的对象。类似“海者，天之所以限华夷也”① 的言论随处可见。因此，古代中国虽然从春秋时期开始就已经有海军的存在②，但全面的海防建设却迟迟没有提上日程。直到宋元时期，外来势力开始从海上骚扰东南沿海地区③，中央政府才有意识地采取了一些应对措施，但总体上仍处于“头痛医头，脚痛医脚”的状态。完整的海防体系的形成，是在明初。

从19世纪中后期开始，日本和西方列强沆瀣一气，不断侵略我国，长达半个多世纪，而明代的海防主要针对的又是来自日本的倭寇，因而从20世纪初现代明史学科诞生之日起，有关倭寇和海防的研究就是一个热点。据沈登苗统计，截至2005年，中国学者研讨明代倭寇、海防的论著已有上千部（篇）之多④。

---

① 乾隆《沂州府志》卷四《海》。“中国地方志集成丛书”影印本，凤凰出版社2008年版，第63页。

② 司马迁：《史记》卷三二《齐太公世家》载，周敬王三十五年（前485），齐国“鲍子弑悼公，赴于吴。吴王夫差哭于军门外三日，将从海入讨齐。齐人败之，吴师乃去”。中华书局1959年标点本，第1508页。可见，春秋时期的吴国已经有了可以用于海战的海军，而齐国则拥有相应的海防。

③ 《重纂福建通志》卷八六《历代守御》记载，南宋孝宗乾道八年（1172），“岛夷入寇”。《中国海防史》的作者认为这里说到的岛夷，“很可能是指倭寇”。见杨金森、范中义：《中国海防史》（上册），海洋出版社2005年版，第12页。岛夷是否是倭寇姑且不论，可以肯定的是，从南宋时开始，中国沿海已经开始遭遇外来势力的局部侵扰。

④ 沈登苗：《明代倭寇兼及澳门史研究中文论著索引》，《澳门研究》第30期，澳门大学澳门研究中心编辑，2005年10月出版。沈先生的统计范围包括中国内地以及港、澳、台学者。

一 选题缘起

虽然现有研究成果已经很多，但依旧没有覆盖全部话题。就海防而言，明显存在“南热北冷”现象。前辈学者们对东南沿海地区的研究倾注了大量精力，佳作迭出，但对北方沿海，特别是山东沿海的海防建设明显关注不够。

东南沿海地区是明中叶倭寇袭扰的重灾区，率先对这些地区展开研究无可厚非。但海防问题首先是一个军事话题，从军事学角度讲，一个国家的国防建设，总体上至少要分为两大区域，即战略现时区和战略预备区。前者针对的是现实存在的敌人或潜在的假想敌，一旦发生外敌入侵，部署在这类区域内的部队将第一批投入战斗；后者没有现实的敌人或假想敌，它存在的意义在于平时负责人员、物资储备，战时充当第二梯队或预备队。一旦发生大规模的战争，能否取得最后的胜利，往往取决于战略预备区的建设水平，因为它决定了一个国家的战略纵深和所能承受的战争烈度。因此，战略预备区的重要性并不低于战略现时区，甚至更为重要。

从明朝建国伊始，东南沿海地区就不断遭到倭寇的骚扰，这里的海防建设，毫无疑问属于战略现时区的范围。嘉靖年间倭寇问题再度恶化，这里依旧是现时的战场。从宣德到正德，这里虽然没有大规模的战事，但低烈度的冲突仍然时有发生。北方沿海则不同，除了在洪武、永乐年间遭遇过现时的、比较频繁的倭寇骚扰外，在相当长的时期内并不存在现实的敌人。这一现象直到万历援朝之战爆发后才发生改变。即便如此，这里依然没有沦为前线。因而北方沿海，特别是山东沿海的海防建设，其主要目标除了潜在的倭寇假想敌之外，更多的是承担为其他现时战区提供人员补充、后勤补给的任务，在一段时间内甚至被用于漕粮的运输，其战略预备区的色彩体现得非常明显。

军事建设与地方社会必然发生多重的联系，以世袭军户制度为基础的明初军事建设尤其如此。相比之下，战略现时区因为存在现实的战斗任务，军事建设往往是各项工作的中心，军事制度、人员缺乏和当地社会相对平等的交流的空间和时间；战略预备区则相反，因为没有具体的战斗任务甚至战斗准备，军事人员有充分的时间和空间走进地方社会，相关军事制度也有足够的机会“落地”，因此，对战略预备区的研究，更有助于了解明朝政府海防建设的基本思想、具体措置以及对地方社会的实质影响。这也是本书把研究重点放在山东沿海的一个基本出发点。

明代的山东在行政区划上被划分为六个府，其中三个府靠海，自西向东依次为青州府、莱州府和登州府。永乐时重新贯通大运河，山东西部三府，即济南府、兖州府、东昌府都处在大运河的运道上，因而此后在军事上有西三府防河、东三府防海的说法。本书的研究重点也因此落在东部三府。

明代的山东与目前的山东省在行政区划上变化不是很大，海岸线大体一致。山东半岛三面环海，北濒渤海①，东、南面临黄海。山东省的海岸线即以漳卫新河入渤海处为起点，向东蜿蜒到蓬莱岬后进入黄海海域，绕过成山角，转而南下，直到苏、鲁交界处的绣针河口，海岸线全长约 3121 千米，约占全国海岸线总长度的 1/6。这里不仅海域宽阔，而且岛屿众多。据 1994 年有关部门统计，山东省面积在 500 平方米以上的海岛共有 326 个②。这其中，除了渤海南部、滨州近岸大部分海岛属于受自然因素影响较大、状态不稳定的冲淤型沙质岛外，其他海区的岛屿基本上属于受自然因素影响较小的基岩岛③。因此，即便忽略冲淤型沙质岛不计，明朝时期的山东沿海岛屿也在 240 个左右。庙岛群岛是山东沿海最大的岛群，北起北隍城岛，南至南长山岛，扼渤海海峡之咽喉，不仅是渤海与黄海的自然区隔，而且是拱卫京师的重要门户。因为行政区划的关系，明代的山东东部三府分别与渤海和黄海相邻，且都领有数量不等的岛屿。

需要说明的是，黄海是近代以来的称谓，在古代中国，黄海和现在的东海一起被合称为东海。为避免与有关引文出现概念混淆，本书在述及黄海海域时，继续沿用东海的称谓。

另外，海防有广义和狭义之分。狭义的海防单纯指军事上的措置，广义的海防则包括与军事建设相关联的政治、经济、科技、文化等多方面的建设。因为篇幅限制，本书把重点放在军事层面及基于军事建设产生的部分社会史话题。

二　学术史回顾

专门研讨明代山东海防问题的论著比较少。陈懋恒先生出版于 1933 年的《明代倭寇考略》一书较早述及山东。书中用图表形式罗列了山东

① 渤海在古代也曾被称为小海、北海、渤澥等。

② 山东省科学技术委员会：《山东省海岛志·前言》，山东科学技术出版社，1995 年。

③ 山东省科学技术委员会：《山东省海岛研究》第三章第二节“海岛的数量”，山东科学技术出版社 1995 年版，第 19 页。

沿海遭遇倭寇袭扰的情况以及沿海卫戍建置[①]。黄尊严《明代山东倭患考略》[②] 是第一篇专门探讨山东倭寇问题的文章，文中详细整理了倭寇山东的个案，并分析了倭患在不同阶段的特点及变化原因。

对于山东沿海的海防体系建设，王赛时《明代山东的海防体系与军事部署》[③] 一文分析了沿海卫所、登州等三营、军港的设置、任务等问题及解决办法。从 2005 年开始，赵红先后发表了《论明初洪武时期的山东海防》[④]、《论明成祖的海防政策在山东的实践》[⑤]、《论明代山东海防与山东沿海社会的发展》[⑥] 三篇文章，分别探讨了洪武、永乐时期海防建设的过程、优缺点以及对沿海社会发展的影响。初钊兴《明清时期威海地区的驻军——三卫一营考》[⑦]、刘德煜《明代的威海卫》[⑧] 两篇文章就威海卫、成山卫、靖海卫以及文登营的设立时间、规模、实战效果等问题作了初步的分析。刘德强、徐明轩《威海卫与国家“置重在海”》[⑨] 则概要描述了威海卫在元、明、清三代海防及海洋开发中的地位和作用。另外，丁超《明代安东卫城建置年代考》[⑩] 一文对安东卫建城时间做了初步考察。

由即墨市政协教科卫与文体文史委员会等三个单位联合编著的《雄崖所古城》一书[⑪]是笔者目前见到的第一部专门介绍山东海防设施的著作。该书在广泛社会调查的基础上，对雄崖所的历史沿革，城池、要塞建设以及军屯、民俗、逸闻传说等都作了比较具体的介绍。虽然不是严谨的史学著作，但对相关历史问题的研究有很大帮助。

1984 年，辽宁省档案馆公布了 12 份登州卫呈送给时任钦差山东等处总督备倭署都指挥佥事的戚继光的文件[⑫]，为探讨名将戚继光任职山东期间的贡献提供了第一手资料。不久，朱亚非《从历史档案看戚继光在山

---

① 陈懋恒：《明代倭寇考略》之“山东倭祸图”（49—52 页）、“山东沿海卫戍图”（166—167 页），人民出版社 1957 年版。

② 《烟台师范学院学报》1996 年第 3 期。

③ 中国明史学会主编：《明史研究》第九辑，黄山书社 2005 年版。

④ 《烟台大学学报》2005 年第 4 期。

⑤ 《鲁东大学学报》2009 年第 4 期。

⑥ 《泰山学院学报》2009 年第 5 期。

⑦ 《中国甲午战争博物馆馆刊》2008 年第 2 期。

⑧ 《中国甲午战争博物馆馆刊》2006 年第 3 期。

⑨ 《东岳论丛》1999 年第 11 期。

⑩ 《历史研究》2004 年第 2 期。

⑪ 中国文史出版社，2010 年。

⑫ 辽宁省档案馆：《登州卫致戚继光公文选》，《历史档案》1984 年第 2 期。

东的防倭活动》[1]、曲树程《戚继光在登州》[2] 等文章利用这批档案资料的研究成果问世。前者重点分析了戚继光在严肃军纪、整顿卫所领导层、处理民事刑事案件等三个方面的成就；后者综合利用档案及年谱等资料，着重介绍了戚继光自袭职登州卫指挥佥事至升任总督山东备倭都指挥佥事期间的任职情况及成就。

此外，彭勇《从〈广志绎〉看王士性对山东海防的思考》[3]，张一泉、梁秋莉《浅谈王士性的山东海防思想》[4] 两篇文章不约而同地对晚明学者王士性在万历援朝战争爆发后提出的变革山东海防体系的思想作了评述。

总的来说，公开发表的、探讨山东海防建设的专门论著数量非常有限。不过，近几年有不少研究生的学位论文涉及了这个话题，如中国海洋大学邵晴同学的《明代山东半岛海防建置研究——以沿海卫所为中心》[5] 等。前面提到的赵红的三篇文章也与其博士论文《明清时期的山东海防》[6] 有密切的联系。笔者在本书撰写过程中，对他们的成果或多或少都有所借鉴。

另外，在探讨海防建设与地方社会的关系时，还有很多前人的成果值得借鉴。为使行文简洁，对这些成果，笔者将在具体的篇章中作相应的介绍。

---

① 《历史档案》1991 年第 4 期。

② 《山东社会科学》1992 年第 4 期。

③ 《怀化学院学报》2008 年第 12 期。

④ 《考试周刊》2009 年第 20 期。

⑤ 2007 年 6 月通过答辩。

⑥ 2007 年 5 月通过答辩。

第一章　洪武朝海防战略的演变与山东沿海卫所防御体系的建立

公元1318年，日本后醍醐天皇即位，为了让自己的儿子在未来顺利继承天皇大位，他开始向实际控制政权的镰仓幕府发起挑战，日本随即陷入战乱。1333年，镰仓幕府彻底垮掉，但日本的政局并未实现稳定，很快又进入“一天两帝南北京”的南北朝时代，直到1394年室町幕府将军足利义满出任最高廷臣——太政大臣时，日本的政治局势才基本实现稳定。在近百年的内乱中，大批失势的贵族、武士以及生活困苦的农民、渔民、浪人等把目光投向近邻中国和朝鲜。他们结成大小不等的海盗集团，开始肆意骚扰中、朝沿海地区，给两国人民造成了严重的损失，“倭寇”问题由此摆在两国政府和人民面前。

“倭”本是古代中国对日本的称呼，“倭寇”一词最早出现在吉林省集安县保存的高句丽好太王碑上，碑文中提到公元404年倭人进攻高句丽遭遇失败，“倭寇溃散，斩杀无算”①。不过这里的倭寇指的是日本的军队，和后来专指劫掠中、朝沿海的日本海盗集团有明显的区别。

最早使用“倭寇”一词指代日本海盗集团的是朝鲜人。据《高丽史》卷三七记载，1350年，“倭寇固城、竹林、巨济、合浦。千户崔禅、都领梁琯等战，破之。斩获三百余级。倭寇之侵，始此”②。

1350年即庚寅年，故朝鲜君臣都把庚寅年当成倭寇入侵的起始年份。如辛禑王三年（1377），

> 遣判典客寺事安吉祥于日本，请禁贼。书曰：“本国与贵邦为邻，虽隔大海，或时通好。岁自庚寅，海盗始发，扰我岛民，各有损

---

① 《高句丽好太王碑文》，见《会馀录》第五集，亚细亚协会刊印，1933年。

② ［朝鲜］郑麟趾：《高丽史》卷三七《忠定王世家》，庚寅二年二月条，韩国奎章阁图书馆藏本。

伤，甚可怜愍……两国通好，海道安静，在于贵国处之如何耳。”①

庚寅年出现在正式的外交文书中，说明当时的高丽朝野对于倭寇入侵的起始年份并没有不同看法。王氏高丽政权的这一判断被后来的李氏朝鲜政权沿用。太祖丁丑六年（1397），为根除倭寇，李朝政府同样采取了类似前朝的外交行动。当年五月，

> 遣前司宰少监朴仁贵通书于日本对马岛。书曰：“朝鲜国门下左政丞赵浚等寄书日本国对马岛守护李大卿足下……自庚寅以来，贵治及一歧两岛无赖之人相聚为寇，侵略边境……宜熟计利害，讨除罪人，以通和好。”②

其实，在庚寅年以前，朝鲜史籍中已经多次出现倭寇侵扰的记载。如高丽高宗十二年（1225）四月，“倭舩二艘寇庆尚道沿海州县，发兵悉擒之”③。十四年（1227）四月，“倭寇金州，防护别监庐旦发兵捕贼舩二艘，斩三十余级，且献所获兵仗”④。五月，“倭寇熊神县”⑤。同月，“日本国寄书，谢贼船寇边之罪，仍请修好互市”⑥。当年，高丽遣使日本，“时倭贼侵掠州县，国家患之，遣（朴）寅赍牒谕以历世和好，不宜来侵”，结果“日本推检贼倭，诛之，侵掠稍息”⑦。

虽然日本方面对海盗集团做出了一定的处置，但此后仍不时有倭寇骚扰高丽的记载。如元宗四年（1263），“倭寇金州管内熊神县、勿岛，掠诸州县贡舩”⑧，等等。不过从高丽朝野一致把庚寅年定为倭寇入侵的起始年来看，此前的倭寇应该还没有对朝鲜半岛产生致命的影响。

---

① ［朝鲜］郑麟趾：《高丽史》卷一三三《辛禑传一》，丁巳三年六月乙卯条。

② ［朝鲜］《李朝太祖实录》卷十一，丁丑六年五月丁巳条，日本学习院东洋文化研究所昭和二十八年（1953）影印本，第421—422页。

③ ［朝鲜］郑麟趾：《高丽史》卷二二《高宗本纪一》，乙酉十二年四月戊戌条。

④ 同上书，丁亥十四年四月甲午条。

⑤ 同上书，丁亥十四年五月庚戌条。

⑥ 同上书，丁亥十四年五月乙丑条。

⑦ 同上书，丁亥十四年十二月末尾附。

⑧ ［朝鲜］郑麟趾：《高丽史》卷二五《元宗本纪一》，癸亥四年二月癸酉条。

第一节　元末明初的中、朝邦交与海防形势

1350年，倭寇开始对朝鲜半岛造成严重伤害，那么，同时期的中国又是什么样子呢?

一　元朝政府引狼入室

1350年即元顺帝至正十年，此时的大元帝国已经是千疮百孔，积重难返。一年后，刘福通在河南起兵，徐寿辉聚义于湖北，元末农民大起义全面爆发。糟糕的局势不可避免地给倭寇提供了机会。据《元史》卷四六记载，"（至正）二十三年八月丁酉朔，倭人寇蓬州，守将刘暹击败之。自十八年以来，倭人连寇濒海郡县，至是海隅遂安"①。可见，从至正十八年（1358）开始，倭寇已经成为沿海之大患，山东沿海因为地理关系，首罹其害②。

其实在这之前，东南沿海已经出现小股倭寇的踪影。如元武宗至大二年（1309）七月，枢密院奏报："去年日本商船焚掠庆元，官军不能敌。"③ 元朝政府不得不增调兵力防守。尽管如此，"浙东倭奴商舶贸易致乱"的消息仍然不时传来，直到名臣虎都铁木禄到任后，才暂时实现"海陆为之静谧"④。

日本学者井上清在《日本历史》一书中曾说道："自13世纪初开始，九州和濑户内海沿岸富于冒险的武士和名主携带同伙，一方面到中国和朝鲜（高丽）进行和平贸易，同时也伺机变为海盗，掠夺沿岸居民。对方称此为倭寇（入侵的日本人），大为恐怖。"⑤ 从《元史》关于倭寇侵扰浙江沿海的记载来看，这些日本人确实是亦商亦盗，符合井上先生的判断。

与高丽不同，元末的倭寇泛滥还与元朝政府的错误决策有关。

---

① 宋濂等:《元史》卷四六《顺帝本纪九》，中华书局1976年标点本，第964页。

② 根据日本学者后藤秀穗的考证，《元史》卷四六中提到的蓬州并不是广东的蓬州，而是山东的蓬州。见田中健夫著，杨翰球译《倭寇——海上历史》，武汉大学出版社1987年版，第30页。

③ 宋濂等:《元史》卷九九《兵志二・镇戍》，第2548页。

④ 宋濂等:《元史》卷一二二《虎都铁木禄传》，第3005页。

⑤ 天津人民出版社1974年版，上册第166页。

刘福通起义不久即分兵三路开始北伐，其中的中路军一直杀到元上都，然后东向进入辽东，并一度攻入高丽境内。史载，“倭人攻金、复州，杀红军据其州者，即奏遣人往赏赉而抚安之”①。朝鲜半岛东高西低，西部沿海分布着大片平原，是高丽的经济重心。半岛东部、南部适合农耕的平原比较少，因而倭寇入侵高丽虽然是多点开花，但主要密集于西部沿海地区，由此给这里造成的损失也最大。

在西太平洋，有一股强大的海流，即日本暖流，俗称黑潮。黑潮是北太平洋副热带总环流系统中的西部边界流，其主流沿着东亚岛弧流动，也就是沿着日本列岛、朝鲜半岛的西侧流动，直到延伸进入东亚大陆的边缘海，如渤海。在黑潮和夏季风的共同作用下，北上侵扰高丽西、南海岸的倭寇很容易“顺便”进入与高丽毗邻的辽东地区。倭寇袭扰的目的在于劫掠，并没有抢占土地的“大志”，其主动进攻被中路红巾军控制的辽东半岛上的金州和复州，不合常理。唯一合理的解释是他们受雇于人，临时充当了一回雇佣军。而从元朝政府对倭寇不但不打击反而赏赐、安抚来看，元朝政府就是幕后的主使。

元顺帝太子爱猷识理达腊的生母奇氏是高丽人。其族人因而显贵，“三世皆追封王爵”，但因“恃宠骄横”，被高丽恭愍王尽数处死。朝鲜史籍中对此有较为详细的记载。史称，至正十六年时，“奇皇后之族倚后势暴横，后兄、大司徒辙潜通双城官吏赵小生、卓都卿等结为党援，谋逆”②。朝鲜李朝太祖李成桂的先祖李子春奉命平叛，攻破双城。赵小生等流亡中国，并向元廷报信。

此时的元朝已经处在风雨飘摇之中，奇皇后不考虑江山社稷，反而为了一己私利，唆使太子为家族复仇。至正二十三年，昏庸的元顺帝决定废黜恭愍王，另立生活在大都的恭愍王的弟弟塔思帖木儿（高丽史籍中称之为“德兴君”）为王，“以奇族之子三宝奴为元子”③，并派同知枢密院事崔帖木儿（即《高丽史》中的“崔濡”）领兵一万护送塔思帖木儿回国即位。次年正月，“崔濡以元兵一万奉德兴君渡鸭绿江，围义州，都指挥使安遇庆七战却之”④。按照《元史》的记载，一万元兵仅“余十七骑而还”⑤。

---

① 宋濂等:《元史》卷一三九《纽的该传》，第 3363 页。

② ［朝鲜］《李朝太祖实录》卷一《总书》，第 8 页。

③ 宋濂等:《元史》卷一一四《后妃传·完者忽都皇后奇氏》，第 2881 页。

④ ［朝鲜］郑麟趾:《高丽史》卷四十《恭愍王世家三》，甲辰十三年正月丙寅朔条。

⑤ 宋濂等:《元史》卷一一四《后妃传·完者忽都皇后奇氏》，第 2881 页。

需要注意的是，在这次错误干涉属国内政的行动中，元朝政府“并招倭兵，共往纳之”[①]。此时的日本正处在内乱当中，不可能派兵参与元朝的军事行动，这里所说的“倭兵”应该和前文提到的帮助元朝镇压红巾起义的“倭人”一样，是流窜于辽东沿海的日本海盗集团。在海防形势已经十分严峻的情况下，元朝政府为了眼前利益，不惜引狼入室，无疑是雪上加霜。

二 明丽外交一波三折

与前朝不同，在出现大规模农民起义的时候，元朝中央政府并没有倾全力予以不懈的镇压，反而陷入持续的内讧当中，兴起于淮南的朱元璋乘机从容经营江南，先后消灭陈友谅、张士诚等割据群雄，控制了江南财富之区，进而南征北伐，统一全国，建立起大明帝国。

明朝建立后，面临着与前代不同的国防形势。此前，中原政权只要全力应对来自北方草原游牧民族的南下压力，守住了北边，基本就可以实现国泰民安。明朝则不同，除了要应付北方残元势力，在海上，也出现了严重的威胁。如何经营海疆，成为大明君臣面前一道必须破解，而且没有任何前朝成例可以遵循的难题。

元代，因为措置失宜，海上一直不是很平静，“时海上寇起，江淮间游民群聚贩盐，因而劫商旅为盗”[②]，先后涌现出牛大眼、李大瓮、蔡乱头等令元朝政府头疼的海盗团伙。活跃于浙东的方国珍早年也是以“贩盐浮海为业”[③]，后来因为被人诬陷与蔡乱头有往来才“亡入海中”，举起反叛大旗。占据江浙一带的张士诚同样拥有相当的海上力量。朱元璋的大军平定江浙后，张士诚自尽，方国珍投降，但他们的余党大量逃入海中，盘踞海岛，不时登岸骚扰。

张士诚、方国珍起义后，迫于元朝的压力，先后接受招安，并通过海运为元廷提供漕粮。在倭寇不时游弋于中、朝沿海的情况下，其部属不可避免地会和倭寇发生联系。另外，作为元朝的属国，高丽军队曾参与镇压江南义军，并曾在攻占六合城的战斗中充当主力，又“移防淮安路”[④]等

---

① 宋濂等：《元史》卷一一四《后妃传·完者忽都皇后奇氏》，第2881页。

② 刘基：《覆瓿集》卷十二《前江淮都转运盐使宋公政绩记》，见《诚意伯刘先生文集》，中国文史出版社2011年版，第262页。

③ 《明太祖实录》卷八八，洪武七年三月壬辰条，台北中研院史语所1962年校勘影印本，第1560页。

④ ［朝鲜］郑麟趾：《高丽史》卷三八《恭愍王世家一》，乙未四年五月条。

处。与高丽军正面交手过的张士诚、方国珍等出于多种考虑，在接受招安后，不约而同地同高丽政府发生了联系。据《高丽史》记载，方国珍于恭愍王七年（1358）五月率先遣使高丽①，“张士诚、丁文彬遣使献方物”始于次年四月②。此后，不断有两人遣使高丽的记载。由于此前的不断往来，在明朝建立后，张士诚、方国珍的残部很容易和倭寇以及高丽的反明势力纠合在一起。

对于张、方残部与倭寇的结合，明朝人有比较清晰的认识，如《皇明四夷考》中即说“初，方国珍据温、台、处，张士诚据宁、绍、杭、嘉、苏、松、通、泰诸郡，皆在海上。方、张既降灭，诸贼强豪者悉航海，纠岛倭入寇，以故洪武中倭数掠海上”③。但对于其与高丽方面的关系，却没有得到足够的重视。

从恭愍王时期开始，高丽政府即利用元朝内乱的机会，开始向北拓展领土，并曾与元将纳哈出等多次激战。朱元璋称帝后不久，即于当年十二月派遣符宝郎偰斯前往高丽，通报中国改朝换代的消息④。次年四月，偰斯抵达高丽，恭愍王“率百官出迎于崇仁门外”⑤，并于次月停止使用至正年号。按常理，高丽既然接受了明朝的玺书，并停用至正年号，就应该立即奉明朝正朔，使用洪武年号。但洪武年号行用于高丽，却迟至庚戌十九年（1370）七月⑥，与偰斯一行抵达高丽，整整隔了一年零三个月。

高丽王室自古不与外族联姻，但从忠烈王开始，王室开始和蒙古黄金家族通婚，国王因此成为元朝的驸马。因为这种特殊关系的存在，在高丽内部，很多人仍然对元朝有一定的感情。而且此时纳哈出等尚控制着辽东，明朝政府还没有做好进军辽东的准备，强敌在侧，高丽君臣不能不有所顾忌。

洪武元年，盘踞在兰秀山的方国珍残部突然登陆，杀进象山县境。史载：

---

① ［朝鲜］郑麟趾：《高丽史》卷三九《恭愍王世家二》，戊戌七年五月庚子条。

② 同上书，己亥八年四月辛巳条。

③ 郑晓：《皇明四夷考》卷上《日本考》，“中华文史丛书”第三辑，台北华文书局1968年版，第498页。关于方国珍部和倭寇的关系，可参看檀上宽《方国珍海上勢力と元末明初の江浙沿海地域社会》一文，见京都女子大学东洋史研究室编《東アジア海洋域圏の史的研究》，平成十五年（2003），第143—212页。

④ 《明太祖实录》卷三七，洪武元年十二月壬辰条，第749页。

⑤ ［朝鲜］郑麟趾：《高丽史》卷四一《恭愍王世家四》，己酉十八年四月壬辰条、五月辛丑条。

⑥ ［朝鲜］郑麟趾：《高丽史》卷四二《恭愍王世家五》，庚戌十九年七月乙未条。

> 初，方国珍遁入海岛，亡其所受行枢密院印。兰秀山民得之，因聚众为盗。至是，入象山县，执县官，劫掠居民。(县民蒋)公直与王刚甫率县民数百人欲击之，适知县孔立自府计事还，公直等走告立，遂驻兵东禅山。盗来攻，公直乃先伏兵两山间，自领数十人迎战，佯败走，盗追之，伏发，尽擒杀之。①

兰秀山是东海中的一个小岛，和金塘山、长涂山等一样，属于舟山群岛的一部分，当年曾经是方国珍的根据地之一。结合其他史料来看，方国珍残部袭扰内地远不止这一次。洪武二年底，朱元璋封赏众臣，御史大夫汤和因回师时“不申明号令，以致兰秀山贼窥伺而叛，失陷指挥徐琇、张俊等官军”受到处罚，都督佥事吴祯则因回师时“能剿捕兰秀山余党”② 受到表彰。另如合肥人、天城卫百户程关，在洪武三年“征进温州沿海，接应福州等处”③，并因功升任横海卫副千户。同为合肥人的汪禧，也曾于洪武三年以淮安卫总旗的身份在“温州沿海县捕贼人，接应福州等处。七年，升横海卫后所百户”④。分属不同卫所的程关、汪禧在同一年被调到浙江、福建沿海参战，说明在大明立国之初，东南沿海一带曾多次受到方国珍残部的袭扰，且侵扰强度很大，大大超过了本地驻军的承受能力。

洪武三年六月，也就是在高丽开始使用洪武年号的前一个月，明朝中书省派出的百户丁志、孙昌甫等抵达高丽，索要逃居高丽的“兰秀山叛贼陈君祥等”。按照明朝方面的咨文，之所以知道陈君祥等藏匿于高丽，是因为明州人鲍进保在高丽见到了陈君祥等人，且明确指出他们就居住在“王京古阜”。为使陈君祥等能被顺利解回，在证据确凿的情况下，明廷一方面强调这些人是“潜居王国，必所未知”，一方面强调若其“忽然复归其穴，则往来既无少阻”，语中暗含威胁。迫于压力，恭愍王决定“并其妻子及资产以送，凡百余人”⑤。一个月后高丽就开始使用洪武年号，估计与此事也有一定关联。

洪武五年，恭愍王派遣礼部尚书吴季南、民部尚书张子温等奉表贡马

---

① 《明太祖实录》卷三二，洪武元年五月庚午条，第559页。

② 《明太祖实录》卷四七，洪武二年十二月己丑条，第940—941页。

③ 《云南右卫选簿》，《中国明朝档案总汇》第59册，广西师范大学出版社2001年版，第21页。

④ 同上书，第117页。

⑤ ［朝鲜］郑麟趾：《高丽史》卷四二《恭愍王世家五》，庚戌十九年六月辛巳条。

及方物。

表言："耽罗国恃其险远，不奉朝贡，及多有蒙古人留居其国，宜徙之。"①

耽罗即济州岛，元朝时曾在岛上设官养马。恭愍王提出迁徙岛上蒙古部众，似带有与北元势力撇清关系的目的。因为在此前一年，明朝政府已经进军辽东，并设立了定辽都卫。与北元有千丝万缕联系的高丽朝野不免感到一丝战争的威胁。

洪武七年（1374），明朝与高丽的关系又起波澜。当年，恭愍王被侍从刺杀，辛禑王即位。十一月，明朝使节林密、蔡斌等在回国途中遭到高丽护送官金义的暗算，蔡斌父子遇害，林密被金义劫持，带到北元领地。使节遇害，说明高丽内部亲北元的势力仍然很强。

面对事变，辛禑没有及时派人到明朝解释，反而于次月遣使"如北元告（忠愍王之）丧"②。这一举动显示高丽政府对明朝的态度发生了重大转变。不过，辛禑尚不敢公开反明，洪武八年六月，他还曾派人把被倭寇俘虏到高丽的明朝张来兴等人送往南京③。次年二月，又派"李之富如定辽卫通好"④，并乘机搜集情报。这种依违两可的态度，连明朝定辽守将高家奴都看得清清楚楚，他在致高丽的信函中明确指出"这三二年恁又与纳哈出通音，前后不一"，并表示愿意居中调停，希望高丽"急差经济老臣，或奉上之马，并总兵官靖海侯等大官人处来说话"⑤。但换来的却是辛禑"遣使诸道点兵"，准备应付莫须有的"定辽卫将乘秋来侵"⑥。

辛禑三年二月，高丽正式废止洪武年号，改行"北元宣光年号"⑦。九月，高丽在致日本的外交文书中公开称"切念本国北连大元，西接大明"⑧，摆明视明朝和北元是同等地位的邻邦。不过在次年九月，高丽又恢复使用洪武年号。这一态度的转换固然是因为当年北元昭宗去世，"国

---

① 《明太祖实录》卷七五，洪武五年七月庚午条，第1385页。

② ［朝鲜］郑麟趾：《高丽史》卷一三三《辛禑传一》，甲寅二十三年十二月条。

③ 同上书，乙卯元年六月条。

④ 同上书，丙辰二年二月条。

⑤ 同上书，丙辰二年六月条。

⑥ 同上书，丙辰二年八月条。

⑦ 同上书，丁巳三年二月条。

⑧ 同上书，丁巳三年九月条。

力”式微所致，但也显示出在高丽内部，亲近北元和希望结好大明的势力同时存在。在两个敌对的庞然大物之间找平衡，犹如踩在两个鸡蛋上跳舞，其难度可想而知。前面提到的因为一则不准确的情报就兴师动众，如临大敌，正是这种矛盾心态的反映。

在恭愍王时期，高丽即曾趁着元朝内乱之机向北扩张领土。明朝建立后，因为多种原因，并没有马上发动收复辽东的战争，致使盘踞在辽东的北元势力可以有较充裕的时间和高丽内部的亲元势力联合，进而左右高丽内政。辛禑时期，亲近元朝的势力逐渐取得优势地位，在倭寇袭扰不断的情况下，仍然试图蚕食辽东土地。辛禑十四年（洪武二十一年，1388），高丽政府终于亮出底牌，宣布停止使用洪武年号，并“令国人复胡服”[①]，而且召集大军，准备进攻辽东，彻底和明朝政府决裂。就在一场大战即将爆发之际，高丽大将李成桂阵前反戈，回师京城，发动政变，推翻了辛禑政权。1392 年，控制高丽朝政多年的李成桂宣布称王，正式取代高丽王氏，建立李氏朝鲜政权。

三　朝鲜政府假戏真做

从 1368 年朱元璋称帝，到 1392 年李成桂[②]称王，25 年间，明、丽关系始终处于微妙状态。尽管曾经有陈君祥等方国珍余党被遣送回国，但那是在明朝已经掌握确凿证据，且在辽东采取攻势状态的时候。在其他时段，因为特殊的关系，不排除有其他方国珍、张士诚余党流散到高丽，进而骚扰明朝沿海。

李成桂掌权后，朱元璋对他并不欣赏，虽然给他定了国名“朝鲜”，但却不正式册封赐印。李成桂只好以“权知朝鲜国事”的身份和大明往来。在这一背景下，朝鲜与大明之间发生了一些“奇怪”的事情。

洪武二十六年（1393）十一月，辽东都司擒获李敬先等六名朝鲜间谍。向宗主国派遣谍报人员，显然是不友好的行为，更有违斯时所谓的“至诚事大”原则。按理，明朝政府可以向朝鲜施压问罪，但朱元璋的反应却很意外，在这些间谍被送到南京后，不仅未予惩处，反而“命锦衣卫给庐舍居之”[③]，也就是软禁起来而已。不过如果和一个月前发生的另一不愉快事件对比一下，朱元璋的态度也就可以理解了。史载，洪武二十

① ［朝鲜］郑麟趾：《高丽史》卷一三七《辛禑传五》，戊辰十四年三月乙丑条。

② 李成桂掌权后曾改名为“李旦”。因为和唐朝睿宗的名字重合，在其去世后，朝鲜方面又恢复使用他的旧名。为表述方便，本文中一律使用“李成桂”。

③ 《明太祖实录》卷二三〇，洪武二十六年十一月丁卯条，第 3367 页。

六年十月，

> 宥朝鲜国海寇罪。先是，有寇百余人入金州新市屯劫掠，获其一人张葛买者，乃朝鲜国海州民，诈为倭国人服。辽东都司遣人械至京。上命宥之，遣还其国。①

《明太祖实录》的记载比较简略，从朝方的记载来看，明朝政府对张葛买冒充倭寇劫掠辽东一事的处理，并不像《实录》记载的那样轻描淡写。洪武二十七年二月，李成桂向大明呈交了一份长篇奏本，奏本中提到了影响双边关系的几件事：

> 洪武二十六年十二月初八日，钦差内史金仁甫等至，承准左军都督府咨，钦奉圣旨，节该奈何高丽李（旦）自生边衅，连年不已？其量不过恃沧海以环疆，负重山以为险，所以数逞凶顽，视我朝调兵如汉唐。且汉唐之将长骑射、短舟楫，故涉海艰辛，兵行委屈。朕自平华夏、攘胡虏，水路通征，舟师诸将岂比汉唐之为？若不必师至三韩，将前后所诱女直大小送回，及将诱引女直守边千户发来，事后勿造诈谋以生边衅，使彼国之民妥安，方可为东夷之主而后嗣亦昌，钦此。②
>
> ……
>
> 一款，近日辽东来奏，今年七月内获到劫贼一名，审系高丽海州青山把截千户哈都干下民名张葛买，说称高丽王将黑布三十筒，着落哈都干拨船一十七只，每船军四十名，摇橹人十八名，百户一名，差燕江吴千户管领，于七月初五日起程，**船上人都做倭贼打扮**，船都刷黑，诈作买卖，哨探声息。若遇官军，只说是倭船。沿路劫掠，捉去安置火者九名，杀死一名，放回六名，存留二名引路。于七月二十八夜到金州卫岛梢泊。吴千户发放每船留军一十名看守，其余军人自引上岸，烧劫新市军屯，掳去军人并家属共四名，杀死二名，杀伤三名。一款，又假作倭贼撑驾船只，于山东宁海州登岸，劫杀本州人民，致被原拿去火者逃回说知前情，钦

---

① 《明太祖实录》卷二三〇，洪武二十六年十月丙戌条，第3361页。

② ［朝鲜］《李朝太祖实录》卷五，甲戌三年二月己丑条，第219页。

此。①

以上两段都是奏本中引用的明朝发给朝鲜的诏旨中的内容。此前一个月，左军都督府还曾向朝鲜发出另一份咨文，文中称：

> 洪武二十六年十一月二十日，据山东都司宁海卫解到高丽劫贼一名崔秃伊到府，责据本人状供：系高丽肃州炉叱洞住人，于洪武二十六年七月七日，有高丽王李（旦）差万户金寺彦，千户车成富、李富寿、林原、林清彦、李佛寿、洪忠彦，百户郑隆、洪原、林忠彦，领船七只，每船装人三十七名，布二綑，共计人二百五十九名，布五百六十匹，假作买卖，打听消息。说道：若大军不来时，我起军打辽东。续后再差船十只，每船装人三十七名，各带军器，共计人二百七十名……得此，本府左都督杨文等官，将各人供词具本于奉天门奏。奉圣旨："恁都督府将这缘故行文书去，教李旦知道，这等假造倭贼，又是他一次生衅。就教他将诱女真的官吏送来。钦此！"②

在两国关系并未完全明朗的情况下，朝鲜方面派出谍报人员了解大明的态度情有可原，但化装成倭寇并且假戏真做杀死明朝军民就不是可以轻易原谅的了，难怪朱元璋要为此下诏谴责，乃至发出战争威胁。

为了缓和两国关系，李成桂在奏本中卑躬屈膝，极为恭敬，但对大明的指责，也是尽力辩解，坚决否认和自己有关。如对张葛买，奏本中声称"其张葛买所称诈作买卖，哨探声息，臣实不知葛买是何等人……臣恐张葛买亦系此等不逞之徒被捉到官，却行虚捏小国遣使。如此冤枉上有天日，口难控诉。伏望圣慈钦差朝官，将见获劫贼张葛买发来，与国人辨对，便见虚实"③。

在朱元璋眼中，朝鲜属"海外蛮夷之国"，"阻山越海，僻在一隅"，"得其地不足以供给，得其民不足以使令"，所以只要"不为中国患者，朕决不伐之"④。朝鲜间谍虽然冒充倭寇，且犯有血案，但和"世为中国患"的西北胡戎相比，仍然微不足道，战争威胁不过是表面文章。因而在李成桂提出与张葛买对质后，朱元璋也就顺水推舟，将张葛买等"宥

---

① ［朝鲜］《李朝太祖实录》卷五，甲戌三年二月己丑条，第222—223页。

② ［朝鲜］《李朝太祖实录》卷五，甲戌三年正月壬子条，第209—210页。

③ ［朝鲜］《李朝太祖实录》卷五，甲戌三年二月己丑条，第223页。

④ 《明太祖实录》卷六八，洪武四年九月辛未条，第1277页。

之，遣还其国”，大事化小了。

不过《明太祖实录》的记载过于简略，很容易让人理解为洪武二十六年十月就已经遣返张葛买回国。结合《李朝实录》的记载，张葛买被遣返的时间，应该在李成桂的奏本送达之后，也就是在洪武二十七年二月之后。与张葛买等被遣返相比，把辽东驻军捕获的朝鲜间谍李敬先等扣留在南京，已经可以算是“严惩”了。

不过就在李成桂呈送奏本的同月，明军又在浙江澉浦抓获冒充倭寇刺探消息的胡德等五人。朱元璋敕谕：“朝鲜国屡入朝贡，既听约束，乃复使人钞掠边境，为国启衅……宜遣人往诘朝鲜李旦何得无礼如此？今胡德所连之人甚多，朕不欲深究其事，姑与李旦言，俾知之。”①

和前例一样，《明太祖实录》的记载非常简略，甚至与事实有些相悖。因为按照《李朝实录》的记载，朱元璋在洪武二十七年二月二十四日，传旨左军都督府左都督杨文等：

> 近日澉浦等处守御官军，节次解到贼人胡德等五名，供系高丽守把官差来沿海劫掠，打听消息。恁左军文书里开写各人姓名，差人去说与朝鲜国王李旦知道，教照名解来。钦此！②

左军都督府开列的名单一共二十五人。朝鲜方面尚未作出答复，大明钦差又至，其带来的左军都督府咨文中称：

> 洪武二十七年三月二十日，本府佥都督李增枝等官于奉天门钦奉圣旨：“近日澉浦等处守御官军，节次解到贼人胡德等五名，供系高丽各处守把官差来沿海劫掠，打听消息。恁左军文书里将续供出来的人并前日去的人姓名开写，去教李（旦）长男或次男亲自解来，钦此！”本府除钦遵外，今将后项合取人数开坐，移咨照验，钦依照名解来，一合取四十二名，先次供出人二十五名，今次续供出人十七名。③

从《李朝实录》的记载来看，这次朱元璋已经很生气，不仅要把嫌

---

① 《明太祖实录》卷二三一，洪武二十七年二月甲午条，第3383页。

② ［朝鲜］《李朝太祖实录》卷五，甲戌三年四月癸酉条，第241—242页。

③ ［朝鲜］《李朝太祖实录》卷五，甲戌三年四月甲午条，第246页。

犯抓回来审问，而且要求李朝世子亲自押解前来，暗含有要扣留为人质的意图。不过这次依旧显得很有分寸，因为两道诏旨都是通过左军都督府转述，并未直接下达给李成桂，自然也就少了许多切责之辞。

胡德案如何收场，史无明载，料想在朱元璋把朝鲜列为不征之国的背景下，最终结果也会是大事化小，小事化无。

嘉、万年间，因为倭寇泛滥以及日本侵略朝鲜等原因，很多士大夫开始研究日本，产生了不少著作。其中很多述及明初御倭史实。在王士骐编著的《皇明御倭录》中曾写到洪武二十七年，“辽东有倭夷寇金州，卒入新市，烧屯营粮饷，杀掠军士而去”①。从时间、地点来看，这段记载中的倭夷显然就是上文中提到的冒充倭寇的朝鲜张葛买等人，只是在时间上略有错讹。王士骐误把朝鲜假倭当成真倭，从侧面证实洪武朝在处理朝鲜谍报人员冒充倭寇的问题上的确采取了低调处理的方式，并没有大肆张扬，因而了解实情的官员数量有限，以至于不了解内情的后人以讹传讹，把假倭当成了真倭。

和朝鲜李朝相比，大明和高丽的关系还要糟糕一些。因此，虽然目前没有见到高丽王朝让谍报人员冒充倭寇的事例，但不能排除有这种可能②。

本文在这里无意深入讨论洪武时期的中朝关系，只是想通过上例说明，对明初海疆构成现实威胁的不仅有张士诚、方国珍等的残部，倭寇及其沆瀣一气的中国海盗③，还有各种冒充倭寇趁火打劫的敌对势力。后者的数量或许并不多，但影响范围同样涵盖几乎整个东部沿海。这一复杂背景，对于准确理解明初的海防建设，非常重要。

结　语

由于日本国内政局的变化，主要来自对马岛、一（壹）岐岛、九州

---

① 王士骐：《皇明御倭录》卷一，《续修四库全书》影印本，第296页。

② 在元末明初的倭寇群体中，另有少量高丽“禾尺”、“才人”诈称倭贼。这些人是归化于高丽的女真或契丹人后裔，社会地位近于贱民。不排除他们当中有人曾经袭扰过中国沿海地区，但数量应该和冒充倭寇的朝鲜谍报人员一样，非常有限。

③ 《明太祖实录》卷二一一记载，洪武二十四年八月癸酉，“海盗张阿马引倭夷入寇，官军击斩之。阿马者，台州黄岩县无赖民，常潜入倭国，导其群党至海边剽掠，边海之人甚患之。至是，复引其众自水桶澳登岸，欲劫掠居人。遇杭州饷运百户孔希贤，与战，不胜而死，兵船皆为所掠。百户金鉴别率所部奋击，斩其首贼一人。贼退走，军校费丽保、吴庆乘势追之至海岸，遂获阿马，斩之”。见第3137—3138页。从这条记载来看，张阿马和方国珍等的余党并没有联系，可以视为一个典型的主动与倭寇勾结的普通海盗。

松浦等地的“三岛倭寇”自14世纪中叶开始祸害中国及朝鲜半岛。由于元朝政府错误地诱引倭寇参与镇压进入辽东的红巾军及干预高丽内部事务，致使倭害雪上加霜，辽东、山东半岛一带受害尤为严重。元末混乱的局势，促使张士诚、方国珍等东南割据势力主动开展外交活动，与高丽往来密切。明朝建立后，张、方余党勾结日本倭寇，并与高丽的反明亲元势力结合，对中国沿海构成严重威胁。李氏朝鲜取代高丽王氏后，由于没有得到明朝政府的全面认可，亦采取冒充倭寇的方式，到中国沿海搜集情报，甚至假戏真做，袭杀沿海军民。这几股势力相互错结，给新生的大明帝国带来了前所未有的挑战。

第二节　洪武海防战略的转型

1368年，朱元璋称帝，但统一全国的战争并没有结束。次年正月，“倭人入寇山东海滨郡县，掠民男女而去”①。困扰明朝政府多年的倭寇问题正式浮出水面。元末明初骚扰中、朝的倭寇主要来自日本对马岛、一（壹）岐岛和九州西北部（西海道）肥前松浦一带海屿，即所谓“三岛倭寇”。由于地理上的关系，明初受倭寇祸害最大的地区集中在北部沿海，特别是山东一带。如洪武三年六月，“倭夷寇山东，转掠温、台、明州傍海之民，遂寇福建沿海郡县”②；四年六月，“倭夷寇胶州，劫掠沿海人民”③；六年七月，“倭夷寇即墨、诸城、莱阳等县，沿海居民多被杀掠”④；七年七月，“倭夷寇胶州”⑤；等等。但当时明朝的首都在南京，距离此前张士诚、方国珍的活动区域很近。张、方余党的活动及其与倭寇的勾结，对明朝政府是最直接的威胁。因而虽然江浙及东南沿海一带的倭寇问题并不是最严重，但明朝政府依然将其视为优先解决

---

① 《明太祖实录》卷三八，洪武二年正月条，第781页。

② 《明太祖实录》卷五二，洪武三年六月条，第1056页。

③ 《明太祖实录》卷六六，洪武四年六月戊申条，第1248页。

④ 《明太祖实录》卷八三，洪武六年七月辛亥条，第1487页。

⑤ 《明太祖实录》卷九一，洪武七年七月壬申条，第1594页。《明史》卷二《太祖本纪》记载本日“倭寇登、莱”，和《实录》的记载有别。清末时编纂的《莱州府乡土志》卷上《兵事》中亦载“洪武七年七月壬申，倭入莱”，与《明史》的记载一致，乡土志抄稿本选编影印本，线装书局2002年版，第76页。因后者编纂时间较晚，不排除直接从《明史》中转引的可能。洪武七年七月倭寇是否曾侵入登、莱一带，还需进一步考察。

的对象①。

洪武朝针对海防主要采取了遣使赴日本交涉、禁民出海及军事防御三方面的措施。在外交上，洪武二年（1369）二月，也就是在倭寇侵扰山东沿海的次月，朱元璋即派遣杨载等人出使日本，并赐日本国王玺书：

> 上帝好生恶不仁者。向者，我中国自赵宋失驭，北夷入而据之，播胡俗以腥膻，中土华风不竞，凡百有年，孰不兴愤？自辛卯以来，中原扰攘，彼倭来寇山东，不过乘胡元之衰耳。朕本中国之旧家，耻前王之辱玷，兴师振旅，扫荡胡番，宵衣旰食，垂二十年。自去岁以来，殄绝北夷，以主中国，惟四夷未报。间者，山东来奏，倭兵数寇海边，生离人妻子，损伤物命，故修书特报正统之事，兼谕倭兵越海之由。诏书到日，如臣则奉表来庭，不臣则修兵自□，永安境土，以应天命。如必为寇盗，朕当命舟师扬帆诸岛，捕绝其徒，直抵其国，缚其王，岂非代天伐不仁者哉？惟王图之②。

从玺书中可以发现，倭寇在元末即曾寇扰山东一带。朱元璋也很清楚辛卯年，即1351年开始的农民大起义曾给倭寇提供侵扰的机会。因此，他一方面宣告大明已经立国，不再是内乱不止，希望日本主动来朝贡，一方面要求日方取缔倭寇，否则将发兵讨伐。

杨载等在日本九州岛登陆，将玺书递交给怀良亲王③。怀良亲王是后醍醐天皇之子。当时的日本正处在南北朝时代，室町幕府控制的北朝已经逐渐取得优势，但幕府将军足利义满才12岁，尚未亲政，未来的政局还存在诸多变数。怀良亲王早在1336年就被南朝派到九州，以征西大将军的名义积蓄力量，与北朝竞争。在九州，他集结岛上诸氏，并与海盗集团有密切接触，一度取得压倒幕府的实力。为扭转局势，室町幕府派遣今川了俊担任九州探题。今川了俊施展手段，逐渐驱逐南朝势力，重新掌控了大局。怀良亲王虽然仍然留在九州，但实力大减，因而与海盗集团的联系

① 据陈懋恒先生统计，洪武朝前十年间，有记载的倭寇入侵次数，南直隶一带有4次，浙江有6次，福建2次，广东2次。只有浙江受害程度可与山东“匹敌”，其中有的还是在山东沿海作乱后流劫到东南地区的倭寇。考虑到浙江沿海的倭寇有相当一部分是和方国珍等残部纠合在一起，成分比较复杂，因而可以基本认定山东地区应是遭受比较纯粹的倭寇侵扰最厉害的地区。有关数据参见陈懋恒《明代倭寇考实》三《沿海各省之倭祸》，人民出版社1957年版，第52—129页。

② 《明太祖实录》卷三九，洪武二年二月辛未条，第787页。

③ 明代史籍中称其为“良怀”。

显得更为重要。因此，从某种意义上讲，元明之际中、朝倭寇泛滥成灾，怀良亲王需要承担一部分责任。杨载等人把玺书交给他，根本就是找错了庙门。

本来就日渐式微的怀良亲王见到朱元璋带有威胁口吻的玺书不免发怒，杨载一行七人有五人被处死，杨载本人也在被监禁三个月后才获释回国。

洪武三年三月，朱元璋再次遣使日本，这次的诏谕中直接称呼怀良亲王为日本国王。出现这样的乌龙，要么是杨载等无能，白白被关了数月，却没有得到任何有用的情报，要么是杨载为了掩饰自己没有完成出使任务，故意撒谎，把责任推给怀良。不过这次出使倒是取得了一些成果。因为使团“团长”、莱州府同知赵秩的机智勇敢，怀良亲王放弃了对明朝的敌视态度，转而于次年派遣使臣“僧祖来进表笺、贡马及方物”，并送回“明州、台州被虏男女七十余口”[①]，又接受了明朝赐予的大统历，表示臣属。此后，双方又多次往来。但因为怀良亲王的特殊地位，明朝政府和他的交往，不仅对制止倭寇侵扰没有帮助，反而影响了对日本真实国情的了解。相反，与怀良的朝贡贸易，倒可能间接资助了倭寇海盗集团。

洪武十三年（1380），日本僧人明悟、法助等带着已经亲政的室町幕府将军足利义满的书信“来贡方物”。但因为信中“辞意倨慢”[②]，朱元璋没有接受这次朝贡，也因此失去了一次和日本实权派领导人直接接触的机会。

和大明相比，遭受倭寇侵扰时间更长、损失更大的高丽政府显然更了解日本内情。1377 年，辛禑王遣使日本，请求日本禁绝贼盗。国书中提到：

> 丙午年间差万户金龙等报事，意即蒙征夷大将军禁约，稍得宁息。近自甲寅以来，其盗又肆猖獗，差判典客寺事罗兴儒赍咨再达。两国之间海寇造衅，实为不祥事。意去后，据罗兴儒赍来贵国回文，言称此寇因我西海一路九州乱臣割据西岛，顽然作寇，实非我所为。未敢即许禁约……[③]

① 《明太祖实录》卷六八，洪武四年十月癸巳条，第 1280 页。

② 《明太祖实录》卷一三三，洪武十三年九月甲午条，第 2112 页。

③ ［朝鲜］郑麟趾：《高丽史》卷一三三《辛禑传一》，丁巳三年六月乙卯条。

"征夷大将军"是日本幕府将军的专属职务。而罗兴儒带回的回函中称倭寇是"西海一路九州乱臣割据西岛，顽然作寇，实非我所为"，显然也是日本北朝掌权者的口吻。可见，高丽政府交涉的对象是当时已经居于优势地位，并与倭寇集团直接或间接有瓜葛的南朝对立的室町幕府及其控制的北朝。在高丽向大明朝贡后，明朝政府本来可以通过高丽了解到日本的实情，但由于明、丽之间的微妙关系以及可能的耻于下问的天朝上国意识，使这一渠道没有发挥作用。

就在明悟、法助等来华之前，明廷刚刚处置了胡惟庸谋反案。胡惟庸的罪名中有一条是勾结倭军。前辈学者大多认为这是诬蔑。近期，樊铧对此提出异议，认为《明太祖实录》、《大诰三编》、《祖训录》等史料中关于胡惟庸指使林贤借倭军航海回国襄助谋反的记载"刚好互为补充"，并不像前人理解的那样相互矛盾①。

不管胡惟庸勾结倭军是否属实，有一点可以肯定，即朱元璋以此为理由，彻底冻结了和日本官方的往来，通过外交途径解决倭寇问题的设想也因此化为泡影。

与无效的外交努力相比，明初的海禁政策倒是发挥了一定的作用。

明朝的海禁政策，前辈学者有众多研究成果，不胜枚举。但以批评的意见居多，认为其阻碍了海外贸易的发展。其实，对这一政策应该辩证地来看待。在古代军事艺术中，"因粮于敌"是进攻一方的最高境界，防守一方则会以坚壁清野来应对。元明以前，中国从未遭遇过真正意义上的海上威胁，受命防海的将领基本都是选自陆军中的佼佼者。面对前所未有的难题，在海防上沿用陆战的经验是很自然的事情。东南沿海的张、方余党和当地百姓有千丝万缕的联系，不定期的登陆既是他们搜集情报、打击新朝，也是后勤补给的需要。要切断他们的后勤补给线，一个最简洁，也最高效的方法就是将二者隔离，这是坚壁清野战法在海防领域的具体实践。以"滨海民不得私出海"② 为主要特征的海禁政策正是在这样的背景下产生的。对此，明朝人即有正面表述。如《筹海图编》的作者郑若曾即曾说道：

> 国初，定海之外秀、岱、兰、剑、金塘五山争利，内相仇杀，外连倭夷，岁为边患。信国公经略海上，起迁其民，尽入内地，不容得

---

① 参见樊铧《政治决策与明代海运》，社会科学文献出版社 2009 年版，第 58—59 页。

② 《明太祖实录》卷七十，洪武四年十二月丙戌条，第 1300 页。

业，乃清野之策也。①

郑若曾这里虽然说的是强行迁移沿海岛民到内陆，但其性质、目的与海禁政策是一致的。

需要注意的是，洪武朝的海禁令并非禁止所有人员、船只出海。如洪武二十五年七月，

> 两浙运司言：商人赴温州各场支盐者必经涉海洋。然著令军民不得乘船出海，故所司一概禁之，商人给盐不便。上曰：海滨之人多连结岛夷为盗，故禁出海。若商人支盐，何禁耶？亟命兵部移文谕之。②

另据王日根研究，洪武朝出台的各项海禁法令“对各类人员还是有所区分的，所禁止的主要是违禁品的贩运和外卖。对于沿海正当的捕鱼业海并没有限制”③。

其实，从零散的地方史料中可以发现，即便是普通的海上商贸活动，也有正常开展的记录。比如，在山东胶州，洪武八年上任的知州赵礼发现“海口为商舶辐辏地，胥吏缘关税为奸”④，遂坚决予以禁绝。赵礼禁绝的显然是奸吏，而不是海上贸易。

总之，对于正常的海上生产经营活动，洪武时期并未完全禁止。当然，作为中央政令，在基层执行时难免会发生一定的扭曲，对百姓生活造成干扰，如上例中被禁止出海的运盐船。另外，在特定时段，明朝政府也确实做出过禁止渔民出海的决定，比如洪武五年因为禁止渔舟出海，撤销了石陇、定海二宣课司⑤；洪武十七年，“命信国公汤和巡视浙江、福建沿海城池，禁民入海捕鱼，以防倭故也”⑥。不过对这类规定需要作具体分析。浙江、福建沿海与方国珍、陈友定余党、倭寇有瓜葛的百姓众多，

---

① 张萱：《西园闻见录》卷五七《兵部六·海防前》，台北明文书局印行“明代传记丛刊”本，第220页。

② 《明太祖实录》卷二一九，洪武二十五年七月己酉条，第3218页。

③ 王日根：《明清海疆政策与中国社会发展》，福建人民出版社2006年版，第62页。

④ 光绪《胶州直隶州乡土志》卷三《政绩·防海·赵礼传》，“国家图书馆藏乡土志抄稿本选编”影印本，线装书局2002年版，第258页。

⑤ 《明太祖实录》卷七六，洪武五年九月己未条，第1397页。

⑥ 《明太祖实录》卷一五九，洪武十七年正月壬戌条，第2460页。

在当时的条件下，很难对出海渔民的真实目的做出准确判断①。为海防大局，牺牲局部利益，也是难以避免的事。

从总体上说，实行海禁是明朝政府在没有成例可循的情况下，出于大局需要，采取的一项迫不得已的措施，对于解决明初的海上威胁，发挥了应有的作用。问题在于海上威胁基本解除后，明朝政府并没有及时改弦更张，结果使这项有益的政策开始持续发挥副作用，最终演变成了阻碍经济发展的桎梏。

明朝立国后，对于此前敌对阵营中的士兵缺乏足够信任，为了解除他们对新政权的潜在威胁，明朝政府在全国范围内对旧元军户以及其他割据政权的士兵进行了多次大规模的“收集”②，并将其异地安置到新设立的卫所中，一方面直接加强对他们的管束，一方面使之为新政权效力。这一政策几乎贯穿于整个洪武时期，并波及收集军户的第二代。例如江西雩都人曾安敬，“先系（陈友谅所部）熊添顺下头目，甲辰年（1364）大军攻赣州，漫散为民。洪武九年病故”。其子曾彦贵，洪武十九年（1386）“蒙御史彭祥收集旧日漫散军士头目，起取赴京。二十年钦除宁都卫左所试百户”③。如果说曾安敬作为昔日的敌人被收集入伍还有些道理的话，在他回归乡里22年并且已经去世10年的情况下，他的儿子依然被以“旧日漫散军士头目”的名义强征入伍，未免过于荒谬。而且曾安敬父子并不是孤例，瑞金县胡福志父子、兴国县吕用文父子等都有类似的遭遇④。这一现象的存在，说明明初的收集政策执行得非常彻底。

在东南沿海，这一政策在客观上与海禁政策一样，有切断海上张、方余党与内陆联系的功能，因而得到了认真贯彻。早在大明立国之前，朱元璋即曾于吴元年二月“征张士诚降将吕珍所部军校一千八百余人至建康”⑤。建国后，类似的行动更是时有发生，如洪武四年“诏吴王左相、靖海侯吴祯籍方国珍所部温、台、庆元三府军士及兰秀山无田粮之民尝充

① 洪武二十五年，广东都指挥使花茂曾把一千余户“不习耕稼，止以操舟为业”的蜑户、蜑人强征为军，理由就是这些人“会官军则称捕鱼，遇番贼则同为寇盗。隔绝海洋，殊难管辖”。事见《明太祖实录》卷二二三，洪武二十五年十二月甲子条，第3262页。浙江、福建沿海的情形应与之类似。

② 这一政策在明代史籍中也被记录为“招集”、“起取”、“招辑”等。

③ 《德州卫选簿》，《中国明朝档案总汇》第68册，广西师范大学出版社2001年版，第120页。

④ 《德州卫选簿》，第127、128页。

⑤ 《明太祖实录》卷二二，吴元年二月辛亥条，第318页。

船户者，凡十一万一千七百三十人，隶各卫为军”①，等等。

不过，由于被收集的对象大多已经回归乡土，大规模的收集很容易引发社会动荡，反而不利于统治，因此在必要的情况下，明朝政府也会做出一些调整。如洪武五年，

> 羽林左卫总旗陈云言：江西永新诸县民有为陈氏周左丞偏校士卒者，凡三千三百七十人，乞取为军。上不许，且诏今后有以陈氏、张氏之军相告者，禁之。虽已告者，亦免取。云又乞归永新招集旧军，上曰：“斯人若还乡里，必将挟私报怨，以殃吾民。”不听。②

又如洪武七年十二月，

> 遣靖海侯吴祯往浙东收籍方氏台、温、明三郡故兵。祯既至，三郡亡赖恶少挟私逞怨，蔓引平民富家为兵，滨海大扰。宁海知县王士弘曰：“诬良民为兵，此不可也。吾宁获罪死，不可以诬民。”即上封事言状，辞甚恳切。上嘉士弘言，即日诏罢之，三郡之民赖以复安。③

不过从前文提到的曾安敬等人的例子来看，明朝政府的上述表态不过是在社会出现不安定因素的情况下的暂时后退。在局面稳定、条件成熟后，依旧会重新拾起“收集”的大棒。对陈氏旧军如此，对沿海张氏、方氏的旧部属更是如此。洪武十六年，明朝政府下令“致仕参政舒唐于温、台、宁波、绍兴四府招集方氏旧水夫凡二万七千一十八人至京师”④。收集范围甚至延伸到了方氏水军的边缘人群。

海禁、收集敌营官兵只是消极的规避措施，要解决海上威胁，还需要正面、积极的军事措置。朱元璋起家的江淮地区水网纵横，没有一支强大的水军是不可能站得住脚的。从收纳巢湖水师开始，朱元璋即着手水军建设，并因此在与陈友谅的鄱阳湖战役中取得决定性的胜利。在进军东南的过程中，大明水军的实力得到了进一步提升，不仅积累了丰富的海战经验，而且从敌营中缴获了大批海上装备。例如：方国珍投降时，“得其

---

① 《明太祖实录》卷七十，洪武四年十二月丙戌条，第1300页。

② 《明太祖实录》卷七二，洪武五年二月丙申条，第1329页。

③ 《明太祖实录》卷九五，洪武七年十二月庚申条，第1646—1647页。

④ 《明太祖实录》卷一五四，洪武十六年五月庚戌条，第2402页。

……水军一万四千三百人，官吏六百五十人，马一百九十匹，海舟四百二十艘，粮一十五万一千九百石”，“继而元昌国州达鲁花赤阔里吉思亦来降，得粮六万九千石，马五十匹，船四百八十二艘”①；攻克福州时，“获马六百三十九匹。海舟一百五艘”②；等等。海上舰船的获取，使大明水军得以真正走向大海，成为蓝水海军。

从朱元璋遣使日本时在国书中敢于公开威胁“命舟师扬帆诸岛，捕绝其徒，直抵其国，缚其王”③，以及前文提到的致朝鲜国书中“朕自平华夏攘胡虏，水路通征，舟师诸将岂比汉唐”④ 的表述来看，朱元璋对自己海军的实力是非常自信的。正因为有这种自信，他才会在汤和收复了福建地区后，马上命令他“造海舟运粮往直沽，候大军征发”。只是因为“是岁海多飓风”，才暂时搁置⑤。

尽管海运军需北上的计划暂缓执行，但明朝海军正规化建设的步伐并没有停止。例如：洪武元年八月，“置广洋卫亲军指挥使司，以千户李员为指挥佥事。升江阴千户所为江阴卫，以千户王真为指挥佥事”⑥；洪武三年，“置水军等二十四卫，每卫船五十艘，军士三百五十人缮理。遇征调则益兵操之”⑦；洪武四年十二月，“置横海卫。改水军卫为水军左、右二卫”⑧；等等。

需要说明的是，明朝的海军建设并没有摆脱传统陆军建设思维的影响，尽管数量比较大，但并不是一个完全独立的兵种。从现存卫选簿等资料来看，前面提到的“置水军等二十四卫”，并不是建立了 24 个纯粹的水军卫，而是在这些部署于南京及周边地区的 24 个卫中分别设立了相对独立的水军千户所。从前面的引文中也可以看出，350 名水军所的士兵日常任务只是“缮理”，真有战斗任务时，则需要临时“益兵操之”。宣德十年，军士殷多兴等 1160 人曾自陈“洪武间谪戍金吾诸卫，不关粮赏，专守海船”⑨。这些专守海船的士兵显然就是各卫负责“缮理”的 350 名军士中的一部分。因此，说洪武三年设置“水军等二十四卫”时，明朝

---

① 《明太祖实录》卷二八上，吴元年十二月辛亥条，第 428 页。
② 《明太祖实录》卷二八下，吴元年十二月庚午条，第 473 页。
③ 《明太祖实录》卷三九，洪武二年二月辛未条，第 787 页。
④ ［朝鲜］《李朝太祖实录》卷五，甲戌三年二月己丑条，第 219 页。
⑤ 《明太祖实录》卷三四，洪武元年八月癸未条，第 620 页。
⑥ 《明太祖实录》卷三四，洪武元年八月己丑条，第 621 页。
⑦ 《明太祖实录》卷五四，洪武三年七月壬辰条，第 1061 页。
⑧ 《明太祖实录》卷七十，洪武四年十二月戊戌条，第 1310 页。
⑨ 《明英宗实录》卷十，宣德十年十月甲子条，第 199 页。

政府拥有了1200余艘战船，基本可以成立，但若说“拥有13万多将士”[①]则肯定是不对的。13万是按照每卫5600人的编制计算的。姑且不论洪武三年明朝政府尚未对卫所军额进行整齐划一的整编[②]，即便已经整编，也是不对的。如上所述，这24个卫并不都是水军，在和平时期，24个卫的专职水兵不过7700名左右。即便是战时增加兵力，也不可能全体转变为水军。

从有关资料来看，即便是后来曾经深入大洋追剿倭寇的主力——广洋卫、江阴卫、横海卫、水军卫等军卫也不是纯粹的水军卫。如《明太祖实录》中记载，洪武二十五年，

> 命削水军右卫指挥陈成、千户张用官，编戍金齿。时成等率兵捕沂州贼马四儿，纵逸不获，故有是命。[③]

沂州隶属山东兖州府，属低山丘陵区，时成等奉命到这里“捕贼”，显然是陆军。

又如横海卫千户程关，洪武十二年因“打造船只接应广东”立功升职，但很快“调云南右卫左所”[④]。云南右卫是洪武十四年明军进攻云南梁王过程中设置的第一批卫所之一。程关由南京平调到云南任职，显示他虽然曾“征进温州沿海，接应福州等处”[⑤]，但也不是专任水军军官。明朝在收复云南的战争中曾调动大批京卫士兵，不排除横海卫的官兵也部分地参与其中。程关或许就是其中之一，并在战后留在了云南[⑥]。

另外，明朝水军的官兵来源也和陆军有密切关联。如武冈州人唐文，长期在内地服役，曾参加了攻克潼关、陕州等处的战斗，一直是陆军，洪

---

① 张铁牛、高晓星：《中国古代海军史》，解放军出版社2006年版，第91页。

② 《明太祖实录》卷九二记载，“洪武七年八月丁酉，申定兵卫之政。先是，上以前代兵多虚数，乃鉴其失，设置内外卫所。凡一卫统十千户，一千户统十百户，百户领总旗二，总旗领小旗五，小旗领军十，皆有实数。至是，重定其制。大率以五千六百人为一卫，而千百户总小旗所领之数则同。遇有事征调，则分统于诸将。无事则散还各卫”。见第1607页。

③ 《明太祖实录》卷一八二，洪武二十五年闰六月壬申条，第2753页。

④ 《云南右卫选簿》，《中国明朝档案总汇》第59册，第21页。

⑤ 《云南右卫选簿》，第21页。

⑥ 张廷玉等：《明史》卷一三〇《张赫传》载，其子张荣“从征云南有功，为水军右卫指挥使”。究竟是因为在云南立功升任水军右卫指挥使，还是以水军右卫指挥使身份参加了征讨云南，《明史》的记载不是很明确。但因此可以看出明代陆、海军之间并没有明确的界限。见该书第3832页，中华书局1974年标点本。

武二十二年，却因功“升神策卫水军所试百户”[①]。又如甲午年（1354）就投入朱元璋麾下的滁州人贾真，洪武二十年还在东北金山、松花江等处作战，不久却被任命为“宁波卫后所流官副千户。二十一年调本卫水军后所”[②]。贾真等的例子一方面说明同京卫一样，部署在东南沿海，以海防为主要任务的卫所同样不是纯粹的水军卫，而是水、陆兵种兼有；另一方面说明即便是在水军所，其官兵也不是纯粹的水军，而是和陆军有一定的交换关系。这也是水军在明代并未成为独立兵种，依旧是陆军附属的一个证明。水军官兵的非专业化，对海战水平的提升无疑是个制约。

明代海军虽然没有专业化，但在当时的技术条件下，并未影响其在东亚海洋上的地位。加之明军的对手，不论是方、张余部还是正牌倭寇，都不是正规军，因而很快在海战中取得了巨大的优势。例如：福州卫都指挥同知张赫“在海上久，所捕倭不可胜计。最后追寇至琉球大洋，与战，擒其魁十八人，斩首数十级，获倭船十余艘，收弓刀器械无算”[③]；洪武五年六月，羽林卫指挥使毛骧“败倭寇于温州下湖山，追至石塘大洋，获倭船十二艘，生擒一百三十余人及倭弓等器”[④]；等等。

正是因为看到了水军主动出击带来的实惠，明朝政府决定进一步提高水军的战斗力。洪武五年八月，明廷“诏浙江、福建滨海九卫造海舟六百六十艘，以御倭寇”。为使扩充军备计划得到顺利执行，朱元璋特地晓谕中书省：

> “自兵兴以来，百姓供给颇烦。今复有兴作，乃重劳之。然所以为此者，为百姓去残害保父母妻子也。朕恐有司因此重科吾民，反致怨讟。尔中书其榜谕之，违者罪不赦。”省臣对曰：“陛下爱民而预防其患，所费少而所利大。臣尝闻倭寇所至，人民一空。较之造船之费，何翅千百？若船成，备御有具，滨海之民可以乐业。所谓因民之所利而利之，又何怨？但有司之禁，不得不严。”先是，滨海州县屡被倭害，官军逐捕，往往乏舟，不能追击。故有是命。[⑤]

同年十一月，鉴于倭寇袭扰随机性较强，为提高沿海卫所的快速反应

---

① 《苏州卫选簿》，《中国明朝档案总汇》第61册，第49页。

② 《威清卫选簿》，《中国明朝档案总汇》第60册，第150页。

③ 张廷玉等：《明史》卷一三〇《张赫传》，第3832页。

④ 《明太祖实录》卷七四，洪武五年六月癸卯条，第1371页。

⑤ 《明太祖实录》卷七五，洪武五年八月甲申条，第1390—1391页。

能力，朱元璋又“诏浙江、福建滨海诸卫改造多橹快船”①。

次年正月，德庆侯廖永忠提出较为系统的海上巡防策略：

> 臣闻御寇莫先于振威武，威武莫先于利器……独东南倭夷负其鸟兽之性，时出剽窃，以扰滨海之民。陛下命造海舟翦捕此寇，以奠生民，德至盛也。然臣窃观倭夷鼠伏海岛，因风之便以肆侵略。其来如奔狼，其去若惊鸟，来或莫知，去不易捕。臣请令广洋、江阴、横海、水军四卫添造多橹快舡，命将领之，无事则沿海巡徼，以修不虞。若倭夷之来，则大船薄之，快船逐之，彼欲战不能敌，欲退不可走，庶乎可以剿捕也。②

朱元璋接受了这个建议，并于同年三月“诏以广洋卫指挥使于显为总兵官，横海卫指挥使朱寿为副总兵，出海巡倭”③。洪武七年正月，明廷又“诏以靖海侯吴祯为总兵官，都督佥事于显为副总兵官，领江阴、广洋、横海、水军四卫舟师出海巡捕海寇，所统在京各卫及太仓、杭州、温、台、明、福、漳、泉、潮州沿海诸卫官军悉听节制”④。

洪武七年巡海规格、规模的大提升，暗示洪武六年于显率领的、带有实验性质的巡倭舰队肯定取得了预期的战果。据《明太祖实录》记载，洪武六年七月，也就是于显舰队出海之后，浙江台州卫出海捕倭部队“获倭夷七十四人、船二艘，追还被掠男女四人”⑤。于显以总兵身份出海，按照明初的军事制度，沿海巡海军队需要服从他的指挥，至少要配合他的军事行动。台州卫取得的战果和于显出海舰队应该有一定的联系。

前辈学者曾提出“这支拥有千余艘舰船的水军，由都督府管辖，随战事的需要而调遣”⑥。其实这一提法并不准确。洪武八年，明朝政府曾对军事体制做出一定的调整。其中，改“在京留守都卫为留守卫指挥使司。原辖天策、豹韬、飞熊、鹰扬、江阴、广洋、横海、龙江八卫俱为亲

---

① 《明太祖实录》卷七六，洪武五年十一月癸亥条，第1404页。

② 《明太祖实录》卷七八，洪武六年正月庚戌条，第1423—1424页。

③ 《明太祖实录》卷八十，洪武六年三月甲子条，第1455页。

④ 《明太祖实录》卷八七，洪武七年正月甲戌条，第1546页。

⑤ 《明太祖实录》卷八三，洪武六年七月丙寅条，第1490页。

⑥ 张德信：《浅析明代的倭寇与海防建设》，见京都女子大学东洋史研究室编《東アジア海洋域圏の史的研究》，第218页。《中国海防史》中也有类似表述，如第23页中称“24卫占洪武时京师48卫的一半，是一支由都督府直接管辖的拥有千余艘舰船的庞大水军”。

军指挥使司，水军左右二卫为指挥使司，俱隶大都督府”[①]。可见，在此之前，江阴、广洋、横海等巡海主力卫所大多隶属于以保卫首都为主要任务的留守都卫。这也进一步证明这些卫所本身都拥有相当数量的陆上部队。洪武八年调整隶属关系后，只有水军左卫和水军右卫隶属于大都督府，江阴等卫则划入亲军卫行列，由皇帝直接调遣。这也是明朝加强军队控制的一种手段。

洪武十三年，明朝政府再次调整卫所管理体系，撤销大都督府，分割为五个都督府。其中，水军左卫等划归左军都督府统属；水军右卫等归属右军都督府；神策、广洋等卫归入中军都督府；龙江卫等列入前军都督府；江阴、横海卫等列入后军都督府[②]。广洋、横海等卫虽然退出亲军卫序列，但被分散归入不同的都督府。可见，明初建设的庞大水军始终不曾受一个统一的上级机构管辖。

《中国海防史》的作者在总结洪武朝的海防体系时把这些具备远海作战能力的水军统一视为直属水军，并认为“直属水军自洪武七年之后，未见其担负海上巡逻任务”[③]。这一判断有待商榷。因为洪武十五年正月，山东都司还曾上言：“每岁春，发舟师出海巡倭。今宜及时发遣。”[④] 从这一记载来看，至少洪武十五年以前，出海巡逻是经制化的。

另据《高丽史》记载，辛禑王二年，即洪武九年，已经归顺明朝的原辽东元将高家奴曾因对高丽政府杀害明朝使者，又与北元联络的首鼠两端的行为不满，致信高丽方面，希望高丽及时改弦易辙，与大明通好，并愿意为之居中联络。在他的信中提到：

> 争奈南雄侯大人回京，又恐恁那里心上不安，俺这里与两个守方面的官人商量了，且交他每回去，即自总兵官靖海侯、余都督、李平章三个大官人到牛家庄下岸，总统大军转运大粮至辽阳、海州、沈阳、开原等处，坚守城池，交恁知会……急差经济老臣或奉上之马，并总兵官靖海侯等大官人处来说话。[⑤]

这里提到的总兵官、靖海侯即前文提到的统军出海巡倭的吴祯。余都

① 《明太祖实录》卷一〇一，洪武八年十月癸丑条，第 1712 页。

② 《明太祖实录》卷一二九，洪武十三年正月癸卯条，第 2052—2053 页。

③ 杨金森、范中义：《中国海防史》，第 101 页。

④ 《明太祖实录》卷一四一，洪武十五年正月辛丑条，第 2226 页。

⑤ ［朝鲜］郑麟趾：《高丽史》卷一三三《辛禑传一》，丙辰二年六月条。

督指的应该就是都督佥事于显。《高丽史》的作者误将其姓讹写为“余”。南雄侯则是曾扬名南粤的赵庸。前文提到，因为有强大的水军，早在洪武元年，朱元璋即曾命汤和从海路运送军需北上，只是因为天气条件不适合才放弃。不过这只是暂时的搁置，条件成熟时，海运军需仍是明朝政府的重要选择。洪武三年，明廷下令山东行省，“招募水工于莱州洋海仓运粮以饷永平卫。时永平军储所用数多，道途劳于挽运，故有是命”①。洪武四年，明军收复辽东，海运迅速成为辽东后勤补给的重要手段。洪武五年正月，靖海侯吴祯即奉命“率舟师运粮辽东以给军饷”②。当年九月，朱元璋又因“北平渐寒”，下诏“其应天、大河诸卫军士及扬州、高邮新募水军运粮往彼者，宜各以绵袄给之”③。此后往辽东、北平一带海运军需物资的记载层出不穷，不胜枚举。

洪武八年，南雄侯赵庸和傅友德等人奉命留镇北平④。北平和辽东两镇有海路相通。高家奴信中说道“南雄侯大人回京”，估计是赵庸在留守北平期间曾赴辽东公干。靖海侯吴祯曾参与辽东的军事行动，高家奴就是被他收降的。《明史》中记载，吴祯在洪武七年领兵出海巡逻过程中曾“至琉球大洋，获其兵船，献俘京师。自是常往来海道，总理军务数年，海上无寇”⑤。也就是说，洪武七年之后，吴祯等仍然多次领兵出海，进行大规模海上巡逻。而高家奴的信中则称他们洪武九年到辽东是“总统大军转运大粮至辽阳、海州、沈阳、开原等处”，也就是执行海运军需物资的任务。这与《明史》的记载有一定差异。

类似的差异还发生在廖永忠身上。《明太祖实录》卷八十记载，洪武六年三月，“命德庆侯廖永忠督运定辽粮储，仍以战衣、皮鞣各二万五千给其军”⑥。并未提到领兵出海巡逻，当月领兵出海的是广洋卫指挥使于显⑦。但在《明太祖实录》卷九八的《廖永忠传》中则称他在洪武六年“督舟师出海捕倭”⑧。

从这两个例子中隐约可以发现，明朝的海运大军本身似乎就兼具巡海捕倭的任务。“兵马未动，粮草先行”，切实维护后勤补给线的畅通是中

---

① 《明太祖实录》卷四八，洪武三年正月甲午条，第 949 页。
② 《明太祖实录》卷七一，洪武五年正月甲戌条，第 1322 页。
③ 《明太祖实录》卷七六，洪武五年九月庚戌条，第 1395 页。
④ 《明太祖实录》卷九七，洪武八年二月癸丑条，第 1666 页。
⑤ 张廷玉等：《明史》卷一三一《吴祯传》，第 3841 页。
⑥ 《明太祖实录》卷八十，洪武六年三月甲寅条，第 1452 页。
⑦ 《明太祖实录》卷八十，洪武六年三月甲子条，第 1455 页。
⑧ 《明太祖实录》卷九八，洪武八年三月甲申条，第 1677 页。

国传统军事理论的精髓之一。因为海上威胁的存在，明朝的运输船队必然配备相应的护航舰队。这些护航武装完全有能力承担随机应变，打击倭寇的任务。因此，笔者认为，《明太祖实录》中记载的廖永忠洪武六年出海捕倭应是事实，且和督运定辽军需是同一次行动。至于同年于显等人的出海，则是一次纯粹的针对倭寇的军事打击行动。

洪武七年正月，水军右卫指挥同知吴迈、广洋卫指挥佥事陈权奉命“率舟师出海转运粮储，以备定辽边饷”①。这次负责海运的指挥官较之以前的吴祯、廖永忠等，级别明显偏低。史料显示，洪武七年的海运似乎并不顺利。史载，“初，定辽卫都指挥使马云等运粮一万二千四百石出海，值暴风，覆四十余舟，漂米四千七百余石，溺死官军七百一十七人，马四十余匹”②。当年六月，金吾卫指挥佥事陆龄因为隐匿本卫溺死军数受到处分。

定辽都卫是明朝在辽东的最高军事机构，马云是首任都指挥使。按理，作为辽东最高军事主官的马云不可能离开辖区，亲自跑到江南去督运军需。《实录》中所称的12400石军粮应该是马云所需辽东军需物资的一部分，其押运人应该就是吴迈、陈权。因为两人级别较低，陆龄等下属未必完全听命，加之遭遇风暴，才造成严重损失。

估计就是因为这次教训，此前曾负责海运补给辽东的吴祯才重新承担起海运的任务。考虑到洪武九年一起海运补给辽东的将领中有此前一道出海巡逻的于显，以及吴迈、陈权统领的水军右卫、广洋卫都是洪武七年出海巡逻的主力卫所，吴祯这次海运行动应该和洪武六年的廖永忠一样，兼具海运和巡逻捕倭双重任务。

另据《实录》记载，洪武十七年十月，海运将士出海时，朱元璋曾晓谕他们：

> 海道险远，岛夷出没无常。尔等所部将校，勿离部伍，务令整肃以备之。舟回登州，就彼巡捕倭寇，因以立功可也。③

就在朱元璋发出此诏谕之前，镇海卫百户王庭刚刚在出海运粮过程中“遇倭寇，战殁”④。可见，明朝的海运船队不仅具备军事打击能力，而且

① 《明太祖实录》卷八七，洪武七年正月乙亥条，第1546页。

② 《明太祖实录》卷九十，洪武七年六月癸丑条，第1584页。

③ 《明太祖实录》卷一六六，洪武十七年十月丁卯条，第2550页。

④ 《明太祖实录》卷一六六，洪武十七年十月癸巳条，第2555页。

确曾负有巡捕倭寇的任务。

由于通过海运补给辽东的行动在洪武朝始终没有停止，相应的海上巡逻也就延续了下来。因此，笔者认为洪武七年以后明朝的"直属水军"不再出海巡逻的看法是不正确的。当然，承担了海运及护航任务之后，明朝水军的活动范围必然受到一定限制，主要围绕海运路线进行，不可能丢下海运船队到远海巡逻，至少不可能抽出主力舰船到远海，从而在客观上把巡逻范围缩小到近海。更重要的是，因为明朝水军中的主力——水军等卫被抽调参与海运行动，其巡逻海域因而被缩减到长江口以北，也就是现在的渤海和黄海。广阔的东海、南海海域的巡逻任务只能由沿海各都司负责。浙江、福建、广东三都司所辖水军无论在装备、兵力等方面都和中央政府掌握的京卫水军有很大差距，因而其巡逻范围和效果都和以前不能同日而语。这对洪武朝的海防战略无疑会有重要的影响。

明初的海防战略在洪武中期开始发生变化，一般认为发生在汤和奉命到浙江等地筹划海防，大量设置卫所之后。不过也有不同看法。如樊铧认为开始于洪武十五年①，张德信先生也曾提出"在洪武十五年前后，朱元璋的态度似乎有所转变，即由在加强防御的同时主动出海巡徼，击歼倭寇，转变为以近海和陆上防御为主"②。以下两条史料是持此观点者的重要依据。

（1）洪武十五年正月辛丑，山东都指挥使司言：每岁春，发舟师出海巡倭。今宜及时发遣。上曰："海道险，勿出兵，但令诸卫严饬军士防御之。"③

（2）洪武十五年四月辛丑，浙江都指挥使司言：杭州、绍兴等卫每至春则发舟师出海，分行嘉兴、澉浦、松江、金山防御倭夷，迨秋乃还。后以浙江之舟难于出闸，乃聚泊于绍兴、钱清、汇然。自钱清抵澉浦、金山必由三江海门，俟潮开洋，凡三潮而后至。或遇风涛，动逾旬日，卒然有急，何以应援？不若仍于澉浦、金山防御为便。其台州、宁波二卫舟师则宜于海门、宝陀巡御，或止于本卫江次备御，有警则易于追捕。若温州卫之舟卒难出海，宜于蒲洲、楚门海

① 樊铧：《政治决策与明代海运》，社会科学文献出版社2009年版，第52—56页。

② 张德信：《浅析明代的倭寇与海防建设》，见京都女子大学东洋史研究室编《東アジア海洋域圏の史的研究》，第219页。

③ 《明太祖实录》卷一四一，第2226页。

口备之。诏从其言。[①]

第一条史料的核心在于洪武十五年朱元璋下令停止出海巡逻的原因究竟是什么？是偶然的一次，还是战略性的变化？

洪武十四年，明朝发动收复云南的战争。这场战争的消耗无疑是巨大的。据朱元璋本人讲，征讨云南梁王“调了二十二万军马和余丁二十七万。平定之后，带战亡、逃、病，折了我五万兵”[②]。一次性出动近50万大军，在明朝经济尚未彻底恢复的情况下，对中央财政的压力可想而知。组织舰队大规模出海巡逻，同样需要大量的后勤补给。在云南战事尚未平息，暂停舰队出海，应该是缓解财政压力的一个措施，是特定情况下的偶然事件。

张德信先生曾引用《明太祖实录》卷一五〇中的一条史料：

洪武十五年十一月癸酉，福州左、右、中三卫奏请造战船。上曰：“今天下无事，造战船将何施耶？”不听。[③]

用以辅助论证洪武十五年海防战略的转变。笔者认为，停造战船的原因同样只是为了减少财政开支。而朱元璋所说的“天下无事”，既是停止军备更新的理由，其实也是暂停直属京卫水军出海巡逻的原因。从中也可以发现，经过几年的主动出海打击，海上威胁已经日渐减小。

再看第二条史料。单从字面上看，浙江都司请求调整杭州、绍兴等卫出海巡逻舰船的停泊港口是出于技术上的考虑，是为了舰船及时出海，减少潮汐、风浪的不利影响，并未提出停止舰船出海。另外，受舰队规模、权限等的影响，沿海都司出海的距离有一定限制。只有在配合京卫水军大规模出海时，才可能巡弋到远海。像张赫那样，“追寇至琉球大洋”[④]，并不是常态。至于温州、宁波、台州等卫，在本卫辖区内的海口备御或“本卫江次备御”，原本就是他们的职责。在京卫水军暂停出海巡逻，东南沿海卫所不再承担配合直属水军作战的情况下，不宜理解为畏难不肯出海。

虽然暂停舰队出海，但水军的战备似乎并没有停止。如广洋卫百户蹇

① 《明太祖实录》卷一四四，第2268—2269页。

② ［朝鲜］郑麟趾：《高丽史》卷一三六《辛禑传四》，丁卯十三年三月条。

③ 第2365页。

④ 张廷玉等：《明史》卷一三〇《张赫传》，第3832页。

忠，洪武“十五年为造海船迟慢，发云南充军”①；应天卫百户魏英，“十五年为造海船事”，调云南征进②；等等。广洋卫是出海巡逻的主力卫所之一，应天卫也是京卫的重要组成部分。如果海防战略发生改变，用于海战的海船的建造必然被取消或者延长制造进程。蹇忠和魏英都因为在造船工作中的失误受到处分，说明这两个卫在洪武十五年并未停止正常的战备。而两人不约而同地被调往云南前线，亦间接暗示了停止出海巡逻与云南战事之间存在内在的联系。

证明洪武十五年及以后一段时间内明朝政府仍旧在正常开展海军战备的例子还有很多，比如：洪武十五年五月，龙虎卫百户王英督造海舟于昌国县，“俄有大鱼一，铁力木二，各长三丈五尺，漂至沙上。因以鱼取油七百余斤，木制柁为用。事闻，上曰：此天所以苏民力也”③；洪武十七年八月，“命荥阳侯郑遇春、东川侯胡海督金吾等卫造海舟一百八十艘”④；洪武二十三年正月，镇海卫军士陈仁奏准造海舟，“臣闻古人之言曰：不备不虞，不可以师。故将之用在军，军之用在器……陛下命滨海卫所造防海舟，所以备外寇，卫民命也。然臣窃观苏州、太仓当大海之口，倭寇必由之地，所造海舟岁月已久，樯檝摧坏。一有缓急，则假漕运之舟代之。器用不便，何以御敌？失机误事，其害非细。宜令军卫急造海舟，以将统之。无事足以自守，有事足以御敌。庶武备严整，永绝外患”⑤；等等。

另有资料表明，在云南战事大局已定之后，明朝政府曾恢复舰队出海巡逻。如广洋卫百户周清，即是在洪武十七年“出海捕倭”过程中殉职的⑥。洪武二十年，明廷还曾命“福建都指挥使司备海舟百艘，广东倍之，并具器械粮饷，以九月会浙江，候出占城，捕倭夷”⑦。按明初惯例，调动地方水军参战，需要由中央任命总兵官并配备一定数量的京军。从福建、广东两都司需要出动300艘海船来看，这又是一次大规模的出海，而且目标是占城，也就是南海中、南部海域，较之洪武七年吴祯等的首次大

---

① 《大罗卫选簿》，《中国明朝档案总汇》第59册，广西师范大学出版社2001年版，第451页。

② 《苏州卫选簿》，《中国明朝档案总汇》第61册，广西师范大学出版社2001年版，第53页。

③ 《明太祖实录》卷一四五，洪武十五年五月丙子条，第2280页。

④ 《明太祖实录》卷一六四，洪武十七年八月庚午条，第2534页。

⑤ 《明太祖实录》卷一九九，洪武二十三年正月甲申条，第2986—2987页。

⑥ 《明太祖实录》卷一六六，洪武十七年十月癸巳条，第2555页。

⑦ 《明太祖实录》卷一八二，洪武二十年闰六月庚申条，第2752页。

规模出海巡倭，距离要远得多。

不过从总体上讲，因为京卫水军较多参与海运及护航任务，对出海巡逻必然产生不良影响，对东南沿海的影响更大，因为海运航路基本不经过这里，巡海任务不可避免地要更多交给沿海都司来完成，像洪武二十年那样出动300多艘海船巡行到南海中南部海区的大规模行动次数应该不会很多。

黄尊严等注意到，洪武七年以后，直到洪武二十一年，山东地区没有再出现倭寇的踪影。他对此的解释一是归功于明朝政府的御倭和海防措施，二是这一期间的高丽王朝出现内部混乱，吸引倭寇把注意力集中到朝鲜半岛。洪武二十二年重新出现倭寇侵扰的原因在于李氏朝鲜建国后改革田制，缓解阶级矛盾，壮大国防①。

关于倭寇对朝鲜半岛的扰害，《高丽史》中有这样一段记载：

> 金先致，得培之弟，以郎将从全罗道都巡问使柳濯击倭，手杀数十人。累转户部郎中。恭愍时从都元帅李嵒御红贼……升同知密直，为全罗道都巡问使。辛禑初，倭藤经光率其徒来，声言将入寇，恐愒之，因索粮。朝议分处顺天、燕岐等处，官给资粮，寻遣密直副使金世佑谕先致诱杀。先致大具酒食，欲因饷杀之。谋泄，经光率其众浮海而去，仅捕杀三人。先致惧罪，诈报斩七十余人。事觉，编配戍卒。前此倭寇州郡，不杀人畜。自是每入寇，妇女婴孩屠杀无遗。全罗、杨广滨海州郡萧然一空。由先致激怒之也。②

按照《高丽史》的说法，倭寇在辛禑王即位之前，很仁慈，“不杀人畜”，只是在遭到金先致诱杀失手后出于报复才大开杀戒。倭寇有这么仁慈吗？据统计，从1350年倭寇重现于高丽，到1392年李成桂建立朝鲜李氏王朝，42年间倭寇侵扰高丽达506次之多，年平均12次。③ 如此高频率的侵扰，会不见血腥？

据《高丽史》记载，就在恭愍王即位的第二年三月，“倭屠巴音岛”④。既然是“屠”，显然不会是只杀了岛上的牲畜。另如庚子五年闰五

---

① 黄尊严：《明代山东倭患考略》，《烟台师范学院学报》1996年第3期。

② ［朝鲜］郑麟趾：《高丽史》卷一一四《金先致传》。

③ 转引自李宗勋《高丽与明嘉靖时期的倭寇问题比较——兼谈戚继光剿倭》。见《韩国研究论丛》第20辑，世界知识出版社2009年版。

④ ［朝鲜］郑麟趾：《高丽史》卷三八《恭愍王世家一》，壬辰年三月乙卯条。

月丙辰条记载，是日“倭寇江华，杀三百余人”[①]。可见，在辛禑即位之前，倭寇同样是烧杀掳掠，丝毫没有一点仁慈。

洪武三年五月，朱元璋在赐予恭愍王的玺书中提到：“近者，使归，问国王之政。言王惟务释氏之道。经由海滨，去海五十里或三四十里，民方宁居者。朕询其故，言倭奴所扰。因问城郭何如？言有民无城。问甲兵何如？言未见其严肃。”[②]

洪武二年四月，明朝才与高丽建立官方往来，短短几次交流，明朝方面即已经掌握高丽倭害的实况，而且了解到倭害严重的原因在于攻无强兵，守无坚城。连远在异邦的朱元璋都了解的情况，肆虐多年的倭寇自然更清楚。按常理，既然有高丽这个现成的软柿子，倭寇完全没有必要去触大明的霉头。可在明朝的历史记载中，第一次出现倭寇魔影的年份恰恰就是洪武二年。这说明，那时的大明帝国，至少在部分倭寇眼里，和高丽没什么区别。

辛禑时期的倭寇扰害的确比以往更为严重。据统计，“倭寇入侵鼎盛时期禑王年间平均27次，最严重的禑王九年为50次，即月平均多达4次”[③]。辛禑即位不久，即发生明朝使节被害事件。辛禑并未想办法弥合与明朝的关系，反而向北元示好，试图浑水摸鱼，进一步拓展领土，但很快发现倭寇仍是心腹大患。元年（洪武八年）九月，“倭船大集德积、紫燕二岛”，辛禑不得不“征诸道兵……耀兵东西江以备之”[④]。为避倭寇，他甚至几度要迁都。《高丽史》的作者在总结辛禑时期的弊政时说：“是时全罗、庆尚二道为倭寇巢穴，东西北面方忧割地，京畿、交州、杨广三道困于修城，西海、平壤二道迎候西猎。加以征兵，八道骚然。”[⑤]

除了与明朝交恶，影响了高丽的军力配置，给倭寇提供了更多的机会外，单纯从军事上讲，不会使用火器是高丽军最大的弱点。据朝鲜史籍记载，最早提出学习制造火药、使用火器抵御倭寇的是崔茂宣。因为他的贡献，高丽军才在1380年，即洪武十三年秋季在海上取得大破倭寇三百余艘舰船的战绩，迫使剩余倭寇登岸，进而在云峰被当时的兵马都元帅李成桂领兵全歼。

此战后，朝鲜《李朝实录》称“自尔倭寇渐息，乞降者相继，滨海

---

① ［朝鲜］郑麟趾：《高丽史》卷三九《恭愍王世家二》。

② ［朝鲜］郑麟趾：《高丽史》卷四二《恭愍王世家五》，庚戌十九年五月甲寅条。

③ 转引自李宗勋《高丽与明嘉靖时期的倭寇问题比较——兼谈戚继光剿倭》。

④ ［朝鲜］《李朝太祖实录》卷一《总书》，第25页。

⑤ ［朝鲜］郑麟趾：《高丽史》卷一三七《辛禑传五》。

之民复业如旧"[①]。这一说法有赞美新朝的嫌疑，因为同样在《实录》中，记载着大量李朝初期遭受倭寇袭扰的事例。例如：太祖二年（洪武二十六年）五月，"倭十三艘寇高湾梁，万户崔用濡力战，与其二子死之，倭掠船五艘而去"[②]；五年八月，"倭百二十艘入寇庆尚道，夺兵船十六只，杀水军万户李春寿，陷东莱、机张、东平城"[③]；五年十一月，"倭围东莱城，不克，退焚兵船二十一只。水军万户尹衡任死之"[④]；等等。

可见，从高丽恭愍王到朝鲜李朝立国之后，倭寇问题都很严重。不存在由于李成桂励精图治，倭寇远离朝鲜半岛的现象。虽然辛禑时期由于国策上的失误以及其他一些原因，倭寇的扰害较其他时期更为严重一些，但不足以证明洪武七年之后倭寇在山东等地消失的原因来自境外，内因还在明朝。

前面说过，针对倭寇，明朝政府采取了多项措施，特别是积极地建设水军，并从洪武六年开始出海巡逻，这对解决倭寇问题发挥了很大作用。由钦命总兵官率领的京军出海，有权节制沿海各省的海防力量，从而形成了相对统一的军事打击力量。与之相比，倭寇的目标在于抢掠，并无抢占领土的目的，因而没有统一的部署，力量分散。明军以合力对抗分散的倭寇，自然占据明显的优势。朱元璋在洪武十八年曾宣谕高丽："恁那里倭贼定害那不定害？我待将军船抢解倭贼海岛去，径直过海到那里，不知他那里水脉。"[⑤] 尽管只是口头表示，但如果没有深入远洋作战的能力，朱元璋断无这等底气。

面对明军的强力打击，倭寇退避三舍，把目标瞄向距离更近、防御力更差的朝鲜半岛是情理之中的事，这才是洪武七年之后在中国沿海较少出现倭寇袭扰的原因[⑥]。虽然黄尊严等的文章也强调明朝国防建设是主因，但强调的是山东半岛四卫四所的建立。姑且不论此时山东海防卫所并非四卫四所，单就此时的山东海防建设而言，也没有达到可以让倭寇退避三舍的地步。对此本书后面的章节会具体论述。

---

① ［朝鲜］《李朝太祖实录》卷七，乙亥四年四月壬午条，第 307 页。

② ［朝鲜］《李朝太祖实录》卷三，壬申二年五月丁亥条，第 169 页。

③ ［朝鲜］《李朝太祖实录》卷十，丙子五年八月甲午条，第 378 页。

④ ［朝鲜］《李朝太祖实录》卷十，丙子五年十一月辛亥条，第 384 页。

⑤ ［朝鲜］郑麟趾：《高丽史》卷一三五《辛禑传三》，乙丑十一年十二月条。

⑥ 据陈懋恒先生统计，从洪武七年到二十一年间，倭寇在浙江登陆两次，广东登陆一次，在其他省份没有倭寇登陆袭扰的记载，较之洪武七年前有显著的下降。虽然统计未必完整，但反映了倭寇袭扰变化的大体趋势。见《明代倭寇考略》三《沿海各省之倭祸》相关部分。

洪武二十二年，销声匿迹多年的倭寇再次出现在山东沿海。当年十二月，山东都指挥佥事蔺真上报："近者，倭船十二艘，由城山洋艾子口登岸劫掠，宁海卫指挥佥事王镇等御之，杀贼三人，获其器械。赤山寨巡检刘兴又捕杀四人，贼乃遁去。"① 如前所述，倭寇重新出现在山东沿海，不是因为朝鲜半岛政权更迭，李氏朝鲜励精图治所致，至少不是主要原因，问题依旧处在内部。

从洪武六年开始，明朝的水军出海巡逻对打击倭寇发挥了很大作用。但志在劫掠，缺乏严密组织的倭寇更像是一支支无孔不入的游击队。海上巡逻虽然有很大威慑作用，也能消灭一批倭寇，但仍不免有部分漏网之鱼。这些躲过明朝水军打击的倭寇仍对沿海地区有一定的威胁。《明太祖实录》记载，洪武十七年闰十月，"浙江定海千户所总旗王信等九人擒杀倭贼，并获其器仗"②。如果是出海作战，不会只有9个人立功受赏，王信等人应该是在陆上防御战中立的功。这一事件证明，要彻底消除倭寇的扰害，还需要相应的陆上措置。

洪武十七年对于明朝海防建设而言，是个具有转折意义的年份。就在当年正月，朱元璋"命信国公汤和巡视浙江、福建沿海城池，禁民入海捕鱼，以防倭故也"③。按照《明史》的记载，当时汤和已经告老还乡，"既而倭寇上海，帝患之"，于是再次起用他。汤和请求与方鸣谦同行。

> 鸣谦，国珍从子也，习海事，常访以御倭策。鸣谦曰："倭海上来，则海上御之耳。请量地远近，置卫所，陆聚步兵，水具战舰，则倭不得入，入亦不得傅岸。近海民四丁籍一以为军，戍守之，可无烦客兵也。"帝以为然。和乃度地浙西东，并海设卫所城五十有九，选丁壮三万五千人筑之，尽发州县钱及籍罪人赀给役。役夫往往过望，而民不能无扰，浙人颇苦之。或谓和曰："民讟矣，奈何?"和曰："成远算者不恤近怨，任大事者不顾细谨，复有讟者，齿吾剑。"逾年而城成。④

方国珍集团和倭寇打过交道，对他们比较了解。方鸣谦"陆聚步兵，

① 《明太祖实录》卷一九八，洪武二十二年十二月甲寅条，第2975页。

② 《明太祖实录》卷一六七，洪武十七年闰十月乙巳条，第2558页。

③ 《明太祖实录》卷一五九，洪武十七年正月壬戌条，第2460页。

④ 张廷玉等：《明史》卷一二六《汤和传》，第3754页。

水具战舰”的建议是其经验的总结，颇具可行性，因而得到朱元璋的赞许，并命令汤和予以落实。不过《明史》本传的记载较为简略。其实，汤和到浙江才一年，就因“思州诸洞蛮作乱”[①]，挂征虏将军印，在江夏侯周德兴的辅助下领军出征，离开了浙江，直到洪武十九年正月才班师[②]，并“赐钞万锭，俾建第于凤阳”[③]。此后才回到浙江沿海。

洪武二十年十一月，汤和上报：“宁海、临山诸卫滨海之地见筑五十九城，籍绍兴等府民四丁以上者，以一丁为戍兵。凡得兵五万八千七百五十余人。”[④]

同年四月，汤和战场上的助手周德兴也被派往福建，“以福、兴、漳、泉四府民户三丁取一，为缘海卫所戍兵，以防倭寇。其原置军卫非要害之所即移置之。德兴至福建，按籍抽兵，相视要害可为城守之处，具图以进。凡选丁壮万五千余人，筑城一十六，增置巡检司四十有五，分隶诸卫，以为防御”[⑤]。

从汤和洪武十七年正月受命经略闽浙沿海防务，到二十年底，已经过去了近四年，时间稍显漫长。当时功勋宿将大多健在，征讨思州并不是非汤、周二将不可。汤和在浙江一带开展工作已经一年有余的情况下被调离，只能说明朱元璋认为陆上海防卫所的建设并不急切。这倒可以理解，毕竟那时的倭寇在明朝水军的打击下，对沿海已构不成大的威胁。

洪武二十年三月，朱元璋曾宣谕高丽：

> 打紧的是倭子……只兀那鸭绿江一带沿海，密匝匝的多筑些城子，调些军马守住了。一壁厢多造些军船隄备……似兀那罗州一带筑起城子，多造些军船，教倭子害不得便好。你却沿海三五十里家无人烟耕种，又说倭子在恁那一个甚么海岛子里经年家住，也不回去，恁却近不得他。这的有甚难处？着军船围了困也，困杀那厮。这等都是合做的事。[⑥]

此时汤和等尚未完成闽浙沿海的海防卫所建设，是否有成效还不得而

① 《明太祖实录》卷一七二，洪武十八年四月丙辰条，第2634页。
② 《明太祖实录》卷一七七，洪武十九年正月条，第2677页。
③ 《明太祖实录》卷二四〇，洪武二十八年八月条，第3491页。
④ 《明太祖实录》卷一八七，洪武二十年十一月己丑条，第2799页。
⑤ 《明太祖实录》卷一八一，洪武二十年四月戊子条，第2735页。
⑥ ［朝鲜］郑麟趾：《高丽史》卷一三六《辛禑传四》，丁卯十三年三月条。

知。朱元璋却在建议高丽多筑城、多造军船，说明方鸣谦“陆聚步兵，水具战舰”的思想已经成为朱元璋的既定海防战略。

值得注意的是，这一战略思想被后来的朝鲜李朝袭用。洪武三十一年，朝鲜政府命通信官朴惇之出使日本，在与日本幕府将军足利义满交涉时，即提到“我中外军官士卒每请，云陆置镇戍，海备战舰”①。方鸣谦提出的这一思想能被中、朝两国决策层接受，说明其的确富有成效。

但是，在完善陆疆防御体系的同时，明朝政府的另一项举措却明显失当。《广志绎》中记载：

> 宁、台、温滨海皆有大岛，其中都鄙或与城市半，或十之三，咸大姓聚居。国初汤信国奉敕行海，惧引倭，徙其民市居之，约午前迁者为民，午后迁者为军，至今石栏、础、碓磨犹存，野鸡、野犬自飞、走者，咸当时家畜所遗种也，是谓禁田。如宁之金堂、大榭，温、台之玉环，大者千顷，少者亦五六百，南田、蛟巉诸岛则又次之。②

浙江海中岛屿居民众多，且很多与方国珍余党有瓜葛，明廷在这里实行严格的海禁措施。汤和受命经略闽浙沿海时，朱元璋同样有“禁民入海捕鱼”的要求。为了彻底切断岛民与方氏余党的联系，明廷在洪武二十年“废宁波府昌国县，徙其民为宁波卫卒。以昌国滨海，民尝从倭为寇，故徙之”③。昌国县是一个纯粹的海岛县，北宋熙宁六年（1073）由时任鄞县令的王安石奏请设置，辖区大体在今舟山群岛。元朝时因人口增加，一度升格为昌国州。明朝建国后，“定海之外，秀、岱、兰、剑、金塘五山争利，内相仇杀，外连倭寇，岁为边患”④，岛上居民因而成为海禁政策的主要实施对象。早在三年前，明朝政府已经设立了一个昌国卫，不过不在舟山群岛，而是在宁波府之象山县境内⑤。可以说，明朝政府在洪武十七年已经准备在舟山群岛实施徙民空岛政策。洪武二十年强行迁徙

---

① ［朝鲜］《李朝定宗实录》卷一，己卯元年五月乙酉条，第593—594页。日本学习院东洋文化研究所昭和二十八年（1953）影印本。

② 王士性：《广志绎》卷四《江南诸省》，中华书局1981年标点本，第73页。

③ 《明太祖实录》卷一八二，洪武二十年六月丁亥条，第2745页。

④ 郑若曾：《筹海图编》卷五，中华书局2007年点校本，第366页。

⑤ 《明太祖实录》卷一六五，洪武十七年九月丁未条，第2542页。

昌国县民登陆并充宁波卫卒，不仅是既定国策的具体执行，也是一种连坐式的惩罚措施。对此举的目的，明朝人即有准确的认识，如郑若曾即曾说："信国公经略海上，起遣其民尽入内地，不容得业，乃清野之策也。"[①] 不过既然是既定国策，除了强制移民外，还需相应的安置措施，其执行过程未必仓促，所谓"约午前迁者为民，午后迁者为军"，估计带有一定的传说色彩。

作为强化坚壁清野政策的一部分，徙民空岛政策在其他省份也曾执行过。例如：洪武二十年六月，福建左参议王钝奏准"徙福建海洋孤山断屿之民居沿海新城，官给田耕种"[②]；在山东，刘公岛"旧有辛、汪二里居民。国初魏国公徐达徙之。今其遗址尚存"[③]；洪武二十五年，山东宁海州莒岛民众刘兴等诣阙陈诉，称"旧所居地平衍，有田千五百余亩，民七十余户，以耕渔为业。近因倭寇扰边，边将徙兴等于岛外，给与山地，硗瘠不堪耕种。且去海甚远，渔无所得，不能自给，又无以供赋税，愿复居莒岛为便"[④]。大概是此时倭寇危害不大，朱元璋意外地同意了他们的请求。不过，刘兴等人是否真的回到了莒岛，令人怀疑。因为在嘉靖《宁海州志》中有这样的记载：

> 莒岛，本莒岛社地，其土肥沃，其山秀丽，中多古墓。洪武间以倭夷为患，因徙其民。岁久，诸墓遂为人盗发，且并去其碑志以灭其迹。[⑤]

如果刘兴等的确回到岛上生活，岛上祖墓似乎不可能遭到严重破坏。

空岛政策虽然最大限度地切断了沿海居民与方、张余党、倭寇的联系，但明朝政府在海防建设过程中并没有在这些空出来的岛屿上作具体的军事规划，而是简单地一弃了之。这不仅造成巨大的浪费，而且给海上敌对势力提供了相对安全的落脚地，给海防大局造成了不利影响。洪武二十年后，倭寇袭扰又渐增加，与此有一定的关系。

---

① 郑若曾：《筹海图编》卷五，第367页。

② 《明太祖实录》卷一八二，洪武二十年六月甲辰条，第2748页。

③ 嘉靖《宁海州志》卷上《地里第一·山川》，《天一阁藏明代地方志选刊续编》本，第697页。关于山东海防建设，地方史志资料大多称与徐辉祖或徐达有关，本书下一节会具体考察，此处从略。

④ 《明太祖实录》卷二二〇，洪武二十五年八月己巳条，第3226—3227页。

⑤ 嘉靖《宁海州志》卷上《地里第一·山川》，第692页。

与此同时，倭寇的来源地——日本九州等岛的政治形势也在发生变化。

为了打击南朝势力，室町幕府于1370年（洪武三年）任命今川了俊为倭寇重要的来源地——九州的探题。今川到任后，对内，联络支持北朝的势力，打击以怀良亲王为首的南朝势力，逐渐控制了九州的大局；对外，谋求控制倭寇，改善与明朝、高丽（朝鲜）的关系。辛禑四年（1378），今川了俊"使僧信弘率其军九十六人来捕倭贼"①。虽然兵力很少，但象征意义更大，表达了愿意打击倭寇的意愿。此后又多次送还被掳掠的朝鲜民众。

朝鲜李氏王朝建立后，李朝政府多次与日本联系，希望日方约束倭寇。例如：1394年（洪武二十七年）遣前工曹典书崔龙苏于日本，请今川了俊"以舟师往捕余党"②；1397年（洪武三十年）五月遣前司宰少监朴仁贵通书于日本对马岛守护李大卿，请"熟计利害，讨除罪人，以通和好"③；十二月，在给日本六州牧义弘（即大内义弘）的复信中称："所论大相国禁贼之事，诚交邻继好之美意也。然一歧、对马两岛之民恣行狡猾，不尊禁令，侵扰我疆，以梗两国和好之意，亦且远犯中国之境，天下皆谓之岛贼。"因此决定派遣水军渡海讨伐，但鉴于"圣上欲以文德绥远，而贵国亦遣使来聘，谕以禁贼，故姑寝其事。阁下益以讲和息民之义谋议于大相国，禁制凶徒，以笃邻好"④。

次年，朝鲜政府又派通信官朴惇之到日本，与幕府将军足利义满交涉。足利义满为打击南朝残余势力，派大内义弘领兵攻打倭寇贼巢，历时六个多月，取得重大胜利，"贼弃兵掷甲，举众出降"⑤。残余倭寇或敛声匿迹，或到朝鲜请降，成为归化倭人。

但就在此期间，足利义满因为担心今川了俊尾大不掉，于1395年以上京述职的名义将其召回并罢免。九州探题交由涉川满赖担任。但涉川一族无力控制整个九州，九州各国守护特别是大内氏有极强的独立性。就在今川了俊被罢免不久，觊觎九州探题职务的大内义弘就曾联络他，希望联手，但被今川拒绝。1399年（建文元年），前一年才率兵攻打倭寇巢穴的大内义弘在堺举兵反叛，应永之乱爆发。虽然很快被平定，但并没有解决

① ［朝鲜］郑麟趾：《高丽史》卷一三三《辛禑传一》，四年六月条。
② ［朝鲜］《李朝太祖实录》卷六，甲戌三年十月丁丑条，第280页。
③ ［朝鲜］《李朝太祖实录》卷十一，丁丑六年五月丁巳条，第421—422页。
④ ［朝鲜］《李朝太祖实录》卷十二，丁丑六年十二月癸卯条，第451页。
⑤ ［朝鲜］《李朝定宗实录》卷一，己卯元年五月乙酉条，第593—594页。

地方诸侯拥兵自重的问题。

与此前的镰仓幕府相比，室町幕府显然是一个弱势幕府。虽然足利义满取得了最高廷臣——太政大臣的称号，也在形式上统一了南北朝，但对关东、奥羽、九州等地并没有绝对的控制权，离心倾向始终存在，以至于统一维持了80余年就陷入战国纷争。

在室町幕府与九州离心势力对抗期间，倭寇问题相应的会严重一些。即便在幕府进攻倭寇巢穴的时候，因为反弹，倭寇的袭扰也会发生短暂的增加。外在因素和明朝政府“适时”的空岛政策以及海上巡弋范围、规模的变化应是朱元璋执政的最后十余年倭寇问题又一次略显严重的原因。而应永之乱的爆发以及此后室町幕府对九州一带离心势力的逐渐失控，则对永乐朝及此后的海防形势产生了重要影响。

结　语

元朝以前的古代中国没有遇到过实质意义上的海上威胁。大明帝国建立后，不仅第一次面对严重的海上威胁，而且威胁来自多个层面，迫使朱元璋及其领导的明朝政府不得不拿出大量精力来钻研这个新课题。在没有经验可循的情况下，传统的治国理念、曾经行之有效的军事战略被继续尝试沿用。在外交层面，大明帝国以天朝上国的自信对日本发出战争威胁，希望日本有效控制本国奸民，但因“不知彼，只知己”，始终没有找到真正对等的施压对象而告失败。在军事领域，海禁政策成为传统坚壁清野防御理论在海疆防御上的新应用，并发挥了一定的作用。群雄征战过程中培养出来的善战水军在积极的外线作战思想指导下开始定期巡弋于广阔大海，给敌对势力以巨大威慑和打击，促成了朱元璋执政的第二个十年中的海疆总体和平。

由于传统陆战思想的影响，在沿海要害之地广建卫所成为洪武十七年后明朝政府应对敌对势力游击战式渗透袭扰的有力武器。大规模地迁徙海岛居民到内地亦成为坚壁清野理论的极端尝试。由于海运补给辽东的需要，巡海舰队担负了大量护航任务，巡航区域因之向近海靠近。不在海运线路上的浙闽粤海区的巡逻任务逐渐成为沿海都司的职责。巡逻范围的内缩、弃海岛于敌的无效“清野”以及日本政局的新变化，使“陆聚步兵，水具战舰”的可行海防战略反而成了一次并不成功的尝试，倭寇的侵扰也因此在洪武朝的最后一个十年重新抬头。

第三节　洪武朝山东沿海的防御体系

前述两节重点在探讨洪武朝的整体海防，本节拟对洪武朝山东沿海海防体系的建设进行相对具体的分析。

在洪武十七年汤和等受命于沿海要地部署陆上海防卫所之前，明朝政府的海防战略以主动海上巡航为主，辅以一定的外交手段。因而在山东沿海，以海防为目的的卫所建设并没有列入主要日程。明初定都南京，浙江等东南沿海省份毗邻首都，因而在明廷开始大规模陆上海防体系建设时，这里成为第一批受益者。山东地区虽然也是倭患重灾区，但因距离首都较远，加之其他一些因素，以海防为主要指向的卫所建设明显滞后。本节拟对山东沿海陆上防御体系中的各个卫所的建置时间、位置、功能等逐一探讨，兼及相关之巡检司、墩台等。

一　青州左卫

据《明太祖实录》记载，洪武八年十月，“置青州左、右二卫指挥使司”①。但《实录》中同时记载洪武二年四月，“大将军徐达师入安定州，以降将陈宗聚、李克让署州事，调青州右卫官军守之”②。《宁远卫选簿》则记载山东平度州人丘云勋，“吴元年归附，充权百户。三年除青州左卫百（户）。二十一年过海升定辽右卫中所副千户，本年八月与世袭”③。两则史料显示青州左右二卫的设置时间似乎并没有那么晚，这是怎么回事呢？

吴元年十月，徐达等率军北伐。山东沂州王信父子阴持两端，朱元璋遣人密谕徐达：“王信父子反复，不可遽信。宜勒兵趋沂州以观其变。如王信父子开门纳款，即分两卫军守其地。信父子及部将各同家属遣至淮安。若益都、济宁、济南俱下，各令信军五千及我军万人守之……”④ 同年十一月，徐达按照朱元璋事先的部署，先分兵扼守黄河，然后集中兵力围攻益都，很快攻克，俘获元朝兵将一万五百余人。朱元璋随即下令

① 《明太祖实录》卷一〇一，洪武八年十月癸丑条，第1711页。

② 《明太祖实录》卷四一，洪武二年四月己卯条，第823页。

③ 《宁远卫选簿》，《中国明朝档案总汇》第55册，广西师范大学出版社2001年版，第336页。

④ 《明太祖实录》卷二六，吴元年十月辛未条，第407页。

“留兵一万守益都，余分守济南、济宁”[①]。

益都是山东中部重镇，也是后来明朝青州府的府治所在地。迅速攻克益都，对于收复胶东地区有重要意义。在一个月的时间里，朱元璋对留守益都的兵力安排由一万五千人下降到一万人，估计与战局的发展超出朱元璋的预料有关。

按嘉靖《青州府志》的记载，“洪武初，立益都卫。三年，改青州都指挥使司”[②]。益都卫在《实录》中没有记载，不过此时的朱元璋政权已经开始推行卫所制度，且在洪武七年八月之前，“凡一卫统十千户，一千户统十百户，百户领总旗二，总旗领小旗五，小旗领军十，皆有实数”[③]，一卫的额定兵力正是一万余人。在地方行政区划未定，青州尚未设府的情况下，新设军卫称为益都卫是合理的。

嘉靖《山东通志》载：

> 青州左卫在府治东。洪武初建益都卫于府城西北，寻改为青州左卫。永乐十四年移建今地。[④]

可见，在后人眼中，益都卫即青州左卫的前身。

不过此时益都卫的职能仅限于镇守新收复地区及为临近战区提供后勤支持，海防根本不在朱元璋政府的考虑范围。另从史料记载来看，益都卫这个名称似乎也没有使用多长时间。《明太祖实录》卷三四记载，洪武元年八月，

> 诏大将军徐达置燕山等六卫，以守御北平。于是达改飞熊卫为大兴左卫、淮安卫为大兴右卫、乐安卫为燕山左卫、济宁卫为燕山右卫、青州卫为永清左卫、徐州五所为永清右卫。[⑤]

这里提到的青州卫显然就是原来的益都卫。明初，大规模战事不断，卫所大范围调动、移置的现象屡屡发生。青州卫军士被整体调往北平地区

---

① 《明太祖实录》卷二七，吴元年十一月辛丑条，第419页。

② 嘉靖《青州府志》卷十一《兵防》，上海古籍书店1965年线装复制本。

③ 《明太祖实录》卷九二，洪武七年八月丁酉条，第1607页。

④ 嘉靖《山东通志》卷十一《兵防》，《天一阁藏明代地方志选刊续编》本，第719—720页。

⑤ 《明太祖实录》卷三四，洪武元年八月癸未条，第619—620页。

驻防，亦属正常的军事行为。这次调防也说明此时青州地区的军事部署并不含有海防目的。

不过，益都地区作为控扼胶东半岛的军事重镇，原有驻军不可能悉数调走。在青州卫改为永清左卫之后，这里势必会有新军填补空缺。洪武三年十二月，青州卫被升格为都卫指挥使司。[①] 洪武八年，更名为都指挥使司。直到洪武十九年都司迁往济南，十余年的时间里，青州一直是山东驻军的总司令部。随着地位的提高，这里的驻军数量自然会大幅度增加。洪武七年八月，明廷修改卫所制度，“重定其制，大率以五千六百人为一卫，而千百户总小旗所领之数则同”[②]。次年十月，青州都卫被改为山东都指挥使司[③]，同时设青州左、右二卫。考虑到此前一卫额定军士在一万人左右，不排除青州左、右二卫是在原有青州卫的基础上直接分拆而成。[④]

二卫既然分治，其辖区及驻地可能也会发生变化。按照嘉靖《山东通志》的记载，益都卫设在青州府治益都县的西北，和青州左卫的位置正好相反。青州右卫的位置有可能就在原来益都卫的驻地上。《明太祖实录》卷四一中出现的洪武二年的“青州右卫”实际上应该是管辖益都西北一带的益都（青州）卫的那部分。

《明太祖实录》在历史上曾遭多次修改，卷四一中出现这样的讹误，不排除有实录修改者不了解明朝建国之初的兵制，妄加揣测而错改的可能。如果这一推断成立的话，则青州左卫原本就设在府治东部，并非省志所言之“永乐十四年移建今地”。

益都成为青州都卫驻地后不久，即由都指挥叶大旺“增崇数尺，垒石甃甓，周一十三里有奇”[⑤]，“因旧址以砖石，环城为池”[⑥]，防御能力大为提高。

洪武初，朱元璋册封儿子朱榑为齐王，青州为其封地。青州因此于洪

---

① 《明太祖实录》卷五九，洪武三年十二月辛巳条，第1164页。

② 《明太祖实录》卷九二，洪武七年八月丁酉条，第1607页。

③ 《明太祖实录》卷一〇一，洪武八年十月癸丑条，第1711页。

④ 类似的例子如吴元年设立的南直隶太仓卫，原有军士11200名。洪武十二年直接分拆，以一半兵力另建镇海卫。见正德《姑苏志》卷二五《兵防》，《天一阁藏明代地方志选刊续编》本。

⑤ 嘉靖《青州府志》卷十一《兵防·城池·青州府城》。

⑥ 顾祖禹：《读史方舆纪要》卷三五《山东六·青州府·益都县·益都城》，上海书店出版社1998年影印本，第249页。

武七年增设齐府护卫①，并“因东阳城故址修筑土城”②，以为王城。青州驻军数量进一步增加。不过，齐王于永乐四年被废，“革青州中、左二护卫及齐府长史司、仪卫司，官军、校尉分调附近卫所”③，王城建设也因国除而终止。同年十一月，因为拱卫新都北京的需要，“改青州右卫为天津右卫”④。至此，青州卫所仅存青州左卫。由于青州地区长期存在且与海防密切相关的只有青州左卫，因此本节对青州右卫及两护卫的情况不再讨论。

青州左卫所处的府治益都地处鲁中山地和鲁北平原的过渡地带。在益都城外，自西向南沿逆时针方向分布着尧山、石膏山、驼山、云门山、青山等大山，基本处于被大山环抱状态，整体地形南高北低。在这里驻军，其辐射面涵盖北部沿海和东部的半岛地区。洪武十三年十月，朱元璋曾命江阴侯吴良展拓青州北城。⑤ 齐王的王城——古东阳城在州城北部，这次拓展北城墙，既是一次重要的军事工程，也暗含有与王城拉近，以便互相支援的目的。虽然这次修城在 15 天后就因为“上天垂象，主土木之事”，“恐劳民太重”⑥，半途而废，但亦显示了明朝政府对青州地区在军事职能上的重视。因为青州左卫的功能主要是控扼鲁中地区，海防只是其军事功能的一部分。在洪武时期，它在海防上的具体措置是分出一个百户所，建在渤海岸边，这就是乐安县境内的塘头寨备御百户所。

青州北部只有乐安、寿光两县滨海，塘头寨百户所设在乐安县北。按照《乐安县志》的记载，塘头寨“设青州左卫后所百户一员、旗军一百名，把守海口，防御倭寇。墩十，曰公母堂、黄种、上思河、旧寨，在所东；曰宁坟、荆埠、课墩、官台、甜水河、八面河，在所东南。所有哨兵，食粮于邑。无事则登高以瞭望，有事则驾舟以侦探。而春秋二汛亦属紧急。海上无警，似涉冗食，万一倭信叵测，则此不容缺也。盖弓兵属于巡检司，以备干掫，而民壮有守城之役，此则以备海防云”⑦。

---

① 《明太祖实录》卷八八，洪武七年三月条，第 1566 页。

② 顾祖禹：《读史方舆纪要》卷三五《山东六·青州府·益都县·益都城》，第 249 页。

③ 《明太宗实录》卷五四，永乐四年五月庚戌条，第 808 页。

④ 《明太宗实录》卷六一，永乐四年十一月甲子条，第 882 页。顾炎武：《肇域志》、嘉靖《青州府志》等书记载青州右卫于永乐四年移“戍德州”（见《肇域志》，上海古籍出版社 2004 年标点本，第 525 页；嘉靖《青州府志》卷十一《兵防》），未知孰是。

⑤ 《明太祖实录》卷一三四，洪武十三年十月辛酉条，第 2122 页。

⑥ 《明太祖实录》卷一三四，洪武十三年十月乙亥条，第 2123 页。

⑦ 万历《乐安县志》卷十《兵防》，《国家图书馆藏明代孤本方志选》影印本，中华全国图书馆文献缩微复制中心，2000 年。

文中之“墩”即设在沿海的烽火台，用于及时传递海上来袭之情报。据康熙《即墨县志》载，即墨雄崖等烽墩“俱系鳌山卫拨军屯种”[①]。塘头寨的墩台是否通过军屯来解决部分后勤补给，史无明载，不好确定，但这里的墩台守军由青州左卫派出是可以肯定的。

塘头寨建在小清河和淄河交汇处，东、南、西三面临河，北面滨海有“土城，周三里”[②]。附近另设有塘头寨巡检司和高家港巡检司。巡检司虽然隶属于州县行政系统，但在沿海地区也承担一定的军事职责。弘治年间，山东按察司副使赵鹤龄在整顿沿海防务时即曾奏报：“青登莱三府属县，国初设巡检司二十，每司弓兵百人，防御海寇。”[③]

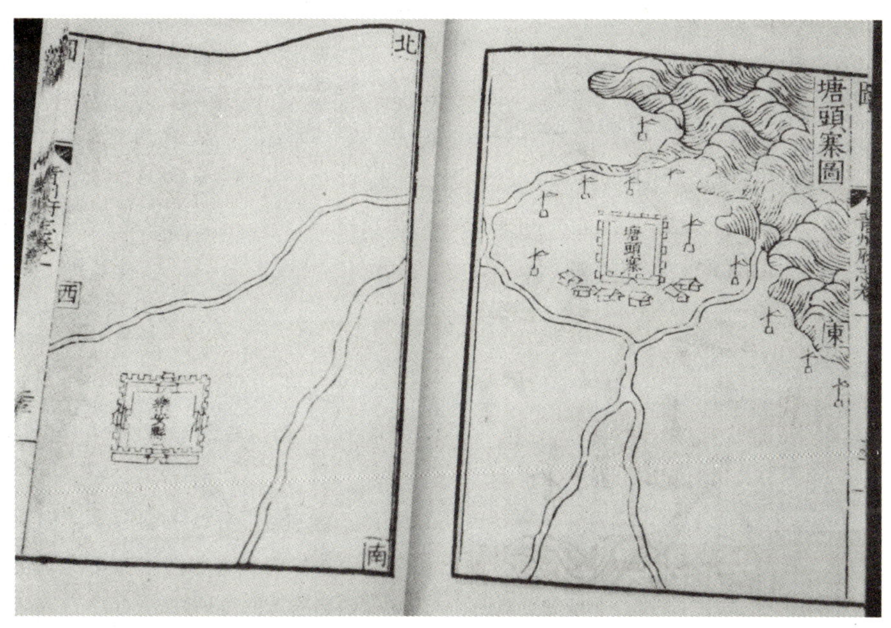

图 1—1　《塘头寨图》（嘉靖《青州府志》卷一）

在明初，很多巡检司的长官是由军方派出的。例如章应选，“黄岩县人，丙午年归附，吴元年充虎贲左卫小旗，洪武四年选充应天卫左所总旗，十三年钦除登州府沙门岛巡检，十五年除定辽前卫中所流官百户”[④]；

① 康熙《即墨县志》卷上《建置》，《国家图书馆藏清代孤本方志选》影印本，线装书局2001年版。

② 顾炎武：《肇域志》之《山东·青州府》，第525页。

③ 《明孝宗实录》卷五二，弘治四年六月丙午条，第1025页。

④ 《宁远卫选簿》，《中国明朝档案总汇》第55册，第370页。

江陵县人苏福，“洪武四年充总旗，十年收捕作耗贼人，除青州府莒州十字路巡检。十四年裁革，仍充总旗。……除百户，调青州左卫后所”[①]；祥符人魏晟，“前李思齐下头目……七年取赴京，除台州府宁波县铁场巡检。十七年除燕山前卫后所试百户”[②]；等等。章应选等人在出任巡检前后都是卫所军官，这说明在军事要地附近设置的巡检司都具有一定的军事职能，甚至不排除直接由军方管理的可能。

乐安县沿海设有三个盐场，明中叶，“盐徒出没，水路并进，动称数百，恐生他变”[③]，防御盐徒破坏盐场正常生产成为高家港等巡检司的重要职责。这三个巡检司在明初是否承担海防任务尚不明确。但可以肯定的是，一旦出现海警，巡检司弓兵不可能只作壁上观。

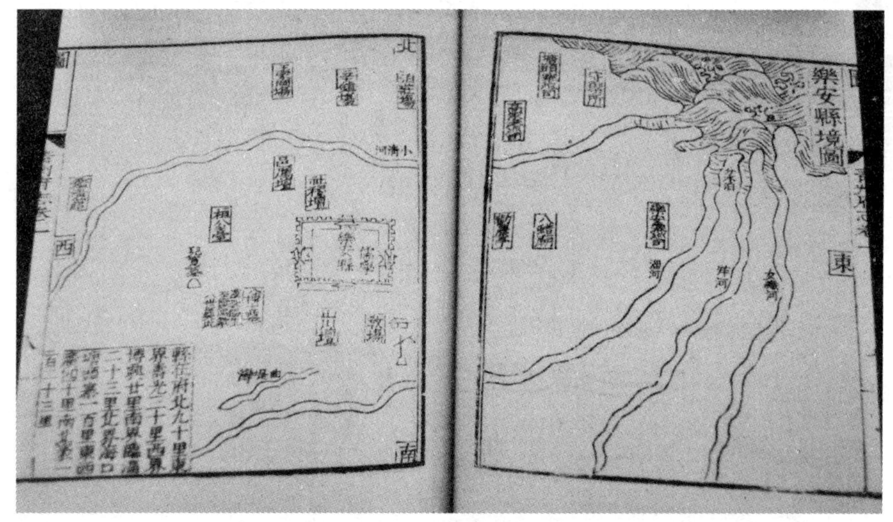

图 1—2 《乐安县境图》（嘉靖《青州府志》卷一）

青州北部海区处于渤海腹地。来自海上的威胁如果要渗透到这里的话，首先要突破庙岛群岛一线及莱州洋防线，因而这里的常态化海防任务并不是很重，只设一个百户所是有道理的。

---

① 《青州左卫选簿》，《中国明朝档案总汇》第 55 册，第 120 页。

② 《云南后卫选簿》，《中国明朝档案总汇》第 59 册，第 430 页。按：明代浙江台州和宁波同为府级区划，并没有什么宁波县。《选簿》中的“宁波县”，疑为“宁海县”之误。

③ 万历《乐安县志》卷十《兵防》。

二　诸城守御千户所、胶州守御千户所

青州府南北两端临海，在登州府设立之前，青州府南部滨海州县主要有胶州以及莒州下属之日照县和诸城县。这里直接与南直隶海州、徐州等地相邻，“东连海渚，南控泗沂，扼淮北之要冲，为青齐之屏障”，属“必备之险”①，战略地位很高。元末红巾军起义，东路北伐军毛贵部就是从海州渡海，进入山东东南沿海一带的。明军北伐时，也曾计划从这里打开突破口。如吴元年九月，“命虎贲左卫副使张兴率勇士千人赴淮安，俟师期，又命濠州练习平乡山寨军，亦会淮安，谋取胶州及登莱等处”②。只是后来形势变化，才改攻沂州。按理，有现实的历史教训，明朝政府应该分外重视这里的防御才对。但现实却是，直到洪武四年十二月，明廷才设置诸城守御千户所③。曾遭毛贵起义军沉重打击的胶州，更是直到洪武五年三月，才设置胶州守御千户所④。

从洪武二年正月起，倭寇骚扰山东沿海的报告即不断出现在朱元璋的案头。但他的首选应对措施是两次派出外交使团，力图通过威吓，由日本政府来解决倭患问题。如前所述，两次外交行动都因为不了解日本国情而未能取得预期效果。倭寇的袭扰报告依然密集上呈：洪武三年六月，“倭夷寇山东，转掠温、台、明州傍海之民，遂寇福建沿海郡县”⑤；四年六月，“倭夷寇胶州，劫掠沿海人民”⑥；六年七月，“倭夷寇即墨、诸城、莱阳等县，沿海居民多被杀掠”⑦ ……

明初，与北元的战事尚未结束，明朝政府的注意力不得不集中在北方内陆。相比之下，沿海倭寇及方、张余党的骚扰虽然范围很广，但总体威胁并不是很大。在这样的背景下，暂时搁置沿海的军事建设是可以理解的。但持续不断的海上压力及外交努力的失败，迫使明廷不得不对沿海有所关注。这应该是诸城等地直到洪武四年底才设置海防卫所，且兵力有限的原因。

诸城县城地处泰沂山脉和胶潍平原的过渡地带，原有南北两座石城，

---

① 顾祖禹：《读史方舆纪要》卷三五《山东六·青州府·莒州》，第253页。

② 《明太祖实录》卷二五，吴元年九月癸未条，第365页。

③ 《明太祖实录》卷七十，洪武四年十二月乙巳条，第1311页。

④ 《明太祖实录》卷七三，洪武五年三月癸酉条，第1340页。

⑤ 《明太祖实录》卷五二，洪武三年六月条，第1056页。

⑥ 《明太祖实录》卷六六，洪武四年六月戊申条，第1248页。

⑦ 《明太祖实录》卷八三，洪武六年七月辛亥条，第1487页。

故有“群山纠纷，河水萦带，两成并峙，军民错居”的说法[①]。元代曾在此设密州千户所。明廷重置千户所后，为便于防御，由千户伏彪主持，将两城合二为一，“周九里”[②]。千户所公署设在县城西南大街上，“故南城为军”，城北即元代之密州城，为县治所在，“故北城为民城”[③]。因系两城合并而成，故在南北城交汇处仍有旧城墙，墙上开城门以通行人。“自北城视之若南门，自南城视之若北门”，故称此门为“双门”[④]。这是一座典型的军民共处但泾渭分明的城池。本城共有五座城门，其中面向东南大海方向的称“镇海门”，凸显了这座军民共处城池的海防功能。

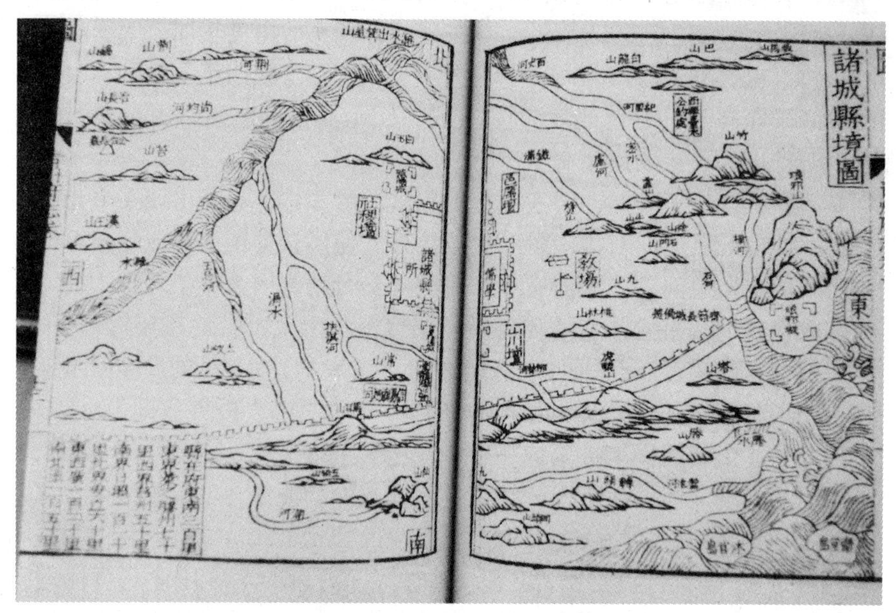

图 1—3　《诸城县图》（嘉靖《青州府志》卷一）

从下图中可以看出，在县城之南有一道古长城，即春秋时齐国修建，用于防御越国及后来的楚国北侵的齐长城。这道城墙天然地把诸城所和沿海地区隔开。因此，要想及时对辖区滨海处的敌情作出快速反应，必须另

---

① 赵秉忠：《县志序》，见顾炎武：《肇域志·山东·青州府·诸城县》，第 535 页。

② 嘉靖《青州府志》卷十一《兵防·城池》。

③ 乾隆《诸城县志》卷七《建置考》，“中国地方志集成丛书”影印本，凤凰出版社 2008 年版，第 64—65 页。

④ 顾炎武：《肇域志·山东·青州府·诸城》，第 604 页。

有措置。

在诸城沿海，有宋家口、徐家港、董家口、陈家港、桃花港、龙湾口、曹家溜（龙潭口）等海湾、海港，容易成为来自海上的敌人登陆和驻泊之所。明廷在这里设置了十一个墩台，这些墩台大多设在地势较高处，以便瞭望。其中紫良墩、琅邪墩、车轮墩等直接建在山上，并因山而得名。需要注意的是，这十一个墩台中只有四个由诸城千户所直接派兵驻守，另外七个分别由南龙湾巡检司和夹仓镇巡检司弓兵负责①，“每墩守瞭弓兵六人”②。墩台发现敌情后，上报诸城所，由诸城所决定具体处置事宜。

南龙湾巡检司，设在县东南一百三十五里龙湾海口③，“东据海口，西枕琅邪山麓”，“管龙湾海口、丁家海口、董家海口”④，辖三墩。夹仓镇巡检司位于日照县南二十五里处，原本设在县城西部约 70 里的刘三公庄，洪武三年才移置到滨海⑤。两个巡检司驻地都有石城。其中南龙湾镇海口巡检司石城周长不过一百二十丈⑥，夹仓镇巡检司城估计也不会很大。

前文说过，明代建在军事要地附近的巡检司具有一定的军事职能。南龙湾镇和夹仓镇两个巡检司直接承担沿海烽燧的守护任务，是对此的直接证明。不过，由隶属于行政系统的弓兵负责沿海大部分墩台的瞭守，而且夹仓镇巡检司还是特地从内陆迁调而来，亦说明此时在明朝政府眼中，海防并不是燃眉之急。

在诸城县东南一百二十里处的信阳镇也设有巡检司，并有“周一里”的寨城⑦。信阳镇设有盐场，从名称上推测，信阳场巡检司的职责应该主要是守护盐场，但其同时也“管宋家海口、崔家海口”，并辖贾铁马墩等三墩。可见，它也兼有一定的海防职能。

按照嘉靖《青州府志》的记载，诸城所直接管理西大岭、黄石攔、东沙岭和黄石四个墩台⑧。但在顾炎武《肇域志》中记载，信阳场巡检司

---

① 嘉靖《青州府志》卷十一《兵防》。

② 乾隆《诸城县志》卷十《武备考》，第 85 页。

③ 顾祖禹：《读史方舆纪要》卷三五《山东六·青州府·诸城县·景定镇》，第 253 页。

④ 顾炎武：《肇域志·山东·青州府·诸城》，第 605 页。

⑤ 顾祖禹：《读史方舆纪要》卷三五《山东六·青州府·日照县》，第 254 页。

⑥ 嘉靖《青州府志》卷十一《兵防·城池》。

⑦ 顾祖禹：《读史方舆纪要》卷三五《山东六·青州府·日照县》，第 254 页；嘉靖《青州府志》卷十一《兵防·城池》。

⑧ 嘉靖《青州府志》卷十一《兵防》。

管辖的三个墩台中有一个叫黄石澜墩[1]。郑若曾《筹海图编》则记载信阳镇巡检司下辖黄石欗墩，而且西大岭、东沙岭两个墩台也记在了信阳镇巡检司名下[2]。“攔”、“澜”、“欗”同音异形，应该是一个墩台。郑若曾把信阳镇巡检司和南龙湾海口巡检司、夹仓镇巡检司一并列在安东卫下，而且在沿海卫所中未提到诸城所，说明诸城所的海防职能在安东卫等滨海卫所建立之后有所退化，其所管辖的墩台亦可能因此被转移给了信阳镇巡检司。

墩台是最基层的海防设施，数量繁多，因而诸家记载都有一定的差异。《筹海图编》中所列“南黄墩”，不排除就是嘉靖《青州府志》所列诸城所名下的“黄石墩”。如果这个假设成立的话，则有两种可能：一是这四个墩台原本就在信阳镇巡检司名下，嘉靖《青州府志》记载有误；二是这四个墩台后来整体转给了信阳镇巡检司。至于转手时间以及在安东卫设立之前信阳镇巡检司是否受诸城所辖制，因史料缺乏，不得而知。与另两个巡检司不同，夹仓镇巡检司设在日照县境内。那么，在洪武初，是

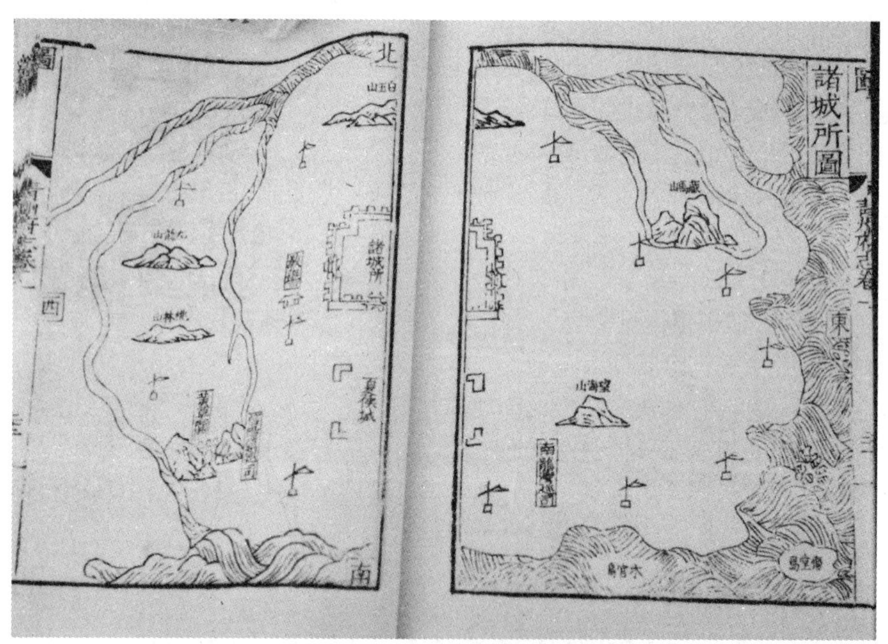

图 1—4　《诸城所图》（嘉靖《青州府志》卷一）

① 顾炎武：《肇域志·山东·青州府·诸城》，第605页。

② 郑若曾：《筹海图编》卷七《山东兵制》，第443页。

否诸城、日照两个县的滨海防御任务都由诸城千户所负责呢？在这么重要的海防要地，只设一个千户所，不是太冒险了吗？

翻检史料可以发现，明朝政府还没这么糊涂。据《明英宗实录》记载，宣德十年六月，

> 罢守莒州日照县官军。初，洪武中，以是县边海，分沂州卫官军百人于此守备。至是，行在兵部奏罢之，以县南有安东卫，县东有卫之后千户所守御故也。①

沂州属兖州府，虽不靠海，但与南直隶赣榆、海州相邻。而且沂州卫并不隶属山东都司，而是直辖于南京中军都督府。由沂州卫派出一个百户所驻守日照县，既可以加强沿海的防御力量，又可以对山东之胶州，南直隶之赣榆、海州有一定的牵制。在两省交界处设置跨省的卫所是明朝政府实现“犬牙相制”，地区制衡的一个重要举措②，由中央直属卫所控制两省交界处，加强控制的意味更浓厚。

由诸城所监管隶属于日照县的夹仓镇巡检司也有类似的目的。当然，从军事上讲，夹仓镇巡检司两属，可以有效解决诸城所与沂州卫派出之百户所防区结合部的疏漏问题，地方政府也找不到反对的理由。

日照县隶属莒州，莒州地处鲁中山地南侧，明初在此设有莒州守御千户所。莒州境内的长城岭和书案岭之间有号称“东南天险”的穆陵关，战略地位非常高。明制：守御所隶属本省都司。但莒州所与山东都司也没有隶属关系，而是和沂州卫一样，直属南京中军都督府③，由中央直接管理。由此推断，莒州所的任务应是防守穆陵关一带，与海防没有瓜葛。

胶州地处胶莱平原南端，元朝时是海运要津，“控东南海道，风帆信宿可至吴越”④，经济相对富庶，因而成为红巾军大将毛贵登陆山东后的首选攻击对象，原州城因此遭到损毁，州治因此迁到邻近的元代兵马分司

---

① 《明英宗实录》卷六，宣德十年六月辛丑条，第116页。

② 例如：五开卫、铜鼓卫设在贵州黎平府境内，但隶属于湖广都司；潼关卫在陕西境内，但一度隶属河南都司；等等。安东卫设立后，其辖区亦更靠近南直隶而不是日照县城，其目的也是在防海之余兼制海州等邻近地区。沂州卫派驻日照的百户所之所以会撤走，应与职能客观上被后来设置的安东卫接管有关。

③ 嘉靖《青州府志》卷十一《兵防》记“直隶南京都督府”。《明史》卷九十《兵志二》将其列在中军都督府下。见《明史》第2213页。嘉靖《山东通志》卷十一《兵防》则记为“直隶南京中军都督府”，见第721页。

④ 顾炎武：《肇域志·山东·莱州府·胶州》，第544页。

土城内。按照万历《莱州府志》的记载，胶州土城直到洪武八年，才由“千户申义甃以砖”①。道光《重修胶州志》则记载胶州“本土城，明洪武二年千户袁贞重筑。八年，千户申义甃以砖石，周四里”②。胶州守御千户所建立于洪武五年三月，千户申义为巩固城防，有条件也有义务建好城池。不过，千户袁贞重筑土城一事虽然缺乏相关佐证，但也不便轻易否决。因为在明军陆续收复山东地区后，出于多重需要，肯定会在新的占领区部署兵力。袁贞不排除是留镇胶州的明军将领。

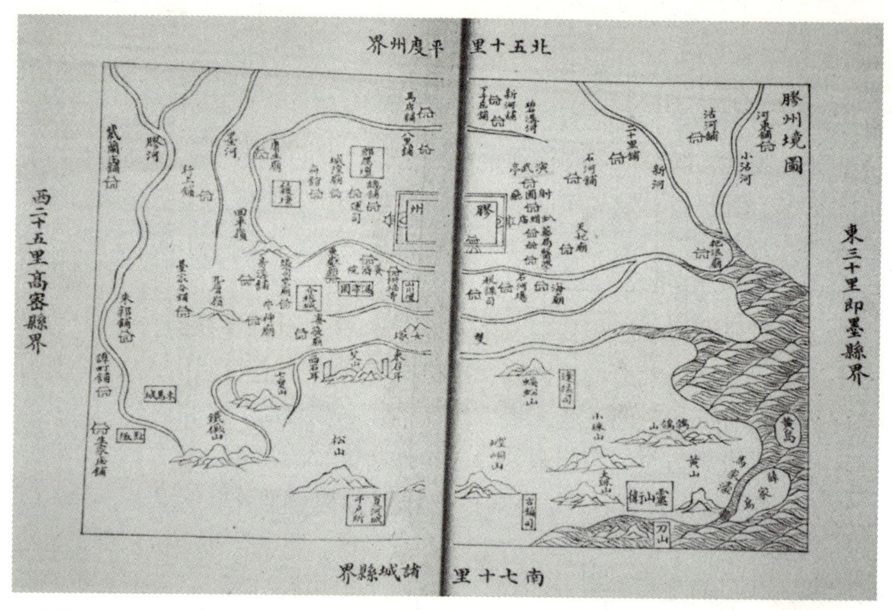

图 1—5 《胶州图》（万历《莱州府志》卷首）

胶州所和诸城所一样设在州城内，因而需要在沿海设置墩台瞭守。据万历《莱州府志》等史籍记载，胶州所共辖鹿村等墩堡十六处。海庄寨、陈村寨、橛城寨等六个军寨也归其统辖③。万历中，因倭寇朝鲜，又增设陈家岛等墩堡十处。另外，在州南四十里的“滨海戍守处”设有逄猛镇巡检司；在州东南一百一十余里的古镇岛上也设有巡检司④，“以防倭

① 万历《莱州府志》卷三《城池》，民国二十八年青岛赵琪永厚堂重刻本。
② 道光《重修胶州志》卷十三《城池》，道光二十五年刊本。
③ 万历《莱州府志》卷五《兵防》；顾炎武：《肇域志·莱州府》，第623页。
④ 顾祖禹：《读史方舆纪要》卷三六《山东七·莱州府·胶州》，第256页。

寇”①。前者辖彭家港等三墩，后者负责西庄等三墩。按照万历《莱州府志》的记载，二司均建于洪武八年②，和千户申义修建州城同时。附近即墨县境内又有栲栳岛巡检司，设于洪武四年③，辖栲栳岛等三墩④。即墨县另有双塔口、移风寨巡检司临近海滨，后因附近设置正规卫所军，“俱于洪武三十一年裁革”⑤。

需要说明的是，山东沿海海岸线曲折，加之古人对岛屿的认识有一定局限，以致很多半岛被误认为是岛屿。上文中提到的陈家岛、古镇岛、栲栳岛，其实都是半岛。也就是说，胶州所管辖之墩台其实都是建在大陆上，并非建在海岛中。另外，洪武末期在胶州及其临近地区又陆续设立了灵山卫、夏河寨备御千户所等卫所，因而史籍中记载的胶州所管辖之十六个墩堡，不排除是在这些卫所建立后重新调整、配置的结果。由于史料有限，对胶州所初创时的具体情况已无法厘清。唯一可以肯定的是，胶州所成立后，在抵御倭寇入侵方面很快发挥了作用。史载，洪武七年七月，“倭夷寇胶州，官军击败之”⑥。次年，明廷即建砖城，增设逢猛、古镇巡检司，应该就是这次实战检验后进一步完善本地海防的产物。

三　莱州卫

莱州卫是明朝政府在渤海沿岸设置的第一个军卫，设置时间为洪武二年二月⑦。嘉靖《山东通志》和万历《莱州府志》都记载建卫时间为洪武三年⑧，其中后者记录在《公署》一节，且明确记载“久废”。据此推断，洪武三年应该是莱州卫公署建成时间。

洪武四年，徐达奉命赴北平操练军马，准备对北元势力发动新的攻势。“济南卫指挥佥事盛熙领兵二千人，济宁左卫指挥房宽、厉达领兵五千人，青州卫指挥佥事周兴领兵四千人，莱州卫指挥同知胡泉领兵三千

---

① 顾炎武：《肇域志·山东·莱州府·胶州》，第544页。

② 万历《莱州府志》卷五《兵防》。道光《重修胶州志》卷三四《大事》引《学古编》的记载与前者一致。

③ 同治《即墨县志》卷十一《大事·改革》，“中国地方志集成丛书”影印本，凤凰出版社2008年版，第289页。

④ 嘉靖《山东通志》卷十一《兵防》，第738页。

⑤ 同治《即墨县志》卷十一《大事·改革》，第289页。

⑥ 《明太祖实录》卷九一，洪武七年七月壬申条，第1594页。

⑦ 《明太祖实录》卷三九，洪武二年二月壬辰条，第799页。

⑧ 嘉靖《山东通志》卷十一《兵防·莱州卫》，第733页；万历《莱州府志》卷三。

人，徐州卫指挥佥事司整、李彬领兵二千人，悉听节制”。[①] 那时卫所兵制尚未定型，即便按莱州卫有兵万人估算，一次性调走三千人参战，也不是个小数目。可见，与青州卫一样，设立莱州卫的目的在于控制胶东半岛，并非专门针对海防。

不过，从洪武二年开始，山东沿海即不断遭到倭寇的侵袭。莱州府大部分州县地处鲁中山地和胶东丘陵之间的胶莱平原上，地势相对平坦，且相对富庶，最容易遭到攻击。另外，在登州等卫建立之前，莱州卫守御的范围涵盖半岛的大部分地区，因此，即便是被动需要，也会承担一定的海防任务。

据嘉靖《宁海州志》记载，“宁海卫，在州治西，元置宁海千户所，国朝因之，属莱州卫。洪武十年改置卫”[②]。民国《牟平县志》更明确指出“宁海卫，在县城里，元置千户所，属莱州卫左千户所。明洪武二年调于此。十年升为卫”[③]。结合二者的记载来看，后者在语序上有些问题，在“元置千户所”后缺少了类似“明朝因之”一句。可以肯定的是，宁海卫的前身是莱州卫的一个千户所。宁海卫公署设在明代的宁海州州城内，从方向上看，民国《牟平县志》称这个所是莱州卫的左所，应该是对的。

莱州卫的具体建置情况，集中记载在嘉靖《山东通志》卷十一《兵防》、万历《莱州府志》卷五《兵防》、乾隆《掖县志》卷二《海防》[④]以及顾炎武《肇域志》“莱州府”部分等史料中，现综述如下：

莱州卫共设有五个千户所，除左千户所驻防宁海外，在莱州府治所在的掖县东北约八十里处设有王徐寨备御千户所，下辖沿海虎口等六墩，所城周二里。在掖县东北一百六十里处设有马亭寨备御百户所（在地理上属于黄县，后划入登州府），辖盐场等五墩，寨城周二里。[⑤] 在北部滨海，设有灶河寨和柴胡寨。前者在县北五十里，有四个百户所备御，辖三墩，寨城周二里；后者位于前者的南部，没有驻扎正规军，只设有一个巡检司，洪武二十三年补充建立，下辖六墩。在掖县西部滨海，设有马埠寨备御百户所，有四个百户所驻防，辖三墩，寨城周二里。

---

① 《明太祖实录》卷六十，洪武四年正月丁亥条，第1168页。

② 嘉靖《宁海州志》卷上《建置第三》，第764页。

③ 民国《牟平县志》卷五《政治志·武备》，济南山东印刷局民国二十五年铅印本。

④ 《掖县全志》本，光绪十九年县衙藏版。

⑤ 顾祖禹：《读史方舆纪要》记载马亭寨城周“不及一里”，与顾炎武《肇域志》的记载不同。见该书卷三六《山东七·莱州府·掖县·附见》，第254页。

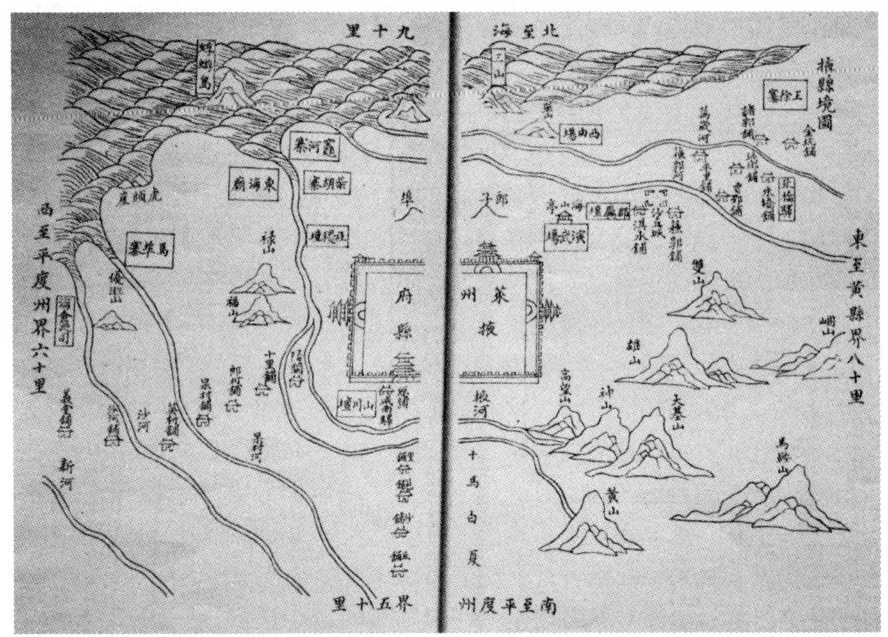

图 1—6　《掖县境图》（万历《莱州府志》卷首）

另外，在掖县西北八十里处的海仓口，即胶河入海口，洪武二十三年补充设置了一个海仓寨巡检司，下辖五墩。在昌邑县北五十里滨海处，设有鱼儿浦巡检司，亦“为戍守处”①。

对于王徐寨，顾祖禹在《读史方舆纪要》中明确指出系前千户所，且“明初置百户所，有城，周三里，嘉靖中改为千户所”②。《明史》亦称“王徐砦守御千户所，嘉靖中置”③。

从洪武初年青州、胶州、诸城等地海防卫所的建置特点来看，海岸线一带并不是明军的主要防御地段，布置在这里的卫所军和巡检司弓兵的主要任务是瞭望，及时发现敌情。一旦有倭寇躲过明朝的海上巡逻舰队抵岸登陆，海岸线上的军事力量充其量只能做一些游击性的截击、骚扰，以尽可能地迟滞倭寇的登陆速度，为援兵争取时间。真正有能力对登陆倭寇进行正面打击的卫所军大部分部署在州县城左近。这样配置，可以避免在第一道防线被突破后，地区行政中心遭到直接打击。换句话说，洪武初期山

① 顾祖禹：《读史方舆纪要》卷三六《山东七 · 莱州府 · 昌邑县 · 海》，第 255 页。
② 顾祖禹：《读史方舆纪要》卷三六《山东七 · 莱州府 · 掖县 · 附见》，第 254 页。
③ 张廷玉等：《明史》卷四一《地理二》，第 949 页。

东陆上海防的建置特点是重点防守第二线。这与当时以海上巡航歼敌为主的海防战略方针是相适应的。

在登州等卫设立之前，莱州卫的防区非常广阔，如前所述，在宁海已经派驻了一个千户所，马亭寨、灶河寨、马埠寨三地配备了九个百户所，加上本卫军士还要不时奉调参与对北元残余势力的战斗，如果王徐寨真的派驻了一个千户所，那么，留在莱州府城附近的兵力就非常有限了。这和洪武初期的海防思想明显不符。因此，笔者认为，虽然缺乏明朝早期史料佐证，但鉴于王徐寨设在海滨，属于第一道防线的范围，只配置一个百户所应该是没有问题的。《肇域志》记载“嘉靖中重筑”[①] 王徐寨城，应即是与这次兵力扩编相配合的一项军事工程。

尽管如此，莱州地区的海防力量仍显不足。不过从洪武三年开始，明廷即在山东“招募水工于莱州洋海仓运粮，以饷永平卫”[②]。次年，马云、叶旺等率军从登莱渡海北上，攻取辽东。此后，莱州一带成为辽东明军的主要后勤补给基地，大批人员、物资源源不断地从这里渡海北上。由于倭寇的存在，通过海道补给需要配备一定数量的护航军士，普通运军在必要时也可参战。洪武五年八月，明廷“赐沙门岛运粮将士五千余人文绮钱帛”[③]，足见活跃在渤海航道上的军士数量之多。为数众多的运粮军士的存在，在一定程度上补充了莱州卫海防力量的不足。

四 登州卫

登州卫，嘉靖《山东通志》中称其建于洪武九年[④]，《明太祖实录》更明确地记载为洪武九年十二月[⑤]。但此前的《实录》中已经多次出现登州卫的字样。例如：洪武八年十一月，“以登州卫知事周斌为户部侍郎”[⑥]；洪武九年二月，“调扬州卫军士千人补登州卫，高邮卫军士千人补宁海卫”[⑦]。在其他史料中，还有更早的记录。如《卫选簿》中记载登州蓬莱县人王疲儿，“洪武三年充登州卫军，拨府军卫中所”[⑧]。这是笔者见到的登州卫出现的最早的时间。

---

① 顾炎武：《肇域志·山东·登州府·招远县》，第553页。

② 《明太祖实录》卷四八，洪武三年正月甲午条，第949页。

③ 《明太祖实录》卷七五，洪武五年八月乙亥条，第1389页。

④ 嘉靖《山东通志》卷十一《兵防》，第723页。

⑤ 《明太祖实录》卷一一〇，洪武九年十二月条，第1836页。

⑥ 《明太祖实录》卷一〇二，洪武八年十一月壬午条，第1724页。

⑦ 《明太祖实录》卷一〇四，洪武九年二月庚子条，第1747页。

⑧ 《青州左卫选簿》，《中国明朝档案总汇》第55册，第54页。

一个卫的建立不会一蹴而就，期间会有很多准备工作，洪武九年二月从扬州卫调兵的记载大体可以理解为登州卫正式设立前的兵员准备。但另两条记载就不好这么解释了。知事是卫经历司的属官、经历的副手，属文官系列，一般由吏部负责选派。在卫所的设置过程中，经历司官员的选派并不是很急切的工作。周斌从知事直接提拔为户部侍郎，说明他有出众的才能。按常理，他的才能应该在此前的任职过程中体现。换句话说，登州卫知事曾经是他展示才能的重要舞台。如果是这样的话，登州卫应该已经设立了一段时间，最晚不能晚于洪武八年初。王疲儿的个案出自隆庆四年系统整理过的《青州左卫选簿》。卫选簿的编纂依据主要是兵部保存的功次簿、获功堂稿、贴黄等原始档案，较之曾几度修改的《明太祖实录》，显然更有说服力。那么，问题出在哪里呢？

明初，大规模战事不断，卫所的调动非常频繁，如前面提到的青州卫，在设立不久即被调往北平一带，一变而为永清左卫。登州作为东部重镇，在被收复后不会没有军队驻守。倭寇对山东一带的袭扰始自元末。道光《文登县志》记载：

> 元至正元年，佥山东沿边州域民户为军。莱、登州李璮旧军内起佥一万人，差官部领，沿海备倭讨贼。[1]

光绪《登州府志》中相关的文字与此略有不同：

> 元初，佥山东沿边州民户为军。益都、淄、莱所辖登莱州李璮旧军内起佥一万人，差官部领，御倭讨贼。[2]

二者最主要的差异体现在佥军备倭的时间上。不过有一点是肯定的，即元朝政府曾经在山东沿海配置专门的海防军。按照明初的制度，对元朝的旧军户以及曾投入其他敌对武装集团的军士要尽可能地查找、清理出来并重新束诸军旅，以免对新朝构成威胁。但旧军户从清理出来到分配卫所需要一定的时间，一般来讲，在这段等待期内，他们会被暂时就近安置。按光绪《登州府志》的记载，“明初仍元制，洪武二年，分莱州卫官军以

① 道光《文登县志》卷一《武备》，道光十九年刊本。
② 光绪《增修登州府志》卷十二，光绪七年刊本。

备登州”[①]。登州有现成的卫所是没有问题的。元代，登州一带也是海防重点地区之一，驻军相对较多，因而被清理出来的旧军户数量也会多一些。王疲儿很可能就是被清理出来的所谓归附军户之一。留镇登州的明军加上清理出来、暂时安置的归附军士，如果超过一定数目，是否会组成一个临时军卫呢？

洪武四年明军登陆辽东后，登莱地区成为辽东明军的后勤补给基地。为维护补给人员、物资的安全，登州一带的驻军数量应该会比此前有所增加。因为辽东战事迟迟没有结束，以及设置新卫所的需要，大批内地军士包括山东地区的士兵被源源不断地调往辽东（本书第七章第一节会专门讨论），驻守登州的士兵不免遭受近水楼台之殃。

综合以上因素，笔者认为真相应该是这样的：

明初，登州地区曾设有军卫。但因为其他地区战争补给的需要，登州的兵源被不断抽走，又不断补充，以致登州卫长时间处于草创阶段，和邻近的莱州卫始终无法撇清关系。相对于频繁调动的武官，文职的经历司官员要稳定得多，而且在兵员频繁变化、工作内容异常复杂的情况下，反而获得了展示才华、脱颖而出的好机会。知事周斌因此一跃而成为朝中大员。因为原来的登州卫始终处在动荡状态，这才有了洪武九年十二月的重置登州卫之举。

登州卫能得以稳定存在下来，又和登州府的独立有密切联系。《明太祖实录》记载：

> 洪武九年五月，改登州为府，置蓬莱县。时上以登、莱二州皆滨大海，为高丽、日本往来要道，非建府治、增兵卫不足以镇之，遂割莱州府文登、招远、莱阳三县，益登州为府，置所属蓬莱县，复以青州府之昌邑、即墨、高密三县补莱州府。[②]

从这一记载来看，设立登州府的目的主要是因为其地处高丽、日本人员往来的交通孔道，需要增设军队以防发生意外。但这个理由，似乎有些牵强。洪武七年十一月，高丽发生明朝使节林密、蔡斌等遇害事件，高丽国王辛禑不仅没有及时派人到明朝解释，反而于次月遣使“如北元告

---

① 光绪《增修登州府志》卷十二，光绪七年刊本。

② 《明太祖实录》卷一〇六，洪武九年五月壬午条，第1768页。

(忠愍王之) 丧"[①]。洪武九年二月，更是废止洪武年号，改行"北元宣光年号"[②]，公开与明朝决裂。此时即便仍有使节往来，密度也不会很高。何况洪武六年的时候，朱元璋已经下旨："山东新附百姓生受，高丽使臣休这路上来。"[③] 至于日本使节，更是从宁波登岸，根本不走山东。因此，明朝增设登州府的主要目的并不是为了外交的需要。

按照明朝后勤补给的"就近起运"原则，前线所需军粮及其他物资应由邻近地区提供。登莱地区作为辽东前线的后勤补给基地，山东省不可避免地成为承担大户，莱州府更是首当其冲。但辽东战事开始不久，山东的经济就出现了问题。洪武五年四月，

> 山东行省奏济南、莱州二府连年旱涝，伤禾麦，民食草实、树皮。上曰："山东之民久罹兵祸，方底平定，又复频年艰食，何厄之甚也。古人云：匹夫匹妇不获其所，若己推而内之沟中。今民若此，岂可坐视其毙乎?" 即命于淮安运粟往赈之。[④]

连独立赈济抗灾的能力都不具备，何谈筹集物资支援前线? 洪武八年十二月，吏部上言："郡县之上下，以税粮多寡为例……莱州税粮不及，宜降中府。"[⑤] 朱元璋只得批准。按照洪武六年的规定，明朝的府分为三等："粮及二十万石以上者为上府，秩从三品；二十万石以下者为中府，秩正四品；十万石以下者为下府，秩从四品。"[⑥] 莱州府最初位列上府，按规定应该有 20 万石以上的赋税收入，有能力多承担补给辽东的任务。但两年后就被降为中府，说明莱州府的经济实力在此前数年旱涝灾害的打击下，仍未得到恢复。

莱州府降格意味着要把一部分补给任务转移出去，但这与"就近起运"原则冲突。在当时的运输条件下，转移补给任务不仅意味着补给线延长，而且必然要增加大量运输成本。但如果对莱州百姓竭泽而渔，又有酿成新的危机的风险。依靠农民起义起家的朱元璋对此十分清楚。

让我们先来看一下登州府的独立过程。莱州府设立于洪武元年，"领

---

① ［朝鲜］郑麟趾:《高丽史》卷一三三《辛禑传一》，甲寅二十三年十二月条。
② 同上书，丁巳三年二月条。
③ ［朝鲜］郑麟趾:《高丽史》卷四四《恭愍王世家七》，癸丑二十二年二月庚寅条。
④《明太祖实录》卷七三，洪武五年夏四月己卯条，第 1341 页。
⑤《明太祖实录》卷一〇二，洪武八年十二月壬子条，第 1725—1726 页。
⑥《明太祖实录》卷八四，洪武六年八月壬辰条，第 1503 页。

登州、宁海州二州，掖、莱阳、招远、文登、胶水、栖霞、黄、福山八县。六年，割登州及所属栖霞、黄、福三县直隶行省，惟留胶水属莱。九年，升登州为府，割莱阳、招远、宁海州、文登以属登，乃割青州昌邑、潍州、胶州、即墨、高密以益莱，始降潍州为县”。①

莱州府最初领有二州八县，洪武六年割去一州三县。洪武九年设立登州府时，又割去一州三县，原来的属地只剩下掖县和胶水县，还不及一个大州，于是明朝政府又从青州府划过去二州三县。随着潍州的降格，莱州府辖区内有一州六县，虽然较以前少了一州二县，但因为这些州县大多处于比较适合农耕的胶莱平原上，因而税收能力可以维持。登州府因为接纳了原来莱州府的大部分州县，保持中府的地位应该没有问题。② 这样，明朝政府就在无形中增加了10万石以上的税收，从而弥补了莱州府降格带来的损失，唯一受损失的其实是青州府。可见，解决税收不足，保证辽东战场后勤补给才是登州设府的主要原因。③

登州卫成立不久，即于次年五月申请展拓新城。朱元璋虽然以“凡兴作不违农时，则民得尽力于田亩。今耕作甫毕，正当耘耔”，不便“遽令操版筑之役”④ 为由予以否决，但两个月后即“拓筑登州城，命兵民合力完之”。⑤ 此前，明廷还曾于洪武八年七月调动一万五千民众“开登州蓬莱阁河”。⑥

登州北方海中的庙岛群岛有很多天然港口可以利用，这里因此成为辽鲁海运线路上的起点。洪武九年正月，户部奏准令山东省“具舟下登州所储粮五万石运赴辽东。就令附运绵布二十万疋、绵花一十万斤，顺风渡海”。⑦ 一次运走这么多物资，足见有大批物资囤积于登州。上述大工程的不断展开，估计也与提高运输能力、维护贮存物资安全有一定的关系。

和海运相关的另一项大工程是蓬莱水城的建设。在蓬莱城北丹崖山左侧有一海口，北宋仁宗年间，“郡守郭志高奏置刀鱼巡检水兵三百戍沙门

---

① 万历《莱州府志》卷一《沿革》。

② 按照嘉靖《山东通志》卷八《田赋》的记载，明中叶莱州府夏税、秋粮合计约323283石4斗5升，登州府税粮合计约236654石4斗1升。明初虽然经济水平较低，但两府税收都在10万石以上应该是没有问题的。莱州府可能还因为辖区的变化回归到了上府的行列。

③ 洪武六年登州升格为省直隶州，与保障辽东后勤补给也有密切关系。

④ 《明太祖实录》卷一一二，洪武十年五月乙未条，第1857—1858页。

⑤ 《明太祖实录》卷一一三，洪武十年七月条，第1871页。

⑥ 《明太祖实录》卷一〇〇，洪武八年七月条，第1703页。

⑦ 《明太祖实录》卷一〇三，洪武九年正月癸未条，第1738页。

岛，备御北虏。每仲夏，仍居鼍矶岛，以防不虞。秋冬还南岸。相传此海口即旧屯刀鱼战棹之所”①。登州卫设立后，专“置海船运辽东军需。指挥谢观以河口浅隘，奏议挑浚，绕以土城，北砌水门，引海入城，名新开口。南设关禁，以讥往来。后因备倭，立帅府于此，名备倭城”②。据王赛时先生介绍，当时的登州军民在宋代刀鱼寨沙堤围子的基础上开始夯筑土城，把整个港区围起来。土城周长约 2000 米，城内面积 27 万平方米，呈不规则长方形。水城只有两个城门，南为振阳门，与陆路相连，北为水门。水门两垛之间架设木板联通，人称天桥。原有河道疏浚后，引海水入城，形成城内海，俗称小海。小海面积约 7 万平方米，有码头可停泊战船，且与外海直接相通，没有落差。水门外建有平浪台、防波堤，用以消波阻沙，减冲缓流。③ 水城因此成为一座功能完备的军用港口，对海运及备倭都有很大作用。

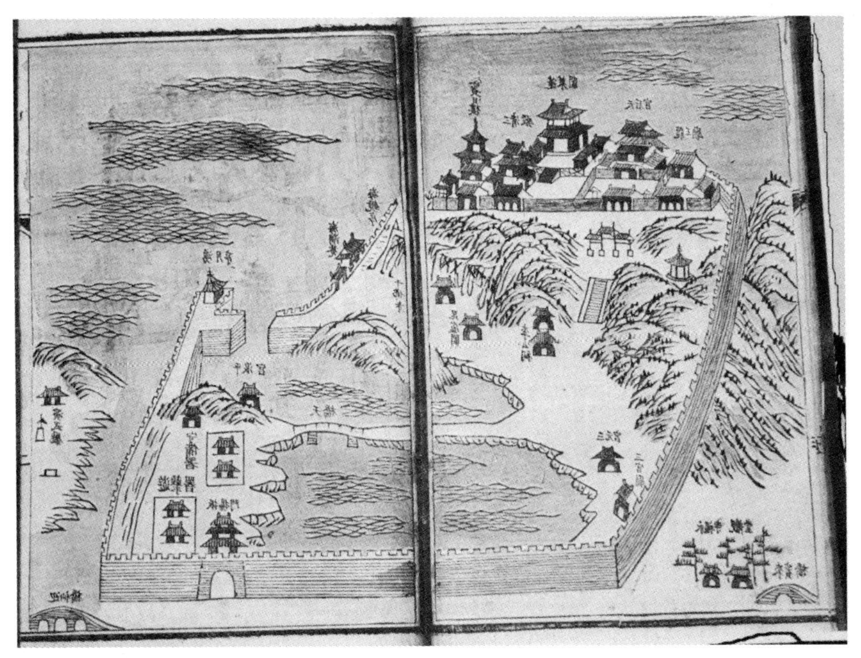

图 1—7　《蓬莱水城图》（光绪《增修登州府志》卷首）

① 顾炎武：《肇域志·山东·登州府·蓬莱县》，第 641 页。

② 光绪《增修登州府志》卷七《营建·城池》，光绪七年刊本。“谢观”，顾炎武《肇域志》等明代史籍写作“谢规”，估计前者刻板有误。

③ 王赛时：《山东沿海开发史》，齐鲁书社 2005 年版，第 279—280 页。

登州卫公署设在登州府城东北部，下辖左、右、中、前、后、中左、中右七个千户所，洪武十年在福山县增设备御中前千户所，也隶属登州卫。因此，登州卫实际辖制八个千户所。在沿海，分设有三个百户所。黄河寨备御百户所，在黄县东北二十里黄水河入海口附近，“系海口极冲”[①]，“莱、蚕、艾山诸水，攸会于焉入海。夷倭一据，我莫之能御。我往先之，倭罔肆厥侮”[②]。黄河寨百户所下辖栾家口等五个墩台。刘家汪寨备御三百户所位于刘家汪海口附近，辖湾子口等五墩。解宋寨备御四百户所，辖解木庄等三墩。这三个百户所均“自登州卫中右千户所分设”[③]。

福山备御所设在福山县治西侧，与县城同城。福山县城创建于金代，“洪武四年备御千户刘能稍为修筑。九年，千户吴贵增修。永乐九年，千户周玘加以砖石，并建城楼”[④]。福山所直辖芝阳等四个墩台。

在沿海重要海口，另设有军事职能的巡检司。杨家店巡检司，辖三墩。朱高山巡检司在蓬莱城东八十里处，“临海”，原设于沙门岛上，洪武

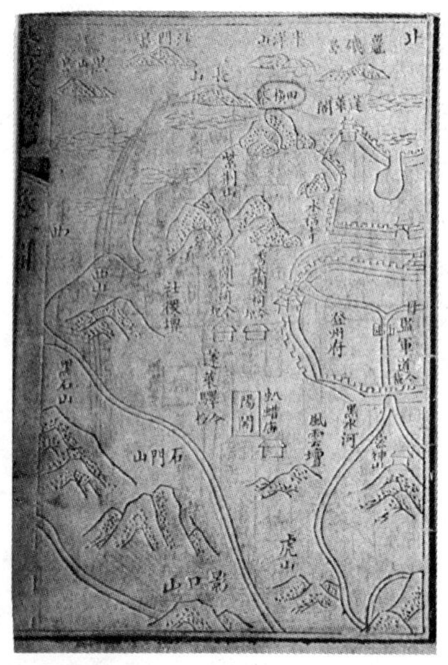

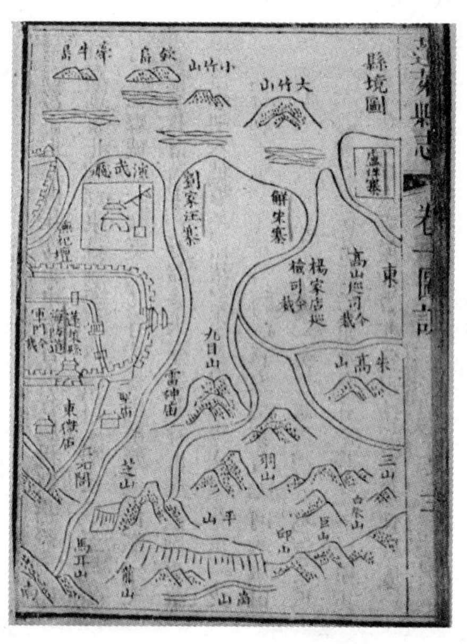

图1—8 《蓬莱县沿海设置图》(道光《重修蓬莱县志》卷一《图说》)

① 顾炎武:《肇域志·山东·登州府·黄县》，第550页。光绪《增修登州府志》卷十二《军垒》记载黄河寨百户所有百户三员。和《肇域志》的记载有些出入。

② 叶序:《重修黄河营寨城记》，同治《黄县志》卷十三，同治十年县学藏版。

③ 顾祖禹:《读史方舆纪要》卷三六《山东七·登州府·福山县·孙夼镇》，第257页。

④ 民国《福山县志稿》卷一《城池》，民国二十年烟台福裕东书局铅印本。

二十七年移置[①]，辖二墩。东良海口巡检司在招远县西五十里寨城内，有二墩。行村寨巡检司在莱阳县境内，“元时设，明因之”[②]，辖高山等三墩。孙夼镇巡检司，在福山县北四十里，“洪武三十一年移置浮栏海口”[③]。马停镇巡检司，在黄县西四十里，“洪武二年建，三十一年设置沿海营寨，移署于白沙社”[④]，辖五个墩台。马停（亭）镇巡检司位于莱州卫马亭寨百户所附近。按理，在卫所附近不必另设巡检司。巡检司于洪武三十一年迁移他处，估计马亭寨百户所的设立时间大致也在洪武三十一年前后。

沿海“守口以寨，守寨以城”，但寨城是什么样子的呢？明代修筑的寨城大多无存，不过在叶序为黄河寨城撰写的记文中大致可以瞥见寨城的规制：

> 宏（弘）治己酉春三月，山东按察副使西蜀赵公奉敕巡视海道，命修黄河口寨城。黄县令范君实任厥事……又以其余巨石为堤于城之东南，以捍海潮之冲。堤之外捍以桩木四百有余。城之上为兵厅者四，城之北为望海楼者一……[⑤]

记文虽然描述的是弘治年间寨城的样子，但重修是在旧城基础上进行的，规制应该不会有大的变化。

登州卫与莱州卫相邻，且在后者原有驻军的基础上建立，因而在人员上有较为密切的联系。如景陵县人马福，洪武四年“授青州卫所镇抚。五年，调莱州卫，授流官。九年，调登州卫”[⑥]。

五　宁海卫

宁海卫的前身是莱州卫左千户所。升格为卫的时间，嘉靖《山东通志》、嘉靖《宁海州志》都记载为洪武十年[⑦]，《明太祖实录》记载为洪

① 道光《重修蓬莱县志》卷二《地理·山川》，道光十九年官刻本。

② 光绪《增修登州府志》卷三十一《文秩七》。

③ 顾炎武：《肇域志·山东·登州府·福山》，第551页。

④ 同治《黄县志》卷二《营建》。

⑤ 叶序：《重修黄河营寨城记》，同治《黄县志》卷十三。

⑥ 《镇番卫选簿》，《中国明朝档案总汇》第57册，第89页。

⑦ 嘉靖《山东通志》卷十一《兵防》，第725页；嘉靖《宁海州志》卷上《建置·附宁海卫》，第764页。

武十一年四月[①]。不过在《实录》中，此前的洪武九年二月，已经出现调“高邮卫军士千人补宁海卫”的记录[②]。估计原因和登州卫一样，宁海卫的设立也曾经历一个相对曲折的过程。

宁海卫设在州治西，与州同城。宁海州城原为土城，面积较大。“洪武五年，守御千户韦胜病于难守，中分其半，改筑之，周二里有奇。”[③]洪武十年宁海卫设立后，指挥使陈得“始甃以砖”[④]。卫有五个千户所。其中左所在州城东北四十里处屯扎，又称金山备御千户所，有周长二里的砖城，下辖庙山等六个墩台。另外在州城西北四十里还设有一个清泉寨备御百户所，隶属后所，设百户四人，辖墩堡三。[⑤] 栲栳等十二堡、马山等六墩堡由卫直辖。

宁海州内与海防有关的巡检司共四个。乳山寨巡检司，在州西南一百四十里[⑥]，“宋时设，元因之，明属宁海”[⑦]；温泉镇巡检司，“金时设，名温水镇，元因之，在（文登）县东北九十里，明洪武三十一年移于九皋海口”[⑧]；斥（赤）山寨巡检司，在文登县东南一百二十里，洪武九年设[⑨]，“洪武三十一年移置石岛海口”[⑩]。辛汪寨巡检司，在文登县北七十里，后移置于海口，“去县九十里”[⑪]。辛汪寨巡检司在设立时间上有分歧。光绪《登州府志》称设置于洪武九年[⑫]，但保存在威海市博物馆中的《创立营寨记》碑则记载设立于洪武二年[⑬]。后者刊刻于洪武八年。按史源学原理，应以后者为准。

这里有一个问题需要顺带讨论。《明太祖实录》卷二二二记载：

洪武二十五年十一月乙酉，山东都指挥使周房言所属宁海、莱州二卫东滨巨海，途岸纡远，难于防御。近者，审择莱州要害之处，当

---

① 《明太祖实录》卷一一八，洪武十一年四月辛未条，第1926页。
② 《明太祖实录》卷一〇四，洪武九年二月庚子条，第1747页。
③ 顾炎武：《肇域志·山东·登州府·黄县》，第550页。
④ 嘉靖《宁海州志》卷上《建置第三》，第728页。
⑤ 同上书，第765页。
⑥ 顾炎武：《肇域志·山东·登州府·宁海州》，第554页。
⑦ 光绪《增修登州府志》卷三十二《文秩八》。
⑧ 光绪《增修登州府志》卷三十三《文秩九》。
⑨ 同上。
⑩ 顾炎武：《肇域志·山东·登州府·文登县》，第554页。
⑪ 同上。
⑫ 光绪《增修登州府志》卷三十三《文秩九》。
⑬ 转引自刘德煜《明代的威海卫》，《中国甲午战争博物馆馆刊》2006年第3期。

置八总寨，以辖四十八小寨；其宁海卫亦宜置五总寨以备倭夷。诏从之。[①]

易泽阳在《明朝中期的海防思想研究》一书中以本条记载为依据，认为“朱元璋又在山东半岛北部属于海宁卫的海岛及沿岸建立了五个水寨总寨，在属于莱州卫的海岛及沿岸建立了八个水军总寨，两地共下辖四十八个小水寨”[②]。探讨明代水寨建设的学者，一般只提及浙江、福建等东南沿海，提出山东沿海也设有水寨的学者，在笔者的视野中，易泽阳是第一个。

另外，赵红在《论明初洪武时期的山东海防》[③] 一文中虽然未提及设水寨，但引用《即墨县志》的记载，“明初防倭之法，卫所既设官兵，又制有数百料大船，八橹哨船，若风尖快船，高把哨船，十桨飞船，凡五等，以三、四、五月出哨，谓之大汛；七、八、九月出哨，谓之小汛。盖倭船之来视风所向，清明后风自南来，重阳后风起自北，皆不利于行故也”[④]，认为这是朱元璋给山东沿海制定的防倭之法。也就是说，她认为山东沿海卫所军也拥有五等海船。

明初设立水寨的目的，是为了使吃水较深的海船可以不受潮汐影响，比较顺利地驶出军港，投入战斗。山东沿海岛屿众多，且有很多暗礁，沿海水深有限。渤海海域的潮流多为不正规半日潮流，运动形式以往复流为主。黄海海域除渤海海峡、成山角等处为不规则半日潮流外，其他区域均为规则半日潮流，运动形式有往复流，也有旋转流。成山角海域因为特殊的地质结构，海流流速变化大，流幅窄，多大浪。这样的海洋水文条件对于船只的要求很高。在机械动力出现之前，只能在船体结构上做文章。元明之际，这一海区基本是遮洋浅船的天下。所谓浅船，也就是人们常说的沙船。沙船底部较平，没有龙骨，适合在沙质海底的海域航行，搁浅风险小，一般天然港口即可停靠。在风向、潮向出现变化时，沙船因吃水较浅，受影响较小，比较安全。古人因此总结道：

沙船能调戗，使斗风，然惟便于北洋而不便于南洋。盖北洋浅南

---

① 《明太祖实录》卷二二二，洪武二十五年十一月乙酉条，第 3244 页。

② 易泽阳：《明朝中期的海防思想研究》，解放军出版社 2008 年版，第 91 页。引文中的“海宁卫”应为“宁海卫”。

③ 《烟台大学学报》2005 年第 4 期。

④ 乾隆《即墨县志》卷四《武备·营汛·海哨》，乾隆二十九年刻本。

> 洋深也。沙船底平，不能破深水之大浪也。北洋有滚涂浪，福船、苍山船底尖，最畏此浪，沙船却不畏此。且北洋水浅，可抛铁猫（锚），南洋水深，惟可下木椗。[①]

沙船的缺点也很明显，主要是速度较慢，对风力依赖大。另外缺乏破浪能力，遇到大风浪时，基本不能出港，如果是在海上，近于听天由命。为了减少在海上遭遇大风浪时的损失，古人只能加大船只，使之拥有尽可能大的吃水面，而这会进一步降低速度。

军舰对反应速度要求很高，沙船的先天不足，注定了它只能作为运输舰使用，或“可于各港协守内洋”[②]，不适宜参加海战。在这种情况下，山东沿海根本没有建水寨的现实需要。

《即墨县志》中提到的八橹哨船、风尖快船等基本是在东南海区适用的舰船。在言及出哨时，县志中写道：

> 出哨，若欲赴马迹、陈钱、花岛、尽山（俱东北大洋中山名）等处，必须用福、苍（即□船也）及广东鸟尾（即鸟船也）等船。[③]

马迹、陈钱等都是江浙近海中的岛屿，福、苍船也是用于东南海域的舰船，与山东沿海没有丝毫关系。可见，县志中关于“海哨”的记载是错误地照搬了明代东南海区的巡哨制度。

进入明中叶，由于海上威胁的减少，沿海战备懈怠，关于舰船不修、不造的记载层出不穷。“东南滨海，设防制胜，全在舟师。旧制：各寨设立战舰，三年一修，五年一造。日复一日，五年不修，十年不造矣。”[④]如果莱州卫、宁海卫确有水寨的话，理应有类似的记载。但笔者翻检史籍，从未见到类似资料。万历年间，日本侵略朝鲜，山东海防形势吃紧，“近岛寇震邻，仓卒莫之为计。夫是以益讲于兵”，明廷决定在登莱沿海设置水兵，“而莱人旧不能操舟，贼来，何计遏之海上？故又设战舰，是不得不以南人领之矣”[⑤]。如果曾有水寨的话，即使再破败，也不至于没

---

① 郑若曾：《筹海图编》卷十三上，第880页。

② 同治《即墨县志》卷十二《杂稽·海程》，“中国地方志集成丛书”影印本，凤凰出版社2008年版，第310页。

③ 同治《即墨县志》卷十二《杂稽·海程》，第310页。

④ 郑若曾：《筹海图编》卷十三上，第887页。

⑤ 万历《莱州府志》卷五《兵防》。

有会驾船的人吧？

其实，对《实录》中的这条记载，道光《荣成县志》的作者已经作出了判断：

> 《明史·兵志》：洪武十七年，汤和筑沿海诸城（土城）；二十三年，建五总寨于宁海卫，共辖小寨四十八。此沿海诸寨所由来欤？[①]

与《荣成县志》作者信心不足，略带怀疑的口吻相比，民国《牟平县志》的作者要干脆得多。

> 《明史·兵志》：洪武十七年，汤和筑沿海诸城；二十三年，建五总寨于宁海卫，与莱州八总寨，共辖小寨四十八。复命徐辉祖巡视沿海以防倭。迨承平既久，惟卫所诸城尚有居民，其余小寨半皆坍塌，仅遗古址而已（本县土寨遗址，北海岸有清泉寨、金沟寨、马山寨、鹤止寨、金山寨，南海岸有南寨、万家寨、孙家寨等），历代以来，海上所以多废垒也。[②]

可见，这些总寨，其实就是一些规模较大，建于内陆相对重要位置的土寨[③]。

不可否认，山东沿海卫所，除了登州地区负责补给辽东的海船外，也设有巡哨船只。在建设这些总寨之前，明朝政府刚刚于洪武二十三年四月“诏滨海卫所每百户置船二艘，巡逻海上盗贼，巡检司亦如之”[④]。据万历《乐安县志》记载，塘头寨备御百户所“有哨兵，食粮于邑。无事则登高以瞭望，有事则驾舟以侦探”[⑤]。可见，这一诏令在山东沿海卫所也得到了贯彻。只是这种用于近岸巡哨的小船在天然湾口即可驻泊，无须专门的水寨。

---

① 道光《荣成县志》卷一《疆域·古迹·沿海土寨》，“中国地方志集成丛书”影印本，凤凰出版社2008年版，第446页。

② 民国《牟平县志》卷十《文献志·杂志·轶事》，民国二十五年济南山东印刷局铅印本。

③ 邵晴在其硕士论文《明代山东半岛海防建置研究——以沿海卫所为中心》中较早对宁海卫、莱州卫总寨的性质提出质疑，但未作展开论述。见论文第20、28页。中国海洋大学，2007年6月通过答辩。

④ 《明太祖实录》卷二〇一，洪武二十三年四月丁酉条，第3007页。

⑤ 万历《乐安县志》卷十《兵防》，《国家图书馆藏明代孤本方志选》丛书影印本。

洪武二十五年沿海土寨的大规模建设，暗示明廷在山东沿海的御倭策略开始发生转变。前面说过，洪武初期山东海防的重心在以州县治所所在城池为中心的第二道防线，布置于沿海的墩台及少量兵力——第一道防线——的任务主要是及时发现敌情并予以适当迟滞。登州卫因为海运补给物资的需要靠近海岸线，但并未对这一策略构成明显的影响。因为近海运输线的存在，渤、黄海域有明朝水军巡弋，客观上对倭寇等海上威胁构成一定的威慑，加之朝鲜半岛政治局势的变化，这一策略基本达到了预期效果。但随着朝鲜李朝的建立，海上形势出现新的变化，倭寇的袭扰又趋增多。洪武二十二年十二月，山东都指挥佥事蔺真奏："近者，倭船十二艘，由城山洋艾子口登岸劫掠，宁海卫指挥佥事王镇等御之，杀贼三人，获其器械。赤山寨巡检刘兴又捕杀四人，贼乃遁去。"① 时隔多年，倭寇再次"光临"山东半岛，而且出现在以往并不多见的冬季，登陆点又是人烟稀少的成山角附近，新的敌情必然会促使明朝政府反思此前御倭策略的有效性。

从洪武十七年开始，明朝政府开始在东南沿海展开陆上海防卫所堡寨建设。在朱元璋眼中，"方指挥建言沿海筑城，海贼见防备得周密，再不敢上岸，百姓每方得休息"②，这一经验值得推广。在东南沿海浙江、福建等地陆上海防设施大规模建设取得成效的情况下，山东沿海适当增设一些类似的堡寨是很自然的选择。不过因为诸多原因，山东沿海的陆上海防建设在洪武二十五年修建了一批土寨之后并没有进一步展开，真正的大规模建设还要等到若干年后。

洪武末期，海防形势又趋恶化（具体原因，详见第二章相关内容）。洪武三十一年二月，浙江都司上报："近者，倭贼二千余人、船三十余艘入寇海澳寨。楚门千户王斌、镇抚袁润等御之。贼势暴悍，斌等力不能胜，皆战死。"③ 从倭寇的数量上看，其已经大大超出了普通海寇的范畴，更像是杀气腾腾的正规敌军。

同月，"倭夷寇山东宁海州，由白沙海口登岸，劫掠居人，杀镇抚卢

---

① 《明太祖实录》卷一九八，洪武二十二年十二月甲寅条，第2975页。据（朝鲜）《李朝太祖实录》卷三，壬申二年四月甲戌条记载，当年（洪武二十六年）四月，"西北面都巡问使赵温击倭寇于随州，获宁海州人李唐信以献。命给衣粮，遣前判典仪寺事金乙祥管送辽东"（见该书第166页）。这个李唐信很可能就是洪武二十二年倭寇袭扰成山一带时被掳走的。可见，这次袭扰虽然被击退，但仍有一定的损失。

② 《大诰武臣·储杰旷职第六》，见《全明文》卷三二《朱元璋三二》，上海古籍出版社1992年版，第734页。

③ 《明太祖实录》卷二五六，洪武三十一年二月丁酉条，第3700页。

智。宁海卫指挥陶铎及其弟钺出兵击之，斩首三十余级，贼败去。钺为流矢所中，伤其右臂。先是，倭夷尝入寇，百户何福战死。事闻，上命登、莱二卫发兵追捕。至是，铎等击败之。诏赐钞帛，恤福家”[①]。

从这一记载来看，事件的经过应该是倭寇登陆后，百户何福首先战死。山东军方上报，明廷下令登、莱二卫出兵巡捕。沿海几个卫所开始合力应敌。但倭寇再次在白沙海口附近侵略得手，杀死镇抚卢智。宁海卫军追击搜捕，终于和大股倭寇遭遇，在付出较大代价后，取得胜利，倭寇退入海中。

倭寇的这次袭扰，有两方面值得注意：第一，倭寇的侵扰仍然是游击式的，但从“斩首三十余级”来看，数量明显增加；第二，因为卫所在本境防御之外，无权自主出兵，和相邻卫所配合作战，必须先取得中央政府批准，致使其反应速度明显不够。而面对大股敌人，当地驻军又不足以应付，以致连续损兵折将。

要对付倭寇的游击式袭扰，必须提高前线驻军的反应速度，也就是说，需要赋予沿海卫所军官战时指挥权。这既需要调整明军的指挥体制，又需要在人事上做出相应的调整，动作较大。对于猜忌心很重的朱元璋来说，这样的调整是他不愿意看到的。在不改革体制的前提下，要有效抵御倭寇袭扰，唯有增加驻军，把所有要害地区全部管控起来。于是，搁置了多年的陆上海防建设被重新提起。洪武三十一年四月，明廷下令“置山东都指挥使司属卫七：曰安东，曰灵山，曰鳌山，曰大嵩，曰威海，曰成山，曰靖海”[②]。这七个卫全部分布在沿海。下面，我们先来看一看这七个卫的具体情况。

六　威海卫、成山卫、靖海卫、大嵩卫

上图是收录在光绪《登州府志》中的一幅登州府全图。从中可以发现，从芝罘海口向东沿顺时针方向到丁字湾五龙口，依次分布着奇山所、宁海卫、金山所、威海卫、成山卫、寻山所、宁津所、靖海卫、海阳所、大嵩卫、大山所等卫所。除了宁海卫及其所属金山千户所设置于洪武十一年之外，其他卫所几乎全部出现在洪武三十一年。

① 《明太祖实录》卷二五六，洪武三十一年二月丁酉条，第3699页。

② 《明太祖实录》卷二五七，洪武三十一年四月丙寅条，第3716页。

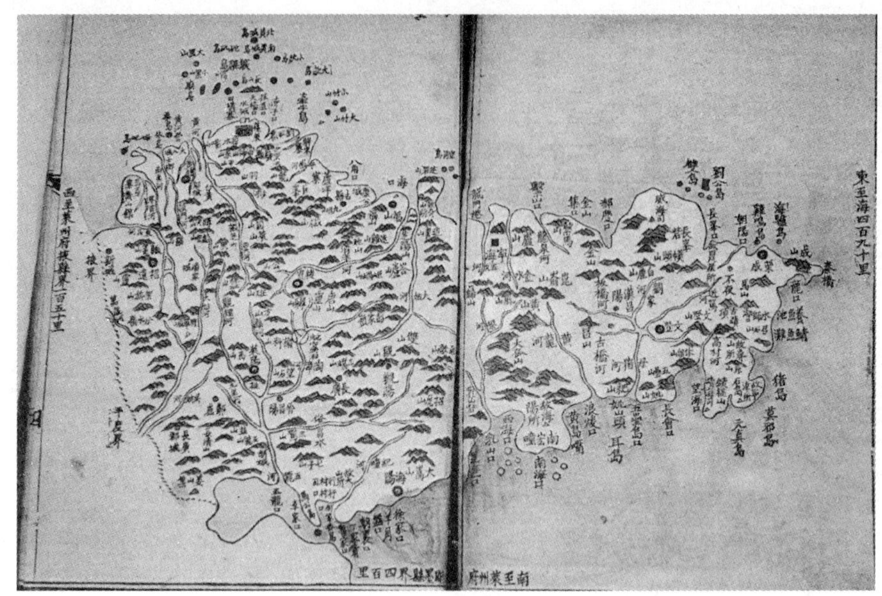

图 1—9 《登州府全图》

奇山守御千户所，设在福山县境内的芝罘半岛上，洪武三十一年建。[①] 北有三面临海的芝罘山，南倚碁山，奇山所之“奇，即碁也”[②]。西侧是芝罘海口。沿海设墩堡七处。[③]

奇山所地处登州卫和宁海卫之间，直属山东都司，不仅弥补了芝罘海口防御力量的不足，而且在两卫的结合部打了一块补丁。

在芦洋海口附近，明廷增设芦洋寨备御五百户所，隶属福山所，辖八角（海口）等六墩。所“旧有土城，百户张刚筑。后千户王钰改为砖城”[④]，周二里。附近地区另设有宫家岛寨、芝山寨、荆山寨和磁山寨，“右五寨，俱洪武三十一年魏国公徐辉祖奏准开设。永乐间，四寨并入芦洋”[⑤]。“刘家汪、卢（芦）洋等寨俱与蓬莱县东海口相近。”[⑥]

---

① 嘉靖《宁海州志》卷上《建置第三》。第 765 页。

② 民国《福山县志稿》卷一《山川》。

③ 嘉靖《山东通志》卷十一《兵防》，《天一阁藏明代地方志选刊续编》影印本，第 727 页。

④ 乾隆《福山县志》卷二《地里·海口》，“中国地方志集成丛书”影印本，凤凰出版社 2008 年版，第 409 页。

⑤ 顾炎武：《肇域志·山东·登州府·福山》，第 556 页。

⑥ 顾祖禹：《读史方舆纪要》卷三六《山东七·登州府·福山县·孙夼镇》，第 257 页。

威海卫，洪武三十一年设置，“析文登县辛汪都三里立威海卫”[①]，地处今双岛海湾东侧，“东至海一里”[②]，“永乐元年建城”[③]，“卫城周六里有奇”[④]。下辖左、前、后三所及墩堡十二。其中后千户所设置于今威海湾东侧半岛北部的百尺崖，下辖曹家岛等九个墩堡。[⑤]

百尺崖备御后千户所的设立时间有一定的争议。《明史·地理志》记载：“海阳守御千户所，在靖海卫南。金山守御千户所，在威海卫西。百尺崖守御千户所，在威海卫北。寻山守御千户所，在成山卫东南。俱成化中置。”[⑥] 顾祖禹在《读史方舆纪要》中也采用了这一说法，并称宁津守御千户所和大山备御千户所也设置于成化年间。且为与此相对应，顾氏特意指出威海卫在初设时只“领左、右二千户所”[⑦]。另外，《明史·地理志》还称夏河寨千户所和石臼岛寨千户所，“俱弘治后置”[⑧]。对此，有集中讨论的必要。

《明英宗实录》卷四八记载，正统三年十一月，

> 命改山东登州府管内奇山守御所仓为奇山仓，威海卫仓为威海仓，百尺崖所仓为宁海州仓，俱隶宁海州。成山卫仓为成山仓，寻山所仓为寻山仓，靖海卫仓为靖海仓，宁津所仓为宁津仓，俱隶文登县。大嵩卫仓为大嵩仓，大山所仓为大山仓，海阳守御所仓为海阳仓，俱隶莱阳县。莱州府管内王徐所仓为本府王徐仓，鳌山卫仓为鳌山仓，浮山所仓为浮山仓，雄崖守御所仓为雄崖仓，俱隶即墨县。灵山卫仓为灵山仓，夏河所仓为夏河仓，俱隶胶州。青州府管内安东卫仓为本府安东仓。俱改铨其官，铸印给之。所在府州县各添设佐贰官一员，以理其事。仍添设按察司官一员以总之。先是，山东三司言登、莱、青三府沿海各仓俱隶卫所，出纳之际，民受其害，请俱改隶

---

① 乾隆《威海卫志》卷一《疆域》，民国十八年威海九华小学重印本。

② 乾隆《威海卫志》卷一《疆域·延袤》。

③ 乾隆《威海卫志》卷一《疆域》。

④ 顾祖禹：《读史方舆纪要》卷三六《山东七·登州府·文登县·附见》，第258页。

⑤ 嘉靖《宁海州志》卷上《建置三》，《天一阁藏明代地方志选刊续编》影印本，第767页。

⑥ 《明史》卷四一《地理二》，第952页。《明史》将这几个所通通称为守御千户所，明显与事实不符。

⑦ 顾祖禹：《读史方舆纪要》卷三六《山东七·登州府·文登县·附见》，第258页。

⑧ 《明史》卷四一《地理二》，第950页。

府县。行在户部以为宜如其言，故有是命。[①]

明中叶，随着国防形势的变化，军队的重要性日渐下降，地位随之下滑，在与文官系统的较量中节节败退，其中军仓管理权被剥夺，是重要表现之一[②]。撇开这些，单从这条记载来看，百尺崖所、寻山所、宁津所、大山所、海阳所、夏河所都位列其中，说明至少在正统朝之前，这几个千户所都已成立。宣德年间，军队的地位已经开始下滑，这几个所如果设在宣德年间，不大可能有专门的军仓。永乐年间，山东的海防体制向营兵化转变，也不大可能增设新的卫所，因此，最大的可能仍是设置于洪武末期。这其中，百尺崖所等都是附属于某个军卫的备御千户所，其设置时间大抵应与本卫设置时间一致。因此，笔者认为，以上各所均应设置于洪武三十一年或稍后一段时间内。嘉靖《宁海州志》明确记载宁津守御千户所"洪武间置"[③]，嘉靖《山东通志》也称海阳守御千户所"洪武间建"[④]，可作为佐证。

上引《实录》资料中没有提到金山所和石臼所。金山所即宁海卫左所，石臼所即安东卫后所，按常理，应与本卫同时组建。不出意外的话，这两个所也应设置于洪武年间。

成山卫位于今荣成湾和朝阳口之间的半岛上，洪武三十一年创建，辖左、前、后三所，其中后所备御寻山。寻山所辖青鱼岛等 15 个墩堡，另有里岛等 19 个墩堡由成山卫直辖。[⑤] 成山卫城为石城，周六里，清代撤卫后一度成为荣成县城，目前为荣成市成山镇所在地。寻山所城位于卫城南向五十里处，今爱连湾畔。道光《荣成县志》记载成山卫设置于洪武十三年[⑥]，寻山所城也修建于洪武十三年[⑦]，不知依据为何。不过，对这一记载似乎不能轻易否定。《天津右卫选簿》中有这样一条资料：

---

① 《明英宗实录》卷四八，正统三年十一月丙申条，第 930—931 页。

② 参见拙著《明代卫所军户研究》第二章第三节"明中叶月粮制度的变革"，线装书局 2007 年版。

③ 嘉靖《宁海州志》卷上《建置三》，第 769 页。《明史》卷四一《地理二》也记载本所"洪武三十一年置"。见该书第 952 页。

④ 嘉靖《山东通志》卷十一《兵防》，第 732 页。

⑤ 嘉靖《宁海州志》卷上《建置三》，第 767—768 页。

⑥ 道光《荣成县志》卷一《疆域·沿革》，"山东地方志集成丛书"影印本，第 441 页。

⑦ 道光《荣成县志》卷二《建置志·城池》，第 456 页。为与此说法相匹配，本志卷六《职官》部分特意把成山卫指挥佥事任义的任职时间写成"洪武十三年封"。不过在旁注中又称"文登志：洪熙元年封"，暗示志书作者对自己的更改也不是非常有把握。见该书第 478 页。

南阳人李忠，“洪武十四年以年深并胜铁枪，升靖海卫右所副千户”[①]。

按《明太祖实录》的记载，成山卫与靖海卫等同时设置。但李忠于洪武十四年即出现在靖海卫，说明靖海卫至少在十四年已经存在，十三年设立也是可能的。既然靖海卫可能出现在洪武中期，成山卫的设立时间同样有提早的可能。只是能说明成山等卫设置于洪武十三年的例证还非常缺乏，李忠的个案暂时只能算是孤证，不足以否定《实录》的记载。稳妥起见，这里依旧采用《实录》的说法。

宁津守御千户所位于桑沟湾和石岛海湾之间的半岛东端，直属山东都司。道光《荣成县志》误认为其属靖海卫[②]。宁津所辖杨家岛等十七墩堡[③]，所西临近斥山寨巡检司。宁津所有砖城，周二里[④]。

在斥山西南部的靖海角，洪武三十一年设靖海卫。靖海卫辖左、中、后三所，领大湾口、柘岛等 26 墩堡[⑤]。靖海卫城“在岸之东南”[⑥]，周六里有余，“三面环海，当东南出入要地”[⑦]。“自南而北一带平冈，正南有铁槎山，嵯峨高耸；正西隔海瞭望见五垒岛；自西南以至西北皆汪洋大海。”[⑧] 靖海卫城原有四座城门，“后倭乘西门入寇，始塞，今止三门”[⑨]。

海阳守御千户所，位于乳山口和白沙湾之间的半岛颈部，四周分散着 17 座墩堡[⑩]。海阳所的辖区大体与目前乳山市海阳所镇相当。海阳守御所城，系砖城，周三里[⑪]。

在靖海卫和海阳所之间，另分布着一些小规模的寨城，如竹岛寨、五垒岛城、元真岛城、远岛寨城等，“旧皆为戍守处”[⑫]。

大嵩卫，在莱阳县东南一百二十里，今海阳市东部海滨，洪武三十一

---

① 《中国明朝档案总汇》第 68 册，第 30 页。

② 道光《荣成县志》卷二《建置志·诸军》，第 458 页。

③ 嘉靖《宁海州志》卷上《建置三》，第 769 页。

④ 康熙《靖海卫志》卷一《形胜》，“中国地方志集成丛书”影印本，凤凰出版社 2008 年版，第 402 页。

⑤ 嘉靖《宁海州志》卷上《建置三》，第 768 页。

⑥ 同治《即墨县志》卷十二《杂稽·海程》，第 309 页。

⑦ 康熙《靖海卫志》卷十《屯名》，第 418 页。

⑧ 同治《即墨县志》卷十二《杂稽·海程》，第 309 页。

⑨ 康熙《靖海卫志》卷一《形胜》，第 402 页。

⑩ 嘉靖《山东通志》卷十一《兵防》，第 732 页。

⑪ 乾隆《海阳县志》卷四《建置·城池》，“中国地方志集成丛书”影印本，凤凰出版社 2008 年版，第 49 页。

⑫ 顾祖禹：《读史方舆纪要》卷三六《山东七·登州府·文登县》，第 258 页。

年置，领中、前、后三千户所，辖麦岛等12墩堡[①]。其中前千户所备御大山寨，与雄崖守御所隔海相对。两所共同防御丁字湾海口。大山（寨）所辖大山等四墩堡[②]。大嵩卫城系砖城，洪武三十一年由指挥使邓清主持修筑[③]，周八里；大山所城周四里[④]。“卫南海中有巨高岛，西南边海有草岛嘴，俱戍守处。”[⑤]

七 鳌山卫、灵山卫、雄崖所

鳌山卫，“在即墨县东四十里”，辖区与目前的即墨市鳌山卫镇大体相当。领右、前、后三个千户所，辖小劳山、栲栳岛等26个墩堡。浮山寨备御千户所，隶属鳌山卫，系该卫前所[⑥]，在卫南浮山海口处，辖麦岛、错皮岛等18个墩堡[⑦]。

鳌山卫的设立时间，诸家方志的记载有一定差异。《明太祖实录》的记载是洪武三十一年五月。《明史》则记载为洪武二十一年五月[⑧]。嘉靖《山东通志》卷十一记载为洪武二十一年[⑨]，但同书第12卷又说“鳌山卫城，砖城，在即墨县东四十里海润乡高山社，国朝洪武三十一年魏国公徐徽（辉）祖开设，指挥佥事廉高创”[⑩]。万历《莱州府志》沿用了第一种说法，认为是“洪武二十一年魏国公徐辉祖开设，指挥佥事廉高建，砖甃”[⑪]。同治《即墨县志》则又别出心裁，提出“明洪武三十五年魏国公徐辉祖设鳌山卫”[⑫]，并称浮山所和雄崖所也设立于洪武三十五年[⑬]。

洪武二十一年的提法，笔者目前没有见到可以确切佐证的资料，结合《山东通志》前后矛盾的记载，不排除第11卷是刻板时漏刻了一横所致，万历《莱州府志》、《明史》的作者未经详审，致使错误延续。至于洪武

---

① 嘉靖《山东通志》卷十一《兵防》，第732—733页。
② 同上书，第733页。
③ 乾隆《海阳县志》卷四《建置·城池》，第49页。
④ 顾炎武：《肇域志·山东·登州府·莱阳县》，第553页。
⑤ 顾祖禹：《读史方舆纪要》卷三六《山东七·登州府·莱阳县·附见》，第258页。
⑥ 同上书，第256页。
⑦ 万历《莱州府志》卷五《兵防》。
⑧ 《明史》卷四一《地理二》，第950页。
⑨ 嘉靖《山东通志》卷十一《兵防》，第737页。
⑩ 嘉靖《山东通志》卷十二《城池》，第792页。
⑪ 万历《莱州府志》卷三《城池》。顾炎武在《肇域志》中也采用了这一说法。见顾炎武《肇域志·山东·莱州府·鳌山卫》，第622页。
⑫ 同治《即墨县志》卷四《武备·营汛》，第68页。
⑬ 同治《即墨县志》卷二《建置·城池》，第42页。

三十五年一说，因为牵扯徐辉祖，后面会集中探讨，暂从略。

鳌山卫有四座城门，东门叫镇海门，凸显了海防前哨的性质。另外县北之张家寨、楼山寨，县南金家岭寨，县东王家庄寨，县东北走马岭寨、羊山寨、大港寨、栲栳岛寨、田村寨等错落卫城四周，“俱属卫”[①]，共同构成较为严密的沿海防御体系。

在鳌山卫和大嵩卫之间，明廷另外设置了一个雄崖守御千户所，直属山东都司。

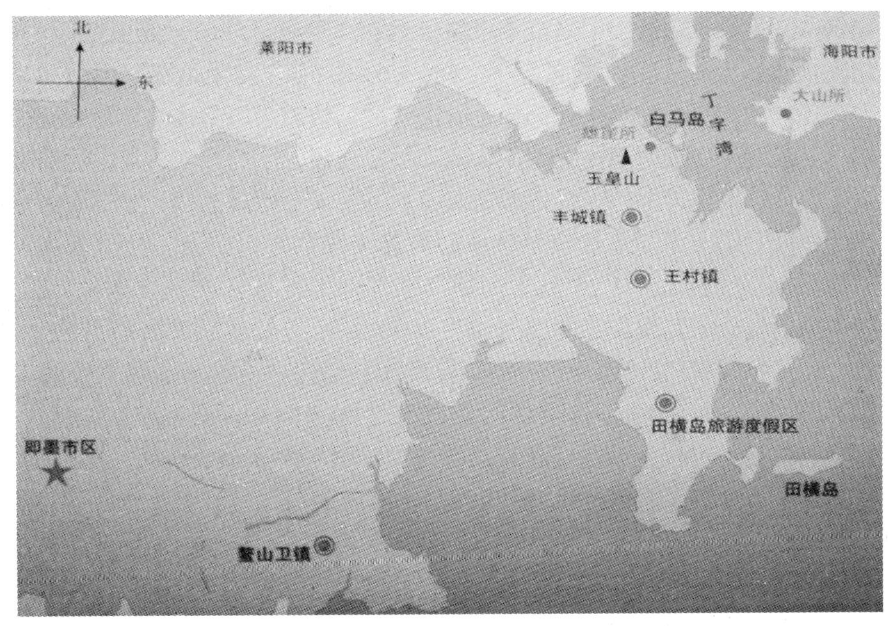

图 1—10　《雄崖所、鳌山卫地理位置图》
（《雄崖所古城》附图，中国文史出版社 2010 年版）

雄崖所在今即墨市丰城镇北部滨海，隔丁字湾与大嵩卫大山前所相望，两所共同扼守丁字湾海口。雄崖所的设立时间不是很明确，嘉靖《山东通志》、万历《莱州府志》等均称“洪武间建”，唯同治《即墨县志》明确记载“雄崖所城，洪武三十五年设”[②]。雄崖所辖白马岛等 11 个墩堡[③]。

① 顾炎武：《肇域志·山东·莱州府·鳌山卫》，第 623 页。

② 同治《即墨县志》卷二《建置·城池》，第 41 页。

③ 嘉靖《山东通志》卷十一《兵防》，第 739 页。

雄崖所设于两卫之间，有效弥补了两卫结合部的防御薄弱环节。

与栲栳岛等名虽为岛，实际只是半岛不同，白马岛是名副其实的岛屿。白马岛位于丁字湾内，与雄崖所、大山所的距离都不是很远，在这里设置烟墩，可以同时给两个所发出警报。一般认为，放弃沿海岛屿是明初海防政策的一大败笔，但白马岛墩台的存在，使我们有必要对这一看法重新评估。与白马岛类似，胶州湾内的阴岛（今称红岛）同样没有被明朝政府废弃，岛上不仅有隶属里仁乡阴岛社的民户①，而且建有一座备倭土城——张家寨城。需要注意的是，胶州湾沿岸设有鳌山卫、灵山卫和胶州守御所，但设在阴岛上的军屯却隶属于远在几百里之外的大嵩卫②。这样的安排显然是为了实现不同卫所之间的制衡，是"犬牙相制"原则的具体表现。明初的倭寇袭扰大部分是游击式的，快速反应是成功应对袭扰的基本要求之一。按照明代的制度，如果倭寇入侵胶州湾腹内，岛上屯兵有义务参战。但附近卫所无权指挥他们，大嵩卫治又距离遥远，其结果必然影响作战效果。明朝政府以牺牲海防效能换来的军内制衡，代价未免大了些。

灵山卫，在胶州城东南九十里，因海中有灵山岛而得名。卫辖左、前、后三所及唐岛、李家岛、孙家港等 30 个墩堡③，辖区主体在今胶南市灵山卫镇。夏河寨备御千户所，在卫之西南方向，即灵山卫前所④，"洪武间灵山卫百户管城包以砖石"⑤，辖走马岭等 16 个墩堡⑥。夏河寨虽然只是个千户所，但寨城的规模和卫城一样，都是"周三里有奇"⑦。

---

① 嘉靖《山东通志》卷十二《城池》，第 792 页。据《明英宗实录》卷一八四（见第 3652 页）记载，"正统十四年十月癸酉，山东等处总督备倭永康侯徐安等奏：比见倭寇往来海中，虑其登岸抢掠即墨县阴岛社，请迁其民于陈马庄居住，验户丁多寡，拨与空闲屯地耕种。事下户部，复奏，从之"。徐安奏准迁徙岛上居民到内陆生活，是明初空岛政策的延续。不过从《山东通志》的记载来看，这次迁徙似乎并没有得到长期贯彻。正德、嘉靖年间，陆续有辽东军民自发迁徙到山东沿海岛屿生活，颇令明廷挠头。但阴岛地处胶州湾内部，在两岸军卫的监视下，辽东百姓估计不会深入到此。因此，《山东通志》中记载的阴岛社百姓，应是原住民的后裔。从《实录》的记载看，徐安等只是担心岛民遭到倭寇劫掠，并未发生实质性的侵扰，因而不排除这次迁徙行动半途而废的可能。

② 同治《即墨县志》卷二《建置·里舍》，第 46 页。

③ 嘉靖《山东通志》卷十一《兵防》，第 735—736 页。

④ 道光《重修胶州志》卷七《明职官表》，第 57 页。

⑤ 乾隆《诸城县志》卷十《武备考》，第 85 页。

⑥ 万历《莱州府志》卷五《兵防》。

⑦ 顾祖禹：《读史方舆纪要》卷三六《山东七·莱州府·即墨县·附见》，第 256 页。

在卫城周边，另有萧家寨，“洪武间灵山卫百户陈良因古墙包以砖石”①，龙潭寨，在诸城县东南一百二十里，两寨俱“置百户所戍守，属胶州灵山卫”②。

灵山卫城的地貌可用一句话形容：“左右皆崇山，其南一望无际者，海也。”③ 从下图中可以发现，卫城东、北、西三个方向分别为鹁鸽山、小珠山、大珠山等山脉阻隔，是一座典型的背山面海城堡，充分利用了地利。夏河寨城背后也有松山等作依托。不过从后来的效果看，灵山卫城的选址似乎过于重视地利，以致忽略了南面海口的水文条件。因为灵山湾一带风向变化较快，“虽可容船，不宜久住”④，对于习惯海上生活的倭寇而言，同样是需要规避的路线。因此，清人评价：“（卫城）与今海口商舟来往亦不毗接。盖明人一时之制，未尽地理之宜故。”⑤

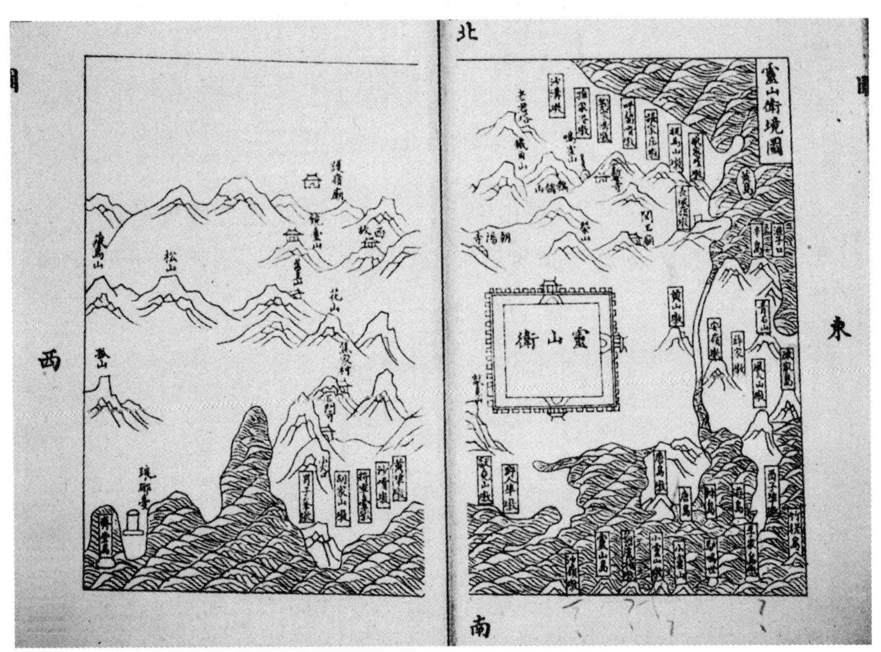

图 1—11　《灵山卫境图》（万历《莱州府志》卷首）

① 乾隆《诸城县志》卷十《武备考》，第 85 页。

② 顾祖禹：《读史方舆纪要》卷三五《山东六·青州府·诸城县·景定镇》，第 253 页。

③ 道光《重修胶州志》卷三九《金石考·重修灵山卫学记》，道光二十五年刊本。

④ 同治《即墨县志》卷十二《杂稽·海程》，第 305 页。

⑤ 道光《重修胶州志》卷三七《形胜考》。

和鳌山卫一样，灵山卫的设卫时间也有争议。嘉靖《山东通志》记为“洪武二十一年建”[①]。万历《莱州府志》未提及设卫时间，但指出卫城建成于洪武三十五年，“甓甃”[②]，顾炎武亦采用这一说法[③]。顾祖禹将上述说法合二为一，称“洪武二十一年置，三十五年筑城”[④]。

《灵山卫志》的说法与以上都不同：

> 洪武五年，魏国公徐达调指挥佥事朱兴筑土城以备倭……永乐二年，指挥佥事郭崇重修，外包以砖。[⑤]

不论是建卫时间还是建城时间，都和前述说法有很大差距。这一说法后被道光《胶州志》沿用，并有所发展：

> 洪武五年，魏国公徐达调指挥佥事朱兴筑灵山卫城备倭……永乐二年，指挥佥事郭崇重建卫城。[⑥]

两相对比可以发现，《灵山卫志》只是说洪武五年“筑土城”，未敢明确说是建卫城，道光《胶州志》则干脆肯定下来。虽然在正文中没有明确，但卫志附录了作者的一段考证文字：

> 旧州志载灵山卫建于洪武二十一年，载建胶州所无年号，载胶州所千户署建于洪武五年。岂有未建灵山卫而先建后所之理？是州志亦误也。据《明史纪事本末》载：洪武元年正月，定将帅将兵之法，凡郡县皆立卫所，当从五年为是。[⑦]

可见，洪武五年建卫之说纯粹是志书作者的个人判断。这里的关键是，胶州所是不是灵山卫的后所？前文曾谈到胶州所的确成立于洪武五

① 嘉靖《山东通志》卷十一《兵防》，第735—736页。
② 万历《莱州府志》卷三《城池》。
③ 顾炎武：《肇域志·山东·莱州府·胶州》，第544页。
④ 顾祖禹：《读史方舆纪要》卷三六《山东七·莱州府·即墨县·附见》，第256页。
⑤ 乾隆《灵山卫志》卷一《舆地·沿革》，五洲传播出版社2002年校注本，第11页。
⑥ 道光《重修胶州志》卷三四《大事》。
⑦ 乾隆《灵山卫志》卷一《舆地·沿革·正误》，第13页。

年，但是是直属于都司的守御所，即便在灵山卫成立后降格为备御后所，也不能以此为依据推断灵山卫的设立时间，何况称之为卫之后所，本身就缺乏确凿的证据。因此，笔者认为卫志的说法是不成立的。至于是否在洪武二十一年曾经一度成立，还需明确证据佐证。在没有铁证之前，还是坚持《实录》的说法较为妥当。

八 安东卫

安东卫的地理位置比较特殊，卫城虽然在山东境内，但“北去日照县九十里，南去赣榆县七十里”①，距离南直隶淮安府更近。而且其辖区、军屯土地大多分布在南直隶境内，故清初卫志的作者称它“南临淮楚，北接青齐，地属淮安府赣榆县境，城则青州府日照南境也。城西北五里有石碑为界。实为南北之交衢，山左之门户”②。可见，设置安东卫的目的很大程度上是为了弥补两省结合部的防卫缺环。类似的跨境卫所在明代并不罕见，是“犬牙相制”原则的具体体现。明中叶，军方财权被大幅度剥夺，给这类跨境卫所的管理造成很多困难。大概就是因为这个原因，在嘉靖《山东通志》“兵防”一节中居然没有提到安东卫。

安东卫，洪武三十一年建，辖五个千户所，卫城“周五里”。在其北部，明廷另设有石臼寨千户所，“所城周三里有奇”③，位置大致在今日照市日照港附近，辖区北部与灵山卫接壤。按照嘉靖《青州府志》卷十一的记载，石臼寨所属于守御所，和安东卫没有隶属关系，因此，乾隆《沂州府志》关于天顺年间，“调去中所于天津卫，右所于徐州卫”④，安东卫仅存左、前、后三所的记载是有问题的。卫志载，调走中、右所后，“隶卫者止有前、左二所并分汛后所，为三所”⑤。石臼所因与安东卫接境，在防务上必然和安东卫有联系，在明朝中后期军制变化后受安东卫直接领导也是有可能的，但在祖制不可变的大原则下，守御所的身份应该是不变的。卫志的记载恰恰印证了这一点。可见，安东卫在初创时实际只有四个所。

---

① 康熙《安东卫志》卷一《里至》。本志传本罕见，后由秦洪河先生标点整理，内部印行。网络上有全文。因未见原书，个人也只好采用网络版本。见 http://blog.sina.com.cn/s/blog_539004f10100qnd1.html。

② 康熙《安东卫志》卷一《疆域》。

③ 顾祖禹：《读史方舆纪要》卷三五《山东六·青州府·日照县·附见安东卫》，第254页。

④ 乾隆《沂州府志》卷一《沿革》，“中国地方志集成丛书”影印本，第38页。

⑤ 康熙《安东卫志》卷一《建置》。

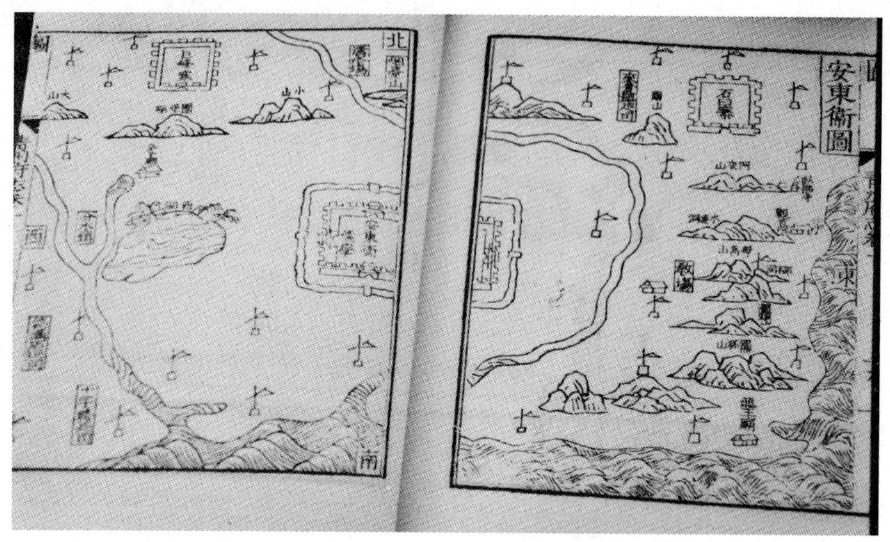

图 1—12　《安东卫图》（嘉靖《青州府志》卷一

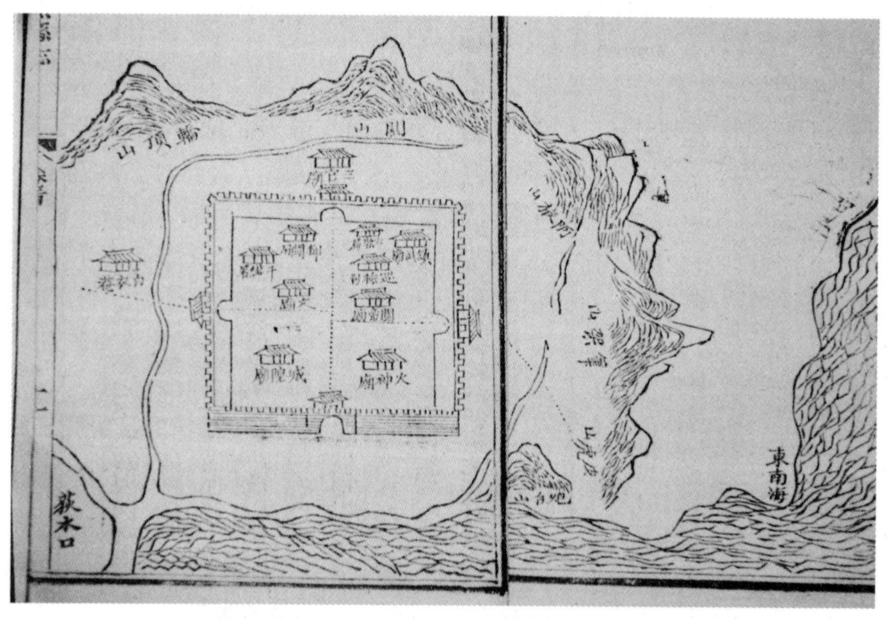

图 1—13　《安东卫城图》（光绪《日照县志》卷首①）

联系上一节《灵山卫志》的记载推断，胶州守御所应该也是所谓的

① 光绪十二年刊本。

分汛所，防务上受灵山卫指导，在一定程度上代行后所职能。灵山卫实际只领有左、前两个千户所。

安东卫直辖大河口、涛洛等 13 墩，石臼所辖石臼等 15 墩[①]。清初，安东卫主要负责防守岚头、张洛、涛洛、夹仓四海口，石臼所镇守龙汪口、宋家口两个海口，从地理位置上看，明代的情形应与之没有大的区别。

按照卫志的记载，安东卫墩台都设置在沿海“千仞绝巅之上，俯视一切”，“每墩设墩卒四名，每名给工食银四两。更为墩卒之厚其晨夕也，墩下置赡养地八亩；又为墩卒之安其室家也，墩下建安息房数间。桑麻鸡犬，无异闾里，所以墩卒刻不容离”[②]。

卫志作者赵双璧是康熙时期安东卫掌印守备，由他记录的墩卒情况应该没有问题，不过这是清初的情形。清初的卫制大体沿用晚明制度，明初的墩台守军是否是每台四人还需具体考证，不过墩卒领有军屯土地和必要的生活设施是可以肯定的。

从图 1—13 中可以看出，安东卫城除南面临海外，其他三面被轿顶山、关山、阿掖山、笔架山等山脉环抱，和灵山卫城一样，属背山面海类型，充分利用了地理条件。关于卫城的选址，还有一个美丽的传说：

> 安东虽僻处海隅，然山环水绕，实为齐南之胜地也。始汤信国和建城，卜基于今城北十里之坊口，遗迹犹存。后以青鸾衔旗于斯，信国异之，来相形势焉。登高而望，见东枕阿掖，西带长流，南临沧海，北锁关山，东海诸峰遥观而若画，西莒重岗远列而如屏，因凿山开土，聚众而成城（旧志）。[③]

明廷从洪武十七年开始由汤和主持在沿海设置防海卫所堡寨，充分利用地理条件是冷兵器时代军事设施建设的基本原则之一。依山面海建城，既可以取得居高临下的优势，又可以集中兵力于沿海一面，可以最大限度地发挥防御效能。故事中的汤和选址建城显然是附会，但从中可以发现，安东卫城的建设并非一蹴而就，在选址上应该费过一些周折，原址坊口的地理优势肯定比不上后来的卫城。

---

① 嘉靖《青州府志》卷十一《兵防》。

② 康熙《安东卫志》卷二《墩台》。

③ 康熙《安东卫志》卷一《形胜》。

结　语

洪武三十一年集中设立的新卫所和上一批卫所最大的不同就是“皆当要害可以泊舟之处，如胶州守御千户所，海潮抵其南门；鳌山卫，海潮抵其东门是也”[1]，即把第一道防线提前到了海岸线附近。卫所、堡寨、墩台以及巡检司，在沿海一线构成了多层次的防御体系。调整之后，明军的反应速度相应提高，可以在第一时间对沿海墩台的报警作出处置。卫城、所城的选址则充分利用了地理优势，大多选择背山面海格局。另外，有几点值得注意：

（一）山东沿海卫所除了青州左卫在内陆，宁海卫距海较远外，其他卫所基本布置在海岸线附近。和第一道防线相比，第二道防线明显薄弱。洪武年间，青州设有左、右两卫，齐王府的护卫军必要时也可参战，总体上兵力较为雄厚，对沿海一线可以提供较为有力的支持。在海上巡航尚存的状态下，这样的配置单纯从海防角度来说应该是有效的。

永乐四年，齐王被废，护卫遣散，右卫又被抽离，青州驻军数量急剧减少，对海防的支持能力大幅度下降。更重要的是，青州距离登莱沿海明显过远，而相对富庶的登莱平原上，如高密等县几乎没有成建制的卫所军存在。洪武朝的山东海防体系如同一个椭圆形的盘子，在盘子四周布满了军队，盘子中央却是一片空白。这样的布局缺乏有益的战略纵深，一旦沿海防线被突破，登莱平原地区必然遭到蹂躏。

清初，《安东卫志》的作者赵双璧曾经说到，卫所配置“非独防外，亦以卫内也”[2]。对此，依靠农民起义起家的朱元璋不可能不明白。但山东半岛的军力配置恰恰留下了这么一大片军事盲区。后来的唐赛儿起义，刘六、刘七起义等之所以能在山东半岛上一度打出一片天地，和明朝这种军力配置上的缺陷都有一定的联系。尽管此后明朝政府曾通过设置州县民兵、添设兵备官员等办法尽力弥补，但在明人的观念中，登莱走廊一线的战略地位始终没有得到应有的提升。

万历年间，日本侵略朝鲜，山东半岛成为准前线，士大夫纷纷建言献策。其中，山东人冯琦曾提出这样的建议：

---

① 周如砥：《驳迁即墨营于胶州议》，同治《即墨县志》卷十《艺文》，第249页。据崇祯年间胶州知州王献吉的报告，可知胶州城并非临海，但“城东三里即海潮往来之地”。周如砥在奏议中称胶州海潮直抵南门基本是正确的。王献吉的报告见道光《重修胶州志》卷二二《列传·官师》，道光二十五年刊本。

② 康熙《安东卫志》卷二《武备》。

齐之所以称四塞者，何也？东面海，西南面山也。惟正北一面，绾毂其口。北自牛山，南至穆陵，万山连绵，二百里不绝。山势西起太（泰）山，南接蒙山，钩连至郡城北始尽，故青州者，海山之间一大都会也。登莱负海，险在郡东；青州负山，险在郡西。山东海面二千七百里，处处可登。出于登则莱不能救，出于莱则登不能救。南而诸城、日照，北而乐安、寿光，则直出于青之境内而反抄登莱之后。盖登莱可捍外不可卫内，若外控登莱，内护省直，扼山海而居其会，则惟青州为重……青州因山势为城，可据以守；其人轻悍好斗，可训以战；若结以恩惠，授以纪律，则皆可使为兵。内凭百雉，外阻群山，强者乘城，弱者入山以避难，不至尽委以资敌。壁可坚，埜可清，亦惟青州为然。故莫若建青州为重镇，厚增陴，广积饷，多屯兵，以据登莱之项背，互相声援，互相灌输，而内于中原添一重保障。切以为于计便。①

青州原本是鲁中重镇，洪武十八年前山东都司就设在青州。都司迁往济南后，青州的军事地位日渐下滑，冯琦强调重建这一重镇，使之成为登莱地区战略上的依托，无疑是正确的。但他认为“出于登则莱不能救，出于莱则登不能救”就有问题了。从引文中可以看出，冯琦这样认为的依据是这里无险可守，地理上没有优势，这在冷兵器时代是符合军事建设的大原则的。但这里忽略了一点，即山东半岛属于丘陵地形，可守之险并不是只存在于沿海地带，在登莱走廊东沿，同样有很多可以屯兵的险要之地，而且由于地理原因，这些险要地区基本不会受到来自东方的威胁。在这里驻军，可以安心地盯住走廊，确保这块沃土不受侵犯。由于地形复杂，在这里驻军对沿海难以形成快速、有效的支持，洪武朝的海防布局因而不曾在这里落子。但历经二百余年洗礼后，依然无视这块沃土，就是眼界问题了。

（二）除补给辽东的海船外，山东沿海的水上力量几乎等于零。嘉靖年间，邓若曾建议在山东“立水寨、置巡船，制寇于海洋山沙”②，间接证明了这一点。明初，中央水军重点游弋于渤、黄海，对倭寇形成较大压力，客观上弥补了山东沿海没有水军的不足。但在永乐中叶取消海运后，

① 冯琦：《东省防倭议》，陈子壮编：《昭代经济言》卷十二，“丛书集成初编”本，第759册，第252—253页。

② 邓若曾：《山东预备论》，《郑开阳杂著》卷二，上海古籍出版社影印文渊阁四库全书本，第498页。

这里依旧没有补上这一课，半岛“突出海中，腹背受敌，难于堤备”的弱点暴露无遗，“虽然倭船至岸而后御之，亦末矣”[①]。长期不设水军不仅弱化了防御能力，而且对这里保持了几千年的航海传统构成严重打击。万历年间增设水兵时依靠南来客兵，不能不说是这一战略决策失误种下的恶果。

（三）讨论明初海防政策的学者大多会提及空岛政策，即放弃沿海岛屿，强行把岛上人口迁徙到内陆。无疑，这一政策在山东沿海也曾实施。如史载：“黄岛……地势平敞，旧有居民，因倭寇迁入，遗址尚存”[②]；“莒岛，本莒岛社地，其土肥沃，其山秀丽，中多古墓。洪武间以倭夷为患，因徙其民。岁久，诸墓遂为人盗发，且并去其碑志以灭其迹”[③]；“刘公岛，多林木，四五月间舟人采之。旧有辛、汪二里居民。国初魏国公徐达徙之”[④]；等等。不过，对此不能一概而论。如前所述，山东沿海之白马岛、阴岛都不曾迁徙居民，相反，在岛上还有驻军和军屯田。沙门岛甚至在永乐年间还增加了五百驻军。类似的现象在其他地区也存在。如临近山东的南直隶安东县东北海中之郁洲山岛，亦设有东海巡检司。[⑤] 这些岛屿之所以留有军民，固然和其地理位置的特殊性有关，但亦能反映出明朝政府在政策的具体落实上，并不是一刀切，而是采取了因地制宜的态度。也正因为如此，对空岛政策造成的社会伤害不能一概而论。

附　论

在洪武朝的海防建设中，因为诸多原因，留下了几个疑问，这里试作解答。

（一）青州右卫的去向

永乐四年，青州右卫被整体调离山东。对于它的去向，《实录》记载是改为天津右卫，嘉靖《青州府志》及《肇域志》则称改戍德州。好在《天津右卫选簿》尚存，从中可以核实青州右卫的去向。为表述方便，先列举几个实例：

（1）合肥人刘鉴，“永乐四年调青州右卫。本年七月全五（伍）调直

---

① 邓若曾：《山东预备论》，《郑开阳杂著》卷二，上海古籍出版社影印文渊阁四库全书本，第498页。

② 顾炎武：《肇域志·山东·莱州府·胶州》，第544页。

③ 嘉靖《宁海州志》卷上《地里第一·山川》，第692页。

④ 同上书，第696—697页。

⑤ 《明史》卷四十《地理一》，第915页。

沽，改设今卫”①。

（2）黄岩人罗端，“（永乐）四年调青州右卫右所，十月，调天津右卫右所”②。

（2）武陵人姚玘，“永乐四年授青州右卫右所副千户，十月，改天津右卫”③。

（4）蒙城人张鉴，永乐四年由徐州卫右所调青州右卫，再调天津右卫④。

（5）全椒人袁庆，“永乐二年袭授建阳卫右所世袭百户，四年调青州右卫后所，后改天津右卫后所”⑤。

（6）凤阳人杨勇，永乐四年由建阳卫中所“调青州右护卫后所，本年改设天津右卫后所”⑥。

（7）合肥人郭兴，永乐四年由青州左卫调右卫，“改设天津右卫”⑦。

（8）寿光人邵记儿，由青州左护卫后所总旗，“改天津右卫后所”⑧。

（9）黄岩人林旺，青州左护卫左所百户，“改天津右卫后所”⑨。

（10）临湘人萧玉，“颍川卫世袭百户。永乐四年调青州右卫，后改调天津右卫中所”⑩。

（11）山阳人周能，原为镇江卫右所百户，“永乐四年调青州右卫前所，后改调天津右卫前所”⑪。

（12）霍邱人刘瑄，原为青州中护卫左所典刑，世袭所镇抚，“调天津右卫左所”⑫。

从以上个案资料中可以发现，青州右卫的确是调到了天津一带。现存《德州卫选簿》中未能发现来自青州右卫的军官间接证明了这一点。另外，从《德州卫选簿》中可以发现，该卫开设于洪武二十二年，而且下

---

① 《天津右卫选簿》，《中国明朝档案总汇》第68册，第16页。
② 同上书，第32页。
③ 同上书，第56页。
④ 同上书，第77页。
⑤ 同上书，第78页。
⑥ 同上书，第75页。
⑦ 同上书，第26页。
⑧ 同上书，第28页。
⑨ 同上书，第33页。
⑩ 同上书，第44页。
⑪ 同上书，第63页。
⑫ 同上书，第29页。

辖不只五个千户所，还辖有中左所、中右所，属于超编配置[①]，似无须从别卫补充兵力。而德州左卫设置于永乐五年六月[②]，与青州右卫调离时间不符。这些都可以为青州右卫的去向提供佐证。

天津右卫的设置也不是一蹴而就，而是有一个过程的。刘鉴等于七月全伍调往直沽，罗端、姚玘等则是十月才离开青州说明了这一点。例（5）、（7）、（10）、（11）则显示在调离之前，曾有大批军官被调到青州右卫。按理，在决定调卫之后，这些人可以直接从原卫调往新设的天津右卫，没有必要到青州折腾一圈。另从例（6）、（8）、（9）、（12）来看，天津右卫的兵力来源不仅包括青州右卫，还有部分出自齐王府的护卫军。

齐王被废于永乐四年，同年五月，“革青州中、左二护卫及齐府长史司、仪卫司，官军、校尉分调附近卫所”[③]。从这个时间节点来看，天津右卫的设立，似乎与齐王被废有一定关联。齐王朱榑洪武三年受册封，十五年就藩，此后曾多次奉命领兵参战，护卫军战斗力很强。废藩后，护卫军留在青州显然不妥，拆散安置是朱棣的首选。在这之前，大力加强青州右卫的实力，不排除有防范护卫军，为废藩做准备的可能。

永乐初，政治中心迁往北京。在天津设卫，保障北京的侧翼安全是很正常的军事行为。以此为理由，把青州右卫调离，同时“裹挟”一部分齐府护卫官兵离开青州，可谓一举两得。估计这次废藩的顺利进行超出了朱棣的预想，因此才有了张鉴、袁庆等人的青州短暂一“游”。

（二）沿海诸卫不满额的原因

洪武三十一年新设立的沿海军卫，一般只有三个千户所，远低于一卫五所的常规编制。在沿海要害地区设置卫所，目的是为了加强海岸防务，兵力严重缺额，不是背道而驰吗？是原本就如此设计，还是另有原因呢？我们先来看几个个案：

（1）李兴，沭阳人，“洪武二十六年并充总旗，三十一年升百户，调青州左卫”[④]。

（2）任安，惠安人，“吴元年军，选充小旗……三十一年，以年深总旗钦除世袭百户，山东管军，五月调青州左卫左所”[⑤]。

（3）杨清，建平人，洪武“三十一年以年深除世袭百户，调青州左

---

① 《德州卫选簿》，《中国明朝档案总汇》第67册，第209、173页。

② 《明太宗实录》卷六八，永乐五年六月庚寅条，第957页。

③ 《明太宗实录》卷五四，永乐四年五月庚戌条，第808页。

④ 《青州左卫选簿》，《中国明朝档案总汇》第55册，第24页。

⑤ 同上书，第48页。

卫左所”①。

（4）王贵，无锡人，“先系张氏下军，吴元年归附，发广武卫充马军……三十一年以年深总旗除授世袭百户，山东管军，调青州左卫左所”②。

（5）沈良，德清县人，“三十一年以年深除世袭百户，调青州左卫右所”③。

（6）刘彝，临淮县人，“三十一年以年深总旗钦除世袭百户，调青州左卫中所”④。

（7）陈兴，“骁骑右卫右所马军总旗，三十一年以年深总旗除世袭百户。六月，调青州左卫后所”⑤。

（8）许敬，迁安县人，马军总旗，“三十年除世袭百户，调青州左卫中所”⑥。

（9）李兴，颍州人，锦衣卫水军所总旗，洪武三十一年“以年深总旗除百户。八月，授大嵩卫中所世袭百户”⑦。

明初战事不断，为表彰长年征战，虽无军功却有苦劳的军士，明朝政府经常以“年深”为理由，授予其百户、总旗等低级官职。这样的批量授官一般不考虑原卫有无空缺，因此，授官后往往要调离原卫，安插到有空缺岗位的卫所。洪武三十一年，山东沿海一口气增加了七个卫和宁津、雄崖等守御所，需要大批军官，这给明朝政府奖励新一批“年深”军士提供了机会。从上面几个例子来看，青州左卫虽然不是新设卫所，但也趁机补充了大批下级军官。莱州卫、宁海卫等沿海“老”卫所因为没有选簿等档案保留下来，暂时未能找到有关案例，但不排除和青州左卫一样，补充了部分官兵。不过，下面几个例子可以间接反映出谁受益更多。

（1）胡士安，章丘人，“洪武四年充军……三十一年以年深总旗除成山卫前所百户，调青州左卫前所”⑧。

（2）王铭，泰州人，“吴元年归附……三十一年除靖海卫左所世袭百

---

① 《青州左卫选簿》，《中国明朝档案总汇》第55册，第49页。
② 同上书，第50页。
③ 同上书，第57页。
④ 同上书，第87页。
⑤ 同上书，第116页。
⑥ 同上书，第78页。
⑦ 同上书，第25页。
⑧ 同上书，第103页。

户，调青州左卫左所”[①]。

(3) 刘庆，六合人，“三十一年以年深除大嵩卫世袭百户，调青州左卫右所”[②]。

(4) 杜智，淮安人，“三十一年以年深升大嵩卫中所世袭百户，调今卫所（青州左卫中所）”[③]。

(5) 郑茂，亳县人，“三十一年以年深除安东卫百户，本年调青州左卫右所”[④]。

(6) 张彬，沭阳人，“三十一年以年深除世袭百户，拨灵山卫右所。六月，调青州左卫右所”[⑤]。

(7) 吴昇，嵩县人，“三十一年除靖海卫前所百户，六月，调青州左卫前所”[⑥]。

洪武三十一年新设七个卫，上面几个例子显示，居然有五个卫的军官在履新不久就又被调往青州左卫。考虑到现存卫所选簿修纂于隆庆年间，且只收入当时仍在该卫服役的军官资料，在明初军队调动频繁的背景下，不能排除有威海卫、鳌山卫的军官也曾在到任不久就被调离的可能。

明初，青州的战略重镇地位尚未受到质疑，洪武三十一年的人员补充对其地位的巩固无疑有很大帮助。虽然没有证据，但我们可以相信，莱州、宁海等卫即使也借东风补充了部分兵力，但数量上应该不会超过青州左卫。按常理，这么大幅度的军官调动，会伴随有军士的调整。也就是说，随着军官的调动，会有大批士兵随同来到新的卫所。而这次的兵力调整，青州无疑是最大的受益者。

陈兴、张彬和吴昇的资料都明确显示，他们调往青州的时间是在洪武三十一年六月。除李兴外，其他人的调卫时间不明，不排除也有六月的可能。这个时间点颇令人玩味。

当年闰五月，朱元璋驾崩，皇太孙朱允炆即位，改年号为建文。建文皇帝早在即位之前，就已经和近臣齐泰、黄子澄等商议好要削藩，解除诸皇叔对帝位的潜在威胁。众所周知，因为缺乏政治经验，建文君臣的削藩行动过于急切，缺乏充分准备，以致引来靖难之变。青州是富有

---

① 《青州左卫选簿》，《中国明朝档案总汇》第55册，第50页。

② 同上书，第65页。

③ 同上书，第76页。

④ 同上书，第60页。

⑤ 同上书，第64页。

⑥ 同上书，第107页。

战争经验、手握重兵的齐王的封地，在即位后马上调遣大批官兵到青州，加强青州防务虽然是有说服力的理由，但在总兵力上却可以因此超过齐府护卫，不能不让人怀疑这是建文君臣在为废掉齐王做准备。

另需注意的是，上述张彬和吴昇调往青州之前，分别任职于灵山卫右所和靖海卫前所。而从前文对各卫的介绍可知，这两个所并不存在。类似的情形，还有下面几个个案：

（1）南阳人李忠，“洪武十四年以年深并胜铁枪，升靖海卫右所副千户”①。

（2）宛平人侯玉，洪武“三十五年平定京师，升大嵩卫右所副千户”②。

（3）宛平人刘信，“渡江平定京师，钦升灵山卫右所副千户”③。

靖海卫是否在洪武十四年一度存在，无法确认，但右所在大多数史籍中没有出现过。侯玉和刘信都是靖难之役中立过功的新官，他们在洪武三十五年，即建文四年被派往山东沿海，说明至少在建文年间以及永乐初年，大嵩卫右所和灵山卫右所都曾存在。据此推断，洪武三十一年初设七卫时，原来的计划应该是满额配置，各卫在计划中可能都有五个所。但因种种原因，很多计划中的千户所因为军队调动等原因只存在了一段时间就消失了，或者始终就不曾建起来。④

新卫所的设立需要足够的新兵，有迹象显示，明朝政府曾在洪武三十一年在山东进行过垛集征兵。如诸城县人杨喜孙即于该年“垛青州左卫总甲”⑤。在当时军户地位还比较高的情况下，另有一些民户主动投充参军，如日照人卜官儿，“洪武三十一年投充青州卫后所总旗”⑥。但此前明朝政府已经多次在山东征兵，兵源接近枯竭（具体原因以后的章节会有专门讨论）。要凑齐数万名新兵，需要时间和过程。而马上到来的靖难之役无疑使征兵计划遭遇沉重打击。

---

① 《中国明朝档案总汇》第68册第30页。

② 《天津右卫选簿》，第44页。

③ 同上书，第23页。

④ 据《明太宗实录》卷一八三，永乐十四年十二月壬申条（第1972页）记载：当日，“敕都督冀中、马聚往湖广，调长沙护卫官军三千戍守辽东，二千戍宣府，二千戍保安诸卫。余调山东缘海六卫。改仪卫正为正千户，仪卫副为副千户，典仗为百户，校尉、女户俱充军”。改调部分长沙护卫军到沿海服役间接证明永乐时期的山东沿海卫所士兵的确存在较大缺额，并不满员。

⑤ 《青州左卫选簿》，第93页。

⑥ 同上书，第92页。

朱棣夺权后，大肆封赏有功将士，骤然增加了大批新官。如何安置这些有功之臣成了一个大难题，类似山东沿海那样距离京师不算太远，便于调用且尚在建设中的卫所无疑是个好去处①。从侯玉、刘信等个案来看，沿海七卫各辖五所的架构应该是确立好的。只是因为兵力的不足才逐渐撤并，演变成为后来一般只辖三个甚至两个千户所。

（三）徐辉祖建卫是否属实

在洪武末期的第二批卫所建设过程中，经常要提到一个名字——徐辉祖。例如：嘉靖《山东通志》卷十二记载“鳌山卫城……在即墨县东四十里海润乡高山社，国朝洪武三十一年魏国公徐徽（辉）祖开设，指挥佥事廉高创”②；万历《莱州府志》则称鳌山卫是“洪武二十一年魏国公徐辉祖开设”③；顾炎武《肇域志》记载宫家岛寨、芝山寨等五寨“洪武三十一年魏国公徐辉祖奏准开设”④；乾隆《灵山卫志》指出“府志”记载洪武三十五年魏国公徐辉祖创设灵山卫；《即墨县志》不仅认为“洪武三十五年魏国公徐辉祖设鳌山卫”，而且浮山所、雄崖所也建于洪武三十五年⑤；等等。嘉靖《宁海州志》甚至把他的父亲端了出来，称刘公岛上的辛、汪二里居民系“国初魏国公徐达徙之”⑥。《灵山卫志》的作者也因为怀疑本卫的设立时间而径直称“洪武五年，魏国公徐达调指挥佥事朱兴筑土城以备倭”⑦。类似的例子还有许多，恕不枚举。

在这些记载中，徐达、徐辉祖、洪武三十一年、洪武三十五年是几个经常出现的高频词汇。徐达迁徙刘公岛军民的记载肯定没有根据。徐达病逝于洪武十八年二月，当时山东沿海是否开始执行空岛政策很令人怀疑。即便已经执行，作为明军最高统帅，徐达也不会去过问这等“小事”。至于《灵山卫志》中有关洪武五年徐达调兵兴建灵山卫土城一事，前文已经作过分析。

那么，徐辉祖是否曾经负责布设山东沿海卫所呢？答案是肯定的。永乐二年，山东文士胡士文曾撰写了一篇《新设威海卫捕倭屯田军记》，文

① 如康熙《安东卫志》“序三”称：“永乐纂统，报白沟诸役功绩，簪缨世胄，食采兹地。”

② 嘉靖《山东通志》卷十二《城池》，第792页。

③ 万历《莱州府志》卷三《城池》；顾炎武在《肇域志》中也采用了这一说法。见《肇域志·山东·莱州府·鳌山卫》，第622页。

④ 顾炎武：《肇域志·山东·登州府·福山》，第556页。

⑤ 同治《即墨县志》卷二《建置·城池》，第42页。

⑥ 嘉靖《宁海州志》卷上《地里第一·山川》，第697页。

⑦ 乾隆《灵山卫志》卷一《舆地·沿革》，第11页。

中写道：

> 山东海右之民间被倭寇窃发之扰。洪武戊寅春正月，特命魏国公徐、都督朱垛集本处之民，置立沿海卫所，以安斯民于仁寿之域。殆至永乐元年仲春，都督朱复奉新君之命，练兵至威海。思昔皇上所以轸念黎元之意，欲刊诸石以垂神功圣德于不朽，请予为之记……（沿海七卫四所）不过垛四万之民，分设各卫所，号捕倭屯田军。[①]

洪武戊寅，即洪武三十一年，距离胡士文撰写文章不过六年时间，可谓当世人记当时事。而且邀请他撰文的是曾经和魏国公徐某一同经理创建沿海卫所的朱都督。文中提及“垛集”，前文中杨喜孙的例子可与之相互印证。明初只有一个魏国公，徐辉祖洪武二十一年袭爵，永乐初才因为反对朱棣被废。加之他曾于洪武二十七年奉命同安陆侯吴杰一道“往浙江训练沿海军士”[②]，有相应的工作经验，完全有条件、有能力到山东沿海主持御倭卫所的设置工作。胡士文的记文可谓铁证如山。

那么，和他一道经理山东沿海卫所的朱都督是谁呢？翻检《实录》，发现洪武末期有两个朱都督，而且都与山东有关。一个是中军都督府都督佥事朱信，洪武二十八年三月起以总兵官身份“率舟师运粮赴辽东，其海运大小官军悉听节制”[③]。山东沿海是海运船队的必经之路，朱信有机会熟悉沿海的水道及海口、地形等。另一个是后军都督府都督佥事朱荣，曾负责向东昌府移民、劝耕屯田等工作。如洪武二十八年底，朱荣曾汇报“东昌等三府屯田迁民五万八千一百二十四户，租三百二十二万五千九百八十余石，绵花二百四十八万斤”[④]。屯民是明初军户的重要来源之一，朱荣也有条件参与经理沿海卫所。不过，从徐辉祖曾“领中军都督府”[⑤] 来看，作为其属下的朱信似乎几率更大一些。

靖难之役开始后，徐辉祖站在建文皇帝一边，并曾和靖难军直接对抗，因而在朱棣夺取帝位后马上受到打击，不可能再到山东主持卫所建

① 胡士文：《新设威海卫捕倭屯田军记》，见乾隆《威海卫志》卷九《艺文》，民国十八年威海九华小学重印本。

② 《明太祖实录》卷二三二，洪武二十七年三月辛丑条，第 3386 页；张廷玉等：《明史》卷三《太祖本纪三》，第 51 页。

③ 《明太祖实录》卷二三七，洪武二十八年三月戊戌条，第 3459 页。

④ 《明太祖实录》卷二四三，洪武二十八年十一月戊寅条，第 3530 页。

⑤ 张廷玉等：《明史》卷一〇五《功臣世表一》，第 3000 页。

设，因而有关他于洪武三十五年建置某某卫所的记载肯定是不对的。对此，清人已经有所辩驳。《灵山卫志》的作者就是因此否定府志的记载，进而得出徐达洪武五年修建灵山卫土城的结论的。

洪武三十一年五月，明朝政府一口气设置了七个卫，各卫的建设不可能非常完美，从前述各卫官兵当年五月大批被调往青州左卫来看，沿海卫所应处于草创阶段。两个月后，新君登基，政治环境大变。不久，朱棣打起“靖难”旗帜，挥师南下，山东一带成为重要战场，沿海卫所的建设不可避免地要暂时中止，其官兵亦可能被大批调往内战前线并蒙受一定的损失。

朱棣夺权后，海防形势并没有好转，而且有恶化的趋势。山东沿海的卫所建设工作需要重新提上日程。因此，在洪武三十五年，即建文四年，重新展开卫所建设是完全可能的。大批被派往沿海的靖难功臣也为重启卫所建设创造了条件。只是主持人不再是徐辉祖，而是换成了他曾经的助手——朱都督[①]。胡士文的记文对此作了如实的记录。所以，有关洪武三十五年徐辉祖创建某卫所的记载可以理解成该卫所由徐辉祖决策设置，但完成于洪武三十五年。其实，洪武三十五年也不会是所有卫所都完成建设的时间，像灵山卫城即是于永乐二年完成修建工作，以至于卫志作者发出“灵山卫又似实建于永乐二年”[②] 的疑问。

胡士文在记文中称沿海卫所“不过垛四万之民”应是虚数。因为按照明代的额定编制，七卫四所的总兵力是四万三千多人，这也间接显示在当时决策者的构想中，山东沿海军卫应该是足额配置的。只是胡士文不可能了解当时卫所的建设实况，更不可能想到沿海军卫的兵力永远不会足额。

---

① 据《明太宗实录》卷十二上记载，“洪武三十五年九月戊子，升朱荣为左军都督佥事”（第205页）。这个朱荣曾在靖难之役中立过大功，不知与洪武末年的后军都督府都督佥事朱荣是否是一个人。如果是，则当年参与山东沿海卫所建设的应该是他。只是此朱荣晋升后的职务也是都督佥事，如果是一个人，这次任命似乎不足以表彰他的功劳。朱都督究竟是谁，还需要进一步考证。

② 乾隆《灵山卫志》卷一《质实》，第14页。

第二章　山东海防体系的野战化与战略功能的初步转型

随着燕王朱棣的登极，明初颇有进取心的主动巡航海防战略被重新拾起，外交努力一度也取得了令明朝政府满意的结果。但好景不长，因为国防重点始终在北方草原，加之与迁都密切相关的内河漕运的兴起，刚刚有些起色的海防建设再度遭到打击。与之相应，山东半岛的海防建设在防御体系日趋完善、指挥系统更接近实战需要的同时，开始出现战略功能多样化的转变。整个山东半岛，也开始由战略现时区逐步走向战略预备区。

第一节　对日外交的困惑
——兼论倭寇"三角贸易"的形成

明太祖朱元璋去世后，明朝政府开始着手恢复与日本政府的交往，希望通过日本的主动约束，解决倭寇侵扰难题。在朝贡贸易的巨额利润吸引下，复交努力很快取得成效，但倭寇的侵扰依然故我，令明廷上下颇为困惑。问题究竟出在哪里呢？

一　"成功"对日外交与日益增大的海上压力

1398 年，明太祖朱元璋去世，皇孙朱允炆即位，是为建文皇帝。尽管建文帝登基不久，就发生了靖难之役，并因此丢掉皇位，但其施政并非一无是处。就外交而言，建文君臣解决了朱元璋遗留的两个难题。一是朝鲜问题。朱元璋在世时，虽然做出了高丽更改国名为朝鲜的决定，但对朝鲜开国之君李成桂的合法身份始终没有正面回应，致使李成桂以及后来的李朝定宗李芳果始终没有取得国王的册封，只能以"权知朝鲜国事"的身份与明朝交往。

朱元璋去世后，这一障碍不复存在。建文三年（1401）六月，朱允炆正式册封当时的李朝太宗李芳远为朝鲜国王，授金印，且破格赐予亲王才享有的九章冕服①。

朱元璋时期，虽然日本被列入不征之国，但因为“卷入”胡惟庸案，所以被长时间挡在国门之外。朱元璋去世后，日本室町幕府将军足利义满抓住机会，于建文三年正月主动派遣商人肥富和僧人祖阿前往中国通好。义满在国书中宣称“日本国开辟以来，无不通聘问于上邦”，他“幸秉国钧，海内无虞。特遵往古之规法，而使肥富、相副祖阿通好，献方物”，还特意强调“搜寻海岛漂寄者几许人还之”②。

也许是足利义满在国书中限制倭寇的暗示起了作用，为减少海上压力，集中兵力对付南下的靖难军，建文君臣彻底抛弃朱元璋的排斥政策，不仅接待了来使，还派遣使节携带国书随祖阿一行前往日本。明朝使节在日本备受礼遇。建文帝在致日本的诏书中说：

> 复载之间，土地之广，不可以数计……朕自嗣大位，四夷君长朝献者以十百计。苟非戾于大义，皆思以礼抚柔之。兹尔日本国王源道义，心存王室，怀爱君之诚，逾越波涛，遣使来朝，归逋流人，贡宝刀、骏马、甲胄、纸砚，副以良金，朕甚嘉焉。日本素称诗书国，常在朕心。第军国事殷，未暇存问。今王能慕礼仪，且欲为国敌忾，非笃于君臣之道，畴克臻兹。今遣使者到彝、一如班示大统历，俾奉正朔，赐锦绮二十匹，至可领也。
>
> 呜呼！天无常心，惟敬是怀。名无常好，惟忠是绥。朕都江东，于海外国惟王为最近。王其悉朕心，尽乃心，思恭思顺，以笃大伦。毋容逋逃，毋纵奸宄。俾天下以日本为忠义之邦，则可名于永世矣。王其敬之，以贻子孙之福。故兹诏谕，宜体眷怀。③

诏书中有几点值得注意。一是对足利义满不吝溢美之词的同时明确提出应“毋容逋逃，毋纵奸宄”，作“忠义之邦”，即要求其有效约束倭寇，令其不得再侵扰大明沿海。二是把“军国事殷”作为此前没有与日本联

---

① ［朝鲜］《李朝太宗实录》卷一，辛巳元年六月己巳条，日本学习院东洋文化研究所刊印，昭和二十九年（1954），第63页。朝鲜国王是郡王爵，按理只能赐予五章或七章服。

② ［日本］瑞溪周凤：《善邻国宝记》卷中，应永八年。东京出云寺松柏堂刊本，1657年。

③ ［日本］瑞溪周凤：《善邻国宝记》卷中，应永二年（1395），足利义满辞去太政大臣职务，剃度出家，改名“道义”。因此明廷诏书中称之为源道义。

系的理由，这等于公开承认自己的皇位正在受到威胁。以天朝上国之尊，做出这样的表示，似乎有违外交规则。但联系下文之“欲为国敌忾，非笃于君臣之道，畴克臻兹”可知，建文帝公开向外人承认自己的皇位不稳，目的在于拉拢日本站在自己这一边，以增强政权之合法性，这是靖难之争在外交上的表现。此前册封朝鲜国王的行动，目的也在于此。三是称呼足利义满为日本国王，且明确要求其“奉正朔”，行用大统历。

在《善邻国宝记》中保留了一份明朝瓦官教寺长老无逸克勤寄给日本天台宗座主的书信。信中称朱元璋曾对他说：

> 朕三遣使于日本者，意在见其持明天皇。今关西之来，非朕本意。以其关禁，非僧不通，故欲命汝二人，密以朕意往告之曰：中国更主，建号大明，改元洪武。卿以诏来，故悉阻于关西。今密以我二人告王知之。大国之民，数寇我疆，王宜禁之。商贾不通，王宜通之。与之循唐宋故事，修好如初。又命曰：朕闻其君臣上下咸知奉佛敬僧。非汝僧不足以取信。彼有禅教僧欲访道中国，悉使之来，无禁。惟汝二人往哉。①

无逸克勤是在洪武四年奉命和天宁寺住持仲猷祖阐一起护送日本怀良亲王的使者祖来等回日本的。无逸克勤一行在博多登陆后，正赶上九州一带的政局发生剧变，怀良亲王已经被赶走，一行人因此被扣留在博多圣福寺。上面这封信就是无逸克勤在被扣留期间写的。

明朝建立不久，朱元璋就曾遣使日本，希望日本承认其宗主国地位。但直到洪武三年，以莱州知府赵秩为首的使团才在九州登陆并说服日本南朝怀良亲王来华进表称臣。从《明太祖实录》中称怀良亲王为日本国王并赐予其大统历来看，明朝政府并不了解当时的日本国情，而是把怀良亲王当成了日本的最高统治者。

无逸克勤一行在博多被扣留三个多月，期间有条件了解日本真实国情，特别是足利义满控制的京都一带的实情。当时，足利义满支持的北朝逐渐得势，南北朝局面即将结束。北朝天皇属于持明皇统，无逸克勤在书信中称朱元璋三次遣使的目的是“意在见其持明天皇”，显然是在特定环境下为完成外交使命而做出的假托行为。因为此时的朱元璋并不了解日本国情，更不可能允许海外小邦之君和自己一样称为“皇”。无

① 《瓦官寄天台座主书》，见［日本］瑞溪周凤：《善邻国宝记》卷上，应安六年。

逸克勤在信中反复说自己是奉皇帝的密谕，也是在为没有书面诏旨做掩饰。

无逸克勤的书信发挥了作用，明朝使团得以脱离险境，于洪武七年六月抵达京都，并同室町幕府有了直接的接触。室町幕府是个弱势幕府，直接控制的地盘有限，财力不足。足利义满因此非常看好同明朝贸易的前景。于是，他派遣僧人宣闻溪等随无逸克勤一行前往中国朝贡。不过这次朝贡让足利义满大失所望。《明太祖实录》中详细记载了本次朝贡失败的原因。

> 洪武七年六月，日本国遣僧宣闻溪、净业、喜春等来朝贡马及方物。诏却之。时日本国持明与良怀争立，宣闻溪等赍其国臣之书达中书省而无表文。上命却其贡，仍赐宣闻溪等文绮、纱罗各二匹，从官钱帛有差，遣还。敕中书省曰："朕惟日本僻居海东，稽诸古典，立国亦有年矣。向者国王良怀奉表来贡，朕以为日本正君，所以遣使往答其意。岂意使者至彼拘留二载，今年五月去舟才还。备言本国事体。以人事言，彼君臣之祸有不可逃者。何以见之？幼君在位，臣擅国权，傲慢无礼，致使骨肉并吞，岛民为盗。内损良善，外掠无辜，此招祸之由，天灾难免。天地之间，帝王酋长因地立国，不可悉数。雄山大川，天造地设，各不相犯。为主宰者果能保境恤民，顺天之道，其国必昌。若怠政祸人，逆天之道，其国必亡。今日本蔑弃礼法，慢我使臣，乱自内作，其能久乎？尔中书其移书谕以朕意，使其改过自新，转祸为福，亦我中国抚外夷，以礼导人心以善之道也。"
>
> 是时其臣有志布志、岛津、越后守臣氏久亦遣僧道幸等进表贡马及茶布刀扇等物，上以氏久等无本国之命而私入贡，仍命却之，而赐道幸等文绮、纱罗各一匹，通事、从人以下钱布有差。复诏礼部符下氏久等曰："夷狄奉中国，礼之常经，以小事大，古今一理。今志布志、岛津、越后守臣氏久以日本之号纪年，弃陪臣之职，奉表入贡，越分行礼，难以受纳。氏久等当坚节以事君，推仁心以牧民，则不为祸首，享福无穷。如或不然，乱尔国、凶尔家，天灾有莫能逃者。其表文、贡物付通事尤虔赍领还国。"①

可见，无逸克勤等回国后，已经全面汇报了在日本的收获。朱元璋和

① 《明太祖实录》卷九十，洪武七年六月乙未条，第1581—1583页。

日本交往的目的是为了继承前朝的朝贡遗产，为了大明政权的合法性，因此可以接受的朝贡对象只能是对方的最高领导人的使节，对日本而言，只能是天皇的使者，而且要奉大明正朔。不管是足利义满，还是氏久等人，都不具备这个资格，更不可能拿出天皇签发的正式表文。

足利义满的身份，洪武朝已经很清楚，建文君臣不可能不知道。但诏书中依然称他为日本国王，并班赐大统历，无异于掩耳盗铃。联系此时的国内战争形势，建文帝此举不免给人以“有病乱投医”的感觉。

不管建文君臣出于什么目的，对足利义满而言，都是好消息。为向大明示好，他亲自焚香接诏。这等于公开承认自己是日本国王，且愿意接受附属国的地位。这在日本国内招来很多非议。

建文帝的诏书发布日期是建文四年二月初六。仅仅四个月后，靖难军就攻进南京，建文帝不知所终。朱棣夺权后，足利义满不得不重新考虑与大明的关系。因此，建文四年他的“奉正朔”之举，尚未引起本国敌对势力的强烈反弹。

建文帝的使节完成任务后返国，足利义满以天龙寺僧坚中圭密为遣明正使，随明使一同前往中国。鉴于中国的政局尚不明朗，足利义满特意准备了两份表文，分别致建文帝和潜在候任皇帝朱棣。

朱棣夺权后，急于强调自身的合法性，遂于当年九月遣使，“以即位诏谕安南、暹罗、爪哇、琉球、日本、西洋苏门答剌、占城诸国”[①]，力图在最短的时间内获取列国的承认。或许是没有得到日本的及时反馈，次年八月，他又命左通政赵居任、行人张洪、僧录司右阐教道成出使日本[②]。赵居任使团尚未出发，坚中圭密一行三百余人已经抵达宁波。

天伦等明使因为是建文帝派出的，自然无法去复命。坚中圭密等遂“号贺新主之使”，独自前往朝觐。圭密奉上的国书内容如下：

日本国王臣源

表臣闻太阳升天，无幽不烛。时雨沾地，无物不滋。矧大圣人明并曜英，恩均天泽，万方响化，四海归仁。钦惟大明皇帝陛下，绍尧圣神，迈汤智勇。勘定弊乱，甚于建瓴。整顿乾坤，易于返掌。启中兴之洪业，当太平之昌期。虽垂旒深居北阙之尊，而皇威远畅东滨之外。是以谨使僧圭密、梵云、明空，通事徐本元，仰观清光，伏献方

---

① 《明太宗实录》卷十二上，洪武三十五年九月丁亥条，第205页。

② 《明太宗实录》卷二二，永乐元年八月己未条，第410页。

物。生马二十匹、硫磺一万斤……为此，谨具表闻。

臣源

年号　　　日　　　　　　　　　　　　日本国王臣源[①]

按照瑞溪周凤的说法，这篇表文的作者是坚中圭密。表文末尾不记年号，是因为坚中一行出发时，明朝政局尚不明朗，不知道该写什么年号。如果是这样的话，则这篇表文必然在出发前已经过足利义满的审定。

表文中，足利义满自称“臣”和“日本国王”，并对朱棣极尽溢美之词，急于建立正常交往的心态跃然纸上。不过，这却把朱棣置于了一个尴尬的境地。如果认可足利义满的日本国王身份，等于承认建文朝对日本的封赠完全有效，另外也违背了朱元璋只与日本最高领导人交往的初衷，这对于打着恢复父皇旧制旗号的朱棣而言，无异于自己抽自己的嘴巴。

但这没有难倒迫切需要外邦承认的朱棣。他热情接待了圭密一行，“赐圭密等文绮䌷绢衣并钱钞、纻丝、纱罗有差，赐其通事冠带，命礼部宴之”。然后，诏命赵居任等人继续前往日本，不过任务改成“往赐日本国王冠服、锦绮纱罗及龟纽金印”[②]。建文使者只是传宣诏书，班赐大统历，并未赐印。相比之下，朱棣的赐冠服、金印，显得更为正式。朱棣也因此从礼制上成为第一个正式封赐日本国王的明朝皇帝。这既满足了日方的需要，又照顾了自己的面子，一举两得。至于足利义满是否是日本最高领导人，并不重要。

根据方祖猷先生的研究，赵居任一行出发后不久，宁波穿山一带就遭到了倭寇的袭扰，百户马飞兴战死。朱棣一方面整顿沿海军备，一方面于永乐二年八月派遣亲信宦官郑和率水军东下，前往日本，谕令日方捕拿倭寇[③]。按照中方的记载，永乐二年十月，足利义满“遣使梵亮奉表贡马及方物，谢赐冠服、印章”[④]。次年十一月，足利义满“遣使源通贤等奉表贡马及方物，并献所获倭寇尝为边害者”[⑤]。从时间上看，前者应是对赵居任一行的回访，后者是在接到郑和传宣的诏令后，足利义满“奉旨”行事，对侵扰明朝边境的倭寇做出相对有效的打击后，专程前来汇报功绩。

---

① ［日本］瑞溪周凤：《善邻国宝记》卷中，同（应永）九年。

② 《明太宗实录》卷二四，永乐元年十月乙卯条，第438页。

③ 方祖猷：《郑和下东洋及其历史意义》，《宁波党校学报》2004年第5期。

④ 《明太宗实录》卷三五，永乐二年十月壬申条，第611页。

⑤ 《明太宗实录》卷四八，永乐三年十一月辛丑条，第733页。

朱棣与日本交往的目的，一方面是为了自身政权的合法性，一方面同乃父一样，希望日方能自我约束国民，不再袭扰沿海。足利义满能正面响应，朱棣自然非常高兴，当即派遣鸿胪寺少卿潘赐、宦官王进出使日本，对足利义满予以表彰，且为显示大度，特意把日本使节押解来的20名倭寇头领交付日方，“令其国自治之”①。后日使于宁波按照本国刑罚，把这些寇首蒸死。潘赐一行还带去一份厚礼，即一百道堪合，约定十年一贡。足利义满迫切需要的堪合贸易终于实现了。

为进一步鼓励日方，朱棣于永乐四年正月派出以侍郎俞士吉为首的高级别使团，“赍玺书褒谕日本国王源道义”，“仍赐道义白金千两、织金及诸色彩币二百匹、绮绣衣六十件、银茶壶三、银盆四，及绮绣纱帐衾褥枕席器皿诸物并海舟二艘。又封其国之山曰寿安镇国之山，立碑其地”。朱棣还亲自制文，赞扬足利义满是“上天缓绥靖锡，以贤智世守兹土，冠于海东……海东之国，未有贤于日本者也”②。

堪合贸易为财政收入有限的室町幕府换来大笔收益。为维护贸易利益，足利义满在限制倭寇方面做了很多工作，而这又为他带来更多的以赏赐为名义的财富。如永乐五年，坚中圭密再一次来华，“朝贡方物并献所获倭寇道金等”，朱棣除了照常予以口头表彰外，另外赏赐“白金一千两、铜钱一万伍千缗、绵纻丝纱罗绢四百一十疋、僧衣十二袭、帷帐衾褥器皿若干事，并赐王妃白金二百五十两、铜钱五千缗、绵纻丝纱罗绢八十四疋，用示旌嘉之意”③。

不过在很多日本人看来，足利义满以对明朝称臣换取贸易收益的做法并不值得称道。瑞溪周凤在分析永乐元年坚中圭密草拟的表文时就曾写道：

> 彼国以吾国将相为王，盖推尊之意，不必厌之。今表中自称王，则此用彼国之封也，无乃不可乎？又用“臣”字，非也。不得已则日本国之下如常当书官位，其下氏与讳之间书“朝臣”二字，可乎？盖此方公卿恒例，则臣字属于吾皇而已，可以避臣于外国之嫌也。
>
> 又近时遣大明表，末书彼国年号，或非乎？吾国年号多载于《唐书》、《玉海》等书，彼方博物君子当知此国自中古别有年号，然

① 张廷玉等：《明史》卷三二二《外国三·日本》，第8345页。

② 《明太宗实录》卷五十，永乐四年正月己酉条，第751—753页。

③ 《明太宗实录》卷六七，永乐五年五月己卯条，第941页。

则义当用此国年号。不然，总不书年号，惟书甲子乎？此两国上古无年号时之例也。凡两国通好之义，非林下可得而议者。若国王通信，则书当出于朝廷代言之乎？①

类似的观点在近现代依然存在。如日本历史学会前会长坂本太郎在其著作《日本史》中就曾这样评价：

室町幕府领地不多，从成立时起，就苦于财政的支绌，认为靠贸易之利弥补财政是个好办法……明朝国书上称义满为“日本国王源道义”，以其通聘为“笃于君臣之道”，如禁绝倭寇，则日本作为“忠义之邦”将永世传名。足利义满为了金钱利益，竟不顾独立国的体面和历史的成就，高兴地答应了下来。应永十年（1403）明成祖永乐帝代替太祖即位时，他派出贺使，自称“日本国王臣源”，奉明朝正朔，接收对方送给的日本国王印，并着其官服。这正是从1世纪到3世纪时奉汉魏正朔的九州倭人诸国和5世纪接受南朝诸国册封的仁德天皇等五帝以来完全没有过的、对中国的属国外交的重演。对国内来说，是无视天皇存在的不逊行为。②

在对足利义满不满的人群中，有一个重要人物，即他的儿子，室町幕府的第四代将军足利义持。1394年，即明洪武二十七年时，足利义满已经把大将军的位置让给了儿子义持。次年又辞去太政大臣职务，并剃度出家，改名道义。辞职后，足利义满迁居京都北部的北山府邸，继续掌控国政。与明朝复交，开展堪合贸易，都是在足利义满迁居北山府邸之后发生的。

足利义满辞职出家后，所作所为都仿效法皇。他去世后，天皇欲赠其“太上法皇”尊号也说明了这一点。室町幕府时期，天皇在行政上虽然没有多少权力，但在体制上、观念上仍是最高统治者。足利义满的行为无疑会招致众多的不满。足利义持因为义满曾欲另立弟弟义嗣为继承人，也站到了父亲的对立面。1408年，明朝永乐六年，足利义满意外身故。足利义持终于摆脱“儿皇帝”的身份，成为幕府最高领导人。他主政后，很

① ［日本］瑞溪周凤：《善邻国宝记》卷中，同（应永）九年。

② ［日本］坂本太郎：《日本史》，汪向荣、武寅、韩铁英译，中国社会科学出版社2008年版，第226页。

快与其父的路线、政策决裂，明、日关系也因此受到严重损害。

永乐六年十二月，足利义持“遣使告讣”。朱棣“命中官周全往祭。赐谥恭献，赙绢布各五百匹。复遣使赍诏封义持嗣日本国王，赐锦绮纱罗六十匹”[①]。足利义持在北山府邸接见了周全一行。永乐八年四月，坚中圭密奉命随周全一行来到中国，“奉表贡方物，谢赐父谥及命袭爵恩”[②]。两国关系基本维持。

永乐九年，两国关系突然中断。当年二月，明廷“遣使（王进）赍敕赐日本国王源义持金织文绮纱罗绢绫绫绢百疋、钱五千缗，嘉其屡获倭寇也”[③]。令朱棣意想不到的是，这次赏赐之行居然被阻拦在兵库，根本没能进到京都。朱棣对此非常气愤，甚至起了征讨日本的念头。他对朝鲜使节说：“蕞尔倭奴，侵略我边境，当发船万艘，往讨之。”[④]

如果说朱元璋当年所作征伐日本的表态仅仅停留在文字上，并未引起对方足够重视，朱棣的这番表态就是另一番效果了。因为此时的明朝军队已经开进安南，直接干预附属国的王位更替，并郡县其地。活生生的现实不能不令邻国认真考虑他的表态。如在朝鲜任职的日本对马人平道全即信以为真，一度“诣河仑第，曰：吾闻上国欲讨吾国，吾欲往救，烦为申达”[⑤]。朝鲜政府也做出了实质性的应对，“政府虑上国有征倭之举，列疏武臣八十余人，请代沿海守令之任”[⑥]，只是因为正当农时，才暂未实施。

永乐十五年，被掳华人倪观音保等被朝鲜送回中国。倪观音保声称“倭人造船八十余艘欲侵中国”，朱棣非常重视，遣左军都督与内史反复讯问。倪观音保等乘机上奏：“倭岛如蓼叶小，若唐船与朝鲜船共伐，则犹运手也。”[⑦]《李朝实录》称此时“皇帝有征倭之志”。“俄而江浙等处以倭船八十只到泊之事来闻”[⑧]，和倪观音保等人的报告正相吻合。好在这次侵扰并未造成大的损害。按照《明太宗实录》中的记载，这批倭寇中有数十人被俘虏，“贼首有征葛成二郎、五郎者，讯之，皆日本人”。朱棣决定再试探一下日方的态度，于是没有诛杀这些倭寇，而是派遣刑部员外郎吕渊等出使日本，送还这些倭寇，并晓谕足利义持：

---

① 《明太宗实录》卷八六，永乐六年十二月庚寅条，第1141页。
② 《明太宗实录》卷一〇三，永乐八年四月甲辰条，第1339页。
③ 《明太宗实录》卷一一三，永乐九年二月甲寅条，第1443页。
④ ［朝鲜］《李朝太宗实录》卷二五，癸巳十三年三月己亥条，第379—380页。
⑤ 同上书条，第379—380页。
⑥ 同上书条，第380页。
⑦ ［朝鲜］《李朝太宗实录》卷三三，丁酉十七年闰五月甲子条，第471—472页。
⑧ 同上。

尔父道义，能敬天事大，恭修职贡，国人用安，盗贼不作。自尔嗣位，反父之行。朝贡不供，屡为边患，岂事大之道？天生斯民，立之主宰。大邦小国，上下相维，无非欲遂民之生耳。尔居海东蕞尔之地，乃凭恃险阻，肆为桀骜。群臣屡请发兵问罪。朕以尔狗盗鼠窃，且念尔父之贤，不忍遽绝。曲垂宽贷，冀尔悔悟。比日本之人复寇海滨，边将获其为首者送京师，罪当弃市。朕念其人或尔所遣，未忍深究，姑宥其罪，遣使送还。尔惟迪父之行，深自克责，以图自新。凡比年并海之民被掠在日本者，悉送还京。不然尔罪益重，悔将无及。①

吕渊等出发不久，朱棣向朝鲜使节元闵生提及此事，并给他看了给日本的敕书草稿。上曰：

尔父王某至诚事大，以朝廷大恩，封王诰命印章厚对。今尔不遵父道，使入边海，军民侵扰掳去，当以朝廷大法，遣善射善战人往讨。今差行人吕渊到尔国，凡朝廷掳去人物尽数送来。似朝鲜国王某，自太祖洪武以后至诚事大，至今混同一家，岂不美哉？②

与《实录》中记载的正式敕书相比，草稿文字相对简单，但基本思想大体一致，都包含了战争威胁以及送还被掳人口等内容。但草稿的末尾文字相对温和，不像正式敕书措辞严厉。可见，经过一番权衡后，朱棣选择了先礼后兵、先软后硬的表达方式。

按照《明太宗实录》中的记载，这一次的强硬表态起到了作用。吕渊等于永乐十六年四月返回时，足利义持的使者日、隅、萨三州刺史岛津滕存忠等随同回来，并奉表谢罪。表文中说：

日本蕞尔小邦。自臣祖父以来，受朝廷命，沾被恩德，不敢背忘。比因倭寇旁午，遮遏海道，朝贡之使，不能上达。臣自知有负大恩，而境内之人肆为鼠窃者，皆无赖逋逃之徒，实非臣之所知。既尽为天兵所擒，皇上天地之量、父母之恩，曲赦其罪，悉皆遣还。臣之

① 《明太宗实录》卷一九三，永乐十五年十月乙酉条，第2035—2036页。

② ［朝鲜］《李朝太宗实录》卷三四，丁酉十七年十二月辛丑条，第592页。

> 感戴，莫尽名言。伏望贷臣之罪，自今许其朝贡如初，不胜虔恳之至。[①]

在表文中，足利义持把中断来往的责任推给阻碍海道的倭寇，宣称这些贼寇并非自己纵遣，并请求恢复朝贡。朱棣认为表文比较恭顺，“特恕其罪，命行在礼部宴赉其使，遣还”[②]。

冯玮认为《实录》中的这条记载“似与史实不符。因为足利义持在世时，两国外交未再恢复”[③]。真相的确如此吗？

在《善邻国宝记》中保存了一份称光院发布于应永二十六年（1419年，明永乐十七年）的《大明书》，全文如下：

> 使臣吕渊去岁奉国命赍敕书，就带倭人来日本国公干。令人通报国王，命古幢长老到海滨，未曾审详来意，长老旋车。后一向信息不闻。以此赍捧敕书回京师。续有本国日向州人驾船一只，装硫磺、马匹进贡，因无国王文书，不领。今复蒙遣赍捧敕书，就带进贡番人一十六名同先来八名重来。今有忠信之言，将为贤大夫告。恐重译弗详，故笔诸书，付贤大夫王左右，幸详说之万一。
>
> 永乐十七年七月十三日
>
> 余千户、郭千户　　通事周笔

称光院是日本称光天皇的谥号。称光天皇是后小松天皇长子，1412年（明永乐十年）登基。称光天皇体弱多病，即位之后仍由后小松天皇实行院政。他的母亲是日野资国的女儿，而足利义满的正室则是日野资国的妹妹，因此，幕府大将军足利义持是称光天皇的叔辈。

从《大明书》的内容来看，吕渊一行带着俘获的倭寇抵达日本后，并未见到足利义持，只见到了足利义持的使者古幢长老，而且和古幢长老的接洽并不成功，于是只好“赍捧敕书回京师”。吕渊等在归途中可能遇到了日向州打着朝贡旗号的贸易船，因而一起回到中国。《实录》中所载日本使者岛津滕存忠估计就是这艘朝贡船的首领。《大明书》称朝贡船没有国王文书，因而朝贡不成。据此推断，《实录》中所载足利义持的谢罪

---

① 《明太宗实录》卷一九九，永乐十六年四月乙巳条，第2077页。

② 同上。

③ 冯玮：《日本通史》，上海社会科学院出版社2008年版，第253页。

表文，应该是岛津等人私自撰写的。至于为什么《实录》中会出现朱棣接受朝贡且宽恕其罪的记载，待考。

永乐十六年十一月，对马岛左卫门大郎遣使朝鲜，“献水晶缨子”，同时通报“今年六月，中原遣使者赠铜钱八万贯，我国王却之不受”①。来自第三方的史料亦间接证实吕渊的出使的确没有达到目的。八万贯铜钱不是小数目，足利义持依然拒不接受，说明他的决心已定。

《大明书》作于七月十三日，《善邻国宝记》中还收录了足利义持于同年七月二十日通过元容西堂转达给永乐十七年再次出使日本的吕渊等人的两道谕令。谕令内容如下：

（一）

谕大明使者：

征夷大将军某告元容西堂：今有大明国使臣来说两国往来之利，然而有大不可者。本国开辟以来，百皆听诸神。神所不许，虽云细事，而不敢自施行也。顷年我先君惑于左右，不详肥官口辩之愆，猥通外国船信之问。自后神人不和，雨阳失序，先君寻亦殂落，其易箦之际，以册书誓诸神，永决外国之通问。孰辜先君告命而犯诸神宪章哉？去岁既命古幢长老往谕此意。今有使而至，盖前谕之未达也。又责以海岛小民数侵边圉，是实我所不知也。今倘云止之，则前亦知而令之也。岂有人主而教民为不善者乎？何不思之甚矣！虽然逋逃亡命或窜身于夐绝之海岛，时时出害边民者恐有之，当命沿海之吏制焉。西堂宜以此件款款说之。

应永廿六年七月廿日。

（二）

同君曰：夫与邻国通好，商贾往来，安边利民，非所欲乎？然而余之所以不肯接明朝使臣者，其亦有说。先君之得病也，卜云诸神为祟，故以奔走精祷。当是时也，灵神托人谓曰：我国自古不向外邦称臣。比者，变前圣王之为，受历受印而不却之，是乃所以招病也。于是先君大惧，誓乎明神，今后无受外国使命亘，垂诫子孙，固守毋坠。其后僧使坚中与明朝行人偕来，余欲不接之，以其未以如上事谕使臣，亦为吊先君来，故违誓而迎之。及乎使臣之归，令坚中为谕此

① ［朝鲜］《李朝世宗实录》卷二，戊戌十八年十一月辛酉条，日本学习院东洋文化研究所昭和三十一年（1956）影印本，第32页。

意，不知未详通乎？去岁使船重来，亦使等持长老重传此，趣使臣归到本国，胡不以此意达尔主耶？

余之所以不接使臣兼不遣一介者，非敢恃险阻不服也，顺明神之意，奉先君之命以行事耳。昔元兵再来，舟师百万，皆无功而溺于海，所以者何？非唯人力，实神兵阴助以防御也。远闻是事，必为怪诞。古来吾国之神灵验，赫可不恐乎？事详国史。

今闻将以使者不通为辞，用兵来伐，使我高深城池。我不要高我城，亦不要深我池，除路而迎之而已。至夫寇掠边圉，则逋逃之徒窜于海岛之间者之所为也。欲讨，电灭飚逝；师还，则乌合蚁聚，而不受吾命者也。捕而戮之可也，奚必带而来哉？

来书亦云使臣至中国，或拘留或杀戮，听尔所为。是何谓哉？吾不欲拘杀使臣，只要彼不来此不往，各保封疆。庄子曰：民至老死而不相往。若此之时，则至已不亦休。西堂以此意谕明朝行人，速回舟楫。幸甚！①

足利义持的两道谕令清楚地表达了他要与大明断绝联系的思想。只是他把断交的理由推给了明神，宣称是明神不准日本对外国称臣。足利义满因为违背神意，所以生病。为了除病，足利义满已经幡然悔悟，发誓不再与大明交往。另外，足利义持也表达了不愿与明朝结仇的思想，“只要彼不来此不往，各保封疆”。不过，文中关于神力保佑日本，元朝两次远征失败的叙述，以及“不要高我城，亦不要深我池，除路而迎之”的表态，则明白指出不惧怕明朝的征伐。至于其对流动作战的倭寇难以剿除的描述，倒是实情。足利义持在两道谕令中承诺“当命沿海之吏”制驭倭寇，及其明朝可以随意处治犯边倭寇的表态客观上也为明朝政府留了下台的阶梯。

从第二份谕令中可以发现，吕渊再次赴日时携带的敕书中有使臣“或拘留或杀戮，听尔所为”之类的鱼死网破式的威胁言辞，估计朱棣在这封敕书中发出了更为严厉的战争威胁。尽管明朝此前多次发出的战争威胁都不了了之，但朱棣登基后南征北讨，对外始终保持进攻态势，特别是武力干预安南王位更替的行动，不能不让日方审慎对待他的威胁。

从《大明书》的言辞来看，这份文件并不是发给明朝政府的。因为如果是致大明，似没有必要详细罗列明使的具体行为。另外，在足利义持

① ［日本］瑞溪周凤：《善邻国宝记》卷中，应永二十六年。

拒绝对明称臣的情况下，如果是对华文书，不可能仍称其为“国王”，更不可能使用明朝年号。这封文书的受纳者，即所谓“贤大夫、王左右”，应该是朝鲜出使日本的使者。

李成桂颠覆高丽政权后，朝鲜和日本官方往来密切。因为朝鲜奉明朝正朔，故而文书中出现了永乐年号。余千户、郭千户等人应是朝鲜使团成员。朝鲜最高领导人是国王，称足利义持为国王，在客观上可以抬高日本天皇的地位。另从前引对马岛左卫门大郎致朝鲜的通报来看，日本方面的确是称足利义持为国王的。之所以对明朝不称国王，只自称征夷大将军，纯粹是为了撇清与明朝的臣属关系。

《大明书》中自称有“忠信之言”，希望朝方“幸详说之万一”，而且因为担心转达有误，特意形诸笔端，说明日方对此非常重视。而详说的对象，显然不是朝鲜国王，而是与朝鲜有密切往来的大明。换句话说，是希望朝鲜做中介，向明朝政府准确表达日本无意与大明为敌的立场。

永乐十七年吕渊再次出使失败后，大明与日本联系中断。不过朱棣曾经发出的战争威胁是否解除，日方心里并没有底。永乐十八年十月，朝鲜派往日本的回礼使、通事尹仁甫回国，汇报了日本之行的收获。其中有这么一段内容：

> 臣等初到其国，待之甚薄，不许入国都，馆于深修庵，距国都三十里。而近常以兵围守，不令与国人通。继有僧惠珙者来问曰：“闻大明将伐日本，信否？”答曰：“不知也。”珙曰：“朝鲜与大明同心，何故不知？”先是，大明使臣、宦者敕曰：若不臣服，与朝鲜讨之。既而使者畏害而逃，故疑而问之……惠珙、周颂来谓曰：国书以永乐记年，故御所恶之，不接见于京都也。何不用我应永年号乎？御所者，国人指其王也……①

可见，日本对明朝潜在的武力讨伐，依然非常担心，乃至迁怒于行用大明正朔的朝鲜。所谓“御所”，即幕府，因为室町幕府大将军的住所称花御所，那里也是幕府统治机构的重心所在。朝鲜仍称幕府首脑为王，间接证明足利义持在国内仍保有类似头衔。

令日本人忧心忡忡的大明舰队始终没有出现，再一次证明大明帝国的战争威胁不过是虚张声势。朱棣为什么食言了呢？

---

① ［朝鲜］《李朝世宗实录》卷十，二年十月癸卯条，第161页。

永乐元年，镇远侯顾成曾上疏分析国防大势。他说：“窃以为云南、两广远在边陲，蛮贼间尝窃发，譬犹蜂虿之毒，不足系心。东南海道虽倭寇时复出没，然止一时剽掠，但令缘海兵卫严加隄防，亦无足虑。惟北虏遗孽，其众强悍，其心狡黠，睢盱偵伺，侵扰边疆。经国远谋，当为深虑。”① 朱棣对此的反应是“嘉其言”，也就是认为他说得很对。可见，在永乐君臣眼中，倭寇根本不是腹心之患，用不着大动干戈。这和朱元璋当年“唯西北胡戎，世为中国患，不可不谨备之”② 的思想是一脉相承的。

洪武四年，朱元璋曾对群臣表示：“海外蛮夷之国，有为中国患者，不可不讨。不为中国患者，不可辄自兴兵。”③ 由于多方面的原因，倭寇对中国沿海的侵扰主要出现在洪武初的几年，洪武中期的十余年间，倭寇侵扰并不严重，无关大局，因而日本也被朱元璋列入“不征之国”的名单。

与洪武朝相比，永乐时期的倭寇威胁似乎已经超出了朱元璋所谓的“不为中国患”的容忍界限。

我们先来看几个例子。

①永乐二年，倭寇劫掠浙江穿山千户所，又于“大谢、桃渚、赤坎寨、胡家港诸处海寇登岸，杀掠军民”④。

②永乐四年，“倭寇威海卫。指挥扈宁力守三日，都督统兵来援，始退”⑤。

③永乐六年，“倭寇成山卫，掠白峰头、罗山寨，登大嵩卫之草岛嘴，又犯鳌山卫之羊山寨、于家庄寨，杀百户王辅、李茂。不逾月，寇桃花兰寨，杀百户周盘。郡城、沙门岛一带抄掠殆尽”⑥。

④永乐七年正月，“倭寇犯东海千户所，退依鹰游山”⑦。

⑤永乐八年，“倭寇攻破大金、定海二千户所，福州罗源等县，杀伤军民，劫掠人口及军器粮储……遂乘势攻围平海卫城池。指挥王偶督战，百户缪真等战死。自辰至戌，贼始退散”⑧。

⑥永乐十一年正月，“倭贼**三千余人**寇昌国卫爵溪千户所，攻城。城

---

① 《明太宗实录》卷二三，永乐元年九月辛卯条，第422—423页。
② 《明太祖实录》卷六八，洪武四年九月辛未条，第1278页。
③ 同上书，第1277页。
④ 《明太宗实录》卷三二，永乐二年六月乙未条，第574页。
⑤ 光绪《增修登州府志》卷十三《兵事》。
⑥ 光绪《增修登州府志》卷十三《兵事》。
⑦ 《明太宗实录》卷八七，永乐七年正月壬子条，第1153页。
⑧ 《明太宗实录》卷一一〇，永乐八年十一月癸酉条，第1410页。

上矢石击之，贼死伤者众，遂退走至楚门千户所。备倭指挥佥事周荣率兵追之，贼被杀及溺死者无算”①。

⑦永乐十三年七月初四，据朝鲜使节了解，当日“倭贼入旅顺口，尽收天妃娘娘殿宝物，杀伤二万余人，掳掠一百五十余人，尽焚登州战舰而归”②。

⑧永乐十四年五月，直隶金山卫奏：“有倭船三十余艘，倭寇约三千余在海往来。”③ 同年六月，登州卫奏：“有贼船三十三艘泊靖海卫杨村岛。”④

⑨永乐十五年六月，下西洋宦官张谦等160余名官兵在浙江金乡卫沿海猝遇倭寇，“贼可四千，鏖战二十余合，大败贼徒，杀死无算，余众遁去”⑤。

⑩永乐十六年五月，金山卫奏“有倭舡百艘，贼七千余人，攻城劫掠”，“敕海道捕倭都指挥谷祥、张翥，令以兵策应。又令各卫所固守城池，贼至勿轻出战，有机可乘，亦不可失。务出万全”⑥。

类似的例子还有很多，恕不枚举。

从这几个例子可以看出，永乐朝的倭寇与洪武朝相比，有几个不同之处：一是规模有明显增加。例⑥、例⑧、例⑨、例⑩皆明确记载来袭倭寇都在千人以上，少则三千，多则七千余。这么多的倭寇同时出现在一个地方，足以发动一场大规模战术级别的攻势。例②虽然没有记载倭寇数量，但从威海卫下辖三个千户所且有坚固城池的情况下，倭寇仍然连续进攻三天不退判断，倭寇的数量至少在千人以上。例⑦记载的数据虽然未必准确，但损失一定很惨重，入侵倭寇的数量肯定也不是个小数目。

二是来袭倭寇改变了以往游击式的袭扰方式，例②、例③、例④、例⑤、例⑥都是倭寇正面进攻沿海卫所的例子，而且都给沿海明军造成较大伤亡，其中大金、定海等千户所更是直接被攻破。威海等卫虽然守住了，但也付出了沉重代价。这说明此时的倭寇已经不再是可以轻易击退的蟊贼，而是演变成了具有较为严密的组织，可以发动大规模攻坚战斗的武装

① 《明太宗实录》卷一三六，永乐十一年正月辛丑条，第1658页。

② ［朝鲜］《李朝太宗实录》卷三十，乙未十五年七月戊午条，第114页。

③ 《明太宗实录》卷一七六，永乐十四年五月丁巳条，第1928页。

④ 《明太宗实录》卷一七七，永乐十四年六月甲申条，第1935页。光绪《增修登州府志》卷十三《兵事》作“三十二只”。

⑤ 《明太宗实录》卷一九〇，永乐十五年六月乙亥条，第2013页。

⑥ 《明太宗实录》卷二〇〇，永乐十六年五月癸丑条，第2082—2083页。

集团。从朱棣下令沿海“各卫所固守城池，贼至勿轻出战”[①] 来看，此时的倭寇已经成为明朝君臣眼中一个必须重视的敌手。

三是袭扰对象开始南移。元末明初，倭寇扰华主要发生在山东、辽东等北方沿海，而在永乐朝，倭寇袭扰地区较多出现在浙江等东南沿海。

面对大规模来犯之敌，明朝政府也采取了一些应对措施，但出师日本本土的战争威胁却始终停留在口头上。其原因除了多次大规模北征蒙古、安南战事久拖不决导致兵力不足以及郑和下西洋调用了过多海上力量等因素外，在战略上过分倚重外交手段，对海防缺乏足够重视应是主要原因。

可是，从上述例子可以发现，即便是在永乐元年至八年间的明、日关系蜜月期，在足利义满多次因为主动剿除倭寇而领受明朝巨额嘉奖的情况下，倭寇的袭扰仍然没有中断，而且入侵规模并不见减小。这说明，表面上的外交成就并没有带给明朝政府期望的效果。问题出在哪里呢?

二 倭寇泛滥的幕后推手：以朝鲜为顶点的隐蔽贸易网

朝鲜在明朝政府眼中一直是“志诚事大”的属国典范，但1416年，在朝鲜政府内发生了一次与大明有关的争论：

> 丙申十六年九月乙未，命礼曹：倭使所进，若非其国所产，勿受。谓是必盗窃上国之物也。礼曹又启：日本客人及兴利倭人所卖中国物色勿许贸易。从之。于是，庆尚道水军都节制使郑幹寓书于承政院曰：“倭使本以中国盗物卖诸我国以资衣食。曾降教旨，令倭使所盗中国之物不得卖诸中外。今倭使发怒，势将生变。”议政府、六曹、台谏上言曰：“倭性本狠恶，喜怒无常。今不得衣食于我国，则必怀叛逆，侵窃边境，杀害民命矣。乞殿下似若不知，许令买卖于外方。但禁买卖国中，何如?”上传旨曰：“称臣于上国而许纳中国之物，可乎?”朴启曰：“殿下是言，至矣。然接中国之盗与买中国之物，何择焉？殿下优接倭使，无他，为沿海民也。既接中国之盗，许买中国之物于外方，何害?”从之。[②]

1416年朝鲜国王下令禁止收受倭使进献非国产礼物并禁止买卖“中国物色”，由此引起大批朝臣反对。据此推断，在这之前，以上行为应该

① 《明太宗实录》卷二〇〇，永乐十六年五月癸丑条，第2082—2083页。

② ［朝鲜］《李朝太宗实录》卷三二，丙申十六年九月乙未条，第338—339页。

都是不受制约的。1416 年，即明永乐十四年，正是明朝政府与日本幕府联系中断，倭寇猖獗的时候。朝鲜政府此时统一意见，等于确认此前的行为完全合法。允许倭寇在朝鲜出售从中国劫掠来的物品意味着什么，可想而知。

从 14 世纪中叶起，朝鲜半岛即不断遭到倭寇侵扰，进而殃及邻近的中国北方沿海一带。倭寇主要来源于对马岛、壹岐岛以及北九州肥前松浦一带，即所谓“三岛倭寇”。李成桂覆灭高丽王朝，建立李氏王朝后，针对倭寇采取了类似明朝的措施。在本土，吸取明朝“陆置镇戍，海备战舰”的经验，大力加强防御力量。

基于地理因素，李朝特别注重水军建设。定宗元年（明建文元年）九月，“复各道骑船军，以庆尚道兵马都节制使之报，虑海寇复为患也”①。太宗三年（明永乐元年），议政府启准：“倭寇往往来隐诸岛中，乘我不备，掳掠而去。我国战舰重大，不能追及。今后以大舩置于要害处，令各道造轻快小船十只以追捕。”② 由于造船技术有限，朝鲜政府特意从日本请来造船技师、对马岛人平道全。太宗十三年（明永乐十一年）正月，朝鲜政府专门在汉江上比试了一下本国兵船与倭船的技术性能，得出的结论是“顺流而下则兵船不及倭船三十步或四十步，逆流则几百步矣”③。此后，朝鲜开始大量借鉴倭船的技术优势，改造本国兵船。太宗十五年，朝鲜政府又针对“各道兵舩不过数年辄言虫损，连年改造，非唯人力劳苦，材木亦将不支”的现象，聘请来明朝的工匠刘思义、李宣于全罗道造唐舩④。技术的提高和兵力的补充，使朝鲜水军的实力大幅度提高。

在陆地，李朝政府非常重视城堡建设。如太宗庚寅十年（明永乐八年），朝鲜遭遇自然灾害，臣僚请求减免劳役，太宗命议政府曰：“各道沿海之城，倭寇可畏，不可不筑。若陆地深远处城子，姑且罢役。”⑤ 水陆两方面战备的提高，使倭寇不敢再轻易进犯朝鲜半岛。由于“倭寇寝息，人物聚集，田野开垦”，太宗于辛巳元年（明建文三年）下令丈量沿海土地“以定贡赋”⑥。原本因倭寇袭扰而不得不迁移到内陆生活的珍岛、

① ［朝鲜］《李朝定宗实录》卷二，己卯元年九月丁丑条，第 622 页。
② ［朝鲜］《李朝太宗实录》卷五，癸未三年六月丁巳条，第 312 页。
③ ［朝鲜］《李朝太宗实录》卷二五，癸巳十三年正月甲午条，第 351 页。
④ ［朝鲜］《李朝太宗实录》卷三十，乙未十五年十一月壬子条，第 173 页。
⑤ ［朝鲜］《李朝太宗实录》卷十九，庚寅十年正月丙戌条，第 573 页。
⑥ ［朝鲜］《李朝太宗实录》卷二，辛巳元年七月甲寅条，第 83 页。

古冶岛等海中岛屿居民也因“边海宁谧”①，陆续迁回。

在外交上，由于距离并不遥远，较之明朝政府，李朝君臣对日本国情的了解要准确得多，效果也要好许多。1399 年（明建文元年），经过多次交涉，日本室町幕府决定主动进攻对马岛等倭寇巢穴，“与贼战，六月未克。大将军令大内殿加兵进攻之，贼弃兵掷甲，举众出降”②。迫于本国政府的军事压力，原来的倭寇头子、日本对马岛都总管宗贞茂于当年七月主动“遣使来献方物及马六匹”③。十一月，“倭船七艘至西北面宣州请降……初，倭寇侵掠大明沿海之地以及我丰海道西北面等处，及闻其六州牧高义弘起兵击歼三岛之为贼者，恐祸及己，遂乞降”④。由于是邻国，历史上曾有很多日本人迁徙到朝鲜半岛生活，这些人被称为投化倭人。按惯例，朝鲜政府“遣降倭仇陆藤昆招谕之，仍赐陆鞍马衣冠”⑤。

倭寇抢掠的主要目标有两个：一是人口；二是粮食。前者是为了带回国贩卖为奴隶，后者主要是因为对马岛等岛屿土地很少、土质不佳，无法生产出足够自给的粮食，因而粮价较高。和日本来往密切的朝鲜政府知道依靠幕府武装打击倭寇只能作用于一时，因为室町幕府是一个弱势幕府，对九州、对马一带的控制力很有限。于是，他们在与幕府交通的同时，也与对马、九州等日本地方势力保持着密切的往来，同时又采取了一项分化倭寇的措施，这就是开放贸易。

实现通商后，日本商人纷纷来到朝鲜。朝鲜人为日本商船专门起了个名字：兴利倭船。李朝建立后，改革土地制度，农业生产得到很大恢复，有条件对外输出粮食。通过商贸往来，对马等地可以获得粮食等急需物资，从而在一定程度上减少了出海掠夺的频率。但朝鲜国内市场并不大，加之对马等地的物产并不丰富，双方贸易的互补性很有限，因而无法满足倭寇的胃口。为此，朝鲜政府对日商作出一定的限制。

1414 年（明永乐十二年），朝鲜政府规定：“今后日本国王及对马岛大内殿、小二殿、九州节度使等十处倭使外，各处倭人勿得出送。”⑥ 同年，刑曹上报：“曩者，诸岛之倭寇我边境，其罪当讨。殿下以乐天之

---

① ［朝鲜］《李朝太宗实录》卷二七，甲午十四年三月庚午条，第 550 页；卷二八，甲午十四年九月辛未条，第 655 页。

② ［朝鲜］《李朝定宗实录》卷一，己卯元年五月乙酉条，第 593—594 页。

③ ［朝鲜］《李朝定宗实录》卷一，己卯元年七月朔条，第 603 页。

④ ［朝鲜］《李朝定宗实录》卷二，己卯元年十一月甲戌条，第 634 页。

⑤ 同上。

⑥ ［朝鲜］《李朝太宗实录》卷二八，甲午十四年八月丁未条，第 638 页。

量，修文德以来之，既通朝聘亦许贸易，随其所求以与之。由是心悦诚服，来献其琛，络绎不绝。然以嗜利无耻，才及下船，便有征求。所过州县，益肆其毒。以至刀伤人民，攘夺钱财。其为不道，甚矣。”①

一面经商，一面为寇盗是倭寇的基本特点，对此，朝鲜政府心知肚明。如永乐十五年，朝鲜使臣元闵生报告朱棣说：“（日本）贼岛事，粗知之。自造行状到朝鲜地境，防御坚实则以所持鱼盐请易民间米谷；无人处及防御虚疎则乘间入侵。或杀伤或掳掠，本国人数多掳去，住在贼岛。”②

之所以出现日本商人频频犯案的现象，固然是因为倭寇粗野本性使然，但通过贸易无法满足其全部欲求，也是重要原因。

刑曹的启文中提到了朝聘，指的是朝鲜政府与对马岛等邻近日本岛屿上的军阀势力保持交往的一种方式。这种朝聘是怎样一种状态？对剪除倭寇有什么帮助呢？我们先来看几条资料：

①辛巳元年十月丙辰，对马岛太守宗贞茂、一岐岛守护志宗使人还。赐贞茂虎豹皮各二领、席子二十张、米豆各二十石；志宗虎豹皮各一领、席子十张、白苧黑麻布各十匹，皆授其使而送之。③

②丙申十六年三月甲午，一岐岛上万户道永及和田浦兵卫郎使人请粮。④

③丙申十六年六月戊子，对马岛宗贞茂使人请造塔之资。⑤

④丁酉十七年五月乙巳，赐对马岛守护宗贞茂米百石。贞茂遣人来献土物，仍告粜也。⑥

⑤丁酉十七年七月己未，日本一岐州遣使请米。⑦

⑥戊戌十八年八月戊戌，日本国西海道日向州太守藤元久、对马州篠栗山城守宗佚遣人来献土物。并记直回赐。⑧

⑦戊戌十八年十二月己丑，咸吉道观察使报：亏知介船三十二只

① ［朝鲜］《李朝太宗实录》卷二八，甲午十四年九月乙亥条，第656页。
② ［朝鲜］《李朝太宗实录》卷三四，丁酉十七年十二月辛丑条，第592页。
③ ［朝鲜］《李朝太宗实录》卷二，辛巳元年十月丙辰条，第96—97页。
④ ［朝鲜］《李朝太宗实录》卷三一，丙申十六年三月甲午条，第222页。
⑤ ［朝鲜］《李朝太宗实录》卷三一，丙申十六年六月戊子条，第307—308页。
⑥ ［朝鲜］《李朝太宗实录》卷三三，丁酉十七年五月乙巳条，第456页。
⑦ ［朝鲜］《李朝太宗实录》卷三四，丁酉十七年七月己未条，第516页。
⑧ ［朝鲜］《李朝世宗实录》卷一，戊戌十八年八月戊戌条，第11页。

来泊庆原堀浦乞粮，命给之。[①]

⑧丁酉十七年七月辛酉，赐一歧州副万户沙弥道英米豆五十石。道英自称贼中万户，盗我边境数矣。今使人告籴，廷臣皆不欲从。上曰："彼虽不恭，若不从其欲，则彼必谓我为吝。"[②]

⑨庚寅十年五月己丑，遣前护军李艺如对马岛。政府遗宗贞茂书曰："每闻专意修好，常令禁贼，敢不知感。兹将造米一百五十石、黄豆一百五十石具船载送，聊以表信。"时宗贞茂通书平道全曰："朝鲜向我之诚今不入古。古者，送米五六百石，今不送矣。汝亦乞暇出来可也。"上闻之，下议政府议之，遂遣艺以厚赐之。[③]

从上述资料中可以发现，所谓朝聘，其实就是和中国古代的朝贡很类似的一种特殊的贸易方式。对马等岛的使节进献给朝鲜政府所谓的"土物"，朝鲜"记直回赐"粮食、皮张、布匹等对方需要的物资。与对华朝贡贸易不同的是，来华的外国使者都要带一些礼物，而上引例②、例③、例⑤、例⑦中的日本地方势力都是直接索要。对这种无理讨要的行为，朝鲜政府竟然不以为辱，反而是一概满足。甚至明知对方是曾经侵略过本国的倭寇大头目，如例⑧中的道英，也不予拒绝。这种"没骨气"的做法非常令人费解。不过例⑨中对马岛军阀宗贞茂的一段话说出了内情。原来朝鲜政府大量赠送粮米等物资的目的是为了借助这些军阀的力量来约束倭寇。这和明朝政府希望借助日本国王的力量限制倭寇有异曲同工之处，只是明朝政府因为不了解对方国情而找错了对象，朝鲜政府则直接和倭寇的大头子联上了线。也正因如此，朝鲜政府才会在宗贞茂发出不满的声音后，马上派人送去米豆各 150 石，"聊以表信"。可以说，这是一种以粮米换和平的外交政策。

1418 年，对马岛守护宗贞茂去世，朝鲜政府马上派遣宗贞茂的"老朋友"李艺前往祭奠，"仍赙米豆纸"。官方修撰的《李朝实录》中对此的解释是"贞茂之在对马岛也，威行诸岛，向慕国家，禁制群盗，使不得数侵边境。故其死也，特厚赐焉"[④]。可见，对于这种略显屈辱的外交政策，当时的朝鲜政府认为是行之有效的。不过，据《李朝实录》记载，

---

① ［朝鲜］《李朝世宗实录》卷二，戊戌十八年十二月己丑条，第 39 页。
② ［朝鲜］《李朝太宗实录》卷三四，丁酉十七年七月辛酉条，第 517 页。
③ ［朝鲜］《李朝太宗实录》卷十九，庚寅十年五月己丑条，第 667 页。
④ ［朝鲜］《李朝太宗实录》卷三五，戊戌十八年四月甲辰条，第 681—682 页。

“诸岛倭贼因饥馑，每年乞粮，随即给与”[①]，为此“一年所赐多至万有余石”[②]，代价似乎过于高昂。

在这样的政策指导下，避免“倭使发怒”[③] 就成了朝鲜政府的重要课题。也正因为如此，才会出现本小节开始时谈到的1416年朝鲜政府允许日本商人在朝鲜出售从中国劫掠来的财物的现象。但允许倭寇在朝鲜销赃，势必会招来大明的反对甚至制裁，因此，朝鲜政府需要对此尽全力隐瞒，出现不允许倭商在国都销售“中国盗物”这样掩耳盗铃式的规定也就可以理解了。

为体现对大明的志诚，朝鲜政府遇到被倭寇掳掠、贩卖到本国的“唐人”——中国人，一般会护送回国。不过，对于“来自日本贼中”的唐人，则是另一种态度。如1414年，置唐人徐亚端等于原州。[④] 这样做的目的，显然是为了防止明朝政府从徐亚端等人嘴里知晓朝、日往来的实情。又如1423年（明永乐二十一年），“被掳唐人张清等男女共十二人自庆尚道乘驲而来。初，清等被掳，倭寇居日本七岁，窃倭船，率其徒渡海而来，冀还本土”。当时的李朝世宗准备满足他们的要求，但被大臣们阻止。臣僚们的理由是“日本僭拟名号，不臣中国，且侵边境。今清之来也，见我国回礼使于岛中。清还，朝廷必闻我与日本交通之状，不如留之”[⑤]。张清等12人因此于次年二月被强行分散安置到忠清道、全罗道[⑥]。

1406年，朝鲜官员吕义孙被流放珍岛。他的罪名是“义孙至日本，适大明使臣至。义孙译者黄奇能通华语及日本语，乃为明使夺去。又闻上国谕日本挟攻我国之语。其还也，不以启闻，私语于人”[⑦]。1406年即明永乐四年，那时的明朝与日本正处于外交蜜月期。中、朝使节在日本相遇，译员又被明朝使节夺去，朝鲜政府不能不担心本国与对马等岛倭商、倭寇交往的情况被泄露出去。所谓的“上国谕日本挟攻我国之语”，估计是明朝使节在得到相关情报后不负责任的讲话，并非明朝政府的官方表态。但从朝鲜方面的反应来看，朝鲜政府对此显然非常担心。

1410年（明永乐八年），朝鲜使节于德明从日本带回明朝被掳淮安卫

---

① ［朝鲜］《李朝世宗实录》卷四，元年五月己未条，第65页。
② ［朝鲜］《李朝世宗实录》卷五，己亥元年九月癸亥条，第86页。
③ ［朝鲜］《李朝太宗实录》卷三二，丙申十六年九月乙未条，第338—339页。
④ ［朝鲜］《李朝太宗实录》卷二七，甲午十四年五月辛卯条，第589页。
⑤ ［朝鲜］《李朝世宗实录》卷二二，癸卯五年十二月壬申条，第322—323页。
⑥ ［朝鲜］《李朝世宗实录》卷二三，甲辰六年二月己未条，第335页。
⑦ ［朝鲜］《李朝太宗实录》卷十一，丙戌六年二月戊子条，第643页。

军胡原等人。朝鲜政府“命给衣冠”，命曹士德负责送回辽东，同时“仍探中国生息”①。此时明、日已经断交，应该说朝鲜耳边的“战争警报”已经解除。但从其密切关注明朝的动向来看，朝鲜政府依然充满了戒心。

1417年（明永乐十五年），倪观音保等被掳华人被朝鲜送回北京。左军都督与内史奉命讯问之。倪观音保等汇报：“请骑兴利倭船到朝鲜晋州之境，逃匿登山。守烽火者执缚而付于万户……（倭）一船载鱼盐，一舡唐木绵，换租与米。”都督据此得出结论：“朝鲜必与倭通好也。”②

从左军都督的反应来看，明朝政府到永乐十五年时仍然对朝鲜与日本对马等地的交往情况不甚了解。这说明永乐四年时的赴日明使可能并未了解到很具体的情报，或者是没有向明朝政府作具体汇报。朝鲜政府的担心纯属自扰。

朝鲜与对马、九州等日本地方势力的贸易互补性不强。朝鲜有足够的粮食，日商却没有足够的、受朝鲜欢迎的用于交换的商品。在朝、日关系缓和及朝鲜粮食换和平政策的影响下，继续发动大规模的掠夺，显然行不通，只能想办法尽力提供适销对路的商品。地大物博的中国无疑是商品的重要来源地，但明朝的海禁政策、被幕府垄断的朝贡贸易以及室町幕府为统一需要对南日本一带的不时打压，无疑使对马等游走于日本政坛边缘的地方实力集团只有垂涎、眼馋的份，要获取必要的中国商品，唯有劫掠一途。

粮食和人口是倭寇的主要劫掠目标。由于距离相对遥远，从中国抢掠大宗粮食并不合算，因而掳掠人口以及中国特有的物资就成了袭扰中国沿海的倭寇的基本目的。从本岛出发向东航行到中国，劫掠适销对路的物资，然后运到朝鲜销售，随后换取本岛需要的粮食等，再运回本岛销售获利，再次出发奔向中国……就这样，在东亚地区，形成了一个诡异的倭寇三角“贸易”网络。而朝鲜半岛，无疑是这个三角贸易网的顶点，也是最为关键的中间点。这一贸易网的形成无疑对建文、永乐时期的中国海防形势构成巨大压力，是这一时期倭寇袭扰进一步严重的重要诱因。

笔者在此无意批评只为本国利益考虑的朝鲜，毕竟，国与国之间的关系，首先考量的就是利益。为了事奉宗主国，关闭本国市场，主动引火上身，肯定是不明智的。招致倭寇进一步泛滥的根源还在于明朝政府自身。如果明朝政府对东亚的外交生态有准确的了解，对朝鲜、日本的国情有准

① ［朝鲜］《李朝太宗实录》卷十九，庚寅十年正月甲申条，第573页。

② ［朝鲜］《李朝太宗实录》卷三三，丁酉十七年闰五月甲子条，第471—472页。

确的把握，这一充满了血腥的贸易网根本就不会出现，至少不会造成严重的后果。而明朝政府盲人摸象式外交的成因除了自身视野狭窄、盲目自大的因素外，还与朱元璋错误放弃一个海外朝贡贸易伙伴有关，这个伙伴就是耽罗。

耽罗即现在韩国全罗道南部海中的济州岛。济州岛距朝鲜半岛最南端约八十五公里，东面与日本的对马岛及九州岛隔海相对，西面与中国的江苏一带隔海相望。

耽罗原本是独立政权，后与朝鲜半岛南部的新罗发生联系。高丽肃宗十年（宋崇宁四年，1105）时，耽罗被改制为郡，从此纳入高丽版图，但王室地位不变，仍是当地的实际统治者，“星主”等王室称号也依然保留。

元朝时，耽罗成为讨伐日本的后勤保障基地，一度被元朝政府直接统治。大德五年（1301），置耽罗军总管府。不久，因高丽王室与元朝皇室建立相对固定的通婚关系，耽罗岛改为由元朝与高丽共同管治。

耽罗属太平洋亚热带气候，平均气温在零度以上，东部有大片适于放牧的草地，且自古就以出产良马闻名。马背上起家的元朝统治者自然也看中了这块宝地，在此设专官牧马。同时，元朝政府还把这里当成了流放犯人的地方。由于大批人犯被流放到岛上以及元朝军队、牧民的进入，当地的人口结构发生了很大改变。

据《高丽史》记载，1369年九月，

> 是月，伐础石于崇仁门外……或压或溺死者无算。中外困弊，无敢言者。时王召元朝梓人元世于济州，使营影殿。世等十一人挈家而来。世言于宰辅曰：“元皇帝好兴土木，以失民心。自知不能卒保四海，乃诏吾辈营宫耽罗，欲为避乱之计。功未讫而元亡。吾辈失衣食。今被征，复衣食，诚万幸也。然元以天下之大劳民以亡，高丽虽大，其能不失民心乎？愿诸相启王。”宰辅不敢以闻。①

可见，在元朝行将灭亡时，元顺帝曾经准备逃往耽罗生活。如果当地可信赖人口不是很多，元顺帝肯定不敢做出这样的决定。不过，耽罗毕竟是高丽领土，如果出逃到那里，必须要给高丽政府一些好处。史载，1367年二月，

---

① ［朝鲜］郑麟趾：《高丽史》卷四一《恭愍王世家四》，己酉十八年九月条。

> 元使高大悲来自济州。帝赐王彩帛、锦绢五百五十匹，宰枢亦有差。时帝欲避乱济州，仍输御府金帛，乃诏以济州复属高丽。时牧胡数杀国家所遣牧使万户以叛，及金庾之讨，牧胡诉于元，请置万户府。王奏："金庾实非讨济州。因捕倭追至州境樵苏，牧胡妄生疑惑，遂与相战耳。请令本国自遣牧使万户，择牧胡所养马以献，如故事。"帝从之。①

在此之前，耽罗处于两国政府共同管理状态。元顺帝为了"避乱济州"，主动提出"济州复属高丽"，并同意由高丽政府继续派出牧使万户，等于彻底放弃了管理济州的权力。

因为明军北伐推进速度超出元朝政府预想，元顺帝出逃济州的计划没能实现。不过留在岛上的大批元朝遗民仍然能给高丽政府恢复对耽罗的全面统治制造了很多困难。高丽政府曾试图用武力压服这些人，但没有成功。

在与明朝建立附属关系后，高丽政府不便再对耽罗岛上的元朝遗民滥用武力，于是在洪武五年派遣礼部尚书吴季南、民部尚书张子温等为使者，借朝贡的机会上表说："耽罗国恃其险远，不奉朝贡。及多有蒙古人留居其国，宜徙之。兰秀山，逋逃所聚，亦恐为寇患，乞发兵讨之。"②对于高丽王提出的迁徙岛上蒙古人的主张，朱元璋的答复在中、朝史籍中出现了比较明显的差异。

在《明太祖实录》中记载，当年七月，

> 上乃赐颛玺书，曰："朕闻近悦远来，赦罪宥欲，此古昔王者之道。治大国如烹小鲜，乃老聃之言。宽而不急，斯为美矣。使者至，赍王表陈耽罗事宜，朕甚惑焉。因小隙而构成大祸者，智士君子之所慎。夫耽罗居海之东，密迩高丽，朕即位之初，遣使止通王国，未达耽罗。且耽罗已属高丽，其中生杀，王已专之。今王以耽罗蕞尔之众，兰秀山逋逃之徒，用朕之诏，示以威福，一呼即至，削去孳生之利，移胡人于异方，恐其不可。盖人皆乐土，积有年矣。元运既终，耽罗虽有胡人部落，已听命于高丽。又别无相诱之国，何疑忌之深也？若传纸上之言，或致激变，深为边民患。人情无大小，急则事

① ［朝鲜］郑麟趾：《高丽史》卷四一《恭愍王世家四》，丁未十六年二月癸亥条。

② 《明太祖实录》卷七五，洪武五年七月庚午条，第1385—1386页。

生，况众多乎？朕若效前代帝王并吞边夷，务行势术，则耽罗之变起于朝夕，岂非因小隙而构大祸乎？王宜熟虑烹鲜之道，审而行之。不但靖安王之境土，而耽罗亦蒙其德矣。如其不然，王当与文武议之。遣使再来，行之未晚。王其察焉。兹因使还，赍此以示。"①

从中方的记载来看，朱元璋对高丽表文的答复主要有三点：一是明确表态耽罗归属高丽，明朝"止通王国"，不会效仿"前代帝王并吞边夷"，无意与之建立朝贡关系，"其中生杀，王已专之"；二是明确反对迁徙岛上遗民，同时也反对滥用武力，希望高丽政府将其视为本国子民，不要妄加猜忌，其中"别无相诱之国"一句，暗含有明朝不会诱引这些人回归，也不会接纳、安置他们的意思；三是如果高丽君臣一定要动武，需"遣使再来"，也就是必须得到大明认可。

按传统政治伦理，在大明成为中华合法中央政权之后，流落在济州岛上的元朝遗民同样是大明子民，理论上受大明保护。朱元璋的上述表态，虽然是抛弃了这些子民，但仍然尽力维护了这批遗民的利益。高丽政府在此前的武力镇压失败后，寄希望于明朝政府收回这批人或授权其继续使用武力，但朱元璋的答复恰恰令这两方面的希冀都落空了。

在《高丽史》中，朝鲜史官对朱元璋的回复记载得更为详尽，内容如下：

（壬子二十一年，洪武五年）九月壬戌，张子温、吴季南还。帝赐王药材，亲谕子温等曰："前年恁国家为耽罗牧子的事，进将表文来呵。我寻思这耽罗的牧子系元朝达达人，本是牧养为业，别不会做庄家有。又兼积年生长耽罗，乐土过活的人有。更这厮每从前杀了恁国家差去的尹宰相么，道把这厮每迁将别处住去呵。怕那厮不知国王的好意思，疑惑着别生事端，所以不准来。今番这厮每又怎的如此作乱有？我如今国王根底与将书去，有恁到那里国王根底备细说者！休小觑他，多多的起将军马尽行剿捕者！我听得恁那地面里倭贼纵横，劫掠滨海，人民避怕，逃窜不能镇遏。致使本贼过海前来作耗的上头。我这里戒饬沿海守御官，见获到前贼船一十三只。有若耽罗牧子每与此等贼徒相合一处呵？剿捕的较难有……又听得恁国家疑惑大么，道自古天下有中国有外国。高丽是海外之国，自来与中国相通，

① 《明太祖实录》卷七五，洪武五年七月庚午条，第1385—1386页。

不失事大之礼，守分的好有。今朝聘之礼不曾有阙，有甚么疑惑处？昔日好谎的君王如隋炀帝者，欲广土地，枉兴兵革，教后世笑坏他。我心里最嫌有。我这说的话，恁去国王根底明白说到。”

又手诏曰：“七月二十五日张子温至。表言耽罗牧子无状，官吏军兵没于非命。深可恨怒。春秋之法，乱臣贼子人人得而诛。今牧子如此，所当诛讨。然国无大小，蜂虿有毒，纵彼可尽灭在此，亦必有所伤。盖往者之失，因小事而构大祸，惜哉！岂非烹鲜之急，情忌至甚而致然欤？事既如是，王不可因循被侮，其速发兵以讨！然事机缓急，王其审图之！”①

在朝鲜官方修撰的史书中，朱元璋的口谕里丝毫没有保障济州岛上遗民的意思，只有不会接受他们回国、不出兵朝鲜的表态和“多多的起将军马尽行剿捕”的战争许可，而且把遗民和倭寇联系到了一起，充满了不信任。在他的手诏中同样没有出现保护遗民利益的文字，反而充斥着“乱臣贼子人人得而诛”、“王不可因循被侮，其速发兵以讨”之类的表态。唯一要求高丽慎重处理的也不是是否要动武，而是动武的时机、进程。总之，在朝鲜官方的记载中，大明朝完全同意武力镇压这些元朝遗民。

朱元璋的口谕，笔者在中文史籍中尚未找到，无法进行对比分析，所以目前唯一可以确认的是，在口谕和书面诏谕之间肯定有一个存在问题。《明太祖实录》因朱棣夺权曾经重修，部分内容被更改，其中是否包括这道手诏呢？

按常理，如果回复性的诏谕被修改，那么高丽政府呈上的表文也应作相应的修改。《实录》中关于表文的记载是经过压缩处理过的，相当于原文的简编。不过在《高丽史》中记录了大致完整的表文，内容如下：

海邦虽陋，唯知事上之心。岛夷不恭，敢阻朝天之路。兹殚愚悃，仰渎聪闻。伏念臣昧于为国之方，尝有径情之请。谓致耽罗之安业，莫如鞑靼之移居。寻奉诏书，示以烹鲜之训。钦遵条约，遂其按堵之生。第贡献之稽期，非陈告之本意。于本年三月，差陪臣、礼部尚书吴季南前往耽罗，妆载马匹赴京进献。以倭贼在海，差弓兵四百二十五人防送。不期鞑靼牧子等将先差去秘书监刘景元及济州牧使李

① ［朝鲜］郑麟趾：《高丽史》卷四三《恭愍王世家六》，壬子二十一年九月壬戌条。

用藏、判官文瑞凤、权万户安邦彦等尽杀之。及季南至，又将弓兵先上岸者三百余名亦皆杀之。以此季南不能前进回还。如斯变故，义当往讯其由。未及奏陈，礼无擅兴之理。只增愧赧庸切吁呼。伏望远垂日月之明，一视舆图之广，明臣效忠之实，愍臣抱屈之情。俯颁德音，为之区处，则臣之感戴，粉骨何忘。①

《高丽史》中明确记载这份表文由民部尚书张子温于壬子二十一年（洪武五年）四月带往大明。表文中历数济州岛上的蒙古牧民杀害高丽政府官员、士兵的罪行，并有意无意地将其与倭寇联系在一起。高丽政府呈文的目的就是请明朝准许其“讨耽罗”②。

两相对比可以发现，《明太祖实录》中的表文主旨是希望迁徙岛上遗民，动武也是一个选项。《高丽史》中的表文则是重点强调要武力征伐。二者的主体意思没有大的区别。前引《高丽史》资料显示，张子温等是七月二十五日抵达南京，九月回到高丽，历时近两个月。照此计算，朱元璋作了答复的那份高丽表文至迟应该在五月发出。考虑到高丽使节抵达后未必能马上见到朱元璋，还有一个等待期，因此，朱元璋作出批示的表文应该就是《高丽史》中所载由四月出发来华的张子温等带来的那份恳请明朝允许武力进攻耽罗的表文。

既然中、朝史籍对表文内容的记录基本一致，那么，《实录》中记录的朱元璋的带有批复性质的书面玺书的内容应该也是真实的。永乐朝重修《明太祖实录》时没有必要刻意修改这段文字。据此可以推断，《高丽史》中朱元璋的手诏肯定被人动了手脚。

按照《实录》的记载，明朝的玺书是“兹因使还，赍此以示”③，似乎并未派专人送往高丽，而是由高丽使节自行带回。《实录》中说朱元璋回复的是“玺书”，是正式文件；《高丽史》则称是“手诏”，是更具权威的皇帝亲笔。种种迹象表明，高丽政府有时间、有条件对朱元璋的诏谕做出有利于自己的篡改。两年后，崔莹领兵杀进耽罗，“斩贼魁三人，传首于京。耽罗平”④。高丽政府终于实现了收回济州岛的目的。

济州岛上的元朝遗民虽然遭到打击，但与明朝的联系并没有就此切断。济州岛是元朝人犯的重要流放地，部分皇族也被流放到那里。明朝建

---

① ［朝鲜］郑麟趾：《高丽史》卷四三《恭愍王世家六》，壬子二十一年四月壬寅条。

② 同上。

③ 《明太祖实录》卷七五，洪武五年七月庚午条，第1386页。

④ ［朝鲜］郑麟趾：《高丽史》卷四四《恭愍王世家七》，甲寅二十三年八月辛酉条。

立后，如何处置被俘或归降的元朝皇族成为一个问题。济州岛上有大批蒙古人，又孤悬海外，与北元很难重新取得联系，是一个很好的安置所。于是，朱元璋继承了前代的遗产，把很多蒙古皇室“流放”到那里。例如：洪武十五年，“迁故元梁王把匝剌尔密及威顺王子伯伯等家属俱居耽罗”[①]；洪武二十五年正月，“命送故元梁王孙爱颜帖木儿于高丽，赐钞五十锭为道里费。寻命高丽送至耽罗国依其亲族”[②]；等等。

由于要不断接收蒙古皇室，耽罗国得以绕开高丽政府，直接和明朝建立起朝贡关系。洪武二十年，“耽罗国亦以马来贡，诏如高丽偿之”[③]。作为回应，明朝政府也曾派出使节前往耽罗。如洪武二十二年，“诏故元诸王来降者俾居耽罗国，且遣中使往谕其国，为造庐舍处之”[④]。

明朝建立之初，朱元璋并未关注过耽罗。在洪武五年的玺书中，朱元璋还曾公开表示“朕即位之初，遣使止通王国，未达耽罗。且耽罗已属高丽，其中生杀，王已专之”[⑤]。高丽能武力征伐济州岛上的元朝遗民，也是利用了明朝政府不关注这些海外遗民的机会。但由于安置蒙古皇室的原因，明朝政府还是和耽罗建立了直接的联系。对此，作为属国的高丽，也不便公开阻止。和耽罗的直接往来，使明朝政府有机会、有条件近距离了解高丽乃至日本的国情，同时在一定程度上也限制了高丽政府的手脚，减少了其出台有害大明利益之政策的机会。但这一局面在洪武二十五年九月后发生了逆转。

洪武二十五年七月十七日，高丽权臣李成桂废黜高丽王王瑶，自己取而代之。同年九月，李成桂遣使向明朝通报了这一变化。朱元璋虽然未予干预，也应其请，更其国名为朝鲜，但对李成桂的态度却很暧昧，始终没有册封他。此后，两国在招引女真人口等问题上多次出现龃龉，关系更加冷淡。洪武二十七年初，礼部奏准：“朝鲜国岁给大统历一百本。今李旦数生边衅，既已绝其往来，则岁赐之历亦宜免造。”[⑥] 两国关系彻底冻结。

由于和朝鲜断绝联系，明朝政府和耽罗的联系自然也受到很大影响。毕竟，朱元璋曾公开承认耽罗属于高丽。朝鲜作为高丽政权的继承者，自然可以继续享用这一承诺。洪武二十五年正月以后，《明太祖实录》中再

---

① 《明太祖实录》卷一四四，洪武十五年四月甲申条，第2263页。

② 《明太祖实录》卷二一五，洪武二十五年正月丙申条，第3171页。

③ 《明太祖实录》卷一八一，洪武二十年三月癸酉条，第2732页。

④ 《明太祖实录》卷一九六，洪武二十二年四月甲寅条，第2943页。

⑤ 《明太祖实录》卷七五，洪武五年七月庚午条，第1386页。

⑥ 《明太祖实录》卷二三一，洪武二十七年二月癸酉条，第3379页。

也没有出现和耽罗有关的记载，说明双方已经失去联系。

失去大明这把“保护伞”，残存的耽罗王室只能任由朝鲜政府摆布。1402年，朝鲜李朝太宗二年，耽罗王室世袭的“星主”、“王子”称号被取消，“星主”被改为左部知管，“王子”被改为右部知管，而且不再享有以往世袭治理本岛的权力。济州岛彻底成为朝鲜国土的一部分。明朝政府也因此彻底失去了一个可能的近距离获取朝鲜、日本情报的途径。

其实，在朝鲜半岛发生政权更迭的情况下，作为宗主国的大明，完全有机会在不违背昔日承诺的前提下，继续和耽罗维持直接的联系。洪武三十年五月，朱元璋曾晓谕在辽东协助修建辽王府的中军都督佥事陈信等人：“高丽地界辽左，其国君臣畏威而不怀德，此以诚抚，彼以诈应。此以仁义待之，彼以谲诈来从。昔尝诱我辽东守将李谥为叛，朝廷先觉，故不能为害。今不可不为之备。此夷不出则已，使其一出，必有十万之众。定辽境土与之相接，宜阴戒斥堠以防其诈。凡事有备，庶不失机。其慎之哉。”[①] 既然对朝鲜充满不信任，搜集对方的情报就成了当务之急。如果和耽罗保持直接的联系，不仅可以近距离了解朝鲜朝野动向，而且从战略上也会对其形成南北夹击的态势，对大明的国防安全有百利而无一害。在这种情况下仍然断绝了和耽罗的联系，令人费解。唯一的解释，大概只能归结为曾经在统一战争中富于雄才大略的朱元璋此时已经耗尽了最后一丝进取心。

因为胡惟庸案的关系，明朝政府已经与日本断交，现在又失去了耽罗这个潜在的情报来源，加上自我意识的膨胀，盲人摸象式的外交生态也就不可避免了。以朝鲜半岛为顶点，严重损害明朝利益的东亚倭寇三角“贸易”网正是在这样的外交背景下产生的。

结　语

面对不断加剧的海防压力，明初的几代帝王都希望通过结好日本政府，由对方主动限制倭寇的发生和蔓延。朱元璋因故未能实现与日本中央政府建交的目的，建文、永乐两朝成功地与室町幕府建立了朝贡关系，足利义满为了维护朝贡贸易，也曾对对马、九州等地的倭寇武装进行打击，但倭寇侵扰并没有减少，反而呈现出规模加大、作战形态正规化的趋势。

从洪武十七年开始，明朝政府开始有计划、有步骤地加强和完善沿海

① 《明太祖实录》卷二五三，洪武三十年五月己巳条，第3652页。

陆上防御体系。岸防的日趋严密使倭寇原本小规模、“随机性”的游击式侵扰成功率日渐下降，迫使其改变侵略方式，这是倭寇侵袭特点在永乐朝发生明显变化的重要因素，但并不是最主要的原因。明朝政府对倭寇发生的原因一无所知以及以朝鲜半岛为顶点的东亚倭寇三角“贸易”网的存在才是最主要的原因。这一隐蔽贸易网的形成，很大程度上要归因于朝鲜政府对倭寇集团在本国销赃的默许以及后来的公开认可。

朝鲜政府推出这一政策维护了本国利益，但在道义上有以邻为壑的嫌疑，更与其志诚事大的自诩相违背。明朝政府没有有效利用元朝留下的耽罗遗产，主动抛弃了一个近距离了解朝鲜、日本以及对马等三岛政治、社会情报的机会，则是朝鲜政府敢于采取这项政策的重要外因。既要保持与倭商的贸易往来，又不能让明朝政府知道朝鲜与倭寇的关系，于是，只能对明朝皇帝的敕令虚与委蛇。例如，己丑九年（明永乐七年）三月，

> 庆尚道水军佥节制使金乙两捕倭船二只，兵马都节制使尹子当尽杀之。倭船二只至庆尚道国正岛，乙两捕之。**倭自言非为寇也，为贸易而来**。乃出宗贞茂所给行状二张，真伪难明。子当……启曰：“所获倭二十人，**船中所载皆是中国之物，且有大明靖海卫印信，实是贼倭，势必亡去，请悉戮之**。”上曰：“待辨商船贼船，然后区处。”命未至，倭人果乘间逃去。捕获，尽诛之。
>
> 上闻之，曰：“皇帝曾有命曰：倭人寇中国边疆，还向朝鲜，可预备捕捉。今将所取兵器献于天子可也。”大臣以为中国若曰倭奴亦尔所恶也，我遣舟师以攻之，汝其助之，则其将何以议？遂寝。①

人赃、物证俱在，朝鲜国王却依旧要求辨明是否是商船，一方面说明朱棣关于朝鲜应预备捕捉倭寇的敕令在朝鲜并未得到执行，至少是很不彻底；另一方面亦显示倭商倭船贩运中国财物并非特殊现象，而是常态。如果这两只倭船持有的宗贞茂的行状是真实的，想必也可以扬长而去。

不过，海上隐蔽贸易网的存在终究只是外因，造成倭寇侵扰屡禁不止，反而愈演愈烈的原因还要从明朝内部去寻找。一刀切的海禁政策、海防战略地位的弱化、盲目自大的天朝上国心态制造出来的鸡同鸭讲式的外交生态都是需要仔细检讨的地方。

---

① ［朝鲜］《李朝太宗实录》卷十七，己丑九年三月己未条，第382页。

第二节 永乐朝的海防战略与倭寇问题的“意外”破解

在施展外交手段的同时，永乐朝廷在军事上也进行了相应的措置，采取了相对积极的防御策略，并通过一次意外的中、朝两军“联合”作战，沉重打击了倭寇的气焰，使明初的海防形势发生了根本性的逆转。

一 以回归海洋为主要特征的积极防御

由于洪武朝中后期大力完善近海防御体系，倭寇原来相对零散、小规模的流动侵扰很难达到预期效果，迫使其改变侵略方式，较大规模地集结兵力，对沿海防御卫所堡寨展开正面攻坚作战，力求打开入境缺口成为倭寇侵扰的新策略。因此，洪武朝建立起来的点面结合，相对被动的静态防御体系逐渐不适应形势需要，亟须改变。

朱棣是一个富于进取心的皇帝，在他的治下，明朝的军事战略以积极进攻为主要特征。在海防领域，虽然没有派舰队到日本本土讨还公道，但也颇为积极主动。

海禁政策在洪武朝曾被反复强调，其间虽曾小范围调整，但总体上没有松动。朱棣登基后，坚壁清野的传统防御思维继续得到贯彻。永乐二年，福建地方政府上报，有滨海居民“私载海船交通外国，因而为寇”。明朝政府随即下令禁绝民间海船，“原有海船者，悉改为平头船，所在有司防其出入”①。

禁绝远洋贸易是海禁政策的一个基本出发点，目的是防止倭寇的同伙混杂其间。这在洪武朝即曾多次强化，如洪武三十年四月“申禁人民无得擅出海与外国互市”② 等。如果说洪武朝的政策还只是一种原则规定，那么，永乐朝釜底抽薪，禁止民间拥有远洋大船，则是这一政策的具体化，也更具操作性。

宣德六年，宁波知府郑珞曾呈请中央政府“弛出海捕鱼之禁以利民”，被驳回。宣宗为此特地遣人敕谕之：

> 尔知利民，而不知为民患。往者，倭寇频肆劫掠，皆由奸民捕鱼

---

① 《明太宗实录》卷二七，永乐二年正月辛酉条，第498页。

② 《明太祖实录》卷二五二，洪武三十年四月乙酉条，第3640页。

者导引。海滨之民屡遭劫掠。皇祖深思远虑，故下令禁止。明圣之心，岂不念利民？诚知利少而害多也。故自是海滨宁静，民得安居。尔为守令，固当顺民之情，亦当思其患而预防之。若贪目前小利而无久远之计，岂智者所为？宜遵旧禁，毋启民患。[①]

从这道敕谕中我们可以发现，永乐朝的海禁不仅禁止出海贸易，而且连出海捕鱼都在禁止之列。但永乐二年的命令只是要求改造海船，依旧允许民间拥有平头船。沿海民众很多以捕鱼为生，平头船除了近海运输和捕鱼之外，没有其他功能。也就是说，永乐初期，沿海民众应该还是可以下海，可以在近海营生的。那么，禁止出海捕鱼的政策出现在什么时候呢？笔者目前没有找到有关记载，只能暂且存疑。

中国有漫长的海岸线，沿海民众大多向大海讨生活。因此，虽然明朝政府制定了空前严苛的海禁政策，“有片板不许下海之禁”，“然滨海之民以海为生，采捕鱼虾，有不得禁者”[②]。表面严苛的海禁政策很难真正得到全面贯彻。因此，明中叶不断有人提出修改这一政策，如《职方考镜》的编者卢奇即曾建议执行海禁政策的关键在于海船，“双桅尖底始可通番，各官司于采捕之船定以平底单桅，别以记号。违者毁之，照例问拟。则船有定式而接济无所施矣”[③]。这种规定民间船只制式的建议和永乐二年的政令倒是异曲同工，只是宣德君臣固执于“祖制”，不肯改弦更张。不仅如此，这一政策在后世依旧被继承。如英宗即位不久，行在户部上奏，有“豪顽之徒私造船下海捕鱼者，恐引倭寇登岸”，请“严私下海捕鱼禁”。皇帝予以采纳，随即敕令浙江三司，“沿海卫所严为禁约。敢有私捕及故容者，悉治其罪”[④]。英宗初期，朝政主要由“三杨”主持。“三杨”是前朝重臣，因此，这道政令可以看作是宣宗朝政策的自然延续。

需要注意的是，宣德六年和宣德十年两次强调禁止下海捕鱼都是针对浙江地区。前者是对宁波知府的批复，后者更是直接敕令浙江三司。从洪武后期开始，倭寇侵扰的重点逐渐转到相对富庶的东南沿海一带，浙江首当其冲。因此，不能排除禁止渔民下海捕鱼的政策只是针对东南沿海，并

① 《明宣宗实录》卷八三，宣德六年九月壬申条，第1916页。

② 张萱：《西园闻见录》卷五七《兵部六·海防前》，台北明文书局印行“明代传记丛刊”影印本，第207页。

③ 同上。

④ 《明英宗实录》卷七，宣德十年七月己丑条，第141页。

非通行于全国的可能。不管怎样，海禁政策在永乐朝被强化是肯定的。这虽然对遏制倭寇有一定的效果，但其负面作用无疑也在迅速扩大。宁波知府为地方考虑，请求弛禁，正是负面作用日渐彰显的反映。

海禁政策只是消极抵御，要清除倭寇，保卫沿海，还需要在军事部署上作出积极的应对。朱棣政府主要在以下几个方面作出了调整。

（一）恢复海上巡逻

派舰队武装出海巡逻始自洪武朝，但如前文所述，洪武年间的明朝水军出海的主要任务是为往辽东一带运送粮米的船队护航，打击倭寇只是附加职责，纯粹以捕倭为任务的出海次数很少，因而对倭寇的打击力度有限。洪武三十年，因为持续不断的补给以及辽东地区军屯的开展，“彼处军饷颇有赢余”，朱元璋干脆下令停止海运，“止令本处军人屯田自给。其三十一年海运粮米，可于太仓、镇海、苏州三卫仓收贮”[①]。海运停止后，明朝水军的出海巡逻自然随之中止。

建文年间，明朝政府一度恢复了海运，如朝鲜《李朝太宗实录》中记载，辛巳元年五月（明建文三年），“有船一艘来泊全罗道长沙县。船中人六十余，自言以帝命运粮于辽东，因风到此。命给粮厚慰以送之”[②]。

但从永乐初期倭患泛滥的情状推断，建文年间海运船队及其护航舰队的规模不会很大。否则，倭寇不会如此嚣张。

朱棣夺权后，改变了洪武后期趋于保守的国防战略，对不服从统治的蒙古贵族势力展开主动进攻，同时筹划迁都北京。不管是军事行动，还是营建新都，都需要从南方调运大批物资。因此，从永乐元年开始，明廷即恢复了停摆多年的海运。当年三月，平江伯陈瑄及前军都督佥事宣信分别被任命为总兵官，“各帅舟师海运粮饷。瑄往辽东，信往北京”[③]。八月，两只船队正式启程，“海运粮四十九万二千六百三十七石赴北京、辽东，以备军储”[④]。

陈瑄，建文时曾以右军都督佥事的身份总领水军防守长江，抵御朱棣的靖难军。但靖难军抵达浦口后，他马上率军归降，使建文君臣失去了最后一道地理屏障，为朱棣夺权立了大功。宣信，洪武朝即为前军都督府佥事，洪武二十八年曾以副总兵的身份，“率舟师运粮赴辽东”[⑤]，此后连续

---

① 《明太祖实录》卷二五五，洪武三十年十月戊子条，第3684页。

② ［朝鲜］《李朝太宗实录》卷一，辛巳元年五月戊戌条，第57页。

③ 《明太宗实录》卷十八，永乐元年三月戊子条，第327页。

④ 《明太宗实录》卷二二，永乐元年八月乙丑条，第412页。

⑤ 《明太祖实录》卷二三七，洪武二十八年三月戊戌条，第3459页。

三年承担海运粮米到辽东的任务，熟悉海道。但不知什么原因，他在建文时被贬为水军右卫指挥佥事，直到朱棣夺位后的当年八月，才官复原职①，估计也是在靖难之役中立了功。朱棣起用这两人负责海运，既是利用了他们熟悉水军、熟悉海道的优势，也是在展示对他们的信任。

不过，两人分别率领船队海运粮米的记载，在《明太宗实录》中仅出现了这么一次。此后，宣信的职务被降为副总兵，作为陈瑄的副手，从永乐二年开始，连年“帅舟师海运粮储往北京”，一直持续到永乐十二年。② 辽东地区的军屯在洪武后期初见成效。按照明朝的官方记录：“洪武二十四年，（屯粮收入）五十三万七千二百五十余石。永乐十年，七十一万六千一百余石。”③ 可见，辽东地区的自给能力已经大大提高，对江南粮米的需求不再迫切。因此，营建新都以及大规模进军草原的军事行动，成为江南粮米的主要服务对象。海运粮米主要输往北京地区。北京地处内陆，并不靠海。海运船只能在渤海湾卸货，再通过陆路运往北京。为了配合海运，永乐三年七月，陈瑄等还曾在新设立的天津卫城北“造露囤千四百所，储海运粮”④。

由于运输方向相对单一，两只船队合二为一是必然的事。陈瑄在投诚不久后就被册封为平江伯，地位在宣信之上，宣信被降为副总兵也是顺理成章。⑤

陈瑄船队的规模，明朝史籍中缺乏具体记录。不过，这从异域的文献

---

① 《明太宗实录》卷十一，洪武三十五年八月戊寅条记载，当日，“升水军右卫指挥佥事宣信为前军都督佥事”。见第190页。

② 参见《明太宗实录》卷二九，永乐二年三月壬寅朔条（第516页）；《明太宗实录》卷三九，永乐三年二月甲申条（第657页）；《明太宗实录》卷一四六，永乐十一年十二月丙辰条（第1720页）等条目。其中，《明太宗实录》卷一四六记载永乐十一年十二月两人受命“帅领舟师漕运粮储赴北京”。虽然记载是“漕运”，但此时的运河尚未完全修通，这次运粮应该仍是走海路。结合其他史料来看，明人笔下的“漕运”，并非专指运河漕运，也包括海漕。如［朝鲜］《李朝太宗实录》卷十一，丙戌六年（明永乐四年）六月辛未条记载，“中国浙江路漕运船百户漂风至此”。见该书第685页。考虑气候因素，这次海运应该是在永乐十二年春夏季执行的。永乐十三年运河贯通，海运停摆。可见，永乐时期的海运一直是由陈瑄和宣信搭档完成的。

③ 张学颜等：《万历会计录》卷十七《辽东·沿革事例·屯粮》，书目文献出版社1998年版，《北京图书馆古籍珍本丛刊》影印本，第666页。

④ 《明太宗实录》卷四四，永乐三年七月庚戌条，第697页。

⑤ 《明太宗实录》中虽然只记载了一次运粮辽东，但不排除存在其他时段往辽东海运粮米的可能性。不过，这不影响两只船队合并。因为两条航线在大部分区段是重合的。如果需要往辽东运粮，只需在绕过山东半岛后派出一支分队，通过老铁山航道前往辽东半岛即可。

中可以窥见一二。当时的海运主要依靠夏季风作动力，因而不时有粮船遭遇不测，偏离航线，被海上风暴吹到朝鲜半岛，从而在朝鲜史籍中留下诸多印记。试举几例：

①丙戌六年七月癸巳，遣司译院副使崔云押苏州卫右所百户施得、总旗林七郎等（84 人）如辽东。得等乘驾海船运粮北京，遭风漂到莼城，船毁上岸。①

②丙戌六年七月己酉，遣司译院判官张若寿押浙江观海卫百户杨茂等如辽东。杨茂率军人四十八名徒步至义州，自言乘驾海船到大仓装粮，随同总兵官平江伯率领粮船一千三百只，欲往北京交卸。忽遭风飓，漂到海边。船破上岸，饥饿到此。②

③丙戌六年闰七月丙子，浙江金乡卫前千户所总旗黄进保等五十名根（跟）随总兵官、平江伯海运粮储，欲往北京。遭风飘过东海。③

④丁亥七年六月丙戌，广洋卫百户吴敏……率旗军一百十五名乘驾海舩运粮北京。④

⑤己丑九年三月癸丑，唐船四只漂至边郡。遣人慰送之。大明镇南卫后所百户柳贵等三员、旗军一百一十七名漂风至全罗道沃沟。自言为因迷路上岸……又有浙江宁波卫后所百户徐镇带领旗军五十五名漂到丰海道丰州，自言运粮北京，在绿水大洋忽遇风猛，漂流至此。⑤

⑥庚寅十年七月丁卯，浙江处州卫百户徐庆漂到仁州。庆运粮北京而遭风也。⑥

从以上 7 个例子中可以推断出以下几个结论：

第一，朝鲜丙戌六年，即大明永乐四年，明朝船队脱离航线的事故出现的次数最多，且集中于当年夏季，说明这一年的西太平洋出现了异常天气，即便是常年在海上航行的专业化水军也无力抗拒。

① ［朝鲜］《李朝太宗实录》卷十二，丙戌六年七月癸巳条，第 691 页。
② ［朝鲜］《李朝太宗实录》卷十二，丙戌六年七月己酉条，第 699 页。
③ ［朝鲜］《李朝太宗实录》卷十二，丙戌六年闰七月丙子条，第 711—712 页。
④ ［朝鲜］《李朝太宗实录》卷十三，丁亥七年六月丙戌条，第 63 页。
⑤ ［朝鲜］《李朝太宗实录》卷十七，己丑九年三月癸丑条，第 381 页。
⑥ ［朝鲜］《李朝太宗实录》卷二十，庚寅十年七月丁卯条，第 699 页。

第二，永乐时期海运的规模非常大。例②中明确说有1300只粮船同时北上。明初海船的装载量，按照《大明会典》的记载，有一千料海船和四百料钻风海船两种，装载量分别是1000石和400石[①]。据此推算，此次海运粮米的数量应该在52万石到130万石之间。1300只运船的数字出自观海卫百户杨茂之口。杨茂作为下级军官，掌握的数字未必准确，但差距应该不会太大。另外，此时的海运船队不会只使用一种规制的粮船，应该两种船混合编组。另据《大明会典》卷二七中记载，永乐六年，“令海运船运粮八十万石于京师”[②]。所以，永乐四年总的运量估计也有八十万石。不论具体运量是多少，仅1300只粮船，足以证明船队规模之庞大。

第三，遇险军士除施得等来自苏州卫、吴敏等来自广洋卫外，其他人都出自浙江都司所属卫所。这和洪武时期主要由京卫水军承担运粮任务有明显的不同。这一方面是因为江浙一带是主要粮产区，使用浙江都司军士便于就近起运；另一方面也和京卫军士大批加入郑和下西洋的队伍以及投入安南战场有关。

第四，遇险军士无一例外都声称是往北京运粮，与明朝史籍可以相互印证，证明永乐时期的海运的确以北京为主要目的地。

粮食是倭寇掠夺的重要物资，海运船队不可避免地会成为他们打击的对象。据《明太宗实录》中记载，永乐四年六月，

> 先是，命平江伯陈瑄督海运诣天津卫。所部海舟必约日同发，不得先后，违者治本舟部运官罪。至是，瑄遣人奏三十余艘违约五日方行，虽同日俱达，亦无所损，然违同发之约，应罪各舟部运官，以戒后来。上曰：姑宥之。顾谓侍臣曰：始虑海寇为患，故敕令同发。今已济而无损，虽违约当惩，然海道甚艰，其功可以赎过矣。[③]

为了防御倭寇袭扰，运粮船必须结队前进，从反面证明当时的倭寇非常猖獗。《实录》中记载三十余艘违规耽搁行期的粮船平安抵达天津，似乎这次海运并没有发生意外。其实不然。根据朝鲜《李朝太宗实录》的记载，当年八月，

---

① 万历《大明会典》卷二〇〇《船只》，台北文海出版社“元明史料丛编”第二辑影印本1990年版，第2684—2685页。

② 万历《大明会典》卷二七《会计三·漕运》，第497页。

③ 《明太宗实录》卷五五，永乐四年六月丁亥条，第819页。

> 浙江绍兴卫三江千户所总旗吴进等……运粮，发大仓，向北京，在海逢倭寇，官军死者三十五名。进等二十五名结筏漂泊兆阳镇。①

可见，这次海运不仅遭到了倭寇的骚扰，而且损失还不小。如果两条记载都没有错误的话，说明违约北上的三十余艘粮船恰恰因为出发迟缓了五天，反而侥幸躲过了倭寇的打击。大概正是因为此次海运遭遇损失，总兵官陈瑄才不顾属下侥幸平安抵达目的地的事实，坚决要求予以惩处，以防微杜渐。

永乐五年七月，都察院奏请“海运官军其舟被风胶浅，漂没所运粮米，合当追陪，仍治其罪”。朱棣以“海涛险恶，舟胶浅必坏，官军得免溺死”，已经是万幸为理由予以驳回，“悉释不问”②。在倭寇袭扰没有得到有效遏止的情况下，海运粮不可避免地会有一些损失。搁浅的船只毕竟还可以修理再利用，如果严厉追究船只搁浅损失粮米的责任，责任人有足够的机会把责任推给倭寇，到时候不仅无法追回损失，反而可能促使责任人故意进一步损坏运船，以制造遭遇袭击的假象。那样的话，明朝政府的损失会更大。朱棣驳回都察院的建议，一方面避免了新的损失，一方面又塑造了自己体恤下情的仁君形象，可谓一举两得。

不论是严格执行结队同行制度，还是对运军行宽政，都是减少损失的消极手段。要避免大的损失，需要对倭寇采取有针对性的、积极的打击战略。洪武时期运粮船队配备护航力量的成功经验因此被再次采用。如永乐七年三月，朱棣敕令陈瑄：“海运粮舟发时必会合安远侯柳升等，令以兵护送。或遇寇至，务协力剿杀，毋致疏虞。”③

洪武时期的运粮船队在归途上负有巡海捕倭的职责，永乐时期同样如此。永乐六年十二月，陈瑄即曾以副总兵的身份辅佐总兵柳升，“率舟师缘海巡捕倭寇”④。这次巡海在《李朝实录》中也有反映。永乐七年三月，“有指挥孙贵、千户张义等船二只漂泊忠清道莼城镇，自言钦奉圣旨，差根（跟）总兵官、平江伯等前往山东、辽东六岛巡捕倭贼。在绿水洋被风，各船桅舵漂流散失，迷行至此”⑤。又如次年七月，朱棣“敕平江伯陈瑄等率海运舟师回还，遇倭寇就便剿除。若将士能斩贼首一级者，赏银

① ［朝鲜］《李朝太宗实录》卷十二，丙戌六年八月癸卯条，第721—722页。
② 《明太宗实录》卷六九，永乐五年七月丁卯条，第975页。
③ 《明太宗实录》卷八九，永乐七年三月丙辰条，第1178页。
④ 《明太宗实录》卷八六，永乐六年十二月辛卯条，第1141页。
⑤ ［朝鲜］《李朝太宗实录》卷十七，己丑九年三月癸丑条，第381页。

五十两。临敌畏怯者，即斩以徇”①。

本来是总兵官的陈瑄，在参与巡海作战时怎么降为副职了呢？

从洪武晚期开始，倭寇的侵袭即呈现出集团化的趋势。如洪武三十一年二月，浙江都指挥使陈礼报告：“近者，倭贼二千余人、船三十余艘入寇海澳寨。楚门千户王斌、镇抚袁润等御之。贼势暴悍，斌等力不能胜，皆战死。”②

建文内乱，原本已经暴露很多缺陷的海防体系不可避免地遭到进一步削弱。通过叛乱夺权的朱棣要证明自己的合法性，必须有所作为。连年遭受打击的海防体系因此成为他在军事领域的第一批整顿对象之一。要让倭寇远离大陆，只有两个办法。一是直接到对方的巢穴讨还公道，一是在其登陆之前予以消灭。前者，在明廷朝野仍只把北部的蒙古视为心腹大患的情况下，不可能付诸实践。因此后者成为唯一的选择。

要使倭寇远离大陆，唯有御敌于海上。于是，朱棣登极不久，即恢复了海上巡逻。与洪武朝的巡海不同，朱棣在为运粮船队配备护航舰队的同时，派出了多支专门以巡海捕倭为职责的海军舰队。如永乐二年五月，“命清远伯王友充总兵官，都指挥佥事郭义充副总兵，帅舟师往海道巡哨。如遇寇贼，就行剿捕。仍戒友等遇番国进贡舡不得扰害”③。六月，倭寇在浙江大谢、桃渚、赤坎寨、胡家港等处登陆，杀掠甚惨。王友等因未能阻止倭寇登陆遭到训斥。朱棣在敕书中公开指责王友等人对登陆倭寇“坐视不理，养寇害民”，“今姑记尔罪，即整饬将士，昼夜运谋，奋力剿除此寇，以赎前罪”④。为提高巡海效果，七月，朱棣又“命都指挥吕毅充副总兵，协同总兵官、清远伯王友巡哨海道”⑤。这次出海巡逻直到九月份才因为海上风向变化，“贼船难至，巡海军士寒衣未备”⑥，宣告结束。

永乐三年，巡海继续进行。当年三月，“命都指挥同知蔡彬、姜清、冯斌统领舟师缘海备御，遇寇即相机剿捕”⑦。四月，“捕倭副总兵、都指挥同知吕毅械送所获海寇林忠义等八十七人至京师”⑧。

---

① 《明太宗实录》卷九四，永乐七年七月丁酉条，第1252页。

② 《明太祖实录》卷二五六，洪武三十一年二月丁酉条，第3700页。

③ 《明太宗实录》卷三一，永乐二年五月壬寅条，第556页。

④ 《明太宗实录》卷三二，永乐二年六月乙未条，第574页。

⑤ 《明太宗实录》卷三三，永乐二年七月庚戌条，第576页。

⑥ 《明太宗实录》卷三四，永乐二年九月壬寅条，第597页。

⑦ 《明太宗实录》卷四十，永乐三年三月己亥条，第661页。

⑧ 《明太宗实录》卷四一，永乐三年四月戊子条，第672页。

永乐六年十二月，不久前才从安南战场召回的丰城侯李彬被任命为总兵官，在副总兵、都督费瓛的辅助下，“统率官军自淮安抵沙门岛缘海地方剿捕倭寇”。同时又“命都指挥罗文光充总兵官，指挥李敬充副总兵，统率官军自苏州抵浙江等处缘海地方剿捕倭寇。如与丰城侯会合，听丰城侯调遣”①。两日后，朱棣又以都指挥姜清、张真为总兵官，指挥李珪、杨衔充副总兵，“各统海舟五十艘，壮士五千人”，分别前往广东、福建“缘海堤备倭寇”，“如与丰城侯会合，仍听丰城侯调遣”②。同日，朱棣又敕令广东都司，“令缘海卫所严兵堤备，仍选海舟五十艘，旗军五千人，备军器、火器，以能战将校领之，听总兵官都指挥姜清等节制。在海成艅往来巡视，遇寇则剿捕，务在协力成功，以副委任”③。

从这几道命令中可以发现，永乐朝的水军出海巡逻仍沿用了分区防御，各负其责的方式，但丰城侯李彬是海上巡逻的最高指挥官，可以调动全部海上力量，这既提高了指挥效率，又可以有效防止各部在防区结合部出现互相推诿的现象。

从永乐二年六月给王友等人的敕书中隐约可以看出王友率领的水军和沿海承担防倭任务的卫所陆军之间存在不协调，缺乏统一指挥的问题。这个障碍在李彬那里已经不复存在。七年正月，进攻浙江东海千户所的倭寇退到鹰游山一带，朱棣得到消息后，随即敕令李彬等将领：“为将出奇制胜之道，在于临敌随机应变。此寇逗留海滨，正授死之时，尔等宜乘机运谋，以立奇功。”④ 可见，此时的巡海总兵官同样肩负有指挥打击登陆倭寇的责任。

按照《明太宗实录》中的记载，李彬受命巡海是在戊戌日，也就是当月的廿五日。可就在此前的十八日（辛卯），朱棣已经“命安远伯柳升充总兵官，平江伯陈瑄充副总兵，率舟师缘海巡捕倭寇”⑤。莫非柳升尚未出海就被解职了吗？事实显然不是这样的，因为就在次年的三月，柳升还曾上报战功：“率兵至青州海中灵山，遇倭贼交战。贼大败，斩及溺死者无算，遂夜遁。即同平江伯陈瑄追至金州白山岛等处。浙江定海卫百户唐鉴等亦追至东洋朝鲜国义州界，悉无所见。”⑥

---

① 《明太宗实录》卷八六，永乐六年十二月戊戌条，第1146页。

② 《明太宗实录》卷八六，永乐六年十二月庚子条，第1147页。

③ 同上。

④ 《明太宗实录》卷八七，永乐七年正月壬子条，第1153页。

⑤ 《明太宗实录》卷八六，永乐六年十二月辛卯条，第1141页。

⑥ 《明太宗实录》卷八九，永乐七年三月壬申条，第1184页。

灵山在山东半岛东南海中，显然属于李彬巡逻的范围。金州白山岛等地虽然距离沙门岛不远，但似乎已经超出李彬的负责区域。考虑到平江伯陈瑄是柳升的副手，笔者推断，柳升所部的主要任务应该是为陈瑄率领的运粮船队护航。因为就在三月，朱棣还曾明确指令陈瑄："海运粮舟发时必会合安远侯柳升等，令以兵护送。或遇寇至，务协力剿杀，毋致疏虞。"[①] 换句话说，柳升舰队承担的任务是在护航沿途打击敢于袭扰运粮船队的倭寇以及不期而遇的东来倭寇。[②] 这与李彬负责的常态化巡海是有明显区别的。[③] 由于辽东、山东沿海是明初倭寇扰害的重灾区，如果让李彬部承担护航任务，势必会分散巡海力量。同时派出两支舰队，对于明朝北部海岸线的巩固无疑有很大帮助。

陈瑄的运粮船队同样是武装船队，同样肩负有打击倭寇的任务，但并不是主要任务，以陈瑄为柳升的副手，不仅可以更有效地保护运粮船，而且有利于更顺畅地执行军事打击任务。因此，在陈瑄担任运粮船队总兵官的同时兼任北部海区巡海部队的副总兵，并不意味着他的地位低于柳升，而是纯粹的"技术"需要。

与洪武朝不同，永乐时期的巡海捕倭是独立的军事活动，并不与海运捆绑在一起，因而在永乐十三年海运停摆后依然有序进行。如永乐十四年六月，"命都督同知蔡福充总兵官、指挥庄敬为副，率兵万人于缘海山东巡捕倭寇"[④]。次年三月，蔡福被谪戍交阯，原因是"先总舟师捕倭，调度失律，溺死官军"[⑤]。可见，蔡福这次巡捕是在海上进行的。又如永乐十六年五月，敕海道捕倭都指挥谷祥、张翥，令其策应金山卫，抵御倭寇进攻[⑥]。永乐十九年正月，"广东巡海副总兵、指挥李珪于潮州靖海遇倭贼，与战，杀败贼众，生擒十五人，斩首五级，并所获器械悉送北京"[⑦]，等等。

---

① 《明太宗实录》卷八九，永乐七年三月丙辰条，第 1178 页。

② 前文中提到的漂泊朝鲜半岛的指挥孙贵、千户张义等执行的任务是"差根（跟）总兵官、平江伯等前往山东、辽东六岛巡捕倭贼"，亦说明柳升舰队主要负责的是运粮船队经过海区，特别是倭患严重的辽东、山东半岛附近海区。

③ 据《明太宗实录》卷八九，永乐七年三月丙辰条（第 1178 页）记载，在朱棣给陈瑄下旨的当日，李彬被召回京。不过，并没有资料显示，李彬原来统辖的部队划归柳升统率。

④ 《明太宗实录》卷一七七，永乐十四年六月丁卯条，第 1932 页。

⑤ 《明太宗实录》卷一八六，永乐十五年三月丁酉条，第 1992 页。

⑥ 《明太宗实录》卷二〇〇，永乐十六年五月癸丑条，第 2082 页。

⑦ 《明太宗实录》卷二三三，永乐十九年正月辛巳条，第 2253—2254 页。

和此前的全海域统一巡逻不同，蔡福、李珪的巡逻范围仅限于山东和广东海域。谷祥、张翥的巡逻区域，《实录》中没有明确记载，但从其级别仅为都指挥来看，显然不具备担任整个东部海区巡海舰队总指挥的资格，应该也是负责某一区域。即便是丰城侯李彬，在永乐九年出海时，也只是“率领浙江、福建官军剿捕海寇”①。次年二月，李彬出现在甘肃，受命与甘肃总兵官、西宁侯宋琥一起处置“降虏及新附者”②，彻底离开了巡海水军。不过，李彬于永乐九年出海时的身份只是右副总兵，平江伯陈瑄干脆做起了参将③，似乎在其上有更高级的军官担任了总兵一职。如果这一推断没有错的话，永乐九年应该还有一次大规模的巡海行动，只是没有充分的史料证明。

不过，从《实录》中的记载来看，永乐十年以后，虽然海上巡逻继续在进行，但规模缩小、指挥官的级别在降低应该是不争的事实。这既和此时大规模北征蒙古已经展开，安南战事久拖不决，消耗了大部分明朝军力有关，也和巡海的效果有关。

派出大规模舰队出海需要准备各类装备，首当其冲的是海船。为此，朱棣即位不久即下令大造海船。例如：永乐元年五月，“命福建都司造海船百三十七艘”④；八月，“命京卫及浙江、湖广、江西、苏州等府卫造海运船二百艘”⑤；九月，“命浙江观海卫造捕倭海船三十六艘”⑥；次年正月，“命京卫造海船五十艘”⑦；等等。大概就是因为准备海船需要时间，所以到永乐二年才出现舰队出海捕倭的记录。

由于上千年的技术积累，明朝的造船技术明显在日本之上。永乐十五年六月，奉命随郑和出使西洋的张谦等人在返回途中，在浙江金乡卫附近海域，与大股倭寇意外遭遇。史载：

> 时官军在船者才百六十余人，贼可四千，鏖战二十余合，大败贼徒，杀死无算，余众遁去。⑧

---

① 《明太宗实录》卷一一二，永乐九年正月丙戌条，第1434页。
② 《明太宗实录》卷一二五，永乐十年二月乙丑条，第1568页。
③ 《明太宗实录》卷一一二，永乐九年正月丙戌条，第1434页。
④ 《明太宗实录》卷二十上，永乐元年五月辛巳条，第356页。
⑤ 《明太宗实录》卷二二，永乐元年八月癸亥条，第411页。
⑥ 《明太宗实录》卷二三，永乐元年九月辛丑条，第428页。
⑦ 《明太宗实录》卷二七，永乐二年正月壬戌条，第498页。
⑧ 《明太宗实录》卷一九〇，永乐十五年六月乙亥条，第2013页。

面对穷凶极恶，20多倍于己的倭寇，事先未做战斗准备的明军不仅没有全军覆没，反而歼敌无数，打了个以少胜多的漂亮仗。这其中除了明军顽强的战斗意志外，装备上的优势应是重要因素。下西洋船只以体积庞大著称，虽然具体载重能力，学术界有很大争议，但远超倭寇船只是毫无疑问的。

与并非专门用于海战的下西洋舰船相比，巡海舰队的军舰体积会小一些，但速度、装备应更具实用性，较之倭船，同样具有优势。为了鼓励海军官兵奋勇杀敌，明朝政府还制定了较陆军更为优厚的捕倭奖励制度。按照洪武朝的制度，“凡陆地杀获有功者，不升，官军各赏银二十两、钞二十锭……水路杀获有功并获贼船者，升一级，官赏银五十两、钞五十锭；军旗赏银五十两……未获船不升”①。

尽管如此，明军获得的海上胜利却屈指可数，倭寇还是不断地突破明朝海军的阻截，不断地在沿海登陆。造成这一现象的原因，除了海岸线漫长，巡海舰队总体力量相对有限，装备处于劣势的倭寇有意规避等因素外，第一章中提到的明朝水军专业化不足，始终处于陆军的从属地位，进而造成没有专业的海军官兵，没有系统、成型的海战战略战术，应是重要原因。

在海上巡逻不能有效遏止倭寇袭扰的情况下，明朝政府开始着手在陆上防御方面进行新的尝试。

（二）沿海卫所的野战化

永乐二年，王友等因为没有及时援助陆军打击在浙江大谢、桃渚等处登陆的倭寇遭到斥责。但巡海舰队主要在远离海岸线的海上行动，对避开舰队，已经实现登陆的倭寇很难作出迅速的反应，因此，必须在加强海上巡逻的同时，强化陆上防卫的能力。

洪武时期，明朝政府在沿海设置了大批卫所，建立起相对完整的防御体系。但这一体系大体以划片防御为主，机动性明显不足。朱棣登基后，除了在环渤海地区新设了天津卫等卫所，为此后的迁都做准备外，还在山东等倭患重灾区调整部署，建立起更为高效的指挥和作战体系，如先后设立登州营等三营，设置备倭总督总领沿海卫所军队等，使这里的防卫体系更趋野战化（下一节会具体论述）。此外，中央政府还不断派出将领，到

① 《明宣宗实录》卷五九，宣德四年十月丙子条，第1396页。根据《明太宗实录》卷九四，永乐七年七月丁酉条“若（水军）将士能斩贼首一级者，赏银五十两”的记载判断，永乐朝应该沿用了洪武朝的奖励制度，未做改变。见该书第1252页。

山东等地主持陆上防倭工作。例如：永乐六年十二月，“命都指挥李龙、指挥王雄，总率山东官军六千，往沙门岛等处巡捕倭寇”[①]；永乐十四年六月，“命都督同知蔡福充总兵官、指挥庄敬为副，率兵万人于缘海山东巡捕倭寇”[②]；永乐十六年五月，“敕山东都司调马步兵官军八千人，令都指挥卫青、李凯统往缘海剿捕倭寇”[③]；等等。

对其他地区，虽然没有直接派人去主持防倭工作，但也非常重视驻地将领的遴选。永乐十四年七月，朱棣指示兵部：“国家置武卫，御暴乱，非练习兵事善抚士卒者不可任。比闻军官日以酣饮为乐，因循苟且，不事操练。甚者，刻削军士，致其冻馁。近倭寇登岸，劫掠居民，滨海军仓惶无措，遂至失机。尔兵部同安远侯柳升精选指挥千百户练习戎政者往任其事。仍须简其不职者，悉送京师。”史载，命令下达后，“与选者上必亲阅”[④]。

对有违纪行为者，则予以严惩。如永乐九年，广东都司上奏：“比倭贼攻陷昌化千户所。千户王伟等战败被杀，军士死亡甚众，城中人口食粮军器皆被劫掠。而副总兵、都指挥李珪及海南卫所遣领兵指挥千百户徐茂等初不严兵备御，贼至又不救援，贼去亦不追剿，罪当死。”朱棣下令：“此不可宥，姑令捕寇赎罪。如寇不获，皆斩。”[⑤] 永乐十三年，辽东都指挥佥事徐刚“领兵捕倭。寇至，畏怯不进，致其剽掠军民”，朱棣特命“宥死充军”[⑥]。十四年，蔡福等出发赴山东前，朱棣当面警示：“尔宜严约束，身先士卒，以殄寇为务，无纵下人，重为民害。违者并其将皆不贷。”[⑦] 当发现其“调度失律，溺死官军”，并不称职后，马上召回并充军交阯[⑧]。

正是由于不断强化陆上防御，明军才迎来了一次决定性的胜利——望海埚大捷。

二 不谋而合的联合作战

朝鲜李朝政府为了避免遭受倭寇侵害，在加强军备的同时，另采取了

---

① 《明太宗实录》卷八六，永乐六年十二月甲申条，第 1138 页。
② 《明太宗实录》卷一七七，永乐十四年六月丁卯条，第 1932 页。
③ 《明太宗实录》卷二〇〇，永乐十六年五月丙辰条，第 2083—2084 页。
④ 《明太宗实录》卷一七八，永乐十四年七月乙巳条，第 1940 页。
⑤ 《明太宗实录》卷一一三，永乐九年二月丁巳条，第 1444 页。
⑥ 《明太宗实录》卷一七一，永乐十三年十二月丁丑条，第 1905 页。
⑦ 《明太宗实录》卷一七七，永乐十四年六月丁卯条，第 1932 页。
⑧ 《明太宗实录》卷一八六，永乐十五年三月丁酉条，第 1992 页。

开放富山浦、盐浦等三个港口与日本商人贸易，不断以赏赐的名义向对马等岛倭寇提供粮食等物资，甚至不惜以邻为壑，允许倭寇在朝鲜出售从中国掠夺来的赃物等手段。

这些怀柔政策发挥了一定的作用。在首领宗贞茂的管束之下，倭寇确实大大减少了对朝鲜的扰害。为了维护这种友好关系，宗贞茂等在前往中国侵略时，还不时向朝鲜政府通报，以免发生误会。如壬辰十二年（明永乐十年）十二月，宗贞茂致信朝鲜："倭船八十余艘欲于朝鲜安釜岛等处淹留田猎，仍向中国。"①

为了维护与明朝的关系，朝鲜政府会把收集到的倭寇信息，比较及时地通报给明朝政府，从而使明朝将士有一定的准备时间。一方面怀柔日本，不惜充当倭寇销赃地；一方面又结好大明，把包括宗贞茂等主动通报的倭寇侵扰信息和明朝政府共享，这一尴尬、奇怪的角色使朝鲜在与中、日双方的交往中都要刻意掩饰自己与另一方的交往实情。

永乐五年三月，尝尽了甜头的宗贞茂派遣平道全到朝鲜，在"献土物，发还俘虏"的同时，进一步提出了"请茂陵岛，欲率其众落徙居"的要求②。这令朝鲜政府非常被动。朝鲜受倭寇侵扰几十年，如果允许宗贞茂迁徙到茂陵岛，有引狼入室的嫌疑；如果不允许，又会破坏好不容易以粮食换来的和平。更糟糕的是，一旦允许其徙居，难免不会走漏风声，让明朝政府知道，进而招致令朝鲜政府担心已久的严厉打击。

其实，接受倭人内附，是朝鲜政府一贯的政策。这些日裔朝鲜人还有一个专用名称——投化倭人。如果宗贞茂等是真心归附的话，对于朝鲜的海防无疑有很大帮助。只是这些投化倭人留给朝鲜政府的并不是安分守己的形象，此前就曾多次发生类似仇陆藤昆那样降而复叛的现象。宗贞茂作为对马岛倭寇的大首领，即使归附朝鲜，也不会停止对中国的侵扰。接受他内附，等于资助他从朝鲜的国土上出发侵略大明。

本书第一章中提到，李成桂夺权后，并未得到朱元璋的完全承认。为了解明朝动向，李朝政府多次派出军队冒充倭寇到中国沿海刺探情报，甚至假戏真做，劫掠杀戮明朝军民。这种行为多次被明朝政府识破。因此，朝鲜方面一直担心明朝政府会对其进行武力报复。朱棣登极后，武力干预安南政权更替。现实的例子不免使朝鲜的这种恐惧心理更加强烈。李朝世宗元年（明永乐十七年）十二月，世宗曾和太上王在寿康宫密议。"上王

① ［朝鲜］《李朝太宗实录》卷二四，壬辰十二年十二月甲子条，第343页。

② ［朝鲜］《李朝太宗实录》卷十三，丁亥七年三月庚午条，第25页。

曰：今日主上告我以僧人三十名逃入中原之事，听此，忽忆昔者尹彝、李初逃入上国，诬诉本国假作倭贼，窥觇上朝。以高皇帝之明，亦且惑之。本国辨析累岁，终不能自明。”①

太上王，即主动退位的李朝太宗李芳远。他口中提到的尹彝、李初逃亡大明一事，指的是高丽王朝末年，坡平君尹彝和中郎将李初逃亡大明，自称受宰相李穑等人委托，请求明朝出兵征讨“谋动兵马，将犯上国”②，并且迫害反对侵华的李穑等人的权臣、侍中李成桂一事。笔者在明朝史籍中没有找到对此事的记载。按照朝鲜《李朝太祖实录》中的记载，尹彝等系诬蔑。但从尹、李两人的“污蔑之辞”被戳穿后，李穑等随即遭到残酷打击来看，李成桂计划出兵进攻大明一事未必全无。

李朝太宗、世宗时期排斥佛教，致使很多僧人流亡中国。一直刻意掩饰和“三岛倭寇”有交往的朝鲜政府自然会担心流亡僧人泄露此中实情。需要注意的是，李芳远父子的这次议论出现在望海埚大捷之后。对于望海埚大捷，朝鲜政府是有功的。即便在立了大功之后，李氏父子仍然担心僧人流亡会对本国不利。那么，在大捷之前，李朝政府的这种担心应该会更强烈。

按照朝鲜史料的记载，李芳远最后拒绝接受宗贞茂迁徙的理由是“若许之，则日本国王谓我为招纳叛人，无乃生隙欤”③。其实，日本室町幕府作为一个弱势幕府，对朝鲜的威胁并不大。估计担心引起明朝政府的强烈反应才是主要原因。

朝鲜试图左右逢源，以满足倭寇的欲壑来换取和平。但倭寇凶恶的本性未改，仍然不时给朝鲜制造麻烦。如1409年（明永乐七年），倭寇从中国劫掠归来，在朝鲜丰海道长山串，“捕烽卒朴基，问以事变，知国家有备，佯示和好之意，以去年夏所掠济州、洪州、宣州及长渊、翁津妇女给粮下陆，乃向白翎岛而去”④。1415年（明永乐十三年），“倭船二十三艘寇济州”，“焚毁庐舍，掳掠人、物”⑤。次年三月，兵曹判书朴信报告：“闻倭奴大修战舰欲寇中国，若粮食不足，则所过沿海，潜掠可畏。请于诸岛聚兵船以待变。”朝鲜不得不“分泊兵船于要岛”⑥。更有甚者，曾被

① ［朝鲜］《李朝世宗实录》卷六，元年十二月庚辰条，第98页。
② ［朝鲜］《李朝太祖实录》“总书”，高丽恭让王二年五月条，第57页。
③ ［朝鲜］《李朝太宗实录》卷十三，丁亥七年三月庚午条，第25页。
④ ［朝鲜］《李朝太宗实录》卷十七，己丑九年二月辛卯条，第376页。
⑤ ［朝鲜］《李朝太宗实录》卷二九，乙未十五年六月乙丑条，第71页。
⑥ ［朝鲜］《李朝太宗实录》卷三一，丙申十六年三月丙辰条，第242页。

朝鲜待为上宾的平道全曾潜通于对马岛群倭："朝鲜近来待汝等渐薄，若更侵略边鄙以恐动之，则必将待之如初矣。"① 可见，朝鲜政府的怀柔政策并没有换来倭寇的友好，反而被对方当成了一块可以随时宰割的肥肉。正是因为倭寇的难填欲壑，在无意中促成了中、朝之间的一次联合作战。

永乐十七年正月，"庆尚道观察使报：倭贼所掳逃回汉人金得观等二名到晋阳，言倭贼造战舰，要于三月作耗中国沿海之地"②。虽然已经退位但仍实际主持朝政的李芳远随即召见了金得观等人。据《明实录》中记载，永乐十七年二月，朱棣敕谕捕倭都指挥谷祥、张翥，浙江、福建缘海卫所曰："今朝鲜送回倭贼掠去军士二人，言贼欲来滨海为寇。又海宁、乍浦千户所瞭见赭山西南海洋等处有倭船十余艘望东南行。尔等宜严备之。"③ 这里所说的"朝鲜送回倭贼掠去军士二人"，估计就是金得观等。可见，朝鲜政府按惯例，把获取的倭寇情报及时通报给了明朝政府。

需要注意的是，李芳远在获取情报的当月，还曾对明朝使臣说："倭岛近于国境，如在淮安望沙门岛，或来侵略，或乞粮买卖。"④ 原本刻意隐瞒与对马等岛倭寇交往的朝鲜政府如此坦白地介绍了本国的窘境，暗示其对倭寇的难填欲壑已经接近忍耐的极限。

由于辽东半岛是倭寇重点骚扰地区，四月，朱棣专门敕谕辽东总兵官、都督刘江："今朝鲜报倭寇饥困已极，欲寇边。宜令缘海诸卫严谨备之，如有机可乘，即尽力剿捕，无遗民患。"⑤

刘江，本名刘荣，因顶其父名入伍，所以一直冒用其父的名字。就在永乐十三年，他还因为没有及时策应倭寇侵入的旅顺口驻军遭到左副都御史李庆等人的弹劾，被记过处分。

史载，永乐十六年八月，

> 辽东总兵官都督刘江言：近因巡视各岛贼人出没之处，至金州卫金线岛西北望海埚上。其地特高，可望老鹳嘴、金线、马雄诸岛。其旁可存千余兵守备。询诸土人，云洪武初都督耿忠亦尝于此筑堡备倭，离金州城七十余里。凡有寇至，必先过此，实为滨海襟喉之地。

---

① ［朝鲜］《李朝世宗实录》卷四，元年六月丙子条，第68页。

② ［朝鲜］《李朝世宗实录》卷三，世宗元年正月戊午条，第45页。

③ 《明太宗实录》卷二〇九，永乐十七年二月辛卯条，第2124页。

④ ［朝鲜］《李朝世宗实录》卷三，世宗元年正月丙寅条，第46页。

⑤ 《明太宗实录》卷二一一，永乐十七年四月丙戌条，第2133页。

已用石垒堡筑城，置堙墩瞭望。从之。①

看得出来，刘江在受到处分后并没有消沉，而是知耻后勇，亡羊补牢，为抗倭做了细致的准备。

永乐十七年五月，朝鲜捉获一名登陆洗劫的倭寇。被俘倭贼交代："吾系对马岛人。岛中饥馑，以船数十艘欲掠浙江等处。只缘乏粮，侵突庇仁（县），遂至海州，窥欲行劫。吾因汲水，独乘小船上岸，忽被官军所擒。"②

三天后，黄海道监司飞报紧急军情：

> 本月十一日，助战节制使李思俭与万户李德生以兵船五艘候贼于海州之延平串。贼船三十八艘乘雾暗突至围之，逼胁求粮。语思俭等曰：我等非为朝鲜来，本欲向中国。因绝粮而至此。若给我粮，我当退去矣。前日都豆音串之战，非我也。汝国人先下手，故我不得已而应之尔。思俭遣吏遗以米五斛、酒十瓶。贼拘吏，又索粮。思俭遣镇抚二人、船军一人遗以米四十斛。贼还吏及镇抚，又拘船军，与思俭等相持。③

从这份军报中可以看出，对马岛倭寇的劫掠目标仍然是中国。但因本岛粮米缺乏，并没有带上足够的给养。为了补充给养，倭寇使用了惯常的手段——到朝鲜掠取。虽然在都豆音串已经发生了冲突，节制使李思俭仍然采取了息事宁人的态度，连续两次派人送去米粮。但因数量有限，未能填满其胃口，倭寇依旧扣留朝鲜军士，试图索取更多的粮米。

面对这一新状况，朝鲜政府一方面增派人手到前线，一方面紧急商议对策。太上王李芳远也"趣驾还宫"，和群臣商议"乘虚殄歼对马，退□贼还之策。夜分乃罢"④。

世宗不愿与倭寇翻脸，甚至一度提出放弃海上，龟缩陆地防御，遭到群臣反对。掌握实权的李芳远主张趁倭寇大举赴中国，本岛空虚之机举兵讨伐，根除祸患。最后，太宗李芳远的意见占了上风。朝鲜开始整军备战。

① 《明宣宗实录》卷二〇三，永乐十六年八月癸未条，第2099页。
② ［朝鲜］《李朝世宗实录》卷四，己亥元年五月甲寅条，第64页。
③ ［朝鲜］《李朝世宗实录》卷四，己亥元年五月丁巳条，第64页。
④ 同上。

永乐十六年（1418）四月，横行海上多年的宗贞茂去世[①]。其后人无力驾驭众倭，宗贞茂执行的与朝鲜“友好”的政策虽然没有被彻底抛弃，但不时被破坏。从朝鲜的史料记载来看，朝鲜政府似乎对此还不甚了解。因为就在已经决定反击倭寇的当月，朝鲜还曾派人对正在朝鲜的对马人宗峻抱怨：

> 我国与宗贞茂和好久矣。故凡有所欲，罔不从之。今乃放贼来侵边鄙，烧破兵船，杀人甚众，是何故耶？
>
> 对曰：对马州人心不一，故或有如此者。贞茂生时，向殿下诚意极厚。今其子嗣位，诚意过于贞茂，谓朝鲜如兄弟，期于永世。今闻贼人来侵，多有惭愧。[②]

一句颇含怨怼的“故凡有所欲，罔不从之”，描绘出了朝鲜君臣的真实心境。大概是觉得过于窝囊，朝鲜政府在发布的讨伐对马倭寇的旨意中再次强调：

> 诸岛倭贼因饥馑，每年乞粮，随即给与。又许贩卖边邑。其所以为生，悉是我国之恩。而曾不是顾，连见侵略边氓，亦置之不问。今乃起军侵我忠清道都豆音串，杀我人民，焚我兵船，又寇我黄海道海州之境……[③]

同月，朝鲜又派人致书于对马岛守护：

> ……乘前朝衰乱之季，岁自庚寅，乃侵我边境，虔刘军民，焚其室屋，荡其财产，沿海之地，死伤相籍，盖有年矣。我太祖康献大王龙飞应运……岁丙子，入寇东莱，抢夺兵船，杀戮军士。及我圣德神功上王之即位也，岁丙戌，夺漕运于全罗；岁戊子，烧兵船于忠清，杀其万户，再入济州，杀伤亦众。然以我殿下包荒舍垢之量，不欲与

---

① 据《明太宗实录》卷二〇一，永乐十六年六月辛丑条（第2090页）记载，当日，朱棣敕辽东总兵官都督刘江曰：“今倭寇为首者已被擒，其遗孽未获者尚出没不常尔，可相机剿捕。”这里提到的被擒的倭寇首领，或许指的就是宗贞茂。估计朝鲜为掩饰本国与对马倭寇的联系，有意模糊了宗贞茂的死因。

② ［朝鲜］《李朝世宗实录》卷四，己亥元年五月甲子条，第65—66页。

③ ［朝鲜］《李朝世宗实录》卷四，己亥元年五月己未条，第65页。

校。来则优礼以接，往则备物以厚。赈其饥馑，通其关市。凡厥需索，无不称副。我何负于彼哉？今又率船三十二只窥觇虚实……杀掠军士几三百余，浮于黄海，以至平安。将犯上国之境，忘恩背义，悖乱天常……但执入寇者之妻孥枝党以还。①

两份文件反复强调朝鲜对倭寇的恩惠，一方面是在争取国内民众的支持，一方面是在宣示师出有名。不过，朝鲜的用兵对象仅限于对马。对同样是倭寇渊薮的九州、壹岐，则未予打击。为避免误会，朝鲜在出兵之前，特意派使臣把本国的出兵计划向九州总管等做了通报。

六月，朝鲜大军抵达对马岛。史载：

午时，我师十余艘先至对马，岛贼望之，以为本岛人得利而还，持酒肉以待之。大军继至，泊豆知浦，贼皆丧魄遁逃，唯五十余人拒战而溃。悉弃粮储什物走入险阻，不与敌。先遣投化倭池文以书谕都都熊瓦，不报。我师分道搜捕，夺贼船大小百二十九艘，择可用者二十艘，余悉焚之。又焚贼户千九百三十九，前后斩首百十四，擒生口二十一，刈除田上禾谷，获被掳中国男妇百三十一名。诸将问所获汉人，知岛中饥甚，且仓卒，虽富者不过持粮一二斗而走，以为久围则必饿死。遂置栅于训乃串，以遏贼往来之冲，以示久留之意。②

从这段记载中可以发现，出外劫掠是对马倭人生活的常态，岛众早就期待着倭贼满载而还。就战果而言，被朝鲜称为“己亥东征”的这次军事行动并不显著，而且久留围困的打算也没有认真执行。登陆后的第十天，李芳远即派人指示东征元帅李从茂：“七月之间，例多暴风。卿其量宜，勿久留海上。”③ 又要求他向宋朝大将曹彬学习，不要滥杀。接到指示的当天，朝军对倭寇发动了一次进攻，但遭遇埋伏，败绩。对马岛主、宗贞茂之子宗贞盛（《李朝实录》中称之为“都都熊瓦”）随即致信李从茂，“乞还师修好”④，且警告他七月多风暴。因为有太上王的指示，李从茂就势率军于七月初退回巨济岛，名义上是休整。

就在朝军退回不久，黄海道监司飞报：“倭寇之还自中国者约数十

① ［朝鲜］《李朝世宗实录》卷四，己亥元年五月癸酉条，第67—68页。

② ［朝鲜］《李朝世宗实录》卷四，己亥元年六月癸巳条，第71页。

③ ［朝鲜］《李朝世宗实录》卷四，己亥元年六月壬寅条，第72页。

④ 同上书，第72页。

艘，今月初三日出没于小青岛海洋。”[①] 东征的前提是乘虚，既然倭寇已经从中国返回，“虚”已经不存在，朝军的东征只好就此结束。

撤军后，为避免遭到回国倭寇的报复，朝鲜非常注意对马倭寇的动向。不久，千秋使、通事金听从北京返回，汇报说：“倭贼寇金州卫，都督刘江设伏以诱之，水陆夹攻，生擒百十余人，斩七百余级，夺贼船十余艘，以车五两（辆）载首级，五十两（辆）载俘，悉送于京。听于路上，目见而来。”[②] 李芳远见倭寇惨败，于是宣旨“罢再征对马之举”[③]。

半个月后，柳廷显奏报：“我国扶余人尹舍等三人自倭船逃还，言初贼以船三十余艘侵中国之境，见败生还者十余艘耳。每船所乘不过三四十人，亦绝粮饥饿，仅还。”[④]

九月，谢恩使曹洽、副使李兴发从北京返回。“帝命还我都芼串被掳船军李元生等三名。元生等言：‘贼寇中国之境，为都督刘江所败，斩首一千五百级，生擒一百三名。贼之守船者谓所俘我国人曰：汝国潜通我入寇之事，使我见败。遂刺杀四十余人。吾等三见逃入中国。皇帝赐衣粮，命还。’初，千秋使成揜赴京时，就报辽东以贼变。刘江得预备之，故贼败没。”[⑤]

朝鲜获得的明朝大捷战报指的就是望海埚大捷。按照辽东总兵刘江的报告，大捷的经过大致如下：

> 江尝请于金州卫金线岛西北望海埚上筑城堡、立烟墩瞭望倭寇。一日，瞭者言东南海洋内王家山岛夜举火。江以寇聚其间，亟遣马步军赴埚上小堡备之。翌日，倭舡三十一艘泊马雄岛，众登岸径奔望海埚。江亲督诸将伏兵堡外山下。伺贼既围堡，举炮发伏。都指挥钱真等领马队要（邀）其归路，都指挥徐刚等领步队逆战。寇众大败，奔入樱桃园空堡中。官军围杀之。自辰至酉，擒戮尽绝。生获百十三人，斩首千余级。[⑥]

综合中、朝双方的记载来看，这次大捷的经过大致如下：

---

① ［朝鲜］《李朝世宗实录》卷四，己亥元年七月戊申条，第73页。

② ［朝鲜］《李朝世宗实录》卷四，己亥元年七月乙卯条，第73页。

③ 同上。

④ ［朝鲜］《李朝世宗实录》卷四，己亥元年七月辛未条，第77页。

⑤ ［朝鲜］《李朝世宗实录》卷五，己亥元年九月戊申条，第84页。

⑥ 《明太宗实录》卷二一三，永乐十七年六月戊子条，第2143页。

对马倭寇驾船31艘，侵入辽东金州卫，刘江预先设伏，大败倭贼，生擒103人，斩首1500余级。留在船上的倭寇因此怀疑是朝鲜泄露了他们入侵的机密，怒杀在来途中俘虏的朝鲜军士40多名，只有李元生等三人逃脱。残余倭寇400余人，驾驶十余艘船逃回对马。

望海埚大捷和朝鲜东征对马岛，虽然不是事先商量好的军事行动，但在无意中达成了默契，实现了一次联合作战，给予对马岛倭寇老巢和倭寇主力一次沉重的打击，对于维护东亚海上安全，扭转不利的海防局面，无疑有着深远的影响。

结　语

朱棣即位后，海防的战略地位虽然没有得到根本提升，但明朝政府积极的措置还是发挥了重要作用。迫于形势，“三岛倭寇”被迫改变分散、小规模、游击式的劫掠方式，开始展开集团化的攻势。这虽然给明朝的海防带来更大的压力，但也给明朝军队创造了给予其集中打击的可能。由于生存环境的恶化以及宗贞茂的去世，群龙无首的倭寇更加疯狂。鉴于怀柔政策不再见效，朝鲜李朝政府在太上王李芳远的坚持下，改弦更张，趁倭寇大举入侵中国辽东半岛之际，举兵东征对马岛。中、朝两军的意外合作，给倭寇以沉重打击，彻底改变了十四、十五世纪之交东北亚的海上局势，对维护中、朝两国的海防安全都产生了深远影响。

第三节　山东半岛海防建设的新进展

明初，山东半岛是倭寇侵扰的重灾区之一，但因远离首都等原因，陆上海防体系的建设明显滞后于东南沿海一带。建文朝因为靖难之役，中央政府的大部分兵力被投入到靖难战场，洪武三十一年才开始的山东沿海系统海防体系建设不可避免地受到冲击。尽管如此，我们仍然能够从残存的建文朝史料中发现山东海防建设的蛛丝马迹。如乾隆《诸城县志》中记载，留守卫百户孙安，“洪武三十二年因倭寇，调胶州所”①。洪武三十二年即建文元年。留守卫系京卫。史载，当年春季，“倭寇宁海。指挥陶铎

① 乾隆《诸城县志》卷二十《历代职官表下》，“山东地方志集成丛书”影印本，凤凰出版社2008年版，第141页。

击败之"[①]。孙安被调往山东，估计与海防形势的恶化有一定关系。

在燕王叛乱已起的情况下，建文政府仍能抽出精力顾及海防建设，一方面显示此时的建文君臣尚对政权之稳固有足够信心，另一方面也暴露出山东半岛的海防体系还非常不完善，中央政府不能不予以适当关注。

一 设置备倭都司

朱棣登极后，对于山东海防的首要任务是完成前朝尚未完成的沿海卫所体系建设。即位当年，灵山卫城完成"甓甃"[②]。次年，"砖石相间"的威海卫城建成[③]。永乐二年，指挥佥事郭崇重建灵山卫城[④]。永乐九年，"修山东安东等卫城池"[⑤]。原本分散部署的宫家岛寨、芝山寨、荆山寨和磁山寨四个军寨也在此时被并入芦洋寨[⑥]，以发挥合力。

在进行基础设施建设的同时，对缺编严重的卫所官兵也作了必要的补充。如永乐元年，曾与徐辉祖一道于洪武三十一年"垛集本处之民，置立沿海卫所"的都督朱某"复奉新君之命，练兵至威海"[⑦]。永乐十四年十二月，"敕都督冀中、马聚往湖广，调长沙护卫官军三千戍守辽东，二千戍宣府，二千戍保安诸卫。余调山东缘海六卫"[⑧]。大批在靖难之役中提拔上来的新官也被陆续安插到山东沿海卫所。

永乐朝的海运粮米主要运往北京，山东因此而受益。洪武、建文时的海运主要运往辽东，运粮船队在绕过成山角之后即往北行。因此，山东半岛只有从成山角到日照的东部沿海可以沾一点护航舰队的光。永乐朝海运主航线的改变，客观上使整个山东半岛都处于护航舰队的保护之下。虽然因为战术战法的关系，永乐朝的海上舰队并没有给倭寇以沉重打击，但在战略上构成了足够的威慑，且使陆上卫所有了一定的支持和缓冲。永乐七年，山东都司奏准："登州卫沙门岛乃朝鲜、辽东往来冲要之处，守备仅七百余人，寇至难以防御，请益兵。命以五百人益之。"[⑨] 沙门岛是海运船队的重要中转站，在沿海岛屿大多被放弃、居民大量内徙的情况下，沙

① 光绪《增修登州府志》卷十三《兵事》，光绪七年刊本。

② 万历《莱州府志》卷三《城池》，民国二十八年青岛赵琪永厚堂重刻本。

③ 乾隆《威海卫志》卷二《建置志·城池》，民国十八年威海九华小学重印本。

④ 道光《重修胶州志》卷三十四《大事》，道光二十五年刊本。

⑤ 《明太宗实录》卷一一七，永乐九年七月辛酉条，第1485页。

⑥ 顾炎武：《肇域志·山东·登州府·福山》，上海古籍出版社2004年标点本，第556页。

⑦ 胡士文：《新设威海卫捕倭屯田军记》，见乾隆《威海卫志》卷九《艺文》。

⑧ 《明太宗实录》卷一八三，永乐十四年十二月壬申条，第1972页。

⑨ 《明太宗实录》卷九六，永乐七年九月辛卯条，第1275页。

门岛却在增兵，保护运道安全，无疑是重要原因，而这对于山东沿海的防卫当然是有帮助的。

尽管明朝政府在海、陆两方面都做了很多工作，但山东沿海遭遇的倭寇侵扰并没有减少的趋势。

永乐四年，“倭寇扬帆于刘公岛，声言攻百尺崖，而卒击威海，几无噍类。掌印指挥扈宁督率世职及春秋两班操军、乡城门夫壮丁力死堵截。三日后，都督、徐国公朱□统兵援战，倭寇始息”①。

六年，“倭寇成山卫，掠白峰头、罗山寨，登大嵩卫之草岛嘴。又犯鳌山卫之羊山寨、于家庄寨，杀百户王辅、李茂。不逾月，寇桃花兰寨，杀百户周盘。郡城、沙门岛一带抄略殆尽”②。次年三月，朝鲜庆尚道水军佥节制使金乙两捕获两艘倭船，“船中所载皆是中国之物，且有大明靖海卫印信，实是贼倭”③。这两船的倭寇估计就是袭击山东沿海的倭寇的一部分。从其持有靖海卫印信来看，中国史籍中未提到的靖海湾、五垒岛湾一带也在此次侵扰范围之内。

另据《李朝实录》记载，永乐七年三月，明朝政府送还李注庄等八名被倭寇裹挟到成山卫一带劫掠的朝鲜被掳人口④，估计这批倭寇是在朝鲜沿海劫掠后才东向中国的。

永乐十四年六月，登州卫汇报：“有贼舡三十三艘泊靖海卫杨村岛。”⑤ 捕倭总兵官蔡福奉命会合山东都司都指挥卫青等前往抵御。

十五年十二月，朱棣命翰林院、锦衣卫官员宣谕朝鲜使节：“今年倭贼侵宁海卫。海望人先告千户所。千户所饮酒，反谓海望妄告，打送。翼（翌）日早朝，倭贼登岸，人物杀害，掳去千户所官人等，皆杀了。”⑥

倭寇不断从巡海舰队的缝隙中渗透到海滨登陆，且规模越来越大，破坏越来越严重，说明原有的定点防御体系明显不适应现实需要。面对血的教训，明廷终于改弦更张，决定在登州设立备倭都司，“以节镇沿海诸事”⑦。

关于备倭都司，史家记载有些出入。顾炎武在《肇域志》中记载：

---

① 乾隆《威海卫志》卷一《疆域志·兵事》。
② 光绪《增修登州府志》卷十三《兵事》。光绪七年刊本。
③ ［朝鲜］《李朝太宗实录》卷十七，己丑九年三月己未条，第382页。
④ ［朝鲜］《李朝太宗实录》卷十七，己丑九年三月己巳条，第388页。
⑤ 《明太宗实录》卷一七七，永乐十四年六月甲申条，第1935页。
⑥ ［朝鲜］《李朝太宗实录》卷三四，丁酉十七年十二月辛丑条，第592页。
⑦ 乾隆《威海卫志》卷一《疆域志·兵事》。

> 备倭都司，在水城内。永乐六年始命都指挥王荣总领之。其后宣城伯卫青、永康侯徐安镇之，嗣是职任不一，或署印指挥，或以都指挥体统行事。永乐七年，给符验。九年，加总督。万历二十年后，或以游击，或以参将，或以总兵、副总兵统领焉。①

嘉靖间官至监察御史的即墨人蓝田则在《登州总督备倭帅府厅题名记》中这样描述：

> 永乐戊戌，乃立帅府于登州新城。新城者，新开海口也，宋人之刀鱼寨……乃命都督卫青来镇守，而协守则都督李凯。赐已玺书、符验，佩以关防，以节制卫所及三营诸军事。成化丙申，命都指挥高通来，改总督备倭，至今仍之。②

上述两条记载存在两大差异：一是备倭都司的成立时间，前者指为永乐六年，后者记载是永乐戊戌，即永乐十六年，与前者有十年的差距；二是“加总督”的时间。前者称永乐九年，后者认为是成化丙申，即成化十二年，两者相差65年之多。

按：《肇域志》编纂于明末清初，蓝田的《题名记》写于嘉靖年间，较之前者似更有可信度。但《肇域志》的内容大多取材于明代以及前朝地方志，这里关于备倭都司的记载，应该来源于明代方志。明代地方志大多由官方组织修纂，修纂时可以查阅相关档案。根据蓝田的叙述可知，他撰写《题名记》主要依靠个人记忆以及新任都指挥佥事王某“稽诸历牒”所得。但王某搜集资料时已是“名氏漫无记载，日月于征，流风渐邈，多至湮没不传”，困难重重。相比之下，集众人之力修纂的地方志应更有权威。

另外，据《实录》中记载，永乐十六年五月，卫青和李凯曾率领山东都司马步军八千人，“往缘海剿捕倭寇”③。不过此时两人的身份分别是山东都司的都指挥同知和佥事，并非备倭都司官员。

光绪《增修登州府志》在“卫青”条下记载：“先是，十一年即率沿海军士剿倭，次年还京师。至是（永乐十四年），复敕往剿倭寇。大获，

---

① 顾炎武：《肇域志·山东·登州府》，第557页。

② 蓝田：《登州总督备倭帅府厅题名记》，《蓝侍御集》卷四《记》，“四库全书存目丛书”影印本，第224页。

③ 《明太宗实录》卷二〇〇，永乐十六年五月丙辰条，第2083—2084页。

遂留登州备倭。”①

据《实录》中载，永乐十四年六月，朱棣敕谕捕倭总兵蔡福：“近登州卫奏有贼舡三十三艘泊靖海卫杨村岛。已敕山东都指挥卫青等帅军往捕，尔即合兵殄灭，勿误事机。”②

结合上面两条《实录》资料可知，卫青在永乐十四年到十六年间，一直是山东都司的属官，并没有调往备倭都司。光绪《增修登州府志》中称其“大获”后留在登州备倭，其起始时间应该在永乐十六年五月之后。

卫青在山东备倭都司任职时间很长，一直到去世，对御倭多有贡献。蓝田估计因此将其误认为都司首任长官，并顺带得出备倭都司成立于永乐十六年的结论。

至于“加总督”的时间，蓝田的说法同样有问题。《明英宗实录》中记载，正统十三年十一月，“命永康侯徐安总督山东守海官军备倭”③。可见，至迟到正统年间，山东备倭都司长官已经有总督备倭的职衔。另据《中国海防史》的作者研究，到正统七年，东南沿海一带的备倭提督都指挥一职已经改为总督④。山东从永乐六年即设置备倭都司，其长官加总督职衔的时间理应在东南各省之前。

宣德八年，明朝政府曾就山东海防的兵力配置发生一次争论。争论的结果是把原由卫青率领的备倭营军，“宜令常于其地操备，更不聚于登州。如有警急，互相应援”，但“仍令青总督其事”⑤。这里的“总督”虽然是动词，但亦含有其已经享有总督头衔的意味。

综上所述，笔者认为《肇域志》中记载的“加总督”时间——永乐九年——是正确的。

二 三营与备倭官兵的野战化

备倭都司虽然被称为都司，但与山东都司并不是并列关系，这从宣德八年之争山东都司可以参与意见即可看出来。因此，备倭都司实际上属于行都司系列。不管是都司还是行都司，都属于和平时期的军事体制，其军事主官的主要责任是训练军士以及本辖区范围内的安全保护，并没有权力

① 光绪《增修登州府志》卷三六《武秩上·备倭都指挥使司》，光绪七年刊本。
② 《明太宗实录》卷一七七，永乐十四年六月甲申条，第1935页。
③ 《明英宗实录》卷一七二，正统十三年十一月庚戌条，第3818页。
④ 杨金森、范中义：《中国海防史》（上册），第139页。
⑤ 《明宣宗实录》卷一〇六，宣德八年九月丙午条，第2369页。

跨区调动属下卫所兵力，所以，设置备倭都司后，虽然可以对倭寇的侵扰作出较为系统的安排，但仍有诸多制约。具备战时体制特征的三营因此应运而生。

所谓营兵，是和卫所兵制相对应的一种战时编制。按照明朝的制度，所有正规军士全部要编入不同的卫所。战时，则根据战场形势的需要，从相应卫所抽取全部或部分兵力组成若干个具有不同职能的营，交由相应的将领指挥参战。营将可以是合乎标准的原卫所军官，也可以另行指派。与卫所兵承担训练、屯田、守城等多重职责不同，营兵只有一项任务，即作战。因此，如果在某一地区出现营兵，即意味着该地区已经或可能即将进入战争状态。

为了应对倭寇的侵扰，明朝政府于永乐、宣德年间在山东半岛先后设立了三个军营。

登州营，成立于备倭都司设置后的下一年，即永乐七年，与备倭都司府一样，设置于蓬莱水城内，“设把总、指挥各一员，中军管队官千百户三十一员”①。

在登州营成立之前，在半岛南部的胶州一带，已经于永乐二年设立了即墨营。即墨营的驻扎地原在即墨县城南七十里之金家岭，宣德八年时迁到县城北十里处，并“添设把总”②。

文登营设置最晚，到宣德四年才成立。营址开始时设在文登县城内，宣德十年“始于县东十里筑城”③，“设把总一员、指挥一员、中军等官二十三员，旗军一千一百四十名，原额马四百一十匹，正统间调去京操马一百五匹，余存营。立为马、步二十四队”④。

这三个营具体的兵力来源以及职责范围，在郑若曾的《筹海图编》中有详细记载：

> 登州营。登、莱二郡凸出于海，如人吐舌，东南北三面受敌，故设三营联络，每营当一面之寄。登州营所以控北海之险也，青、莱二卫并青州左卫俱隶焉。其策应地方，语所则有奇山、福山中前、王徐前诸所；语寨则有黄河口、刘家汪、解宋、芦徐（洋）、马停、灶

① 光绪《增修登州府志》卷十二《军垒》。

② 同治《即墨县志》卷十一《大事·改革》，“山东地方志集成丛书”影印本，凤凰出版社2008年版，第289页。

③ 光绪《增修登州府志》卷十二《军垒》。

④ 道光《文登县志》卷一《武备》，道光十九年刊本。

河、马埠诸寨；语巡司则有杨家店、高山、孙炛（夼）镇、马亭镇、东良海口、柴胡、海仓、鱼儿浦、高家港诸司。三营各立把总二员，以总辖之。其在海外则岛屿环抱，自东北崆峒、半洋，西抵长山、蓬莱、田横、沙门、鼍矶、三山、芙蓉、桑岛，错落盘踞，以为登州北门之护。过此而北，则辽阳矣。此天造地设之险也……

文登营。登、莱乃泰山余络，突入海中，文登县尤其东之尽处也。成山以东，若旱门滩、九峰、赤山、白峰头诸岛纵横，沙碛连络，潮势至此，冲击沸腾。议者谓倭船未敢猝达。然考之国初，倭寇成山，掳白峰寨、罗山寨，延大嵩、草岛嘴等处，海侧居民重罹其殃。倭果畏海，奚而有是哉？故文登县东北有文登营之设，所以控东海之险也。宁海、威海、成山、靖海四卫隶焉。其策应地方，语所则有宁峰、海阳、金山、百尺崖、寻山诸所；语寨则有清泉、赤山等寨；语巡司则有辛汪、温泉镇、赤山寨诸司。透而北，则应援乎登州；透而南，则应援乎即墨。三营鼎建，相为犄角，形胜调度，雄且密也。有干城之寄者，其思国初成山之变，而儆戒无虞也哉。

即墨营。山东与直隶连壤。即墨县南望淮安、东海，所城左右相错，如咽喉关锁。迩年登、莱海警告宁，然淮阳屡被登劫。自淮达莱，片帆可至。犯淮者，犯莱之渐也。故即墨所系，较二营似尤为要。自大嵩、鳌山、灵山、安东一带南海之险，皆本营控御之责。其策应地方，语所则有雄崖、胶州、大山、浮山、夏河、石洞（臼）诸所；语巡司则有乳山、行村、栲栳岛、逢猛、南龙湾、古镇、信阳、夹仓诸司。其海口，若唐家湾、大任、陈家湾、鹅儿、栲栳、天井湾、颜武、周疃（曈）、松林、全家湾、青岛、徐家庄诸处，俱为冲要，隄防尤难。①

可见，三营的兵力直接来源于附近海防卫所。不过，这里有几个问题需要具体分析。

一是军官设置。郑若曾称“三营各立把总二员”，地方志则均记载为把总、指挥各一员。营以作战为责，指挥只能是一元化，如果有两个平级把总，容易出现龃龉，影响指挥效率。因此，应以地方志的记载为是。

---

① 郑若曾：《筹海图编》卷七《山东事宜》，中华书局2007年标点本，第455—457页。李致忠先生在点校中出现了部分讹误，本书引用时直接做了修改。部分地名存在同音不同字现象，引用时在括号内做了标示。

二是三营的兵力。前引道光《文登县志》记载文登营有兵1140名。加上25名军官，共计1165名。另外，蓝田在《城即墨营记》一文中曾这样写道：

> 即墨未有营也，有之自宣德己酉。始在县治之北十里，海滨诸卫之兵分番于京师，乃选步骑之精者千有二百人，将领之才者二人，常屯于营，防御倭夷之出没，而盗贼之窃发者亦责成之。营未有城也，有之自张文博始。正德甲戌，文博来总营事……①

宣德己酉即宣德四年，这与地方志的记载有区别，依据何在，待考。鉴于是孤证，暂不采用。不过这里明确指出即墨营有兵1200人。

登州营的兵力，按道光《重修蓬莱县志》中的记载，有旗军1524名，马521匹②。加上33名军官，共1557名。三营合计，共约官兵3922名。

按照宣德八年都指挥同知王真的奏报，备倭都司长官卫青"原领捕倭马步官军通三千八百四十余人"③，和3922人基本吻合。这也直接证明有关地方志的记载以及蓝田的记忆是正确的。

卫青作为备倭都司军事长官，应配备一定数量的直属部队——标兵。与文登、即墨二营相比，登州营多出的300余官兵，估计即是他的直属部队。如果这个判断没有错的话，登州营的正常编制应该也是1200人左右。

明中叶的营兵把总，大致可以配属500名士兵。1200余士兵，应分属两个把总统辖。大概就是因为这个原因，郑若曾才会把三营的军事首长误记为"各立把总二员"，而忽略了在把总之上没有设千总或守备一类军官的时候不能同时存在两个平级军官的常识。

另外，据《青州左卫选簿》中记载，该卫后所百户寇平，"永乐六年与倭对敌，伤、故"④。此时即墨营已经存在，有可能曾有部分青州左卫士兵被抽调到即墨营参战。登州营成立后，青州左卫精锐才不再南调。

按照郑若曾的记载，三营分别负担山东半岛北、东、南三面海岸的陆上防御。如果是这样的话，那只是在洪武朝创建的防御体系之外，又专设了一支有较强快速反应能力的机动部队，并没有对原来的防御体系做实质

① 蓝田：《城即墨营记》，《蓝侍御集》卷四《记》，第225页

② 道光《重修蓬莱县志》卷四《武备·营制》，道光十九年官刻本。

③ 《明宣宗实录》卷一〇六，宣德八年九月丙午条，第2368页。

④ 《青州左卫选簿》，《中国明朝档案总汇》第55册，第122页。

性的改变。事实是不是这样呢?

现在，我们不得不具体分析一下宣德八年的那次争论。争论的起因缘自宣德八年二月登州卫指挥佥事戚珪的一个条陈:

> 初，山东缘海设十卫、五千户所以备倭寇。其马步军专治城池器械，水军专治海运，后调赴京操备、营造，军士已少。而都指挥卫青复聚各卫马步水军于登州一处操备，遇夏分调以守文登、即墨诸处，及秋复聚。若倭寇登岸，守备空虚，无以御敌。且倭船肆掠，无分冬夏，仓猝登岸，而官军聚于一处，急难策应。请以原设捕倭马步水军各归卫所，如旧守备，且习海运。遇有警急，互相应援，则刍粮免于虚费，军民两便。①

明宣宗虽然认为戚珪的建议有可取之处，但不愿直接作决定，于是下令巡按山东御史会同三司官会议。几个月后，

> 巡按山东监察御史及都司、布政司、按察司奏：比者，登州卫指挥戚珪言山东之地缘海，洪武中置十卫五所分守其地。今都指挥卫青以诸卫所官军三千八百人俱于登州备倭，而倭寇往来之地城寨空虚，乞调还各守其地。诏臣等计议，宜如珪言为便。
>
> 都指挥卫青奏：昔奉太宗皇帝制谕，令统领备倭，不得分散势力。今其所议有乖前旨。兵部请仍令山东三司及巡按监察御史与青会议。
>
> 既而都指挥同知王真等奏：青原领捕倭马步官军通三千八百四十余人，除登州诸处往来操备外，每岁至夏，分戍即墨等三处。今议官军宜令常于其地操备，更不聚于登州。如有警急，互相应援。仍令青总督其事。所用粮草皆于旁近州县应纳官者给之，庶势力不分，军民两便。从之。②

从卫青的反对意见中可以发现，永乐时期的登州营、即墨营士兵是集中统辖指挥的，且朱棣明确指令“不得分散势力”。因为有皇帝谕旨，文登营成立后，其主要兵力同样被纳入统一使用的范围。这支部队秋冬季集

---

① 《明宣宗实录》卷九九，宣德八年二月甲辰条，第2226—2227页。

② 《明宣宗实录》卷一〇六，宣德八年九月丙午条，第2368—2369页。

中于登州操练备战，在夏季倭寇侵扰高发时才回归本营执行战备任务。按常理，营兵均由卫所精锐组成。精兵被抽走后，原有的沿海卫所堡寨的战斗力不可避免地要有所下降。因此，在这支近四千人的队伍成立后，沿海卫所承担的军事任务必然有所调整，也就是从全面抵抗倭寇的进攻转变为只需抵御住倭寇的第一波进攻，为援兵争取必要的时间即可。对倭寇的全面打击任务则交由随后赶到的由备倭都司直接指挥的营兵负责。换句话说，沿海卫所军已经蜕变为地方卫戍部队。相应的三营士兵，则需具有足够的、可以快速反应的野战能力。秋冬季集中于登州训练，则是维持和提高这种能力的必要手段。可见，洪武时期确立的带有平战结合特色的分区、定点防御体制，已经被以强调野战能力，强调集中打击为主要特色的战时体制所取代。这是明初海防战略的一个重大转变。

由于是战时体制，军事主官必须有足够的权威。备倭都司长官于永乐九年加总督头衔，正是为了适应这种体制转变的需要。

戚珪的建议有两点值得注意。一是他主张“请以原设捕倭马步水军各归卫所，如旧守备”，也就是说要放弃战时体制，回到洪武时期的分区防御状态；二是希望沿海卫所“且习海运”。宣德时期，山东卫所军队的战略地位已经发生变化，大量军士被调往北京参与新都营建等任务，海防能力进一步下降。戚珪希望撤回三营兵，“各归卫所”，补充卫所军力不足，理由似乎很充分。不过，在望海埚大捷之后，倭寇侵扰势头锐减的背景下，这一建议未必是其本意。

在第一章中曾经谈到，山东沿海卫所并没有配备专门的水军，只有承担补给辽东任务的登州卫除外。按照戚珪的说法，“水军专治海运”，并非海上作战部队。那么，他建议各卫所都“习海运”，显然也不是为了加强海上作战能力。作为登州卫的指挥佥事，他的建议很容易让人理解为是在为本卫谋求减轻压力的机会。

如果采纳戚珪的建议，等于彻底抛弃了永乐朝制定的海防政策。奇怪的是，山东地方官员居然同意改变先帝旨意。明代的中央财政一直不是很充裕，加之永乐朝的大规模战事，财政压力进一步加剧。为减轻本部门的压力，文官系统开始逐步侵夺军队的独立财权。[①] 如果继续前朝体制，山东布政司要承担大批行粮及其他后勤物资的筹集和运输等工作。因此，笔者估计是戚珪建议中列举的好处之一——“刍粮免于虚费”，打动了地方

① 参见拙著《明代卫所军户研究》第二章“卫所军士的饷粮”相关论述，线装书局 2007 年版。

官员。

不过废除先帝旧制毕竟不是小事，因此，在卫青端出朱棣的敕谕后，宣宗不得不要求众官员再次讨论。讨论的最终结果是采纳了王真的建议："官军宜令常于其地操备，更不聚于登州。如有警急，互相应援。仍令青总督其事。所用粮草皆于旁近州县应纳官者给之。"

这其实是一个抹稀泥式的折中结论。按照这个方案，三营得以保留，但不再集中使用，而是在各自相应的地域内操备，这样，卫青的总督地位不变，但牺牲了集中打击能力，三营士兵的野战能力势必也会退步，永乐朝的海防战略在事实上被抛弃了。因为活动范围缩小，地方政府虽然仍要承担后勤补给任务，但数量和难度有所减轻。总的来说，地方政府在这次讨论中有所收获，戚珪和卫青则都没有达到目的。

正是因为这次讨论，才使山东半岛的海防体制出现了又一次变化。"登州营在府城北，以控北海之险，文登营以控东海之险，而即墨营南望淮安，片帆可至，视二营尤重"①，三营各当一面的状态正是在这次讨论

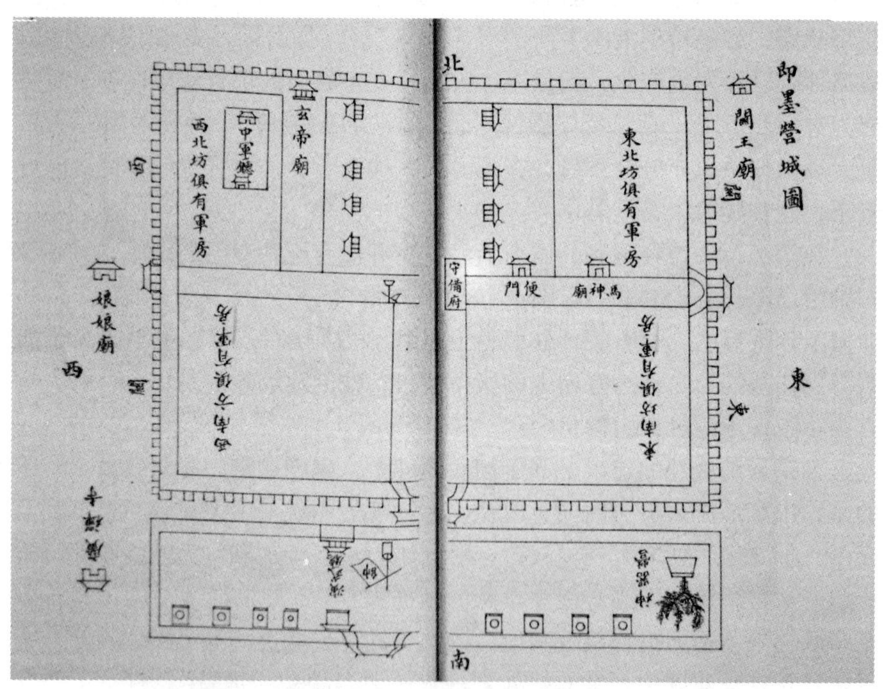

图 2—1 即墨营城图（选自万历《莱州府志》卷首）

① 顾炎武：《肇域志·山东·登州府》，第 548 页。

后逐渐形成的。

不过三营毕竟曾经是野战化的部队，在取消集中指挥训练后，其野战色彩仍有一定的保留。如即墨营直到正德甲戌（正德九年，1514）才因张文博的到来修建营城。文登营城虽然建设较早，但也只是“土城，周三里”①。

用砖石建造城池，是古代修建永久性防御工事的基本选择之一。即墨、文登二营长时间没有建造永久性工事，无疑是受到了当年强调机动、野战的影响。

如图2—1所示，即墨营城内除了必需的办公机构外，基本都是士兵居住和训练区，和一般卫城在衙署、营房之外还拥有卫学、街市等附属场所有明显的不同。这说明即墨营城到万历时期仍然不是一个多功能的军事型社区，总体上仍是一个大军营。可见，即便是修建了城池之后，三营原有的野战特色也没有被完全抹掉。

不过，永乐体制毕竟被抛弃了，三营的职能不可避免地要发生变化。蓝田称即墨营兵“常屯于营，防御倭夷之出没，而盗贼之窃发者亦责成之”②，正是明中叶这种变化的体现。

结　语

明成祖朱棣是一位崇尚主动出击的皇帝。从永乐年间山东海防体系的变革来看，他在海防领域，同样坚持了一贯的作风。备倭都司以及三营的设置虽然立足于陆上防御，但较之前朝的划区防守，明显更具主动。在海上大规模巡航、陆上坚持动态防御之外，朱棣还不时命将出师，对重点区域进行主动的海、陆联合巡逻。永乐六年之后，倭寇没能在山东沿海造成大的损害，这种海、陆一体的积极防御战略无疑发挥了重要作用。

第四节　从国防前线到战略预备区的初步转型

由于倭寇侵扰严重，永乐朝的山东海防备受重视，设置备倭都司，成立具有野战、快速反应能力的登州营、即墨营，由中央指派将领统一指挥沿海捕倭等都是具体表现。但是，在加强山东沿海军备的同时，我们却看

① 顾炎武：《肇域志·山东·登州府·文登县》，第554页。

② 蓝田：《城即墨营记》，《蓝侍御集》卷四《记》，四库全书存目丛书影印本，第225页。

到另一个奇怪现象。

一 纳入班军系列的山东海防军

宣德五年三月，成国公朱勇、行在兵部尚书张本等奏准："山东内地卫所官军有调缘海备倭者，缘海卫所却调京师操备。通州诸卫官军发淮安运粮，而直隶安庆诸卫乃赴京师操备，彼此不便，请通行兑换。"① 同年十一月，卫青奏请："往年所领操练马军一千人已取赴京，令臣选补。至今七年，其骑射亦已精熟。近成国公朱勇奏请以缘海在京操备步军代之，改为步卒。两失所长，虚劳训练。乞仍其旧。"宣宗批答："命行在兵部按阅，如果精壮，即从所言。"②

按照卫青的说法，所部马军被调往京城的时间是在七年前，即永乐二十二年。那时虽然明军已经取得望海埚大捷，海防形势有了根本性的变化，但倭寇的袭扰并没有中止。如永乐十八年正月，"缘海诸卫奏有倭寇三百余人、船十余艘于金乡、福宁及井门、程溪等处登岸杀掠，复东南行"。朱棣随即敕谕辽东、山东、浙江、福建滨海诸卫"严兵为备"③。在这种情况下，海防仍需进一步加强才是，明廷缘何要从沿海抽调兵力呢？

按照《明宣宗实录》中的记载，卫青上奏时的职务是山东都指挥使。会不会是此时的卫青已经调回山东都司，他所说的马军并非来自沿海呢？似乎也不是。因为同样是《明宣宗实录》，在卷十三中有这样一条记载：

> 宣德元年正月乙卯，释山东都指挥使卫青于狱，俾复职。初，青备倭登州，坐不法，逮系都察院。上念其旧劳，且虑倭寇为海滨患，故释之。④

此处记录的卫青的职务也是山东都指挥使，但其实际职责毫无疑问，仍是备倭。这里的山东应是地理概念，并非专指山东都司。据此我们可以断定：被调往京城的一千马军的确选自沿海备倭军士。

结合前引两条来自《实录》的史料可知，按照朱勇等人的看法，山东沿海备倭军士调到京城操备，不仅路途遥远，有碍人情，而且还要从其他山东卫所中抽调人手补充沿海备倭军士的不足，"彼此不便"，所以应

---

① 《明宣宗实录》卷六四，宣德五年三月辛亥条，第1505页。
② 《明宣宗实录》卷七二，宣德五年十一月庚申条，第1693—1694页。
③ 《明太宗实录》卷二二〇，永乐十八年正月乙巳条，第2185页。
④ 《明宣宗实录》卷十三，宣德元年正月乙卯条，第358—359页。

该互相调换。但从卫青的奏报来看，在一千马军被抽走后，他已经另外选补了一批军士练习骑射，且已技艺精熟。如果按照朱勇的方案互换，这批新练马军只能荒废骑射技艺，重新练习步兵技艺。

为维护各自的需要，朱勇提出的互换应该是按照一对一的比例：原来被抽走的一千马军回到沿海，从山东其他卫所调往沿海的军士抽出一千名改调京城。估计在一千马军调走后，为维护军队的稳定，卫青并没有从原有备倭军士中抽人补充马军的不足，而是直接从新调来的军士中选补了一千名。这一千人调往北京，会被改为步兵。同理推论，卫青原来的那一千马军在调到京城后应该也被改作步兵使用。这样的话，这一千军士回归后，还得重新训练马军的战术战法。因此，卫青才提出各仍其旧的建议。

这里牵扯到明代一项重要的制度——班军制度，即从各地卫所中抽调兵力，到异地执行军事任务的制度。按照地区的不同，明代的班军又有京班、边班之分，从山东沿海调往京城的那一千名马军，即属于京班，又称京操。

京班的起点，一般认为是始自永乐十三年。如光绪《增修登州府志》中在叙述登州营时写道："永乐十三年，诏诸卫卒赴京临阅，后为故事。每岁春秋番上京师，谓之京操。正统间又调各营京操马以去。"[①] 根据彭勇的研究，京班制度的建立有一个复杂的演变过程，"并非始于永乐十三年，而是在永乐二十二年末，并经过宣德一朝最终才确定下来"[②]。笔者同意这一看法。卫青的一千名马军于永乐二十二年被调往北京，也从侧面佐证了这一看法。

各地军队被调往北京的初始原因是为了操练校阅，即保持足够的战斗力。但从永乐七年朱棣派丘福北征开始，明朝政府对北部蒙古贵族势力展开了连续不断的主动征伐。大规模北征需要调动大批兵力，被调至北京操练的军士不可避免地要被大量纳入北征行列。

草原作战，马军是重要兵种。永乐年间，蔡福等先后被派到山东沿海统领马步官军，沿海的马军长时间处于战备状态。相比之下，山东西部卫所的军士除了被调往异地参战外，本地没有大的安全挑战，即使有马军，战斗力估计也不会太强。这应是沿海马军被抽调进京的原因。

朱棣去世后，明朝的国防战略转向消极防御。整个洪、宣年间，除了

---

① 光绪《增修登州府志》卷十二《军垒》。

② 彭勇：《明代班军制度研究——以京操班军为中心》第一章"班军制度概述"，中央民族大学出版社2006年版，第73页。

南征平定高煦之乱和一次小规模的北巡外，京营军队基本没有大的军事行动，其日常职能除了京城防御外，主要是参与新都的各项营建工作。对马军的需求日益减少，卫青所部原本精悍的马军也因此蜕变为步兵。

与京城的和平安逸不同，此时山东沿海还处于战备状态，三营主力尚在集中训练，随时准备驰援遭到倭寇袭扰的地区，马军必不可少。这应是卫青提出维持现状的最主要原因。卫青的建议是否被采纳，《实录》中没有明确记载。但从宣德八年登州卫指挥佥事戚珪在陈奏中仍称沿海军士"调赴京操备营造"[①] 来看，这一千军士应该没有被调回。

至此可以肯定，从永乐年间开始，沿海备倭军士已经被部分纳入京操班军系统。

二　营造与运粮

戚珪提到的军士进京"营造"，影响防倭部署问题，其实卫青在宣德二年即曾陈情。当年七月，卫青奏："缘海之地迂回四千余里，城堡、烽堠三百余所。比年近海诸卫官军累调营造、运粮，今当备倭时月而守瞭者少，恐误事机。"宣宗的批复是："令工部以所设缘海军士分两班更代，则备倭、赴役两不妨误。"[②] 这里不仅提到了营造，连带又提出一个运粮问题。

所谓运粮，即通过运河运输漕粮。永乐朝因为北征蒙古以及营建新都，需要从南方调运大批粮米。史载，永乐七年，共"馈运北京粮一百八十三万六千八百五十二石"[③]。永乐八年三月，"命湖广布政司运粮百万石、都司三十万石，浙江布政司运百二十万石、都司三十万石，江西布政司运十万石、都司二十万石赴北京，备官军俸粮"[④]，三省共运粮 310 万石。但当年底官方的统计数字是"是岁……馈运北京粮二百一万五千一百六十五石有奇"[⑤]。永乐九年，"馈运北京粮二百二十五万五千五百四十三石"[⑥]。永乐十年，"馈运北京粮二百四十八万七千一百八十八石"[⑦]。

可见，每年北京接纳的粮米都在 200 万石左右，且有逐年递增的趋

---

① 《明宣宗实录》卷九九，宣德八年二月甲辰条，第 2227 页。
② 《明宣宗实录》卷二九，宣德二年七月乙未条，第 759—760 页。
③ 《明太宗实录》卷九九，永乐七年十二月丁卯条，第 1302 页。
④ 《明太宗实录》卷一〇二，永乐八年三月壬申条，第 1325 页。
⑤ 《明太宗实录》卷一一一，永乐八年十二月辛酉条，第 1426 页。
⑥ 《明太宗实录》卷一二三，永乐九年闰十二月乙酉条，第 1554 页。
⑦ 《明太宗实录》卷一三五，永乐十年十二月庚辰条，第 1652 页。

势。永乐八年，南方三省奉命调运310万石粮米进京，北京实际接纳201万石多，不排除三省粮米有相当一部分直接投入到北征战场的可能。因此，200余万石应是北京相对稳定的接纳数据。

这两百多万石粮米显然不是凭海运可以完成的。史载，“每岁海运约有一千一百余只，运粮八十余万石到于北京”①。可见，海运粮米的数量尚不及京城所需之一半。因此，从永乐初年开始，明廷即通过多种渠道往北京调粮。如永乐元年，“令于淮安用船可载三百石以上者运粮入淮河、沙河，至陈州颍岐口跌坡下。用浅船可载二百石以上者，运至跌坡上。别以大船载入黄河，至八柳树等处，令河南车夫运赴卫河，转输北京”②。

元代曾开凿会通河，通过运河运粮，“然岸狭水浅，不任重载，故终元世海运为多”③。洪武二十四年，黄河决口，会通河被彻底淤塞。永乐朝实行海陆兼运，河南、山东等地百姓承担起繁重的陆运任务。为减轻百姓负担，重新疏通大运河的呼声渐起。永乐九年，工部尚书宋礼主持修通会通河。

据樊铧的研究可知，宋礼于修通会通河的次年，以海运有漂没、修理船只有科敛买办之弊、海运人工多而运粮少等原因提出改由运河运输江南粮米，并将海运由每年一次改为三年两运的建议。④

此议是否被采纳，史籍中没有明确记载，但据《实录》中记载，从永乐十一年十二月，

> 命平江伯陈瑄充总兵官，都督宣信副之，帅领舟师漕运粮储赴北京。⑤

这一记载不是很明确。从漕运一般指内河运输来看，不排除陈瑄、宣信二人从永乐十二年开始即承担起运河漕运的任务的可能。如果这一判断正确，则宋礼的建议至少部分得到了采纳。

根据樊铧全文引用的《始罢海运从会通河攒运》一文来看，永乐十

---

① 《始罢海运从会通河攒运》，见王琼《漕河图志》卷四，转引自樊铧《政治决策与明代海运》，社会科学文献出版社2009年版，第80页。

② 万历《大明会典》卷二七《会计三·漕运》，台北文海出版社“元明史料丛编”第二辑影印本1990年版，第497页。

③ 张廷玉等：《明史》卷一五二《宋礼传》，第4203页。

④ 樊铧：《政治决策与明代海运》，第79—80页。

⑤ 《明太宗实录》卷一四六，永乐十一年十二月丙辰条，第1720页。

二年闰九月初三日，行在户部提出内河航运一年可以往返运输四次，“共得粮一百六十万石，比与海运数多，又无风水之险，诚为快便”，并就江南各地粮米的具体运输提出建议，“工部差官催造船只完备，自永乐十三年为始，依拟于里河转运，却将海运停止。所据退下海运官军，俱令于里河里驾船运粮”。此议得到朱棣批准。据万历《大明会典》中记载，永乐十二年，“令湖广造浅船二千只，岁于淮安仓支粮，运赴北京。其旧纳太仓粮，悉改纳淮安仓收贮。又令北京、山东、山西、河南、中都、直隶徐州等卫，俱选官军运粮”①。这一政令和户部的建议吻合，应该就是该建议被采纳后的结果。

永乐十三年，奉命主持运河漕运的陈瑄开通了淮安附近的清江浦河道，引管家湖入淮，从而打通了运河南段的一大关节，使运河漕运的效率大大提高。当年，“馈运北京粮六百四十六万二千九百九十石”②。较之以往，增加了近两倍。永乐十五年，“是岁……馈运北京粮五百八万八千五百四十四石”③，虽较十三年有所减少，但仍非常可观。此后，运河漕运的数量有所减少，逐渐稳定在每年 400 万石左右。由于运河的疏通，明初持续了 40 余年的海运宣告停摆。

根据万历《大明会典》中的记载，山东军士被选入漕运队伍应开始于永乐十二年，是否包括沿海卫所军士尚不得而知。

在朱勇等提出调换山东进京操备官军的同一个月，平江伯陈瑄也就运河漕运提出了四点建议，其一曰：“山东都司旧调兖州护卫旗军一千三百人运粮。宣德元年，鲁府奏留修理王府。本司以登、莱、宁海、胶州四卫所旗军拨补。缘俱近海，路远来迟。况其军士不谙水运，往往悮事。今济宁等卫旗军亦有拨缘海备御者。请令所司计议，以登、莱等卫所官军遣还备御，仍以兖州护卫所留官军或济宁等卫贴守捕倭官军运粮。”④

按照陈瑄的说法，山东沿海卫所军士被选调承担漕运任务始于宣德元年，这和卫青宣德二年的奏疏大致吻合。陈瑄的建议被宣宗接受，登州卫、莱州卫等四卫军士得以回到沿海地区。从此后沿海各卫军士中不存在运粮军来看，山东沿海卫军承担漕运任务的时间应该很短。

从以上分析中可以发现，从永乐末期到宣德年间，山东沿海军士曾被大量调离，转而从事京操、运粮、营建新都等工作。这在御倭形势仍很严

① 万历《大明会典》卷二七《会计三·漕运》，第 497 页。

② 《明太宗实录》卷一七一，永乐十三年十二月癸巳条，第 1908 页。

③ 《明太宗实录》卷一九五，永乐十五年十二月辛亥条，第 2052 页。

④ 《明宣宗实录》卷六四，宣德五年三月乙巳条，第 1525 页。

峻的情况下，不是釜底抽薪吗？明朝政府为什么会做出这样的决策呢？

二　转向内敛的海防战略

上一节提到，山东沿海三个具有野战和快速反应能力的营的成立以及朱棣“不得分散势力”的明确指令，使此时的海防由洪武时期的带有平战结合特色的分区、定点防御体制，转变为强调野战能力、集中打击的战时体制。沿海卫所主要承担抵御倭寇的第一波进攻，为援兵争取时间的任务，对倭寇的全面打击由三营精锐和沿海动态巡逻的官兵来完成。在这种情况下，部分调动沿海卫所官兵进京，可以视为对新的海防体系充满信心的表现。但抽走沿海一千名精锐马军，似乎很难如此解释。

宣德年间，中日关系有了新的变化，海防形势发生逆转（具体情形将于第三章集中讨论），明朝朝野上下也开始思考调整海防战略。洪熙元年七月，巡抚浙江右布政使周幹上言：

> 嘉兴府海盐县地临大海，数被倭寇。洪武中设海宁卫及澉浦、乍浦二千户所，陆置烟墩，水置海舡，官军往来巡警，昼夜有备，盗贼屏息，百姓安堵。永乐七年革去烟墩，移置海舡于沈家门水寨，相去一千余里。卒有寇至，消息难通。及官军至，贼舡已退；官军既回，贼舡复入。军无休期，民无安枕。若仍旧各守地方，及量发附近官军助守，每岁差廉干都指挥一人总督操备，庶几倭贼知惧，军民两便。[①]

从周幹的建议中可以看出，浙江一带的海防在永乐年间也由分区防御转变为集中力量、统一指挥的模式。由于江浙一带经济相对发达，永乐时期的倭寇重点袭扰区有向南发展的趋势，浙江首当其冲。江浙沿海港湾众多，由于通信联络手段落后，集中指挥的明军未必能及时赶到战区，周幹所言海盐地区经常遭遇打击，“军无休期，民无安枕”的现象是可能存在的。

对于集中海船于沈家门的起始时间，周幹在宣德三年七月的一份奏疏中称系永乐七年[②]，与山东备倭都司及登州营的设立时间大体一致。可见，奉行集中打击战略是永乐朝一贯的做法，并非仅行用于山东。

---

① 《明宣宗实录》卷四，洪熙元年七月乙酉条，第100页。

② 《明宣宗实录》卷四五，宣德三年七月辛酉条，第1102页。

按理，如果继续维持主动防御战略，周幹应该就战船的配置地点等问题提出合理化建议，但他提出的“革新”主张却是后退到洪武年间的定点防御体系，这等于否定了永乐一朝的海防战略，退回了原点。

从周幹的奏疏中可以看出，他很清楚洪武海防体制存在弊端，因此在“仍旧各守地方”之外，又提出了“量发附近官军助守，每岁差廉干都指挥一人总督操备”的弥补措施。洪熙元年七月，宣宗登基时间还很短，贸然提出全面否定皇祖的建议要冒很大的政治风险。设置海防总督是永乐朝的新政，周幹在建议中加上这一条，表面上结合了两朝海防体制的优点，不排除有降低提议通过难度的目的。

尽管如此，宣宗依旧没有批准，而是采取了审慎的态度，认为“利不十，不变法。其令都督府遣官与浙江、福建三司官及捕倭总兵熟议便利以闻”①。

宣德三年，周幹再次提出这一动议。七月，行在兵部奏：

> 昨巡抚官布政使周幹言，浙江海盐县地临海岸，每有倭寇。洪武中设海宁卫及澉浦、乍浦二千户所，陆置烟墩，水备战船，瞭望巡守，因得无虞。永乐七年尽拘军船赴沈家门，立水寨防守，撤去烟墩，倭寇乘虚，连年纵掠。水寨相去海盐千里，不能救援，民甚苦之。请如洪武中防守。今累覆勘，皆以为便。上曰：古人云，利不什，不变法。凡谋事须为永久之计。其再令巡抚大理卿胡概，与三司计议。果孰为便，然后处置。②

从这条史料中可以看出，周幹于洪熙元年提出的建议并没有得到参与讨论诸臣的一致认可。从行在兵部奏文中引用的周幹言论来看，这次只提到了“请如洪武中防守”，似乎已经放弃设置备倭总督的主张。不过这还不是最主要的。最主要的现象是“今累覆勘，皆以为便”。从众说纷纭，莫衷一是，到“皆以为便”，显示在大部分朝臣心目中，放弃永乐朝的动态海防战略已经是一个可以考虑的选项。尽管宣宗依旧要求再作计议，但放弃永乐海防战略似已占据舆论主阵地，不可逆转。

宣德七年，巡按广东监察御史陈汭也提出了改变海防旧制的主张。他说：

① 《明宣宗实录》卷四，洪熙元年七月乙酉条，第100—101页。

② 《明宣宗实录》卷四五，宣德三年七月辛酉条，第1102—1103页。

广东海洋广阔，海寇屡出为患。往者调遣官军五千人、海船五十艘出海巡捕，二十余年多被漂没，无益警备。请如福建例，设立水寨于潮州、碣石、南海、神电、广海、雷州、海南、廉州八卫海道冲要之处，官军操舟就粮守备。每寨用指挥一员督之，仍委都指挥一员总督以备寇，且整饬腹里诸卫官军以备应援。①

陈汭提出的虽然是设立水寨，但主要目的也是废除前朝的主动巡海制度，这与周幹的废浙江水寨建议在大方向上是一致的，都是向后转。

对此，宣宗的态度依旧是不予表态，他对兵部尚书许廓说："凡事虽有变通，然亦不可不慎。官军巡海已非一日，令欲立水寨，未知果利便与否？宜令广东三司及巡按御史定议以闻。"②

宣德十年三月，浙江官吏周颂再次旧话重提：

浙江沿海地方洪武间设立卫所，置造哨船，令各守分地，有警递相应援，倭贼不敢犯。永乐间，因内官王镇奉使日本国回奏，调诸卫官军驾驶海船于悬海、沈家门等处，建立水寨守备。后屡有倭贼登岸杀掠，皆因城守乏人及水寨海船重大，非得顺风便潮卒难驾驶，不能应援。宜照洪武时例，各依卫所备，改海船作快船，于巷口哨瞭，彼此应援，则倭贼畏慑，民人奠安矣。③

此时宣宗已经去世，朝政由崇尚因循的"三杨"把持。史载，"至是，会官议，当从其言"④，浙江水寨海船终于被废。

从宣德三年周幹的提议得到参议人员认可开始，废除永乐海防制度逐渐成为大部分臣僚的首要选项，因而才会有类似言论不断被提出来。因为宣宗的暧昧态度，这些言论都没能落到实处，但改弦更张的大趋势已经难以逆转。宣宗驾崩后，主政的"三杨"通过废除水寨海船的提议，其实是宣宗朝野总的舆论倾向的自然反应。在这样的大的舆论背景下，宣德八年关于山东海防体制的大讨论，最终以接受都指挥同知王真抹稀泥式的动议结束也就不足为奇了。而"复旧派"在山东取得的胜利，无疑对后来者是一种鼓舞。浙江水寨海船被废在某种程度上也是受了山东海防之争的

① 《明宣宗实录》卷八七，宣德七年二月庚寅条，第1997页。

② 同上。

③ 《明英宗实录》卷三，宣德十年三月己卯条，第66页。

④ 同上。

“惠及”。

两年后，巡抚浙江户部右侍郎王瀹等又一次提出了类似的动议：

浙江沿海等处，洪武间量其险易，建立卫所，备御倭寇。陆置烽堠，水设哨船。无事则各守地方，有警则互相策应，是以海道宁息，人民奠安。永乐间因调官军于沈家门等处设立水寨，既而松门等处累被倭寇登岸劫掠，卫所官军不敷。水寨策应不及，致彼得以乘虚，而我军莫能制胜。乞照洪武事例，悉免转输，俾专捍御。仍令都司，每岁令都指挥一员严加提督。①

按理，宣德十年作出废置水寨海船的决定后，相应的军事调整应该已经完成。王瀹再次提请废置水寨暗示在地方似乎有反对派从中作梗，阻挠中央政令的落实。据《明英宗实录》中记载，正统七年二月，

巡按浙江监察御史赵忠等奏：臣会同总督备倭署都指挥佥事陈暹等，看得海宁卫百户罗贤所言，欲将沿海每卫所拨海船一艘官军百人出海巡哨，诚恐假此为由出境谋利，反诱倭寇入境侵掠。臣等议得观海、定海、临山、海宁四卫虽皆近海，然多涨沙，倭寇卒难登岸，惟定海所属烈港、沈家门、黄溪港正冲要之所，乞将四卫并所属官军海船各分其半，每三月一交代，俱赴烈港停泊，往来于沈家门、黄溪港及本境海道巡哨。并其他卫所调哨官军，每年俱正月终出海，七月终各还本卫所屯守，庶劳逸相均，防守不误。上从其议。②

如果说海宁卫百户罗贤继续出海巡逻的建议还只是部分恢复永乐海防策略的话，他的上级——浙江备倭都指挥使李信的动议则更为直接。他在建议中提出：

永乐中，原于沈家门等处立三水寨，合兵聚船，以备倭寇，海道一向宁息。正统二年始掣散水寨，各守地方，自此海寇益多。又况海宁、临山等卫无港泊船，遇有儆急，拒敌良难，乞复旧为便。事下兵部，移文侍郎焦宏审实。至是（正统八年八月），宏奏：信言非是，

① 《明英宗实录》卷二七，正统二年二月癸未条，第546页。
② 《明英宗实录》卷八九，正统七年二月壬寅条，第1788页。

且定滨海卫所泊船港次以闻。从之。[①]

可见，浙江备倭都指挥使李信和总督山东备倭的卫青一样反对变更海防体制。没有一线将领的支持，废置水寨海船的决定执行起来当然不会顺畅。不过从李信的奏报中也可以发现，在正统二年王瀹等再次提请废寨后，浙江水寨还是被废置了。军方的拖延并没有取得最终效果。罗贤的提议上报后，巡按御史的首要注意力居然是担心出海官兵“诚恐假此为由，出境谋利”，显示在变更永乐海防体制的赞成派们心中，有效抗倭并不是唯一考量标准，而是另有隐情。而浙江巡按和总督备倭署都指挥佥事陈暹等人会商后的结果是部分恢复沈家门等要害港口的出海巡哨，等于在一定程度上恢复了原来海防体制。这应是军、地各方多重角力后的妥协结果。对军方而言，无疑是一个不大不小的胜利。估计就是因为这次胜利鼓舞了李信，促使其随后提出了全面恢复旧制的主张。明朝政府在水寨废置问题上的摇摆，说明在是否改变永乐海防体制问题上，政府内部仍有不同的声音。但明朝政府维持原议的决定亦显示在政府内部要求变更永乐海防体制的声音明显更为响亮。

但赵忠等人的实际关注点在哪儿呢？笔者认为，这或许又和财政压力有关。永乐年间的浙江海船每只有“执事舵工一名、班手二名、矴手一名，修理船只器具皆系四人掌管。查得比先照永乐年间下西洋船只事例，比各军于正支月粮外又增五斗。正统二年革去水寨，其执事人所增月粮亦俱减去”[②]。每月一石五斗，这还只是海船日常管理人员的军饷。在巡航过程中，所有登船军士还要支取行粮。此外，在战船修理、维护等方面，还需要地方政府的大笔支出。对于承担了沉重漕粮及其他起运粮米任务的浙江来说，如果减掉这部分支出，多少可以缓解一些压力。这和宣德八年山东海防之争后地方政府减轻了部分财政压力如出一辙。至于待遇降低后，是否会出现“因与众军一例，是以多不用心，以致船坏不修，器具不整，临期误事”[③] 的问题，并不在地方文官政府的考虑范围，至少不是重点。这也是宣德年间文武地位出现逆转倾向，军方话语权日渐降低的一个结果。

不管是出于什么考虑，永乐海防体制被抛弃在宣德、正统年间已经是

---

① 《明英宗实录》卷一〇七，正统八年八月己亥条，第 2174 页。

② 张萱：《西园闻见录》卷五八《兵部六・海防后・前言》，台北明文书局印行“明代传记丛刊”排印本，第 248 页。

③ 同上书，第 248 页。

不争的事实，而非山东一省的特例。

恢复洪武旧制既是军事战略发生重大变化的表现，也是海防功能发生变化的反映。一个国家的国防建设，总体上至少要分为两大区域，即战略现时区和战略预备区。前者针对的是现实存在的敌人或潜在的假想敌，一旦发生外敌入侵，部署在这类区域内的部队将第一批投入战斗；后者没有现实的敌人或假想敌，它存在的意义在于培养未来战斗人员，进行物资储备，以及充当现时战区的第二梯队或预备队。就山东而言，沿海军士从永乐末年开始不断被抽调参加京操、新都营建和内河漕运，显示在明朝统治者眼里，山东的海防压力已经大大缓解，有条件抽出兵力执行其他任务。换句话说，即山东沿海已经开始从战略现时区向战略预备区转变。而这一转变得以实现的关键节点就是宣德八年之争。在卫青的意见遭到基本否决后，三营不再集中使用，转为地方防御部队，山东半岛因此迈出了退出现时战争状态的步伐。

山东沿海备倭军队功能的变化还体现在另外一个方面。在本书第一章第三节曾经提到，明朝政府在沿海及腹地的青州一带屯集了大量军队，形成了一个以青州为支点的扇形国防体系，但在相对平坦、适宜农耕的登莱走廊上却没有布置一兵一卒。这一布局的弱点在永乐朝暴露无遗。

永乐十八年（1420），山东爆发唐赛儿起义。起义军虽然兴起于青州益都一带，但遭受打击最厉害的则是没有设防的安丘县。当年三月，起义军跳出奉命主持镇压事务的柳升布置的包围圈，直扑安丘县。按照《明太宗实录》中的记载，

> 先是，贼首宾鸿等攻安丘，知县张旟、县丞马撝集民夫八百余人以死拒战。贼不能攻，复集莒州、即墨之众，男妇合万余人并力攻城，声言必屠城中人。时青备倭海上，闻安丘围急，率千骑昼夜兼行，猝到城下，奋击败之。[①]

起义军合力急攻安丘，安丘除了等待柳升的援兵，已别无他法。如果不是备倭都督卫青未奉圣谕即主动带兵救援，安丘很可能被起义军攻克。因为备倭军的突然参战，打了起义军一个措手不及，起义形势急转直下，很快被镇压了下去。卫青也因此得到朱棣的嘉奖，被称为“真将军……

① 《明太宗实录》卷二二三，永乐十八年三月甲申条，第2199—2200页。

敢比汉卫青”[1]。

卫青能够立功，除了主观上的临机决断外，安丘地处登莱走廊边缘，没有配置内卫部队为之提供了客观条件。他的这次行动也使备倭部队新增了一项职能——内卫。唐赛儿起义失败后，明朝政府并未认真检讨军事配置上的失误，备倭军的内卫职能也因此被长期保留了下来，直到刘六、刘七起义后才有些许改变。后人称山东沿海卫所“非独防外，亦以卫内”[2]，其起点就是卫青的这次主动参战。

结　　语

与北方蒙古贵族势力相比，倭寇始终没有成为明朝政府眼中的头号敌人，海防也因此始终处于从属地位。永乐十二年，在倭寇仍很猖獗的情况下，朱棣停罢海运，与之相伴存在的海上巡逻大受影响，给海防造成第一次打击。望海埚大捷后，海上压力有明显的减轻，相反，北方战场却一直没有取得重大战果，备倭兵力因此开始被抽调补充京营实力，沿海战区开始向战略预备区转型。就山东半岛而言，宣德八年关于是否继续集中使用三营精锐的讨论，成为这一转型的重要推手。伴随着外战功能的弱化，内卫功能因为爆发农民起义的契机，被附加到海防部队身上。沿海备倭军队的职能因此更趋复杂化。种种迹象表明，永乐末到宣德的十余年间，山东半岛海防部队的功能在发生明显的变化。尽管尚处于转型的早期，但大方向已经不可逆转。

---

① 道光《重修蓬莱县志》卷九《人物·功业·卫青》，道光十九年官刻本。

② 康熙《安东卫志》卷二《武备》，秦洪河标点整理，网络发布，内部印行。

第三章　明中叶山东海防体系的战略预备化

预备队是随着战争的演变而产生和发展起来的特定武装集团。在战国时期，著名军事家孙膑就提出了“斗一、守二”的思想，即在作战时只出动1/3的兵力与敌交战，以2/3的兵力作为后备，待机而动。预备队的编组根据作战性质、任务、兵力、兵器、敌情等因素确定，并分为不同层级，由最高决策层掌控的战略预备队是其最高层级。战略预备队的任务是充当战略机动力量，必要时对应急机动作战部队实施支援或将其替换，同时根据需要承担一定的战备值班和协同维护地方治安任务。为实现这一目标，战略预备队需要疏散、隐蔽地部署在相对远离现实战场的地方，但应具有较强的快速反应能力和比较充足的物资储备。

明代山东的海防部队从永乐中期开始即因为海防形势的好转以及国防重心的转移开始出现预备化的趋向。进入明中叶，倭寇的侵扰日渐减少，海防部队不再存在现实的敌人，因而在原有组织框架没有改动的情况下，其实际职能却在逐渐转变。与之相适应，山东其他地区的军事力量，包括后来出现的民兵，其主要作战对象也和海防部队一样不再具体、明确，而是根据中央政府的需要不时变化。为有效控制这支日渐预备化的部队，明朝政府在管理方式上也有较大的改变。嘉靖年间，“南倭”、“北虏”交替进袭，令明廷不胜其烦。山东地区由于没有遭遇倭寇的大举进攻，海防部队的预备队身份没有改变，相反，倒是得到了更为充分的展现。本章拟对这一时期山东海防部队在走向预备化过程中的种种表现作一具体分析。

第一节　明中叶的海防形势

一般认为，在永乐十七年的望海埚大捷后，明朝的海防形势发生了明显的好转，直到嘉靖年间才再度恶化。事实果真如此吗？让我们先来看几个事例。

永乐十八年正月，就在望海埚大捷半年之后，沿海奏报："有倭寇二百余人、船十余艘于金乡、福宁及井门、程溪等处登岸杀掠，复东南行。"明廷急忙敕令沿海"诸卫严兵为备。贼至，则相机剿捕"①。

永乐二十年，倭寇再次侵扰浙东，"朱亮祖、徐忠击败之。亮祖破之于温州，忠破之于桃渚。斩获献俘。由是贼始知戢敛云"②。

明人认为倭寇在浙东兵败后始知收敛，仍有自欺欺人之嫌。因为就在两年后，倭寇再次出现在浙东。这次不仅攻入了象山县，而且杀死了县丞宋真和教谕蔡海③。

洪熙元年五月二十日，"倭寇自蚶嶴、亭屿二港入攻桃渚千户所城。官军御之，众寡不敌，城几陷。千户徐忠、李海率兵力战，擒贼三人、斩首十级。贼被伤，乃走。忠、海皆被伤。贼出洋，遇海门巡检、（巡）海指挥路铎兵，追及之，与战，又生擒贼三人、斩首七级，以飞石碎贼一舟，舟中尽溺死。遇夜风雨，贼溃去"④。单从战果上看，明军并未给倭寇造成严重损失。如果不是天公作美，倭寇未必会就此离去。

宣德四年三月，倭寇再次出现在东南沿海。福建都司奏报："倭贼自镇海卫古雷巡检司登岸，攻围城池，劫伤人民。附近铜山千户所不策应追剿，都司把总、都指挥佥事洪贵不能严兵隄备，亦不督兵赴援，悉请论罪。"⑤从汇报中强调铜山千户所"不策应追剿"来看，此次倭寇攻围城池并不成功，对福建边民的伤害有限。在整个宣德年间，笔者没有找到倭寇大规模侵扰的记录，似乎确实"安分"了很多。不过，好景不长，正统四年，倭寇再次出现在浙江沿海。

当年，"贼舟四十余艘，夜入大嵩港，袭破所城，转寇昌国卫城，亦陷。备倭等官以失机被刑者三十六人。惟爵溪所以获贼首毕善庆，得免"⑥。次年，倭寇"乘风夜，突至（蓬莱）南岸抹直口劫掠居民"⑦。正统七年五月二十二日，两千余倭寇再次进犯大嵩所城，"杀官军百人，虏三百人，粮四千四百余石，军器无算"⑧。总督备倭署都指挥佥事陈暹等

---

① 《明太宗实录》卷二二〇，永乐十八年正月乙巳条，第2185—2186页。

② 郑若曾：《筹海图编》卷五《浙江倭变记》，中华书局2007年标点本，第321页。

③ 同上书，第321页。

④ 《明宣宗实录》卷二，洪熙元年六月乙卯条，第40页。

⑤ 《明宣宗实录》卷五二，宣德四年三月戊申条，第1241—1242页。

⑥ 郑若曾：《筹海图编》卷五《浙江倭变记》，第321页。

⑦ 光绪《增修登州府志》卷十三《兵事》。

⑧ 《明英宗实录》卷九二，正统七年五月丁亥条，第1872页。

虽然在海上堵住了倭寇的去路，但畏敌如虎，不敢发动进攻，“纵之逸去”[①]。看到明军战斗力脆弱，这批倭寇并未离去，而是转攻爵溪千户所城，“虽被官军击却，尚潜海岛”[②]。迫于形势，明朝政府连忙派户部侍郎焦宏赶往浙江，整饬备倭。

爵溪所军官因为俘虏贼首毕善庆，得以免受处罚。从名字上看，这个贼首应该是中国人。如本书第一章中所述，在洪武时期的倭寇当中，除了方国珍、张士诚的余党，也杂有少量中国籍海寇的影子。毕善庆的被俘，证明中国籍海寇仍然在倭寇侵袭过程中发挥着重要作用。此后的事实也证明了这一点。

正统八年，浙江黄岩县民周来保、福建龙溪县民钟普福被查获。据两人供称，系洪熙年间“俱困徭税，叛入倭。倭每来寇，辄为乡导。杀掳桃渚、大嵩诸处皆与焉。至是，复道倭千余徒，欲寇乐清县，先登岸侦之。既而倭遁去，二人潜留县境，往来丐食，为县官所执”[③]。

这些熟悉沿海实情的中国籍海寇虽然从寇有因，但并不能改变其汉奸身份。这些汉奸的存在，既给海防带来很大麻烦，也给明朝政府继续推行严厉的海禁政策提供了强有力的依据。

正统七年六月，在派出重臣前往浙江经理海防的同时，明朝政府也敕令总督备倭都指挥使李信及浙江三司、巡海御史等：“朕闻近年逃军逃民与倭寇交通。或被其劫制，询我虚实，然后乃敢舍舟登岸，杀虏军民。尔等宜从长计议，凡海口港汊通贼去处，或开濠堑，或为吊桥，或城门可并者并之，或水边要害去处砌筑垣墙，置门出入，不许居民临水开市，以诱贼寇及私下海泄漏声息。”[④] 以往的海禁还只是不许沿海民众擅自出海，这次严令不准“临水开市”，显然更加苛刻。

严苛的海禁政策对沿海经济与社会造成多大的破坏暂且不论，单从倭寇的这几次侵扰来看，依然延续了永乐时期的集团作战、攻坚作战模式，对明朝沿海的威胁很大。在遭遇中、朝“联合”打击之后，“三岛倭寇”的活动空间必然被大大压缩，何以这么快就恢复元气，敢于再次疯狂出手呢？

---

① 《明英宗实录》卷九二，正统七年五月丁亥条，第 1872 页。

② 《明英宗实录》卷九三，正统七年六月壬子条，第 1884 页。

③ 《明英宗实录》卷一〇六，正统八年七月庚申条，第 2151 页。

④ 《明英宗实录》卷九三，正统七年六月辛卯条，第 1876 页。

一　朝鲜与对马关系的新变化

在己亥东征之前，朝鲜李朝政府对“三岛倭寇”一直采取怀柔政策，通过赏赐粮食、开放口岸贸易等方式换取和平。己亥东征之后，这一政策自然无法再继续。在主战的太上王李芳远的主持下，东征虽然没有取得辉煌战果，但在战略上无疑抢得先机，令占惯了便宜的对马倭寇措手不及。不仅如此，在撤军的同时，朝鲜政府还有意掳走了部分日本人。这些被掳人口成为此后朝鲜与对马外交中的一个重要筹码。

在取得战略优势后，李芳远没有停手，而是进一步施加压力。当年七月，兵曹判书赵末生奉命致书对马岛守护宗都都熊瓦。信中写道：

> 对马为岛，隶于庆尚道之鸡林，本是我国之地，载在文籍，昭然可考。第以其地甚小，又在海中，阻于往来，民不居焉。于是倭奴之黜于其国而无所归者，咸来投集，以为窟穴，或时窃发，劫掠平民，攘夺钱谷，因肆贼杀孤寡人妻子，焚荡人室庐，穷凶极恶，积有年纪……予绍大统，莅国以来……尚念都都熊瓦之父宗贞茂慕义输诚，犯而不较，每接信使，馆焉以留，仍命礼曹厚加劳慰。又念其生理之艰，许通兴利商船。庆尚道之米粟，运于马岛者，岁率数万余石，庶几养其形体，以免饥饿；充其良心，耻为草窃，并生于天地之间也。予之用心，盖亦勤矣。不意近者，忘恩背义，自作祸胎，以取覆亡。然其平日投化及以兴利通信而来者与今望风而降者，并皆不杀，分置诸州，仍给衣食，以遂其生。又命边将率领兵船，进围其岛，以待卷土而降，今其岛人，尚且执迷不悟，予甚悯焉。
>
> ……
>
> 若能幡然悔悟，卷土来降，则其都都熊瓦锡之好爵，颁以厚禄。其代官等，如平道全例。其余群小，亦皆优给衣粮，处之沃饶之地，咸获耕稼之利，齿于吾民，一视同仁，俾皆知盗贼之可耻、义理之可悦，此其自新之路，生理之所在也。计不出此，则卷土率众，归于本国，其亦可矣。若乃不归本国，不降于我，尚怀草窃之计，仍留于岛，则当大备兵船，厚载粮饷，环岛而攻之，历时既久，必将自毙。①

① ［朝鲜］《李朝世宗实录》卷四，己亥元年七月庚申条，第74—75页。

在信中，李芳远明确提出了对对马岛的领土要求，而且给对马倭人指出了两条路，要么卷土归降，做朝鲜顺民；要么悉数离开，撤到日本本土。总之，对马岛必须交给朝鲜。如果拒不接受，朝鲜将再次东征。

“环岛而攻之”，等于武力进攻外加封锁，这对于游走于日本政坛边缘，背后没有强大支持，生产、生活物资又大多依赖于从外部输入的对马倭寇无疑是巨大的威胁。交出对马当然不能接受，武力对抗又处于劣势，守护宗都都熊瓦于是念起了拖字诀。他派都伊端都老前往朝鲜，“通书于礼曹判书，乞降，请赐印信，仍献土物”①。

都都熊瓦的乞降书，笔者目前没有找到。但在礼曹判书许稠的复函中可以窥其大概。许稠在答书中称：

> 使至得书，备详辞意。将所谕发还本岛人及赐与印信等事，谨以启闻。兵曹判书臣赵末生敬奉宣旨，若曰：……特以小岛，类皆石山，土性硗薄，不宜稼穑，阻于海中，懋迁鱼藿，势难常继，率以海菜、草根为食，未免为饥饿所迫，丧其良心而至此耳，予甚悯焉。都都熊瓦之父宗贞茂，为人深沈有智，慕义输诚，凡有所需，靡不申请。尝请珍岛、南海等岛，欲与其众迁居，其为子孙万世虑，岂浅浅哉？予甚嘉之，方欲听其所请，而贞茂捐世，呜呼悲夫！……若委心听顺，欲为农桑，则须当十二月，先遣岛中管事者以来，听予指挥。其农粮磁器与谷种等事，预为之备，至时方无欠缺，若违此时，则后不可强为之说。所请向来分置倭人等，并令诸道，官给衣粮，以遂其生，待汝众来降之日，即令完聚，俾无离散之忧。其父子兄弟，若有欲速见之者，则先来管事者，将带出来，庶为便益。②

从其中可以发现，都都熊瓦并没有正面答复是否纳土，只是表示愿意称臣，并提出归还扣留在朝鲜的对马人口问题。永乐五年三月，对马倭寇大头领宗贞茂曾派遣平道全到朝鲜，提出“请茂陵岛，欲率其众落徙居”的要求③。从上引文献来看，对马倭寇不仅索取过茂陵岛，而且对珍岛、南海岛等岛屿也提出过类似的要求。珍岛等岛屿位于朝鲜半岛南方的大海中，离陆地并不遥远。当年因为倭寇大举侵犯，朝鲜政府不得不迁徙岛上

---

① ［朝鲜］《李朝世宗实录》卷五，己亥元年九月壬戌条，第86页。

② ［朝鲜］《李朝世宗实录》卷五，己亥元年十月己丑条，第90页。

③ ［朝鲜］《李朝太宗实录》卷十三，丁亥七年三月庚午条，第25页。

居民到内陆居住，直到1414年（明永乐十二年）三月才命“知海珍郡事率军民复入珍岛旧治”①，恢复有效统治。倭寇提出的索岛要求估计和其索取茂陵岛的时间相距不远，即发生在太宗李芳远统治期间。这也就不难理解为什么在取得小胜之后，李芳远执意提出交出对马岛的要求了。

既然对马群倭没有答复是否献土，李芳远当然不会就此罢休。只是，这次他没有强调纳土，而是要求“遣岛中管事者以来”。至于掳回的滞留人口，作为人质，当然不能松口。这一轮交锋，朝鲜政府依然处于上风。

次年正月，都都熊瓦再次派人赴朝鲜，提出新的建议：

> 对马岛土地瘠薄，生理实难。乞遣岛人，戍于加罗山等岛，以为外护。贵国使人民入岛，安心耕垦，收其田税，分给于我以为用。予畏族人窥夺守护之位，未得出去，若将我岛依贵国境内州郡之例，定为州名，赐以印信，则当效臣节，惟命是从。都豆音串入侵贼船三十只内，战亡十六只，余十四只还来。七只乃一岐州人，已还本州岛，七只则我岛人也。其船主则战亡，但有格人等还来。今已推捉各船作头人各一，并其妻子囚系，收取家财及船以待命，乞速送官人区处。②

从文中可以发现，一方面，都都熊瓦强调自己处境微妙，无力有效控制属下；另一方面，他又强调侵犯朝鲜都豆音串的倭寇并非都是对马人，至少撤回的14船倭寇有一半来自一岐岛，而且自己已经将这些人控制住，静候朝鲜政府派人处置。至于朝鲜提出的纳土要求，他也作出了回应。不过不是全岛倭人悉数迁离，而是请求朝鲜移民到对马，帮助他们垦田农作。作为交换，可以迁离一部分岛民“戍于加罗山等岛，以为外护”。

按照“贵国境内州郡之例，定为州名，赐以印信”，“效臣节，惟命是从”，都都熊瓦的提议表面上满足了朝鲜的领土要求，但他强调岛内有族人谋夺他的守护之位，等于暗示对方，要拿到对马岛，必须先保住自己。但若维持其对马守护的位置，他的纳土表态等于不能兑现的空头支票，朝鲜的领土要求依旧得不到满足。至于移民到对马，相当于让朝鲜送一批人质给他，更是不可接受的建议。在此基础上，他又提出迁离部分岛民到加罗山等岛。如果接受的话，对马倭寇自己的领土没有任何损失，反

① ［朝鲜］《李朝太宗实录》卷二七，甲午十四年三月庚午条，第550页。

② ［朝鲜］《李朝世宗实录》卷七，庚子二年闰正月己卯条，第118页。

而会在朝鲜近海获得新的生存空间。

史载，接到熊瓦文书的当月，礼曹判书许稠奉命回复：

> 人至得书，备审足下诚心悔悟，愿为臣仆，刷送人口，进献礼物，详已敷启，皆蒙俞允，实为一岛之福。所请诸州分置之人，已曾优给衣粮，使之各安生业，岛中乏食，回还必饥。且对马岛隶于庆尚道，凡有启禀之事，必须呈报本道观察使，传报施行，毋得直呈本曹。兼请印篆并赐物，就付回价。近来，足下所管代官、万户各自遣人，奉书来款，其诚虽至，甚乖体统。自今须得足下所亲署书契以来，方许礼接。
>
> 其印文曰：宗氏都都熊瓦。①

与都都熊瓦的阳奉阴违相比，李朝政府的答复同样耐人寻味。一方面，对于释放扣留人口问题，朝鲜政府依旧没有松口；另一方面，又坦然接受了熊瓦的称臣，并明确其归庆尚道观察使管辖。对于移民建议，则不置可否，相当于拒绝。

从其赐熊瓦的印信文字来看，只有名字，没有职务，等于说朝鲜政府只承认熊瓦是宗贞茂的继承人，还不是正式的朝鲜官员。至于理由，朝鲜政府暗示，熊瓦尚不能有效驾驭部属，因为“所管代官、万户各自遣人，奉书来款”，“甚乖体统”。按照这个逻辑，待熊瓦可以有效约束臣属后，朝鲜政府会正式授予其官职。不过对都都熊瓦而言，这个没有职衔的印信恰恰可以证明自己并未投降朝鲜。这虽然可以帮助他避免授身边异己者以口实，但也给日后的诸多麻烦埋下了伏笔。

从这个复文来看，朝鲜政府事实上已经放弃对对马岛的领土要求，转而接受名义上的拥有。为什么在战略态势并未发生逆转的情况下，朝鲜政府的态度却软化了呢?

其实，在东征问题上，李芳远父子的意见并不一致。世宗李祹从一开始就反对出兵，对倭寇是否会投降也持怀疑态度。就在与对马交涉的当年九月，李祹在一次会议上明确表达了自己的疑虑。

> 上曰：“对马岛今虽穷甚乞降，心实谲诈。若卷土来降则可矣，如其不来，何足信乎?”李原曰：“虽卷土来降，置处亦难。”上曰：

① ［朝鲜］《李朝世宗实录》卷七，庚子二年闰正月壬辰条，第120页。

"不满数万，处之何难?"原曰："穷甚，面许交好耳，必不卷土投降矣。"上曰："然。"许稠曰："初，日本使臣尚少，比年以来献一刀者，亦称使臣，自要买卖。所赍财货，络绎道路，驿吏受弊不小。往往到礼曹，有论功怒叱者，国家一年所赐，多至万有余石。今若许其交通，则当作倭馆于都外，毋令入城。其赍都都熊瓦及宗俊等书契而来者，待之以礼，其买卖财货，令自转运。他如藤次郎等使人不许接待，以严相交之始。"上曰："若交通，则如卿言可也。"①

看来李祹君臣已经断定对马倭寇不会纳土归降。从许稠的言论看，对太宗当年奉行的怀柔政策，朝野也有不少非议。李祹表态接受许稠的建议，说明世宗君臣已经做好了在对马倭寇不投降的前提下恢复交往的准备。

不过此时国家大政方针的制定仍掌握在太上王手中。十月，世宗带着柳廷显、朴訔、李原、许稠、赵末生等主要臣僚到寿康宫朝见太上王。李芳远主动问道：

予闻下道之民惮于再征，流移者颇多。且对马为岛，险阻隔海，未易征讨，今幸都都熊瓦乞降。造船炼士，将为再征之举，彼岂不闻乎？贼既闻此声，而佯若再征以动之，不亦可乎?②

朴訔、李原等回答：

臣以为，当移文各道曰："今倭人诚心来降，姑停再征之举。苟作耗如前，则必当再举，其各预备以待。"③

可见，李朝政府的东征之举，因为战前准备时间短，动员不够，并未得到全体臣民的支持。李芳远本人也知道再次出兵有很大难度，所以主动提出了"佯若再征"的主张。他发出的二次战争威胁，不过是虚张声势。至此，李芳远父子已经就与对马倭寇恢复和平交往达成了一致。都都熊瓦主动遣使示弱，正中朝鲜政府的下怀。

---

① ［朝鲜］《李朝世宗实录》卷五，己亥元年九月癸亥条，第86页。

② ［朝鲜］《李朝世宗实录》卷五，己亥元年十月丁酉条，第91页。

③ 同上。

从都都熊瓦几次主动遣使求和，并主动提出称臣、改地名来看，朝鲜政府的虚张声势确实收到了预期的效果。但虚张声势总归有个限度，绷得太久了难免露出破绽。这也就不难理解为什么在都都熊瓦作出称臣表示后，朝鲜政府主动后退，不再提迁倭人离开对马岛的要求了。世宗二年五月，“都都熊瓦母遣人来献土宜”①，在大战过去不到一年，双方的关系即已恢复正常。

不过好景不长，刚过一个月，朝鲜近海就又出现了倭寇的影子。七月，朝鲜政府接到报告：“今六月　日有（九州）贼船七只到本国楸子等岛藏泊，劫掠商船。”② 九月，全罗道水军都节制使边顺捕获倭船一只，斩九级③。十月，日本国回礼使、通事尹仁甫先来复命，带来更糟糕的消息：

> 臣等初到其国，待之甚薄，不许入国都，馆于深修庵，距国都三十里而近，常以兵围守，不令与国人通。继有僧惠珙者来问曰：“闻大明将伐日本，信否？”答曰：“不知也。”珙曰：“朝鲜与大明同心。何故不知？”先是，大明使宦者敕曰：“若不臣服，与朝鲜讨之。”即而使者畏害而逃，故疑而问之。
>
> 又国王在宝憧寺，呼见臣等，其王髡顶，披伽梨服，执事者皆僧也。从者不过十余人。既见，移馆臣等于松月庵，支待稍厚。僧惠珙、周颂来谓曰：“国书以永乐记年，故御所恶之，不接见于京都也。何不用我应永年号乎？”御所者，国人指其王也。国无府库，只令富人支待。又有人密言：“其王居无体面，不欲示之，故不令入都也。”其御所，每历诸寺修斋，以此为事，命令只行于近都地面而已。土地皆瓜分于强宗，每事依违而已。
>
> 九州岛节度使父子诚心迎待。筑前州守藤满员、一岐岛主皆有怨言，小二殿亦曰：“去年朝鲜来攻我对马岛。我欲请兵船二三百，攻破朝鲜沿海数邑，然后快于心矣。”对马岛都都熊瓦弟亦曰：“吾欲拘汝等，以当岛人之被留者，然与本国通好，不敢耳。其被留人须速刷还。”④

---

① ［朝鲜］《李朝世宗实录》卷八，庚子二年五月庚寅条，第134页。

② ［朝鲜］《李朝世宗实录》卷八，庚子二年七月壬申条，第136页。

③ ［朝鲜］《李朝世宗实录》卷九，庚子二年九月甲申条，第155页。

④ ［朝鲜］《李朝世宗实录》卷十，庚子二年十月癸卯条，第161页。

尹仁甫报告中提到的御所，当系室町幕府将军足利义持居住的花之御所。足利义持执掌幕府大权后，政治上偏于保守。他不仅辞掉了后小松天皇给足利义满所上的“太上天皇”的追号，还借口神的指示，断绝了与明朝政府的往来。尹仁甫等出使日本，距离幕府与明朝断交不久，足利义持厌恶朝鲜国书使用明朝年号，也是情理之中的事。永乐十七年望海埚大捷的消息，日本本土不会一无所知。加之此前朱棣在赐日本国王的玺书中多次发出战争警告，日本朝野担心明朝顺势远征日本，也可以理解。对于这些情报，朝鲜政府倒无须担心。因为尹仁甫等已经获知室町幕府实力有限，“命令只行于近都地面而已”，不可能威胁到朝鲜半岛。倒是和自己联系紧密的对马、一岐、九州等岛上日本军阀的态度令人担心。

于是，朝鲜政府再施故技，于十一月在会见九州岛节度使使节的时候，由赵末生、许稠开谕对马岛使者：

> 汝岛土地墝薄，不能耕农，以盗窃为生……去年汝岛贼船，潜入我境，烧焚兵船，杀掠人物，又遣兴利船，窥觇事变。即遣诸将，诛讨贼党，其兴利倭，分置诸郡，更饬水军，刻期大举，扫荡巢穴。熊瓦及祖母等悔过归顺，乞通信好。朝廷信之，唯置陆地防御，罢水军节制使。熊瓦不顾国家大恩，回礼使宋希璟之还也，凭小二殿倨慢无礼，弟熊寿亦不亲接待，使人传说曰：今后更不通信。其背恩之意已著。今复遣水军节制使，分泊全罗道，又泊庆尚道要害处，临机处置。汝等若诚心悔过，则将复解兵。尔其归见岛主，细说此意。汝等存亡，在此一举。①

对此，对马使节解释：“熊瓦归九州岛不还，熊寿年少，宗俊被黜，无人主岛事，故回礼使之往还也，无礼如此。吾欲速还，达于岛主。”九州岛使节也从旁说和，“吾等之来也，到对马岛，知岛倭之无礼也。岛倭诚服，则实收兵船乎？吾将备达于节度使”②。

这里提到的九州节度使，指的应是由幕府派出的九州探题。作为幕府派驻南日本的军事长官，九州探题自然关心朝鲜与明朝联合讨伐日本的传言是否属实。因此，九州使节才会公开询问“岛倭诚服，则实收兵船乎”。从中也可窥知，室町幕府虽然断绝了和明朝的往来，但也不愿意为

---

① ［朝鲜］《李朝世宗实录》卷十，庚子二年十一月丁卯条，第164页。

② 同上。

了一个游离于边缘的对马而和大明、和朝鲜发生战争。

为了避免发生误会，虚张声势的朝鲜在会见九州使节之后，随即由许稠草拟了一份致九州探题的信函。在信中，许稠首先强调“征伐事，本国所未闻，勿以为疑”，然后申述了东征对马的原因，并指出“不图都都熊瓦不顾厚恩，敢倚其主滕满贞，乃因往岁贼岛问罪之师，造言本国征讨日本，欲为两国之衅。且于回礼使宋希璟之行，敢行无礼，其弟熊寿亦发狂悖之言。呜呼！乐祸好亡，有如是耶？都都熊瓦今虽遣人贡献，背叛无礼之人，不可礼待，所献土宜，悉付来人遣还。兵曹敬奉王旨，敕令诸道水陆军马分守要害，以观贼徒向背，临机制治，殄灭乃已。若都都熊瓦悔过，举岛归顺，则容有解兵之理”①。

在侵扰中、朝两国的倭寇群体中，北九州一带的倭寇是其中之一。因此，朝鲜政府在致九州探题的信函中也顺带问及：“来书称贼徒严加禁呵，奈何近日贼船横行我国南海楸子岛，劫掠人民，转卖一岐岛乎?”“足下既为日本西海总管使，近岛凶徒，不受约束，肆行盗窃，使贵国之声不美于天下，岂非足下之所深耻耶？逆乱之子、海贼之魁，足下必不容也。宜加痛惩，永以为好。幸甚。”②

面对朝鲜的威胁，对马守护都都熊瓦不久即派遣仇里安携书信到朝鲜。朝鲜政府派出礼曹官员接待使者，并就本国关心的问题一一作了询问。仇里安在交谈中替熊瓦做了诸多辩解，但在一个问题上，双方的意见完全相左，这就是对马岛的归属问题。史载：

> 礼曹问：“前书云：‘对马岛隶于庆尚道之语，考之史籍，讯之父老，实无所据。’本岛之隶于庆尚，古籍昭然。且汝岛使者辛戒道亦言本岛本为大国牧马之地，故前此汝岛凡事皆报庆尚道观察使以闻，以此也。朝廷非欲争汝土地也。”仇里安曰：“本岛之属于庆尚道，己之所不知，戒道岂能独知乎？必是妄言也。假使本岛虽属于庆尚道，若不抚绥，必外于声教。本虽不属，若抚之以恩，谁敢不服？对马岛，日本边境。攻对马岛，是攻本国也，故小二殿以通好大国与否，俱奏御所，答以任意为之，故岛主遣我来贡。”③

---

① ［朝鲜］《李朝世宗实录》卷十，庚子二年十一月己卯条，第167页。
② 同上。
③ ［朝鲜］《李朝世宗实录》卷十一，辛丑三年四月己亥条，第179页。

据此可知，都都熊瓦在致朝鲜的文书中已经明确否认对马岛隶属于朝鲜庆尚道。在此前的往来中，都都熊瓦虽然表示愿意称臣，但始终未对本岛的归属问题作正面回应。朝鲜政府在赐给他的印信中也没有能留下法理上的证据。这样，对马官方使节辛戒道的表态就成了唯一有力的证据。辛戒道称对马“本为大国牧马之地”，估计对马岛在元代曾同耽罗一样，一度承担过为元朝军队蓄养军马的任务。耽罗被吞并后，隶属地方道府，故朝鲜以此为依据，一厢情愿地把对马岛划入庆尚道范围，令对马倭人有事只能呈报庆尚道，不得直接致书中央政府。现在，仇里安明确指出辛戒道的表态是妄言，这等于否定了朝鲜政府的唯一有力依据。

更糟糕的是，仇里安还暗含威胁，声称作为日本边境领土，室町幕府已经授权小二殿可以“任意为之”，“若不抚绥，必外于声教”。至此，双方在交涉过程中的地位彻底改变，朝鲜政府反而陷入被动。要扭转局面，除非再次兴兵，但国内外的条件都不具备；若答应所谓“抚绥”，则又大丢颜面。这对于主战的太上王李芳远来说，无论如何是不能接受的。无奈之下，李芳远只好选择回避，即断绝与都都熊瓦的往来。

世宗三年（明永乐十九年）十月，庆尚道右道水军都按抚使驰报：

> 金海府吏四人乘船至代浦，为倭所虏。熊新县二人至巨济岛神堂串，又为倭所掳。倭贼出没海中，乘间杀掳，构怨欲复，非一日矣，不可不备。已征聚附近郡县侍卫牌、别牌、才人、禾尺以备之。前者，左卫门大郎使者言：“都都熊瓦谓大郎曰：我再遣使献土物，并却而不受，惟待汝之使者甚厚，汝宜遣使，更知许和与否。以是大郎遣我来朝。”以今观之，必是间谍。请拘留使者，遣他倭人谕大郎，令还被掳人口，以观其势。①

此前的八月，全罗道都观察使曾经汇报发现“倭船一二艘出没海岛”。世宗询问缘由，曾参与东征的顺蒙回答：

> 臣昔征对马岛后，追倭船，巡历全罗。海岛松木茂盛而去陆地辽邈。故岛倭每因造船而来，不足虑也。臣见对马岛无造船之材，必于全罗海岛造船以归。②

① ［朝鲜］《李朝世宗实录》卷十三，辛丑三年十月庚子条，第207页。
② ［朝鲜］《李朝世宗实录》卷十三，辛丑三年八月甲寅条，第198页。

结合这两条史料可知，在攻守易势之后，朝鲜政府的确关闭了和都都熊瓦交往的大门，以至于都都熊瓦要获取朝鲜的准确情报，不得不求助于左卫门大郎。左卫门大郎是宗贞茂的主要助手之一，宗贞茂死后，他已成为对马倭寇的实际首领，对都都熊瓦巩固地位是莫大的威胁。在此前朝鲜政府授予都都熊瓦印信时还曾抱怨对马岛各派力量各自为政，自行与朝鲜沟通交往，颇为烦扰，其中就包括左卫门大郎。现在，左卫门大郎的使者反而获得朝鲜政府的礼遇。这一方面说明朝鲜政府并不想关死与对马倭寇交往的大门，不想把对方逼上重新武力进犯的道路，一方面似乎也含有人为分裂对马各派势力的目的。都都熊瓦求助于左卫门大郎，说明他也不希望和朝鲜闹僵，毕竟当年的怀柔政策带给对马的实惠有着很大的诱惑力。

派使节到朝鲜摸底细只是间接手段，效率不高。正面的武力试探却可以很快摸清对方有没有再次大战的物质和思想准备。因此，从当年八月起不断出现在朝鲜近海的小股倭寇未必是流寇，更像是都都熊瓦等主动派出的武装侦察分队。顺蒙认为倭船是为伐木而来，有自欺之嫌。何况用于造船的大木本身就是战略物资，怎么能允许倭寇任意采伐？顺蒙的主张只能证明世宗君臣对倭寇非常畏惧，因此才尽力避免发生冲突。

与都都熊瓦断绝联系并不影响朝鲜与一岐和九州的往来。就在庆尚道出现小股倭寇的同时，“一岐州万户多罗古罗遣人来献土宜，仍发还本国被虏人九名。赐细布十匹、绵布百十匹”①。可见，太宗时期实行的怀柔政策并没有因为己亥东征而彻底被抛弃。受到影响的只有对马。

世宗四年（明永乐二十年）七月，朝鲜政府在分析海防局势时提到，“是时，倭船出没于全罗、忠清海岛中，望兵船则奔避，遇私船则辄掠夺”②。可见，此时的倭寇已经回到战前的状态。联系同期中国浙东一带不断遭到倭寇侵袭，说明此时的对马倭寇因为无法打开朝鲜的大门，已经重新走上对外掠夺的道路。

对于再次泛滥的倭患，朝鲜政府的决策是“使良将率劲卒，乘私船之轻快者出海中以诱致之，乃发强弓劲箭加以火炮，庶几可捕。纵使未捕，贼亦不敢轻我私船矣”③。冒充平民，以武装私船反击倭寇，一方面可以减轻倭害，一方面也可以给双方预留对话的空间，说明世宗君臣并不想公开与对马倭寇决裂。但此时主张强硬的太上王还在世，主和的世宗转

① ［朝鲜］《李朝世宗实录》卷十，庚子二年十一月丙戌条，第168页。

② ［朝鲜］《李朝世宗实录》卷十六，壬寅四年七月丙子条，第240页。

③ 同上。

圜的空间非常有限。

1422年，世宗四年，大明永乐二十年，事情出现了转机。当年五月初十，太上王李芳远去世，朝鲜与对马重启谈判的障碍不复存在。

次年正月初一，九州岛总管源义俊遣使朝鲜祭奠李芳远，趁机“奉书于礼曹，请还被掳对马人”[①]。此时的对马名义上已经归顺室町幕府，源义俊请求归还被俘对马人众，不排除是受都都熊瓦等人所托。值得注意的是，在源义俊送去的礼物中包括唐朱一斤、温州橘一千个。在中日之间并未恢复往来的情况下，这些中国物品不排除是对马倭寇从中国沿海劫掠而来的可能。

对于源义俊的请求，朝鲜政府的答复是“具在前书，今不更赘”[②]，立场似乎没有任何松动。但就在当年四月，庆尚道监司汇报：

> 对马州兴利倭人多罗三甫罗等九名、罗曳等九名、表时罗等十名所乘船四艘，富山浦到泊。因无兴利人，欲于乃而浦回泊。已令镇抚卢汉卿将兵船二只，护送回泊。[③]

所谓“兴利倭人”，即到朝鲜贸易的日本商人。可见，虽然没有在归还被俘人口问题上松口，但与对马倭人的商贸往来已经在李芳远死后得到恢复。

前文曾经论证，明初在东亚海域存在一个隐秘的倭寇三角“贸易”带，而朝鲜是这个三角贸易带的核心支点。正因为倭寇被允许以贸易的形式在朝鲜销售从中国掠夺去的物资，才使中国沿海的倭寇层出不穷，屡禁不止。望海埚大捷后，明军的气势正盛。加之此前明成祖朱棣不断发出战争威胁，朝鲜君臣不得不考虑在恢复与对马的商贸往来的同时如何维护与明朝的友好关系问题。于是，在当年九月，世宗下令：

> 倭客人等所进金线、缎子，勿许纳。以其非本土所产也。[④]

这是笔者见到的朝鲜政府第一次公开禁止收受中国特产商品。不过这一禁令记载得非常简略，单从字面上看，似乎仅限于日本客商进献给政府

---

① ［朝鲜］《李朝世宗实录》卷十九，癸卯五年正月癸未条，第271页。

② 同上。

③ ［朝鲜］《李朝世宗实录》卷二〇，癸卯五年四月丙寅条，第289页。

④ ［朝鲜］《李朝世宗实录》卷二一，癸卯五年九月乙巳条，第310页。

的礼品。不管怎么样，朝鲜政府毕竟对来自日本的中国物资作出了一定的限制。前面提到多罗三甫罗等对马商人之所以没有找到合适的贸易对象，被迫返回，不排除朝鲜政府已经发出类似禁令的可能。

如果朝鲜政府能够切实执行这样的禁令，对于破解倭寇三角“贸易”，减轻中国海防压力，无疑是有帮助的。但就在当年的十月，距离禁令颁布不到一个月，日本九州多多良德雄、筑前州管事平满景等使人来献土物。他们的贡品当中就包括“红织金缎子一匹，白织金缎子一匹……红练绢一匹”①。这类上等丝绸制品，显然不是日本土产。而朝鲜政府的态度是照单收纳，没有任何拒绝的意思。

在此前的七月，源义俊曾遣使到朝鲜，感谢朝鲜送给他所求佛经，并奉上谢礼，其中包括“金襕一段，华段子一段”②，显然也是中国所产。可见，在禁令颁布前后，朝鲜政府都未对日本使节赠送的中国物品表示拒绝。

在中日之间没有正常经贸往来的情况下，虽然这些丝绸制品可能通过走私，或者通过琉球等地转口到日本，未必就是倭寇掠夺而来，但朝鲜政府的态度颇令人费解。因为朝鲜同九州、对马等地的官方往来类似于朝贡，同样伴随着商贸活动。允许日方以进贡方式输入这些违禁商品，等于默许日本商人可以间接在朝鲜继续销售倭寇掠夺而来的中国物品。那禁令存在的意义，似乎就只剩下向明朝政府宣示忠诚了。

在东征之前，朝鲜生产的粮食、棉布等是日本商人非常喜欢的商品，朝鲜政府也曾以之为筹码，通过不断的赏赐来换取和平。世宗六年七月，“对马州宗彦六之母使人谢赐米豆，仍献土宜。回赐正布八十匹”③。可见，在恢复了商贸往来之后，对马人急需的粮食也回到了朝鲜政府的赏赐清单中。

同月，朝鲜政府又做出重大让步。史载：

> 礼曹启：“对马州守护宗贞盛等请还人口，请以兵曹倭案载录倭人三十一名内，遐道住九名，随后入送京中，京畿、忠清、庆尚等道住二十二名，遣知印推刷，送于乃而浦交割，其中愿留者留之。”从之。④

① ［朝鲜］《李朝世宗实录》卷二二，癸卯五年十月壬戌条，第313页。
② ［朝鲜］《李朝世宗实录》卷二一，癸卯五年七月己丑条，第302页。
③ ［朝鲜］《李朝世宗实录》卷二五，甲辰六年七月乙亥条，第365页。
④ ［朝鲜］《李朝世宗实录》卷二五，甲辰六年七月丁亥日，第368页。

随着被掳人口问题的部分解决，横亘在朝鲜与对马之间的交流障碍被彻底清除。那么，经过了武装对抗后的双方关系，会发生怎样的变化呢？让我们先来看几条资料：

①世宗九年（明宣德二年）三月，宗贞盛（即都都熊瓦）等“使人来献环刀二柄、丹木三百斤、石硫黄五百斤、箭簇三十个。因大护军李艺，求虎豹皮、彩花席、细布及米豆”。朝鲜回赐“正布七十匹，特赐米、豆各一百石，虎皮、豹皮各二领，纻布二十匹，杂彩花席三十张，烧酒三十瓶，松子五石”①。

②世宗十一年（明宣德四年）四月，

一歧州志佐源朝臣重致书议政府曰：……吾州一两载干戈未息，不稼不穑，民已饿殍，**愿赐米豆若干斛**，以赈吾民，且望虎豹皮、绸绣等物。仍献土宜。礼曹答书，回赐正布二十匹。②

③同年十一月，世宗谕令：

予闻日本国武卫待我通信使至诚，今所求之物宜悉备送。若国王所求綵缎，则非我国所产也，受上国之赐而赠之邻国，未合于义。其他所求，赠之可矣。③

④十二年（明宣德五年）五月，

对马岛宗茂直遣人告岛内生业甚艰，仍献土物。回赐正布十匹，别赐米、豆并六十石。④

⑤世宗十年（明宣德三年）二月，

礼曹启赐对马岛米豆之数，上曰：“彼若感予赐米，不扰边境，则虽岁给千石，犹可支也。”仍问：“近岁所给几何？”右代言许诚对曰：“五百石或三百石，本无常数。”上曰：“佥意以为何如？”咸启

① ［朝鲜］《李朝世宗实录》卷三五，丁未九年三月乙卯日，第531页。
② ［朝鲜］《李朝世宗实录》卷四四，己酉十一年四月乙未条，第644页。
③ ［朝鲜］《李朝世宗实录》卷四六，十一年十月壬寅条，第672页。
④ ［朝鲜］《李朝世宗实录》卷四八，庚戌十二年五月甲寅条，第26页。

曰："二百石可矣。"[1]

从这几条史料中可以发现，朝鲜政府对于日本方面的求取几乎是全部满足，"所求之物，宜悉备送"，世宗甚至表态，只要倭寇不侵犯，"岁给千石，犹可支也"。对于无法满足的索取，还会作一番解释。可见，朝鲜政府对待日本的态度已经完全回到战前以粮食换取和平的老路上。

朝鲜政府的让步换来的是什么结果呢？

世宗元年，也就是己亥东征结束不久，室町幕府将军足利义持的使节来到朝鲜，索求《大藏经》。二年闰正月，世宗派遣仁宁府少尹宋希璟前往日本送经，并言及"我国人民，曾为风涛所漂，托处贵国云州、安木者，多至七十余户。或被寇贼劫掠，转传鬻卖，散在诸岛者，盖亦甚众。如得推刷发还，则济物之仁、交邻之义，庶乎两全"[2]。

世宗五年（明永乐二十一年，日本应永三十年）七月，足利义持进一步提出"贵国藏经板非一，正要请一藏板，安之此方"[3]。朝鲜君臣商议后，决定拒绝对方要求，但赠以《华严经板》、《密教大藏经板》和《金字华严经》以及其他土产。此前，有"本国被掳人来言：在对马岛时，日本国王通于岛主曰：今遣使朝鲜，求大藏经板，若不许，则欲行侵略。汝等亦修战舰以从"[4]。因此，朝鲜政府对日本使节圭筹、梵龄等人的反应非常关注。不久，果然传来"噩耗"："圭筹、梵龄等将通书本国，立草曰：今到朝鲜，力请大藏经板未得，遣兵船数千艘掠夺而归，若何？"[5] 好在随从日本使节前往朝鲜的僧人加贺窃得圭筹等人拟就的书信草稿，通过通事李春发，转给了朝鲜。

六年十二月，回礼使上护军朴安臣、副使大护军李艺回到朝鲜。据他们汇报，朝鲜使团在日本备受刁难。先是在赤间关被冷落了55天，且被日军挡住了归路。经交涉，日本同意"回礼使船载来经板与《藏经》、金字经，载他船送于京"，但使臣、国书、其他礼品一概不得进京。又滞留了15天，"御所乃许来京"。见到足利义持后，"臣等乃进国书，只纳金字四经，其余礼物，并不许纳"。经反复交涉，足利义持才以"深拒，恐

① ［朝鲜］《李朝世宗实录》卷三九，戊申十年二月己巳条，第582页。
② ［朝鲜］《李朝世宗实录》卷七，庚子二年闰正月甲申条，第119页。
③ ［日本］瑞溪周凤：《善邻国宝记》卷中，"应永三十年，遣朝鲜书"。
④ ［朝鲜］《李朝世宗实录》卷二三，甲辰六年正月丁酉条，第327—328页。
⑤ 同上。

或累及使者”为由，接受了其他礼物[①]。但足利义持在致朝鲜国王的国书中明确说道：

> 日本国道诠拜复朝鲜国王殿下。圭筹知客与回礼使偕至，奉答书并别幅，件件嘉贶，不胜铭感。然雅意所需者，即《大藏》之板也。其余珍货，积如山岳，亦何用哉？故初唯留法宝，余皆不欲留之。于是使臣屡以违礼绝信为辞，不欲赍去，所以不能回纳而领之。自今以后，行李往来，不要以土宜为礼，唯修邻好而已。互省国费，不亦可哉？次将发专使中允西堂，再谕委曲，若能使《大藏经》板流传我国，何赐若此哉？秋暑未艾，伏冀为国自珍。[②]

足利义持坚持索要大藏经板，世宗李祹只好把使团在日本申述的理由重复了一遍：“大藏经板只是一本，且予祖宗所传，不可从命。前书已尽，惟照察之。”[③]

从这次交往看，日方对朝鲜完全占据了上风，气势逼人，甚至准备武力掠夺。这对于朝鲜而言，是比倭寇侵扰更糟糕的事情。因为在此前的东征过程中，幕府派出的正规军已经出现在对马岛上。因为没有及时得到情报，东征军在岛上被日军伏击，损失惨重。虽然是在遭遇战中失利，但对双方的军力也是个检验。应该说，单从军事能力上，朝鲜并没有什么优势。正是因为有了幕府的支持，对马使节仇里安才敢于公开叫板：“对马岛，日本边境。攻对马岛，是攻本国也，故小二殿以通好大国与否，俱奏御所，答以任意为之。”[④]

不仅幕府将军的态度恶劣，三岛倭寇的表现也令朝鲜政府不快。朴安臣使团在回国的路上，先后经过九州、一歧和对马。九州源义俊态度尚好，但甫到一歧，即被三百余倭困在屯营，“适对马岛左卫门大郎使送博德船二只，与节度使护送船一只妆备待变。且使人谕以利害，所聚兵四日而散”[⑤]。至对马岛，左卫门大郎又抱怨：“上国待我，不与宗贞茂时同。前此鱼盐和卖，听各浦通行，今至于乃而浦、富山浦外，毋得通行。前此过海粮，给一朔，而今只给十日料。且小二殿与宗贞盛处，不专委送

---

① ［朝鲜］《李朝世宗实录》卷二六，甲辰六年十二月戊午条，第394—395页。

② ［日本］瑞溪周凤：《善邻国宝记》卷中，“应永三十一年八月，答朝鲜书”。

③ ［日本］瑞溪周凤：《善邻国宝记》卷中，“洪熙元年五月，朝鲜国王李祹答书”。

④ ［朝鲜］《李朝世宗实录》卷十一，辛丑三年四月己亥条，第179页。

⑤ ［朝鲜］《李朝世宗实录》卷二六，甲辰六年十二月戊午条，第395页。

人。”朴安臣等许以“自今归附至诚，则上德自广”①，才得脱身。

从这一次并不顺利的交往来看，除了获得都都熊瓦（宗贞盛）口头上表示归附外，朝鲜政府并没有从东征中获得足够的实惠。相反，室町幕府借助援助对马宗氏，反而巩固了对九州一带的控制，使对马等倭有了一个靠山。原本就反对东征的世宗君臣，面对日方咄咄逼人的气势，为了维护沿海和平，避免和幕府发生正面冲突，只能让步，战前曾颇为有效的以粮食换和平政策因此被朝鲜政府重新捡拾起来。在这样的大背景下，限制倭商在朝鲜销售可能来自劫掠的中国物品的政策得不到切实执行也就可以理解了。

但朝鲜的让步在日本各派势力看来，更像是送到嘴边的肥肉，因此求请源源不断，而且胃口越来越大。

世宗十二年（明宣德五年）七月，“太宰小二小法师瓦致书礼曹云：自去年冬来寓对马州，愿加护恤。且欲致礼京都，乞赐绵紬或苎布一千匹及米谷，仍献土宜”②。

对此，朝鲜臣僚意见不一。

> 左议政黄喜、右议政孟思诚等以谓师瓦所遣人但当厚接，且回赐所进之物，其求请则勿听。赞成许稠以为九州人米粇之请若轻易听从，则后日请之者必多，不从则必生衅。米粇之请不可从也。但小二虽在九州，其子师瓦今来对马岛，则是亦对马岛人也。前此对马岛人来粇之请无不听从，至于师瓦独不与之，必生忿怨。不可不与，然不可太多，不过三四十石。绵紬苎布亦不可太多。礼曹判书申商、参判崔府等以为师瓦乃大内殿之次、大友殿之外孙也。今者失土穷困，来寓对马，专人告乏，若不听从，必生忿怨。依戊申年给其父小二殿例赐米布。③

最后，世宗决定仅赐米四十石、紬十匹。

同年闰十二月，日本大内殿又来索取米粮与豹皮。

> 上谓申商曰：赞成许稠尝言：对马岛土地瘠薄，衣食专仰本国。

① ［朝鲜］《李朝世宗实录》卷二六，甲辰六年十二月戊午条，第395页。
② ［朝鲜］《李朝世宗实录》卷四九，庚戌十二年七月乙丑条，第37页。
③ 同上。

凡所求请，听从可也。日本本国则土地肥厚，虽许之以多，未满其欲则不喜。且每每求请，则难应无穷之欲。况我国相距甚远，虽不听，故无害也。此议似然。然书状内称别例则许米一百石及豹皮。何如？其更议之。①

从这两个例子可以发现，朝鲜政府对对马岛倭的求取是“无不听从”，但对来自日本本土的索取则是有所取舍，并非有求必应。是朝鲜军力提高，着手改变被动地位了吗？答案是否定的。史载，世宗十一年（宣德四年）十二月，通信使朴瑞生书面汇报了出使日本所获情报：

一、臣到日本，自对马岛至兵库，审其贼数及往来之路。若对马、一歧内外大岛，志贺、平户等岛，赤间关以西之贼也；四州以北灶户、杜岛等处，赤间关以东之贼也。其兵几至数万，其船不下千只。若东西相应，一时兴兵，则御之难矣。其西向之路则对马，为诸贼都会之处。赤间关是四州诸贼出入之门。如有西向之贼，宗贞盛下令其民不许汲水，大内殿下令赤间关禁其西出，则海贼不得往来矣。且志贺、灶户、杜岛等贼，大内殿主之；内外大岛，宗像殿掌之；丰后州海边诸贼，大友殿治之；一歧、平户等岛，志佐、佐志田、平呼子等殿分任之。使彼诸岛之主严立禁防，则贼心无由启矣。大抵其俗不知礼仪，小不合意，不顾起身。虽御所之命，拒而不从。由此观之，修好御所，虽为交邻之道，而于禁贼之策犹缓也。且日本有所求则遣使请之，如无所求，虽贺新、吊旧之大节，漫不致礼。今臣等奉命而至，接待亦不以礼，恐因其国旧史所书而然也。愿自今国家不得已之事及报聘外，不许遣使，而于上项诸岛之主，厚往薄来，以悦其心，间或遣使，敦谕至意，以为禁贼之策。②

对于朴瑞生带有“分而治之”意味，分别与日本各派势力交往的建议，礼曹主持会议，一致认为应予采纳。可见，随着对日本国情的了解，朝鲜政府已经对赠送粮米、布匹的对象，赠送额度等有了更为具体的分别。前面引述的两个例子正是以粮食换和平政策更具体化后的表现。但不管怎么说，这种依赖贸易和赠送换取和平的政策在主观上毕竟处于下风，

---

① ［朝鲜］《李朝世宗实录》卷五十，庚戌十二年闰十二月己酉条，第73页。

② ［朝鲜］《李朝世宗实录》卷四六，十一年十二月乙亥条，第676页。

妥协的意味很浓。这对于欲壑难填，并不遵从礼义的倭寇来说，在道义上没有任何约束力，相反，会给倭寇以软弱可欺的印象。这对未来的朝、日关系无疑会产生不良影响。至于继续允许倭商在朝鲜销售来自中国的商品，对隐秘的倭寇三角“贸易”更是一种纵容，对中国的海防无疑是有害的。

二 大明与日本恢复邦交

室町幕府将军足利义满为获取经济利益，主动与明朝联系，并接受册封，成为明朝的藩属，但这引起了军阀斯波义将等人的强烈不满。1408年，义满去世，其子足利义持接任将军。出于国内政治的考虑，足利义持假托神的名义，于1411年（明永乐九年）断绝了与明朝的往来。此后，足利义持对骚扰明朝海岸的倭寇持纵容态度，对明朝海防造成很大影响。

1428年（明宣德三年）正月，足利义持病故。其弟足利义教成为新任将军。

足利义持统治期间，原来被怀良亲王压制的九州大名大友氏、大内氏、菊池氏先后归附幕府。但关东地区依旧由镰仓幕府的末流镰仓公方统治，处于半独立状态。足利义教曾试图讨伐，但遭到关东管领上杉宪实的强烈反对，不得不放弃，于是于1431年转攻九州大内盛见。但经过一番周折后，大内氏反而击破了九州探题涩川氏和军阀少贰氏、大友氏，独占了九州。要强化幕府的地位，必须有雄厚的经济实力。为此，足利义教想到了利润丰厚的日、明勘合贸易。就在此时，明朝政府主动伸来了橄榄枝。

原来，宣德皇帝对日本拒不称臣一直耿耿于怀。明朝与日本的近邻琉球有正常往来，通过琉球以及朝鲜，明朝政府对日本国内政局的变化似有些许了解。因此，明宣宗于宣德七年命内官柴山赍敕往琉球国，通过琉球中山王尚巴志，向日本转达了自己的敕谕。

> 敕曰：昔我皇祖、太宗文皇帝临御之日，尔日本先王源道义能敬顺天道，恭事朝廷。是以朝廷眷待弥厚。朕今绍承皇祖之志，广一视同仁之德，特敕谕王。王其益顺天心，恪遵尔先王之志，遣使来朝，朕之待尔一如皇祖之待尔。先王非惟一家一国受福于无穷，且使海滨之民皆得以永享太平之福，尔其钦哉。①

① 《明宣宗实录》卷八六，宣德七年正月丙戌条，第1991—1992页。

足利义教得到消息后，马上积极应对，于当年八月即派出使团前往中国。在表文中，足利义教称“贡节不入，固缘敝邑多虞；行李往来，愿复治朝旧典。是以谨使某人，仰视国光，伏献方物”①，明确表达愿意恢复往来。

按照明朝史籍的记载，日本使团于宣德八年五月抵达北京，“奉表贡马及铠甲盔刀等方物”②。明朝政府热情款待了使团，并“赐日本国使臣道渊等二百二十人纻丝、纱罗、绢布及金织袭衣、绢衣、铜钱有差”③。

次月，明廷以内官雷春为正使，内使裴宽、王甫为副使，以及鸿胪寺少卿潘赐、行人高迁等随同日本使团一道前往日本，“赐其王源义教白金彩币等物”④。为使这次出使收到良好效果，明廷特意在出发前，以“究通佛氏之旨，晓达君臣之义”，“达其王敬天之悃，敷其王事大之心”为理由，授予日本使团正使道渊僧录司右觉义职衔，“俾归本国，住持天龙寺”⑤。

赴日使团出发不到三个月，以僧人有瑞为首的日本使团一行65人再次来到北京，“贡马及方物”⑥。足利义教呈上的表文撰写时间是“永享四年八月”，即宣德七年八月。而道渊等抵达北京的时间是次年五月，路上一共走了近十个月。据此推断，有瑞使团应该不是明朝雷春使团到达日本后的回访使团，而是急于和明朝恢复联系的足利义教在道渊使团出发后因为迟迟得不到回音而再次派出的出访团队。同道渊使团一样，有瑞使团同样得到热情款待和厚赐。

在《善邻国宝记》中保存了从宣德八年到正统元年明朝政府致足利义教的三道诏书。值得注意的是，这三道诏书中只字未提倭寇扰边，也未要求足利义教约束倭寇。这其中既有明朝政府有意维护对日邦交的因素，也是这一时段倭寇骚扰趋于和缓的反映⑦。

---

① ［日本］瑞溪周凤：《善邻国宝记》卷中，“永享四年遣唐表”。

② 《明宣宗实录》卷一〇二，宣德八年五月甲寅条，第2277页。

③ 《明宣宗实录》卷一〇二，宣德八年五月丙子条，第2289页。

④ 《明宣宗实录》卷一〇三，宣德八年六月壬辰条，第2298页。

⑤ ［日本］瑞溪周凤：《善邻国宝记》卷中，“大明论日本使”。

⑥ 《明宣宗实录》卷一〇五，宣德八年闰八月癸丑条，第2343页。

⑦ 据《满济准后日记》和《看闲日记》记载，雷春使团到日本后，于当年六月十七日曾向幕府提出“禁遏海寇”的要求（转引自王婆楞编著《历代征倭文献考》第158页，正中书局民国二十九年十月出版）。这一记载说明明宣宗着力与日本恢复往来，仍有通过日本政府控遏倭寇的目的。但仅由使节口头提出，没有在正式国书中提及亦证明这并不是明朝政府的主要目的。

据日本学者田中健夫研究，从 1401 年（明建文三年）到 1547 年（明嘉靖二十六年）的一个半世纪里，日本共派出了 19 次遣明船，即打着朝贡的旗号来华贸易的商船队。从 1401 年到 1410 年（明永乐八年），室町幕府一共派出八次遣明船，且完全由幕府独家经营，即收益完全由幕府独占。估计这也是日本国内存在反对足利义满与明朝交往的舆论的重要原因。

第九次遣明船队于 1432 年（明宣德七年）出发，共五艘船。“由一号公方船（幕府船）、二号相国寺船、三号山名氏船、四号十三家联合船、五号三十三间堂船组成。”① 其中四号船由三宝院、圣护院、大乘院、善法寺以及斯波氏、细川氏、赤松氏等十三家共同出资。可见，这次遣明船队的经营者较之以往大大拓宽。此后的十次遣明船大体维持了这种形式。室町幕府能顶着日本国王的名义保持与明朝的往来，与这种在对华朝贡贸易中向本国各派势力让利有直接关系。

在恢复与明朝的联系后，足利义教很快派出了两批遣明船。第九次随道渊使团一同来华。第十次遣明船于 1434 年出发，应即是宣德十年十月抵达北京的中誓使团②。使团依旧获赠大批纻丝、纱罗、绢布、铜钱，并奉命“赍敕及白金、文锦、纻丝、表里、纱罗等物，归赐其国王及妃”③。

此次朝贡贸易结束后，日本国内政局出现重大变故。先是在 1435 年发生幕府与延历寺的冲突，细川持之等幕府元老因此与足利义教决裂。紧接着又在 1438 年爆发了永享之乱，幕府与关东镰仓公方大战了一场。由于反对者层出不穷，足利义教逐渐走上以牙还牙的恐怖统治道路，对公家、僧侣、町众都采取了高压政策。原本亲近幕府的斯波、畠山、山名等大族势力也被大大削弱。守护大名们不堪重压，蓄意反抗，终于在 1441 年（明正统六年）引发嘉吉之乱，足利义教也被赤松氏刺杀。嘉吉之乱后，室町幕府将军们本来就不是很稳固的权力进一步弱化。

日本国内动荡，对明朝贡贸易只得暂时中断。因为日本诸国来贡者少,明廷于正统元年八月接受浙江右布政使石执中等人的建议，将市舶提举司闲散官吏裁减了 2/3④。也就在同一时间段内，浙东等地接连遭到倭寇较大规模的袭击。这与日本国内政局的变化显然是有关系的。

---

① ［日本］田中健夫：《倭寇——海上历史》，杨翰球译，武汉大学出版社 1987 年版，第 49 页。

② 中誓使团名义上的职责是护送雷春等明朝使节回国。

③ 《明英宗实录》卷十，宣德十年十月癸丑条，第 194 页。

④ 《明英宗实录》卷二一，正统元年八月甲申条，第 416 页。

赤松氏被绞杀后，日本政坛暂时恢复了平静，中断了十多年的朝贡贸易也得到恢复。景泰四年（1453），朝贡使团重新出现在明朝殿堂。这一次的遣明船队空前庞大，有十艘船，1200多人。九州探题、岛津氏、大友氏、大内氏等地方势力都参与了这次朝贡贸易。不过这次来华并没有收到预期效果。先是在旅途中，给明朝官民留下了很坏的印象。史载：

> 时四夷入贡者多至千人，所过辄需酒食诸物，凭陵驿传，往往殴击人至死。平江侯陈豫奏：日本使臣至临清，掠夺居人。及令指挥往诘，又殴之几死……于是礼部请执治其正副使及通事人等。不听。①

虽然景帝出于大局考虑，没有惩罚这些作恶的日本使者，但此时正值明廷内部危机，虽然瓦剌的威胁暂时消除，但国力尚未得到彻底恢复。偏偏日本使者又带来了过多的商品，即所谓“附进物”，颇令明廷为难。据《明英宗实录》记载，景泰四年十二月，

> 礼部奏：日本国王有附进物，及使臣自进附进物，俱例应给直。考之宣德八年赐例，苏木、硫黄，每斤钞一贯；红铜，每斤三百文；刀、剑，每把十贯；枪，每条三贯；扇，每把，火筯，每双，俱三百文……折支绢布，每钞一百贯，绢一疋；五十贯，布一疋。当时所贡以斤计者，硫黄仅二万二千，苏木仅一万六百，生红铜仅四千三百。以把计者，衮刀仅二百，腰刀仅三千五十耳。今所贡硫黄三十六万四千四白，苏木一十万六千，生红铜一十五万二千有奇，衮刀四百一十七，腰刀九千四百八十三，其余纸扇、箱盒等物比旧俱增数十倍。盖缘旧日获利而去，故今倍数而来。若如前例给直，除折绢布外，其铜钱总二十一万七千七百三十二贯一百文，时直银二十一万七千七百三十二两有奇。计其贡物，时直甚廉，给之太厚。虽曰厚往簿来，然民间供纳有限。况今北虏及各处进贡者众，正宜撙节财用。议令有司估时直给之。
>
> 已，得旨：从议。有司言：时直，生红铜每斤银六分；苏木，大者银八分，小者五分；硫黄，熟者银五分，生者三分。臣等议苏木不分大小，俱给银七分。硫黄不分生熟，俱五分。生红铜六分。共银三万四千七百九十两，直铜钱三万四千七百九十贯。刀剑，今每把给钞

① 《明英宗实录》卷二三四，景泰四年十月丙戌条，第5101—5102页。

六贯；枪，每条二贯；抹金铜铫，每个四贯；漆器皿，每个六百文；砚匣，每副一贯五百文。通计折钞绢二百二十九疋，折钞布四百五十九疋，钱五万一百一十八贯。其马二匹，如瓦剌下等马例，给纻丝一疋，绢九疋。悉从之。①

从中可以看出，明朝政府对日本使者带来的苏木、硫磺等商品都是采取了就高不就低的原则，在价格上尽可能优惠。可以说，已经是在国力困难的情况下，做出了最大的努力。但对日本人而言，显然非常失望。于是次年正月，日本使臣允澎等上奏："蒙赐本国附搭物件价值，比宣德年间十分之一，乞照旧给赏。"② 景帝为怀柔远人，下令加给铜钱一万贯。允澎等依旧不满足，讨要不已。景帝只好下令再加绢五百匹、布一千匹。

估计是这次朝贡贸易获利不多，影响了日本官商的热情，所以第十二批遣明船直到1465年（明成化元年）才起航来华。此后的中日朝贡贸易大体形成了十年一贡，每次船只不超过三艘的惯例③。

结　语

望海埚大捷和朝鲜己亥东征给三岛倭寇以沉重打击，但朝鲜政府并没有在此基础上取得更大优势，而是在太宗去世后，很快就回到了以粮食、布匹换取和平的老路上，一度禁止倭人在朝鲜销售来自中国的商品的政策也在事实上被抛弃。对倭寇的让步固然是出于本国利益的考虑，但对明朝的海防无疑有很大危害，在客观上，也保护了隐秘的倭寇海上三角"贸易"。这与朝鲜政府反复宣称的"志诚事大"无疑是自相矛盾的。为此，朝鲜政府非常担心明廷了解实情，惩罚自己，于是出现了很多掩耳盗铃式的举动。

如世宗五年（明永乐二十一年），被倭寇掳掠到日本，在日本生活了七年之久的明朝人张清等男女共十二人"窃倭船，率其徒渡海而来。冀还本土"。朝鲜臣僚认为"日本僭拟名号，不臣中国，且侵边境。今清之

---

① 《明英宗实录》卷二三六，景泰四年十二月甲申条，第5139—5141页。

② 《明英宗实录》卷二三七，景泰五年正月乙丑条，第5163页。

③ 据《交通略记》记载，足利义满与明朝缔结的勘合贸易条约，称永乐条约。条约中约定十年一贡，人止二百，船二艘；足利义教与明朝议定的贸易条约对此作了修改，仍是十年一贡，但人增加到三百，船增为三艘（转引自王婆楞编著《历代征倭文献考》第158页，正中书局民国二十九年十月出版）。但从宣德到景泰年间的日使来华情况看，这一约定并未得到切实遵行。大致到成化以后才大体按照十年一贡进行。

来也，见我国回礼使于岛中。清还，朝廷必闻我与日本交通之状，不如留之”[①]。世宗采纳。于是，张清等于次年二月被强迫分开，分别安置到忠清道、全罗道[②]。三个月后，反复思量后的世宗觉着这么做实在不妥，“我国自来被倭汉人来到则皆还中国，其中岂无备知我国与日本相通者？置而勿论，独张清等不还本土，何异于五十步笑百步哉”，[③] 张清等这才被召回并送回中国。

类似的事例还有很多。这些事例间接说明朝鲜政府非常清楚本国政策对“上国”的伤害。不过，朝鲜人担心的明朝武力惩罚并没有出现，倒是由于日本国内政局的变化，经琉球牵线搭桥，明朝与日本室町幕府之间恢复了外交往来和朝贡贸易。不过朝贡贸易活跃了没几年，遣明船就因为日本国内政局的变化再次停航。室町幕府的软弱和地方势力的崛起，加之朝鲜市场的诱惑，使明朝的海防形势再度严峻，集团化的倭寇船队再次出现在东南沿海。

正统初年的倭寇侵扰持续的时间并不长。据《中国海防史》作者的研究，“从正统元年到正德十六年的86年间，倭寇入侵是比较收敛的”[④]。之所以出现海洋总体平静，却不时泛起波澜，有零星的倭寇船队出现在明朝沿海，其原因就在于隐秘的倭寇三角“贸易”存在的土壤并未被铲除。这一特殊的国际背景对于明中叶的海防有着持久的影响。

第二节　山东海防体系的新变化

随着海防形势的逐渐好转，原本就不在明朝政府优先考虑范围内的海防建设因此遭到冷遇。海防兵力配置、沿海卫所职能等随之发生显著变化。

一　明中叶海防体系的系统性损害

由于体制的原因，明朝政府的财政一直不是很宽裕。明初战争不断，对财政的压力可想而知。在国防形势日趋好转的情况下，军事建设的重要性逐渐被弱化，武官的地位随之下降。文官集团出于多重考虑，开始不断

---

① ［朝鲜］《李朝世宗实录》卷二二，癸卯五年十二月壬申条，第322—323页。

② ［朝鲜］《李朝世宗实录》卷二三，甲辰六年二月己未条，第335页。

③ ［朝鲜］《李朝世宗实录》卷二四，甲辰六年五月丙戌条，第350页。

④ 杨金森、范中义：《中国海防史》第二章，海洋出版社2005年版，第137页。

蚕食武官集团的利益。在经济领域，军仓管理权的转移是文官集团获得的第一个大胜利。战争本身除了政治较量外，也是在比拼经济实力。高效的后勤保障是军事行动顺利进行的基本条件之一。在明代，管理卫所军仓，是武官独立履行后勤保障职责的基础。军仓转由地方管理之后，武官失去了对后勤工作的决策权，相关军事职能的履行必然受到严重影响。

明代卫所军仓管理权转交地方行政系统开始于宣德十年七月。山东沿海备倭卫所由于海防压力日见减轻，很快也被纳入“改革”范围。史载，正统三年十一月，

> 命改山东登州府管内奇山守御所仓为奇山仓，威海卫仓为威海仓，百尺崖所仓为宁海州仓，俱隶宁海州；成山卫仓为成山仓，寻山所仓为寻山仓，靖海卫仓为靖海仓，宁津所仓为宁津仓，俱隶文登县；大嵩卫仓为大嵩仓，大山所仓为大山仓，海阳守御所仓为海阳仓，俱隶莱阳县。莱州府管内王徐所仓为本府王徐仓，鳌山卫仓为鳌山仓，浮山所仓为浮山仓，雄崖守御所仓为雄崖仓，俱隶即墨县；灵山卫仓为灵山仓，夏河所仓为夏河仓，俱隶胶州。青州府管内安东卫仓为本府安东仓。俱改铨其官，铸印给之。所在府州县各添设佐贰官一员，以理其事。仍添设按察司官一员以总之。先是，山东三司言登、莱、青三府沿海各仓俱隶卫所，出纳之际，民受其害，请俱改隶府县。行在户部以为宜如其言，故有是命。①

军仓管理权的转移，有助于保障纳粮百姓的利益，有助于遏止卫所军官侵盗官粮、克扣军饷等腐败现象的蔓延，但在明朝政府总体财政收入不足的大背景下，必然带来诸多问题，首当其冲的就是拖欠军饷。明朝军士的月粮本来就很少，且被不断以改折的名义扣减，现在又出现地方政府的拖欠，无异于雪上加霜②。明中叶军士逃亡现象急剧恶化，嘉靖年间，沿海抗倭军士严重缺额，与此有直接关系。

与此同时，明朝海防队伍本身也出现了一系列问题。明朝立国之初，为迅速稳定社会，并没有进行大规模的士兵复员工作。相反，却把大批来自昔日敌对集团的兵将以及大量没有及时接受新政府管束的如“游食”等“不安分”群体通过充军的方式束诸军旅。这样做虽然有利于政府及

---

① 《明英宗实录》卷四八，正统三年十一月丙申条，第930—931页。

② 参见拙著《明代卫所军户研究》第二章相关论述。线装书局2007年版。

时落实各项政令，减少阻力，但却给军队建设带来诸多问题。由于新军数量庞大，原本纪律相对较好的嫡系“从征”军被迅速稀释，反而不再占据明军的主体地位。因此，军纪问题从洪武朝开始就成为令政府挠头的问题。虽然朱元璋通过严刑峻法予以制裁，通过编写《大诰武臣》予以警示、训诫，但效果始终不明显。

进入明中叶，国防压力日渐减轻，军队建设处于次要地位，军纪败坏现象更趋严重。正统七年二月，海宁卫百户罗贤提出“将沿海每卫所拨海船一艘、官军百人出海巡哨”的建议。巡按浙江监察御史赵忠等人以“诚恐假此为由出境谋利，反诱倭寇入境侵掠”① 为理由，否决了这一建议。赵忠等人反对卫军出海固然是那时明朝海防战略转向内敛保守的反映，但也间接反映了此时的海防队伍军纪日渐松懈的现实。

不久，倭寇侵入浙江大嵩千户所城。明朝政府事后检查发现，当时备倭浙江的都指挥佥事李贵事先已经得到倭寇即将入侵的情报，却没有“急报各处为备”。指挥使沈容和千户刘济干脆不在岗位。前者“因娶妾潜回原卫”，后者“私采木植，擅离地方”②。

沈容等不法军官的存在并非特例。当年十一月，锦衣卫指挥佥事王瑛在上书中列举了八项军队建设中的问题，其中四条和海防有关：

> 一、备倭战船，官军近年以哨瞭为名，停泊海港。窃还其家者有之，贩鬻私盐、捕鱼、采薪者亦有之。及倭寇突入，孤立无援，反为杀掠。乞令监察御史时加巡视，遇有损坏，即令修理，如此则船无朽坏，而边境有备矣。
>
> 一、沿海卫所军士有摘拨运粮者；亦有离远，屯田百里之外者；又有本城仓廒无粮，拨往他所关给者，遇有警急，调用不及。乞自今沿海军士免令运粮，离远屯田者令附近城郭屯种，仓廒无粮者令有司于秋粮内拨补，如此则屯田不悮，倭寇有防矣。
>
> 一、沿海卫所官多将军士贫弱者守备，富壮者役占，有官一员占至百人者。又有刁军畏惧守边，往往挟制官旗，不听调遣者。乞命才干武臣一员，职专提督，修其城郭，足其部伍，如此则法令归一，人有所属矣。
>
> 一、沿海守备官军盔甲器械有所损坏，乞将所在官司赃罚银免解

① 《明英宗实录》卷八九，正统七年二月壬寅条，第 1788 页。

② 《明英宗实录》卷九六，正统七年九月丙寅条，第 1927 页。

京库，令都布按三司等官计查修理物料，量给收买监修，给军操用。如此则器械锋利，军民无扰矣。

上命所司计议以闻，颇采用之。①

王瑛的奏疏涉及军官腐败、军纪败坏、军饷发放不足、武器损坏、备倭军士“挪作他用”等诸多问题，说明正统年间的海防已经出现系统性的损害，亟须综合治理。

明中叶的海防压力虽然不大，但倭寇以及海盗仍不时出现在沿海。因此，明朝政府对海防体系的损害不敢坐视，而是采取了一定的补救措施。这其中，影响最大的就是监察系统的大举介入以及兵备官员的出现。

二　山东海防体系中的兵备官

兵备道是明代军事体系中的一个特有机构②。它的出现既是古代监察制度的一个新发展，也是明代文官系统在军事领域深度渗透的一个表现。

早在宣德年间，明朝政府就有强化监察官员介入军事领域的打算。宣德九年，皇帝曾敕谕各省按察司及巡按监察御史并南北直隶府州：

兵政，国家重务。祖宗以来，抚恤军士、整饬兵备，皆有成法。朕屡戒中外武臣，令守法爱军。比者，内外都司卫所官惟务贪贿。凡有征调，则差贫卖富；有征办，则十倍需索，或占为从人，或使纳月钱，或纵其买卖，或侵其月粮，或减其冬布，科扰万端，致军士窘于衣食，不顾妻子，脱身逃窜。都司及亲临风宪官纵容不举，甚则与官军交结，受其贿赂。又取军官旗违限在外，恣肆非为者甚多。尝命风宪官督察，未见有所禽治。特谕尔等，自今严加询察，有贪虐害军，及取军违期者，即禽问如律。若尔等仍纵恶长奸，知而不举，事觉，俱处重罪。③

宣宗的谕旨从内容上看，仅是重申旧有规定，且目的在于强化军纪，

① 《明英宗实录》卷九八，正统七年十一月壬午条，第1979—1980页。

② 对兵备道的研究，总体上还不是很充分。笔者所见，以罗冬阳《明代兵备初探》一文最为系统，见《东北师大学报》1994年第1期。其他相关研究还有曹崇岩《明代兵备道设置时间探析》（《四川文理学院学报》2009年第6期）等。台湾学者谢忠志著有《明代兵备道研究》一书，可惜笔者尚未找到。

③ 《明宣宗实录》卷一〇九，宣德九年三月戊寅条，第2439—2440页。

遏止军内腐败。但军队系统内出现的问题往往带有一定的专业性，不直接参与相关事务，很难从系统外有效监督。宣宗的圣谕，在客观上为文官主持的监察系统直接介入军队事务提供了机会。

次年十月，浙江巡海都指挥同知张翥提出建议："奉敕整点缘海城池军马，独员任重，请增御史一员分理。"[①] 维护海防设施、整点军马是军事将领的基本职责，但这类事务直接和军费使用、军纪等敏感问题相关。在中央政府强化监察的大背景下，张翥主动提出增设御史，不排除有规避嫌疑的目的。张翥的真实目的是什么并不重要，重要的是这给监察官员介入军事管理提供了一个机会。右都御史顾佐趁机提出由巡按浙江监察御史王琏兼任巡海御史，并获得批准。此后，沿海各地纷纷增设巡海御史。

山东沿海的巡海御史出现在成化三年。当年九月，六部会议各处巡抚等官上奏事宜，并议准：

> 山东所属宁海、威海、成山、靖海、大嵩、鳌山、灵山、安东等卫，雄崖、海阳、宁津、奇山等所僻在海滨，分巡、分守、提督、把总官经年不至，致军民被虐，边备不修。设或倭寇猝至，为患非轻。乞敕山东按察司管粮副使兼提督官军，修城池、缮器械、禁科扰、操军马，以备不虞。[②]

从这条史料中可以看出，在成化三年之前，山东沿海卫所的监察工作未设专官，而是由按察司系统的分巡官或布政司系统的分守官员兼管。但山东沿海地域广阔，分巡、分守官员承担职责众多，加之并非常驻官员，"经岁罕到"[③]，因此监察效果不佳。在军仓转由地方政府管理后，对军费使用的监察成为各省按察司的主要职责之一。管粮副使虽然也不是常驻官员，但较之分巡、分守，接触军队事务的机会更多，驻扎时间也更长一些。从其职责涵盖"修城池、缮器械、禁科扰、操军马"来看，山东按察司管粮副使虽然只是兼管提督官军，但在事实上已经和兵备副使无异。成化四年，明廷"命山东巡视仓粮按察司副使刘敬兼提督海道，修饬兵备"[④]。刘敬因此成为山东沿海第一任兼职兵备官员。

兵备道的设置时间，目前尚无定论。笔者目前所见最早的一位兵备官

---

① 《明英宗实录》卷十，宣德十年十月庚子条，第186—187页。

② 《明宪宗实录》卷四六，成化三年九月癸酉条，第954—955页。

③ 《明宪宗实录》卷五一，成化四年二月丙辰条，第1045页。

④ 《明宪宗实录》卷五一，成化四年二月丙辰条，第1045页。

员是王用。在《明宪宗实录》卷二的记载中，王用的头衔是“整饬松潘兵备四川按察司副使”①，时间为天顺八年二月。查阅《明英宗实录》可知，王用于天顺六年三月升任四川按察司副使，职责为“松潘等处抚治羌夷”②。因此，王用正式挂整饬兵备头衔的时间应该在天顺六年三月到天顺八年之间。

此后，专职的兵备官不断涌现。如成化四年设洮岷兵备、整饬高肇兵备等③。与之相比，山东沿海兵备官员的设置时间并不晚，只是并非专官。根据明朝史籍的记载，从正统到正德年间，山东半岛地区仅在正统五年、正德十年等极少数年份出现过倭寇登岸骚扰④，与东南沿海相比，海防压力并不大。这应是明廷未在山东沿海设置专职兵备官的重要原因。

成化十年二月，山东按察司佥事张珩升任副使，“专理海道”⑤。按照洪武二十九年的设计，明朝的按察分司共有41道。山东分三道，其中的海右道，主“治青州、登州、莱州三府”⑥。由于东三府州县与实土卫所并存，因此专理海道的张珩依然只能算是兼职的兵备官员。

按照道光《重修蓬莱县志》等山东地方志的记载，山东沿海专职兵备官的设立时间始于弘治十二年。如《重修蓬莱县志》卷四《武备·营制》中记载：“宏（弘）治十二年，设巡察兵备道，建署于莱州。”但这一记载颇令人怀疑。按常理，设置专职兵备官的前提是当地出现重大变故，必须动用大批军事人员。弘治十二年山东沿海乃至内陆地区都没有出现大的社会动荡，似没有设置专职兵备官员的必要。

我们还是先来看看明朝人的记载吧。正德、嘉靖间的内阁大学士毛纪曾撰写过一篇《登莱分守海防道记略》，文中写道：

> 其海滨卫所营寨虽总于备倭武臣，而简阅调度必由海道。凡夫禁御奸宄、伸雪枉抑、兴除利弊，悉于是乎督理之。旧莅斯任者率自臬司东巡海上，而道里辽隔，公务积滞。本兵因言者。乃令建海道公署于莱以便行事，**盖弘治之十有二年也**。寻值流贼之变，青郡增设兵备，遂以其郡属之，故令海道兼理登莱兵备而青不与焉。非旧也，盖

---

① 《明宪宗实录》卷二，天顺八年二月辛亥条，第58页。

② 《明英宗实录》卷三三八，天顺六年三月壬戌条，第6895页。

③ 参看罗冬阳《明代兵备初探》一文相关论述。

④ 据光绪《增修登州府志》卷十三《兵事》记载：“正德十年，倭焚沙门岛及大竹、鼍矶诸岛，火光彻南岸。倭舟至以千计，郡城戒严。”光绪七年刊本。

⑤ 《明宪宗实录》卷一二五，成化十年二月庚辰条，第2395页。

⑥ 《明太祖实录》卷二四七，洪武二十九年十月甲寅条，第3593页。

正德之七年也。后以海道治所在莱，行伍弗充，仓猝奚以应变？乃调取二郡民兵，以官领之，分队团操，立舍以居之。盖嘉靖之初年也。[①]

这段记载中有三个问题需要引起注意。一是毛纪并未称驻节于莱州的按察司官员是兵备，只是称弘治十二年山东按察司在莱州建立了海道公署，即从此以后按察司巡察海右道官员常驻莱州，从而克服了“道里辽隔，公务积滞”的弊病。二是巡察海道官员确实兼有兵备职责，且管辖范围涵盖青、登、莱三府，即全部山东沿海地区。直到正德七年才把青州分割了出去。三是兼管兵备的巡察海道官员在嘉靖初年拥有了可以直接调遣的民兵。

那么，清代山东地方志为何把弘治十二年视为设置兵备道的起点呢？笔者认为，这应是受了明人沈德符的影响。

沈德符在其《万历野获编》卷二二《整饬兵备之始》条中曾这样写道：

兵备官之设，始于弘治十二年。其时马端肃（文升）为本兵，建议创立此官，而刘文靖（健）在内阁，则力阻以为不可。马执奏愈坚，本年八月始设江西九江兵备官一员。盖以九江既管江防，又总辖鄱阳湖防，故特以专敕令按察司官领之……其时事寄本不轻，此后以渐添设。在正德间，流寇刘六等起，中原皆设立矣。至嘉靖末年，东南倭事日棘，于是江、浙、闽、广之间，凡为分巡者无不带整饬兵备之衔。其始欲隆其柄以钤制武臣，训习战士，用防不虞，意非不美。但承平日久，仍如守土之吏，无标兵可练，无军饷可支。虽普天皆云兵备，而问其整饬者何事，即在事者亦茫然也。[②]

而《明史》卷七十五《职官四》这样记载：

兵道之设，仿自洪熙间，以武臣疏于文墨，遣参政副使沈固、刘绍等往各总兵处整理文书，商榷机密，未尝身领军务也。至弘治中，

① 万历《莱州府志》卷三。
② 中华书局1959年点校本，第569页。

本兵马文升虑武职不修，议增副佥一员敕之。自是兵备之员盈天下。[①]

可见，沈德符的说法后来被《明史》的作者接受。《明史》系清代官修史书，地方志大多为官方主持修纂，沿用《明史》的说法也是很自然的事。只是，罗冬阳等人在研究中已经多次指出沈德符关于“兵备官之设，始于弘治十二年”的提法有误。从有关记载来看，兵备官员的出现确实早于弘治十二年。即便在山东，巡海道兼管兵备的起点也早于弘治十二年。

马文升在题本中提到，弘治十一年时，山东海防官兵在登州卫正北方向大海中发现七只向南行驶的双桅大船。经查，对方声称是“高丽国通事，前来各处海岛采打鹿只”。兵部怀疑是倭寇冒充，于是奏准：“通行辽东、山东、浙江、福建、广东各该总督、镇、巡等官，各行总督备倭、巡察海道等官，严捕、备御、把总等项官员，各将备倭海船，逐一捻整，务在坚固合用，什物军器俱要锋利，见在官军用心操习，务在得用，不可视为泛常因循，致误事机。”[②] 可见，在弘治十一年的时候，各地沿海兵备仍是由巡察海道负责。山东巡海御史于次年在莱州建立公署常驻，不排除是明廷此次下令整顿沿海兵备的产物。

马文升在题本中另外提到弘治七年时兵部曾针对福建“总督备倭并巡海官，俱在镇城居住”，远离前线的弊病，要求“总督、巡海官员，每三月出巡一次，若总督备倭出巡，则巡海官在司；巡海官出巡，则总督官回司，不许常在镇城久住，亦不许未及期而回”，“本部仍行辽东、山东、浙江、广东、直隶、扬州府各该镇守、巡抚、总镇、总督官，并各该巡按监察御史，严督巡视海道总督官员，俱照此例施行”[③]。由此可见，类似山东这样按察司巡海官员常驻省城，远离前沿的现象并非个案，而是沿海通例。山东于弘治十二年派巡海道常驻莱州，虽然仍不是最前线，但较明朝政府的要求已经又前进了一步。

对于巡海御史的职权，明朝政府于弘治十三年三月初五作出了具体的限定：

---

① 第1844—1845页。

② 马文升：《议五寨把总五年一换及巡海总督备倭更番出巡疏》，见卜大同《备倭记》卷下《奏牍》，“四库全书存目丛书”影印本，第87页。

③ 马文升：《议五寨把总五年一换及巡海总督备倭更番出巡疏》，第88页。

各该巡按监察御史，今后沿海备倭把总等项官军，悉听御史同巡海官员不时亲历点闸，俱令锋利器械，整备战船，操习官军，振扬威武。遇有海贼生发，严督官军早为扑灭，果能捉获海寇船二只者，给赏；三四只者，照依擒斩贼级一颗事例，升一级。其把总以下官员，如有径自卖放军士等项，应提问者径自提问，应参奏者，指实参奏拿问，俱照降级事例发落。①

至此，巡海官员在拥有了处置军官不法行为、点视军伍、整顿军备等职权外，正式取得干预军队调动的权力。

前引毛纪和沈德符的文字不约而同地指出正德年间的刘六、刘七起义对兵备制度的推广起了很大作用。

刘六、刘七起义发生在正德四年的河北，后来同山东义军杨虎部会合，主要活动于北直隶和山东、河南一带，一直坚持到正德七年，给明朝政府以很大打击。起义军活动的地区在运河附近，漕运粮船因此遭受很大损失。起义军在进攻济宁时，曾一次烧毁漕运粮船一千二百艘。漕运是北京及周边地区维持正常运转的命脉。为了维护漕运安全，明朝政府除了调动大批军队镇压外，在起义高发地带陆续增设了大批专职的兵备官员。

其实，在中原设置兵备官防范民变的主张在弘治十二年十二月时已经由山东巡抚何鉴提出。他提议“添设山东按察司副使一员，常居曹、濮等州，提督屯堡，操习民壮，缉捕盗贼，兼理词讼，以为山东、河南、直隶等处应援”②。由于没有现实的威胁，这一预见性很强的建议被否决，“惟于额设官员内轮次委用”③。

由于兵备官不属于祖制，所以在起义被镇压后，很快有人提出裁撤建议。兵部尚书王琼综合各地建议，于正德十一年提出：

天下兵备官员俱成化以来权宜添设，原非祖宗旧制。正德六年流贼蜂起，添设虽多，皆拟事宁裁革，正恐紊乱旧制……成化等年设立者俱各存留，正德六年新设者，止留徐州一处，余皆裁革。④

① 马文升：《议五寨把总五年一换及巡海总督备倭更番出巡疏》，第88页。
② 《明孝宗实录》卷一五七，弘治十二年十二月乙巳条，第2824页。
③ 同上。
④ 王琼：《为存留兵备官员以安地方事》，见万表：《皇明经济文录》卷二十五《山东》，“四库禁毁书丛刊”影印本，第212页。

不过这一建议遭到来自地方的反对。于是，明武宗于当年六月二十二日裁定："这兵备官既该镇巡等官节次议奏不可缺人，还暂照旧添设，防御盗贼。待后年成丰稔，地方宁靖之日，依拟裁革。"① 虽说是"暂照旧"，但随着时间的推移，也就变成常设了。

刘六、刘七起义爆发后，登莱地区也遭到沉重打击，驻节莱州的巡海官员因此于正德七年"奉敕与备倭都司参同军务，仍合莱州壮、快，以实行伍"②。同时，青州因为一度是起义的重灾区，加之临近运河，故于正德七年设置了专职兵备。青州南北两端临海，由于设置了专职兵备佥事，承担海防任务的安东卫等沿海卫所因此划归青州兵备管辖。这是山东海防体制上的一次重要变化。

不过这种把整个半岛上的海防力量一分为二，分属两位监察官员的局面持续时间很短。正德九年六月，明廷命山东按察司佥事牛鸾"巡察海道，仍带管青州兵备"③。牛鸾原是山东益都县的知县，因在镇压农民起义过程中有功，于正德七年二月被兵部提名并获准升任山东按察司兵备佥事，"驻青州，所属州县并长山、淄川等处隶之"④。这样算来，青州兵备独立存在的时间不过二年有余。青州与登州、莱州都负有海防职责，由一人兼管，可以集中事权，有利于备倭力量的整合，避免出现推诿扯皮。另外，此时刘六、刘七起义已经基本被镇压下去，明朝政府内已经开始出现裁撤各地新设、有违祖制的兵备官的动议，青州继续保留专职兵备官已经不合时宜，这应是巡海官员受命兼管青州兵备的基本原因。

但据《明世宗实录》记载，嘉靖元年十二月，明廷"以山东流贼久不获，命逮青州兵备副使黄昭道、佥事王淩下法司问。分守东兖道右参议吕经、分巡海右道佥事谢芝、分巡东兖道佥事萧瑞俱待事宁之日一并具奏"⑤。

从这一记载来看，青州兵备后来又和分巡海右道官分开了，而且级别似乎也从佥事提高到了副使。次年四月，明朝政府接受都御史陈凤梧的建议，"添设山东青州兵备，以丁忧佥事牛銮铨注"⑥。此"牛銮"与彼

---

① 王琼：《为存留兵备官员以安地方事》，见万表：《皇明经济文录》卷二十五《山东》，"四库禁毁书丛刊"影印本，第212页。

② 康熙《登州府志》卷五《武备》，康熙三十三年刻本。

③ 《明武宗实录》卷一一三，正德九年六月戊午条，第2304页。

④ 《明武宗实录》卷八四，正德七年二月甲申条，第1813页。

⑤ 《明世宗实录》卷二一，嘉靖元年十二月甲午条，第620页。

⑥ 《明世宗实录》卷二五，嘉靖二年四月甲申条，第712页。

“牛鸾”怀疑是同一个人，《明世宗实录》的作者存在笔误。如果这一判断没有错的话，牛鸾应该是在正德十四年前后因为丁忧离任，由王浚接任。

黄昭道原为山东按察司佥事，正德十六年正月被提升为副使。

嘉靖元年初，益都县颜神镇发生王堂率领的所谓“矿徒”起义。起义规模并不大，起初只有几十个人，但很快蔓延到莱芜、新泰、东明、长垣等地，多次击败官军，威震山东、河南两省。黄昭道等人获罪就是因为镇压起义不力。按常理，一个兵备道不会设两位官员。估计起义爆发时的青州兵备官是按察司佥事王浚。起义爆发于青州境内，黄昭道出现在那里，应该是奉命驻节青州，以便利用较高的官阶，整合各支军事力量，提高镇压效果。《明武宗实录》称其为“青州兵备副使”虽然并没有错，但这只是临时差遣，并非黄昭道的实际职务。

牛鸾回到青州兵备佥事任上，显示青州兵备官在镇压了王堂起义后依然独立存在。至于青州兵备佥事和分巡海右道分离是否也是因为起义的缘故，暂不得而知。

嘉靖三十一年三月，明廷“裁革山东分巡海右道佥事一员，改青州兵备佥事为副使，兼管分巡”[①]。从嘉靖三十一年时青州兵备官的级别仍然只是佥事来看，此前的30余年里，青州兵备一直只设有佥事，而且保持独立存在的可能性很大。

嘉靖三十一年，海上压力越来越大。明朝政府此时重新把青州兵备和分巡海右道交给一个人负责，并提高级别，应是面对越来越表面化的海防压力而作出的应激反应，其目的仍是划一事权，避免推诿。

从《为催督威海卫所等卫秋班官军起程挂号赴操的信牌》[②]等档案资料可知，嘉靖三十五年，商某是“青州兵备兼分巡海右道副使”。可见，明廷关于青州兵备副使兼管海右道分巡事务的决定得到了具体落实。

山东沿海兵备道的另一次变化发生在嘉靖四十一年。当年五月，明廷“改山东巡察海道驻登州，守巡、海右二道驻莱州……仍兼兵备”[③]。这一调整等于在登州府新设了一个巡海道，与驻节莱州的分巡海右道并存。这在客观上又把山东沿海备倭力量分割成了两部分，分属两个监察官员。

驻节登州的巡海官员又被称为海防道。他管辖的范围，光绪《增修

① 《明世宗实录》卷三八三，嘉靖三十一年三月甲午条，第6774—6775页。

② 辽宁省档案馆、辽宁省社会科学院历史研究所编：《明代辽东档案汇编》，辽沈书社1985年版，第1091页。

③ 《明世宗实录》卷五〇九，嘉靖四十一年五月丙午条，第8391页。

登州府志》中有明确记载：

> 辖府二：登州、莱州；州三，登属则宁海；县十二，登属则蓬莱、黄、福山、栖霞、招远、莱阳、文登；巡检司十八，登属则高山、杨家店、孙夼镇、马停镇、东良海口、行村寨、斥山寨、温泉镇、辛汪寨、乳山寨；卫九，登属则登州、宁海、威海、成山、靖海、大嵩；所五，登属则宁津、奇山、海阳。[①]

从这一记载来看，登州巡海道也有权管理莱州府境内沿海卫所，这就和驻节莱州的分巡道在辖区上有了一定的重合。这种安排有利于扫除监察盲区，避免在结合部出现较大的漏洞。至于重合区域的事权到底如何区分，限于资料缺乏，暂时无法作出准确判断。

海防道拥有直属部队，“置团操营，设民壮五百名，海防道中军领之”[②]，“以三、四、五月为大汛，九、十月为小汛”[③]。

清代地方志中多有嘉靖三十四年，明朝政府在登州设置巡察兵备道的记载[④]。对此，颇令人怀疑。因为在明代古籍中，笔者至今没有发现类似的记载。即便是顾炎武依据明代地方志资料编辑而成的《肇域志》，也仅仅记载“嘉靖四十一年，始专设海防道于登”[⑤]，未提及此前曾设置巡察兵备道的事。嘉靖年间，虽然倭寇猖獗一时，但山东沿海遭受的侵扰并不大。如果嘉靖三十四年确实在登州设置了专职的兵备道，那嘉靖四十一年明廷把巡察海道官员的公署由莱州改到登州纯属画蛇添足，这在逻辑上也不通。

另据《明世宗实录》中记载，嘉靖四十五年闰十月，

> 命山东分巡东兖道驻兖州府，济南道驻德州，海右道驻莱州府。以巡抚都御史洪朝选言各道俱聚省城，于地方无补。请分道责成故也。[⑥]

---

① 光绪《增修登州府志》卷十二《军垒》。
② 道光《重修蓬莱县志》卷四《武备·营制》。
③ 光绪《增修登州府志》卷十二《军垒》。
④ 如光绪《增修登州府志》卷十二《军垒》、道光《重修蓬莱县志》卷四《武备·营制》等。
⑤ 顾炎武：《肇域志·山东·登州府》，第557页。
⑥ 《明世宗实录》卷五六四，嘉靖四十五年闰十月丙申条，第9042页。

从这一记载可以发现，海右道虽然已经于弘治十二年把办公地点定在莱州，但主管官员仍然不时离开任所，并未认真履行其职责。

尽管有部分官员没有认真履行巡海职责，但在监察官员介入军务管理后，对山东沿海的海防建设还是发挥了不少作用。例如：弘治初年巡海道副使赵鹤龄动用泰山香钱数百金重修威海卫城[①]，安排黄县知县范某重筑黄河寨城[②]，命令州卫兼修牟平县城[③]、宁海州城[④]；弘治四年，赵鹤龄奏准："青登莱三府属县国初设巡检司二十，每司弓兵百人，防御海寇。近分守参议尚絅奏革各司兵三之一，遂缺人防守，请复设便。"[⑤] 在恢复弓兵的同时，又"相故土城颓落，公舍湫敝，遂图一新之"[⑥]，整修了昌邑等县巡检司官署、城池；弘治十五年，"兵宪王和命知县应珊、千户王麟重建"福山县城[⑦]；等等。

按照大学士毛纪的说法，设置巡海官员的目的是"第承平日久，戎备寝弛，而其率领间有自怙遐僻，放易不规者"[⑧]。巡海官员属监察系统，自成化初年即有崇高地位，"遇有军职不公不法、贪赂虐兵者……重则参奏逮问，轻则量情惩戒。及凡御史按治巡边，必佩印信，或奉敕书。随行必有文卷，经过边徼及盗贼生发之处，必须遣官军护送"[⑨]。随着武官地位日趋低下，"凡沿海诸营卫所咸归督察不敢后"[⑩]，确实可以起到一定的整饬作用。

不过，凭监察权压制、处罚不法武官仅仅是文官系统渗透到军政事务中的起点。接下来，势必要干预正常的军事活动。

三　海防体系中的民兵和沿海卫所职能的扩大化

前引毛纪《登莱分守海防道记略》中提到巡海道驻地莱州"行伍弗充……乃调取二郡民兵，以官领之，分队团操"。民兵进入海防体系，是

---

① 乾隆《威海卫志》卷二《建置志·城池》。

② 同治《黄县志》卷二《营建志》。

③ 民国《牟平县志》卷二《地理志·建筑·城池》，民国二十五年山东印刷局铅印本。

④ 嘉靖《宁海州志》卷上《建置·城池》，第728页。

⑤ 《明孝宗实录》卷五二，弘治四年六月丙午条，第1025页。

⑥ 毛纪：《重修昌邑县巡检司记》，《鳌峰类稿》卷十，"四库全书存目丛书"影印本，第79页。

⑦ 民国《福山县志稿》卷一《城池》。民国二十年烟台福裕东书局铅印本。

⑧ 毛纪：《明故中顺大夫山东按察司副使王公墓志铭》，《鳌峰类稿》卷十二，第96页。

⑨ 《明宪宗实录》卷十四，成化元年二月己卯条，第309页。

⑩ 毛纪：《明故中顺大夫山东按察司副使王公墓志铭》，第96页。

明中叶海防格局的重大变化。

所谓民兵，即民壮，是明中叶出现的独立于卫所之外，由州县文官系统选拔、管理，且以本土防卫为主要职能的武装力量。在明人眼中，明代民兵的起源可以追溯到明朝建立前出现的民兵万户府。如万历《兖州府志》记载：

> 洪武初立民兵万户府，简民间武勇之人编成队伍，以时操练。有事用以征战，平复还为民。弘治二年令选取民壮，须年二十以上，五十以下精壮之人。州县七八百里者，每里佥二名；五百里者，每里佥三名；三百里以上者，每里佥四名；一百里以上者，每里佥五名。遇警调集，官给行粮。①

这里有必要先弄清楚民兵万户府的性质。据《明太祖实录》中记载，元至正十八年（1358）十一月，朱元璋晓谕行中书省臣：

> 古者，寓兵于农。有事则战，无事则耕，暇则讲武。今兵争之际，当因时制宜。所定郡县民间，岂无武勇之材？宜精加简拔，编集为伍，立民兵万户府领之。俾农时则耕，闲则练习。有事则用之。事平，有功者一体升擢。无功，令还为民。如此，则民无坐食之弊，国无不练之兵。以战则胜，以守则固，庶几寓兵于农之意也。②

单从朱元璋的表态来看，民兵万户府的军士确实不是正规军，和世袭军户有明显的不同。但是，在实际执行中又是什么样子呢？请看下例：

> 元末国初，四方鼎沸，（程伯舆）乃率众聚为千夫长，作四方保障……洪武戊戌（1358），点充民兵，调江西吉安府新县永新所军籍，至今军伍犹挂名伯舆。③
>
> 王均亮，戊戌年（1358）充民兵，句容县人。洪武十三年

---

① 万历《兖州府志》卷三十二《兵防》，《天一阁藏明代地方志选刊》续编本，第526—527页。

② 《明太祖实录》卷六，戊戌年十一月辛丑条，第69页。

③ 曹叔明：《新安休宁名族志》卷一，转引自谢国桢编《明代社会经济史料选编》（下册），第149页，福建人民出版社2004年校勘本。

(1380)老，子王和尚户名不动代役。[①]

柯得礼，辛丑年(1361)佥籍民兵万户，甲辰年(1364)编充总旗，吴元年(1367)残，子幼，暂由妹夫卢德仁代……洪武二十三年(1390)子永源长成，补父役。[②]

张付四，乙未年(1355)充民兵，故，子补役。[③]

从以上几个个案中可以看出，早在成立民兵万户府之前，朱元璋就已经开始小规模佥发民兵，如张付四。而其允诺的“无功令还为民”根本没有兑现，程伯舆、王均亮、张付四都是普通士兵，却照样要佥发后人补役。柯得礼也只是下级军官，尚未进入官军户行列[④]，在明初战火不断的条件下，和普通士兵没有大的区别。可见，朱元璋对外宣称的“有功者一体升擢，无功令还为民”只是一个幌子。

元朝末年，农民起义遍地开花。元朝政府顾此失彼，兵力严重不足。为挽救颓势，政府决定利用民间力量，允许地方豪强大量招募“义兵”、“民兵”，成立民兵（义兵）千户所、民兵（义兵）万户府。这些“义兵”、“民兵”不列入国家正规军户体系，且主要控制在负责招募的将领或富民手中，带有浓厚的私兵部曲色彩。

至正十八年的朱元璋羽翼尚未丰满，如果强行佥充军户，可能招致大量的反抗。借助民间已经熟悉的临时征召的民兵制度，不失为一种变通的手段。结合这些民兵后来的下场来看，朱元璋设立的民兵万户府不过是一个幌子，其真正的目的是为了从民间大量佥充军士。要抽选民兵，需要对当地人口有比较准确地把握。因此，我们在当年的十二月，就见到了朱元璋“籍户口”[⑤] 的指令。明朝建国后，这些民兵被正式纳入世袭军户系统，亦证明民兵万户府的确不是明代佥发“民壮”的起点，把它当作朱元璋政权有计划地从民众中征兵，确立世袭兵役制度的起点更为恰当。

那么，明朝中后期的士大夫为什么不约而同地把民兵万户府视为佥充民壮的起点呢？这仍然要归结到朱元璋身上。朱元璋生前，为防止后人随意更张，误国害民，定下了祖制不可改的祖训。明中叶，卫所兵力日渐寡弱，佥充民兵成为维持统治的必要补充。在民兵已经不可或缺的情况下，

---

① 《（南京）锦衣卫选簿》，《中国明朝档案总汇》第73册，第41页。

② 《高邮卫选簿》，《中国明朝档案总汇》第61册，第367页。

③ 《高邮卫选簿》，第418页。

④ 明制：百户以上的军官家庭，单列为官军户。

⑤ 《明太祖实录》卷六，戊戌年十二月乙丑朔条，第70页。

统治者必须要为民兵的存在找到不违反祖制的证据。因此，开国时存在过的民兵万户府就成了论证民兵合法性的重要依据，并堂而皇之地被收入《大明会典》[①]。至于民兵万户府的真实性质，明人未必都不知晓，只是心照不宣罢了。相比之下，明中叶出现的兵备制度就没那么幸运，乃至于到正德年间，兵部尚书王琼还要为兵备“原非祖宗旧制……恐紊乱旧制”[②]而挠头。

明代大规模佥发民兵，开始于正统十四年土木堡之变后。土木堡之变，明朝50余万京军被彻底击溃，蒙古瓦剌部迅速兵临北京城下。京城守备空虚，指望收集土木堡一战中的溃散军士来勤王已经不可能。北京城内一片混乱。户科给事中李侃于是提出建议：

> 今虏得利而强，我失利而馁。况新选军余舍人平昔率皆嬉游，未历艰辛，少有可用。乞差廉干京官驰往北直隶、山东、河南、山西、陕西各处选操民壮，每府五千名，俟其操习可用，选二千名赴京，听调杀贼。[③]

这一建议得到当时尚以监国身份主持大计的朱祁钰的赞赏，随即令兵部议行。不久，大批民兵被选调入京。与此同时，河北一带民间谣传“达贼差人来宁晋泊内踏看水草，要去临清抢掳截路”[④]，于是又有大批民兵被派去守卫漕粮运道。

北京保卫战结束后，由于来自蒙古的压力尚未彻底解除，临时招募的民兵并未被遣散，而是形成了“春夏放回耕种，秋冬团操”的制度，每年九月定期进京[⑤]。此后逐渐发展为一种固定的徭役。弘治二年，明廷正式确定了民兵的佥选标准：

> 弘治二年，令选取民壮须年二十以上、五十以下精壮之人。州县

① 万历《大明会典》卷一三七《佥充民壮》中载：“军籍之外有民壮，有司佥点以备警急，即古民兵之遗意。今附于军役之后。洪武初，立民兵万户府。简民间武勇之人，编成队伍，以时操练。有事用以征战。事平，复还为民。有功者一体升赏。”台北文海出版社“元明史料丛编”第二辑影印本1990年版，第1939页。

② 王琼：《为存留兵备官员以安地方事》，第212页。

③ 《明英宗实录》卷一八一，正统十四年八月丁卯条，第3513页。

④ 于谦：《临清军务事》，见万表：《皇明经济文录》卷二十五《山东》，“四库禁毁书丛刊”影印本，第208页。

⑤ 《明英宗实录》卷二〇六，景泰二年七月己亥条，第4415页。

七八百里者，每里佥二名。五百里者，每里三名。三百里者，每里四名。一百里以上者，每里五名。春、夏、秋，每月操二次。至冬，操三歇三。遇警调集、官给行粮。[①]

山东地区的民兵除了定期进京上班外，主要用于本土防卫。正德四年，刘六、刘七起义爆发。为尽快敉平地方，兵部奏准："委都御史张凤招募民兵，付佥事牛鸾、许逵操习，往来策应。"[②] 山东民兵的数量因此进一步增加。

虽然民兵的主要职责是本土守卫，但对于海防无疑是有帮助的。按照明朝政府的规定，所有地方州县均可根据人口多寡佥充民兵。民兵隶属地方州县，在刘六、刘七起义催生出大批专职兵备之后，这些民兵自然成为各地兵备官员的管领对象。据嘉靖《山东通志》记载，山东巡海道下辖马快340名、民兵5000名、骑兵33人。与海防相关的青州兵备道有马快400人，民兵7069人。所谓马快，又称快手，"择民之善弓马骑射者为之，取马快之义也"[③]。快手"司捕"[④]，即主要承担捕盗职责，属于民兵中的"特种部队"。这些民兵均由"州县巡捕官分领操演"[⑤]。

明中叶，政府的海防战略日趋保守，已经完全转为陆上防御。原来设置于海上的防卫设施陆续被撤，例如：琼州曾于"国初设巡司于硇州，所以控扼海道，北捍高州。正统间移入内地，致使硇州无兵防，是撤其南面之藩篱"[⑥]。在南直隶，"金山卫所造船各有定额，俱就各卫所派拨巡军，在海巡逻。正统间因海患宁谧，或以船为虚费，题准以江船易马，而哨船之制遂废矣"[⑦]。浙、闽等东南沿海一带虽然仍设有战船，但士兵配置、待遇都发生了变化，"战船一只，内执事舵工一名、班手二名、矴手一名，修理船只器具皆系四人掌管。查得比先照永乐年间下西洋船只事例，比各军于正支月粮外又增五斗。正统二年革去水寨，其执事人所增月粮亦俱减去。因与众军一例，是以多不用心，以致船坏不修，器具不整，

① 万历《大明会典》卷一三七《佥充民壮》，台北文海出版社"元明史料丛编"第二辑影印本1990年版，第1939页。

② 《明武宗实录》卷八五，正德七年三月庚戌条，第1827页。

③ 嘉靖《淄川县志》卷四《建设志·兵防》，《天一阁藏明代方志选刊》影印本。

④ 嘉靖《夏津县志》卷三《修武志》，《天一阁藏明代方志选刊》影印本。

⑤ 嘉靖《山东通志》卷十一《兵防》，《天一阁藏明代方志选刊》续编影印本，第709页。

⑥ 张萱：《西园闻见录》卷五七《兵部六·海防前·前言》，第193页。

⑦ 张萱：《西园闻见录》卷五七《兵部六·海防前》，第222页。

临期误事”①。晚明王文禄对此曾有一段精辟的总结：

国初之制，沿海建卫所、造战船，布列烽堠台寨，无非守海洋而安内地也。今则不守海洋而守内地。寇入内地，不问从何地入，亦不复加意沿海卫所。况海寇不离于海，岂有舍海而飞入哉?②

既然是以陆上防御为主，那么沿海州县的军队均有承担海防任务的可能。山东巡海道的5300多名民兵以及青州兵备属下的部分民兵不可避免地要被纳入海防体系。这在地方史料中有零散反映，如青州府乐安县的塘头寨，原由青州左卫派出的一个百户所守卫，明中叶则改为“添义民，率领民壮与百户协守”③。嘉靖三十四年，倭寇60余人侵入夹仓口，“各持利刃，望屋而食。卫官合日照民兵共击之”④。

在明初的卫所布局中，山东沿海一线和鲁西运河一线卫所数量众多，鲁中一带只设置了青州左卫等少量卫所，而地势相对平坦的登莱走廊一带则没有设一个卫所。这样的军事布局明显忽略了鲁中地区的内卫需要。永乐年间的唐赛儿起义，由于备倭总督卫青的主动援救，没有酿成特别严重的后果，也因此掩盖了卫所设置上的漏洞。

正德四年爆发的刘六、刘七起义规模远大于唐赛儿起义，加之此时明朝的军事力量已经严重削弱，因此对明朝的统治构成了严重打击。鲁中一带卫所配置上的缺陷也在此次起义中暴露无遗。史载：

正德五年，流贼刘六、刘七、齐彦名等寇登莱，众十余万，焚掠甚惨。六年三月，攻栖霞，主簿段贤拒之，力尽城陷。十三日，陷文登。旋扑宁海，焚东门。知州章诤御之，屡攻不克。抵福山，教谕高越率诸生乘城固守。至蓬莱潮水集，入黄境，犯招远。知县申良战败之。十月，陷莱阳。居民死者无算。登州官军嗫至方山，交战败绩。贼益猖獗。会朝廷调边兵剿之，始退。⑤

从这段记载中可以发现登莱走廊一线的州县明显缺乏防御能力。和永

① 张萱：《西园闻见录》卷五八《兵部六·海防后·前言》，第248页。

② 王文禄：《策枢》卷四《严戒备》，丛书集成初编，第756册，第88—89页。

③ 嘉靖《青州府志》卷十一《兵防·要隘·乐安》，上海古籍书店1965年线装复制本。

④ 乾隆《沂州府志》卷四《防倭》，“中国地方志集成丛书”影印本，第64页。

⑤ 光绪《增修登州府志》卷十三《兵事》。

乐时一样，这次沿海备倭官军同样投入了战斗。如正德五年，“山东守臣奏：登州宁海等县盗掠居民。知府房瑄、同知李蓁、指挥使赵盛等三十九人不能督捕，俱宜治罪。备倭指挥王璋御盗有劳，宜赏”①。正德六年三月，“贼据乐安县。山东备倭指挥朱泰率官军击之，斩首七十二级，擒一百二人”②。前引文中提到的登州官军显然也是海防部队。

不过与永乐时卫青主动参战不同，此时沿海卫所军的职能已经不仅限于防海。正统六年三月，“山东备倭署都督李福遣舍人张斌巡捕。斌获盗刘海，纵之，为人所讦。按察使黄翰因奏福男芳假以捕盗给批，遣斌扰民，俱当逮究。上命福自陈。福分辩辞直，乃宥之”③。张斌奉命捕盗，显示此时的备倭部队已经承担起维护驻地附近地区社会治安的任务。

洪武时，卫所军队也曾承担类似任务。“先是，山东盗马四儿时出劫掠，遣官军捕之。会监察御史马麟按行济南，言官军有扰民者”，朱元璋于是于洪武二十年七月命左军都督府“征山东捕盗官军还”，改“令有司缉捕”④。从由州县有司负责捕盗，到海防卫所参与巡捕，除了有沿海卫所管辖区域广阔，附近州县难以兼顾的客观因素外，和海防压力大大减轻，海防战略日趋保守、内敛有直接关系。

除了捕盗，此时的海防卫所还承担起巡盐的职责。如《安东卫志》中记载：

> 安东虽密迩海滨，本地却无盐场，但盐徒充斥，道所必由。每代设巡逻官一员，查去来、辨公私。若盐斤之于国课，特小补耳。原例设巡逻官一员。明以指挥掌之，今隶于经历司经历。⑤

捕盗、巡盐原本都是州县的职责，沿海备倭卫所承担起类似职能，一方面说明此时的卫所行政化趋势日渐明显，已经不再是一个单纯的军事单位，俨然是一个小社会；另一方面也显示出在明朝政府眼中，海防已经不是重要事务。

职责上的交集越来越大，交集覆盖地区的军事力量必然面临相应的整合。而整合的实施者，显然非兵备官莫属。嘉靖初年，山东巡海道像总

① 《明武宗实录》卷六六，正德五年八月庚寅条，第1436页。

② 《明武宗实录》卷七三，正德六年三月辛未条，第1618页。

③ 《明英宗实录》卷七七，正统六年三月乙卯条，第1525页。

④ 《明太祖实录》卷一八三，洪武二十年七月乙未条，第2757页。

⑤ 康熙《安东卫志》跋（六），秦洪河标点整理，内部印行。

督、巡抚那样给自己配备了直属的标兵正是这一整合的结果。军事力量整合后，沿海民兵纳入海防体系，也就顺理成章了。

因为拥有了捕盗职责，正德四年爆发的刘六、刘七起义在客观上成了检验山东海防部队战斗力的试金石。此时的山东海防军几乎已经彻底预备化，“诸卫之兵春秋分番练于京营，而三营之兵则常驻以备倭奴者也”①。沿海三营是常备防倭军，按理说，战斗力应该是最强的。但从文登城破、登州官军“交战败绩”来看，文登营、登州营的战斗力非常糟糕。

即墨营的情形也没有好多少。史载，“壬申三月二十七日，贼拥众几万人来攻即墨营。官兵甫成列于营之西，贼张两翼突之。而将领李勋死、杨继宗逃。官兵大溃，死伤者过半。遂焚营垒而南”②。

不过凡事有弊即有利。三营虽然不堪一击，但明廷也从这次起义中总结出一个教训。即墨营和即墨县城唇齿相依，相距不过十里。即墨营被击溃后，起义军随即猛攻即墨城。即墨县城当时虽然只修好了三面，东面尚未完工，但起义军依旧未能破城，主将朱辅反而被射死。事后，明朝政府认为“营之所以破者，城垣及肩，无可屏蔽耳。县之所以保者，城高池深，我逸彼劳耳”③。于是，亡羊补牢，开始集中修筑各处城池。据《青州府志》记载，正德五年，博兴县城增筑墩台，知县谢誉“于（昌乐县城）濠外修筑围墙”。六年，知县张诚重修高苑县城，知县张良弼重筑、“增置（寿光县城）敌楼、月城”，临朐知县雷启东因“流贼残破，城圮”重修县城，知州刘仲刚重修莒州城，沂水知县汪渊在天顺年间大修城墙的基础上重建了城池，并“增置敌台、铺舍”。七年，临淄知县马暹增建月城、长堤，青州通判王伯安重修了日照县三座城门。八年，知县申良主持修筑诸城县城。九年，蒙阴知县梁绪“始甃以石”④。遭遇沉重打击的即墨营也由把总张文博提请修筑了周长四里，“高厚合度”的营城。登州、莱州二府州县卫所城池情况，虽然没有集中记载，按理也应进行了相应的修建⑤。

在正统至正德年间，明朝政府也曾多次修建、重筑过沿海卫所城池。

---

① 蓝田：《赠王进卿移总登州营序》，《北泉文集》卷二，“四库全书存目丛书”影印本，第357页。

② 蓝田：《城即墨营记》，同治《即墨县志》卷十《艺文》，第200页。

③ 同上。

④ 嘉靖《青州府志》卷十一《兵防·城池》。

⑤ 如嘉靖《宁海州志》卷上《建置·城池》记载：“正德七年流贼陷莱阳，知州章诤葺浚。”“天一阁藏明代地方志选刊续编”影印本，第728页。

例如：正统六年，因靖海卫城被海浪冲塌，“城南一面可退筑五十丈以远海”①；七年，命灵山、莱州二卫附近州县出工协助修筑被雨水浸颓的卫城②；八年四月，批准登州卫修城楼③；景泰三年三月，“命修山东宁海卫城”④；十一月，因“山东六月雨，坏大嵩等二十卫所城。至是，诏修筑之”⑤；等等。但像正德年间这样集中修建州县卫所城池的现象还是从来没有发生过的。

这些沿海城池的修筑，虽然不全是为了防倭，但在海防前线已经后退到海岸线内的情况下，对海防无疑是有很大帮助的。

结　语

正统以后，随着国防压力的缓解，军队的地位随之下降，文官地位上升，且开始不断侵蚀军方的权力，加之军队的体制性缺陷酿成大量违纪现象，共同促成了兵备制度的出现。刘六、刘七起义爆发，山东地方兵力不足，因土木之变而推广全国的民壮制度借此机会获得迅速发展，民兵成为山东地方防务的重要力量。由于民兵隶属地方行政系统，其与卫所军的协同就成了问题。兵备官由于拥有特殊的地位，因此成为民兵与卫所军沟通的桥梁，进而获得直接干预军事行动，乃至统一指挥本辖区全部军事力量的权力。民兵也因此进入山东海防体系，成为防御倭寇侵扰的主要支柱之一。兵备官员拥有监察和弹劾权力，对整饬军备确实发挥了一定的作用。

由于遭遇的倭寇袭扰次数很少，军事上的压力不大，山东沿海地区一直没有设置专职的兵备官员，而是长期由山东按察司派出的巡察海右道副使或佥事兼理兵备。这一现象直到万历年间才有所改变。

第三节　山东海防官兵的全面预备化

由于海上压力的减轻，明朝政府的海防战略开始逐步内敛，沿海战区也开始向战略预备区转型。就山东而言，这一转变从永乐时期已经开始，但其彻底完成是在明中叶。

① 《明英宗实录》卷八五，正统六年十一月乙酉条，第1708页。

② 《明英宗实录》卷九七，正统七年十月癸丑条，第1955页。

③ 《明英宗实录》卷一〇三，正统八年四月壬寅条，第2087页。

④ 《明英宗实录》卷二一四，景泰三年三月辛酉条，第4617页。

⑤ 《明英宗实录》卷二二三，景泰三年十一月庚午条，第4828页。

一　大幅扩容的京操军

山东沿海卫所及三营功能的变化开始于永乐年间的京操，但人数还比较有限。正统十四年，明军兵败土木堡。50万京军被打散，全力保证北京的安全成为明廷的第一要务。沿海军士因此被大量征调入京。八月，兵部奏准："取河南等都司并南、北直隶卫所先次御史所选备调官军。其山东、南直隶备倭军士宜选精壮者四千五百，江北直隶、北直隶运粮官军三万六千宜俱取赴京操练。"①

不仅卫所军士被调取，即便是专职备倭的沿海三营兵马也在抽调之列。例如：登州营原有战马521匹，"正统间调去京操马一百三十匹"②；文登营有战马410匹，"正统间调去京操马一百五匹"③。

由于战局前景尚不明朗，明廷对京操军的管理制度也开始发生变化。宣德年间，河南、山东、山西等北方省份的卫所京操军多以四月离京"还卫取衣装，期以九月至京"④。景泰二年二月，总兵官石亨奏请循例放班军"轮流取讨衣装"。兵部尚书于谦等会议后议准：

> 宜作三班，常留两班在京。北直隶、保定、河间并天津等卫所俱放五十日，河南、山东俱放三个月，淮安、扬州、凤阳等处俱放一百日……其紫荆、倒马、白羊等关口并保定等处各城拨去操守官军系山东、河南等处者，亦照此例轮班休息。遇有调用，星驰前来。⑤

从这一决定中可以发现，山东上操班军不仅承担戍守京城的任务，而且被用于防卫北边长城一线。宣德时，班军假期有五个多月，现在只放三个月，且要分成三批，其目的无非是要确保京城有足够兵力。

即便是假期缩水为三个月，明廷也没能彻底执行。景泰四年三月，兵部奏：

> 外卫赴京操备官军旧分三班疏放，陆续到京备冬。近以边务方殷，分为十营操练，至今未放，艰窘益甚。请分为两班，头班三月初

---

① 《明英宗实录》卷一八一，正统十四年八月丙寅条，第3511—3512页。

② 道光《重修蓬莱县志》卷四《武备·营制》。

③ 道光《文登县志》卷一《武备》。

④ 《明宣宗实录》卷一一〇，宣德九年四月丙辰条，第2464页。

⑤ 《明英宗实录》卷二〇一，景泰二年二月己卯条，第4290—4291页。

放，限本年八月初到京；次班八月初放，限明年正月初到京。凡北直隶、河南、山东、江北直隶强壮官军俱在头班疏放。比及秋高马肥，边务警急之时，俱已至京。既得养锐于宽缓之时，又获效力于警急之际。从之。①

与景泰二年的政策相比，这次的规定大体恢复了放假五个月的旧制，只是根据蒙古瓦剌部的活动规律，修改了放假的起始时间。不过这一政策能否得到贯彻，还要看国防形势。如果依旧“边务方殷”，估计很难实现。

引文中提到的十营，即于谦为整顿京营推出的团营。永乐、宣德年间，班军要统一划入京军三大营序列，以便统一使用。推出团营制度后，上操班军同样要划归相应的营。因此，班军何时放假回卫，就和所在营是否满员直接相关。营将出于多种考虑，不排除在战事紧张时人为阻止班军回卫的可能。

为便于管理，上班操军大体按照来源地来分配。如《明英宗实录》中记载，景泰四年十月，

升辽东副总兵、右都督施聚为左都督，官军一百一十八人俱升一级，以登州营斩获达贼功也。②

登州营是山东沿海备倭三营之一，根据道光《重修蓬莱县志》中的记载，“（永乐）七年，建登州营于备倭城内，给符验。设把总指挥二员，团练京操军、中军管队官千百户三十一员”③，登州营似有部分官兵被纳入了京操班军的行列。不过这一记载文字有些含混，不排除这118名立功士兵是登州卫班军的可能。不过有一点可以肯定，既然以登州营名义出现，那么这批军士一定是集中配置和使用的。

这一点从个案资料中也可以发现。如鳌山卫指挥佥事廉政的墓志铭中这样写道：

己巳之夏，京师初设团营，将军率所部士赴营训练……成化丙

① 《明英宗实录》卷二二七，景泰四年三月戊午条，第4949页。

② 《明英宗实录》卷二三四，景泰四年十月乙巳条，第5114页。

③ 道光《重修蓬莱县志》卷四《武备·营制》。

戌，逆贼刘通乱于荆襄，将军从抚宁伯致讨……所部士斩获甚多。①

由于纳入团营管理，就与明朝政府的居重驭轻战略挂上了钩。原有的50余万京军要恢复原额需要相当时间。要维持京军数量上的优势，各地班军只能长期保留，即便在瓦剌的威胁解除之后也是如此。因此，正统十四年被征召入京的各地班军基本被断绝了回原卫服役的可能。随着时间的推移，明廷因循守旧，“后遂不易”，也就成了定制。既入团营，必然要履行京军的职能，而不是只戍守北京。廉政所部因此才会被征调镇压荆襄流民起义。

就山东而言，因“故无他警，惟官军分两班轮赴京操”②，“一则防守边患，一则拱护京师”③。据彭勇研究，山东都司所属卫所中，登州卫、莱州卫等11个沿海卫，福山、奇山等7个沿海守御千户所都有数量不等的官兵被抽调京操④。在郑若曾所著《筹海图编》中，详细罗列了山东沿海各卫所嘉靖年间的兵力配置情况。详见下表：

山东沿海卫所军士兵种配置表⑤

<table>
<tr><th>卫所名称</th><th>京操军（名）</th><th>城守军余（名）</th><th>屯军（名）</th><th>捕倭军（名）</th><th>守墩堡军余（名）</th><th colspan="2">总计/备倭军比例（%）</th></tr>
<tr><td>安东卫</td><td>1576</td><td>358</td><td>391</td><td>269</td><td>39</td><td rowspan="2">2721</td><td rowspan="2">27.7</td></tr>
<tr><td>石旧所</td><td></td><td>48</td><td></td><td></td><td>40</td></tr>
<tr><td>灵山卫</td><td>1213</td><td>116</td><td>287</td><td>191</td><td>80</td><td rowspan="2">1993</td><td rowspan="2">24.7</td></tr>
<tr><td>夏河所</td><td></td><td>67</td><td></td><td></td><td>39</td></tr>
<tr><td>鳌山卫</td><td>1631</td><td>107</td><td>290</td><td>385</td><td>69</td><td rowspan="3">2592</td><td rowspan="3">25.9</td></tr>
<tr><td>浮山所</td><td></td><td>56</td><td></td><td></td><td>45</td></tr>
<tr><td>附：栲栳岛巡检司</td><td></td><td></td><td></td><td></td><td>9</td></tr>
<tr><td>雄崖所</td><td>571</td><td>97</td><td>77</td><td>210</td><td>30</td><td>985</td><td>34.2</td></tr>
</table>

① 蓝章：《鳌山卫指挥佥事廉将军墓志铭》，见氏著《大崂山人集》“内编”，蓝氏后人自印标点本，第21页。

② 万历《大明会典》卷一三一《兵部十四·镇戍六·山东》，台北文海出版社“元明史料丛编”第二辑影印本1990年版，第1867页。

③ 《为请早给军粮以便京操事给山东总督的申文》，辽宁省档案馆、辽宁省社会科学院历史研究所编：《明代辽东档案汇编》，辽沈书社1985年版，第1129页。

④ 彭勇：《明代班军制度研究》第二章，中央民族大学出版社2006年版，第174页。

⑤ 本表依据郑若曾《筹海图编》卷七《山东兵制》制作，中华书局2007年点校本，第438—454页。

续表

卫所名称	京操军（名）	城守军余（名）	屯军（名）	捕倭军（名）	守墩堡军余（名）	总计/备倭军比例（%）	
大嵩卫	1491	358	428	246	41	2602	26.25
大山所		26			12		
靖海卫	1593	150	211	313	72	2339	22.9
海阳所	496	126	66	102	41	831	32.4
宁津所	529	106	68	68	42	813	26.6
成山卫	1156	261	240	234	42	2065	32.4
寻山所		94			38		
宁海卫	1665	1110	391	354	42	3562	42.3
奇山所	498	113	60	75	18	764	30.0
威海卫	1368	75	224	285	38	2203	27.7
百尺（崖）所		35			24		
金山所		114			17		
清泉百户所		15			8		
登州卫	2009	250	114	828	18	3513	39.6
福山所		114			25		
马埠寨百户所		40			9		
塘头寨百户所		76			30		
莱州卫	1728	302	447	413		2938	26.0
王徐寨所		48					
胶州所	406	94	77	44	81	702	31.2
青州左卫	3602	720	453	0		4775	15.1
总计	21532		3824			35398	28.4

山东沿海卫所的城池都具有一定的防倭职能，因此，除京操军和屯军外，其他军种都可以列入备倭军的范围。石旧所等隶属于安东卫等相关卫，因此本表将这类附属千百户所的兵力计入相关卫。从表中可以发现，沿海卫所被抽调京操的军数达到 2 万名以上，占全部军额的 60.8%。而备倭军的数量仅占总额的 28.4%。备倭军的数量比在各卫所并不均衡，比例最高的宁海卫也只有 42.3%，不足半数。最少的是承担战略总预备队职能的青州左卫，专职捕倭军居然为零。

沿海各卫的专职捕倭军按规定要划入相对应的营统一使用。宣德八年九月，山东沿海三营集中使用的模式被抛弃，改为“令常于其地操备，更不聚于登州。如有警急，互相应援”①。虽然不再集中于登州，但三营依旧存在。因此，明中叶的士大夫将山东沿海营、卫的职能概括为“卫者，分番之兵也；营者，屯驻之兵也。卫轻而营重”②。

对海防而言，当然是“卫轻而营重”。但从兵力配置上看，海防显然没有被明朝政府放在心上。这也是沿海军力转入战略预备化的一个标志。

大量军士被征调入京，势必影响本省的国防。因此，各地官员不得不频繁申请临时免调本省班军。如成化元年十二月，鼓勇营协赞、都指挥佥事刘清陈奏：“今山东、河南旱涝相仍，恐有盗贼生发，乞敕该部计议，暂以两处京操官军数内量留三五千，选大将掌领操练，以备不虞。”兵部会议后，奏准：“山东、河南既有灾伤，可以信阳、陈州、宣武、南阳、颍州、睢阳、济南、平山、济宁、临清、安东、宁海数卫下班官军暂留守城操备。”③ 又如嘉靖年间，倭寇再度猖獗，巡按山东御史冯荐于是于嘉靖三十二年十月上书：

> 山东卫所官军设于济、兖、东三府者以防内地，设于青、登、莱三府者以备倭寇。自永乐初轮班调发京操而有司怠玩，军粮不足，脱逃数多，雇觅充数，班操之缺如故。今沿海一带倭寇登岸，乞将青、登、莱三府官军留备倭寇，济、兖、东三府照旧轮班。仍要清粮饷以足军食，严勾补以充营伍。兵部议覆，从之。④

不过，从现存档案资料来看，暂留东三府班军备倭只是临时现象，在嘉靖三十年到三十八年间，明廷仍在不时督催山东沿海班军按时进京⑤。

二　北上防边的山东民兵

青州左卫下辖塘头寨等沿海备倭设施，但本卫却没有专职备倭军，是这些设施被废弃了吗？当然不是。史载，明中叶的塘头寨已经是“添义民，率领民壮与百户协守”⑥。

---

① 《明宣宗实录》卷一〇六，宣德八年九月丙午条，第2368—2369页。

② 蓝田：《送施天秩自即墨赴登州营诗序》，《北泉文集》卷二，第357页。

③ 《明宪宗实录》卷二四，成化元年十二月辛卯条，第468—469页。

④ 《明世宗实录》卷四〇三，嘉靖三十二年十月丁酉条，第7057页。

⑤ 参看《关于为申明律例查理班军以饬戎务事的文件》，见辽宁省档案馆、辽宁省社会科学院历史研究所编《明代辽东档案汇编》，第1090—1145页。原文冗长，恕不赘引。

⑥ 嘉靖《青州府志》卷十一《兵防·要隘·乐安》。上海古籍书店1965年线装复制本。

随着本省卫所军被大量抽调进京操备以及正德年间刘六、刘七农民起义的强刺激，民兵逐渐成为山东省内防务的重要依靠力量，并进入海防体系。在某些地区，民兵甚至成为国防军的主体。如在青州，当地名士冯惟敏曾慨叹：

> 今兹丑虏寇边，戍卒凋缺，推勘勾补日益急。而本境所以自固者，益征乡丁以充兵卫。①

大致从宣德年间开始，山东沿海地区开始由战略现时区向战略预备区转变，沿海军队及其他山东都司所属部队随之转化为战略预备队，主要承担救火队员的角色，根据其他战区的实际需要，不定期前往增援。土木之变后，大批山东军士被征调进京加入团营，即是这一转变的直接反映。

嘉靖年间，国防形势又趋紧张。不仅京操班军被大量用于北边防务，即便是民兵也成了调用的对象。嘉靖二十年八月，蒙古鞑靼部在俺答汗的率领下侵入山西腹地，北边防务骤然吃紧。当年十一月，都御史翟鹏建言："直隶、山东、河南民壮多缺，乞责所司如额选补。仍别选壮丁，名曰义勇，于农隙操练，以备缓急。"② 这一建议得到决策层首肯。明廷此时整顿民兵，显然有为应对俺答再次入侵做准备的目的。

果然，次年六月，兵科都给事中钱亮等即提出"井陉乃河北诸郡襟喉，平阳为山西全省要害，俱宜增戍。请调山东、河北民兵守井陉，调河南徐、邳军壮以守平阳"。兵部讨论后认为井陉一带防备已经很严密，无须增兵。但为将来考虑，令"山东守臣整搠以待"③。

山东民兵被征调赴外省服役至迟不会晚于嘉靖二十四年。当年七月，宣大总督翁万达奏："宣府东路去黄花镇、潮河川、古北、喜峰、白羊口甚近，宜令蓟州巡抚加谨堤防及预简精兵一二枝策应，宣府并蓟州兵马悉听临期调用。"兵部复议后议准："蓟州兵力素号寡弱，不宜远调。请以保定班军六千五百，河南民兵六千，山东长枪手六千近拟赴紫荆、通州等处协守者，即许总督侍郎随宜调度为便。"④ 可见，此前明廷已经有调山东民兵赴紫荆关参战的打算。

---

① 冯惟敏：《贺景庵朱郡丞受荐叙》，见《冯惟敏全集·文集》，齐鲁书社 2007 年标点本，第 378 页。

② 《明世宗实录》卷二五五，嘉靖二十年十一月丙申条，第 5121 页。

③ 《明世宗实录》卷二六三，嘉靖二十一年六月辛卯条，第 5222 页。

④ 《明世宗实录》卷三〇一，嘉靖二十四年七月癸未条，第 5728 页。

次年二月，翁万达再次上疏：

吉囊子住牧河西，俺答、阿不孩引兵渡河，乞如例调发客兵。其河南、山东民兵无益于用，独可调山东长枪手三千。兵部言：前年战黄土沟，虏既南下而北走。去年阳和川，虏亦深入而宵遁，多客兵之力。若山东长枪手、河南毛葫芦，本非民间常徭，为其长于用枪，善于走山，所司雇募以资保障。第每省至六千名，不无充以老弱，而议者遂谓无益耳。今宜量减，务取精壮者，每省各三千人，以一都司领之，取便住扎，候警赴援……上是之，曰：各镇兵马依拟调遣，不得延误。河南、山东原募民兵，每省留三千人，委都司官训练听用。①

从翁万达的上疏中可以看出，河南、山东省派出的普通民兵并不适应北边战事，唯独山东青州一带惯用长枪的民兵战斗力很强。因此，明廷决定精选三千名，由都司派出将领专管训练，随时听调。

嘉靖二十六年，巡抚顺天都御史郭宗皋上书言三事，其一云：

山东每岁征兵，惟枪手伉健，宜调用千人。其余不堪战阵者悉罢之，而复于本镇民壮、舍余内选精壮二千，相兼战守。②

可见，尽管明廷已经认识到山东长枪手的战斗力，但负责选调民兵的山东省派出的依然是鱼龙混杂，充斥了大量不堪战阵者。个中原因，不排除有为本省保留有效战斗力的考虑。

嘉靖二十九年（1550），蒙古大军再度兵临北京城下，震惊朝野，史称“庚戌之变”。为应对蒙古军，明廷被迫整顿军备。当年九月，兵部会议京营兴革事宜，议准：“山东、大宁、中都等处原领班军十六万有奇，每年春秋更番上班操备，往往为各营借工私占之资。自今请令于五月中赴京，各都司统率入营，一体操练，至十一月中旬掣回休息，不必两班赴京。如此则每岁京营秋防之时可得军十五六万人，比之招募，尤为省费。”③

整顿班军的同时，明廷又发出募兵指令。

① 《明世宗实录》卷三〇八，嘉靖二十五年二月丙申条，第5802—5803页。

② 《明世宗实录》卷三一九，嘉靖二十六年正月辛巳条，第5939页。

③ 《明世宗实录》卷三六五，嘉靖二十九年九月丁酉条，第6523页。

兵部奉旨议处募兵三事：一、各处原设有马民壮，中间壮勇甚多，宜差官就中抽取，每名给路费八两，不足则取之义勇民人，每名给军装马匹银二十七两，仍给路费，俱免本家徭役二丁，以示优恤。一、招募人数以二万为率，北直隶五千人……山东四千五百人……募完之日，抚按委才勇参将官一员，同本处兵备操练，每年四月终赴近京防虏。北直隶驻顺义，南直隶驻河间，山东驻通州，河南驻保定，山西驻易州，听本部调用。十一月中旬掣回。①

世宗采纳此建议，于是命给事中王德、御史许士元等分别前往山东等地招募民兵。山东民兵因此于土木之变后再度被用于北京防务。②

北京局势稳定后，招募而来的民兵因为节省军费的需要被陆续遣散，但属于民壮系列的民兵依旧被保留。嘉靖三十二年议准：

将山东民壮快，马步精选六千，分为二营。一营屯驻德州，委参将统领，听候调遣。一营在省城，选委佥书都司，统率训练。如德州一营承调北去，即将省城一营移驻德州，以备赴援。③

屯驻德州的前营民兵不久即因蓟镇有警，调“戍太平寨、冷口等处，而以后营移驻德州，遂以为常。后虽奏免后营之移，而前营之戍如故。东人苦之”④。随着国防形势的好转，班军被大量用于各类工程建设⑤，奉调入京的民兵也成为工役的采择对象。“议者请减二省民兵各二千人，折征工食济工。会山东抚臣请免前营民兵戍边，每名责输直三十六两，期以二年而止。存后营民兵三千，听抚臣操练入卫，而罢领兵参将。部议，从之，并令河南民兵免戍，输直如山东例。已，河南守臣复移文兵部，谓折征太重，请损之。于是兵部议覆，二省民力已困，始而选民为兵，犹为有

---

①《明世宗实录》卷三六五，嘉靖二十九年九月乙巳条，第6527—6528页。

② 正德十五年七月初八明武宗下令：“除备边民壮照旧外……各州县民壮只着在本处操练，有事调用，事毕即便放回，不许无故调取聚集一处，科扰害人。”山东民兵当时没有备边任务，因此只在本地操备。引文出处为王琼：《为议处地方以保障生灵事》，见氏著《晋溪本兵敷奏》卷八《山东类》，四库全书存目丛书影印本，第221页。

③ 万历《大明会典》卷一三一《兵部十四·镇戍六·山东》，第1867页。

④《明世宗实录》卷四二一，嘉靖三十四年四月乙亥条，第7295页。

⑤ 如《明世宗实录》卷三九一，嘉靖三十一年十一月丙申条（第6870页）记载：“兵部覆给事中袁洪愈、御史李承华条陈六事：……一、蓟镇修边，取之所部军已自足用，少则益以中都、河南、山东京操班军，不必更烦八府之民。”

名；既而免兵征银，殊为无谓。故折征之议宜寝。但边境多事，戍兵未能卒罢。请存后营之卒，以俟征调。各令副使、参将统领。上从之。”①

嘉靖四十二年，明廷又决定“自四十三年正月为始，务选足三千之数。推参将一员训练。每七月初旬赴蓟镇防御”②。

由于战事趋于平稳，明朝政府中多次发出免调民兵，改为折银的主张③。对此，山东地方官员大多反对。如隆庆六年闰二月，巡抚傅希挚奏：

> 山东民兵皆数年团操精锐。今一旦停罢，以三千游手待哺之众，扼其吭而夺之食，必有攘臂脱巾之虞。且事机不常，若一时议复，则人各涣散，卒难调集，此兵不可罢。而蓟镇所需兵饷，宜量汰马步兵各五百人，扣取工食银二万四千两，转输蓟镇，岁以为例。其余马兵五百人仍留入卫。拣退者分发各兵备道补原额民壮之数，人给工食银十二两。如蓟镇有警，再调前兵，则所输饷银仍归本省，以充兵费。于是蓟辽总督刘应节以南兵工食尚缺银四万八千两，请遣固原入卫兵二千五百人回镇休息，节省行粮银四万一千四百两，及以本镇去岁节省银补给。其固原兵入卫信地，即以山东未罢之兵防守。若他年南兵回籍，固原兵仍前入卫。兵部覆请，上从之。④

山东民兵如何折发并非本文重点，这里只是要说明，到隆庆末年，山东民兵依然和本省班军一样，肩负有进京和北上防边的职责。民兵和国家正规卫所军一道被征发调用，进一步凸显出山东军事力量的战略预备队性质。

三 江南战场上的山东海防军

如果说京操和备边是和平时期北方省份及江南部分地区军事力量履行正常预备队职责的话，那么，嘉靖中期，在倭寇侵扰再次恶化的情况下，山东海防部队仍被大量外调，甚至南下御倭，就需另作解释了。

嘉靖三十一年，多种力量搅合而成的倭寇集团再次出现在东南沿海，

① 《明世宗实录》卷四二一，嘉靖三十四年四月乙亥条，第7295—7296页。

② 万历《大明会典》卷一三一《兵部十四·镇戍六·山东》，第1867页。

③ 关于山东北上防边民兵折银代役的问题，杜志明在其博士论文《明代民壮研究》中已经有较为详细的分析，可参见第289—292页。2012年5月通过答辩。

④ 《明穆宗实录》卷六七，隆庆六年闰二月甲戌条，第1616页。

已破败不堪的海防体系遭到严重冲击。同年，山东沿海也出现了倭寇的影子，“倭犯靖海卫，兵民击退之”①。不久，倭寇又在日照海岸登陆，“卫官率众御之，始退”②。为有效御倭，明廷于次年七月采纳兵科都给事中王国祯等人的意见，授予山东、辽东、应天等处的巡抚官以专敕，“以本职兼理海防”③。

嘉靖三十三年五月，兵部主持廷议，公推南京兵部尚书张经堪任总督，同时奏准“遣御史及本部司官各一员，赍太仓银六万两，往山东调发奏留民兵一枝，及青州等处水陆枪手共六千人。人给军装银十两，令参将李逢时、许国督赴扬州，听经调度”④。同月，福建道御史温景葵、兵部主事张四知奉命往山东募兵御倭。⑤

山东民兵原分为两个营。按照嘉靖三十二年的规定，一营屯驻德州，随时准备北上。另一营留在济南训练，“如德州一营承调北去，即将省城一营移驻德州，以备赴援”⑥。根据上引兵部的建议可知，德州一营应该已经北上备边，所以只能“调发奏留民兵一枝”。山东长枪手在备边过程中颇具战斗力，因而再次成为招募的对象。

温景葵等募兵的效率非常高。当年八月，参将李逢时、许国即率领四千名长枪手赶到了嘉定县，且与从柘林向嘉定进攻的倭寇遭遇。山东援军未作休整，直接投入了战斗。李逢时率麾下先进，擒斩倭寇 80 余人。“自山东义勇屡战得胜，倭锐顿却，乃弃兵刃旗鼓，将为远遁之状。”⑦但同僚许国对李逢时事先没有和自己相约就独自出战非常不满，又嫉妒其获得战功，于是未经筹划，即独自领兵从别道主动出击。由于时值大雨，加之不熟悉地埋，许国部中了倭寇的埋伏，兵败彩桃江，战死、溺水死者上千，指挥刘勇等战死，“皆东方有名勇士也”⑧。此战失败后，山东援军士气低落。明廷无奈，只好先将其遣还。

尽管战败，但山东长枪手的战斗力还是有目共睹的。因此，明廷并未因此战而放弃使用山东援兵。如嘉靖三十四年十一月，兵科给事中夏栻在

---

① 光绪《增修登州府志》卷十三《兵事》。

② 光绪《日照县志》卷七《考鉴·海防》。

③《明世宗实录》卷四〇〇，嘉靖三十二年七月甲子条，第 7020 页。

④《明世宗实录》卷四一〇，嘉靖三十三年五月丁巳条，第 7151 页。

⑤《明世宗实录》卷四一〇，嘉靖三十三年五月甲子条，第 7154 页

⑥ 万历《大明会典》卷一三一《兵部十四·镇戍六·山东》，第 1867 页。

⑦ 李开先：《镇抚李继孜行状》，见《闲居集》卷九，《李开先全集》，文化艺术出版社 2004 年版，第 705 页。

⑧ 李开先：《镇抚李继孜行状》，第 705 页。

进言中提出“寇在门庭，乡兵未即可用”，“暂借客兵为摧陷之资”，“今狼、土、松潘之兵势远难制，可无再调。莫若选调保定、山东、漳、泉等兵，统之良将，以备战守”。同期总督杨宜也提出“土兵未可遽恃，请募浙直义勇、山东箭手及浙直、福建、湖广卫所漕运官军、广东战舰兵勇赴军门听用”① 的建议。

嘉靖三十五年四月，倭寇万余进攻浙江皁林等处。“佐击将军宗礼帅兵九百人御之于崇德三里桥，三战俱捷，斩首三百余级。贼首徐海等皆辟易，称为神兵。”宗礼能有此胜利，全赖“所部箭手三千人皆壮士”②。这些箭手，即杨宜等人推崇的山东兵。可见，山东援军并未因嘉定兵败而气沮，依旧活跃在江南抗倭战场上。

三里桥一战，“论者谓兵兴以来，用寡敌众，血战第一功。礼虽陷败，然海等亦病创夺气。未几，遂就抚云”③。足见山东援兵在江南抗倭战斗中发挥了关键作用。

此后，山东民兵仍不时被用于江南战场。如嘉靖三十八年正月，总督浙直福建右都御史胡宗宪“以倭患未弭，春汛伊迩，请募山东民兵三千，选委谋勇将官，督驻苏松常镇防守”④。这一请求获得批准。不过胡宗宪并未得到这批强兵。因为当年五月，总督漕运都御史傅颐以“淮扬之间倭寇方炽，盐场、运道俱当防护。高邮重地，未设戍兵”⑤ 为由，把路经本处的胡宗宪招募的山东民兵2500人奏留在了高邮。山东民兵被截留，亦从侧面证实了他们的战斗力。

其实，山东军兵早在倭寇泛滥之前就已经出现在了江南战场。如成山卫指挥佥事唐玉，道光《文登县志》中记载：“二十六年倭寇至，盗贼蜂起。玉奉命剿捕。周山、沈家庄擒贼首徐明山等，遂乘胜攻贼党于桃花洞。获渠魁汪五峰等，倭寇平。升南京右军都督府，世袭指挥同知。”⑥ 唐玉的事迹在《明世宗实录》中也有记载。如：

> 嘉靖四十年十二月辛巳，升统领山东民兵参将、署都指挥佥事唐

① 《明世宗实录》卷四二八，嘉靖三十四年十一月壬寅条，第7401页。
② 《明世宗实录》卷四三四，嘉靖三十五年四月辛亥条，第7487页。
③ 同上。
④ 《明世宗实录》卷四六八，嘉靖三十八年正月壬寅条，第7882页。
⑤ 《明世宗实录》卷四七二，嘉靖三十八年五月甲戌条，第7925页。
⑥ 道光《文登县志》卷四《选举·武科》。

玉为署都督佥事，佥书南京右府事。[①]

这和地方志的记载可以相互印证。

嘉靖二十六年，负责江南防务的是力主海禁的朱纨。唐玉此时即奉命剿倭，证明在江南倭患刚刚出现明显迹象，尚未全面爆发之前，山东军事力量已经被抽调南下。

与嘉靖三十三年及以后多次招募山东民兵不同，随唐玉南下的官兵应该是沿海卫所正规军。这从某些个案资料中也可以得到验证，如出现在浙江战场的莱州卫指挥同知楚瀛[②]、“南征阵亡”的威海卫指挥刘勇[③]等。唐玉、楚瀛、刘勇都是军官，他们南下，至少会带领少量亲随军伴。即使数量很少，也可证明沿海卫所正规军被部分抽调南下。何况嘉靖年间的民兵和卫所正规军一道，已经被纳入山东海防体系。

根据档案的记载，登州卫在嘉靖三十四年正月十九日给备倭都司长官的行文中称原领春班班军的指挥刘勇阵亡，则其阵亡时间应在嘉靖三十三年。不排除此刘勇即三十三年八月率民兵作战，战死彩桃江之刘勇的可能。如果这一推测成立，则嘉靖三十三年由李逢时、许国率领，南下抗倭的山东民兵中本身即含有部分正规卫所官兵。

至于唐玉后来升任统领山东民兵参将，应该是大量山东正规军、民兵参加江南抗倭战斗后，明廷整合山东各路人马的结果。

在明初的军事体系设计中，青州一带的兵力是沿海备倭军的总后援。和平时期，青州左卫军被大量征调京操，本卫没有配置专职捕倭军，本卫所属海防设施已经交由民兵负责。但在山东沿海已经出现倭寇侵袭的情况下，作为海防预备队兵力重要来源的青州长枪手却被大量征召南下，原因是什么呢？

江浙一带是明朝的经济重心，是维系大明帝国存在的基础。江南出现倭乱，明朝政府理应集中力量予以剿除。不过内陆省份可调用的兵力众多，何必非调山东兵呢？这除了和山东兵已经在长城沿线战场扬名立万有关，还和山东沿海遭遇的倭寇侵扰强度有关。

除了嘉靖三十一年的两次小规模骚扰外，笔者搜检到的史籍中有关倭

---

① 《明世宗实录》卷五〇四，嘉靖四十年十二月辛巳条，第 8328 页。

② 光绪《三续掖县志》卷一《古迹·明故定国将军中都留守司副留守仙洲楚公墓志铭》，《掖县全志》本，光绪十九年县衙藏版。

③ 见《登州卫指挥使司为查补衰老患病不堪领班官员事给山东总督戚的呈文》，辽宁省档案馆、辽宁省社会科学院历史研究所编：《明代辽东档案汇编》，第 1089 页。

寇侵扰山东沿海的记录还有以下五次：

（1）嘉靖三十三年三月，“苏、松倭寇掠民舟入海，趋江北岸，薄通、泰等城，焚掠各盐场。余众有漂入青、徐界者。山东、辽东俱震”。①

（2）嘉靖三十四年五月，“倭舟一只登夹仓口，约六十余人，各持利刃，望屋而食。卫官合日照民兵共击之，战于转头山。倭败，南遁至响石村。又击之，终不能剿。流劫赣榆、海州、沭阳、桃源等县，至清河县阻雨。徐、邳官民分道蹙之，歼于马头镇。斩首四十一级”。②

另据《明世宗实录》卷四二二记载，嘉靖三十四年五月，“倭寇五十余人自山东日照县流劫安东卫，至淮安赣榆县。是日，吕四场有倭舟突犯，沿劫东团等处。该场副使李政督率耆灶奋锐攻之，斩首四十五级，尽歼其众”③。

这两处记载的应是同一批倭寇。

（3）同年，一只倭船为风所阻，停泊在威海栲栳岛岸边。倭寇依山嘴设防，“官军不能前。数日，持刀出，官军获之”④。

（4）嘉靖三十五年，倭寇灵山卫养马岛。⑤ 养马岛即灵山岛。

（5）嘉靖三十六年，倭船再次出现在日照海岸。“掌印指挥王道率青州营千户徐光华奋力御之，数日始去。”⑥

另据《明世宗实录》卷四四七记载，嘉靖三十六年五月癸丑日，“泰州倭转掠扬州、山东及徐州。官兵御之，皆溃。贼遂薄新水关，矢及城中”⑦。出现在日照海岸的倭寇估计就是这批从泰州出发的倭寇的一部分。

从这几次战斗来看，倭寇的数量都很有限。另外其中四次都是出现在靠近南直隶的东南一带，只有一次出现在威海。这些倭寇除了嘉靖三十六年这批系从江南北上流窜外，其他几批的来历不明，估计也不是有准备而来，而是受夏季风的影响，偏离了既定航线，漂至山东沿海。

嘉靖时期的倭寇群体中混杂有大量中国海商、海盗及沿海无业流民。因而其劫掠行为颇具有针对性。“盖扬州富甲天下，人所素闻。三十五年之夏，贼以二百余人突至扬州城下，城中谨闭自守。其任游逸，无如之

---

① 《明世宗实录》卷四〇八，嘉靖三十三年三月乙丑条，第7129页。

② 乾隆《沂州府志》卷四《防倭》，“中国地方志集成丛书”影印本，第64页。

③ 《明世宗实录》卷四二二，嘉靖三十四年五月甲辰条，第7318页。

④ 道光《文登县志》卷十《杂闻·兵事》。

⑤ 道光《重修胶州志》卷三四《记·大事》。

⑥ 光绪《日照县志》卷七《考鉴·海防》。

⑦ 第7615页。

何，大掠而去。自是益生歆艳，而扬州为贼所必窥之地矣。"[①] 苏州、扬州一带等富庶地区是倭寇打击的重点。山东地区正德年间受刘六、刘七起义影响很大，西三府状况尚好，"而登、莱二郡，沂、济以南，土旷人稀，一望尚多荒落"[②]，对于倭寇并没有什么吸引力。

倭寇寡少，但山东海防军士的表现同样不佳。如果说停泊栲栳岛的倭寇占据了地利，很难迅速拿下尚情有可原的话，登陆夹仓口的倭寇不过60余人，守军虽然两次击败之，但始终无法全歼，致使其一路流劫到徐州，就只能用战斗力低下来解释了。夹仓口和日照都在青州境内，两地的防务也是由青州兵备官负责的。两地应对倭寇不是很顺利，和本地强兵悍将被大量征调南下北上，不会没有关系。

不过从这次战斗中也可以看出，山东沿海遭遇的倭寇侵袭并不厉害，本土守军尚能独立应对。在独立抵御倭寇的同时还能派出大量兵将支援江南战场以及北边防线，进一步证明在嘉靖朝国防形势异常严峻的大背景下，山东省所属武装力量依旧没有改变其战略预备队的性质，山东海防体系的战略预备化态势也没有发生根本性的变化。

结　语

明中叶，海防压力大大减轻。明朝政府虽然不时有类似天顺八年"命总督扬州等处备倭都督佥事董良会巡抚都御史王竑等修筑江北一带沿海墩台。自山阳县庙湾巡检司下滩墩至海州惠泽巡检司新坝墩，凡二十二座，每墩起窝铺，拨守瞭人夫，以备倭寇"[③] 那样的举措，但在总体上已经彻底放弃御倭于海上的战略，龟缩于内陆。伴随着外战功能的弱化，内卫功能因为爆发农民起义的契机，被附加到海防部队身上，山东沿海备倭军队的职能因此复杂化。

由于土木之变、庚戌之变等的影响，山东海防部队及后来进入海防体系的民兵被大量外调参加京操、备边乃至南下抗倭，即便在本省沿海也出现了倭寇侵袭的情况下，大量精锐部队被外调的局面也没有改变。这些都说明此时的山东海防官兵已经彻底沦为战略预备队，海防体系因而随之转入预备状态。

处于预备化的海防体系受关注程度有限，难免走向废弛。莱州城教场

---

① 张萱：《西园闻见录》卷五七《兵部六·海防前》，第226页。

② 嘉靖《山东通志》卷七《形势·莱州府·总论》，第483页。

③ 《明宪宗实录》卷三，天顺八年三月甲寅条，第63页。

公署后日就荒颓的数仞高台即是证明。虽然大学士毛纪带着怀疑的口吻，“常忆国初沿海设有望海夫以备倭寇，此殆其墩之遗址邪”，[①] 但丝毫不能掩饰海防体系废坏的事实。尽管明廷通过增设兵备官等手段予以纠正，但大趋势无法扭转。嘉靖年间，宁海州城被大水冲垮四十七丈，宁海州、卫分别负责修整西城和东城。“东门原分卫修，以无力，州暂代修，复完”。故老慨叹：“州暂代修，则卫事可知矣。”[②] 修城尚且无力，若倭寇大举来袭，后果可知。

造成海防军备废弛的原因，除了政治日趋腐败，与海防体系的总体预备化无疑有直接关系。在北边始终是明廷心头大患的情况下，要改变海防废弛的状态，除非出现新的大规模海上压力，而这要等到万历中叶。因此，从正统到万历初的一个半世纪里，山东海防体系始终处于战略预备状态。

第四节　山东总督备倭都司主官考述

备倭都司是山东海防体系中的重要机构之一，在大部分时间里，备倭都司长官都充当着半岛海防部队最高指挥官的角色。本节拟对万历援朝战争之前的历任都司长官作一简单介绍。

一　备倭都司设置时间

对于山东备倭都司的设置时间，史书记载并不一致。朱亚非、赵树国在《明代山东备倭都司考论——兼论戚继光山东御倭》[③] 一文中曾作过具体讨论，指出共有三种说法。一是洪武说，如嘉靖《山东通志》卷十一《兵防》中记载：“备倭都司……洪武间设”；二是永乐说，如《登州府志》中记载：“永乐六年，登州始置备倭都司，节制沿海诸军，以都指挥王荣领之，又以宣城伯卫青、永康侯徐安镇之。嗣后不设都指挥使，或署都指挥，或以都指挥体统行事”；[④] 第三种是嘉靖说，出自王圻的《续文献通考》卷一三二《兵考》：“自世宗世倭患以来，沿海大都会各设总督、巡抚、兵备副使及总兵官、参将、游击等员……于山东则登、莱、青三府

① 毛纪：《海山亭记》，《鳌峰类稿》卷十，“四库全书存目丛书”影印本，第80页。
② 嘉靖《宁海州志》卷上《建置·城池》，第729页。
③ 《戚继光研究会会刊》第1期，黄海数字出版社，2013年。
④ 光绪《增修登州府志》卷三六《武秩上·备倭都指挥使司》。

设巡察海道之副使，管理民兵之参将，总督沿海兵马备倭之都指挥。”

按照朱亚非等的理解，主张洪武说者大多把备倭都司设置时间与汤和奉命巡海挂钩。但汤和并未主持过山东海防建设，且山东沿海卫所大多是洪武三十一年五月才开始创建，因而此说不成立。笔者同意此看法。

至于嘉靖说，从文字上看，王圻说的应是嘉靖年间山东海防体系形成了以海道副使、民兵参将、备倭都司三驾马车为核心的管理体系，不宜理解为备倭都司设置于嘉靖朝。

此外另有永乐十六年一说，出自即墨人蓝田。他在《登州总督备倭帅府厅题名记》中称“永乐戊戌，乃立帅府于登州新城。新城者，新开海口也，宋人之刀鱼寨……乃命都督卫青来镇守，而协守则都督李凯。赐已玺书、符验，佩以关防，以节制卫所及三营诸军事”[①]。此说系孤证，且与此前山东沿海的御倭情形不符，估计是记忆错误。

因此，在没有发现更为直接、确凿的证据之前，仍应以永乐六年说为第一选择。

二　历任都司主官小考

备倭都司的历任主官，在康熙《登州府志》卷五《武备》、光绪《增修登州府志》卷三十六《武秩》等地方史志中有所记载，但内容过于简略，且有一定分歧，有必要作进一步探讨。

（一）王荣

据《肇域志》中记载：“备倭都司，在水城内，永乐六年始命都指挥王荣总领之……永乐七年给符验，九年加总督。”[②] 这一记载后来被顺治《登州府志》等地方史志广泛沿用。但对首任长官王荣，史籍中却找不到直接的记载。永乐元年三月，朱棣封赏靖难功臣，有一个王荣被封为府军卫指挥同知。为安置这些新贵，朱棣曾将其中的一批人先后分配到山东沿海卫所任职。“永乐纂统，报白沟诸役功绩，簪缨世胄，食采兹地。”[③] 首任备倭都指挥王荣，不排除就是这个受到封赏的靖难功臣。

（二）卫青和蔡福

卫青原是蓟州百户，靖难中投降，随朱棣南下征战，战后受封都指挥佥事。永乐九年三月，以都指挥同知衔往山东都司任事。

---

① 蓝田：《蓝侍御集》卷四，“四库全书存目丛书”影印本，第224页。

② 顾炎武：《肇域志·山东·登州府》，第557页。

③ 李篮：《安东卫志序》，见康熙《安东卫志》序三。

蔡福，系燕山中护卫舍人，参与靖难。建文四年九月，被封为都指挥同知，安置于山东都司。永乐四年随新城伯张辅征讨安南。六年七月，积功升都督同知。七年十二月，被召还京。蔡福虽然勇武，但屡犯国法，多次遭到惩处。永乐十四年六月，朱棣“命都督同知蔡福充总兵官，指挥庄敬为副，率兵万人于缘海山东巡捕倭寇”。为防止其再犯军纪，朱棣在临行前特地告诫他“宜严约束，身先士卒，以殄寇为务，毋纵下人重为民害，违者并其将皆不贷”[①]。六月，明廷又敕谕蔡福等人：

近登州卫奏，有贼舡三十三艘泊靖海卫杨村岛。已敕山东都指挥卫青等帅军往捕，尔即合兵殄灭，勿误事机。[②]

从这道敕谕中可以发现，都指挥卫青已经先于蔡福来到山东沿海，负责抗御倭寇。另据李贤所撰《世袭宣城伯卫公神道碑铭》中记载：“（永乐）十一年，率沿海军士以剿倭寇。十三年，召至京师，委管神机营。十四年，复敕往剿倭寇。”[③] 似卫青已经于永乐十一年接手备倭都司的工作。此后虽然一度被调离，但很快回到山东沿海，继续专管备倭。

永乐十四年前后，正值倭寇泛滥。按《明太宗实录》的记载，蔡福的职务是“捕倭总兵官”，属下军士也是从各卫临时抽调而来的。当年九月，蔡福即奉命回京。据此推断，蔡福并非备倭都司长官，而是在海防形势异常严峻时刻，由中央政府派出的增援部队总兵官。从六月份明廷命令蔡福“合兵殄灭”停泊于杨村岛的倭寇来看，蔡福与卫青并无统属关系，只是职责雷同的友军。那时的备倭都司长官应该是卫青，且卫青主持备倭都司工作的最早时间可能始于永乐十一年。

康熙《登州府志》（本节以下简称“康熙志”）中记载王荣任职十年，即从永乐六年到永乐十六年。十六年时，卫青接任。从前引《世袭宣城伯卫公神道碑铭》来看，这一说法明显有误。实际上，光绪《增修登州府志》（本节以下简称“光绪志”）的作者对此也不认同。在光绪志中，卫青的任职时间被提前到永乐十四年，这和神道碑文的描述基本吻合，毕竟永乐十三年时卫青曾被调离沿海。

另据《实录》记载，永乐十五年三月蔡福被谪戍交阯，原因是“先

---

① 《明太宗实录》卷一七七，永乐十四年六月丁卯条，第1932页。

② 《明太宗实录》卷一七七，永乐十四年六月甲申条，第1935页。

③ 道光《重修蓬莱县志》卷十三《艺文志·碑铭》。

总舟师捕倭，调度失律，溺死官军”[①]。看来蔡福率领的捕倭大军在山东沿海并没有发挥应有作用。蔡福派到安南战场后也没有立功，反而在镇守乂安城时不战而降，“且教贼造攻具以攻东关。时有官军九千余人欲焚贼营，福等令百户牟英告贼，贼尽杀九千余人，遂攻昌江等城，而福历说各城之人出降”[②]。后于宣德三年被处死。

蔡福回京后，沿海备倭由卫青独立负责。永乐十六年五月，“敕山东都司调马步军八千人，令都指挥卫青、李凯统往缘海剿捕倭寇”[③]。可见，明朝政府虽然不再单独派出援军，但在倭寇猖獗时依然沿用了抽调兵将增援沿海的方式。由卫青直接指挥这些援军，对于统一分配沿海所有兵力，避免相互掣肘，提高御倭效率无疑是有帮助的。

卫青执掌备倭都司的时间很长，一直持续到正统元年六月病逝。卫青主政时期，也是山东海防体系开始转型的起点。永乐十八年，卫青主动带兵参加了镇压唐赛儿起义的战斗，为沿海备倭军增加了内卫职能。宣德八年，登州卫指挥戚珪提出沿海军士“各守其地”的建议。卫青虽然力争，但未能维持三营集中使用的永乐旧制，被迫接受三营官军“常于其地操备，更不聚于登州。如有警急，互相应援”[④] 的“改革”结果。

不过，由于卫青功绩卓著，地位很高，由他提出的建议大多会被采纳。如洪熙元年十二月，他奏请“备倭军士缺弓箭，请给弓一万，弦二万，箭三十万”[⑤]。当月，明廷即如数允准，且直接从京库调拨。[⑥]

史志中记载，与卫青大致同期，另有一个叫李凯的将军。康熙志称其为“都督佥事，十六年任”。光绪志则称他的职务是都指挥佥事。按照即墨人蓝田的记忆，备倭都司成立后，“乃命都督卫青来镇守，而协守则都督李凯。赐已玺书、符验，佩以关防，以节制卫所及三营诸军事”[⑦]。根据《明太宗实录》的记载，洪武三十五年八月，“调都指挥佥事李凯于山东都司”[⑧]。永乐十六年五月协同卫青沿海捕倭。至于他的准确职务，蓝田也没有明确说，只说是“都督”。现存实录原文为“敕山东都司调马兵

① 《明太宗实录》卷一八六，永乐十五年三月丁酉条，第 1992 页。

② 《明宣宗实录》卷四三，宣德三年五月辛巳条，第 1076 页。

③ 《明太宗实录》卷二〇〇，永乐十六年五月丙辰条，第 2083—2084 页。

④ 《明宣宗实录》卷一〇六，宣德八年九月丙午条，第 2369 页。

⑤ 《明宣宗实录》卷十二，洪熙元年十二月壬申条，第 322 页。

⑥ 《明宣宗实录》卷十二，洪熙元年十二月己丑条，第 337 页。

⑦ 蓝田：《登州总督备倭帅府厅题名记》，《蓝侍御集》卷四，第 224 页。

⑧ 《明太宗实录》卷十一，洪武三十五年八月乙亥条，第 189 页。

步宫军八千人，令都督指挥卫青、李凯统往缘海，剿捕倭寇”[①]。旧校时改“宫军”为“官军”，且删掉了“都督指挥”中的“督”字。不排除康熙志的作者施闰章见过这个版本的实录，因为李凯是副职，故臆想其为都督佥事的可能。

据《明宣宗实录》记载，宣德元年五月甲寅日，“命都指挥同知李凯、吴受，都指挥佥事牛谅任浙江都司”[②]。在调往浙江之前，李凯是否一直跟随卫青，因为资料缺乏，暂不得而知。

（三）李福

卫青于正统元年六月戊申日病逝。四天后，中军署都督佥事李福领命“往山东提督备倭”[③]。《中国海防史》的作者认为“沿海提督备倭官一职原先只有浙江都司都指挥同知张翥一人”[④]。从行文上看，其依据是下面这条记载：

> 正统四年八月戊戌，命提督备倭官、浙江都司都指挥同知张翥提督福建，都指挥佥事吴凯提督浙江。复命南京守备、襄城伯李隆等选都指挥一员提督南直隶沿海地方。先是，沿海备倭，惟命翥提督。至是，以地方广阔，复增命凯等。仍戒遇警互相策应，勿自分彼此，失误事机。违者罪之。[⑤]

从文字上看，这里应该指的是在东南沿海一带，此前只由张翥一个人负责提督备倭，而非整个东部沿海。李福领命往山东提督备倭的时间是在正统元年，即使不一定比张翥早，至少也会和他大致同时。

按照明廷的部署，襄城伯李隆等负责推选南直隶提督备倭官。当年十二月，“命署都指挥佥事盛琦往直隶扬州等处提督官军备倭”[⑥]。张翥此前因治下“各寨缺少官军六千余人、哨船七十余艘，兵器铠甲亦多损敝”被巡按监察御史成规等弹劾，心怀不满。受命提督福建后，其管辖范围明显缩小，故“迁延不赴”。明廷于是将其逮捕，另“升金山卫指挥同知王

① 《明太宗实录》卷二〇〇，永乐十六年五月丙辰条，第2083—2084页。
② 《明宣宗实录》卷十七，第466页。
③ 《明英宗实录》卷十八，正统元年六月壬子条，第360页。
④ 杨金森、范中义：《中国海防史》第二章，第139页。
⑤ 《明英宗实录》卷五八，正统四年八月戊戌条，第1120页。
⑥ 《明英宗实录》卷六二，正统四年十二月壬午条，第1180页。

胜署福建都指挥佥事，提督备倭”①。正统八年，明廷又命“广东署都指挥佥事杜信提督缘海备倭官军”②。至此，东部沿海一带除辽东外，各省均设置了专职的提督备倭官。

《中国海防史》的作者提出“到正统七年提督改为总督”③，其实，早在正统五年，《实录》中就出现了总督字样。如五年七月，“总督备倭署都指挥佥事盛琦初坐奏章未用印，上命都察院移文示琦”④。蓝田认为山东备倭都司长官加总督始于成化年间。他在记文中写道：

> 成化丙申（十二年），命都指挥高通来，改总督备倭，至今仍之。⑤

这也是不对的。因为《实录》明确记载，正统十三年十一月，“命永康侯徐安总督山东守海官军备倭”⑥。

李福在任期间，山东海防建设大体维持了原状，并略有整饬。如正统六年，李福上奏：“官军原领弓箭年久，兼以海雾蒸解胶漆，不堪御敌。及神铳、硫黄急缺应用，乞于南京内库支给。”明朝政府批准给予“弓二千五百张、弦五千条、箭七万五千枝、硫黄二百五十斤”⑦，但对其请求的神铳则未置可否。明廷对火器的控制很严格，拒绝给海防军补给火器，有严格控制火器配置的可能，但与此时海防战略地位日渐下降应有更直接的关系。

由于三营军士来自沿海不同卫所，李福上奏：“即墨三营备倭官军距各卫所远者至一二百里，其间道多沟渠，遇夏水长不可渡，恐误策应。青、登、莱三府有渔舟，方春而渔，及夏则止。乞令所司佥渔户舟以渡，免其杂徭。”明朝政府经讨论后决定：“渔舟有税课，不可重役。其沟渠浅者不必舟渡，惟莱阳县南五龙河、胶州东新河宜令有司出官物造舟，付守墩军操渡。”⑧

明朝政府的决定虽然增加了沿海守墩军的负担，但对提高备倭军士的

① 《明英宗实录》卷六三，正统五年正月丙寅条，第1209页。
② 《明英宗实录》卷一〇四，正统八年五月乙亥条，第2113页。
③ 杨金森、范中义：《中国海防史》第二章，第139页。
④ 《明英宗实录》卷六九，正统五年七月壬子条，第1339页。
⑤ 蓝田：《登州总督备倭帅府厅题名记》，《蓝侍御集》卷四，第224页。
⑥ 《明英宗实录》卷一七二，正统十三年十一月庚戌条，第3318页。
⑦ 《明英宗实录》卷八六，正统六年闰十一月己丑条，第1730页。
⑧ 《明英宗实录》卷九十，正统七年三月己巳条，第1809页。

集结速度无疑还是有帮助的。李福能提出这样的建议，说明他还是尽职的。

李福在任期间，海防部队的预备化走向已经非常明显。正统六年三月，李福之子李芳被按察使黄翰举报“假以捕盗给批，遣（舍人张）斌扰民”①。事情的起因是张斌负责巡捕寇盗，抓获大盗刘海后又放走了他。此事证明到正统年间，备倭都司已经担负捕盗，即维护地方治安的职责，与普通腹里都司的职能日趋接近。

正统年间，明军的军纪日渐败坏，军官违纪现象层出不穷。李福身为军事主官，也未能“免俗”。正统六年，李福接受捕鱼户诉状，杖责了登州卫指挥孙凯。孙凯的父亲为此骂了李福，“福并执通杖之八十，枷示卫门，既而释之”。孙通于是“奏福诸不法事”。巡按御史“逮诸所连者鞫之，有实，请治福罪”，“上宥之，第住俸半年，戒以再犯不宥”②。

李福杖责孙凯，似有为民申冤的可能。但其自身的不干净，也给对方提供了口实。另外，从巡按御史只是请求制裁其不法行为，而没有追究其接受渔户诉状来看，似乎此时的备倭都司长官已经具有受理词讼的权力。这也是海防部队职能转化的一个反映。

正统八年二月，巡按御史郑观又一次举劾李福的不法行为。史载：

> 登州营备倭官军八百六十名俱青州等卫拨来，而登州卫官军却拨一百余名南去即墨营备倭，此盖总兵官李福贪贿作弊。乞将登州卫官军存留本卫备倭，将青州等卫官军退还，其沿海附近卫所官军拨与文登、即墨二营，带领家小随住备倭，不许更动，以为久计。事下山东布按二司会巡按御史覆实，言登州、文登、即墨三营官军三千九百二人，宜令各带家小随营住坐。月粮，登州营就本府仓，文登、即墨营就文登、即墨县仓，全关米一石，行粮俱住支。计算一年积出行粮二万八千余石，不特粮储省费，亦且军不被害，奸弊可除。李福贪取灵山卫银三十两、大布一百疋，已为按察副使钟禄所劾奏。臣等以山东沿海地方南北二千余里，总兵镇守备倭诚为重任。今李福贪贿作弊，隳废军政，倘遇警急，误事非小。上曰：兑换官军，兵部准行。李福役占军人，速令改正。其受灵山卫赃物，都察院究实以闻。③

---

① 《明英宗实录》卷七七，正统六年三月乙卯条，第1525页。

② 《明英宗实录》卷八十，正统六年六月丁亥条，第1599页。

③ 《明英宗实录》卷一〇一，正统八年二月癸巳条，第2037—2038页。

三营是山东海防的骨干。让官兵熟悉整个沿海地理及其他有利条件，是有效执行海防任务的前提。因此，李福让登州卫军到即墨营服役，未必就是为舞弊创造条件。明朝政府坚持由就近卫所派兵入营，并令家属随住，完全是从节省钱粮的角度考虑，所谓“奸弊可除”，只怕是托词。

另外，三营在创建时，强调的是集中优势，快速反应，本质上是机动化部队。让家属随住，势必增加管理难度，并使之向普通卫所靠拢，降低作战效能。这是宣德八年三营兵力不再集中一地，统一指挥之后的又一次重大改变，也是海防体系彻底走向预备化的一个重要标志。只是这次变革是借着打击李福贪腐、违纪行为的机会进行的，而且顶着节省行粮的漂亮光环，很容易转移人们的注意力罢了。

（四）徐安

正统十三年十一月，永康侯徐安奉命接替李福，“总督山东守海官军备倭”①。徐安在历任备倭都司中爵位最高。此前的卫青只是伯爵，而且是在都司任上晋封的。徐安也是靖难功臣，且颇受重视，永乐十六年十一月还曾因年少，同建平伯高福、安乡伯张安一道奉命入国子监读书②。

因为地位高，拥有他人不具备的人脉资源，徐安在整饬海防方面颇有成绩。如景泰二年十二月，奏准：“山东宁海、登州、莱州、鳌山、胶州等卫所城垣、墩、堡被风雨损坏……请发丁夫修理。”③ 景泰七年八月，奏准：“命山东三司修沿海诸卫所城。”④ 天顺五年九月，奏请获准“修山东沿海卫城二十三处”⑤ 等。

从洪武年间开始，明朝政府为防范沿海民众与倭寇勾结，即实行了严格的海禁政策，并大举迁移近海岛民到内陆居住。明中叶，海防战略更趋保守，近海防御战略转化为近岸防御，海禁政策更趋严密。徐安此时受命总督沿海备倭，加之此前没有在沿海服役的经历，因而在海防战略上并没有什么突破，只是严格奉行而已。如正统十四年十月，徐安奏准：“比见倭寇往来海中，虑其登岸抢掠即墨县阴岛社，请迁其民于陈马庄居住，验户丁多寡，拨与空闲屯地耕种。”⑥

阴岛在胶州湾内，远离外海。明廷在胶州湾两岸分别设有灵山卫和鳌

① 《明英宗实录》卷一七二，正统十三年十一月庚戌条，第3318页。

② 《明太宗实录》卷二〇六，永乐十六年十一月癸酉条，第2112页。

③ 《明英宗实录》卷二一一，景泰二年十二月辛未条，第4537页。

④ 《明英宗实录》卷二六九，景泰七年八月辛酉条，第5709页。

⑤ 《明英宗实录》卷三三二，天顺五年九月丙午条，第6815页。

⑥ 《明英宗实录》卷一八四，正统十四年十月癸酉条，第3652页。

山卫，控遏胶州湾与黄海连接处。按理，阴岛遭遇倭寇袭扰的概率很低。因此，明初还曾在岛上部署屯军垦荒屯田。徐安此时奏请迁移岛民，暗示沿海备倭军力已经大幅度缩减，对有效保卫岛上民众缺乏信心。这也是海防前线大幅度内缩的一个反映。

因为沿海无战事，备倭将领往往不在前线驻扎。为此，兵科给事中秦崇等于成化七年三月提出建议：

扬州、山东止防海道，而永康侯徐安居东莱，都督佥事董寘居苏州，日事游乐，无益于事。乞还徐安，别任董寘专于海滨操御，不许居苏州繁华之地，以图己便。[①]

兵部会议，以为可行。宪宗反复思索后，决定不动徐安。

成化十七年十二月，徐安病逝。成化二十一年，巡抚山东左副都御史盛颙奏准："山东先任总兵官都督卫青、永康侯徐安俱有功德，军民慕之，遂立祠以祀。乞赐祠额，并令有司春秋致祭。上命岁一祀之。"[②] 能在去世后被地方立祠堂祭祀，说明徐安在备倭都司任上颇得军民敬仰。

（五）高通

成化十二年五月，山东署都指挥佥事高通奉命接替徐安，"总督备倭"[③]。高通进入决策层视野始于成化七年。当年十二月，"太监许安奉旨，令兵部于诸营武职中举智勇可领军马者四五十人以闻"[④]。兵部尚书白圭等于是从京营中推举了一批智勇双全的将领，其中包括来自山东都司的班军领操官、指挥使高通和廉政。上文中提到，同年三月，兵科给事中秦崇等曾弹劾了一批将领。明廷此时选拔武将，不排除有顶替边海不称职将领的目的。

史载，成化八年二月，山东都司把总指挥使高通言：

奉敕总领卫所军马赴京操练，凡事皆禀于都司，而卫所官敌己者多违令怠事。乞以都指挥一人自代。事下兵部，言通与指挥使廉政共领京操兵，宜量授以署都指挥佥事之职。有旨：令仍原职领敕行事。

① 《明宪宗实录》卷八九，成化七年三月乙酉条，第1727页。

② 《明宪宗实录》卷二七二，成化二十一年十一月乙丑条，第4592页。

③ 《明宪宗实录》卷一五三，成化十二年五月乙巳条，第2788页。

④ 《明宪宗实录》卷九九，成化七年十二月癸巳条，第1922页。

有违误者，听指实奏闻治之。[①]

宪宗虽然否决了兵部的建议，但在次年三月，还是令“山东济南卫指挥使高通、鳌山卫指挥使廉政俱为署都指挥佥事，领操”[②]。

当年九月，巡抚山东左佥都御史牟俸奏准暂留山东班军于本省“修治城、屋、河岸，仍用京操法练习，以备不虞”。当时已经到京的总领指挥李武等闻诏，“即日率众而还”。“管操都指挥佥事高通奏其不听约束，且言士卒军器例寄于京，今散漫而归，本地何以为防御之备？合逮武等治之。”宪宗没有处罚李武等人，只是“命以本地兵器与之”[③] 了事。

从这几件事来看，高通与同僚的关系似乎很糟糕。如果说宪宗在时隔一年后改变初衷，授予高通、廉政二人署都指挥佥事职衔，的确有职级相同，不便管理的原因，那么，九月份高通举劾李武等人则有报复之嫌。因为牟俸奏请暂留班军，出发点是因为“山东士卒困苦尤甚。今起赴京操，意外之虞，不可不虑”[④]，留在本省参加工役，“以备不虞”，原本就是托词，实际目的在于让本省班军获得一年的休息时间。因此带不带兵器回本省根本就不是问题。高通一方面说京操“士卒军器例寄于京”，一方面又指责属下“散漫而归”，本身就自相矛盾。其出发点不过是李武等未听其约束，侵犯了他的权威。宪宗未理睬他的弹劾，估计也有怪他多事的因素。

史载，成化十二年八月，“大宁都指挥使常广、山东都指挥佥事廉政管领京操官军，以违限坐罪，各赎杖还职”[⑤]。

高通原与廉政一起管领京操军。从这条史料中可以看出，成化十二年时，廉政依旧在京操军中，而高通却于当年五月被调往备倭都司，这其中，不善处理人际关系，应是重要原因。

不过，在成化十四年九月兵部上呈的内外臣僚举荐将才的名单上，高通依旧在列，说明他的军事素质，还是得到朝廷认可的。

（六）马能

马能，原为金吾右卫带俸都指挥佥事，成化十七年五月总督备倭。[⑥]

---

① 《明宪宗实录》卷一〇一，成化八年二月癸巳条，第1974页。

② 《明宪宗实录》卷一一四，成化九年三月丙申条，第2208页。

③ 《明宪宗实录》卷一二〇，成化九年九月甲午条，第2310—2311页。

④ 同上书条，第2310页。

⑤ 《明宪宗实录》卷一五六，成化十二年八月丙戌条，第2853页。

⑥ 《明宪宗实录》卷二一五，成化十七年五月丁亥条，第3735页。

成化十四年九月兵部推举将才时，马能也在推举范围。成化十五年十二月，太监汪直、抚宁侯朱永等奉敕“黜陟坐营官”，时任指挥使的马能再次受到表彰，并晋升署都指挥佥事[①]。估计此后马能离开京营，暂时于金吾右卫带俸差操。康熙志称其此前为“锦衣卫署都指挥佥事，（成化）十八年任”，不知所本为何。

（七）姚昇、陈玺

成化二十二年七月，明廷“命永清右卫带俸署都指挥佥事姚昇总督山东备倭”[②]。姚昇和马能一样，也在成化十四年获得兵部举荐。成化二十一年时，主持团营事务的保国公朱永言上言：“（中军指挥使姚）昇等以指挥，于团营掌号，而所属有为都指挥者，难于调遣。且升等公勤才干，宜进其职。”兵部认为按照旧制，“武职非有军功，不得拟升”，如从其请，“恐启冒滥之风”。最后，朱永的意见获得宪宗首肯，“姚昇、张怀、沈贵升署都指挥佥事，不为例”[③]。

据《明孝宗实录》记载，弘治五年三月，明廷“升锦衣卫指挥同知陈玺为署都指挥佥事”，接替姚昇，“总督山东备倭”[④]。但同书卷一四三又记载弘治十一年十一月，“总督备倭都指挥佥事姚昇老疾，命其子纶代原职永清右卫指挥使”[⑤]。如果这一记载没有问题的话，在弘治五年三月到十一年十一月间，姚昇和陈玺似有一段时间在共同督理备倭。

陈玺原为府军前卫指挥佥事，成化十三年五月，调锦衣卫管事。[⑥] 何时升职为指挥同知，不得而知。

与前任高通、马能等在任前已经进入都指挥系列不同，陈玺升级为署都指挥佥事，明显是为了接任备倭总督的需要。明中叶，营兵已发展成为明朝一线作战部队的基本组织形式。各营军官也以实际需要为选拔标准。但原有的卫所武官制度并未废除，因而大量出现军事主官的世职低于下属军官世职的情况。在等级森严的帝制社会，这一不成体统的现象对于军事政令的实施明显有百害而无一利。因此，高通、姚昇等才会被升为署都指挥佥事，以便与其地位相适应。署职虽然名义上是代理职务，但在明中叶

---

① 《明宪宗实录》卷一九八，成化十五年十二月庚午条，第 3481 页。

② 《明宪宗实录》卷二八〇，成化二十二年七月癸亥条，第 4725 页。康熙志记载其（成化）二十一年任，与《实录》的记载有半年多的差距。

③ 《明宪宗实录》卷二七一，成化二十一年十月丁未条，第 4583 页。

④ 《明孝宗实录》卷六一，弘治五年三月戊戌条，第 1191 页。

⑤ 《明孝宗实录》卷一四三，弘治十一年十一月己亥条，第 2478—2479 页。

⑥ 《明宪宗实录》卷一六六，成化十三年五月己卯条，第 3011 页。

有关制度趋于僵化的情况下，已经发展成为事实上的一个职级，因此兵部才会遵照旧制，对姚昇等人的晋级提出否决意见。而姚昇等最终获得晋级，亦说明在迫切的现实需要面前，祖制已经不是不可逾越的红线。

（八）王宁

弘治十五年十二月，陈玺卸任。明廷“命贵州都司都指挥使王宁总督山东备倭”①。据《实录》记载，明廷于次年八月，“命锦衣卫带俸署都指挥佥事陈玺之孙早袭原职指挥同知”②。从时间上看，不排除陈玺死于备倭都司任上的可能。

王宁此前也曾获得保荐，并于弘治十四年四月，经兵部奏准，“预取至京听用”③。同年闰七月，按照兵部的安排，他又和都指挥同知王泰一起“赞画监督太监苗逵等军前方略”④。从这些记载来看，王宁并非泛泛之辈。但其出掌备倭都司，却引起一场轩然大波。史载，王宁受命总督备倭的当月，

> 六科十三道交章言：近者，山东缺总督备倭官，兵部前后推举四员，不蒙简用，至烦御笔亲批王宁姓名。臣等窃惟兵部铨选武官，凡总兵、副、参、守备有缺，照例推举，不敢自用己见，必参以舆论之公，上请简用，遵行已久。今岂可以王宁一人，坏陛下万世之法程哉？伏乞收回成命，仍于兵部推举数内择用一人，而置宁于法，庶夤缘奔竞者有所惩矣。上以已有前旨，不允。⑤

不久，孝宗又以内批形式“命卢龙卫指挥使胡震为署都指挥佥事，分守通州”。兵部尚书刘大夏等再次提出反对意见，仍未获允准。监察御史刘玉复随即上疏，把胡震与王宁并论，指出：“近年以来，幸门复启……传奉不已，继之内批。始则以王宁登州备倭，今则以胡震通州分守，较之初政，殆有不同。且王宁命下之日，兵部、言官犹交章争之。胡震效尤而向之，争者率皆缄默。此见圣志稍移，则群心益靡。瓦解之势，甚可惧也。设以成命不可复回，臣恐百世之后，万一有大奸藉以为辞，则其害

① 《明孝宗实录》卷一九四，弘治十五年十二月辛丑条，第3570页。康熙志称其原为旗手卫指挥使，弘治十六年任。估计这应是其实际到任的时间。

② 《明孝宗实录》卷二〇二，弘治十六年八月己未条，第3766页。

③ 《明孝宗实录》卷一七三，弘治十四年四月甲午条，第3158页。

④ 《明孝宗实录》卷一七七，弘治十四年闰七月丁丑条，第3241页。

⑤ 《明孝宗实录》卷一九四，弘治十五年十二月丁未条，第3573页。

愈远矣。”[1] 此后，监察御史饶榶等又借天降灾异的机会多次旧话重提。

从以上记载可以看出，众臣之所以反对王宁，不是因为他的军事素质，而是他被任用的方式侵犯了文官群体的利益。

大致从成化年间开始，明代社会开始发生明显的变化。在统治阶层内部，一大批艺术人才、能工巧匠被皇室吸收利用，因原有体制中没有这类人员的生存空间，宪宗皇帝不得不采用传奉的方式，绕开有关部门，给这些人直接授官，并安插到可以比较容易入宫见驾的部门，如锦衣卫。传奉官的出现，本来是在祖制限制下的无奈之举，但因那时政治日趋腐败，宦官势力抬头，大批依附于宦官、外戚等特权群体的人员也通过传奉或内批方式获得不同级别的官职。对此，富于正义感的士大夫群体纷纷以违反祖制为理由提出反对意见，试图通过维护祖制来维护现有政体，同时维护文官群体的权力和地位。

孝宗即位后，一度着力恢复旧制，重用文臣，并因此获得“弘治中兴”的美誉。但随着时间的推移以及社会变化的推动，一度被废止的传奉和内批再次出现，并由此招致文官群体的又一次反弹。按原有程序，备倭总督出缺，要由兵部提出候选人，交群臣廷议，然后由皇帝钦点，以示重视。根据科道官的言论可知，陈玺卸任后，兵部连续推荐了四个人，都未能获得孝宗皇帝的同意。由于拖得太久，孝宗遂绕开兵部，直接钦点了王宁。王宁此前曾在太监苗逵帐下效力，不排除通过宦官做了工作的可能。科道官攻击他“夤缘奔竞”，似非虚言。

（九）李春

由于孝宗坚持己见，王宁得以正常上任。但不到三年，孝宗即辞世。武宗登极，文官群体暂时重新掌握朝纲主导权。很快，明廷即“升沈阳右卫指挥佥事李春为署都指挥佥事，往山东总督备倭”[2]。王宁这么快就被免职，当年屡遭弹劾，应该是重要原因。

（十）时用

正德五年六月，徐州左卫指挥使时用受命主政备倭都司，但与前任或任前进入都指挥系列，或在获任命的同时晋升署都指挥佥事不同，时用在被任命时，本身的世职并没有变化，而是“以都指挥体统行事”[3]。这是明代武官任用制度上的重要变化。“以××体统行事”既可以避免出现军

---

① 《明孝宗实录》卷二〇七，弘治十七年正月癸未条，第3850页。

② 《明武宗实录》卷一六，正德元年八月甲戌条，第499页。

③ 《明武宗实录》卷六四，正德五年六月乙酉条，第1395页。

事主官级别低于属下的尴尬现象，同时也不违反无战功不得晋升的祖制，是明朝政府在祖制真空地带找到的一个可以适应现实需要的突破口。但“以都指挥体统行事”，毕竟不是实职，因而其地位较之前任有一定下降。

时用被任命时，刘六、刘七起义已经如火如荼。出于现实的需要，备倭部队也投入了镇压农民起义的战斗。如备倭指挥王璋，即于正德五年八月，因“御盗有劳”受赏①。

（十一）朱泰、朱（苗）翥、胡俊、卢英

朱泰何时出任备倭都司长官，《实录》中没有记载。但《明武宗实录》中记载：正德六年三月，“贼据乐安县。山东备倭指挥朱泰率官军击之，斩首七十二级，擒一百二人”②。则其任职应在正德六年之前。康熙志和光绪志中都记载有一个“锦衣卫都指挥佥事，（正德）五年任”的山泰，此“山泰”疑为“朱泰”之误。如果这个推断没有错的话，则时用在备倭都司任上只待了几个月时间。

朱泰的命运并不比时用强多少。在乐安县立功没多久，明廷即于次月传旨：“山东备倭都指挥佥事朱泰取回象房管事，以锦衣卫都指挥佥事朱翥代之。”③ 这道圣旨证明朱泰确实是出身于锦衣卫，和山泰应是同一人。

朱翥，原来姓苗，因为被武宗收为义子，赐姓朱。此前，朱翥在锦衣卫南镇抚司办事。正德六年四月，因自陈有缉捕盗匪之功，被提升为都指挥佥事。当月，即被派往备倭都司。不过，仅仅六个月后，太监张永即奉命传旨：“金吾右卫指挥同知胡俊令山东总督备倭。”④ 康熙志记载，胡俊和时用一样，“以都指挥体统行事”。

朱翥任职时间虽然短，回京后却不忘表功，正德七年二月，他以“擒斩贼首周安、柳昇等数多”⑤ 为理由，乞赐敕奖励，并获得批准。

胡俊的命运依旧很差，正德七年五月就被罢免，因为当时主持镇压刘六、刘七起义的提督都御史陆完弹劾他“素无将略，亏损官军”⑥。闰五月，倒马关守备、署都指挥佥事卢英接替了他的职务⑦。

正德皇帝朱厚照即位后，大肆更张，招致文官群体的群起抵制。朱

---

① 《明武宗实录》卷六六，正德五年八月庚寅条，第 1436 页。
② 《明武宗实录》卷七二，正德六年三月辛未条，第 1618 页。
③ 《明武宗实录》卷七四，正德六年四月戊戌条，第 1637 页。
④ 《明武宗实录》卷八十，正德六年十月辛丑条，第 1743 页。
⑤ 《明武宗实录》卷八四，正德七年二月庚辰条，第 1808 页。
⑥ 《明武宗实录》卷八七，正德七年五月丁卯条，第 1875 页。
⑦ 《明武宗实录》卷八八，正德七年闰五月壬午条，第 1884 页。

厚照不仅没有屈服，反而更加为所欲为，乃至效法先祖，收了一大堆义子，赐姓朱的义子就有127个，前述之苗翥即为其中之一，朱泰也不排除是义子赐姓的可能。以刘瑾为首的宦官群体趁机攫取了大权，肆意妄为。奸诈之徒纷纷投入其怀抱，谋取利益。锦衣卫成为这些人的重要栖身地。刘六、刘七起义爆发之初，并未引起朱厚照的足够重视，大批出自锦衣卫的官员被派到备倭都司，同时出现在镇压农民起义的战场上，很大程度上是想乘机捞取战功，为下一步的升官发财铺路。朱翥回京即邀功请赏即是证明。但在蓬勃发展的起义军面前，这些人又被吓破了胆，因此又通过宦官主子，迅速调回北京。朱泰、苗翥都应属于这种情形。至于时用，可能是做了朱泰邀功的牺牲品。而以指挥同知身份晋用的胡俊，不排除也是走了宦官门路，意图仿效朱泰、苗翥等人的可能[①]。

刘六、刘七起义，最终是由明朝政府调去的边军镇压下去的。边军在镇压过程中发挥了主要作用，有关职位的空缺自然会优先由边将填补。卢英由边关守备内调主掌备倭都司即是证明。这也是明中叶山东海防官兵全面担负起内卫职能的一个反映。

（十二）张钺、张虓

同卢英一样，正德十年五月出镇山东沿海备倭的羽林前卫带俸署都指挥佥事张钺[②]也有边镇背景。正德六年十月，任职于羽林前卫的张钺奉命“掌大宁都司印”[③]。大宁都司永乐间内徙到保定一带，其职能除了防御蒙古军通过山西，出井陉，北犯京城外，所部兵将也承担边关守御任务，因而在总体上可以划入边镇行列。

在大宁期间，张钺曾因为没有阻止起义军进入辖境而和保定知府蒋曙等一起受到停俸的处分[④]，也算是与起义军交过手。至于其任职山东之前的身份是羽林前卫带俸官的原因，估计是在遭到处分后，被调回了原卫。

张虓的情况，笔者在其他史籍中暂没有找到相关记载。据康熙志记载，张虓系莱州卫指挥使，后升署都指挥佥事，正德十一年任。如果此记

---

① 锦衣卫官出镇沿海，在其他地区也曾出现。如正德七年闰五月，都指挥佥事王良备倭广东（《明武宗实录》卷八八，正德七年闰五月壬午条，第1884页）；正德十四年六月，“命锦衣卫指挥佥事萧镇福建备倭，以都指挥体统行事”（《明武宗实录》卷一七五，正德十四年六月乙酉条，第3401页）；等等。不排除这些人也有捞取升官资本的目的。

② 《明武宗实录》卷一二五，正德十年五月甲辰条，第2508页。

③ 《明武宗实录》卷八十，正德六年十月己亥条，第1741—1742页。

④ 《明武宗实录》卷八七，正德七年五月丁未条，第1861页。

载无误，则张钺的任职时间也就在一年左右，而张㧑则是第一个出身明确为山东沿海卫所的备倭都司长官[①]。张㧑是否因在镇压农民起义中有出色表现得到晋升，尚不得而知。

（十三）杨鼎

张㧑的继任杨鼎原为义勇卫署都指挥佥事，正德六年“注山东都司，领班京操”[②]。杨鼎参加了镇压农民起义的战斗，但表现并不佳。正德七年二月，起义军攻击山东利津县，署都指挥周琮在追击过程中被起义军打死。当时杨鼎和周琮同事，但“按兵不援”[③]，对周琮阵亡负有直接责任。同年五月，河南起义军急趋徐州黄家闸，准备渡河。杨鼎率兵追击，乘机“伪增首功”[④]，因此遭到弹劾。

《实录》中没有记载杨鼎任职备倭都司的起始时间，只记载了嘉靖三年二月，“命登州备倭都指挥佥事杨鼎掌山东都司军政”[⑤]。按康熙志的记载，杨鼎系嘉靖元年到职。

（十四）袁继勋

杨鼎离职的当月，明廷“以大同中屯卫署都指挥佥事袁继勋总督山东备倭”[⑥]。大同中屯卫驻地在今河北省中南部，是刘六、刘七起义的重点打击地区。另据《实录》记载，正德十五年五月，袁继勋曾因率军在良乡等地捕盗有功而受赏[⑦]，故不排除其曾在镇压农民起义过程中有所表现的可能。

（十五）戚勋

戚勋，按康熙志记载，原为定州卫指挥使，嘉靖六年到任。据《实录》中记载，嘉靖三年正月，“命大宁都司署都指挥佥事戚勋佥书本都司军政”[⑧]。嘉靖八年二月，命“总督山东守备署都指挥佥事戚勋于五军营右掖……坐营管操”[⑨]。

定州卫不属于大宁都司，估计是在守边过程中有良好表现，经军政考选，调到了大宁都司，后于嘉靖六年分派到山东备倭。其离任时间则为嘉

① 此前的高通也出身于山东都司，但是否属于沿海卫所，不得而知。
② 《明武宗实录》卷七八，正德六年八月甲午条，第1715页。
③ 《明武宗实录》卷八四，正德七年二月己卯，第1808页。
④ 《明武宗实录》卷八七，正德七年五月戊辰条，第1875页。
⑤ 《明世宗实录》卷三六，嘉靖三年二月丙申条，第895页。
⑥ 《明世宗实录》卷三六，嘉靖三年二月丙午条，第900页。
⑦ 《明武宗实录》卷一八六，正德十五年五月庚戌条，第3558页。
⑧ 《明世宗实录》卷三五，嘉靖三年正月壬申条，第882页。
⑨ 《明世宗实录》卷九八，嘉靖八年二月庚寅条，第2318页。

靖八年。在任时间不过两年。

（十六）戚景通

戚景通系名将戚继光的父亲。按光绪志的记载：他是登州卫指挥佥事，正德间曾率班军进京上操，后改督漕运，任江南运粮把总。“嘉靖八年擢备倭都司，历山东都司佥书，大宁都司掌印。十四年，入为神机营。请终养归。”[①] 康熙志记载其在备倭都司任上系“以都指挥体统行事”。

戚景通领运一事在《明世宗实录》中可以得到印证。据载，嘉靖元年七月，

> 浙江把总运粮署都指挥佥事万表、湖广把总署都指挥佥事苏润、江南把总指挥佥事戚景通俱以领运后期，降一级。[②]

（十七）李仁、唐儒、郭举、魏一清、周承业、夏忠、乔基、王子承

戚景通以下多位备倭都司长官在《实录》等史料中没有直接记载。据蓝田记忆，

> 成化丙申（十二年），命都指挥高通来，改总督备倭，至今仍之。嘉靖乙巳（二十四年），临清卫指挥使王氏子承大司马荐之……擢都指挥佥事，建牙于登……名氏漫无记载，日月于征，流风渐邈，多至湮没不传。于是稽诸历牒，得以侯来者一人，以都督佥事来者三人，以都指挥使来者一人，以都指挥佥事来者六人，以署都指挥佥事来者十二人，以都指挥体统行事来者七人。其衔之列于督府都司虽异，其名之为镇守、总督虽殊，而其备倭之责任则同也。[③]

按照康熙志的记载，王子承系临清卫指挥使，升署都指挥佥事，嘉靖二十四年到任。这与蓝田的记录吻合。根据王子承的整理，此前出掌备倭都司的军官共 30 人。根据前文的介绍，“以侯来者”系徐安，“以都督佥事来者”指的应是蔡福、李凯和李福，其中的蔡福和李凯并非都司主官。“以都指挥使来者”指的应是王宁，如果加上首任长官王荣和最初世职为都指挥同知的卫青，应有三个人。“以都指挥佥事来者”包

① 光绪《增修登州府志》卷三十七《武秩下》。

② 《明世宗实录》卷十六，嘉靖元年七月壬申条，第 518 页。

③ 蓝田：《登州总督备倭帅府厅题名记》，《蓝侍御集》卷四，第 224 页。

括马能、朱泰、朱翥、杨鼎，共四人。“以署都指挥佥事来者”包括高通、姚昇、陈玺、李春、卢英、张钺、张虓、袁继勋，共八人。“以都指挥体统行事来者”包括时用、胡俊等两人。与王子承的统计相比，以指挥使来者多出二人；都指挥佥事，少了二人；署都指挥佥事，少了四人；以都指挥体统行事者，少了五人。合计共缺少九人。

在戚景通之后，王子承之前，按照康熙志的记载，尚有七人。分别是：

李仁：“威海卫指挥佥事，升署都指挥佥事，十年任。”①

唐儒：“虎贲左卫署都指挥同知，升以都指挥体统行事，十一年任。”②

郭举：“金吾右卫指挥使，升都指挥佥事，十五年任。”③

魏一清：“兴州右屯卫指挥使，升以都指挥体统行事，十八年任。”

周承业：“沈阳卫指挥佥事，升署都指挥佥事，二十年任。”

夏忠：“南京府军右卫指挥佥事，升以都指挥体统行事，二十二年任。”

乔基：“扬州卫指挥佥事，升署都指挥佥事，二十四年任。”

以上七人，只有乔基在《明世宗实录》中有些许记载。据《明世宗实录》卷一五五记载，嘉靖十二年十月壬申日，“浙江温、台、宁波等府并海诸县俱有海贼登岸劫掠。官军御之。惟海门卫指挥杨淮差有斩获功，余多不利。贼势益炽。巡按御史谢兰以闻，并言……备倭署都指挥佥事乔基坐视玩寇，调度失宜状”④。但在嘉靖十六年五月，南京礼部尚书霍韬、兵部尚书王轨等奉诏荐举的将材名单中，乔基依然在列。明世宗下旨：“将材难得。既有奏荐，俱以次擢用。”⑤

如果加上这七个人，则都指挥佥事共六人，与王子承统计相同；署都指挥佥事共十一人，仍缺少一人，如加上王子承⑥本人，则正好十二人；以都指挥体统行事者共五人，仍缺二人。如果算上都指挥使系列多出的二

---

① 光绪《增修登州府志》卷三十七《武秩下·威海卫》记载李仁系武举，正德间袭职，“历备倭都司、山东都司佥书”。

② 这一记载明显有问题。唐儒任前既然已经是署都指挥同知，不可能再以都指挥体统行事。

③ 《明世宗实录》卷二五〇，嘉靖二十年六月辛未条记载，当日，“命……金吾右卫都指挥佥事郭举于三千营坐司”。与备倭都司的郭举应是同一个人。见该书第5021页。

④ 第3499页。

⑤ 《明世宗实录》卷二〇〇，嘉靖十六年五月癸卯条，第4207页。

⑥ 据康熙志记载，王子承系署都指挥佥事。

人，则总人数正好吻合。

通过对这三十位主官的介绍，我们可以发现以下几个特点。

第一，备倭都司主官的任期越来越短，卫青、李福、徐安等的任期都在十年以上，徐安长达28年，卫青更是直到去世尚未离任。较长的任期使之有充分的时间去了解辖区内的方方面面，进而作出相应的处置，从而取得较好的效果。但从高通开始，很少再有人能拥有十年以上的任期。正德年间的时用等人更是短短数月即离任。如果说正德年间备倭总督走马灯式的替换有特殊性，与当时特定的政治生态有关，那么，嘉靖年间备倭都司长官的轮换频率应属常态。从杨鼎到王子承，28年间换了12任，平均不到两年半，三日京兆而已。这么短的任职期限，很难有突出成绩。

第二，备倭都司主官的级别越来越低。徐安、卫青是侯爵、伯爵，李福等系都督系列。但从高通开始，大批主官只是署都指挥佥事。从时用开始，进一步降低到了以都指挥体统行事，像王宁那样都指挥使出身的反而成了稀缺品。

第三，随着海防官兵角色的变化，从正德年间开始，大批参与过镇压农民起义的军官步入备倭总督行列。弘治间，王宁因为系内批，遭到言官一致指责。正德年间的朱泰、朱翥、胡俊等人同样来自太监传旨，类同传奉官，但在复杂的政治生态下，这几个人并没有遭到外来阻力，而且大多全身而退。

第四，这些有着短暂备倭总督经历的军官离任后大多去了京营或边镇。如杨鼎“充右参将，分守燕河营地方”①，袁继勋为“听征右参将”②，戚勋调到五军营，戚景通进入神机营，等等。

都司主官职级日趋降低、任职期限越来越短，和山东海防官兵的战略预备化有直接关系。明初，倭寇仍是现实的威胁，山东沿海处于战略现时状态，备倭都司长官必须肩负起抗倭重任，长时段任职是基本条件之一。在战争状态下，沿海聚集了大批军队，指挥、协调都需要相应的资源，主官由高级别武官出任，无疑更具权威。

进入明中叶，倭寇的威胁日渐减小，备倭军队大量被抽调，用于京操、漕运等，海防反而不再是重点。备倭都司的海防任务日渐减少，内卫职能日渐突出，大量从镇压农民起义战场上涌现出来的“佼佼者”占据都司主官位置也就成了很自然的事。但农民起义并不是每时每刻都存在。

---

① 《明世宗实录》卷三九，嘉靖三年五月壬申条，第989页。

② 《明世宗实录》卷一一七，嘉靖九年九月乙未条，第2769页。

在大部分时间里，海防官兵处于“无所事事”状态。都司主官与其说是海防总指挥，毋宁说是都司的看家人，其职责仅限于维持都司的存在，级别低、年限短都不是问题。

嘉靖年间，蒙古的威胁再次严峻，北方边境的安全是重中之重。要完成御虏任务，前线将领需要一定的训练和考验。嘉靖中叶重新泛滥的倭寇重点侵扰东南沿海，山东沿海并没有受到实质性的冲击。在这种情况下，山东备倭都司就在一定程度上充当了京营或边镇后备将领的训练场和实验区，都司主官走马灯式的替换也就成了常态，久任反而可能是不受重视的表现。

正因为备倭都司的功能发生了改变，因而王子承的继任者也没能摆脱短任期、低级别的宿命。这种状态一直持续到万历援朝战争爆发。

嘉靖二十八年—万历二十年备倭都司主官简表①

姓名	就任时间	原职级	在任期间职级	相关史料	备注
石守忠	嘉靖二十八年	成山卫指挥使	升署都指挥佥事		光绪《增修登州府志》卷三七《武秩下·成山卫》记载其为指挥佥事
李　登	嘉靖三十年	临清卫指挥佥事	升署都指挥佥事	嘉靖三十七年三月乙卯，命神机营练勇参将、署都指挥佥事李登提督京城内外巡捕②	
冯时雍	嘉靖三十二年	临清卫指挥同知	升署都指挥佥事	嘉靖三十七年十月壬申，北虏土蛮十万骑薄界岭口。建昌副总兵马芳御之，虏不得进。乃分骑潜犯黑峪墩，因掠边山等处。游击崔桐不能御，把总冯时雍死之……上命……时雍等升袭二级③	

①　本表主要依据康熙志制作。

②　《明世宗实录》卷四五七，第7723页。

③　《明世宗实录》卷四六五，第7853页。

续表

姓名	就任时间	原职级	在任期间职级	相关史料	备注
戚继光	嘉靖三十二年	登州卫指挥佥事	署都指挥佥事	嘉靖三十四年七月丙辰，命……总督山东备倭署都指挥佥事戚继光佥书浙江都司事①	
袁　灿	嘉靖三十四年	信阳卫指挥佥事	升署都指挥佥事	嘉靖三十七年十二月丙寅，命神机营佐击将军袁灿、神枢营佐击将军陈善俱充神机营练勇参将②	
谢廷相	嘉靖三十六年	保定后卫指挥	由武进士升署都指挥佥事	嘉靖四十年九月癸巳，广宁把总指挥吴廉、千户郎松以兵二百防护解银经历王钥、鲁亨至海州新台，遇虏，伏发，劫所赍给修边银八百两，杀钥及亨，廉、松战没。巡抚都御史吉澄以闻，且劾守堡指挥佟承祚、宁元勋、贾进忠，备御宿仰辰，海盖参将谢廷相失事罪③	
王继祖	嘉靖三十七年	怀庆卫署指挥佥事	升署都指挥佥事		
成大器	嘉靖三十七年	绍兴卫指挥佥事	升署都指挥佥事	嘉靖四十五年闰十月辛卯，初，浙江矿贼既破婺源，流劫江西玉山县，还掠遂安……遣都指挥陈大成、成大器等分道追剿④	
孙　山	嘉靖四十一年	金吾右卫指挥佥事	升署都指挥佥事	隆庆四年四月辛亥，论蓟昌等处清补军士功罪。赏总兵杨四畏、李勇，参将孙山等银两有差⑤	

① 《明世宗实录》卷四二四，第7352页。

② 《明世宗实录》卷四六七，第7870页。

③ 《明世宗实录》卷五〇一，第8278页。

④ 《明世宗实录》卷五六四，第9035页。

⑤ 《明穆宗实录》卷四四，第1110页。

续表

姓名	就任时间	原职级	在任期间职级	相关史料	备注
秦嘉夔	嘉靖四十四年	神武右卫会举、指挥佥事		隆庆二年八月辛卯，命山东备倭把总、署都指挥佥事秦嘉夔充神机营佐击将军①	
张可久	隆庆二年	太仓卫镇抚	历升署都指挥佥事	隆庆六年二月甲辰，命山东总督备倭署都指挥佥事张可久充浙江军门标下游击将军②	
姚天與	隆庆六年	广宁左卫都指挥使③		万历二年八月辛酉……都司苏承勋升参将，并都司姚天與各升祖职一级④ 万历三年八月壬申……山东都司姚天與以游击管理台头营参将事⑤	
赵康侯	万历三年	登州卫指挥使		万历七年八月乙亥，以……山东总督备倭赵康侯充统领蓟宁山春班官军游击⑥	
陈汝德	万历七年	保定前卫指挥使		万历七年八月丙子，升浮图峪守备陈汝德署都指挥佥事，充山东总督备倭⑦ 万历八年十二月戊申，升山东总督备倭署都指挥佥事陈汝德为神枢四营游击⑧	
董承祺	万历九年	临清卫都指挥佥事		万历十一年七月辛卯，升山东备倭都指挥佥事董承祺为真定车营游击⑨	

① 《明穆宗实录》卷二三，第618页。
② 《明穆宗实录》卷六六，第1594页。
③ 光绪志作“指挥使”。
④ 《明神宗实录》卷二八，第690—691页。
⑤ 《明神宗实录》卷四一，第931页。
⑥ 《明神宗实录》卷九十，第1849页。
⑦ 《明神宗实录》卷九十，第1850页。
⑧ 《明神宗实录》卷一〇七，第2065页。
⑨ 《明神宗实录》卷一三九，第2591页。

续表

姓名	就任时间	原职级	在任期间职级	相关史料	备注
滕兖	万历十二年	徐州卫指挥佥事		万历十九年三月丁酉，部覆蓟镇总督蹇达疏题春秋二防将领功罪，应纪录者分别奖赏外，游击滕兖应革任回卫①	
卞时雍	万历十五年	南京府军右卫指挥	由武进士升署都指挥佥事	万历十九年七月丁亥，推蓟镇沈阳秋班游击卞时雍为神枢营参将②	
王简在	万历十七年	沔阳卫指挥使	由武进士升都指挥佥事		
张耀文	万历十八年	六安卫指挥使	升署都指挥佥事		
万鹿年	万历二十年	徐州卫人，武进士		万历二十年二月癸巳，以中都副留守万鹿年为山东备倭游击③	
杨文	万历二十一年	台州海阳卫指挥		万历二十年十月丁亥，兵部题：浙江巡抚常居敬差参将杨文等领浙江讨叛。今宁贼既克，自应撤还。但蓟北需兵甚急，浙中汛候已过，应就近调充御倭防海之用。乞行蓟镇军门安插信地，预借粮饷。从之④ 万历二十三年六月乙丑，革备倭副总兵杨文任，以御史俞价论其贪暴故也⑤	五月，加升副总兵。时倭犯朝鲜，设副总兵始此

从表中可知，王子承以后的历任备倭都司长官依旧存在任期较短，且

① 《明神宗实录》卷二三三，第4311页。

② 《明神宗实录》卷二三八，第4421页。

③ 《明神宗实录》卷二四五，第4563页。

④ 《明神宗实录》卷二五三，第4703页。

⑤ 《明神宗实录》卷二八六，第5310页。

原级别不高，任前循例升任署都指挥佥事的特点。除成大器、张可久来自江南卫所，离任后回到南方外，其他人依旧被调往京营或边关，备倭都司依旧充当着京、边后备将领的培训基地。这一现象直到万历二十一年日本侵略军开始进犯朝鲜为止。唯一的区别是出现了多位武举出身的主官，如秦嘉夔、万鹿年等。万历二十年上任的万鹿年甚至只是武进士，此前尚未补伍从军。明中叶，世袭武官系统疲态尽显，无力提供年富力强的称职军官，迫使明廷通过武举等方式，向卫所舍余以及民户开放武职晋阶。备倭都司出现武进士出身的主官正是这一改革的结果。

上表中的都司主官系依据康熙志制作。从其他史料的记载来看，康熙志中似乎存在遗漏。如《明穆宗实录》卷六六中记载：

> 升直隶安庆守备署指挥佥事杨遇春、山东都司领班署指挥佥事孟杰俱为署都指挥佥事，遇春总督山东备倭，杰万全都司佥书。[1]

但康熙志记载的隆庆二年的备倭都司长官是张可久，这是怎么回事呢？是杨遇春到任不久即离任了吗？据《实录》中记载，隆庆六年三月，

> 安庆官军乱。诏械指挥张志学等至京鞫治。先是，志学与知府查志隆有怨。至是，以支放军粮事，愈恨之，遂与指挥马负图、张承祖率舍余马应举等及家奴、屯卒四百余人闭城大噪，围府舍，欲杀志隆等。守备杨遇春不为禁。百姓汹汹，越三日，稍稍解散。南京兵部尚书土之诰等以闻。乃遣官校逮志学等，而赦屯军胁从者。已而南京守备太监张宏言志隆稽误月粮，激变军士，又擅离职守，潜入南京，亦乞速究，以彰国法。上乃命锦衣卫并逮治隆于京师讯之。[2]

军官调动需要一定时间进行工作交接。从这一记载来看，在杨遇春被任命为备倭总督后，尚未离任，就赶上了安庆士兵哗变。虽然杨遇春没有参与哗变，也未被逮捕进京，但总归要负一定责任。果然，在《明神宗实录》里，我们看到在哗变近三年后的万历三年正月，明廷“以安庆兵变论将领罪。安庆卫指挥佥事马负图遣戍，守备杨遇春革任”[3]。由此看

① 《明穆宗实录》卷六六，隆庆六年二月乙巳条，第1595页。

② 《明穆宗实录》卷六八，隆庆六年三月己酉条，第1646页。

③ 《明神宗实录》卷三四，万历三年正月丙寅条，第800页。

来，在安庆兵乱后，杨遇春未能离开安庆，而是留在原地等候处理，并最终因未能及时离开而断送了前程。张可久则是杨遇春的替补者。张可久同样来自江南卫所，估计此前和杨遇春一道，被南京兵部推荐，但未蒙点用。杨遇春出事后，张可久反而成了受益者。

如果说杨遇春并未实际到任，不能证明康熙志有遗漏的话，下面几条史料则可以提供反证。

在现存明代档案《登州营把总为赍送登州等十四卫所造之秋班官军花名年貌印信文册的批文》中明确提到了“署山东备倭事登州营把总听用武举署都指挥佥事张功”①。这一文件的产生时间是嘉靖三十七年八月二十五日。

按照康熙志的记载，嘉靖三十七年备倭都司任上有过两位主官，分别是王继祖和成大器。张功的职务是“署山东备倭事”，即代理备倭，应是在王继祖离任后，成大器到任前，由其暂时填补空缺。在嘉靖三十八年二月二十三日产生的文件中张功的头衔不再有“署山东备倭事”②，亦证明了这一点。

另外，在保留下来的嘉靖十五年的档案中出现了三位备倭总督，分别是四月二十二日文档中的唐某、五月初九日文档中的葛某和五月十三日文档中的郭某③。而且前两份文档都是由临清知州马麟、同知李鸾等六人联名发出的，出现错别字的概率很低。三个人的职务都是“钦差总督山东等处备倭署都指挥佥事”，没有代理字样。查阅康熙志可知，嘉靖十五年的备倭总督是郭举。因为没有准确记载郭举的上任时间，不排除年初的总督官仍是此前上任的唐儒。因此，档案中提到的唐某和郭某应即是唐儒和郭举，葛某在康熙志中则未见踪影。

从档案中看，葛某在任的时间非常短，仅限于四月底、五月初这段时间，不足一个月。虽然时间短，但终归是一任。康熙志显然遗漏了此人。

前述之杨遇春因为属下哗变而受到牵连。安庆军士因为军粮得不到及时、足额供应闹事并不是孤例。类似事件在明中后期屡见不鲜。

---

① 第1105页。

② 《登州营为呈送春班官军花名年貌印信册结事给山东总督的呈文》，见辽宁省档案馆、辽宁省社会科学院历史研究所编：《明代辽东档案汇编》第1106页。

③ 三份档案分别是《山东□□知州马麟为将押解各犯分别处理情况事给山东总督唐的申文》、《临清州为将犯人李隆解赴墩台瞭哨事给山东总督葛的申文》、《山东总督为发付犯人守哨事给古镇巡检司的牌示》。辽宁省档案馆、辽宁省社会科学院历史研究所编：《明代辽东档案汇编》第1076—1078页。

自军仓管理权被文官系统侵夺后，军队的粮草供应就成了问题。这在边镇，因为现实的威胁尚在，还不是很明显，在腹里则完全是另一番样子。以山东沿海为例。正统九年四月，山东布政司奏准："本处存留粮少，各军卫有司俱缺粮用，而靖海卫尤甚。宜将登州府官库所贮布折与本卫官军，易米食用为便。"① 既然军队缺粮，就应该设法筹措。山东地方政府请求折发布匹给军，表面上是在替军队想办法，实则在推卸责任。因为卫所缺粮，军士势必要靠购买粮米果腹，而这肯定要推高本地粮食的价格。合理的做法是及时供应实物粮食，在军饷足额的同时平抑粮价。折发布匹恰恰是南辕北辙。

当年九月，户部奏准："山东青州府荒旱，该征秋粮起运远仓者，已令殷实之家送纳外，其存留本处粮，民愿折纳绵布于沿海军仓抵数。"英宗批准这一请求的原因是"悯其饥荒"②。出现灾荒时，百姓的确需要救助。但卫所也不是避风港，士兵同样要承受灾荒带来的痛苦。在抚恤百姓的同时，牺牲士兵的利益，军方不掌握财权，是造成这一恶果的根本原因，也是军队建设日渐废弛的重要原因之一。

承平时期，山东沿海卫所官兵的主体被用于京操。上操班军的粮饷也就成了相关军官关心的大问题。嘉靖三十四年，明朝政府决定："山东京操班军、粮饷缺乏。将各军及族属同伍应输屯种子粒、抵充行粮。仍要扣算明白、不许影射。"③ 尽管有类似规定，但据有关记载，问题依旧。如嘉靖三十八年二月，灵山卫指挥使司在致备倭都司的申文中提到：

> 州县掌印管粮官，亦不肯及时征收，支放钱粮。每遇该班官军亲诣原配州县，每见管粮官旋征旋放，动经个月有余方得支领。或临时借贷，新破低钱及布匹各项粗物，值一等二，苟图完事。且如一军支五个月粮论之。该银一两二钱，在彼守支有个月之费。及至起程，所存无几。以此观之，不为班军因违限无资而致之逃移，抑且小民为输纳不时，而累及背井。原其所自，盖因卫所州县官不得人之所致也。不独本卫为然，而沿海卫所亦莫不然者。④

---

① 《明英宗实录》卷一一五，正统九年四月丁酉条，第2326页。

② 《明英宗实录》卷一二二，正统九年十月壬子条，第2446页。

③ 万历《大明会典》卷一三一《兵部十四·镇戍六·山东》，第1867页。

④ 《为请早给军粮以便京操事给山东总督的申文》，辽宁省档案馆、辽宁省社会科学院历史研究所编：《明代辽东档案汇编》，第1129页。

灵山卫申文的目的是希望都司主官能督促有关方面及时支粮。从申文中可以发现，这一请求依次得到山东都司、巡抚、备倭都司以及登州巡海道、青州兵备兼分巡海右道副使的批复。备倭都司在其中只是发挥呈文周转作用，最终能够发挥作用的还是兼管军、地两方政府的监察官员①。但按察司官员属于文官系统，在沿海并无战事，班军进京只是应付“京营工程”，在耽误班期仅责罚领操军官的情况下，指望他们督催同属文官系统的地方政府收粮、支饷，无异于与虎谋皮。备倭都司于此，也是有心无力。

军饷是军队维持战斗力的基本条件之一。都司长官对此无能为力，只会大大降低自身的权威。这在和平时期尚可，一旦战争重现，势必酿成严重后果。万历年间，日本大举侵略朝鲜，直接威胁明朝自身，山东半岛重新回到战争现时状态，备倭都司权威不足的弊端迅速显现。万历二十一年上任的杨文被提升为副总兵，正是明朝政府努力规避这一弊端的产物。

结　语

备倭都司是山东沿海最高军事机构，承担着海防重任。明初，倭寇威胁较大，都司长官因而受到中央政府重视，级别很高，乃至以侯伯重臣出任。高级武官资源丰富，于海防建设有诸多方便。进入明中叶，海上压力日渐减小，备倭都司的重要性随之日渐下滑。都司主官的级别日渐降低、任期也短了许多。在北边国防压力较大的背景下，备倭都司逐渐成为京、边后备将领的培训基地和晋身阶梯，甚至一度沦为佞臣们赚取军功的舞台。由于属下官兵大多不再执行备倭任务以及监察系统对军事事务的介入，备倭都司主官虽然拥有“钦差”的盛名，但是能发挥的作用很小，即便是直接关乎所部战斗力的军饷问题，也是无能为力，只能纸上空谈。都司长官权威降低，自然难以承担军事重任。日本侵略朝鲜后，山东半岛重新进入战争现时状态，副总兵迅速成为半岛最高军事指挥官，取代备倭都司长官，是顺理成章的事。

第五节　登州的海船与海运

洪武四年，马云、叶旺统军从山东半岛起航，突入辽东，由此开始了

① 《为请早给军粮以便京操事给山东总督的申文》，第1130页。

收复辽东的进程。为支持辽东战场，明朝政府将登莱地区建成了后勤补给基地，大批人员、物资源源不断地从海路送往辽东，登州港因此成为一个繁忙的军港。由于诸多原因，明朝政府在山东沿海设置的海防卫所大多没有专门的水军，唯独登州卫例外。由于承担补给辽东的任务，登州卫不仅有海船和相应的水运官兵，而且有一定数量的水军。因为明初倭寇猖獗，辽东、山东半岛又是倭寇袭扰的重灾区，海运船队必须配备一定数量的护航部队。

辽东纳入明朝版图后，由于当地经济实力有限，加之撤销府、县行政机构等原因，辽东都司的饷粮无法实现就近补给，只能依靠中央政府的调拨。洪武、建文两朝，中央政府一直通过海运从江南一带运输粮米补给辽东。登州至辽东金州的航线作为海运补给的支线因此长期存在了下来。最初，由于补给任务繁重，登州海运船队北上基本不考虑季节因素，以致“遇秋冬之时，烈风雨雪，多致覆溺”。洪武九年正月时，山东行省曾请求把原来于秋冬运送的辽东军士冬衣改在五六月运送。但户部讨论后，未予批准，“方今正拟运辽东粮储，宜令本省具舟下登州，所储粮五万石，运赴辽东。就令附运绵布二十万疋、绵花一十万斤，顺风渡海为便”①。直到洪武十三年十二月，明朝政府才改弦更张。当月，登州卫奏准：“继今运送军需等物及军士家属过海者，宜俟春月风和渡海，庶无覆溺之患。”②

在明朝政府的行政区划里，辽东隶属于山东布政司管辖。后人认为明廷这么划分的原因，“亦以登莱海道也”③。“辽东之隶山东，先朝有深意。辽山多苦无布，山东登莱宜木绵，少五谷，又海道至辽一日耳，故今登莱诸处田赋只从海道运布辽东，无水陆舟车之劳。辽兵喜得布，回舟又得贩辽货，两便之”④。此说虽然未必正确，但准确道出了辽东与山东之间经济上的紧密联系。

永乐年间，虽然由于迁都、北伐等的需要，由江南出发的运粮船队目的地大多改为北京，但补给辽东的舰队照旧航行在渤海上。1984 年，在蓬莱水城小海曾出土一根紫檀木舵杆。其尾部有铭文：“黄字三百十五号一根，长二丈八尺，厚一尺二寸……永乐十年六月□日进，四百料。”⑤

---

① 《明太祖实录》卷一〇三，洪武九年正月癸未条，第 1738 页。

② 《明太祖实录》卷一三四，洪武十三年十二月戊午条，第 2132 页。

③ 顾祖禹：《读史方舆纪要》卷三六《山东七 · 登州府》，第 256 页。

④ 顾炎武：《肇域志 · 辽东都指挥使司》，第 779 页。

⑤ 舵杆现存山东蓬莱市古船博物馆。

这根舵杆显然是永乐年间登州海船上的遗存物。

天顺二年十二月，登州卫总旗锁庆等二十四人在往辽东运送物资途中遭遇风暴，漂流到朝鲜。据其汇报，他们是“山东都司登州卫左所百户缺官所梢班、篷碇手身役，天顺二年八月内奉勘合本卫批差，根随总旗锁庆，驾使登字三号五百料海船一只，装运赏赐辽东都司官军布花钞锭，前往旅顺等口下卸”①。按照《大明会典》的记载，明代的官方海船只有一千料和四百料两种制式，没有五百料海船。紫檀舵杆的出土，证明登州海船至少拥有四百石的承载量。是否确实存在过五百料海船，还需要进一步考察。

登州—金州航线的存在，不仅补给了辽东，也给山东半岛的海防带来诸多好处。如洪武十七年十月，朱元璋晓谕运粮将士：“海道险远，岛夷出没无常。尔等所部将校毋离部伍，务令整肃以备之。舟回登州，就彼巡捕倭寇，因以立功可也。”② 又如永乐四年，陈瑄率船队从辽东返回，“归至沙门岛，遇倭寇，追剿至金州白山岛”③。可见，定期航行于渤海之上的海运船队在客观上等于为山东增加了一支海上打击力量。

永乐十三年，原本红红火火开展的海运突告终止。往辽东运送补给物资的海船虽然保留了下来，但数量大为缩减。“登州卫，原设海船一百只，因罢海运，至十三年，减八十二只，止存一十八只。岁拨五只，装运辽东赏军布花钞锭”④。

据《龙江船厂志》中记载：“正统七年，令南京造遮洋船三百五十只，给官军由海道运粮赴蓟州等仓。登州卫每年装送花、布、钞锭，原设海船一百只。正统间，止存三十一只。”⑤ 在登州存留海运船的数量上，与万历《大明会典》的记载有明显不同。但《龙江船厂志》称此记载摘自《会典》。另外，《明武宗实录》记载正德元年时“登州卫用海船十有八只”⑥。因此，当以万历《大明会典》的记载为是。

永乐十三年海运船的削减，是登州海运遭遇到的第一次沉重打击。

按理，船只削减后，海运官兵的工作量应随之减少。但事实却不是这

---

① ［朝鲜］《李朝世祖实录》卷十五，己卯五年正月丁亥条，第259页。日本学习院东洋文化研究所昭和三十二年（1957）影印本。

② 《明太祖实录》卷一六六，洪武十七年十月丁卯条，第2550页。

③ 《明宣宗实录》卷一〇六，宣德八年十月丙寅条，第2379页。

④ 万历《大明会典》卷二〇〇《工部二十·海运船》，第2686页。

⑤ 李昭祥：《龙江船厂志》卷一《典章》，江苏古籍出版社校点本1999年版，第7页。

⑥ 《明武宗实录》卷十一，正德元年三月己丑条，第351—352页。

样。史载，景泰三年六月，

> 户部奏：近登州卫言，洪武、永乐中本卫海船儹运军需百物赴辽东者，俱于旅顺口交卸，甚便。近令运至小凌河、六州河、旅顺口、牛庄河四处交收。缘小凌河等处滩浅河淤，往往损失。即今运去未回船回再运，秋深风高，海洋险远，尤为不便。请以所余布花钞锭六十余万暂运于旅顺口，以后年分，仍运于小凌河四处。宜暂允所请。从之。①

可见，登州卫军士负责的海运物资原来只需运送到旅顺口交卸，此后即由辽东都司负责分发。景泰时，分发的任务部分转嫁给了登州卫军。土木之变后，大批军队调防，防边任务也骤然加重。辽东都司也不例外。明廷局部调整海运政策，不排除有缓解辽东都司物流压力的目的。应该说，这一调整的初衷是好的，但明朝政府忽略了一个问题。

按照明朝政府的规定："如或新造海运船只，须要度量产木各便地方，差人打造。"② 登州海运船，"初皆福建、湖广、浙江、江西四布政司分造"③。但弘治三年，明廷下令福建造两艘海船时，福建镇守太监陈道却请求"备银一万五千两送南京龙江提举司造海船"④。说明明中叶，造船于地方政府而言，已经是个负担。

那么，明朝政府制造海船的龙头单位——南京龙江提举司又是什么状态呢？宣德四年四月，行在工部奏准："南京修理海船，请于湖广、江西二都司及直隶镇江诸卫取军二万四千人供役，如例给粮，事毕放遣。"⑤本应由龙江提举司独立负责的造船工作，现在却要调动三省官军参与，说明船厂的运行至迟在宣德年间已经出现了问题。

正统四年九月，明廷在讨论漕船事宜时提到，"洪武、永乐中海运粮船损坏，俱有司修造。今遮洋船亦是过海之数，年久损坏，虽称官支物料，多系军士陪办，以此船不坚固。稍遇风涛，人船俱丧"⑥。这里虽然没有提到登州海船，但在龙江船厂已经存在问题的情况下，登州卫军士想

---

① 《明英宗实录》卷二一七，景泰三年六月戊子条，第4691页。

② 李昭祥：《龙江船厂志》卷一《典章》，第5页。

③ 《明武宗实录》卷十一，正德元年三月己丑条，第351—352页。

④ 《明孝宗实录》卷三八，弘治三年五月丙子条，第814页。

⑤ 《明宣宗实录》卷五三，宣德四年四月庚子条，第1286页。

⑥ 《明英宗实录》卷五九，正统四年九月庚戌条，第1130页。

必也逃不掉出资赔办的命运。

明朝政府要求海运船分别前往小凌河、六州河、旅顺口、牛庄河四处交收，但小凌河等处水浅，不适合海运船航行，要卸货只能改用小船。这不仅增加了运军的工作量，也容易造成海运船只的损害。海船受损后，需要军士出资修理，这只会招来军士们的反对和推诿。另外，登州本地也不具备就地修理的条件。这些因素叠加在一起，只会延缓海船的修理和维护速度，进而影响海运任务的完成。

果然，在景泰七年九月，户部即上奏说：

山东登州卫海船损坏者多，其应赏辽东军士布、花不敷运给，宜令本布政司量拨济南、东昌、兖州三府绵布十二万疋、绵花五万斤、钞五十四万贯运赴山海卫堆积。仍行广宁卫差官验收，量拨军夫运回本卫，以俟辽河迤西各卫所官军关领给散。从之。①

在户部的处理方案里，只是把部分原由海运的补给物资改由陆运，丝毫未提及如何整饬海运。这不仅增加了辽西诸卫的物流负担，对登州海运船队的自我沉沦也是一种放纵甚至鼓励。成化十三年，兵部右侍郎马文昇在奏请整饬边备时提到："（辽东）军士岁例有冬衣布花之给，而海运不继，妻子不免号寒。盖因登州海船数少，及运到，又无官吏及时给散。欲于旅顺口修金、复、盖三卫库房三十间，设立官吏，遇到即收，以俟给散。"②

从马文昇的建议中可以发现，成化年间的登州海运船队似乎已经不再前往小凌河等处，而是和明初一样，只在旅顺口交收。这一改变和小凌河等处港口条件不佳有关，但与大量物资改由陆运关系应该更大。马文昇建议改善旅顺库存条件，仍未提及整饬海船，估计与旅顺港暂不具备接受更多物资的条件有关，但同时也暗示登州海船队已经没有恢复原有规模的希望。

成化十四年二月，山东巡按王崇之建言："辽东阻隔山海，官军俸钞、布、花类皆取给山东、河西诸卫。今陆挽既难，海运复废，军士怨嗟，恐贻意外之患。乞敕山东布政司将原欠布、钞折价赍银以纾目前之

① 《明英宗实录》卷二七〇，景泰七年九月乙未，第5733页。

② 《明宪宗实录》卷一六一，成化十三年正月丁未条，第2948页。

急。”[①] 补给物资折银牵涉面颇多，既涉及祖制变更，也和海运的前途、辽东物价变动、山东的赋税征缴等有直接关联。明宪宗也不敢妄下结论，只是“下所司知之”，甚至没有要求有关部门讨论是否可行。

据《明孝宗实录》中记载：“先是，工部以山东登州卫岁运布、钞，自海道往给辽东军士，乞下福建布政司造海船二艘以助之。”弘治三年五月，镇守福建太监陈道就此奏准：“福州近年山木消乏，且自此至登州海道险远，恐有人、船俱没之患。请备银一万五千两，送南京龙江提举司造海船为便。”[②]

从这段记载中可以发现，明朝政府并没有接受王崇之的改折建议，仍然希望整顿登州海运。毕竟，海运的效率较之陆运要高得多[③]。

但是，海船队的沉沦似已不可阻止。据《明武宗实录》中记载：

> 登州卫用海船十有八只，运青、登、莱三府布花钞锭往辽东给军。初皆福建、湖广、浙江、江西四布政司分造。弘治初，因福建守臣奏，遂改于南京龙江提举司造之。又以料价坐派于四川等布政司并直隶安庆等府。其征解之弊甚多。每造一船用银六七千两，既成，复不堪驾运。其遭风而毁者，所鬻之价仅得四十分之一。南京科道官以为言。工部请移文南京工部议处。至是以闻。工部复奏，言：近者山东巡抚官奏减海船，止用一十四只矣。今宜如旧例，令湖广、江西各造四百料者四只，南京遣匠往彼就料完造。浙江、福建各五百料者三只，则定价银五千两征送本部完造，但立限责其早完如式，期于经久。四川并直隶等司府所派料停止勿征。从之。[④]

可见，龙江船厂的造船质量并不适合海上航行。最终各方妥协的结果是于正德初年将额定的十八只运船正式减为十四只[⑤]，仍由湖广、江西等四省负责制造，龙江提举司仅负责派遣工匠相助。

---

① 《明宪宗实录》卷一七五，成化十四年二月庚子条，第3155页。

② 《明孝宗实录》卷三八，弘治三年五月丙子条，第814页。

③ 景泰七年，明朝政府决定将山东西三府绵布十二万疋、绵花五万斤、钞五十四万贯陆运。而天顺二年漂流至朝鲜的海船，一船就装运了“大绵布三万一千五十八匹、花绒一万斤、钞一十二万二千锭”（［朝鲜］《李朝世祖实录》卷十五，己卯五年正月丁亥条，第259页）。照此计算，西三府的全部物资，只要约五艘船，即可一次性全部运抵辽东。

④ 《明武宗实录》卷十一，正德元年三月己丑条，第351—352页。

⑤ 按万历《大明会典》的记载，登州海运船减为十四只，始于弘治十六年。见该书卷二〇〇《工部二十·海运船》，第2686页。

虽然重新拟订了造船计划，但造船需要一定的时间，远水不解近渴。正德三年八月，山东登州府奏报："登州府丰益、广积二库所收登、宁等八场折盐布疋，例以海船运赴辽东，分给军士。近因船坏未修，不能转运，岁久积多，无所于贮，恐致腐坏。欲借充沿海军士月粮，且请折收银价。"户部给出的结论是"移文巡按御史，督二司、守、巡等官核其所积之数，以见在海船陆续运送辽东，仍严督该卫修船备用，不得仍前折银，致误边计"[①]。从户部的答复来看，登州卫军士无疑已经被迫承担起修船的责任，而且运往辽东的物资此前已经出现折银现象。

此时，朝政已经被宦官刘瑾等把持。户部的意见被驳回，"令输所积布赴京库收用，不必往复延滞。辽东官军今年俸粮，户部别为计处，务令两便。海船仍令所司修造，毋致废弛"。刘瑾虽然擅权乱政，但从其令有司修、造船这一决定来看，至少对减轻运军的压力是有益的。在刘瑾的压力下，"户部复奏输京之布其鲜洁可用者可四十万疋，每疋折银二钱五分，则为银十万两，宜兑支本部及太仓银运送辽东以作官军俸粮"。最后，每疋布的折银率定为"疋折银二钱"[②]。

次年三月，丰益、广积二仓库的布运送到京。"布既至，验收太监以纰松浥损，劾该部疏于验勘及司府收受失宜，库官护视无法，俱有罪。"户部被迫自劾。不仅如此，迫于压力，户部又提出"以后常年当解布疋既缺船运送，并山海关岁派之数，则俱征银三钱，送部转输"[③]。在刘瑾主持下，此议获得批准。至此，补给辽东的物资全数改为折银。

正德五年，刘瑾被处死。当年九月，户部奏准恢复被刘瑾变乱的三十余项旧制，其中包括"山东岁派海运布绒折银宜革，仍造海船，以复旧规"[④]。

虽然明朝政府依旧强调补给物资采用实物方式，但对于海船的整饬却没有具体举措。正德十六年七月，山东巡抚王珝奏准："登州府广积库官攒、库役本收掌海运布花，今海运久废，布花皆折解轻赍，官攒宜裁革。"[⑤] 可见，正德五年明朝政府的复旧之举仅仅停留在口头，并未付诸实际行动。援辽物资依旧折银解纳。嘉靖朝廷决定撤销广积库吏典，预示着明朝政府已经彻底放弃原有政策。

---

① 《明武宗实录》卷四一，正德三年八月己卯条，第958页。

② 同上。

③ 《明武宗实录》卷四八，正德四年三月戊申条，第1089—1090页。

④ 《明武宗实录》卷六七，正德五年九月戊辰条，第1482页。

⑤ 《明世宗实录》卷四，正德十六年七月己巳条，第190页。

不过，任何政策的彻底废置都会有一定的波折。据《明世宗实录》中记载：

> 先是，南京工部派征浙江、江西、湖广、福建诸省银六万余两，造海船，运送山东青州诸府布花于辽东，以给军士，兼防海寇。其后青州诸府以海运多险，已将布花议折银输辽东，而派征造船银两如故。至是，南京工部右侍郎吴廷文言海船之造，劳民伤财，无益于用，请革之便。下工部议，以为可。上从之。诏自今海船罢造，勿复征派扰民。①

可见，在海运事实上废置后，造船任务并没有取消，因为海船还有防倭的军事功能。彻底停建海船的时间因此被推迟到了嘉靖三年七月。工部提出罢建海船的理由保存在李昭祥所著的《龙江船厂志》中。据载，时任南京工部尚书崔文奎提出："海船之设，本为装运布花，防御海寇。今布花已收折色，若资此以为战舰，恐遇风则奔驰莫止，临阵则重大难旋。"②

海船的确有相对笨重，难以驾驶的缺陷，但不等于没有军用价值。在明初的历史上，依靠船大取得御倭胜利的例子随处可见。如永乐十五年六月，下西洋宦官张谦等160余名官兵在浙江金乡卫外海，发挥大船的优势，与四千多倭寇"鏖战二十余合，大败贼徒，杀死无算，余众遁去"③。在远海也有类似的例子。

永乐四年，爪哇国使节陈彦祥等出使朝鲜，"于当年五月二十二日起程，驾坐（新造二千二百料）海舡一只。至闰七月初一日未时，到朝鲜全罗道镇浦外群山岛外，忽逢倭船一十五只。当日两相交战。至初三日午时，寡不迭众，力不能加，被劫掠一空，杀死蕃人二十一名，捉去蕃人男妇并六十名。现存性命上岸者并彦祥男妇并四十名进贺方物"④。陈彦祥等没能击败倭寇，与孤立无援，且使团护卫力量不多应有一定关系。但其能率部分成员全身而退，和船大，倭寇难以彻底突破其防线肯定有关联。

因此，以海船不利于作战为理由是站不住脚的。即便在嘉靖倭乱期间，利用船体庞大的优势直接撞击倭船仍是明军的重要战法之一。对此，

① 《明世宗实录》卷四一，嘉靖三年七月丙戌条，第1081页。

② 李昭祥：《龙江船厂志》卷一《典章》，第12—13页。

③ 《明太宗实录》卷一九〇，永乐十五年六月乙亥条，第2013页。

④ ［朝鲜］《李朝太宗实录》卷十二，丙戌六年九月壬申条，第746—747页。

《龙江船厂志》的作者李昭祥也认为不妥。

> 噫！是说也，以为为国家惜财则可，恐非所以达变也。迩者，岛夷屡发，为寇闽、浙，至焚村落、屠居民，虽添设重臣，奔走二省，而全效未著。岂兵威之未振哉？士不习也。夫海涛之势，与江湖稍异，士非素习其间，一旦欲用之，头旋股栗，不能安其身矣，况欲展其技能乎！然则谓海船之不可废者，未必无深意也。[①]

海船彻底停运后，对辽东、山东都产生了严重的影响。辽东地区虽物产丰富，但在明代，开发水平还很低，以至于长时间无法实现自给自足。弘治三年四月，辽东都指挥陈概等属下家人陈鉴等与三万卫、辽海卫掌印指挥朱礼、周缙等奉命籴买粮米，因“不通舟楫，无处籴买，实是艰难”，只好恳请“令易豆纳”[②]。大致从永乐年间开始，辽东都司的军粮即主要由本地解决，海运补给物资大多为布、棉花、钱钞等。因此陈鉴等人所说的不通舟楫，显然不是指运行于辽东内陆河流上的船只，而是指渤海上的海船。明代实行严厉的海禁制度，禁止民船出海。但在明中叶倭寇压力大大减轻的情况下，这一政策也有一定的松动。如弘治十三年，明廷下令：“若小民撑使小船于海边近处捕取鱼虾、采打柴木者，巡捕官兵不许扰害。”[③]陈鉴等买粮虽然发生在弘治三年，但相关政策应大体一致。嘉靖三十七年六月，总督蓟辽侍郎王忬在奏疏中提到：“山东、辽东旧为一省，近虽隔绝海道，然金州、登莱南北两岸间，渔贩往来，动以千艘，官吏不能尽诘。”[④]在严厉海禁时尚有船只往来，在弘治年间，民船同样应该不绝于海。因此，陈鉴等人说的应是官方的海船。

弘治初，登州海船虽然没有停运，但出航次数已经大大减少。按《肇域志》的记载，海船返回时多“得贩辽货”，不排除有辽人搭船到山东贸易。海船减少后，粮食等大宗贸易无法开展，辽东地区的物价必然上涨。陈鉴等应是受害者的一部分。正德年间海船彻底停运后，辽东的状况应该更糟糕。

明朝政府推出折银政策后，对山东等内地民户的压力会有一定减轻。

---

① 李昭祥：《龙江船厂志》卷二《图式》，第81—82页。

② 《陈鉴等为无处籴买粮米拟改纳黄豆事给巡按山东监察御史的呈文》，辽宁省档案馆、辽宁省社会科学院历史研究所编：《明代辽东档案汇编》，第607页。

③ 万历《大明会典》卷一三二《兵部十五·海禁》，第1878页。

④ 《明世宗实录》卷四六〇，嘉靖三十七年六月己卯条，第7774页。

但辽东地区不出产布，完全指望籴买是不现实的。因此，实物输纳棉布后来又被恢复。但“今布运者须经山海关入辽，其劳苦视登莱海道何啻百倍”[①]，百姓的负担反而更加沉重。

据《肇域志》记载，正德间废止海运的一个原因是“以夹带私货，故禁止”[②]，即厉行海禁。但海禁的结果，不仅人为切断了辽东与山东半岛的贸易，而且使“倭艘如入无人”[③]，对两地的海防也有很大的伤害。

海运停止后，对山东海防而言是喜忧参半。一方面，海上少了一支防卫力量；另一方面，登州卫海运官兵减掉了一份沉重的负担。但对辽东而言，则是有百害而无一利。因此，辽东官员不时发出恢复海运的呼声。

嘉靖三十七年，辽东遭遇蒙古军队侵扰，物价飞涨，“斗米至价银八钱，民饥死者十八九”。总督王忬因此提出开海建议，“莫若因其势而导之。明开海禁，使山东之粟可以方舟而下，此亦救荒一奇也”[④]。此议获得批准。

与此同时，巡抚辽东都御史侯汝谅提出“开山东之登、莱，北直隶之天津二海道，转粟入辽阳”[⑤]。“既而给事中许从龙因请就海道以行迄运，或将天津仓粮从黑洋河一带抵昌黎登岸，达山海关；或将登莱等处起运钱粮量发近海民船，从沙门岛一带抵金州，达辽阳。此可省陆挽之劳，官民两便。”[⑥] 世宗将这些建议交给户部讨论，最后决定先征求山东巡察海道等官员的意见。

急于救灾的侯汝谅主动派人勘察了由天津到辽东的海路，并“请动支该镇赈济银五千两，造船二百艘。约每舟可容粟一百五十石。委官督发至天津涌河等处招商贩运。仍令彼此觉察，不许夹带私货”。户部复议后同意如拟行，“第造船止须一百艘，令与彼中岛船相兼载运。其登、莱海道姑勿轻议，以启后患”[⑦]。

登莱海运虽然没有恢复，但民间往来得以恢复，对于增加辽东物资供应，平抑物价肯定是有帮助的。但这却引起了山东方面的不满。嘉靖四十年十月，山东巡抚都御史朱衡上奏：

① 顾炎武：《肇域志·辽东都指挥使司》，上海古籍出版社2004年标点本，第779页。

② 同上。

③ 顾祖禹：《读史方舆纪要》卷三六《山东七·登州府》，第256页。

④ 《明世宗实录》卷四六〇，嘉靖三十七年六月己卯条，第7774页。

⑤ 《明世宗实录》卷四七九，嘉靖三十八年十二月乙丑条，第8013—8014页。

⑥ 《明世宗实录》卷四六〇，嘉靖三十七年六月己卯条，第7774页。

⑦ 《明世宗实录》卷四七九，嘉靖三十八年十二月乙丑条，第8014页。

> 登、莱、青三府地滨大海，东近辽左，南通浙直。国家设军分守甚严。日者，辽左告饥，暂议弛登、莱禁以济之。其青州迤西之路未许通行。今富民猾商遂假道赴临清，抵苏、杭、淮、扬兴贩货物。海岛亡命阴相构结，俾二百年慎固之防，一旦尽撤。顷者，浙直倭患，非后事之镜乎？宜申明禁约，停止为便。①

京杭运河疏通后，海运停罢，山东临清等运河沿岸地区因此得到迅速发展。商人从江南采购货物后，经临清周转，改东行，通过海道赴辽，势必影响临清州以北运河沿岸地区的利益。朱衡表面是为海防考虑，背后不排除有维护地区私利的目的。

朱衡的建议获得兵部的认可。嘉靖四十二年十二月，明朝政府正式禁止通海辽船。

> 先是，因辽东饥，暂许通登莱籴穀。既而辽商利海道之便，私载货物，往来山东。守臣恐海禁渐弛，或有后患，疏请禁止。从之。②

朱衡的建议仅是禁止商人通过海道赴江南贸易，未提及重新禁海。明廷在其上奏两年后彻底封禁海道绝不会是空穴来风，估计是在朱衡的提议被批准后，相关官员受到鼓舞，进而提出了再次海禁的主张。虽然《实录》中没有明确记载这些人是谁，但可以肯定不会是辽东官员。山东地方官员，特别是代表西三府利益的官员可能性最大③。

在恢复天津至辽东的海道后，登州—金州海道也有了一线恢复希望，毕竟，官方的表态仅是“勿轻议”，并没有彻底否决。但在二次海禁后，这一希望彻底断绝。山东至辽东补给线的恢复，因此又向后推迟了20余年。

结　语

登州的海船是辽东物资补给及两地经贸往来的重要媒介，同时也是一支不可忽视的海防力量，在明初曾发挥积极的作用。永乐十三年，海运停

---

① 《明世宗实录》卷五〇二，嘉靖四十年十月辛酉条，第8298页。

② 《明世宗实录》卷五二八，嘉靖四十二年十二月己酉条，第8613页。

③ 围绕着运河经济利益产生的纠葛以及政策层面的较量，樊铧曾有具体的讨论。请参看氏著：《政治决策与明代海运》第四章《治河、保运与海运之间的利害争衡》，社会科学文献出版社2009年版，第187—289页。

摆。登州—金州海运受海运停顿大趋势的影响以及官办造船业的废弛而日渐萎缩，直到正德年间彻底停航。

海运停摆，运河航运蓬勃发展，不仅对明朝的海防构成一定冲击，相关地区在经济利益上也产生了一定的纷争。登州—金州海运彻底停止后，辽东海上物资供应链断裂，物流成本激增，物价飞涨，直接影响当地的发展甚至百姓生存，因而恢复海船、海运的呼声不绝于耳，但终因地方利益纠葛等多重原因而未能恢复。登州海船与海运的罢废，虽然不是山东海防走向预备化的直接反映，但亦是在此大背景下的一个缩影。

※ ※ ※ ※ ※

战略预备队是由中央政府直接控制并调用的军事力量。在倭寇袭扰日趋减少，近乎消失的情况下，虽然山东海防部队名义上仍是以御倭为主要职能，海防军还曾堂而皇之地以“我防海，非防辽”[①] 为理由，拒绝接受地方政府希冀的察、防辽民任务，但其实际上已经承担起战略预备队的职能，大部分士兵被纳入京操班军系统、被不断调往北边的精锐官兵、内卫职能的不断增加、沦为后备将领培训基地的备倭都司等都是山东海防部队战略预备队职能的具体体现。嘉靖倭乱期间，在本地也存在倭寇现实侵扰的情况下，已纳入海防系统的大批精锐长枪手在备倭都司军官的率领下投入江南抗倭战场，更是预备队职能的极端体现。可以说明中叶的山东海防部队已经是名副其实的战略预备队，仍负载在其身上的“御倭”任务不过是明廷的一个幌子，因为朱元璋曾留下“祖制不可变”的遗训。

---

① 许铤：《地方事宜议·海防》，同治《即墨县志》卷十《艺文》，“山东地方志集成丛书”影印本，第244页。

第四章 万历援朝背景下的山东海防

大致从正统年间开始，倭寇在百余年的时间里，在山东海防体系当中，一直处于假想敌的地位，即便是在嘉靖倭乱期间，也没能给山东沿海造成实质性的冲击。因此，山东海防官兵长期处于战略预备状态，不时被挪作他用，海防反而成了附属职责。这一现象在万历十九年终于发生了根本性的变化。

第一节 山东沿海的战备部署

一 模糊的战争警报

万历十九年（1591）四月，琉球国中山王府长史郑迵向明朝政府报告，日本关白计划侵略明朝。福建商人陈申也从海外带回类似的消息。在嘉靖年间备受倭寇扰害的明朝政府对此情报非常重视。七月，大学士许国等以“昨得浙江、福建抚臣共报日本倭奴招诱琉球入犯”为由，题请万历皇帝除弊更张。万历帝因此下令“南直隶、浙江、福建、滇、广镇守督抚等衙门，预讲调度兵食之计，申严备御海汛之方”①。

次月，较早得到相关情报的福建巡抚赵参鲁上奏：“琉球贡使预报倭警，法当御之于水，勿使登岸。奸徒勾引，法当防之于内，勿使乘间。岁解济边银两乞为存留。推补水寨将领，宜为慎选。至于增战舰、募水军、齐式廓、添陆营，皆为制胜之机，足为先事之备。”② 在获得批准后，赵参鲁随即提出用留用的解边银制造沿海所需战船、购买器械、火药以及招

---

① 《明神宗实录》卷二三八，万历十九年七月癸未条，第4416—4417页。

② 《明神宗实录》卷二三九，万历十九年八月甲午条，第4429页。

募浙兵。十一月，明廷又“铸给登莱等处备倭关防”[①]。可见，在倭寇入侵尚未成为现实之前，明朝政府已经开始整顿海防，做战争准备。不过有关战备工作并不是大张旗鼓地展开，而是有限度的。

明朝政府之所以没有全面戒备，和有关情报的不确定有密切关系。而造成情报略显模糊的原因，和朝鲜政府的态度有直接关系。

1590 年（明万历十八年），日本关白兼太政大臣丰臣秀吉击败东北小田原城的大名北条氏，完成了统一事业，结束了日本长达一百多年的战国时代。虽然实现了统一，但内部矛盾依然存在。其中，如何解决土地不够分封的问题成了一道必须破解的难题。早在 1578 年，丰臣秀吉即曾在征讨播磨国时对织田信长说：“图朝鲜，窥视中华，此乃臣之素志。”[②] 为安抚手下各派势力，掠夺新的土地，丰臣秀吉在统一战争刚刚结束，即把侵略目标瞄准了大明。

关于丰臣秀吉早有侵略中国的志向，前人已经多有研究，无须赘述。对此，日本学者也不讳言。如井上清先生即曾说：

> 丰臣秀吉的领土野心是无止境的。他随着平定全国的事业有所发展，便梦想征服琉球、台湾、菲律宾，并使朝鲜和明朝也服从自己。远征南方仅以空想而告终，但征服明朝的计划却从刚刚统一全国之后就具体化了。[③]

远征南方的计划虽然没有付诸实践，但在海上交流非常频繁的情况下，丰臣秀吉不时对外表达的侵略野心势必会被外界所知。这也是其侵略计划尚未开始，有关情报就由琉球使者及福建等地的海商报告给明朝政府的原因。

在东亚地区，琉球和朝鲜是与明朝联系最为密切的两个附属国家。在琉球及时向宗主国通报信息时，朝鲜方面却迟迟不见动静。

其实，朝鲜政府对丰臣秀吉的态度最为了解。1591 年，朝鲜使团访日，在带回的国书中，丰臣秀吉明确提出了假道朝鲜进攻中国的要求。当年五月初一，朝鲜政府就是否要将这一情报通知明朝政府展开了讨论。兵曹判书黄廷彧等主张直言上告，副提学金睟则认为丰臣秀吉的言论是虚张

---

① 《明神宗实录》卷二四二，万历十九年十一月壬申条，第 4511 页。

② 转引自赵建民、刘予苇主编《日本通史》，复旦大学出版社 1989 年版，第 110 页。

③ ［日本］井上清：《日本历史》，天津人民出版社 1974 年版，第 296—297 页。

声势，“事有经权。若知必犯，则固当急急陈奏，如未得实状，而遽烦上奏”，“上国福建一路，与日本只隔一海，商贾通行。若我国陈奏，则倭无不知之理。既奏之后，又无犯顺之事，则天朝必笑我无实，倭国必致深怨”①，只会给自己制造麻烦。左承旨柳根首先转述了左议政柳成龙的言论，“大义所在，虽不得不奏。秀吉狂悖，必不能称兵入犯，而我在至近之地，不可横受其祸。况闻使臣之言，则谓必不发动，虽发不足畏。若以无实之言，一则惊动天朝，一则致怨邻国，不可也。至于通信一事，直为奏闻，万一天朝盘问，则亦必难处。如不得已，则似闻于被掳逃还人为辞，庶或可也”，然后提出：“臣意则大义所在，不可不奏。但一一直奏，则恐或难处。从轻奏闻似当。”②

讨论了一天也没有结果。朝鲜政府只好于次日继续讨论。这次，李山海、柳成龙、李阳元等人的意见得到李朝宣祖的认可。他们的意见是情报应该及时报告明朝，但“奏本措语，若不十分斟酌，则后日必有难处之患。柳根从轻之说，颇有理。若以闻于逃还人金大巩等为辞，极为稳当。至于日本书契所答之辞，则以君臣大义，明白拒绝，而措辞之际，亦不使狠怒。盖不恶而严者，要当如是也”③。

于是，朝鲜政府派贺节使金应南前往明朝，“略具倭情，称以传闻，为咨文于礼部”。临行时，“备边司更密戒应南，行到辽界，刺探消息，皇朝若专无听知，则便宜停止，咨文切勿宣泄”④。

本书此前章节曾经提到，朝鲜政府出于本国利益考虑，一直与日本政府以及对马岛等日本地方势力有密切往来。但在倭寇不时骚扰明朝沿海，明朝政府多次要求朝鲜配合打击倭寇的情况下，朝鲜政府始终刻意掩饰本国与日本交往的事实，甚至因此不惜扣留从日本逃亡到朝鲜的中国难民。

通过上述讨论可以发现，朝鲜政府在对待是否将敌情通报给明朝政府的问题上，依旧受着以上既定外交原则的困扰。一方面，本着“志诚事大”的原则，应该及时通报，以免日后惹祸上身；另一方面，又担心因此泄露了本国与日本有密切交往的实情。因此，朝鲜政府才作出了在以温和措辞回绝丰臣秀吉的要求的同时，派遣使节，谎称得自被掳逃还人之口，间接向明朝政府通告有关情报的决定。而备边司密令贺节使金应南随

---

① ［朝鲜］《李朝宣祖修正实录》卷二十五，辛卯二十四年五月乙丑条，第 209 页。日本学习院东洋文化研究所昭和三十六年（1961）影印本。

② ［朝鲜］《李朝宣祖修正实录》卷二十五，辛卯二十四年五月乙丑条，第 209 页。

③ 同上书，第 210 页。

④ 同上。

机应变，如果明朝没有从其他渠道获得相关情报，干脆不再报告，这显示在朝鲜政府内部，仍有不同的声音，且有足够能量改变朝堂的定议。

但朝鲜政府没有想到的是，丰臣秀吉侵略大明的野心早就为外人熟知。他的假道朝鲜的计划势必不会严格保密。在琉球使节已经先期向明朝政府通告有关情报的情况下，朝鲜政府的这种欲说还休的态度，只会使自己处于被动的境地。

果然，金应南一行进入辽东不久，即发现“一路哗言朝鲜谋导倭入犯，待之顿异”①。当初在朝堂会议时，朝鲜宣祖即曾担心如果不如实上报，“则天朝问于我国曰：‘日本约与尔国入寇，而不奏，何耶？’”② 现在，明朝臣民果然在议论朝鲜与日本勾结，这令金应南倍感吃惊。好在他随机应变，宣称自己正是“委奏倭情来”，才换来“华人喜闻，延款如旧”③。

对于金应南来华之后的情形，朝鲜史籍记载有些混乱。《李朝宣祖修正实录》记载：

> 时汉人许仪后在日本，密报倭情，琉球国亦遣使特奏，而独我使未至，朝廷大疑之，国言喧藉。阁老许国独言：“吾曾使朝鲜，知其至诚事大。必不与倭叛，姑待之。”未几而应南以咨文至，群疑稍释矣。④

《李朝宣祖实录》卷二十七则记载，得到日木即将侵略明朝的计划后，

> 既于其年（万历十九年）四月，因圣节使金应南之行，具由奏闻。中朝先因许仪后，亦闻倭谋令我国要结暹罗、琉球等国，合兵征剿。我国又因冬至使李裕仁之行，再奏贼情曰：“倭奴凶悖之说，小邦虽未委虚的，事系上国，不得不以时申闻。故辄付陪臣，节次陈达……彼以舟楫为家，寇抄为业，帆风飘忽，往来无常。而小邦之人，则短于柁橹，不习下洋，为边吏者，惟守备是图……兹者，幺麽小丑，敢生逆天之计。在天朝，曾不足以勤折棰之策，而臣子之愤痛，

① ［朝鲜］《李朝宣祖修正实录》卷二十五，辛卯二十四年五月乙丑条，第210页。

② 同上书，第209页。

③ 同上书，第210页。

④ 同上。

> 曷有其极？况以诬捏不测言，加之小邦，传播远近。臣与举国臣民，扼腕切骨，无食息之暂忘。如贼之情，得其审，则必跖穿奔达。如贼之动，在所遇，则必贾勇先登。臣将不命其承，况今重感恩谕，益当率励。苟事力所可及，敢不殚竭愚虑，以仰酬万一，而顾以贼遗父母之国乎？”①

这里不约而同地提到了一个名字：许仪后。

根据管宁的研究②，许仪后是江西吉安府万安县人。隆庆五年（1571），在广东被倭寇劫掠至日本。因为精通医术，被萨摩国藩主岛津义久聘为近侍医官。万历十五年（1587），丰臣秀吉征服九州，岛津义久被迫投降，并亲自到京都觐见秀吉。许仪后随行，因此见到了丰臣秀吉。万历十八年，丰臣秀吉做好侵略明朝的计划，并行文萨摩，要求岛津氏出兵二万。得到消息的许仪后坐卧不安，先后于万历十九年九月初三、初七和二十五日，三次通过在日本的华人客商向明朝政府投递情报，即所谓《倭警陈报》。其中前两份是否送达，史书中没有明确记载。第三份情报则可以确定于万历二十年二月二十八日送达福建，并很快送至北京，估计到京时间不会晚于当年三月。

许仪后在《倭警陈报》中详细介绍了他所了解的日本国情，入寇之由以及御倭的建议，等等。在“陈日本入寇之由”的部分，许仪后明确写道：

> （1590年正月十八日）琉球遣僧入贡。（丰臣秀吉）赠金百两，嘱之曰：吾欲远征大唐，以汝琉球为导……五月，高丽国贡驴入京，亦以嘱琉球之言嘱之，赐金四百两。高丽之贡倭自去年五月始也……今秋初一日，高丽国遣官入贡为质，催关白远行。③

在肯定朝鲜会配合日本侵明的基础上，许仪后在“陈御寇之策”部分建议明朝主动出动大军进入朝鲜，先发制人，挟制朝鲜军队设伏，“假

① ［朝鲜］《李朝宣祖实录》卷二十七，壬辰二十五年六月甲寅条，日本学习院东洋文化研究所昭和三十六年（1961）影印本，第341页。

② 参见管宁《许仪后事迹考略》（《江西社会科学》1992年第4期）、《明代许仪后、郭国安等忠君报国活动事迹考》（《中国国家博物馆馆刊》1994年第2期）两篇文章。

③ 转引自管宁《明代许仪后、郭国安等忠君报国活动事迹考》。

丽之官，诱入重围”，以求在“倭不及饱食，丽不及为应”[①] 的情况下消灭日军。

按照《李朝实录》的记载，明朝政府正是在得到许仪后的情报后才开始怀疑朝鲜与日本勾结，共同入侵中国的。但问题是，许仪后的情报在万历十九年九月撰写，次年二月才送到福建，朝鲜使节金应南在万历十九年四月已经动身前往明朝，因此，朝鲜政府遭到怀疑不可能是因为许仪后。

《李朝实录》本身的记载也存在矛盾之处。按《李朝宣祖修正实录》的记载，朝鲜政府在五月份才议定向明朝通报敌情，《李朝宣祖实录》却记载金应南四月即已经出发，时间上明显对不上。《修正实录》是在光海君被废黜后重新编纂的，对有关史实做过选择性的改动。不过对于朝鲜君臣讨论是否向明朝通报情报的时间，似乎没有改动的必要。撇开这一矛盾不管，有一点可以肯定，即金应南一行在万历十九年年中，已经进入明朝境内。

按照《李朝宣祖实录》卷二十五的记载：

> 金应南之行，适及于琉球陈奏之时。上国见其咨，与琉球所报略同，知倭奴之诬谩。皇帝降敕褒奖，赐表里、银两甚优。[②]

按《明神宗实录》的记载，同年八月，礼部题准：“朝鲜供报倭奴声息，与琉球所报相同，宜奖赏激劝。”[③]

从这两条记载来看，朝鲜和琉球使节抵达北京的时间差不多，而且汇报的内容大体一致。因此礼部才提出予以奖励。

金应南虽然见机行事，汇报了倭警，但汇报的内容不会超出朝鲜政府规定的范围，即仍打着逃回难民的幌子，不会提及丰臣秀吉致本国国书的事。那么，有关朝鲜充当日军向导的流言又是从何而来的呢？

按《明神宗实录》的记载，礼部肯定朝鲜的报告和琉球所报相同，即都提到日本要侵明，但并没有说琉球使节只汇报了这些。因此，在琉球的通报中不排除有日本准备假道朝鲜的内容。至于奖励朝鲜使节，可能有暂时稳住朝鲜的目的。金应南一行随机应变，做了大量解释工

---

① 转引自管宁《明代许仪后、郭国安等忠君报国活动事迹考》。

② ［朝鲜］《李朝宣祖实录》卷二十五，辛卯二十四年十月丙辰条，第 317 页。

③ 《明神宗实录》卷二三九，万历十九年八月癸卯条，第 4433 页。

作也肯定发挥了一定的作用。当然，有关情报也不排除来自其他渠道的可能。因为资料的限制，这一流言的来历已经无法准确获知。从《李朝实录》的记载来看，金应南一行应对这一流言非常重视，且及时向本国政府作了汇报，这才有了冬至使李裕仁再奏倭情之行。

明朝史籍记载，万历十九年十一月，“朝鲜国王李昖具报：本年五月内，有倭人僧俗相杂，称关白平秀吉并吞六十余州，琉球、南蛮皆服。明年三月间要来侵犯，必许和方解”①。这一报告内容应该就是通过李裕仁陈奏的。

对李裕仁的报告，神宗下旨：“着兵部申饬沿海隄防，该国侦报具见忠顺，加赏以示激劝。”② 但当月兵部在回奏中表示：“据朝鲜咨报，倭贼入犯似真。沿海防汛将兵，务要远哨堵截外洋，毋得各省互相推诿。巡抚未赴任者，着作急催促。”③ 从兵部“似真”的反应来看，明朝决策层对朝鲜通报的情报并未完全采信，而这和此前盛传的朝鲜欲为日本向导的流言肯定有一定关联。换句话说，即明朝政府对朝鲜的怀疑并未消除。至于给予朝鲜使节的赏赐，更像是外交礼仪的需要。

大概是感觉到了明朝政府的微妙态度，颇为不安的朝鲜政府于万历十九年十月又派出了韩应寅使团。次年三月，“韩应寅等赴奏倭情。贡毕，赐宴遣还”④。次日，礼部题：“朝鲜王李昖克修职贡，归我漂海华氓。备陈倭情狡诈，耻言向导，顾效防御，宜示旌嘉。”神宗皇帝“命赐敕奖之，并赉银币”⑤。从礼部奏文中提及朝鲜“耻言向导”推断，韩应寅使团这次来华，应该向明朝报告了日本要求本国配合侵略明朝的事情。至于是不是谈到丰臣秀吉的国书以及朝、日之间的往来，不得而知。

《明神宗实录》另外记载，万历二十年二月，兵部曾在题本中提到“倭奴诳吓诸国，谋犯天朝，朝鲜已具侦报，而诬以乡导之名。此本国君臣所痛愤，不与贼俱生者。乞察国王效忠，无愧厥祖，令之戮力剿除，亦彼雪耻之一机矣”。神宗批复：“倭奴变诈虚喝，春汛宜加严慎。仍谕朝鲜密侦声息，并督沿边将吏各守要害，以防不虞”⑥。

似乎在韩应寅之前，另有一批朝鲜使节来华，力图澄清朝鲜不会与日

① 《明神宗实录》卷二四二，万历十九年十一月丙寅条，第4508页。

② 同上。

③ 《明神宗实录》卷二四二，万历十九年十一月癸酉条，第4512页。

④ 《明神宗实录》卷二四六，万历二十年三月丁卯条，第4579页。

⑤ 《明神宗实录》卷二四六，万历二十年三月戊辰条，第4580页。

⑥ 《明神宗实录》卷二四五，万历二十年二月庚戌条，第4571页。

本同流合污。当然，也不排除此前来华的李裕仁等并未返国，仍在北京努力为本国做公关工作。从兵部和神宗的态度来看，朝鲜方面的外交努力已经取得了一定的成效。这为韩应寅使团顺利完成使命打下了基础。

大概就在韩应寅来华不久，许仪后的情报被送到了北京。许仪后在《倭警陈报》中对朝、日交往以及朝鲜准备做向导并催促日本发兵的描述对本来就对朝鲜政府有所怀疑的明朝君臣来说不啻于一枚重磅炸弹，令朝鲜使团此前的种种努力顷刻化为乌有。这从朝方的记载中可以清楚地看出来。

万历二十年四月十四日，准备多时的日军在小西行长的率领下，突然在釜山一带登陆，历时七年的战争就此展开。此战，朝鲜称之为“壬辰卫国战争”，日本依据本国年号称为“庆长・文禄之役”。站在中国的立场上，称为援朝战争似更为妥当。为使行文尽量简洁，本文统一称之为万历援朝战争。

承平日久的朝鲜此时军力寡弱，加之统治集团内部党争不断，对迫在眉睫的战争并没有做充分的准备，以至于在日军的突然攻击下阵脚大乱，不到四天就接连丢失重镇釜山、东莱、梁山等地，其他沿海守军干脆不战而逃。布置在南部沿海的第一道防线就此土崩瓦解。

四月十八日、二十日，由加藤清正率领的北路军和黑田长政率领的南路军也先后登陆，与小西行长的中路军一道向北展开平行进攻。仓促应战的朝军不堪一击，五月二日，首都汉城即被日军占领。朝鲜国王李昖弃城北逃。

日军占领汉城后，继续北进，不久突破临津江防线，进入旧都开城。日军由此分为两路，加藤清正率部向东海岸地区推进，另外两支部队沿汉城、平壤大道前进，直逼北都平壤。士气低落的朝军竟然未予抵抗，坐视日军渡过大同江，平壤遂告沦陷。仅仅两个月零两天，号称三都八道的朝鲜全境几乎全部被日军占领。

逃到义州的李昖没有办法，只好向明朝乞求救兵。但此前在是否如实通报与日本交涉问题上的虚与委蛇的态度颇令朝鲜君臣难堪。如何取得明朝政府的信任成了第一大难题。据《李朝实录》记载，万历二十年六月十八日，

> 辽东巡按御史李时孳遣指挥宋国臣赍咨来，其咨有曰：“尔国谋为不轨。”又曰：“八道观察使，何无一言之及于贼？八道郡县，何无一人之倡大义？何日陷某道，何日陷某州，某人死于贼，某人附于

> 贼，贼将几人，军几万？”……上览咨悚然曰：“此盖疑我与贼同谋，而为此恐动之言，以试其对也。”
>
> 先是，中朝福建行商许仪后等潜报上国云：“朝鲜贡驴于日本，与日本连谋，将犯上国，朝鲜为之先锋。”中朝颇疑之，及本国败报至中国，中朝论议汹汹，许阁老国独扬言曰：“吾尝奉使朝鲜，习知情形，朝鲜礼义之邦，决不如是。”及本国请兵奏至，辽左之人传言：“朝鲜实与倭奴同叛，佯为假王，向导而来。”
>
> 时有宋国臣者，前随天使王敬民，来见主上面目。至是，国臣自言：“我曾以天使头目到朝鲜，尝见其国王。我今往见，必尝识认。”中朝依其言，托以传咨，委来探审。国臣既见主上，出谓译官曰：“巡按以我曾从天使，来见国王面目，故使之来审真伪耳，今咨中所言，皆假设之辞，勿讶也。”①

可见，在许仪后情报的影响下，明朝政府对朝鲜的态度已经急转直下，甚至在朝鲜败报频传的情况下依然疑心不减②，以致于出现了朝鲜国王是冒牌货的传言。如果不是大学士许国等人的周旋，朝鲜君臣可能连上述“恐动之言”也听不到。

其实，早在宋国臣递送咨文查核朝鲜实情之前，明朝政府已经于六月初二作出了援朝的决定。当日，明神宗从兵部奏，“命辽东抚镇发精兵二枝应援朝鲜。仍发银二万解赴彼国犒军。赐国王大红纻丝二表里慰劳之。仍发年例银二十万给辽镇备用”③。六月十五日，参将戴朝弁等已经率领先头部队进入朝鲜。宋国臣应该是在明军已经出动后才奉辽东巡按的指示，对朝鲜君臣做最后的测试。

第一批援朝明军大约三千人。在副总兵祖承训的带领下，明军于七月十七日向平壤发起进攻，但在攻进城后遭到日军伏击，损失惨重，戴朝弁、史儒等将领阵亡。祖承训率残部撤回国内。

---

① ［朝鲜］《李朝宣祖实录》卷二七，壬辰二十五年六月丙午条，第338页。

② 此前，朝鲜的战报已经通过多渠道汇集到明廷。据《明神宗实录》记载，当年五月，“朝鲜国王咨称倭船数百，直犯釜山，焚烧房屋，势甚猖獗”，明廷“诏辽东、山东沿海省直督抚道镇等官严加整练防御，无致疏虞”（卷二四八，万历二十年五月己巳条，第4616页）。同月，为应对日军可能的袭击，明朝政府接受蓟辽总督蹇达的建议，调“保定总兵倪尚忠移驻天津，总管二镇兵马”（《明神宗实录》卷二四八，万历二十年五月庚辰条，第4620—4621页）。可见，明朝政府不仅大致了解朝鲜战局，而且已经在做战争准备。

③ 《明神宗实录》卷二四九，万历二十年六月庚寅条，第4630—4631页。

祖承训部兵败有多重原因。既有轻敌冒进、不熟悉敌情、途中遭遇大雨、后勤补给困难等纯粹的军事因素，也有政治上的原因。据《李朝实录》记载，在经过一番公关后，明朝礼部提出“倭患剥肤，亟请援朝鲜，以树藩篱，发军饷以济危急”的建议。神宗在作出派兵决定时也要求朝鲜“悉力截堵。如或势力不支，不妨请兵策应。刻期歼贼，作我藩篱”①。可见，明朝政府总的指导方针是希望朝鲜能自救，以便充当明朝之“藩篱”。派兵入朝只是为了救急，帮助朝鲜稳住局面，明廷并没有大规模出兵的打算。而造成这一结果的原因，除了对朝鲜政府的真实面目一直没有弄清之外，明朝君臣在是否援朝以及对日本是否真有入侵大明的打算上判断不一致是重要原因。

在是否出兵援朝的问题上，兵科都给事中许弘纲的意见可为代表。他认为：

> 夫边鄙，中国门庭也；四夷，则篱辅耳。闻守在四夷，不闻为四夷守。朝鲜虽忠顺，然被兵则慰谕，请兵则赴援，献俘则颁赏，尽所以待属国矣。望风逃窜，弃国授人，渠自土崩，我欲一苇障之乎？夫倭未弱于虏也。在虏，则欲抚之大军之前；在倭，则欲歼之累胜之后。倏重倭也，即虞内地不支；倏轻倭也，即欲立功异域。又臣等所大惑矣。②

而许弘纲们之所以会有这样的看法，根源又在于不相信日本会有如此野心。“自有倭变以来，有言朝鲜之救为舍己之田芸人之田者；有言倭本无多，不足虑者；有言倭三四十万者。总之道路隔远，传闻不的，故众言淆乱，徒惑观听”③。在这样的舆论背景下，明朝政府派出少量军队入朝在一定程度上是对属国的敷衍。许弘纲在祖承训兵败后弹劾他“不遵相机进止之谕”，同时强调“不必以深入为功”④ 也间接证明了这一点。

不过，祖承训军入朝，本身即带有战略试探的目的。其试探的目标有二：一是要对朝鲜战局以及朝鲜政府的真实角色作出判断；二是要摸一摸日军的底细。从这个角度上看，祖承训军虽然战败，但侦察目的已经达到

---

① ［朝鲜］《李朝宣祖实录》卷二十七，壬辰二十五年六月甲寅条，第341页。

② 《明神宗实录》卷二五〇，万历二十年七月庚申条，第4649页。

③ 王锡爵：《请处降虏疏》，见《王文肃公全集》卷十三，四库全书存目丛书影印本，第251—252页。

④ 《明神宗实录》卷二五一，万历二十年八月壬辰条，第4674页。

了。因此，兵部在答复许弘纲等人弹章时才会坚决地说："倭据朝鲜，意图入犯。虽祖承训偏师少挫，岂宜弛万全之谋?"① 可见，明朝决策层已经通过这次战略试探断定日本确有大举入犯的企图，且已准备派出大兵入朝作战。

至此，由于朝鲜政府在对日交往问题上的遮遮掩掩造成的情报模糊以及两国间的龃龉终于宣告结束。

二 战争第一阶段的山东海防

万历二十年八月，明廷任命前任山东巡抚、现任兵部右侍郎宋应昌"往保、蓟、辽东等处经略备倭事宜"②。日军如果要进犯中国，出了朝鲜就是辽东，一路向西，通过蓟镇，可以直逼北京。明廷任命宋应昌兼管辽东、蓟镇、保定等军镇，说明在战略上已经对可能面临的日军入侵做了最坏准备。不过此时的明军主力还在宁夏一带镇压哱拜叛乱，暂时抽不出人力救援朝鲜。直到十月平叛结束，才调回提督陕西讨逆军务总兵官李如松，"充提督蓟、辽、保定、山东等处防海御倭总兵官"③，着手组织军队，准备大规模入朝作战。

当年十二月，明军进入朝鲜。次年正月初六，明军开始对平壤城北的牡丹亭发起试探性进攻。正月初八，明军对平壤城展开全面进攻，日军坚守一天后弃城南逃。明军乘胜追击，汉城以北的日军纷纷南撤，朝鲜半壁江山得以恢复。

取胜后的李如松信心膨胀，拒不听从经略宋应昌的意见，率军直扑汉城。结果在汉城以北约 30 里的碧蹄馆遭到日军伏击。碧蹄馆一战，单纯从军事上说，双方都没有达到目的。对明军而言，此战损失 300 多官兵，而且大多是李如松手下的精锐家丁，速战速决的计划也告失败；对日军来说，虽然迟滞了明军的攻势，但在以多打少的情况下，不仅没占到便宜，反而让明军全身而退，未能实现全歼的计划，而且自损数百人，士气再一次遭到沉重打击。此战之后，由于后勤补给等原因，双方都无力再展开大规模的军事行动，于是开始和谈。

在和谈过程中，日军主动从汉城撤退到半岛南部，于庆尚道东南沿海，自蔚山至巨济之间筑城挖壕，构筑了 18 个据点，并开展屯垦，试图

① 《明神宗实录》卷二五一，万历二十年八月辛亥条，第 4683 页。

② 《明神宗实录》卷二五一，万历二十年八月乙巳条，第 4681 页。

③ 《明神宗实录》卷二五三，万历二十年十月壬寅条，第 4711 页。

长久驻留。四月二十日，明军收复汉城。八月，李如松撤兵回到辽东，第一阶段的战事就此结束。双方进入相持阶段。

从万历十九年接到琉球等处送来的情报开始，明廷即不断发出整饬沿海兵备的命令。天津紧邻北京，又临海，因而成为防倭重地。万历二十年五月，保定总兵倪尚忠移驻天津，总管二镇兵马①，开始有针对性地提高防卫层级。次月，天津抚按又奏准“将漕粮六七万石截留支用”，“庶资战守”，“其议留运船以充战艘，不若将遮洋海船四百余只尽数留用”②。

因为有嘉靖抗倭的经验，明朝政府非常重视海上力量的使用。天津抚按申请截留漕运船充当战舰正是吸取这一经验的反映。不过漕船毕竟是运输船，并不适于海战。九月，浙江巡抚常居敬题奏：“奉旨调取防倭战船。浙船大者重滞，且尖底木椗，难以涉海。惟有沙、唬二船，可由内河抵天津。随即调取八十只，哨官五员，捕舵兵士杂流共一千五百有奇，随船军火、器械三千六百余件，药、铅子六千余斤，行粮、安家、船租银共支过八千二百余两。原任坐营都司吴天赏熟于海务，把总韩光、张良相才俱可用，委领各船，赴天津听候调遣。”③ 可见，在天津海军的组建上，明廷不仅效率很高，而且照顾到了海军技术上的要求，并没有用漕船应付了事。

在作出入朝参战决定时，明朝政府也考虑到了海军。当年八月，兵部在奏本中提到，那时“陆战兵马酌议已定，惟海战必用兵船。杨允恭献策，招募江南沙船、沙兵，聚为精锐，退为故业。路□三千，一月能至。科臣谓凿凿可行。臣等面询，亦似有据。宜量授署指挥佥事，充海营中军官，前往招募。添设备倭都督、游击各一员选领。仍遣科道官专司钱粮、劝赏。所议招募各费，请动支太仆寺马价，及南京兵部草场租银可也”④。神宗悉数批准。

在战争的第一阶段，在天津等地紧锣密鼓，整军备战时，山东沿海又是什么样子呢？

山东海防原来倚靠沿海三营。据史载，文登营的主官在万历十九年由原来的把总改成了时刻准备投入战斗的营兵系列的守备⑤。这一变化应该是明廷应对逐渐紧张的海防局势的产物。登州营和即墨营是否作出了类似

---

① 《明神宗实录》卷二四八，万历二十年五月庚辰条，第 4620—4621 页。
② 《明神宗实录》卷二四九，万历二十年六月甲午条，第 4632 页。
③ 《明神宗实录》卷二五二，万历二十年九月癸酉条，第 4695 页。
④ 《明神宗实录》卷二五一，万历二十年八月辛亥条，第 4683—4684 页。
⑤ 道光《文登县志》卷三《职官》，道光十九年刊本。

的调整，笔者暂时没有见到相关资料，但万历《莱州府志》中明确记载即墨营“旧设把总二员，因倭警，万历二十一年改为守备府。设守备一员、中军一员、哨官四员，实在军士九百十九名”①。道光《文登县志》也记载文登营于万历二十一年建守备府，“设守备一员、中军一员、哨官二员”②。设守备只需一道命令，建立守备官署则需要一定的时间。即墨营和文登营在同一年设立了守备府，且职官配置大致相同。据此推断，即墨营也应是在万历十九年改把总为守备。登州营估计情形不会差很多。

日军正式侵入朝鲜后，明朝政府的整军备战工作立即提速。万历二十年六月，试御史綦才认为“倭夷警急，山东无备。乞遣卿寺科臣一人查核沿海兵食”。兵部认为沿海设有兵备等官，“不必遣官增扰。宜行各该省直督抚军门练兵固圉。今已临渴掘井，乞复如燕处堂？巡按、巡关各御史，遇地方行军对敌，须亲临监督，稽核功罪，以肃人心”③。同月，山东抚按奏准：“倭寇朝鲜，东省环海，于保甲、军余中简选壮丁，分拨防守。乞留民屯屯粮银四万，并事例、班价给饷。”④

这一阶段对山东海防调整影响最大的是经略宋应昌。他在万历二十年十月十二日的奏本中提出：“在山东沿海以及天津，在在皆称险要。而登莱各海岛，处处皆宜设防。其增将添兵，更不宜缓于蓟、保二镇也。”为落实这一思想，他行文山东巡抚，要求对方“查议登莱沿海，直接天津，某处紧要，系适中去处？该镇旧无总兵，应否添设备倭总兵一员？或止应添设协守，或左或右？应否添设游击？其余某处紧要，应否添设守备、应否比照蓟镇事理、兵马作何招募、钱粮作何区处、屯札作何修建？他如登莱长山、沙门、古城、徐福、黑山、鼍矶、黄城、灵山等岛，其间可设水陆等寨，应否照部议用新募沙兵及青州各处长枪民壮填戍？与诸凡未尽事宜，从长计处，停妥回报”⑤。

十一月十三日，他又进一步提出：

> 至于今议防海者，皆以天津大沽等处为首，称似矣。但臣近至辽地，细加查访，辽东旅顺口与山东蓬莱诸山对峙，相去五百余里。中

---

① 万历《莱州府志》卷五，民国二十八年青岛赵琪永厚堂重刻本。

② 道光《文登县志》卷一《武备》。

③ 《明神宗实录》卷二四九，万历二十年六月乙未条，第4633页。

④ 《明神宗实录》卷二四九，万历二十年六月丙午条，第4639页。

⑤ 宋应昌：《议设蓟辽保定山东等镇兵将防守险要疏》，见《经略复国要编》卷二，“四库禁毁书丛刊”影印本，第35页。

> 有海岛一十七处，棋布星罗。彼此接望，诚天造地设，横亘其间。而凡登莱北海，天津东海，蓟门南海，胥赖此险为门户也。况岛中俱可藏兵泊船。而各岛居民筑室耕田，尽成家业。诚一鼓舞召集其忠勇为人推信者，每岛一人，量给冠带或名色把总，令其统率精壮者为兵。复将调来沙兵七千名，沙船二百只；应天船兵九百五十名，沙唬船八十只，兵一千五百三十五名，分布各岛。仍给以将军等大炮，令官兵与民兵不时出海远哨。如有倭犯情形，则举放号炮，岛岛相传。昼则每岛举烟数十道，冲突海天；夜则举火数十炬，照耀海面。倭奴见之，知我为有备耶，则不敢深入；疑我为虚设耶，则我兵实在诸岛，战船遶其后，内地防守扼其前，而彼且腹背受敌矣。是今日之防诸岛者，即以防天津也。[①]

从这一奏疏中可以发现，明廷此时已经从江南调来水兵近万人、战船280只。而宋应昌关于防海首先要倚重渤海、黄海之间的庙岛群岛的思想则对此后乃至天启、崇祯年间山东海防与辽东的联动产生了深远影响。

不仅在总体上提出具体建议，在细节上，宋应昌也很关注。当年十一月十六日，他在致山东巡抚的咨文中指出，天津地区已经部署兵马一万八千余名，水战船只也已经到位，“惟是东接海丰以至青州唐（塘）头寨一二百里皆无重兵……似应于唐头寨设一参游，领三四千兵，乃可以策应”[②]。不过从万历二十五年七月山东巡抚张允济仍提出塘头寨“原设官军单弱可虞，议调乐安、寿光二县乡兵各一百，共原军五百名，合操防守”[③]来看，宋应昌在塘头寨设置重兵的计划并没有获得足够的响应。

但山东沿海的防御力量的确比以往严密了很多。在三营设立守备府的同年，明朝政府还增设了王徐营，“设守备一员、中军一员、哨官三员，兵五百名”[④]。在莱州，新设南兵营，首任都司赵贤辅也是在万历二十一年上任的[⑤]。在登州，虽然没有设立专门的南兵营，但也有南兵的踪迹。“万历癸巳因倭警，调浙兵戍登，（田横山上）立有城垣廨宇”。[⑥]

---

① 宋应昌：《议处海防战守事宜疏》，见《明经世文编》卷四〇一，第4347—4348页。此疏另见宋应昌著《经略复国要编》卷三，第53—54页。后者注明了陈奏的时间为万历二十年十一月十三日。

② 宋应昌：《移山东孙巡抚咨》，《经略复国要编》卷三，第57页。

③ 《明神宗实录》卷三一二，万历二十五年七月甲辰条，第5841页。

④ 万历《莱州府志》卷五《兵防》。

⑤ 同上。

⑥ 道光《重修蓬莱县志》卷二《地理·山川》，道光十九年官刻本。

嘉靖倭乱期间，戚继光训练的浙江兵成为抗倭主力，并从此名扬天下，成为各地重点招募的对象。即便是东南沿海，也不能免俗。如万历十九年，福建巡抚赵参鲁在题请整顿福建海防时，提出“北、中二路共增浙兵三营，共一千九百名有零，岁增饷二万四千七百余两”①。山东作为援朝的前哨，当然也少不了要招募南兵。莱州南兵营就是在这样的背景下产生的。

不仅陆军中有南兵，水军更是离不开南方将士。根据嘉靖年间的经验，“杀倭之术，于陆难，于海易。故须出海远哨而扼之于门户之间”②几乎是明廷朝野的共识。但山东沿海从来没有配置过专门的海军，要出海远哨，还得倚靠南兵。所以万历《莱州府志》的作者才会略显无奈地写道：

> 近岛寇震邻，仓卒莫之为计。夫是以益讲于兵。而莱人旧不能操舟，贼来，何计遏之海上？故又设战舰，是不得不以南人领之矣。③

备倭都司原是山东海防的最高军事指挥机构。战争爆发后，山东沿海兵力大增，都司长官的级别也随之提高。万历二十一年五月，都司长官杨文被提升为副总兵。按《肇域志》的记载，“万历二十二年，因倭寇朝鲜，调集南北水路官兵防海，登遂为重镇，与诸边等”④。

在登州成为重镇的时间上，康熙《登州府志》的作者认为是万历二十年，道光《重修蓬莱县志》和光绪《增修登州府志》的作者都认为始于万历二十一年，与《肇域志》的说法不同。登州备倭都司于万历二十一年五月设副总兵，一直持续到万历二十五年才进一步升格为总兵，而且在万历二十一年山东沿海的防御兵力和格局都有很大的变化，因此，笔者认为还是以万历二十一年为起点更准确一些。

登州成镇后，登州营被解散，和新调兵力重组，“分中、后二营。中营设把总一员、哨官二员，军四百名，家丁三名，马三匹。屯种长山岛。

---

① 《明神宗实录》卷二三九，万历十九年八月乙巳条，第4437页。

② 沈一贯：《论倭贡市不可许疏》，见《敬事草》卷一，“四库全书存目丛书”影印本，第15页。

③ 万历《莱州府志》卷五《兵防》。山东自古多豪杰之士，此时却要用南兵保卫家园，颇令人感慨。如谢肇淛即曾说道：“往岁釜山之役，牟莱相望，一衣带水，惴惴然不能守，是惧而藉乌合之南兵，老于境上，以成养虎之势，尚谓齐有人乎？”见谢肇淛《山东武举录序》，《小草斋集·文集》卷六，福建人民出版社2009年版，第118页。

④ 顾炎武：《肇域志·山东·登州府》，第557页。

后营设把总一员、哨官四员，军六百八十六名，马三百六十二匹，屯种滨海荒地。分团操营为二，团操左营仍以中军领之，设哨官五员，增兵六百四名、马一百六匹；团操右营设把总一员、哨官五员，兵五百八十名、马一百六匹，设副总兵统领之"[①]。

以上还只是为防御日军进犯采取的措施。在第一阶段的援朝战争中，有没有山东军士参与呢？

在《李朝实录》中记载，万历二十一年入朝的明军各营中，有"统领山东秋班、经略标下御倭防海游击将军钱世祯，领马兵一千名"[②]。这支部队在宋应昌万历二十年十二月十二日给神宗的汇报中只记载为"标下都司钱世祯领蓟镇马兵一千名"[③]，与朝方的记载有明显区别。

由于战前准备不足，宋应昌原定于万历二十年十一月中旬发兵入朝，因"大将不至，屡失事机"，被迫推迟，后不得已于十二月初三"先发吴惟忠所领兵三千，初四日又发钱世祯、王问所领兵二千渡江"[④]。吴惟忠统领的是南兵，王问是蓟镇车营主将。结合前引宋应昌的奏报，钱世祯统领的士兵来自蓟镇的概率更大一些。

不过在万历二十年十月十二日的奏疏中，宋应昌曾提到为集结兵力，"今议河大、河间、沈阳、天津等五营，姑免赴边，权留防海。应将昌镇右车营及山东营春秋两班，俱听暂改蓟镇西路，通融分布修防，量为代助"[⑤]。山东班军众多，除参加京操外，另有一批军士每年定期前往蓟镇戍边。宋应昌调兵主要从蓟镇、宣、大等边镇抽选。但出于防备蒙古劫掠的需要，必须从其他地区调遣兵力弥补边镇兵力的损失。昌平镇右车营及山东营春秋两班因此被作为补充兵力，准备配属到蓟镇。但边镇大批士兵在宁夏一带平叛。虽然哱拜叛乱已经于九月份被镇压了下去，但士兵需要休整，返回原镇也需要一定的时间，不排除昌平镇右车营及山东营班军在调到蓟镇后由于原定入朝的官兵迟迟未归而被改调入朝参战的可能。按照宋应昌的汇报，十二月初四，钱世祯和王问分别带领蓟镇马兵和车营渡过鸭绿江，从兵种上看，和"昌镇右车营及山东营春秋两班"也基本吻合。因此，钱世祯率领的蓟镇马兵极有可能是由山东班军组成的，《李朝实

---

① 道光《重修蓬莱县志》卷四《武备·营制》。

② ［朝鲜］《李朝宣祖实录》卷三四，癸巳二十六年正月丙寅条，第443页。

③ 宋应昌：《报进兵日期疏》，见《经略复国要编》卷四，第80页。

④ 宋应昌：《报石司马书》，见《经略复国要编》卷四，第73—74页。

⑤ 宋应昌：《议设蓟辽保定山东等镇兵将防守险要疏》，见《经略复国要编》卷二，第33页。

录》的记载更为准确。

史籍中另有山东士兵入朝参战的直接证据。如《明神宗实录》记载，万历二十一年二月，

> 倭奴结聚王京。经略宋应昌请添兵马。兵部议以南兵备登莱者往援。从之。①

在整个援朝战争期间，除了万历二十二年遭遇过一次日军的直接骚扰外②，山东半岛充当的仍是援朝大军后勤补给大本营的角色，提供兵员补充是大本营的职能之一。从南方抽调或招募的南兵到登莱后经过整合、训练成型后再调往前线，也可以视为从山东调兵。

三 封贡谈判期间的山东海防

第一阶段的征战虽然没有将日军赶出朝鲜，但基本稳住了形势，迫使日军转入守势。不仅如此，明朝政府还从擒获的日军战俘口中了解到了丰臣秀吉的战略意图，“可见倭奴本情实欲占朝鲜以窥中国，中国兵救朝鲜实所以自救，非得已也”③，从而结束了朝野关于日军终极目标的争论。

将日军赶到南部沿海一带后，明军由于战前准备不足，加之朝鲜方面配合不力，几乎完全依靠明朝自行补给前线，无力再发动大规模攻势。明、日双方开始坐下来，围绕撤军、册封和通贡等问题展开谈判。

战前，兵部尚书石星曾密遣侦探赴日本收集情报。其中，福建巡抚许孚远派出史世用假扮商人与泉州海商许豫于万历二十一年四月顺利抵达日本萨摩。史世用不仅探得日军在战争中损失严重，如“内浦港抽选七十人，近回者止二十人。日向国有大船装倭三百，近回者止五十人，损失甚多”④，而且与萨摩州地方势力取得联系，发现日本内部存在矛盾，对战争有不同意见，从而验证了许仪后的情报。这些情报为明朝政府推进谈判奠定了心理基础。谈判从万历二十一年三月开始，直到万历二十四年底，

① 《明神宗实录》卷二五七，万历二十一年二月癸卯条，第4784页。

② 同治《黄县志》卷十四《杂事志》记载：“万历二十二年，倭航海，焚沙门岛。沿海黄河寨等处戒严。寻乘风遁去。”这支日军估计是因为天气原因意外漂流至沙门岛的，当然也不排除是日军在议和谈判期间派出的小股侦察部队，用以试探明朝沿海防御能力的可能。

③ 王锡爵：《请处降虏疏》，见《王文肃公全集》卷十三，第251—252页。

④ 许孚远：《请计处倭酋疏》，见《明经世文编》卷四〇〇，第4336页。

断断续续进行了近四年的时间。期间虽然小规模冲突不断，但总体上维持了和平状态。

谈判期间，明廷朝野分成了主战和主和两大派。主战派追求速战速决，彻底解决日本的威胁。主和派虽然支持封贡，但其中的大部分也知道日本的野心。他们支持和议，在很大程度上是出于缓解经济压力的考虑，封贡的部分目的是为了争取缓冲时间。所以，尽管两派吵得沸沸扬扬，但在整顿军备问题上并没有大的分歧。这方面，兵科署科事徐成楚的意见可为代表。

万历二十四年四月，徐成楚上疏。在奏疏中，他一方面强调对日军不能太重视，“重敌者无成功”，“日本越大海、操舟楫，而与我争胜于戎马之郊，所谓万里行师也。其不能裹粮以从，明甚”，“彼深入则虞归，浅入则罔利，欲掠则我清野以绝其望，欲战则我坚壁以疲其锋。或断乌岭之道，扼旅顺之险，塞成山之口，使进无所犯。或密谕福建巡抚，亟选良将锐卒，直捣沙街、护屋，使退无所归”；一方面又强调“今之倭，非昔之倭”，今日之倭“舍东南不犯，直趋西北。又屯田筑舍，为持久计。所谓舍肢体而攻腹心，此其志足畏也……今动辄以十数万计，即囊沙增灶，未必皆真，而投鞭断流，人情易撼。此其众足畏也。昔朝鲜之役，不过行长提衡耳。王京之陷，势如破竹。今平秀吉且俨然自将封豕长蛇，洊窥上国，恫疑虚喝，先声震动，此其气足畏也”。所以，他的结论是“今之备倭，不当仅同于昔日之备”，在不主动出击的同时，“辽阳作何战守，登莱、天津作何预备，朝鲜应否再援，南兵应否调募，副使杨方亨等应否提兵撤取”[①] 等一系列问题都应该通盘考虑。

在议和期间，明朝君臣对山东半岛的战略地位并没有形成一致意见。比如福建巡抚许孚远认为“辽阳、天津两地，密迩京师。一由朝鲜度鸭绿江而上，一由山东海面乘风疾趋。设有疏虞，令倭得长驱而入，震惊宸极，此不可以不虑。宜将东征之兵挑选或增至二三万人，遣大将二员，分屯两地，以防不测”[②]。徐成楚则认为“登、莱系山东门户，天津亦神京肘腋。扬帆飞楫，可以倏至，其重俱不在辽左下”，应同等重视。[③] 礼科右给事中张辅之、山东布政使黄克缵等则干脆认为日军不会侵袭山东。前者以为“或朝鲜府库之财物不足以饱其欲，彼必不肯安心于扁舟海岛之

---

① 《明神宗实录》卷二九六，万历二十四年四月己未条，第5518—5519页。

② 许孚远：《请计处倭酋疏》，见《明经世文编》卷四〇〇，第4340页。

③ 《明神宗实录》卷二九六，万历二十四年四月己未条，第5519页。

间……辽阳颇称有备，而登莱滨海瘠薄，掳掠鲜获。其势必风便直趋淮扬矣”①；后者在致友人的书信中提出“北边倭患诚所当备，但有辽左为之阻隔。而天津海道，从来倭不能通。彼不熟知深浅，决不敢轻入。门下但安静以镇之，未可轻自骚扰。弟所虑者，闽浙间尔”②。如果说许孚远不重视山东是见识问题，张辅之等人则是完全机械地照搬嘉靖倭乱的经验，丝毫没有看清丰臣秀吉的“远大目标”。

这些认识上的差异，势必对休战期的山东海防建设造成不良影响。

万历二十一年十一月，前方战事结束不久，礼科左给事中曲迁乔即提出：“山东北联畿辅，南接徐淮，西通运道，东临大海，最为防倭要害。欲免春季班军以备防守，添留武德参、游以资弹压，及增土兵，整器械，浚城池，训武艺，皆绸缪至计。”兵部支持他的建议，奏准“行京营戎政及蓟镇、山东督抚衙门区画以闻”③。由此，明廷在战争第一阶段整顿的基础上开始进一步调整山东海防部署。

如果说战争第一阶段对山东海防影响最大的人物是前任巡抚宋应昌，那么，休战期间对海防影响最大的应是郑汝璧。

郑汝璧，万历二十一年四月由陕西按察使调任为山东右布政使，分守海右道。当年七月二十九日到任。九月初二又升都察院右佥都御史，接替孙鑛巡抚山东，十一月初九正式接任。④ 万历二十二年，他呈上《条议防海六事疏》，提出了系统整饬山东海防的建议。下面，我们以他的这六条建议为线索，分析一下明廷在休战期间的具体举措。

（一）练兵马以重战守

郑汝璧认为山东虽然有兵，但“青齐之枪手虽可用而非素练”，“乡兵应名而已，有名无饷，难以久练，而民且告扰”，“标下之兵与各道之快壮、营中之壮军，饷颇厚而人可用，要在练之得法”。在他的安排下，“参将梁文训练标兵为之倡，以南教师教南技，北教师教北技，即行各道一体训练……臣又将标营与济南等七道，共马兵一千二百名，取之标下合练”，这些练成的官兵平时在各自的辖区内执勤，“每遇汛期，仍聚练以听调遣”。“海防道及登、文、即三营马兵六百名，取之备倭衙门，听海防道监练。练成分发各营。遇汛期，亦聚练以听调遣。”“大约山东一省

① 王在晋：《海防纂要》卷三，“四库禁毁书丛刊”影印本，第523页。

② 黄克缵：《柬顾襟宇》，见《数马集》卷三十一，“四库禁毁书丛刊”影印本，第376页。

③ 《明神宗实录》卷二五四，万历二十一年十一月辛未条，第4725页。

④ 郑汝璧：《交代谢恩疏》，《由庚堂集》卷二十三，“续修四库全书”影印本，第614页。

练步兵一万三千、马兵一千八百，专备战守。”[①]

以上是郑汝璧在职权范围内已经运作的事，无须赘论。

（二）议积粟以广储蓄

这一款在当年十一月得到户部的认可，并获准执行。其大致内容是：

> 东事兵兴，青、登、莱军屯之粟不足以供，惟有民屯银两，拖欠数多，时值岁艰，追银无措。宜将三分之二听从民便，准纳杂粮穇谷豆黍之类，另廒收囤，专备兵荒。其一分征银解部济边，事平照旧征派。[②]

财政上的压力是明军草草结束第一阶段战事的重要原因，郑汝璧提出的赋税随宜征缴目的在于开源，把能征收的尽量征收上来。其实，在节流方面，他也下了很大功夫。由于战事的需要，在他上任时，“查得标下锋、奇官兵共三千八百五十余员名，岁该饷银七万八千余两……调到南兵三千五百余员名，岁该饷银六万三千五百余两”[③]，单军饷一项，每年就要支出近 14.2 万两。

在郑汝璧看来，“新募标兵三千，乌合之众，可练而不可战。暂调南兵三千，数少力分，可战而不可必胜”[④]，现有兵力尚不敷用，还需要继续组织兵源。但增兵就要增饷，力有不逮。于是，他把目标盯在了班军身上，上疏请求“将本省沿海春班边操官军……十六卫所共六千名悉免赴班，容臣同原留秋班京军简汰老弱，选补精壮，分布沿海防守。其腹里春班京操军济南、平山……九卫所共五千四百二十八名改为秋班，并秋班边操军……七卫所共五千九百九十一名，俱于六月内早赴京蓟防秋，则庶不失祖宗设军防海之初制，而亦不尽妨今日调剂守护之权宜”，通过训练班军，进而达到“以各卫所之兵为主守，以备倭诸营之兵为游击，以标下之兵为调援。土著渐可精练，南兵渐可议撤，饷损而兵足”[⑤] 的目的。

与标兵、南兵这些基本属于募兵系列的军士相比，班军的军饷原本就是政府的日常开支，不存在增加的问题。如果留用班军，即可以增兵防海，又不用增饷，一举两得。其实，留用春班班军的想法在万历二十一年

① 郑汝璧：《条议防海六事疏》，《由庚堂集》卷二十四，第 628—629 页。

② 《明神宗实录》卷二七九，万历二十二年十一月壬午条，第 5157 页。

③ 郑汝璧：《专官足饷留军疏》，《由庚堂集》卷二十六，第 656 页。

④ 郑汝璧：《留班军防御疏》，见《由庚堂集》卷二十三，第 616 页。

⑤ 同上书，第 619—620 页。

即由礼科左给事中曲迁乔提出。现在，郑汝璧再次提出，说明曲迁乔的建议并没有获得京营戎政及蓟镇督抚的认可。在郑汝璧后来上呈的奏疏中曾提到“春班右营边军三千，部文原议事宁之日赴边”①，可见他留用六千名沿海春班班军的计划也没有被如数批准，而是打了对折。

不过郑汝璧很有韧性。在前议未获批准后，他再次上疏，提出由副总兵杨文从沿海班军中抽调，按照南兵战法训练成的一千名壮军应该继续留在登州防海，“与春班右营三千名照旧训练，沿海防守”，“其余京军四千余名赴京操备，（春班）左营三千名赴边修防”②，也就是从兵部要求“万历二十三年照旧京操”的班军中再扣留一千名留为己用。这一请求是否获准，笔者在史籍中没有找到明确答案。不过依着郑汝璧的韧性，加之已经按照南兵战法训练成功的既成事实，十有八九会达到目的。

（三）修城垣以固保障

修建城池是古代提高内陆防御能力的基本手段之一。在正德年间，山东沿海曾因为刘六、刘七起义而掀起一个建城的小高潮。到援朝战争爆发时，又过去了七十余年，原有城垣多有损坏，因此，修城又成了人们眼中御倭的法宝。郑汝璧也不例外。他在奏疏中提出：

> 登州城虽石而卑，且无灰弥缝，日以勾拆。又三面山也，高过于城，敌得窥我。非敌台不可冲击，非加修加灰不可以久。莱州城虽砖而多陂，侧可攀援而登也。亦必加敌台，始可施炮射而为完全计。青州稍得地利耳。其属海邑，若诸城、乐安，皆土城；即墨杂以沙，随葺随坏；昌邑，土仅及肩，倾圮且尽，直与无城等耳，必加以砖石。费各逾万金矣。胶州砖城不满三里，官舍军所占之，民居十才二三。余处城南，繁且数倍。其地直逼海口。倘倭乘潮而入，民且无如，佥谓宜于城南筑新城，方六七里。草草估费，亦不下二万金矣……臣已行道府，将登莱二郡城再加修筑高坚，并添敌台以便冲打。诸城等处行令估计议处。卫所等城，如安东、灵山、鳌山、大嵩、靖海、成山、威海等处关系要害，各加修理外，其余所寨人少去处，姑量葺补。无事之时任其安住，一遇有警，就近归并，以小就大，以寡就众，合力拒守……盖边方并堡之常规，亦前抚臣孙鑛图说所已及

① 郑汝璧：《专官足饷留军疏》，《由庚堂集》卷二十六，第657页。

② 同上书，第657—658页。

者也。[①]

其实，在郑汝璧提出修城之前，部分州县政府已经在力所能及的范围内开始修补城池的工作。例如：万历十九年，福山县知县张所修因倭警“檄置垛堞，添设敌台”[②]；二十年，高密知县范垣“以倭寇告急，浚隍崇陧，增置敌台十二”[③]；二十一年，日照知县杜一岸“砌以砖”，“增筑瓮城、重门、敌台四座”[④]；二十二年，黄县知县张汇选“因倭寇朝鲜，创砌以石。极其坚备，增高三丈二尺”[⑤]；等等。

修城是共识，但各地步调并不一致，除了对敌情的认知有区别外，经费是主要原因。对此，郑汝璧给出的答案是：

> 海上紧要诸城应亟图者，即为估计。臣查勘动钱粮，撙节应之。稍缓诸城，每年议修一面，四年而毕工。但遇每年圮坏，系土筑者，即先于坏处估易砖石，得尺则尺，渐可坚完。如果经理有方，民不告扰而工能底绩者，特加荐叙优擢以示激励……[⑥]

在郑汝璧奏疏上呈后，山东沿海州县的城池建设掀起又一个小高潮。例如：蓬莱县城“增筑敌台二十八座”，蓬莱水城也在万历二十四年由时任副总兵的李承勋“甃以砖。东、北、西三面共增敌台三座，南一面仍旧”[⑦]；栖霞县城，万历六年由知县鲍霖完成“改筑石城”的工作，二十五年时，又由“知县鲍纹建北门瓮城并敌台八”[⑧]；莱州城原为土城，“万历丙申、丁酉（二十四年、二十五年）间有倭警，沿海戒严。兵宪于仕

---

① 郑汝璧：《条议防海六事疏》，《由庚堂集》卷二十四，第630—631页。

② 民国《福山县志稿》卷一《城池》，民国二十年烟台福裕东书局铅印本。

③ 光绪《高密县志》卷二《城池》，光绪二十二年刊本。

④ 光绪《续修日照县志》卷二《城池》，光绪十二年刊本。

⑤ 康熙《黄县志》卷二《城池》，“清代孤本方志选丛书”影印本，第91—92页。黄县县城的修筑时间在地方志中的记载有一定差异。光绪《登州府志》卷七《城池》记载为“万历二十一年，增高八尺，增厚一丈，建西北二门瓮城，楼七、敌台二、铺二十六”。郑汝璧在《条议防海六事疏》中曾举肥城和黄县的例子，称“肥城、黄县俱系土城，岁费修理。知县马经纶、张汇选一举而新之以石，民不告劳而功足保障”。郑汝璧的奏疏系万历二十二年上呈，从时间上看，黄县城于万历二十一年修筑完成的可能性更大。

⑥ 郑汝璧：《条议防海六事疏》，《由庚堂集》卷二十四，第632页。

⑦ 道光《重修蓬莱县志》卷二《地理》。

⑧ 光绪《增修登州府志》卷七《营建·城池》。

廉议加甃。甓工甫举，迁去。（知府龙）文明集赀鸠工成之，不三载告竣”[①]；即墨县城此前也曾于万历六年重修，“砖砌，三门、城堞、埤墙皆极整固”，在知府龙文明的要求下，又由“知县刘应旗易土以砖，三门改题旧额”[②]。

（四）开岛田以佐军兴

明初，登州海北之长山等岛按照政府的空岛政策，除沙门岛等少数岛屿外，人口大多被内迁到陆地上生活。但在正德、嘉靖年间，不断有辽东军民自发入岛生活。对这些辽民，是驱赶还是收容，曾在明朝政府内部进行过多次讨论。郑汝璧认为岛上多沃土，荒废可惜，建议“以登州营卫之军什伍而耕，如屯田之法”，岛上原有三座城，年久倾颓，可以“造草房百余间”，供屯田军士居住。另外“造辽船十余只，以为利涉之资”，“一遇有警，船可哨而兵可水，且耕且防。万亩之地，即可资千军之食。有屯田之利，无喙盗之害”。为了使军士安心，“妻孥不使同行”[③]，以免产生长驻岛上的担心。

这一建议于当年十一月获得户部首肯，付诸实践。后据郑汝璧报告：“参将邵曾和自万历二十三年正月起至四月终止，已开过长山、南北二城岛田二万二百二十五亩。”[④] 成绩非常显著。

（五）置将领以便统率

在这一款中，郑汝璧主要谈了自己对胶州和王徐寨军备的看法。

郑汝璧认为山东海防“北则登州，南则胶州，均为要地”，登州宿有重兵，胶州则守备空虚。因此，他赞成前任巡抚孙鑛的看法，“山东海防第一，胶州为急”，“看得即墨营守备驻即墨县之北，离海颇远。先年海滨处处有兵，故居内地以为策援。今卫所无兵，则不宜胶柱而居。且即墨守备所管信地东接文登营仅百里，西抵安东四五百里，道里亦未适中，故每遇汛期移驻胶州。与其往来奔驱，莫若移驻防守”。即墨营旧兵及留用班军，共训练成二千人，任命文登营守备张楷昂为都司，“以都司职衔管守备事，仍节制于备倭将官（副总兵杨文）”[⑤]。

对于王徐寨，他认为：

---

① 清末《莱州府乡土志》卷上《政绩》，第 42 页。

② 同治《即墨县志》卷二《建置·城池》，第 41 页。

③ 郑汝璧：《条议防海六事疏》，《由庚堂集》卷二十四，第 632—633 页。

④ 郑汝璧：《录开岛田效劳官员疏》，《由庚堂集》卷二十六，第 664 页。

⑤ 郑汝璧：《条议防海六事疏》，《由庚堂集》卷二十四，第 633—634 页。

王徐寨守备，系近日新设。该寨去莱州、黄县各八十里，东良海口在焉。旧有城寨，故即以居之，亦一便也。但城郭卑薄，人烟稀少。其地孤虚，不可居处。各军每裹粮以操，苦不能继。又系截杀之兵，不得株守一寨。即倭至而守此单薄之孤城，势必难保，徒滋牵制。况莱州重地，兵力甚微。倭至，必舍王徐而犯莱州……合无将该寨守备就驻府城操练，以资保障。每至汛期，听其量带官兵赴寨哨防，及照信地相机策应，庶兵不疲而事有济。一转移而莱郡地方可恃以无恐矣。①

王徐寨，万历二十一年才设营，有兵五百名，的确兵力有限。郑汝璧的建议可以有效发挥王徐营的作用。但在即墨营是否要迁移的问题上，却招来了激烈的反对，其中反对最激烈的是即墨人、翰林院简讨周如砥。

为维持现状，周如砥连续给郑汝璧写了三封信。在第一封信中，他强调即墨营设在即墨县境内已经二百余年。“其营有城有池，比于郡县城。内外诸军子子孙孙聚而为族。公则衙厅场署，私则室庐园圃，居然千室之邑。近虽荒瘠，人情重迁。无论非人情，以此千余之众，一旦移之无城郭无室庐之地，安所置之？”“且胶州非必冲于即墨也”，“以山东海防第一胶州为急者，此盖见胶州海潮抵其南门之故，不知胶州故所城也。试观凡卫所之城，有不开门对海者乎？”议迁者“未睹营之地势最高，而于诸卫所之道里最均。地势高故可以俯视诸海壖缓急出兵，如高屋之建瓴水；道里均故可以朝发而夕至”。“今将使兵宿胶州而西控东安，东援即墨，北应登莱乎？东安者，隶青州，有兵备道之民快在焉。累年团操，粮饷不赀，此似无借胶之为援也者。而登有备倭，莱、黄之间有王徐，皆可无虞。唯是营兵既移即墨，诚虚无人。然与其以移去之兵归而援即墨，何如以不移之兵待而援胶州乎？”②

随后，他又在第二封信《再议》③ 中指出胶州在胶州湾内，并非面对大洋。即倭寇很难攻到胶州城下。相反，即墨却直面大海。在第三封信中，周如砥指出郑汝璧“所询之非人也”④。为巩固即墨城防，周如

① 郑汝璧：《条议防海六事疏》，《由庚堂集》卷二十四，第634—635页。

② 周如砥：《驳迁即墨营于胶州议》，见《周季平先生青藜馆集》卷二，“四库全书存目丛书”影印本，第255—256页。

③ 周如砥：《周季平先生青藜馆集》卷二，第256页。

④ 周如砥：《再议》，《周季平先生青藜馆集》卷二，第257页。

砥又致信县令，提出了选强壮、留富室、聚货贿以行重赏、严法令等建议①。

据焦竑《即墨营追思大司成周公至恩碑》载：“万历壬辰，值东事孔棘，当道者误以胶人急门庭之寇而忘腹心之蠹，以营在县治北，不若移之胶州以冲潮汛。”② 可见，移营建议来自胶州士绅。周如砥所谓“非人”，指的就是这些胶州人。不过郑汝璧在奏疏中明确表示移营的想法来自前任巡抚孙鑛，故周如砥在信中责备的“非人”，不排除有暗讽孙鑛的可能。

据焦竑撰写的碑文，在周如砥提出反对意见后，“胶人自知其谬，不敢复言迁”③。可见，周如砥的反对达到了目的。

（六）分信地以专责成

郑汝璧认为山东环海二千余里，如果不划分清楚各自的守御区域，必然互相推诿，造成不良后果。沿海原有三营，“今加王徐寨、滨州为伍。则信地之广狭宜均”。参考海防道等官员的建议，郑汝璧对五营的防区作了具体规划，如“王徐寨策应信地，则莱州卫，本寨备御一所，马停寨、皂河、马埠、塘头四寨，马停镇、东良、柴葫、海仓、鱼儿铺、高家港六巡司等处也。滨州守备策应信地则利津、沾化、海丰三县境内海口牡砺嘴、溷水、大沙河、大沽河等处也。德州守备遇有倭警，则移驻武定州策应”④。对于一地出警，周边营卫的策应方式，郑汝璧也作了具体规划。如“贼犯文登营界上，该营守备不待调发即行统兵相机截杀。邻境即墨营守备领兵驰赴协剿，登州把总领兵移驻适中处所听候调遣策应”⑤。

在郑汝璧看来，登莱一带经济萧条，即使倭寇来袭，只要固守坚城，军士奋勇，自然可以挡住倭寇。但如果倭寇绕过登莱一带，“直犯淮扬，突入沂徐，非有劲兵堵截，瞬息深入，蹂躏动摇，形若隐而忧”，临清参将兵力又很有限，如果漕粮运道遭到攻击，后果不堪设想。因此，他建议修筑临清外城，“添兵伍。多则三千，以一名将领之。中原有事，呼吸足应。即倭犯淮、沂，与标将合剿，力全而功可奏”⑥。

① 周如砥：《与李瀛洲邑令》，《周季平先生青藜馆集》卷四，第356—357页。
② 见即墨《周氏家乘》，同治八年刊本。
③ 焦　竑：《即墨营追思大司成周公至恩碑》，见即墨《周氏家乘》。
④ 郑汝璧：《条议防海六事疏》，《由庚堂集》卷二十四，第635页。
⑤ 同上书，第636页。
⑥ 郑汝璧：《条议防海六事疏》，《由庚堂集》卷二十四，第636—637页。

言及防守临清，不能不提一个人。这个人就是晚明地理学家王士性。

王士性，字恒叔，浙江台州人，曾任山东左参政。万历二十六年去世。在他的地理学笔记《广志绎》中，曾对山东海防发表过系统的见解。为便于分析，我们先照录其中一段文字。

> 山东备倭府立于登州。癸巳、甲午间，倭方得志朝鲜，东人设备往往于是。余谓客曰："此非山东之所谓备倭也。"曰："祖宗不建府于登乎？"曰："登州备倭之设，祖宗盖为京师，非为山东也。海上艨艟大舰乘风而来，仅可抵登郡东面而止，过此而入则海套之元，大舰无顺风直达。欲泊而待风，则岸浅多礁石，难系缆。故论京师，则登州乃大门而天津二门也，安得不于登备之。"
>
> 曰："然则山东备何地乎？"曰："以山东筹之，则登乃山东东北一隅，犹人家之有后水门也，尚有前堂在，倭从釜山、对马岛乘东风而来，正对淮口，然淮有督储部府，尚宿重兵，在倭不遽登岸也，其登必从安东、日照，此数百里无兵。然中国之殷瘠夷险，倭必有乡导预知之，而泰山香税，外国所艳闻也，则必驰泰安州。既则济宁商店咸在城外，倭必觊之而走济宁。又进则临清大贾所必觊也，而驰临清。掠劫既饱，然后入省城，此山东大厅堂而倭所必由之道也。不备前门而备后门乎？"
>
> 曰："然则当何备之？"曰："总府立登州既祖法不可改，当从倭汛议，以关中防秋例处之。登州至安东惟胶州为中，南北救援咸相去五六百里。今遇汛时，当调登州总戎驻胶州，以南援安东、日照、安邱、诸城一带，而北仍不失救援，随侦随发，而调临清参戎于登州坐镇之，如总督出花马池、巡抚出固原例，汛毕，仍归本镇，是于备京师、山东经权两不失也。"
>
> 曰："临清不有粮艘巨万当护乎？"曰："此非倭所欲也。据临清以绝粮道，邱文庄为中原不逞者言。倭隔海，止利在掠金耳。"
>
> 曰："何以知倭不入登、莱也？"曰："登海浅，水行二十里皆淖途，前所云多礁，船不得泊即起岸，而登州地旷人稀，鲜富室，若清野待之，一望萧索，四五日必回舟，而大舟必漂去，又无渔船、客船可拏用之，故倭不走登州也。"曰："登遂可无备乎？"曰："不在今日也。倘倭得朝鲜，则登与旅顺口相对一岸，不用乘风，不须巨舰，只艄艎舴艋一夜而渡抵岸，方知此时难防又特甚焉，则非今日之比。故备寇者须知我险，须知彼情，难刻舟以求剑也。"后入与郑中丞言

之，设安东备倭。[①]

从文中可知，王士性与郑汝璧有过接触，并且具体交流过对登州海防的看法。在王士性看来，登州是京师大门，战略位置十分重要。王士性强调倭寇“止利在掠金”，对漕粮和贫瘠的登州都不看重，泰山香税、济宁店铺才是他们眼中的肥肉。嘉靖时期的倭寇重在掳掠，并无大志。王世贞即曾提出“倭诚可忧，忧不在山东”的观点。他认为：

> 青、登、莱沿海也，皆瘠卤，数十里无人烟，不足中倭欲也。进无支港，退无宽洋，深入则不能，散略不能达。非倭所便地也。我无贩海通贼者，贼不得内应，必不来。即来，不过淮扬之败溃，或为风涛所迫者。[②]

与之相比，王士性的看法并没有大的区别。这和万历时期的实际情况显然有很大的出入。基于错误见解基础上的轻视临清防御的意见得不到郑汝璧的响应是很自然的事。

不过，王士性强调安东、日照一线防御的观点得到了郑汝璧的回应。据《明神宗实录》记载，万历三十三年四月讨论裁减兵额时，山东抚按上报：

> 青州原设马步壮快九百七十四名，以管操指挥统领。嗣因地方多事，设立守备。至万历二十五年，倭氛孔棘，增兵四千余名，改设游击一员，而移守备于安东。今事定兵减，除旧额壮快外，在青州官兵止六百七十余名，在安东石臼营止七百五十余名，宜裁游击，而存原设之守备，俾兼摄安东石臼事务。[③]

这里提到的安东守备，应该即是王士性上文所称之“安东备倭”。在万历二十五年援朝战争第三阶段打响后，安东一线的防御力量进一步增强至四千余驻军，说明王士性重视安东一线的思想得到了后来山东官员的进

① 王士性：《广志绎》卷三《江北四省·山东》，中华书局点校本1981年版，第59—61页。

② 王世贞：《议防倭上傅中丞》，《明经世文编》卷三三二，第3544—3545页。

③ 《明神宗实录》卷四〇八，万历三十三年四月丙午条，第7605页。

一步支持。不过他主张的在汛期将半岛主要兵力部署到胶州一带的想法一直没有被接受。

在援朝战争之初，由于准备不足，虽然明廷派出大军出境作战，但并没有长远的战略规划，总的出发点还是防御，立足于御敌于国门之外，拯救朝鲜也是为了让朝鲜能切实发挥藩篱的作用。从郑汝璧提出的这六点建议来看，也是立足于本土防御，丝毫没有考虑如何从山东半岛主动出击的问题。

在这六点之外，郑汝璧对山东海防还有很多贡献。如万历二十三年奏准“设青州守备一员，团练民兵，弹压滨海剧盗”①。青州在正德六年出于镇压农民起义的需要曾设置守备官，“以东昌卫指挥同知邓桂充之，以都指挥体统行事”②。这次复设，且职能同样含有“弹压滨海剧盗”，说明青州守备的内卫职能始终是第一位的，这也是沿海军力承平时期职能多样化的惯性延续，同时也和战争期间山东自然灾害频仍，严重影响了后勤补给基地功能有密切关系。后一点本书下一节会具体分析。

在此期间，沿海卫所在兵力使用上也有明显的变化。

山东沿海卫所军士配置变化对照表③　　单位：名

卫所名称	班军	守城军余	屯军
灵山卫	1213/613	116/208	287/287
鳌山卫	1631/613	107/208	290/287
雄崖所	571/571	97/51	77/77
莱州卫	1728/1358	302/350	447/290
胶州所	406/406	94/89	77/77

注：上表中，“/”前为嘉靖年间的数据，采自郑若曾著《筹海图编》卷七《山东兵制》，后为万历年间数字，得自万历《莱州府志》卷五《兵防》。后者在地方志中明确记录为“军俱新额”④。

从表中可以发现，除雄崖所和胶州所的数字没有变化，甚至守城兵力还略有减少外，其他三卫的屯军数量变化不大，但守城兵力明显在增加，与此同时，京边班军的数量则有较大幅度的减少。可见，万历时的卫所兵

① 《明神宗实录》卷二八六，万历二十三年六月甲辰条，第5278页。

② 《明武宗实录》卷七二，正德六年二月丙申条，第1590页。

③ 本表依据郑若曾《筹海图编》卷七《山东兵制》制作，见该书第438—454页。

④ 万历《莱州府志》卷五，民国二十八年青岛赵琪永厚堂重刻本。

力配置出现了较为明显的变化，用于海防的力量在增加。前文提到郑汝璧等人曾多次题请留用班军，表中班军数额的缩减与此不无关系。由于资料的缺乏，笔者暂时没有找到其他卫所万历年间的兵力配置资料，估计总的变化趋势应与莱州等卫所一致，即在援朝战争的影响下，沿海卫所用于海防的兵力有明显增加。

不过，这一阶段虽然山东半岛的军事部署在继续完善，但在战场总体平静的大背景下，山东的海防力量也有一定的松懈。万历二十三年正月，明廷“铸给青州、莱州、登州各海防同知兼管清军、驿传、盐捕关防”①。海防官员从专职到兼理，说明在议和、封贡似有成功迹象的大环境下，山东半岛的海防又开始出现从战时状态向平战结合状态转变的趋向。次年五月，新任山东巡抚张允济题请留用三千标兵，“免其征调，照旧本处防海”②，但没有得到兵部的正面回应。巡抚直属标兵是海防的重要力量，也是最主要的一支预备队。预备队被挪作他用，离开海防前线，同样是海防战略态势发生转变的一个表现。

四　决战期间的山东海防

万历二十四年（1596），周旋了三年之久的封贡和谈最终因丰臣秀吉拒绝接受国王的册封宣告破裂。当年九月，丰臣秀吉再次发布战争动员令，准备进兵朝鲜，与明军直接战斗。次年二月二十一日，日军开始陆续渡海进入朝鲜，和盘踞在朝鲜半岛南部的日军会合。第三阶段的援朝战争即将打响。

日军此次共组织了 14 万人，分成三路北进，计划迅速占领朝鲜庆尚、全罗、忠清三道。为达到长期占有的目的，日军组织了完整的后勤补给线，并在沿途筑城，修建了蔚山城、梁山城、南海城等七个据点。

和谈失败后，朝鲜政府非常恐惧，请援使节络绎于途。明神宗恼怒谈判不力，将主和派领袖、兵部尚书石星逮捕下狱，任命兵部尚书邢玠为蓟辽总督，全面主持经略朝鲜事宜，同时任命麻贵为备倭大将军、朝鲜提督，全面负责军事任务。明军此次组织了十万人，并从江南调来水军，力求彻底击溃日军，根除东方隐患。

相对日军而言，明军此次参战仍显得有些被动。由于受到此前一味主和的影响，明朝政府对和谈仍抱有些许幻想，因此制定了“阳战阴和，

① 《明神宗实录》卷二八一，万历二十三年正月癸未条，第 5191 页。

② 《明神宗实录》卷二九七，万历二十四年五月戊寅条，第 5558 页。

阳剿阴抚”[①] 的策略，致使明军的行动受到一定的阻碍。

万历二十五年七月二十五日，经过精心准备的日军发起全面进攻。八月十七日，占领南原。八月二十日，日军左右两路会师于全州。此时明军的大部队还没有进入朝鲜，麻贵只好带着八千明军南下到水原一带，依靠有利地形，对日军展开阻击，从而取得稷山之战的胜利。

日军士气受挫后，开始向南撤退。明军取得战略优势后，汇合陆续赶到的明军，南下包围蔚山，但在拥有绝对优势兵力的情况下，却因为经略杨镐的错误指挥，在蔚山攻坚战中失利。

蔚山战役虽然失败，但守城日军也损失惨重，战死上万。剩下的五六千人也彻底丧失了战斗力。此战后，日军转向经营沿海各据点，把主动权交给了明军。明军虽然占据主动，但在“阳战阴和，阳剿阴抚”策略的影响下也未能迅速歼灭日军。

万历二十五年九月，邢玠组织明朝与朝鲜联军约 14 万人对东南沿海一带的日军展开扫荡作战。当月，取得泗川歼灭战的胜利，全歼守敌，但二次蔚山攻坚战仍未取得实质进展。不久，明军又在新城、顺天战役中受挫，双方再度陷入僵持之中。

万历二十六年（1598）八月十三日，丰臣秀吉病死于京都。临终前，他遗命撤回全军。为使撤退计划顺利进行，丰臣秀吉的继任者德川家康秘不发丧，密召加藤清正等陆续撤退到釜山一带等候船只回国。其他据点的日军闻讯亦军心涣散。

得到消息的明军展开追击作战。陈璘率水军将日军小西行长部堵截在光阳湾。岛津义弘闻讯，率所部前往救援，但在露梁海上被陈璘和朝鲜李舜臣的联合舰队包围。十一月十九日，双方展开海战。岛津义弘所部几乎全军覆没，联军损失也不小，朝军主帅李舜臣和明军老将邓子龙先后阵亡。日军小西行长部趁联军疲惫之机逃逸。此战后不到一周，日军即全部撤出朝鲜，历时七年的援朝战争宣告结束。

历时近三年的第三阶段作战由于带有决战意味，加之攻坚作战等消耗战居多，对参战三国三军都是严峻考验。对朝鲜政府而言，此战关系本民族的生死存亡；对日本来说，此战是其能否把势力范围扩展到日本列岛之外的关键一战。于明朝政府而言，则处于两难的境地。一方面，对于朝鲜半岛的战略地位，明朝君臣有清晰的判断。如前任经略宋应昌在揭帖中说：

---

① 张廷玉等：《明史》卷三二〇《外国传·朝鲜》，第 8298 页。

朝鲜幅圆，东西二千里，南北四千里……若日本对马诸岛，偏在朝鲜东南隅，与釜山镇正对，倭船止可抵釜山镇，而不能越全罗以至西海。盖全罗地界，直北正南迤西，与中国常、镇东西对照，而东、保、蓟、辽与日本隔绝，不通海路者，实赖此朝鲜一国也。故日本欲犯东、保、蓟、辽，必须湾转全罗地嘴，方能达天津。西北海面，海洋空阔，安能一一如意？故日本不由朝鲜，则东、保、蓟、辽实未易犯。间有一二窃发者，乃由倭船去于浙、直、闽、广地方，为东南风飘泊使然，非所以论倭之常也。天护卫神京，亘此一国于东南、西北之间，使日本凶夷，不得逞志燕、蓟诸路者，实天险以限之也。关白雄奸，熟察此故……关白之图朝鲜，实所以图中国，而我兵之救朝鲜，实所以保中国，非若救乡邻斗者比也。①

所以，朝鲜不能不救。另一方面，通过日本战俘之口，明朝政府也已经明确判定日方的野心，加上封贡的失败，此战肯定不可避免。作为辽左之藩篱的朝鲜又不给力，“军储内竭，士马外残，其不足以当日本之凭陵，明甚。我不援，则彼必折而入于倭。援之，则我代朝鲜被兵而先受其弊”②。

此时的明朝国力已经大不如前，如何在尽量少的消耗下实现保全朝鲜、屏藩辽东的战略目的成为摆在明朝政府面前的一道必解的难题。于是，在很多明朝士大夫眼中是解决本国军费难题良方的屯田被再次摆上了桌面。

万历二十五年二月，大学士张位、沈一贯联名奏上经理朝鲜的建议。二人在奏文中提出：

前者屡奉圣旨，敕朝鲜自行修备，中国决无数千里转饷为属国防御之理，圣虑至深矣。今朝鲜既不自强，而必恃我以为强。倭去复来，知我虚实，亦必念前计之未工，将后谋之益狡……莫若于开城、平壤二处开府立镇，练兵屯田。西接鸭绿、旅顺之师，使有所望而归依。东为王京、乌岭之援，使有所恃而奋跃。势便则遣轻兵而趋利，与倭决胜；势不便则虎踞此处，足以压其邪心，而禁其无横逸。须得实心练事，才力兼全者为巡抚司道而专任之，听其便宜行事。中国之

① ［朝鲜］《李朝宣祖实录》卷三十九，癸巳二十六年六月壬子条，第580页。

② 《明神宗实录》卷二九六，万历二十四年四月己未条，第5519页。

人欲以功名自见于万里外者不少，不问品流，愿从者，听。就中选其才能者数十辈，分署各处，为之长帅。即朝鲜之人，杂之以汉人，齐之以汉法，教之以汉战，变其偷惰之风，作其敌忾之气。因而务农劝织，通商惠工。广树蓄之源，开山泽之利。其地多铜。即山鼓铸，以资军兴。①

面对气势汹汹的日军，此前由于对封贡充满期望而未全面整军备战的明朝政府知道要速战速决是不可能的。既然战争时间预期会很长，维持漫长的后勤补给线显然不合算。张位、沈一贯提出的开府设镇、练兵屯田乃至在朝鲜开矿营利的主张对于压缩本国的战争消耗无疑是有很大帮助的。从这一建议也可以看出，明朝决策层已经准备和日军在朝鲜打一场较长时段的消耗战，试图利用中、朝两国的综合国力拖垮日军。

不仅决策层有此看法，在野士大夫同样有类似主张。如王士性即曾说道：

惟山东腹内向称安静之地，近乃有朝鲜之变，若倭得志朝鲜，则国家又于登、莱增一大边也。谭东事者，止言辽阳剥肤，而无一语及登、莱。不知辽阳虽逼，然旧边地，辽宿重兵，一时不能得志，且陆行，千里寇至，声息时日得闻，更有山海关之限；登、莱与朝鲜止隔二百里之水，风帆倏忽，烽燧四时，非秋防，非春汛，其难守比诸边为甚。惟近为"平壤屯田"之疏者得之。夫疏谓："屯田平壤是因粮于敌之议也，原为省饷，非专为蔽山左，然实暗伐敌谋。平壤与登、莱正对，我师屯平壤，则正蔽登、莱，烽燧无能相及矣。"②

在王士性看来，在朝鲜设镇屯田，不仅是节省军费的良方，在客观上也是保卫山东半岛安全的有效办法。

明朝朝野对屯田设镇有比较一致的看法，朝鲜方面又是什么态度呢？据《明神宗实录》记载，张位、沈一贯的建议上呈后，神宗以为是。群臣会商后认为应先征求朝鲜政府的意见。于是神宗下旨："设官经理朝鲜，原为保全属国。目前战守进止，此为长策。待彼力能自立，官兵即当撤还。天朝不利一民一土，督抚官传示国王，俾知朕意，作速计议奏报，

① 沈一贯：《经理朝鲜疏》，见《敬事草》卷二，第30页。

② 王士性：《广志绎》卷一《方舆崖略》，第12页。

以图自全。”但结果是“朝鲜虞中国吞并，疏称旧都汉城、开城、平壤，今并残破。所居汉城，亦荆棘未除。小邦形势，全、庆二道为重。庆尚，门户；全罗，府藏也。斯倭所必争，我所必守。倭若据全罗，则远之西海一带，近之珍岛、济州皆为窟穴，纵横无所不通，便风一二日抵鸭绿，即开城、平壤不足为固。往在壬辰，倭陆抵平壤，又从水犯全罗，绕出西海。幸舟师扼于闲山岛。今倭据庆尚左右道，而釜山西生浦为其巢穴，对马、釜山间，海洋数百里，为其粮道。若于庆尚要害设险，屯积兵饷，时以轻兵相机攻剿，从陆地以蹙其势，而又以利舰、锐卒出没海上，邀截其后，庶几有济。若屯田，则土地硗峭，终不如南方。议遂寝”①。

朝鲜反对设镇屯田，理由是北方残破，土地贫瘠，不利于屯田。南方庆尚等道是必争之地，且土地适合屯田。言下之意是务必尽早收复南疆国土，然后再议屯田事宜。

这只是表面理由。朝鲜政府的真实想法其实在此前已经表露无遗。万历二十一年十二月，朝鲜备边司在呈文中曾明确阐述：

> 至于屯田一节，若欲使天朝人为之，则其为扰害万倍，而地方民生，必无生理。况近观天将处事，亦可知之。求如相杂无私，居民按堵，岂可望于人人乎？前朝之末，元设征东行省于我国，以达鲁花赤监其事，其为我国之弊，不可胜言。事势虽迫，此则恐难尝试也。②

从中可以看出，明朝政府在第一阶段战事结束后就曾提出过在朝鲜屯田的建议。朝鲜方面之所以反对，是担心如果明军在本国屯田，势必有长期驻军，进而影响本国独立主权的可能。与其真实意图相比，所谓北方土地贫瘠，不利于屯田，不过是托辞。明朝政府对朝鲜的担心其实也很清楚，所以神宗在圣旨中才特意强调“天朝不利一民一土”。《实录》的作者判断朝鲜反对屯田是“虞中国吞并”，说明明朝君臣对此早有共识。

站在朝鲜的立场上看，半壁江山被日军控制，当然希望战争越早结束越好，并没有打持久战的动力。只是一味催促明军进攻，却不肯在后勤保障方面作暂时的牺牲，其结果势必影响战争的进程。明军几次南下受阻，与此不无关系。

虽然遭到朝鲜政府的反对，但有史料证明，为缓解后勤供应的压力，

---

① 《明神宗实录》卷三〇七，万历二十五年二月乙亥条，第5741—5742页。

② ［朝鲜］《李朝宣祖实录》卷四十六，癸巳二十六年十二月壬子条，第737页。

明军在朝鲜进行过小规模的屯田。如督饷侍郎张养蒙在万历二十六年六月的报告中提到："自古用兵持久，必务屯田。近督臣邢玠业已分将开屯矣。秋成之后，查报收获之数，酌减内运。"① 可见，在万般无奈之下，明军不得不暂时撇开对方的脸面，在万历二十六年两军僵持之际，开展屯田自给行动。

明军的小规模屯田并不影响大局。在朝鲜设镇屯田间接保卫山东半岛的战略构想无法实现的情况下，这一阶段的山东海防又是什么样子呢？

在第一阶段战事结束后，明朝臣僚开始总结战争经验，并就未来的御倭战略等问题提出各自的看法。这其中和山东海防关系最为密切的讨论是御倭于海还是御倭于陆的问题。在第一阶段，宋应昌是朝鲜经略，主持救朝大计，顾养谦是蓟辽总督，坐镇辽东大本营。两人都是战争亲历者，但得出的结论却截然相反。宋应昌认为"朝鲜与蓟、保、山东相距，止是西南一海，若朝鲜自釜山以至义州，陆行止有辽左一路，以抵山海；而水行有七路，可达天津、山东等处。若得顺风，近者一二日，远者三五日即达，无甚难者。故此奴一得朝鲜，遽为巢穴，分投入犯，特易易耳。吾御于陆，而水路难支；吾御于水，而陆路不免。三境动摇，京辅震摄（慑），其患有不可胜言者"②。在此奏疏中，宋应昌由于要陈说的主旨是朝鲜很重要，必须全力相救，因而没有明确说水、陆御倭哪个更重要，但其强调水路有七，暗示了其明显倾向。

顾养谦则明确提出"倭果入犯，不必御之于海，而御于陆；不试吾之所短，而用吾所长"③ 的主张。

笔者认为，宋、顾两人的分歧其实和两人此前的宦途经历有关。宋应昌此前是山东巡抚，比较了解山东海防，因而在大战期间还曾不断对山东海防的整饬提出意见。顾养谦则以"边才"著称，长期在北边任职，加之第一阶段入朝作战的部队几乎都是九边劲旅，以骑兵和陆战见长，所以他对明军的陆战能力有充分自信，对帝国北部海区已经绝迹几十年的水军则没有什么概念，认为明军水战能力不如日军也可以理解。

宋、顾两人的争论并没有得出什么结果，以至于第三阶段战事爆发时，类似争论仍在继续。例如：御史何尔健认为"御倭于水不若御倭于陆，宜兼用南、北所长"④；大学士沈一贯则称其"生长海上，颇知倭情。

---

① 《明神宗实录》卷三二三，万历二十六年六月己未条，第5999页。

② ［朝鲜］《李朝宣祖实录》卷三十九，癸巳二十六年六月壬子条，第580页。

③ 《明神宗实录》卷二七一，万历二十二年三月壬寅条，第5037—5038页。

④ 《明神宗实录》卷三一五，万历二十五年十月辛酉条，第5882页。

倭长于陆，吾长于水。与倭战于水，则得算在吾，其胜十九。与倭战于陆，则胜负尚未可知。盖我舡大而倭舡小，我能抢风使帆而彼非正风不能使帆，我火器多而彼火器寡，我能以舡为家而彼特以舡为寓，此长短难易之别也。从海道戍朝鲜则近而巧，从陆道朝鲜则远而拙。在北之师，不得不从北发。今既发矣，而饷不得继，又不可多发。不多发又不胜，故曰拙。一舡之载可三四百人，少不下一二百人，可以多载师又可以多载粮，故曰巧。从陆而行，日不过百里远，而争利，又法所忌，故曰拙。乘风随潮，瞬息千里，易进易退，朝去夕还，故曰巧。此远近巧拙之别也。今难且短、远且拙者，且不惮为之。而易且长、近且巧者，乃置不为，则有遗策矣"①。

在强调水战的同时，沈一贯也提出了具体建议：

> 既定此策，即当通登莱入辽之海路，从此转饷，以资军兴。从此渡军，以讲水战。使往来之人，不疲于陆。且令二镇联络，可以相援。又以通朝鲜之黄城岛，涉釜山而归对马，此为长策当急行者也。言者欲转浙直舟师，从海入辽。北海风高少山，无屿栖泊之所。且船各有宜，宜于南者，不宜于北。以不习之卒，涉波涛之险。又经万里之远，大是危事。若从内地至登莱，驾登莱之舟以入辽，此最便安稳计。登莱舟虽不能猝办，从今议造，亦未为晚。又今言兵者，动称南兵。夫南方久不用兵。所称南兵，非经战之士，尽市井之少年耳，虚有其名，实须教习。且南人风气柔弱，不耐寒苦。体力之强，亦不能过北人。独其攻杀击刺之法与器械戈甲之利，本为制倭设者，不可不循仿而用。彼方老将，犹能言之。臣等以为招南兵不如求南将，教练甚易。与所募南兵参而用之。此亦长久之计也。②

何尔健虽然强调陆战，强调要加固沿海土城，做抵御登陆日军的准备，但也认为要巩固津门，必须"于旅顺、登莱堵截外洋"，且和此前的宋应昌一样，认为渤海、黄海之间岛屿上的民众、渔船"慓悍可用，宜募为水兵"，用于海上防卫③。

可见，两派在经过几年的争论后，已经有合流的趋势。

---

① 《明神宗实录》卷三一四，万历二十五年九月壬辰条，第5867—5869页。

② 沈一贯：《经理朝鲜疏》，见《敬事草》卷二，第30—32页。

③ 《明神宗实录》卷三一五，万历二十五年十月辛酉条，第5882页。

沈一贯贵为内阁大学士，更有话语权，其建议也更容易被采纳。比如，山东半岛森林覆盖率较低，“夫山东，陆战地也。山无大材，人无善水。地尢支港，海无宽洋。此其势必募闽、浙之卒，鬻淮、扬之木，费巨万而成舟师”[①]，但据史载，第三阶段战事开始后，莱州知府龙文明“造战舰于三山”[②]，朝鲜奏闻使郑期远汇报“登、莱水兵，时方造船，当随后出来”[③]。这些关于在登、莱一带造战船的记载，与沈一贯在登莱造船的建议应有一定的关联。

对第三阶段山东海防最直接的记载出自《明神宗实录》卷三一一。据载，万历二十五年六月，“南京吏科给事中祝世禄言：倭舡鳞集海上，假和怀战。请复登莱防御旧制，捣釜山，牧猎巢穴，并乞亟补枢臣。不报”[④]。

祝世禄的提议被否决不是因为言而无当，而是因为“亟补枢臣”，触犯了神宗的禁忌。所以，当七月份山东巡抚张允济条陈海防事宜时，很快得到正面回应。张允济的建议是：

> 一、重将权以便统驭；一、添兵将以备莱海；一、复旧营以周控制。即墨西流社营增募官兵，复设守备一员统练策应。一、分防守以扼要地；一、留班军以壮气势；一、讨民折以供新饷；一、并兵力以守险寨。青州塘头寨西接天津，中有大海口、洱河等处，为要害。原设官军单弱可虞，议调乐安、寿光二县乡兵各二百，共原军五百名，合操防守。一、复卫所以固藩篱。[⑤]

兵部审议后，认为“山东原无路将，不必添设大帅，即将副总兵管登莱青备倭参将事，莱州亦不必添设游击、增募各兵，仍听副总兵训练。班军戍边难以借留，余皆如议”[⑥]。兵部的意见后来得到神宗的批准。

从张允济的条陈来看，此前巡抚郑汝璧奏准的整顿海防事项很多已经被废止。此时的备倭都司副总兵是李承勋。需要注意的是，李承勋在万历二十三年调任备倭都司副总兵之前的职务是副参将，现在兵部建议由他

---

① 王世贞：《议防倭上傅中丞》，《明经世文编》卷三三二，第3545页。

② 清末《莱州府乡土志》卷上《政绩》，乡土志抄稿本选编影印本，第42页。

③ ［朝鲜］《李朝宣祖实录》卷八十六，丁酉三十年三月乙卯条，第43页。

④ 《明神宗实录》卷三一一，万历二十五年六月庚午条，第5807页。

⑤ 《明神宗实录》卷三一二，万历二十五年七月甲辰条，第5841页。

⑥ 同上。

“管登莱青备倭参将事”，一定程度上属于高职低配，仍有轻视山东海防之嫌。兵部否决留用班军也证实了这一点。

另需注意的是，在前线酣战之际，山东在名义上居然出现了两个巡抚。张允济原为山东右布政使，万历二十三年四月升任山东巡抚、右佥都御史[①]。二十五年四月，明廷升“山西左布政万象春为都察院右副都御史，巡抚山东”[②]。但张允济在本年七月仍以巡抚身份条陈海防事宜。估计是万象春由于山西职事的交接，尚未到任，张允济只得继续履行职责。

万象春到任不久，“中使陈增以矿税至，象春疏论其害。福山知县韦国贤忤增，被侵辱，象春力保持之。增遂劾国贤沮挠，象春党庇。诏逮国贤，夺象春俸”[③]。万象春于是具疏辞职，并于当年十二月获准[④]。

万象春的具体到任时间不是很明确，但宦官陈增弹劾他并致使其被夺俸一年是发生在当年九月，所以，至迟，万历二十五年八月，他应该已经到任。

据《明史》本传记载，万象春在山东巡抚任上虽然时间不长，但“拊军民，供馈运，应机立办”，成绩斐然。在海防上，他亦有所贡献。在他呈上的《题为议处紧要兵饷事宜疏》[⑤]中对这一阶段山东海防的变化情况有较为细致的介绍。因为原文过长，不便赘引，现整理归纳如下（以下未注明出处的引文均采自本疏）。

（1）莱州原设有五百南兵，“后因议封撤去”，万象春认为“应增复以备水战”，“陆续于本省招募。安家银具不必议给，每兵月饷一两五钱”。另外，疏中称“莱州新议添兵二千，又西流社添兵一千，业该兵部题覆，然尚未知饷所从出。以其内地，故向不设兵”。结合此前张允济的奏疏来看，这三千兵士应是在张允济的建议下增设的，而且此前这里未曾设过以野战为主要战法的营兵。

（2）不仅莱州南兵此前曾被裁撤，其他地区的南兵此前也曾出于节省军费的目的被“半撤”。南兵均系募兵，饷额较高。在第一阶段战事结束后，明廷出于节饷的目的曾大规模裁撤南兵，并曾因为不能按时发饷引起南兵哗变。登州南兵也曾于万历二十三年“因撤鼓噪。时副总兵杨文

① 《明神宗实录》卷二八四，万历二十三年四月己未条，第5258页。

② 《明神宗实录》卷三〇九，万历二十五年四月丙子条，第5785页。

③ 张廷玉等:《明史》卷二二七《万象春传》，第5970—5971页。

④ 《明神宗实录》卷三一七，万历二十五年十二月丁丑条，第5908页。

⑤ 见《明经世文编》卷四一〇，第4450—4452页。

被论，实挑击之。海防同知张指南晓谕乃定”①。节饷—裁撤—哗变，几乎成了第三阶段开始前南兵必经的三部曲。

(3) 登州地区“新旧设有南北军兵七千余名”，其中新“添设水兵三千”。

(4) 青州地区，“并其兵未及议增”，按察使王之屏曾建议添设三千，“臣等以安东卫地方近已题留班军三千，分班防守，止招募二千于府城及塘头寨，似宜足用”。这样，登州、青州两府共该增募土兵五千名。据《明神宗实录》记载：“青州原设马步壮快九百七十四名，以管操指挥统领。嗣因地方多事，设立守备。至万历二十五年，倭氛孔棘，增兵四千余名，改设游击一员，而移守备于安东。”② 按万象春的规划，青州土兵，即民兵，加上留用班军共五千余，与《实录》记载吻合。估计青州增兵四千应发生在万象春任巡抚期间。

(5) 登州新增三千士兵的军饷，“原议留解蓟镇民兵银抵充”，但两次请示都未获准，这显示在明朝政府眼中，京城一带防务的重要性仍大大高于山东，说明大批人士呼吁的优先守护登州—旅顺一线仍未得到决策层认可。

不过，这种轻视山东海防的倾向在当年九月壬辰日发生了逆转。当日，大学士沈一贯、赵志皋、张位同时对朝鲜战事提出了自己的建议。其中，沈一贯提出的设立天津登莱巡抚的建议最为重要。他认为：

> 为天津登莱计者，但曰催督保定、山东巡抚各移驻本地，慎加防守。臣愚以为事权宜一不宜分。天津与登莱，同是一海，不得分而为两。兵气宜扬不宜抑。攻战与防守，本是一事，亦不得分而为两……以臣之愚，使两巡抚分为之，不如使一巡抚专其事，而权易行。使徒自守而不言战，不若使之索倭而战，以救朝鲜，而守自固。请于天津、登莱沿海居中处所设立一巡抚，率总兵、兵备、参游，总辖海道。北接辽东，南接淮安。臂指相使，首尾相应。多调浙直、闽广惯战舟师。相度机宜，进剿釜山、闲山及对马等贼。与经理之师，相为犄角。救援朝鲜，且以护送海运，往饷辽东、朝鲜之兵。傥若倭犯中国，则从海中邀击。与在镇官兵夹剿。其保定、山东巡抚，则令其处置粮饷、器械，不时接济。各军卫有司官员，俱听新设巡抚随宜调

① 光绪《增修登州府志》卷十三《兵事》。

② 《明神宗实录》卷四〇八，万历三十三年四月丙午条，第7605页。

用，一体举劾。而本官仍听蓟辽总督节制。[①]

如果按照他的建议行事，沈一贯认为有五大优势。一是主动出击，以战为守，“其守益固”；二是可从海上截断日军粮道，且可“夹而攻之”；三是从东南沿海调来的水军可以有一个稳固的后方基地，“饷有所出而饱，进止有所禀承节制而肃”；四是从海道运送粮饷“舳舻衔尾，费可大减。又以舟师相翼而行，无盗贼之虞”；五是“苍、福、沙民等船有能仗义出奇者，地近势便”，“海内趋功名愿报效之人可四面而集，为助当多”[②]。

这一建议得到神宗认可，当即下发兵部，“推熟练兵事者以闻”[③]。

其实，在万历二十年十月十二日，经略宋应昌即曾提出“自山海以至天津，滨海七百余里。自天津以至山东，延袤二千有奇。不惟地方辽阔，经理难周，而事关三镇，遥制匪便。且事权既各相等，若有牵缠，不免诿误”[④]，建议划一事权，与沈一贯的建议有类似之处。只是第一阶段战事很快就结束了，宋应昌的提议没能付诸实践。

同日，大学士赵志皋也提出“天津、登莱莫若添设备倭抚臣一员，南防中原，北壮神京，东障海岛。此内防之最不可缺者。更乞特遣御史为监军，纪录功次，以明赏罚”[⑤]。

大学士张位也认为天津、登莱、淮扬三地“门户在北，势近”，应抽调南京、浙江、福建、广东“四处之兵，前来应援。天津特设巡抚、总兵，专治海上事务。续调水兵，俱属管领。与旅顺、登莱、淮扬声势联络，以振军威”[⑥]。

沈一贯、赵志皋同时提出设备倭巡抚。张位虽然没有明确说，但意思接近。三人同在内阁，同时上疏，表达意见类似，不排除是事先协商的结果。之所以分头上疏，除了奏疏各有侧重的因素外，加大舆论力度，最大限度地争取神宗支持应是重要原因。

三人的建议获得批准后，明廷迅速行动，当月即任命“山东右布政

① 沈一贯：《请设天津登莱巡抚疏》，见《敬事草》卷二，第46—48页。

② 《明神宗实录》卷三一四，万历二十五年九月壬辰条，第5869页。

③ 同上书条，第5870页。

④ 宋应昌：《议设蓟辽保定山东等镇兵将防守险要疏》，见《经略复国要编》卷二，第33页。

⑤ 《明神宗实录》卷三一四，万历二十五年九月壬辰条，第5866页。

⑥ 同上书条，第5866—5867页。

使万世德为都察院右佥都御史，海防巡抚”[①]，并“铸给海防巡抚关防”[②]。数日后，神宗又因为兵部没有及时推举海防巡抚直属的防海御倭总兵官，“传谕内阁，令速推”。兵部推荐了“见领广兵副总兵陈璘、见领浙兵副总兵周于德、见任广西副总兵侯国弼”三位南将。由于周于德可以较快抵任，“上命周于德充提督天津、登莱、旅顺等处防海御倭总兵官”[③]。

海防巡抚由于以防卫天津为最根本任务，所以常被称为天津巡抚。如《明神宗实录》卷三一六记载，万历二十五年十一月，

> 天津巡抚万世德议立标营，留班军，募兵舡，制器械。又请敕谕沿海镇抚道将等官同心料理，互为应援。海上渔、盐、船户及岛中亡命可充为兵者，俱得招募。部覆，允行。[④]

就地招募水兵，不仅拓宽了招兵范围，不再局限于浙江，而且可以像万象春建议的那样不用支付安家银，节省军费。更重要的是，本地士兵熟悉渤、黄海海道和水文特征，训练时间可以相应减少，更快形成战斗力，投入实战。虽然在朝鲜战场上明朝政府使用的还是从东南沿海调来的水军，但本地水军的存在，不仅对于提高北方海区防御能力，而且对保障海上后勤补给船队的安全都有很大的帮助。

伴随着明朝政府对海上防御的重视，山东海防的地位也随之上升。十月，备倭都司副总兵李承勋就地升任为总兵，并“铸给镇守山东备倭总兵官关防”[⑤]。同月，御史何尔健又奏准：“照山东近题分任之例，巡历则照宣大一岁二巡之规，防汛则仿浙直春巡之例，庶事有责成，人无观望。”[⑥]

万历二十六年正月，经略邢玠为防止日军在中、朝联军的打击下“以舟师抄入内地以攻吾所必救”，提出由已经进驻旅顺的总兵周于德统一指挥前后调集水兵。“如倭贼果入内地，则相机防剿。如仍据朝鲜，则听臣调用，为水路夹攻之举。量拨水兵一枝留守旅顺。山东总兵李成

---

① 《明神宗实录》卷三一四，万历二十五年九月戊戌条，第5871页。
② 《明神宗实录》卷三一四，万历二十五年九月辛丑条，第5872页。
③ 《明神宗实录》卷三一四，万历二十五年九月戊申条，第5875页。
④ 《明神宗实录》卷三一六，万历二十五年十一月庚戌条，第5900页。
⑤ 《明神宗实录》卷三一五，万历二十五年十月甲戌条，第5887页。
⑥ 《明神宗实录》卷三一五，万历二十五年十月辛酉条，第5882页。

（承）勋亦宜统率舟师出汛于长山岛，以守登莱之门户，备旅顺之应援，而并壮朝鲜之声势。保定总兵暂领所部，移驻天津，以固内地，且为旅顺、登莱声援。分布防守，庶保万全。”①

二月，兵部奏报：

> 登莱、旅顺乃津门外户，必锁钥严密而后堂奥可固。顷科臣议将天津节下新劲之卒仿防秋之例，汛期分屯要害，抚臣亲提一旅，移驻莱州，此临海扼险之胜着也。查得海防抚镇之责任，驻札原无定所。自旅顺至登莱，皆其信地。旅顺而北，登莱而南，皆得策应。节经本部题明申饬，务各钦遵。除调到兵船，查照近题，令总兵官督发出洋，分布战守外，其新添标下步骑班兵六千员名，内酌留若干，并柯鹰扬新募兵勇守天津以备非常，抚臣带亲兵巡历海上。春汛限以二月初旬为始，六月初旬撤还。秋汛限以八月初旬为始，十一月初旬撤还。择北海适中之处，控扼提衡。无事画地哨防，有警合营邀击。惟是复州地属辽镇，有原设参将。新增责任，汛期御贼阑入，协同金州守备及新设镇江游击联络声援，以固旅顺陆地之防。至于山东抚臣移守滨州，顺天抚臣移守山海，保定抚臣代守天津，分锐佐战，俱为良谟。总之各有封疆之责。听其临时各于要害驻防，便宜行事。若夫，沿海诸臣防汛之所，务躬行查阅，共保无虞。疏上，报可。②

邢玠的建议在军事上无疑是有道理的。但在海防巡抚已经到位的情况下，邢玠对周于德、李承勋以及保定总兵的使用安排提建议不免有越位的嫌疑。按常理，这类安排应先与海防巡抚以及山东、保定巡抚协商。邢玠挂兵部尚书衔，虽然从权限上说他直接和兵部协商上述问题并不违规，也没有越权，但总归与官场规则有些龃龉。因此，其建议的结果只是“章下兵部”③，而没有下文，也在情理之中。

不过他的建议毕竟是可行的，一味搁置显然不妥。从二月份兵部的奏报来看，兵部关于海防巡抚、顺天巡抚、保定巡抚、山东巡抚等在汛期的安排分明带有邢玠主张的印迹。通过独立请示的形式，兵部帮助邢玠间接实现了自己的主张，同时避免了在相关官员之间发生不必要的误会。

---

① 《明神宗实录》卷三一八，万历二十六年正月乙未条，第5915—5916页。

② 《明神宗实录》卷三一九，万历二十六年二月丁巳条，第5931—5932页。

③ 《明神宗实录》卷三一八，万历二十六年正月乙未条，第5916页。

邢玠唯一没有实现的建议是由周于德统一指挥所有水军。不过明廷此时已经任命副总兵、都督佥事陈璘为御倭总兵官，并颁发了关防[①]。前线水军既然已经有了总指挥，是不是周于德就不重要了。

为防万一，明廷在加强海上力量的同时，又于万历二十六年四月在京师增设了两个备倭营，共一万人。备倭营“照战军营例，每营军选，共给寺马八百匹，择殷实精武艺者领养练习”，“调神枢、神机两营轻车三百八辆，付备倭营训习”，同时由太仆寺每年“量动京营子粒银二千两给两营，为春秋操赏、置办金鼓旗帜之用”[②]。

通过半年多的磨合，海防巡抚万世德发现所辖区域过大，“将领星罗棋布，一人之耳目有限，难以遍历周知。乃兵备之官，节制不行，众心涣散”，于是奏准“将海盖、天津、武德、青州四处兵备道各加监军职衔，假以事权，听其节制。平时训练稽查，有警督察纪验，事竣殿最品骘。既周综核之方，复联臂指之义，庶精神相贯，而军政益饬矣”[③]。

至此，在海上，明廷基本织就了一个责权清晰、指挥效率较高、水陆联动的防御网。

在山东半岛陆地上，明廷同样有具体的措置。

万历二十五年，“以倭警置（莱州）六营参将一员，统之把总六员、哨官三十员，兵三千名”[④]；在北部的潍县，“募兵三千，置游击一员、中军一员、把总五员、哨官二十余员，以防北海”[⑤]。

次年正月，“设备倭游击一员于济宁州地方，听河道总督、山东抚镇节制。以济宁乃运道咽喉，宜防倭侵犯。从河道尚书杨一魁之请也”[⑥]。这是在郑汝璧提出增修临清城防之后，为保护漕粮运道采取的又一举措。

山东半岛沿海卫所众多。在营兵成为御倭主力军时，卫所军队也有一定的变动。据史载，万历三十一年四月，明廷“调大嵩卫守备武宪文于临清”[⑦]。守备属于营兵军官系列，武宪文任此职应在援朝战争期间。可见，在大战爆发后，卫所军除了选入各营外，其本身也按照战时需要进行了重新编组。估计除了屯田军等特殊兵种外，大部分卫所军都投入了御倭

---

① 《明神宗实录》卷三一九，万历二十六年二月戊寅条，第5944页。

② 《明神宗实录》卷三二一，万历二十六年四月辛巳条，第5976页。

③ 《明神宗实录》卷三二二，万历二十六年五月乙酉条，第5979页。

④ 万历《莱州府志》卷五《兵防》。

⑤ 同上。

⑥ 《明神宗实录》卷三一八，万历二十六年正月乙卯条，第5929页。

⑦ 《明神宗实录》卷三八三，万历三十一年四月丁酉条，第7210页。

斗争。

这一时期明朝政府还增修了很多沿海墩台用于瞭望。如掖县“新增墩三：花儿墩，在王徐寨；玉皇墩，在郎子埠；禄山墩，在禄山。俱万历二十五年建”[①]，沂州沿海也“设墩台备倭，其比如栉”[②]。墩台瞭望向来是卫所守墩军的职责，这也是卫所军投入御倭斗争的另一个证明。

山东地区还有很多官兵直接入朝参加了战斗。如青州左卫指挥同知丁大壮，“万历二十五年调取征倭，病故”[③]。

万历二十六年六月，经略杨镐被免职，明廷在选拔新的经略时自摆乌龙，先是升汪应蛟为都察院右佥都御史，经理朝鲜军务，随即又撤换汪应蛟，改调海防巡抚万世德经略朝鲜，汪应蛟巡抚天津[④]。

汪应蛟上任后即综合总督邢玠及顺天巡抚李颐、保定巡抚李盛春、山东巡抚尹应元、辽东巡抚李化龙、凤阳巡抚李三才等人的意见，呈上《倭氛未减防御宜周疏》，系统提出了自己整饬沿海兵备的建议。此疏准确的上呈时间，史无明载，但据文中提到“近据福建抚臣报称关酋已死”[⑤]，同时又说“东师三路进攻，顿兵坚城，颇遭挫衄”[⑥]来看，这一奏疏应该完成于万历二十六年九、十月间，露梁海战之前。

汪应蛟在本疏中一共提出了12条建议，大多和山东海防有关联。下面，我们就以他的这些建议为纲，对与山东军备建设有关的内容逐一分析。

（一）鸭绿宜宿重兵以备非常

汪应蛟认为应防范日军在战局不利的情况下越过珍岛，从海路北上，登陆袭击平壤或直接威胁辽东。为此，建议“于鸭绿增设水、陆兵各三千，各统以游击一员”，分驻娘娘城等地，“总属旅顺总兵统辖”[⑦]，原有陆兵也于娘娘城等处分别把守，如日军果然大举进犯，则由总兵周于德统领水军东向迎击。

本条虽然不是直接讨论山东事务，但旅顺与登州隔海相望，旅顺安全，则登州北面可保无虞。

---

① 顾炎武：《肇域志·山东·莱州府·掖县》，第623页。

② 乾隆《沂州府志》卷四《口岸》，第63页。

③ 《青州左卫选簿》，《中国明朝档案总汇》第55册，第15页。

④ 《明神宗实录》卷三二三，万历二十六年六月丙子条，第6008页。

⑤ 汪应蛟：《倭氛未减防御宜周疏》，见《海防奏疏》卷一，“续修四库全书丛书”影印本，第394页。

⑥ 汪应蛟：《倭氛未减防御宜周疏》，第393页。

⑦ 同上书，第396页。

（二）山海宜设水兵以应辽左

疏中称，万历二十年时，“议者谓天津、山海、登莱宜各设水寨以成鼎足。所造福、苍、唬等船一百五十余只，原为三处并用，非独为天津也。嗣以主封罢兵，而前议遂寝”。万历二十五年十月内，顺天抚臣建议在蓟镇、密云、永平三道各设海防专兵，共九千名，分信地防守。汪应蛟认为明军水战有装备优势，应尽量在海上解决来犯之敌，因此应“于山海关添设水兵三千，统以游击一员”，“倘倭犯旅顺，则可以东移接应。即或飘洋越入，又可以尾击其后”。三千水兵需用沙船一百只，且可“以三分之二驻守，而用其一往来运饷，尤为一举两得”①。

此议如果得到落实，将与旅顺、登莱水兵成三足鼎立之势，既可以互相应援，又能兼顾从天津出海转运、补给前线的漕粮。

（三）莱海宜增水兵以防流突

莱州湾海域原来设置的水军较少，因为一般认为日军如果突破旅顺南下，必经沙门岛，再南向登州，不会转向奔莱州。但汪应蛟发现，莱州北面的三山岛也是一个重要的中转站，“旧年九月内，天津发苍船一只、唬船二只初试海道。其苍船经由登州，而唬船则径从三山，先至旅顺”，“况登州三面临海，水兵虽多，分哨则少，势不能兼顾莱州”，因此三山岛海域必须纳入守御重点范围。他认为“除先设水兵五百外，当增设二千。合用沙、唬船只，亟行浙直地方买造，并选募健兵驾练。其沙船亦可用三分之一更番海运”。为避免增加军费，可以适当削减陆兵，“不必更议增饷”。这样即可以“出援登、旅。万一朝鲜不支，登、旅之兵当分半东援而（山海关、莱州）二处之兵又可为登、旅分守”②。

（四）成山宜增战卒以控孤悬

成山角与朝鲜汉江、临津东西相对，虽然暗礁很多，但“各岛辽人多有驾辽船往朝鲜窃掠者”，并非没有水道。“今年六月间，有登州运船自义州回。值北风，飘洋一昼夜，遂抵成山”，所以日军如果冒险突进，一二天即可在成山登陆。“成山城垣颇固，城内军余不过二三百家”，不足守御，反而可能成为登陆日军的桥头堡。经与总兵李承勋商议，“该镇标下北营水陆军兵共五千七百七十余名。除水兵一千五百，臣已督行该道分船驾练外，尚有陆兵四千二百六十余名。于内可摘发土兵一千入文登营合练。遇汛期仍将该营原设军兵八百七十余名，留一把

① 汪应蛟：《倭氛未灭防御宜周疏》，见《海防奏疏》卷一，第 396 页。

② 同上书，第 397 页。

总，照旧防守文登，而守备王家将统领土兵千名，并京边军二千一百余名，移驻成山，遇警相机堵截。仍策应靖海及大嵩卫所地方”，则“兵饷不必加增，而孤城自可保障”。为提高指挥效能，守备王家将应“量加都司职衔管事”①。

（五）安东宜置重将以护运道

“安东卫额设官军二千员名”，但“见在官军不过五百余名。山东抚臣复益以土兵七百，创设守备统领”。但汪应蛟认为兵力仍不足，“淮、青二郡之交卫所空虚，兵力甚薄。万一有中行说教倭以捣批之计，则中原不无震动”。“查得安东卫虽隶山东，然设置在淮安、赣榆地方。去卫数里有荻水口，淮安抚臣亦先设有水兵三百。盖地当要害，两镇皆知其当重。第谓倭势尚缓，不欲多兵费饷耳。臣窃以为安东宜增土兵一千三百，荻水口宜增水兵二千二百，各二千五百人为一营，各以守备管领，而选设副总兵一员，为之统辖。南自东海所，北抵胶州海界。中间涛洛、两城等营，悉属总理。本官兼听淮安、山东抚按及河漕军门与臣节制。南北与登州、狼山总兵颉颃同事，首尾互应，则淮、青海上屹然增一重镇，而漕运可保万全矣。”②

安东一带的防卫，此前王士性、郑汝璧等人曾多次提出。汪应蛟的建议虽不无道理，但在明朝政府财政压力已经非常大的情况下，几乎没有付诸实践的可能。

（六）保镇宜练南技以资防援

在本条中，汪应蛟提到“御倭者，必曰南兵。今臣于天津步兵尽以此法教战矣。蓟镇新设专兵亦尽用此法矣。山东步兵大半用此法矣”③。可见，山东步兵在有针对性地训练方面，并不落后。

（七）水兵宜兼陆战以便追击

水兵兼习陆战，有利于提高使用效率。从奏疏中看，除天津水兵已经照此训练外，尚未在其他地区推广。

（八）运艘宜给兵器以防战斗

为防止海上粮道被袭击，汪应蛟认为：

> 自登州以北，用兵护运，似不容已。第查登、旅二营原设水兵

① 汪应蛟：《倭氛未减防御宜周疏》，见《海防奏疏》卷一，第397—398页。

② 同上书，第398—399页。

③ 同上书，第400页。

> 共止万人，而山东岁运二十余万，约用船二百五十只，当用水手三四千人。天津、永平岁运二十余万，约用船五百只，当用水手七八千人。是运卒之数反多于水兵之数，而管运各官亦系卫所职官及各色把总。所不如水兵者，第未有旌旗金鼓之节与铳炮御贼之具耳。①

由此可见，此前的海运船队是专职运输船队，而且可能并没有配备专门的护航舰船，至少数量很少。汪应蛟建议给运输船队官兵配备武器，使“运艘皆为战舰，运卒皆为战兵”，“万一朝鲜更需水兵，亦足以长驱珍岛，效一臂之助”②。这一想法和上一条水兵学习陆战技法有异曲同工之处。

不过这里汪应蛟似乎忽略了一个问题，即运船的水手在受雇之初就是水手，并不是兵，也没有准备一身二用，而且在待遇上和水兵也有区别。这与水兵学习陆战战法有本质的区别。如果给水手们配备武器，使其兼具水兵的身份，不仅身体条件是否合适需要考虑，经费也是一个大问题。在明廷努力控制军费的情况下，这个想法几乎没有实施的可能。

（九）信地宜定责成以图共济

汪应蛟在疏中指出：“自先年海禁一严，山东与辽左若别世然，山海与旅顺若异域然，声势之不相联属，非一日矣。今海防创设，始议登、旅设两水寨，以锁钥海口。此天津外户，神京藩卫。”③ 为防止两地在配合上出现不协调，必须明确防区和责任。如果日军沿着旅顺一线东进，则追究旅顺和顺天一带官兵的责任；如日军从登莱沿着南岸进攻，则追究旅顺、山东官兵的责任；如果日军直接从中路突破，径抵天津，则由天津和保定巡抚治下官兵负责。

另外三款涉及军费征集等问题，与山东半岛军备部署没有直接关系，在此从略。

汪应蛟的这些建议因为提出时间较晚，大战即将结束，基本都没有付诸实施的可能。但从其内容来看，涵盖区域广泛，强调联合作战，都符合明廷设置海防巡抚的初衷。可以说，汪应蛟是尽职的。而其兼顾与朝鲜战场联系的思想，富有一定的进取性，与此前一味以防御日军入侵为重点的

① 汪应蛟：《倭氛未减防御宜周疏》，见《海防奏疏》卷一，第401页。
② 同上。
③ 同上书，第403页。

整军思想也有一定的区别。

结　语

丰臣秀吉蓄意侵略中国，事先明朝政府已经从不同渠道得到情报，但由于朝鲜政府的遮遮掩掩，致使明廷在对未来战争态势的判断上出现了偏差，未能提前进行战争动员，援朝战争的第一阶段也因此在不到一年的时间里即宣告结束。由于时间短，山东海防在此期间尚处于整军备战的初始阶段。

为缓解财政压力，明朝政府开始与日本进行封贡谈判。基于对日本野心的比较清醒的认识，山东半岛继续进行战争准备。但随着议和谈判的进行，封贡渐露曙光，明廷的立场也开始发生转变，原来有序进行的战备让位于节省军费，大批军士，特别是南兵被遣散，甚至因此多次引发南方募兵哗变。

万历二十五年封贡失败，战火又起。明朝政府再次陷入战争准备不足的泥潭，被迫做打持久消耗战的准备。不过随着海防巡抚的设置，明军在战略态势上占据了主动，山东半岛重新捡起来的整顿军备行动因此有了从容转圜的余地，并未酿出不良后果。

在历时七年的战争中，山东沿海仅在万历二十二年遭遇了一次日军的袭扰，“倭焚沙门岛，沿海戒严。寻乘风遁去”[①]，损失并不大。但在海防战略惯性的作用下，明朝政府在山东沿海的战备工作一直以防守为重心，未曾考虑过从海上主动出击。这一点直到第三阶段战事开始后才有所转变。不过思维惯性依然左右着大批士大夫。以山东籍官员冯琦为例，他在第三阶段开战后致信邢玠，依然在强调登莱防御的重要性，“犯辽左则难入也，犯天津暂扰而易定，犯登莱则易入且难定，中国之祸未有已也”[②]，并因此建议调边兵边将防守半岛，“海上水兵，增至一万，以南兵教之。陆兵每郡增至五千，以边兵教之”[③]。这种内敛型的海防思想其实在永乐以后一直萦绕于明朝君臣心头，这也是海防尚未独立，依然是陆战战略附属品的一个表现。

① 光绪《增修登州府志》卷十三《兵事》。

② 冯琦：《东省备倭议》，见《昭代经济言》卷十二，丛书集成初编本，第252页。

③ 冯琦：《东省备倭议》，第254页。

第二节　山东半岛:勉为其难的后勤补给基地

山东半岛与朝鲜隔海相望，在日军并没有越海进攻的情况下，绝大多数时间是充当了后勤补给基地的角色。明初，在收复辽东的过程中，山东即是明军的后方大本营，大量物资和人员在登州上船，源源不断运往辽东半岛。按理说，再次充当后勤基地，山东地方政府应该是轻车熟路，有足够的经验教训可以参考。但在山东军民眼中，这几乎是一个不可能完成的任务，因为没有必需的交通工具——船。

一　昙花一现的海运复兴

登州海船在正德年间因为多重原因停航，山东与辽东半岛之间的海上交通线被人为切断。此后虽然因为救灾的需要，不时有官员提出恢复海上运输，但在各方不均衡利益的影响下时续时断。

距离援朝战争最近的一次恢复海运努力发生在隆庆六年（1572）。隆庆三年七月，黄河在沛县决口，“漕舟二千余皆阻邳州，不得进”①。九月，淮河又发洪水，大段运河河道被淤塞。漕运被阻，直接威胁京城生存。为此，停航了百余年的海运被重新提出来。山东巡抚梁梦龙和布政使王宗沐是恢复海运提案的发起人和积极倡导者。经过不懈努力，海运方案得到内阁首辅高拱等大员的支持，王宗沐还因此被提拔为漕运总督，直接负责海运事务。

具体负责勘察海道的是梁梦龙。史载：“时漕河梗阻，损京储。公乃寻海道由淮入胶，循牟、莱诸滨直抵天津。中有三百里人未经涉，则择辽人能习水者募充运卒。”②

隆庆六年二月，梁梦龙又联合山东巡按等官上言：

> 迩因河患异常，庙堂画策，傍海通运，诚千万年经久之图。顾今经理之急，其要有四。沿海城池废堕不修，不可言备。如大嵩、灵山等卫，宜及时修葺，以壮门户、杜窥伺。一也。海运既开，奸人或乘

① 《明穆宗实录》卷三五，隆庆三年七月壬午条，第890页。

② 葛守礼：《送中丞梁鸣泉擢抚河南序》，见氏著《葛端肃公文集》卷二，四库全书存目丛书影印本，第286页。

便通番，宜禁谕商民，不得辄私下海。即下海者，第行岛屿间，不得远泛大洋。违者许官兵擒治。二也。自海禁久弛，私贩极多。欲骤革之，则海道藉其指引；即纵缓之，则接引之奸，不可胜诘。今宜明谕商民入海者，责令往回给引查销，则巡察者既有所验，而私贩者难容其奸。三也。海运既行，如利津等县三巡检司各有沿海信地。运船往来，有护送警备之严。宜复巡检司及弓兵原额。四也。户、工二部覆议，如梦龙等言。从之。①

正德年间停止登州海运的一个重要理由是厉行海禁。但由于辽东与山东两地商贸上的天然互补性，海上私贩活动一直很盛行。加之辽东地区生活条件艰苦，不时有民众铤而走险，致使渤海和黄海中的岛屿上聚集了大批辽东流民，进而引发了一系列问题，令明朝政府头疼不已。

梁梦龙是就地安置辽东流民的积极倡导者。在隆庆五年九月，山东地方政府提出的辽民安置方案刚刚获得批准②。时隔不到半年，梁梦龙即领衔提出恢复海运的配套方案，方案中强调禁止商民私自出海，估计有维护辽民安置计划顺利进行的目的。

在配套方案中，梁梦龙指出私自下海商民熟悉海道，可以“藉其指引”，化害为利，这既是他招募熟悉海道之辽人充当海运水手的出发点，客观上也是为进一步推进辽民就地安置所做的努力。

恢复海运，需要相应的护航力量，沿海海防设施也需要相应的整饬。梁梦龙等呈文中提到的修理沿海卫城、恢复巡检司和弓兵等都是为恢复海运所应采取的必要措施。因此可以说，恢复海上运输，既是确保漕运顺利达成的一个方法，同时也是山东半岛及相邻省份海防军备全面整饬的一个好机会。

事实上也确实如此。在隆庆六年七月，第一批海运粮米顺利抵达目的地后，明朝政府紧接着就开始部署新的护航措施。当年十月，漕运总督王宗沐提出定海哨之法：

倭夷悬隔，虽不能遽越江南，至山东，然先事之防，谋国者所不废。今岁十二万运通，旁岸行舟，风波无患，则我与人共之。设法预防，尤所当急议。将沿海地方分为四段，淮安兵船出哨至即墨，即墨

① 《明穆宗实录》卷六六，隆庆六年二月丁酉条，第1588—1589页。

② 参见本书第七章第六节相关内容。

> 至文登，文登至武定，武定至天津，每哨船二十只，每船兵十五名，月粮旧额外量加一钱。以小满日为始，至立秋日止。循环会哨，以销奸萌。又淮安二海所班军四百八十三名正可备巡哨之用。有余则以支海运。①

万历元年四月，设置海运哨船的提案获得批准，不过有一定的调整，主要是把四段改成了三段。“海道初通，淮安等处已各立有兵船，哨瞭防御。其经山东者二千余里，议分三段，立为三哨，每哨用船二十只。水手行粮，每月各四钱”。②

在此前的三月份，为增加海防兵力，山东抚按已经奏准“沿海卫所春班京操官军存留地方，防守海运”③。

可见，伴随着海运的恢复，山东海防也焕然一新。尤其是哨船的设置，极大地改变了山东沿海大部分海区仅靠墩台瞭哨的局面④，对于提前掌握海上敌情有非常大的帮助。

遗憾的是，这次恢复海运的努力仅维持了两年，就因为发生了漂没，遭到反对派的大肆攻击，不得不再次终止。山东半岛整饬海防的机会也因此而流失。不过，在王宗沐的努力下，海运虽停，遮洋总却得到了恢复，“即改海运把总为遮洋把总，领兑河运北粮。仍知会兵部。海汛有警，暂调海口，为狼山声援”⑤。

海运虽然停止，但王宗沐、梁梦龙等人的努力，不仅使已对海道有基本了解的船队官兵、水手成建制保留了下来，而且在招募江淮水上之外，开辟了以辽人为水手的新渠道，这对于万历援朝之战打响后，山东地区能较快组织起一支海船队有积极的影响。

二　借船出海和被挪用的军粮

万历二十年八月，明廷任命兵部右侍郎宋应昌为备倭经略，发马价银

---

① 《明神宗实录》卷六，隆庆六年十月丁巳条，第 211—212 页。

② 《明神宗实录》卷十二，万历元年四月丙辰条，第 391 页。

③ 《明神宗实录》卷十一，万历元年三月癸卯条，第 378 页。

④ 《明穆宗实录》卷六一，隆庆五年九月丙寅条（第 1481 页）记载：“往时海道及都司同处登州城，各有哨船，故各岛流人望风远避。”可见，至少在登州一带的海防军，在海运船停航后，仍保有一定数量的哨船。但从梁梦龙等同时请求“今海禁日弛，乞将臣等所造海鹏船十艘、辽船八艘饬后人修理毋坏”来看，原有的哨船即使还能出海，完好率也会很低。

⑤ 《明神宗实录》卷十七，万历元年九月庚寅条，第 498—499 页。

20万两，准备大规模武力救援朝鲜。同年十一月，户部上言：

> 经略侍郎宋应昌题称，永平、山海额设刍粮，止为防虏。今调集大兵防倭，主客兵饷一时兼应，召买无从。先年顾巡抚议开海运，拨临、德仓粮数万石，由天津达山海至辽东，以备大兵支用，诚便计也。所用船只、篙工悉听抚臣酌行。奉旨：备倭粮饷既有运道可通，着行漕抚等衙门速载以备春防无悮。①

在登州海运停航后，天津—永平航线是明朝政府唯一保留下来的海上航线。按照明廷的设计，东征大军的粮饷将由天津截漕，从海上运到永平、山海关一带，再通过陆路转运至军前。但从山海关到鸭绿江路途遥远，通过陆路运输不仅费时费力，而且粮米中途消耗甚多，根本满足不了前线大军的需要。辽东与登莱隔海相望，此前出于辽东救灾的需要曾多次临时开放海禁，允许辽民到登莱一带购买粮米运回销售。即使是在海禁期间，海上走私贸易也没有终止过。宋应昌此前曾任山东巡抚，对此心知肚明。于是，在领命东征后，他很快把大军粮米的征集地选定在了登莱一带。

万历二十年十月十九日，宋应昌行文山东巡抚，希望对方能“动支泰山香税银或登州府库贮民屯银共五万两，行令海防道委官分投上紧照依时价召买粮料，堆积登莱附近海口各城堡”。为了免除对方的担心，宋应昌特别强调“听候本部动支马价，照依借买银数，差官并船只由海运前赴登莱地方，一面交还原借买粮银两，一面由海搬运前买完粮料，竟赴辽阳，以便各军支给”②。也就是说，山东地方政府既不需要掏腰包，也不负责运输，只要出人力完成粮米收购即可。

通过海路运走粮米，但登州海船早已停航，由谁来运呢？宋应昌和梁梦龙等人一样，把目光盯在了下海辽民身上。十月二十九日，他行文辽东地方政府，指令其“动支无碍官银雇募海船五十只、稍水人役完全。拣选能干官员总管。再于鸭绿江迤西一带城堡收拾仓廒，或军民干燥房屋，多备车辆，集名在官，听候明文应用”③。

或许是为了留后手，宋应昌在十一月初四写给兵部尚书石星的信中又

① 《明神宗实录》卷二五四，万历二十年十一月壬戌条，第4720页。

② 宋应昌：《移山东抚院咨》，《经略复国要编》卷二，第39页。

③ 宋应昌：《檄海盖分巡二道》，《经略复国要编》卷二，第50页。

提到“他如发银五万两，令山东籴粮，贮之登莱，听取天津空运，输之辽阳应用者，又在外矣”[①]。可见，由天津海运船队转到登莱一带运输是其在雇募辽民海运之外的另一个选项。

不过天津船队此前只是沿着渤海西岸航行，对登州—旅顺航线并不熟悉，所以，雇募辽民、辽船仍是其首选。为此，宋应昌于十一月十六日再度行文辽东海盖道，一方面强调“先该本部拊循东省，十八九年前，来山东登莱籴买米粮者，俱金州卫旅顺口军民，各带多船”，指明辽人肯定有船；一方面要求地方政府多做努力，不得扣减海商运价，尽快落实运船、水手，做好“前往山东登莱等处搬运粮料”的准备[②]。

经过一番准备，宋应昌认为粮饷问题已基本解决，因而在十一月十三日的上疏中汇报：

> 臣复发马价银五万两，行山东抚臣于登莱等处籴买粮豆。又前疏请发临、德仓粮数万石，俱由海运入辽，则粮饷似足前兵周岁之用。[③]

万历二十一年正月初八，负责征集、运输备倭粮饷的户部艾主事呈文宋应昌：

> 先蒙本部发马价银五万两至山东登莱地方籴买。彼处既称有收前银，买完不下十余万石，向因冬月冰结，未议转运。本职委官查看得登州至金州旅顺口水路，南北五百里。旅顺口至鸭绿江水路，东西五百余里。目今春和冰解，相应及时装运。合无呈请行文彼处查发前项银两买到米豆若干，见在何处堆积，相去海岸若干里，州船若干只。平时商人脚价若干，此外或当量加若干，逐一开报……[④]

山东方面宣称已经收到五万银子，而且买到了十余万石米豆，似乎一切进展很顺利。至于因为海洋结冰无法起运，理由似乎也很充分。不过很快就出了问题。正当辽东方面准备派船前往运输时，山东方面却说所买粮料分散存储，青、登、莱三府沿海都有储存。辽船不熟悉渤海南岸水道，

---

① 宋应昌：《报石司马书》，《经略复国要编》卷三，第51页。

② 宋应昌：《檄海盖道》，《经略复国要编》卷三，第58—59页。

③ 宋应昌：《议处海防战守事宜疏》，《经略复国要编》卷三，第53页。

④ 宋应昌：《檄山东海防道》，《经略复国要编》卷五，第94页。

运输计划只好暂停。宋应昌不得不于正月二十六日再度行文山东，重申应“将原买米豆尽发登州府近海地方，听辽东抚院差人由海搬运”①。

此时前线战斗已经打响，明军顺利收复平壤，正在向南部挺进。万历皇帝对进展也很满意，连发两道诏旨，一道敕谕东征将士，宣称已“行山东等处，召商籴粟，方舟而下”②，可以确保前线供应；一道发给户、兵二部：

> 目今倭贼大众据朝鲜，与辽接壤。朕以门庭切近之忧，命将出师，势非得已。适见经略宋应昌奏称兵力单弱，粮草不敷，恐有疏虞，前功尽弃。尔部职司兵、食，义当并力一心，共济国事。所有合用粮草，户部一面发银，或从山东海道召商高价籴买，或就近输运，务使东征四五万人可彀半年之用。兵部一面督催新调精兵，前往接济征剿。其见在久战伤残及马兵不习地利者，行令斟酌退回，务使饷可资兵，兵不糜饷。早平大寇，庶宽朕东顾之怀。其或彼此互相推诿，以致缓急误事，责有所归。故谕。③

第一道诏旨的目的显然是为了鼓舞士气，要前线将士安心作战。第二道诏旨是为了给前线及时补充，以免前功尽弃，但隐约中已经透露出一些问题。既然山东地方政府已经筹集了十余万石军粮，怎么这么快就会“粮草不敷”了呢？

是运输出了问题？有这方面的原因。明朝政府在战前并没有做充分的准备，一厢情愿地以为朝鲜政府可以承担后勤补给任务，因此把朝鲜境内的军粮运输完全寄托在了对方身上。但左议政尹斗寿在万历二十一年三月于义州面见明朝官员时却一个劲儿地叫苦：“小邦荡败已极，只余平安一道，仅备粮草，易至匮乏。虽有上国所送粮草，缘路险民鲜，未能输送接济，极闷。”④ 陆运不利，海运也存在问题。明廷原计划将海运物资运到义州即可，但尹斗寿提出：“海运之船，自上国来者，不必于义州，若交卸于平壤、黄海，则运到无碍矣。”⑤ 这等于说，明朝政府不仅要出钱出兵帮助朝鲜复国，还得完全靠自己解决后勤补给，朝鲜政府几乎什么忙也

---

① 宋应昌：《咨山东抚院》，《经略复国要编》卷五，第115页。
② 《明神宗实录》卷二五七，万历二十一年二月甲寅条，第4786页。
③ 《明神宗实录》卷二五七，万历二十一年二月甲寅条，第4787页。
④ ［朝鲜］《李朝宣祖实录》卷三六，癸巳二十六年三月庚午条，第504页。
⑤ 同上。

帮不上。

不仅如此，在进军途中，还曾发生朝鲜不法官员故意“隐匿好米，给以烂米，盐酱并不得食”① 的恶劣现象。专门负责供应粮饷的朝鲜官员李山甫等同样畏敌如虎，到万历二十一年八月时仍未到“岭南地界，号令督运”②。到当年十一月，在第一阶段战事已经彻底结束时，朝鲜仍然是“无终始主管（粮饷）之人，自西及南，各月所用，皆不查考，其间欠缩，不可胜记”③，简直是一团糟。

朝鲜政府不能承担运输任务，明军可以抽出一部分兵力自行运输，虽然会打乱战前部署，但总归有补救的办法。但在万历二十一年八月时，明军已经出现“军粮绝乏，士卒连死”的现象④，这就不能单纯归罪于运输不力了。同月，明朝都司张三畏曾对朝鲜备边司官员说：“山东粜米，实十四万，而来此者不满一万。辽东海、盖民间备上粮十四万，而来此者仅十万。”⑤ 辽东 14 万石粮食只送达 10 万石，应该是运输问题。山东 14 万石只运过去 1 万石，如此巨大的差距，似乎另有隐情。

万历二十一年十一月，张三畏曾告诉朝鲜国王：“今当冰合，山东粮船，恐未前来。”又说，“十数万石，以无船不得输运。若待冰解，则必二、三月当发矣”，而且这些军粮并未运到金州，还滞留在登、莱，“故输来甚难”⑥。急于得到粮食救急⑦的朝鲜国王询问如果有船能否送到，言下之意，朝鲜政府可以提供船只。一年来一直在运输问题上百般推卸的朝鲜政府突然作此表示颇令人意外。张三畏抓住机会，就势回答：“三月，贵国大小船，尽数查出送来，则皇朝使惯知水路之人，一时运来而不败。自山东至金州，海中多岛，相望行船，万无一败矣。”⑧ 按照张三畏的意思，朝鲜运船需要在中国水手的引领下，直接到中国沿海运粮回国。

为了得到这批粮食，朝鲜备边司在国王的命令下，提出了应对方案：

---

① ［朝鲜］《李朝宣祖实录》卷四一，癸巳二十六年八月甲辰条，第 637 页。

② 同上。

③ ［朝鲜］《李朝宣祖实录》卷四四，癸巳二十六年十一月丙寅条，第 683 页。

④ ［朝鲜］《李朝宣祖实录》卷四一，癸巳二十六年八月甲辰条，第 637 页。

⑤ ［朝鲜］《李朝宣祖实录》卷四一，癸巳二十六年八月己酉条，第 641 页。

⑥ ［朝鲜］《李朝宣祖实录》卷四四，癸巳二十六年十一月丁卯条，第 683 页。

⑦ 据（朝鲜）《李朝宣祖实录》卷四六，癸巳二十六年十二月壬子条（第 737 页）记载，当日，备边司启曰：“今日急务，惟在于急请山东粮十万石。若于正月解冻之后，即到义州，而从义州竭力运到都城，以为赈救经费之用，除出南方田税作米等谷，以为军食，则彼此长短相补，庶可支撑数月，以至新谷之出，国脉或可赖此而少延矣。”可见，朝鲜政府急于得到山东粮米的目的是为了解决本国粮荒。

⑧ ［朝鲜］《李朝宣祖实录》卷四四，癸巳二十六年十一月丁卯条，第 683 页。

自上下教，张都司言，中国舟楫，不能海运。此一款，更为议启矣。前者闻都司之言，上国海船，木料不壮，不便驾使洋中，令尔国船只，到金州卫载运，则我当给银，雇人月输云。其意诚非偶然。但自义州，至于金州，其水路险易，本国（捎）〔梢〕工，不曾谙熟。今宜成送一咨于都司前云，本国之人，冒险输粮，实所难便，而大人为小邦，如是丁宁分付，诚为感幸。兹以起送伶俐（捎）〔梢〕手，使之探审水路而来，愿大人更为商量指教。仍令平安监司，另选沙工二三名，通事一员押领，优给资粮，入送于辽东张都司处，赍呈咨文，听其分付，兼探水路以来。①

宣祖批复："此事急急为之。往复之间，恐致稽缓失时。"② 迫切之情，跃然纸面。

不过到次年的正月时，这批"上年钦赐山东粮饷"依旧未能运到，以至于朝鲜政府连连抱怨"其于接济兵粮民食，计无所资"③，不得不再派请粮使进京。

那么，这批粮食到底在哪呢？万历二十一年二月二十八日，就在万历皇帝发诏书鼓舞将士不久，宋应昌给山东海防道写了一封私信。信中说：

三军待哺，终出无奈故耳。三万已籴者，目下即发旅顺口船只搬运。其二万未籴者，非不欲如谕止之。第王京事未见下落……④

从信中可以看出，原来山东方面宣称的已经购买到十余万石粮食根本就是谎话。五万两籴粮银其实刚用掉三万两，还有两万两没有使用，而且山东方面还提出了终止购粮的要求。从宋应昌强调汉城尚未收复，三军的确缺粮，强调讨要粮食是"终出无奈"来看，似乎山东确实出现了意想不到的困难。这个困难是什么呢？

通过翻检史料，笔者在郑汝璧上呈的《留漕银辽饷赈荒疏》中终于找到了答案。原来山东发生了严重的自然灾害。兖州府、东昌府发生水灾，粮价飞涨。登、莱一带也未幸免，"弃卖妻子，嗷嗷望赈"、"斗米三钱"。郑汝璧在疏中称：

---

① ［朝鲜］《李朝宣祖实录》卷四六，癸巳二十六年十二月庚戌条，第734页。
② 同上。
③ ［朝鲜］《李朝宣祖实录》卷四七，甲午二十七年正月戊子条，第4页。
④ 宋应昌：《与山东防海道田宪使书》，《经略复国要编》卷六，第135页。

沿海仓庾蓄积原少，加以防倭诸费，搜用一空，无从措处。查得原奉经略、右侍郎宋应昌札，发马价银五万两籴买米豆，由海运辽，接济军需。银四万九千六百七两三钱，分发莱、登二府籴过。因浮海坏船，不敢再运。该青州道佥事王道显呈，奉经略明文停运。似应籴价解还。但今灾民缺食，惟望前米救济。且明春防海兵众，本处乏米支食，应请留赈贫民，余充兵食。①

本疏收入郑汝璧著《由庚堂集》，未记载上疏时间。但疏中提到“去岁倭警”，另外，疏中提到的粮储道参政王士性被任命于万历二十年十二月，结合郑汝璧万历二十一年十一月接任巡抚，综合判断，本疏上呈时间应该在万历二十一年十一或十二月。

从上引文字来看，宋应昌下发的五万两籴粮银基本发放到位，并且确实被用于买粮。宋应昌在当年二月二十八日信中提到的尚未使用的两万两估计也已经用完，并未被挪作他用。另外，张三畏向朝鲜君臣述说的运粮船损坏不能使用一事也是事实，并经宋应昌确认，同意暂不外运。

山东地方政府很清楚在军粮不能运走的情况下应该如数退还粮银，另作安排。但在本地发生大灾，且整顿军备也需要大批开支，仅“招募新兵”即“加饷一十六万”② 的情况下，不得不开始打这批军粮的主意。

上引截留籴粮银的建议来自分守海右道参政沈九畴和海防兵巡道副使徐成位。郑汝璧在仔细思考后，对此作了一定的调整，“请辽米一半，以少济万一；余者当再行区处”③。不过，对于属下的相关建议，郑汝璧在疏中均作了巧妙的引述，暗中表达了支持的意思。

这份奏疏的处理结果不得而知。但从郑汝璧的另一份奏疏中提到赈灾用去“辽饷米豆三万六千七百九十五石九斗九升零。比因煮粥，米不敷，又于题留充饷临、德二仓米五万石内动支一万九千三百五十三石三斗……”④ 来看，他的请求应该得到了批准，不过应该是部分批准，因为在万历二十二年的八月，朝鲜来华使节尹根寿、崔岦回国复命时曾提到“山东凶荒，御倭米豆，只三万石。以我国全盛时言之，不如中邑所储”⑤。

---

① 郑汝璧：《留漕银辽饷赈荒疏》，《由庚堂集》卷二十三，第620—621页。

② 同上书，第623页。

③ 同上书，第624页。

④ 郑汝璧：《缴赈煮银粟疏》，《由庚堂集》卷二十三，第624页。

⑤ ［朝鲜］《李朝宣祖实录》卷五四，甲午二十七年八月乙丑条，第134页。

如果山东购买米粮14万石属实，减去运往朝鲜的近1万石，再减去赈灾的近3.7万石及留作军费的3万石，还应有6万多石粮食。即便14万石是浮夸，也会剩余几万石。这批没有下落的粮米估计还是被明朝政府收回（估计是折银）充当军费或另作他用了。

明代处于古代气候逐渐变冷的阶段。伴随着气候的变化，出现了大量的自然灾害，山东地区尤为明显。水、旱、风、雹、地震乃至海啸层出不穷，对地区经济与社会的发展造成了严重影响。明初，就因为自然灾害使之无法顺利完成辽东战场的后勤补给任务①。现在，援朝战争爆发，山东再次成为后方基地，自然灾害却也接踵袭来，令本可以通过出色完成保障任务而“一雪前耻”的山东省再次面临尴尬处境。一方面，由于海运长期停航，本省连独立运输的条件都不具备，不得不“借”船出海；另一方面，曾多次充当辽东赈灾救世主的登、莱地区也陷入困境，不仅军粮采买不能如期完成，还得请求中央政府允许自己截留军粮赈灾。在大敌当前，山东半岛随时可能沦为战场的情况下，如此自顾不暇的处境对于山东地方官员而言无疑非常难堪。好在第一阶段的战事很快宣告结束（这其中也有山东后勤保障不利的“功劳”），三年多的议和封贡给山东留足了自救和扭转局面的时间。

三　战争间歇期的垦荒备粮

在第一阶段战事结束后，由于前景尚未明了，明朝政府有意在朝鲜保留部分军队，以应对不测。朝鲜政府也不希望在日军仍盘踞南部沿海一带的情况下失去明军的保护，但军费成为摆在双方面前的难题。

万历二十一年八月，宋应昌呈文明朝政府：

> 先该本部议，留官军二万名，防守庆尚、全罗，每军一名，月给月粮银壹两伍钱、行粮盐菜银一两五钱、衣鞋银三钱、犒赏银三钱，共银三两六钱。其将领廪粮，亦从优厚，以一岁计之，大约该银一百两，日支本色粮料在外等因，已于八月初四日，备咨国王，区画回复，去后未见前来。查得各军每名，月粮一两伍钱，二万军以一年计算，该银三十六万两，系中国出办。朝鲜应办者，止是行粮、盐菜、衣鞋、犒赏，前军以一年计，该银六十四万两。恐该国未知系两国应辨之数，不便议覆，拟合行催为此牌，仰本官照牌，事理即传，则启

① 参看本书第七章第一节相关分析。

国王，查照前文，并今次分别数目，区画停妥，作速回复，以凭紧等施行，毋再迟延。[①]

同月，都司张三畏将这一计划通报给了朝鲜政府，但朝鲜国王表示“小邦残破，粮饷缺乏，愿卒惠救，俾得接济”[②]。

朝鲜官员在大战期间曾经为了一己私利，故意不给明军供应好米，但如果因此判断朝鲜中央政府也是这个态度，确实也有些冤枉。万历二十一年十一月，朝鲜备边司曾启报：

今日所大患者，专在于各处粮饷乏绝。措置区画，必须十分详尽，又必昼夜催运，然后方可接济中外之窘竭。京中仓谷，合米、豆仅三万余石，虽寻常经用，犹不满数月之用。若南、北兵不时大至，则将以何谷支供也？其为窘迫，不可形言。近来我国事一无头绪。兵兴所重，惟是粮饷一事，而无终始主管之人，自西及南，各月所用，皆不查考，其间欠缩，不可胜记。此则犹是我国之粮，至于天朝赐谷，则所系尤重，而前后所赐，自辽东出来者，十四万石，今自山东出来者，又十二万石，亦已出来云，而不知所在。其余十万石，亦将陆〔续〕来到。若运到平壤，则别使一人掌之，随到收贮，知实数启闻，然后或运于京中，或留置平壤，以支天兵，不可如前散失，使无归处也。且一路人力已尽，头畜亦竭，陆路转运，百计无策。亦令金睟，别为区处，以为漕运之计。[③]

可见，朝鲜储粮有限的原因一方面是因为遭受战争打击，一方面也是因为政府措置失当，始终没有专人负责。不管是什么原因，其结果都是无力供应明军粮饷。

为缓解后勤压力，宋应昌甚至想在朝鲜开矿，就地炼银，但结果也不乐观，“开矿吹炼，费力甚多，而所得皆铅子，遂罢其役。唯是咸镜道端川郡有旧来银矿，而一年吹炼，不满千余两”[④]。

在朝鲜无力支援，本国供应不力的情况下，明军只好分批撤离朝鲜，只留下小股部队用于侦察和救急。

---

① ［朝鲜］《李朝宣祖实录》卷四一，癸巳二十六年八月辛卯条，第626页。
② ［朝鲜］《李朝宣祖实录》卷四一，癸巳二十六年八月己酉条，第641页。
③ ［朝鲜］《李朝宣祖实录》卷四四，癸巳二十六年十一月丙寅条，第683页。
④ ［朝鲜］《李朝宣祖实录》卷一〇九，己亥三十二年二月己未条，第438页。

由于封贡进展缓慢，明朝政府的整军备战工作并没有停止。鉴于未来仍有可能发生大战，在战争第一阶段表现糟糕的山东地方政府未雨绸缪，在救荒之后，随即展开自我救赎。

万历二十二年，巡抚郑汝璧在提出全面军备整顿计划时特意提出开垦海岛田土的计划，且收效明显，“参将邵曾和自万历二十三年正月起至四月终止，已开过长山、南北二城岛田二万二百二十五亩”①。鉴于开荒有效，明朝政府于万历二十三年十二月“诏以山东长山岛开垦成熟田地令原拨官军照旧耕种，其收获米豆，另廒收贮，听抵军饷支销”②。

郑汝璧开垦岛田的行为得到了著名地理学家王士性的支持。他在《广志绎》一书中写道：

> 长山、沙门诸岛在登、莱外，大者延袤十余里，小者二三里，皆有饶沃田以千万计，犹闽、浙之金、堂诸山也。往者皆有禁，后郑中丞因新兵乏饷，疏垦以助之，亦山左一益。此田皆当于农时搭厂以居，隙则毁之以归，若架屋常住，恐窝引海寇，为患浙、闽间矣。而浙拘挛甚，则当事者之见殊也。③

长山诸岛原来只有南下辽民不定期居住。为避免诱引辽民继续冒险渡海南下，梁梦龙等在隆庆、万历之际就地安置渡海辽民时特意重申海禁政策。郑汝璧仅以成建制的军队开垦岛田，除了便于组织和直接用于解决军饷供应外，防止诱引辽民南下估计也是重要原因。这和王士性的想法基本上是一致的。

在努力解决本地驻军军饷供应的同时，郑汝璧对充实本省库藏也做了大量工作。万历二十二年十一月，户部奏准他的提案：“东事兵兴，青、登、莱军屯之粟不足以供，惟有民屯银两拖欠数多，时值岁艰，追银无措，宜将三分之二听从民便，准纳杂粮穇、谷、豆、黍之类，另廒收囤，专备兵荒。其一分征银解部济边，事平照旧征派。”④

山东地区商品经济不是很发达，白银等贵金属货币的流通量较小。在张居正推行一条鞭法改革、统一纳银完税时，山东就是反对声音最强烈的地区之一。如山东籍士大夫葛守礼曾说：“十余年前不知何故偶变为一条

① 郑汝璧：《录开岛田效劳官员疏》，《由庚堂集》卷二十六，第664页。
② 《明神宗实录》卷二九二，万历二十三年十二月辛亥条，第5410页。
③ 王士性：《广志绎》卷三《江北四省·山东》，第57—58页。
④ 《明神宗实录》卷二七九，万历二十二年十一月壬午条，第5157页。

鞭法，夏税秋粮及杂派黄蜡等项总在其中，无复仓口斗升之数，且岁岁不同，小民茫然不知所谓，该多与少无复究诘。书手愚弄，出口为是……自此法行，穷民日见逃亡，土田日益荒芜，可为究竟之虑也。”①

郑汝璧的提案在很大程度上恢复了赋税本色征缴，有利于完税，且与军粮供应需要实物粮米相契合，对于后勤基地建设无疑是有帮助的。

万历二十六年正月，大学士沈一贯曾上条陈，建议在山东大规模垦荒：

> 臣闻军国之需，最先足食。生财之道，贵在聚民。顷因倭氛飚起，海防戒严，皇上俯采舆言，创设天津登莱巡抚，以图战守。更责内地巡抚计处兵食、器械，以资接济。今山东巡抚缺，特允以尹应元往整饬之……该省甫一防海，辄告不足，求盈于内帑，借资于两浙。甘弃沃饶，坐视匮乏。此岂无土哉？无人故耳。有人则有土而有财矣。该省六府，大抵地广民稀，而迤东海上尤多抛荒……宜令巡抚得自选廉干官员，将该省荒芜地土，逐一查核顷亩的数，多方招致能畊之民。如江西、浙江、福建、山西及徽、池等处，不问远近，凡愿入籍者，悉许报名择便。官为之正疆定界，署置安插。辨其衍沃原隰之宜，以生五谷六畜之利。必严辑土人而告戒之毋阻毋争。凡抛荒租逋，一切蠲贷，与之更始。或听和买，或听分种。其新籍之民，则为之编户排年，为里为甲……或又听其寄学应举，量增解额，以作兴之。听其试武科，充吏役，纳粟官，以荣进之。毋籍为兵，以骇其心。毋重其课，以竭其财。有恩造于新附，而无侵损于土著。务令相安、相信、相生、相养。既有余力，又为之淘浚沟渠，内接漕流，以轻其车马负担之力。使四方辐辏于其间，米多价平，则鸣吠相应，不烦远输，而获利已多……数年前郑汝璧巡抚此地，有其志矣，而被流言以去，美业不终。臣甚惜之。②

从沈一贯的奏疏中可以发现，在山东省内全面垦荒屯田曾经是郑汝璧的规划，开垦岛田估计只是其中的一部分，可惜因为他很快去职，未能付诸实践。沈一贯在第三阶段战事开始后旧话重提，一方面证明山东省的后

---

① 葛守礼：《与沈对阳方岳论赋役》，见《葛端肃公文集》卷九，四库全书存目丛书影印本，第353页。

② 沈一贯：《垦田东省疏》，见《敬事草》卷三，第56—57页。

勤保障能力依然有限，一方面也说明郑汝璧的方案是有效、可行的。

沈一贯的条陈上呈后，得到神宗首肯。

上嘉纳曰：今财匮饷艰，公私俱困。地方官只图那借别省，搜括穷民，全不讲求地利生财之法。览卿奏，具见谋国忠猷，务本正论。便行与山东抚臣，督率有司，着实修举。毋得仍前虚应故事。还着巡按御史稽查勤惰，以行赏罚。都添入敕内，永远遵行。[①]

从有关史料中可以证实，沈一贯在郑汝璧提案基础上提出的开荒计划得到了一定程度上的实施。如胡来贡在《金将军屯田记》中记述：

时将军以游击衔镇吾莱……惟胶东颇饶于田，因往检踏，得芜地于张舍村，约若干顷。乃艰于牛、种、镃錤之属，公悉心讲求……长渠一道，径十余里，深广各寻……将军所辖士，旧隶以六营。每营官廨一区，士庐区以间计者六百有奇，垣周于庐，树周于垣，以栖以贮，纤悉具备……所垦田五千余亩。[②]

其实，在沈一贯提出垦荒之前，海防巡抚万世德和都水司主事沈朝焕已经于万历二十五年十二月就天津沿海垦荒事宜议准："将环海荒地示谕远近军民，自备工本，尽力开种。官给印照，世为己业。三年之后，方许收税。每亩上地，纳谷一斗；中地六升；下地三升。专备津防饷费。"[③]

上一节曾经提到，为形成有利态势，明朝君臣曾计划在朝鲜屯田设镇，与日军打一场持久战，但因朝鲜政府阻挠，无法付诸实践。异国屯田计划虽然告吹，但在明朝君臣心目中，屯田仍是解决军费不足问题的一个法宝，因此不断有人提出类似建议，如赵士祯建议"招募南北丁壮，议屯辽左、永平、天津、登莱沿海抛荒地土，春夏责其耕耘，秋冬教其技击……以为东援之资"[④]，等等。

郑汝璧计划在山东垦荒也是这一舆论倾向的一部分。只是他有条件付诸实践，并取得了明显效果。从沈一贯的计划获得批准后史籍中仅见军队

---

① 《明神宗实录》卷三一八，万历二十六年正月庚子条，第5923—5924页。

② 胡来贡：《金将军屯田记》，见乾隆《掖县志》卷七《艺文》，《掖县全志》本，光绪十九年县衙藏版。

③ 《明神宗实录》卷三一七，万历二十五年十二月丁巳条，第5903页。

④ 赵士祯：《倭情屯田议》，中国历史研究资料丛书铅印本，第156页。

屯田而没有发现普通民众主动投入屯田行动来看，郑汝璧首先安排沿海守军登岛屯田显然更具针对性和可行性。毕竟，成建制的军队更便于组织。如果不是过早离职，估计郑汝璧会将类似任务下达给山东其他地区的部队。

万历二十四年五月，明廷派出的册封使李宗城擅自逃离，局势骤然紧张。为防止意外，明朝政府开始着手在辽东一带囤积军粮，做战争准备。户部因此提出："查得登、莱二府，密接辽东。年岁收成，米豆饶裕。从海道搬运，旬日可到。行各督抚官协恭计议，籴买输运。及札管粮郎中，查本镇军需，暂放折色一月，将存积本色，听候别用。一转移间，事可有济。"①

同月，户部在辽东开放商民告纳时，也曾提出要"山东登、莱等府米谷饶裕处，照依后开各项银数，自运米豆等粮，径赴辽东管粮衙门告役，分拨各缺粮仓口上纳。其载运脚价，在山东登、莱等府航海者，递减脚价"②。

可见，经过地方政府一段时间的努力，山东半岛的经济已经得到了一定程度的恢复，可以担负后勤补给的任务了。

四　第三阶段的从容补给

万历二十四年九月，册封使已经渡海前往日本，但战争的阴影却日渐浓厚，明朝君臣不得不开始做战争准备。负责粮饷的户部因此制订出详细的运粮计划：

> 方今册使渡海，似无他责，然战、守机宜，在我委当预备……相应依请合移咨蓟辽督抚，并札管粮郎中，转行该道，如果倭警逼真，令将金、复、海、盖、东昌五仓米豆，共一十万四千四百四十石九斗，拨用坚厚船只，择取惯熟海路水手，运至平壤，发朝鲜转运。辽阳、甜水站、凤凰城、汤站、定辽右卫五仓米豆，共六万一千一百四十石，草六万七千六百二十五束，雇觅骡驮，运至义州，发朝鲜转运。并先年辽东发运见在米豆，共七千五十一石及朝鲜国王京并外道各路见贮米豆，共八万二百二十八石零，通共米一十三万五百一十一石零，豆一十一万二千三百四十九石零。查明照先年行粮，每军一

① 《明神宗实录》卷二九七，万历二十四年五月癸未条，第5566—5567页。
② 《明神宗实录》卷二九七，万历二十四年五月壬午条，第5561—5562页。

名，日支米一升五合，愿折者给银二分，盐、菜三分。马每匹日支料，豆三升、草一束，计重十五斤，愿折者给银二分。自山海关起，至鸭绿江止，本色、折（色），听从其便，如过江，俱给本色。军以三万名为率，每月该米一万三千五百石，约支九个月余，马以二万匹，每月该料豆一万八千石。待秋成，或征收，或籴买，增备三万九千六百五十一石，运前料豆，共一十六万二千石，亦听九个月支用。以后永存此数，专备防倭支费，如遇秋收，不妨出陈易新，无致亏失原额。其马草，每月该六十万束，以九个月计算，共该五百四十万束。务令趁时采办，并行朝鲜该管官曹，亦为及时预备，凑足前数。倘调兵众多，匮乏不继，本部预行凤阳总督、山东巡抚衙门，遇有警急，各拨旧日行海水手、船只，淮安运南来一十万石、山东运登、莱米豆一十万石，俱至平壤，交卸接济。仍咨兵部，并行蓟辽总督，转咨朝鲜国王知会。①

按照这一预案，如果战事又起，存储于辽东一带的粮米及山东东昌府储存的漕粮将首先运往朝鲜前线。淮安和登、莱米粮则是预备队。具体的运输路线，陆路只送到义州，水路则由第一阶段的义州改为直接送到平壤，然后才由朝鲜方面接运。有史料证明，第三阶段的战斗打响后，明朝的水路运输正是按照这一预案执行的。如道光《胶州志》记载，胶州所百户谈九畴领命海运，“倭方屯闲山，乃朝鲜西海，扼登、莱运道，闻者顾愕。九畴得檄，即扬帆督进，直抵大同江，援军赖之”②。平壤位于大同江畔，可见山东运粮船队确实直抵朝鲜。

令明廷失望的是，虽然本国军民有能力落实战前预案，但已经有了近三年恢复时间的朝鲜居然依旧不能提供足够的支持。战端再起后，朝鲜方面表示：“小邦沿海去处，只有哨贼兵船，更无别项公船可以调集搬运。只靠各处渔、商等户，讨出私造船只，俱系海风船只，而体样狭小，大者仅载五六百石，小者不过一二百石。又虑避役之民，藏匿岛屿，未易拘唤，专差陪臣知中枢府事柳根，专管海运句当，驰往沿海地方，行督各处该管陪臣，整点船只水手。听候接运辽东陆路运至粮米，再令行平安道管粮陪臣赵挺，急往义州，专管接收。但沿海驿站，马牛缺小，兼又地方民力已竭，委难驮载转输。方拟调集广梁迤北沿海遗下船只，将所据义州粮

① ［朝鲜］《李朝宣祖实录》卷八十，丙申二十九年九月辛丑条，第598页。

② 道光《胶州志》卷二十二，道光二十五年刻本。

米，亦行运到本处，再与山东海运粮米，一齐船运各处。但海、陆二运，俱会本处，而本处迤南船只、人力，终是不敷，恐不得刻期搬运，致缺军粮，日夜忧虑。”①

不仅如此，朝鲜故意隐藏粮米，拒不向明军提供的现象再度发生。如明将贾祥率领水兵前往釜山，“欲借给粮银，备办寒衣”，但朝鲜国王“面言回答云绝未有大米。只欲将运到烂米搪塞众兵，恐不能堪”②。对此，连朝鲜自己都看不过去。《李朝实录》的编纂者曾以“史臣曰”的形式批评道：

> 国家虽荡败，掌国计者若有奉公之诚，则必能先期措画，以济艰食。今王师枵腹如此，而判度支尹自新，号为善治财赋，不能竭力生财，勉图接济，反自托疾以祈递免，其避事误国之罪大矣。而朝廷不加诘责，以致天将之嗔怒，邦宪之不报，甚矣。③

由于朝鲜方面的不作为，明朝政府只好和战争第一阶段一样，主要依靠自身的努力完成后勤补给。

万历二十五年，第三阶段的战事正式展开。同年五月，户部奏准：“辽东所积米豆及朝鲜见报粮数止二十余万石，恐经用不足。请行山东发公帑三万金，委官买籴，运至登、莱海口。令淮船运至旅顺，辽船运至朝鲜。又借临、德二仓米各二万石，运至登、莱转运。”④ 可见，山东和淮安的粮米在大战开始不久即退出预备队行列，投入实战。山东也因此再次进入后勤补给基地的角色。

不过，再次充当补给基地的山东很快又遇到麻烦。当年九月，“经略邢玠请借发临、德仓米及召买粮石并于天津堆放，募沿海商、渔，吴、淞、浙等船兼搭接运。以登、莱籴运，价涌后时，不若天津至旅顺，止隔一帆也”⑤。可见，在明朝发出于登、莱一带购买军粮的指令后，当地很快出现粮价上涨的现象。这里可能有奸商囤积居奇的因素，但与当地经济并未恢复到最佳状态应有更大的关联。另外，从五月份户部要求由淮船运输山东军粮至旅顺来看，山东半岛没有自己的海运船队的问题依旧没有得

---

① ［朝鲜］《李朝宣祖实录》卷八十九，丁酉三十年六月壬午条，第114页。
② ［朝鲜］《李朝宣祖实录》卷一一六，己亥三十二年八月甲辰条，第537页。
③ ［朝鲜］《李朝宣祖实录》卷一一六，己亥三十二年八月甲辰条，第537页。
④ 《明神宗实录》卷三一〇，万历二十五年五月乙巳条，第5797页。
⑤ 《明神宗实录》卷三一四，万历二十五年九月庚戌条，第5875—5876页。

到解决。据汪应蛟汇报，万历二十五年九月内，“天津发苍船一只、唬船二只初试海道。其苍船经由登州，而唬船则径从三山，先至旅顺”①。新海路的发现促使邢玠要求军粮直接从天津起运，但山东海船的缺失，显然也是重要原因。

不过这一问题在当年年底基本得到了解决。万历二十五年九月，为提高后勤补给效率，明廷接受大学士张位的建议，“特设才望大臣一员，专理边海、东征粮饷”②。当月，明廷“命户部侍郎张养蒙兼都察院右佥都御史，督理东征粮饷”③。万历二十五年十一月二十一日，张养蒙上疏：

> 为海口冰坚，粮船守冻，酌议明春运船以济征饷事。窃惟东征军饷，资陆挽者十之二，资海运者十之八。臣受任之初，即檄天津兵备道、按察使汪应蛟，将新募盐船六十只，刻日装粮起运。甫至海口，忽遇飓风大作，一夜冰合，遂不能前进。虽原任副留守武懋德所统兵船四十只，并山东新造沙船四十只，亦俱在大姑（沽）守冻矣。兵船如此，粮船可知也。天津如此，登、莱可知也……
>
> 近据天津兵备道、按察使汪应蛟呈称：遵奉新准天津造船五十只。既宜召匠买料、刻日兴工。据清军同知邹学曾面禀本道，谓天津一带既无楠木，又无南匠，且北地严寒，与南方不同，即有工料，冬深亦难措手。查得山东抚臣近委官于南京天宁洲打造沙船四十只，已到天津河下。本道亲诣看验，颇为坚固。据原造委官周维庆禀称：梁头一丈六尺，计费工价银三百两。每船堪载五百石，少亦载四百石……
>
> 近接经略军门揭，称天津定岁运粮二十四万石，分为三运，恐又非五十只船所能办也……应再添造五十只，连前共一百只。该银三万两。合候移咨户、工二部一并给发……
>
> 再照前准，登莱亦造船五十只，与天津同。近据山东抚臣万象春咨，称登莱地方既无木植可采，亦无造船匠役。欲移咨漕抚衙门，速于清江厂内多造大船五十只，费省工倍，大有裨于军兴等因。窃思天津既经定造沙船，登莱应从此例。增价议定，或在清江厂，或在天宁洲，任从其便。但登莱已有周维庆造船四十只，不必再添。已有前募

---

① 汪应蛟：《倭氛未减防御宜周疏》，见《海防奏疏》卷一，第397页。

② 《明神宗实录》卷三一四，万历二十五年九月壬辰条，第5867页。

③ 《明神宗实录》卷三一四，万历二十五年九月丁未条，第5875页。

淮船五十只，不必再募。且地近募，顺风开洋，一日夜可至。运自易易耳。①

可见，到当年十一月，山东省已经在南京天宁洲打造完成40只沙船，并且赶到了天津大沽口参与运粮。另外还有雇募到的50只淮船，足以完成运输任务。张养蒙也因此否决了山东巡抚万象春提出的再造50只大船的提议。

在此前的十月份，张养蒙曾议准："一、动支东省预备仓粮。一、再借临、德仓粮各五万石。一、北直、山东今岁稔熟，宜收本色以省籴扰。一、山东逋欠粮银百余万，宜令青、登、莱三府酌收本色以充海运。一、开事例。一、增关税……临清八万三千余两，今增二万五千两……一、增开盐引。一、开种傍海荒田。"② 这其中，动支山东预备仓粮米和允许东三府征收本色税粮两款，对于应对登、莱一带因粮价上涨造成的采买困难问题无疑有很大帮助。另外，征收本色税粮的提议也和此前山东巡抚郑汝璧的应对举措相一致，维护了政策的连续性。可以说，张养蒙上任后，困扰山东省的两个难题基本得到了解决。至于临清增税计划，则是山东为抗倭援朝作出的另一贡献。

由于日军占据朝鲜南部沿海一带，对海上运输有直接的威胁，运粮船队需要配备必要的护航军舰。但设立专门的护航舰队需要增船增兵，对本不富裕的明朝政府来说是沉重的负担。为此，张养蒙于万历二十六年正月十六日上疏，提出具体建议：

更议添设领运、护运官兵，少则无济于事，多则财力难供。臣反复思之，惟有攒运、防运，合为一体，于势最便、于财最省、于事最得济也。今日海运，西起天津遵海南滨、而东至于登州。登州渡海达于旅顺，旅顺遵海北滨而东，直至朝鲜，海道迂远。又且更迭往来，即设把总、总兵长运押行，不免顾此失彼。合无除分运各官听该道自行选取，仍令长运押行外，其在天津专立一总，就便令海防抚臣选委标下官一员领之；专立一总，就便令登莱总兵选委标下官一员领之。济、青、莱共立一总，就便令山东抚臣选委标下官一员领之。两总俱攒护至登州，而攒护过海，至旅顺而止。旅顺专立一总，就便令新驻

① 张养蒙：《议明春运船疏》，《明经世文编》卷四二七，第4666—4668页。

② 《明神宗实录》卷三一五，万历二十五年十月辛酉条，第5882—5883页。

旅顺总兵选委标下官一员领之，攒护至朝鲜而止。朝鲜更立一总，专管交卸。亦令旅顺总兵，就便选委各总，仍管稽查、夹带诸弊，带催回空各船。登州各管挑浚防倭城、海口，及各岛安泊处所。两总兵总理于上，严加约束，各分信地，鳞次接管。则官兵不添而自足，事权不分而自专。不惟海运无虞，因而熟知海道，演习水战，亦防海之大计也。①

按照张养蒙的建议，明朝政府需要设立四支专门的护航舰队，分属天津、山东和旅顺。其中山东由于出海港口众多，分立两支舰队。但舰队船、兵并不另外组建，而是从各镇下属水军中抽取，即在承担原有海防任务的同时兼领护航及监督任务。这样，在财政上只需提供护航官兵的行粮银及少量船只维护费用即可。

不过从万历二十六年末汪应蛟在奏疏中提出“自登州以北，用兵护运，似不容已”②，建议给海运官兵配备武器来看，张养蒙的建议似乎并没有被接受，至少是尚未得到落实。

第三阶段战事爆发后，经过短暂的交锋，双方在战略态势上又陷入僵持状态，后勤补给的规模也因此趋于稳定。万历二十六年二月，户部在奏报中提到“东师大集，需饷甚急。山东、天津、辽东岁运各二十四万石。山东、天津则海运，辽东则水、陆并运”③。但同日又议准：“山东、天津、辽东岁运之数，当以远近定多寡。辽东运十之四，山东、天津各运十之三。若屯田有收，运数递减。”④ 可见在二月前，山东和天津、辽东一样，都承担了24万石军粮的运输任务。在二月以后，由于路途较远，运输量略有减少，不过仍在20万石以上。按照明朝财政上的“就近起运”原则，这20多万石粮食都应由山东省筹集。

万历二十六年六月，张养蒙又因为海运路途遥远和冬季海上结冰无法运输的客观困难，提出“山东宜于乐亭、抚宁及山海关、芝麻湾等处就近造船济运。天津宜由蓟镇、山海关水运至金、盖，预雇车骡接运”⑤。据此可知，山东运船不仅承担海运本省所筹集军粮物资的任务，还负担一部分北直隶北部沿海物资的运输任务。

① 张养蒙:《春运攒领防护要务疏》,《明经世文编》卷四二七，第4669页。

② 汪应蛟:《倭氛未减防御宜周疏》，见《海防奏疏》卷一，第401页。

③ 《明神宗实录》卷三一九，万历二十六年二月壬申条，第5939页。

④ 同上书条，第5940页。

⑤ 《明神宗实录》卷三二三，万历二十六年六月己未条，第5998—5999页。

为“明岁济运之计”，张养蒙又议准“发帑二万，山东、天津各添造淮船一百只，期今岁未冻以前驾赴两处装运。又欲行漕运衙门，改拨粳稻十万，或加修清江见船，或改造限满洋船，增募习海舵工，径发义州交卸，则明岁之运可济矣”①。

前文提到山东已造沙船40只，又雇募了50只淮船，如果再加上这100只，应有船200只左右。按照汪应蛟的说法，“山东岁运二十余万，约用船二百五十只”②。可见，这100只淮船应该是如期完工并投入使用了。

八月，张养蒙在条陈中又提到：“宜咨山东、保定各巡抚，悉照饷臣所议，将岁派粮饷分投各海道转运。如山东登、莱粮少，移就济南粮多之所。而济南兑运水次，改赴利津。新改漕船，即向利津领兑。该道运额，取支应动预备仓粮与临、德二仓本色，尤为近便。”③ 据此可知，山东滨海四府（济南、青州、莱州、登州）全部承担了海运任务，而且所需粮米已不再依赖登、莱二府筹集，而是由全省库存中总体调剂，或者从漕运粮米中调拨，较之第一阶段的张皇无措，明显有了细致的规划，因而从容了许多。

万历二十五年战端又起时，山东巡抚是尹应元，但后勤补给工作主要由布政司负责，当年调任山东左布政使的刘易从为此做了大量工作。史载：

> 时倭夷犯朝鲜，调兵往救，羽檄交驰。至遣大臣督饷，半责之山东。公造舟转饷，岁余输三十二万石，悉留度支正赋及州县所积常平谷以充海运，民藉以安。议者又谓山东三面阻海，与倭为邻，宜增兵防守，遂加岁饷至三十五万金。公悉心区画，罢不急之费，裁诸冗役，以其雇直充之。又言于巡抚中丞，请留应解度支赎锾及令吏民输粟为郎吏者，得尽留以佐军兴。民力稍宽。④

万历二十六年，刘易从接替尹应元任巡抚，原有各项政策也得以继续执行。上引黄克缵为之所撰的墓志铭虽不免有溢美之词，但大体上反映了

① 《明神宗实录》卷三二三，万历二十六年六月己未条，第5999页。

② 汪应蛟：《倭氛未减防御宜周疏》，见《海防奏疏》卷一，第401页。

③ 《明神宗实录》卷三二五，万历二十六年八月戊辰条，第6033—6034页。

④ 黄克缵：《通议大夫巡抚山东都察院右副都御史右川刘公墓志铭》，见氏著《数马集》卷四十八，“四库禁毁书丛刊”影印本，第574页。

山东的实际情况。山东能比较顺利地完成战争第三阶段的后勤补给任务和地方官员的相对稳定有着一定的关系。

结　语

历时近七年的援朝战争给明朝政府带来了沉重的负担，由于地理原因，山东再一次成为明军的后勤补给基地。在战争的三个阶段，山东有着不尽相同的表现。明朝政府是在缺乏充分的战前准备的情况下投入战争的，突然成为后勤基地的山东同样措手不及，不仅运船无从提供，就连中央政府下达的军粮筹集任务也无法完成，反而因为自然灾害，不得不请求挪用采买来的军粮救荒，可谓尴尬至极。

进入第二阶段，山东获得宝贵的调整时间。通过开垦岛田、局部恢复征收本色等措施，不仅解决了本省驻军的军费，而且有了一定的积蓄。但在中央政府沉迷于封贡幻象，梦想不战而胜时，山东的整军备战工作也受到很大的影响。不仅运船问题依旧没有得到解决，就连有一定作为的巡抚郑汝璧也因为陷入政争而去职。

万历二十五年大战再起后，明廷虽然仍有以战促和的打算，但在决策层已经基本形成最后一战的共识，明军也在短暂的败退后迅速稳住了局面，重新取得战略上的主动权。与之相应，重新进入后勤补给基地角色的山东也在克服了没有运船、登莱粮价上涨的困难后，迅速组织起一支海运船队，航行于登州—平壤和登莱—旅顺之间，并承担了部分从天津、北直隶一带运输军粮到旅顺的任务。又在中央和地方政府的共同努力下，形成了从全省乃至漕运仓库总体调剂军粮及其他物资的运行机制，确保了第三阶段补给任务的顺利完成。

可以说，山东在后勤补给角色上的不同表现与明朝政府在不同阶段应对战场形势变化的表现是基本一致的，是中央政策的决策和施政在地方上的具体投影。

明代在财政上奉行“就近起运”原则，因此造成不同地区承担的赋税额度差距巨大，“若同一江北也，如河间之繁富，二州十六县，登州之贫惫，一州七县，相去星渊，而河间止粮六万五千，登州乃粮二十三万六千”，“不知当时征派何以差殊。想国初草草，未归一也”①。

山东省自明初就不断遭受自然灾害的打击，财政收入有限且很不稳定。承担巨额税负，充当战争后勤补给基地，其实是不合适的。但地缘上

① 王士性：《广志绎》卷一《方舆崖略》，第3页。

的亲近，又使其不得不承担这一重任。为完成这一使命，山东士大夫曾提出种种建议。例如：万象春提出增募官兵军饷“安家银具不必议给”，“今日之饷，当均派之阖省，难独责于青、莱”①；冯琦建议“当奏留东三府钱粮，一半运赴朝鲜接济，一半留海上，修战守之具”，“当令沿海地方民间得以本色上纳钱粮……民不必贸粟纳粮，官不必发银籴谷。上下往返，所省必多”，“修城等项，费用浩大，官帑不能遍给。宜仿救荒事例，有士夫百姓尚义捐赀以佐军兴及修城之用者，如所捐数多，地方官以名闻官，照何洛文、穆文熙事例题请旌表”②；等等。但最终还是要归于地亩，“山东（每亩）且加至四厘”③。可以说，山东百姓为援朝战争取得最后胜利付出了巨大的牺牲，作出了巨大的贡献。而战争期间的沉重负担，也为战后的迅速削减军备埋下了伏笔。

第三节　战争善后过程中的饷粮之争

日军撤出朝鲜后，如何善后成为摆在中、朝两国政府面前的新问题。

万历二十六年十二月，日军刚刚全部撤出朝鲜，兵科右给事中桂有根就提出了七条战争善后建议。在军事上，桂有根建议在釜山、机张、西生浦一带筑城建堡，由朝鲜军队守卫；明军则分派“一二万屯南原、庆尚间，为釜、机犄角；以水兵一万联络于旅顺、天津之中，以防飞渡”④。在经费上，桂有根强调节省，一方面召回大部分明军驻扎于辽东，一方面淘汰老弱，同时审查战争期间的贪腐行为。对于留驻朝鲜的明军，应“核其实数，并见积余粮，足供三万人一岁月粮。过此则取给于朝鲜岁供内可也”⑤。同时，鉴于战争已经结束，桂有根建议裁撤部分官员，“朝鲜止留一抚臣、一司道，水陆辽、广之兵各留大将一员，裨将数员，其余总兵、参、游等官与天津新设抚臣俱应裁革”⑥。裁撤官员表面上是为了提高效率，暗中含有削减军费的目的。

---

① 万象春：《题为议处紧要兵饷事宜疏》，见《明经世文编》卷四一〇，第4452页。

② 冯琦：《东省备倭议》，见《昭代经济言》卷十二，丛书集成初编本，第252—256页。个别文字根据《宗伯集》卷二十一和《明经世文编》卷四四一做了订正。

③ 汪应蛟：《倭氛未灭防御宜周疏》，见《海防奏疏》卷一，第401页。

④ 《明神宗实录》卷三二九，万历二十六年十二月丁丑条，第6091页。

⑤ 《明神宗实录》卷三二九，万历二十六年十二月丁丑条，第6091页。

⑥ 同上书条，第6091—6092页。

次年正月，兵部对桂有根的建议作出答复，对其军事上的建议基本接受，同时强调“尤宜禁约鲜人，嗣后不得片帆入海，以杜勾引之奸”，“第恐鲜人被倭屠戮以来，人怀畏惧，不能支持我之舟师。似宜仍留精锐与之协防，以次渐撤。而陆路亦酌留惯战劲兵，用备策应。但不得过多，致人情、物力各有所妨”①。对经费方面的建议，由于主要属于户部的职权范围，兵部只是含糊表态，支持查核贪腐。至于裁撤冗员，兵部表示裁革天津巡抚，需要吏部议覆，“经理、抚臣原为朝鲜而设，善后事宜乃其专责，自当留任，以终其局”，其他文武官员是否撤罢，“悉听督臣区画妥当而行”②。

桂有根与兵部的一议一答，显示明朝政府正式开启了战争善后工作。从兵部的反馈来看，军方对撤退回国没有异议，但对朝鲜军队的素质充满了不信任，仍然希望由明军控制要害，有序撤离，以免日军反扑。对于战后的安排，兵部认为：“查得狡倭虽云遁归，而残属尚费整顿。经理抚臣委当假以便宜，需以时日，俾与朝鲜君臣，备将一切修守、防御、休息生养之策，细加商确，以图经远。”③ 乍看起来，这一建议没什么问题，但无意中却触碰到了朝鲜政府心底最隐秘的禁忌。

朝鲜请求明朝援助，骨子里只是希望借助明朝的军事力量赶走日本侵略者，并不希望明军长久驻扎，因而才对明朝的屯田、设镇建议百般阻挠。现在兵部提出的与朝鲜政府一起商议确定包括休养生息之类的未来政策，已经超越了军事范围，涉及朝鲜的内政，难免会引起对方的抵触。就明朝政府来说，击败日军，已经实现了御敌于属国的战略目的，对朝鲜的国土、资源和人口，明朝没有任何想法。但对朝鲜政府而言，明朝既是一个强大的、可以依靠的宗主国，同时也是一个潜在的威胁，必须谨慎对待。从其在战前迟迟不肯如实上报敌情，战争期间拒绝响应明朝持久作战的计划乃至于恶意提供劣质粮米，到战后大肆抨击明朝官兵的劣迹，等等，无一不是这种矛盾心态的反映。而这一心态势必对战后的安排产生直接影响。

万历二十七年二月初一，邢玠等九人见到朝鲜国王李昖。在会见时，李昖说：“小邦酷被贼祸，专荷皇恩，保有今日，多留天兵，小邦之愿。第小邦，七年不得耕种，地方荒墟，人民散亡，无以支待大兵。三万三千

---

① 《明神宗实录》卷三三〇，万历二十七年正月庚子条，第6102页。

② 同上书条，第6103页。

③ 同上。

则粮饷似难，亦诸大人之所共知也。"[①] 可见，此前明朝方面应该已经通过官方渠道向朝鲜政府表达了在朝鲜留驻3.3万明军的打算。对于李昖的反应，邢玠没有退让，指出："若非三万，则难以守御，军兵畏怯，不肯自守。贵邦三十万则可以办出矣。前日平壤之战，军小见衄；上年之役，亦以军见败，国王不知乎？若然，则不欲留兵之意也。"[②]

邢玠直截了当指出朝鲜"不欲留兵"，估计令李昖颇为尴尬。为了避免误会，在二月初九，李昖就明军留驻朝鲜一事给经略邢玠等写了一份详细的书面答复：

> 本月初一日，当职面受诸大人指谕善后留兵事，宜商确咨报等因。准此，当职再念，伊贼蹂躏小邦，至七年之久。倘非天兵拯救之力，其能望杀退而有今日乎？上年此贼不退，则小邦已糜烂矣。今日天兵撤回，则倭贼朝夕必渡海矣。此是存亡、死生所关，当职虽甚惛，岂不知切己之利害乎？揆以小邦目前之事势，则必须仰赖天兵，终始保全。以留屯控扼之处言之，**三万之兵，亦似鲜少。再加一二万，以为保障，实小邦之至幸**，而当职之情愿也。
>
> 第小邦被兵以来，民不得耕种，已过七年，自丁酉（万历二十五年）五月，尽括各道公私所储米、豆，以供给大军。近据各道陪臣状启，庶民之家，今年种谷，亦已碾米为粮，以济一时军食之急缺，至于卖官鬻狱，各项开纳事例，劝募收取，不遗锱铢，今已无余力矣。自今至于秋成，尚有九个月子，其间应用粮料，小邦虽百计措办，而无办出之处。至于折色饷银，则小邦之不使银，天下之人所共知。先该经略宋，欲开小邦山泽之利，以济军饷，分遣委官及吹炼匠役，前往各道州县，开矿吹炼，费力甚多，而所得皆铅子，遂罢其役。唯是咸镜道端川郡有旧来银矿，而一年吹炼，不满千余两。若小邦有产银之利，则当此国计空竭之时，何故秘之不发，不使货泉流通，军饷为裕也？天朝既为小邦，费累百万帑藏，而小邦为自家善后计，反靳其万一之费，再〔招〕寇祸，岂有是理？参之天理、人情，在所必无。
>
> 兹者全、庆地方，荡为荒墟，累万兵廪支粮料，艰于办出，如上所陈，虽欲多留，而中途饷乏，则必有狼狈难处之患。若因粮少而不

---

① ［朝鲜］《李朝宣祖实录》卷一〇九，己亥三十二年二月辛亥条，第430页。

② 同上书，第430—431页。

留兵，则小邦无以为声势，而倭贼便生其凶计。前日诸大人，屡勤指谕，而未即闻命者，诚以此也。如得水陆兵一万五千余数，协同小邦将卒，操炼防戍，则当职当拮据，以图接济。烦乞贵院、贵部院，（贵院）矜愍小邦事势，量力善处，以毕天朝终始曲全之恩，不胜幸甚。①

李昖的这份书面答复，言辞极尽恭顺，但于利害攸关处却处处设防。一方面，李昖承认朝鲜军力尚弱，明军最好留下五万左右才能震慑日本；另一方面又极力陈说本国经济困难，表示无力提供饷粮，最多只能保证一万五千明军的需要。也就是说，明朝政府如果不想前功尽弃，可以多留军队，但大部分军饷必须由自己解决，这样，就把皮球重新踢还给了明朝方面。

朝鲜的态度显然不会得到明朝君臣的认可。吏部尚书冯琦的意见可为代表。他认为：

盖今日之倭可保无并吞朝鲜之谋，而不能保无窃据釜山之谋。若其兔窟既立，蚕食渐深，朝鲜复来告急，异日更烦措置……今日空中国之士马，竭中国之帑藏。即念彼凋残，令彼出本色，我出折色，已为向来所无之事。乃本色所费少，而我所耗损独多，此何理也？各边正额军饷，尚缺一百三十余万。海外久戍，费何从出？……当散外之戍兵，而量留其精锐，以益海上之防。若留兵，则所备在外，守藩篱者也。当汰内之冗兵，而量移其粮饷，以充海外之用。若外欲留兵几何？即于登莱、天津、淮扬、苏松量汰老弱，以其食作留兵折色。令所留之兵与所汰之饷数足相方。若东师既撤之后，即以其人照今日所裁兵数，补还原伍……

若与该国议定，将海外之舟师，给与可耕之地，令其屯种以给军粮。成熟之后，供亿自减。要当以我之折色，与彼之本色相兼减退。不得借口有地给军，独充彼国本色。各该将道必以实心实事行之。更当申严军令，不得侵彼地界，夺彼财物，私彼妇女，强役使其民为耕种，而我军收其利。盖数年以来，在我惟恨彼出粮之少，然侵夺蹂践，在彼则不啻费矣。存亡继绝之义，其君臣或有相感，在彼民则不

① ［朝鲜］《李朝宣祖实录》卷一〇九，己亥三十二年二月己未条，第438页。

啻怨矣。①

按照冯琦的意见，为大局考虑，明朝需要在朝鲜保留少量军队。驻朝军队的折色军饷可以由明朝提供，但朝鲜应当给驻军划拨土地屯田，用屯田所出逐渐抵消部分折色支出。驻军所需本色粮米必须由朝鲜全额提供。从理论上讲，如果驻军可以屯田，屯田所产是可以抵消大部分折色军饷的，这样就在客观上把驻军的全部饷粮负担推给了朝鲜，达到了节省军费的目的。

历经七年的战乱，朝鲜国力确实很虚弱。万历二十七年四月，左议政李德馨在觐见国王时曾汇报："大兵留南中一年，物力已尽，民不聊生。顷者，有人自南中来言：'流民无食，剥木皮度日'云。今经理使臣下去，句管粮饷。臣虽下去，欲办粮则谷已尽矣，欲劝耕则节亦晚矣。但诸将以臣为厌避，臣今日当下去矣。臣下去南中，即将彼边事势，极陈饥荒之状，成禀帖，以送于经理，朝廷因此禀帖，力请于经理，使之分兵西路，则庶或可支。"② 国力虚弱，难免在军粮筹集时捉襟见肘。李昖表态只能供养一万五千明军，未必是不实之词。不过，其拒绝供养更多明军，还有更隐秘的原因。

在大战进行期间，困扰明朝百姓多年、备受责难的矿监税使问题已经出现。即便在大战进行当中，山东巡抚万象春等依旧因为得罪了矿监而去职。战后，朝鲜政府曾得到消息，千户阎大敬上书说朝鲜八道盛产金、银、细丝、纸札、水獭皮、弓矢等物，明廷已经命太监高禧与阎大敬一同出来，有可能到朝鲜主持开矿。在朝鲜方面看来，矿监无异于又"生一倭"，必须阻止，所以李昖才会在给邢玠等人的答复中强调无力支付明军折色银两，并特意举出宋应昌开矿失败的例子。但朝鲜方面也明白，本国"端州银，有名于天下，不可谓全然本无"，唯一的办法只能是由去华使节"历陈宋经略来此时，差矿长于诸处，多般寻觅，终不得之之意"③，反复"言小国物力荡竭，人民死亡之状，使之意在言表，使臣因此而周旋，则或可止之也"④。

其实，神宗皇帝并没有到朝鲜开矿采银的计划，朝鲜政府未免过于敏感。不管是确实经济困难，还是为了躲避开矿，总之，不肯出折色银成了

---

① 冯琦：《朝鲜撤兵留兵议》，《明经世文编》卷四四一，第4837—4838页。

② ［朝鲜］《李朝宣祖实录》卷一一一，己亥三十二年四月庚午条，第467页。

③ 同上书条，第468页。

④ 同上书条，第468—469页。

朝方的既定政策指针。冯琦等人重新提出拨田屯种计划，正是在此背景下产生的应对举措。

屯田，在朝鲜政府眼中也是解决粮饷不足问题的良方。在大战之初，备边司即提出屯田建议，“盖欲得粟于齐民常产之外也”。但国王李昖认为：“意则好矣，我国之事，与中原异，农民自何出乎？百姓亦被侵矣。”① 也就是说，朝鲜方面并非不愿意屯田，而是担心战乱后没有足够的人力。人力不足问题到战后依旧存在。如万历二十七年正月十七日，朝鲜训炼都监陈启：“今欲广设屯田，而农军甚少。”② 可见，有荒田没人手一直是朝鲜的大问题。明军如果在朝鲜屯田，不存在没有荒田可以垦种的问题。

但是，早在第一阶段战事结束后，朝鲜方面即认定“屯田一节，若欲使天朝人为之，则其为扰害万倍，而地方民生，必无生理”，“前朝之末，元设征东行省于我国，以达鲁花赤监其事，其为我国之弊，不可胜言”③，拒绝了明朝提出的屯田要求。万历时，明朝政治腐败已经非常严重，军队概莫能外，军纪败坏现象层出不穷，东征官兵也不例外，因而在朝鲜君臣心目中留下了很不好的印象。明军屯田则久驻，久驻则生事，几乎成了朝鲜君臣的共识。对此，明朝官员也有所察觉。如翰林院编修何宗彦说：“或者遂谓宜仿汉设一都护，以镇抚而训练之。愚窃以为未可。盖昔日往援，淫掠之毒已深，怨咨之口未息。今复遣将屯守，能保其不恣睢以渔下乎？”④

不过，在战争僵持阶段，在后勤保障方面无力提供强有力支持的朝鲜政府也曾违心允诺屯田。备边司在万历二十八年九月二十六日的陈启中曾谈道：

> 杨经理在京时，责令我国，及时屯田，以供军储。我国因一时之督责，分定于外方，以为塞责之计。因此本司，别有屯田厅。军兴之际，不无所利，而亦不无小民之弊。今已罢兵，并罢屯田，似为宜当。⑤

---

① ［朝鲜］《李朝宣祖实录》卷四三，癸巳二十六年十月丁酉条，第668页。
② ［朝鲜］《李朝宣祖实录》卷一〇八，己亥三十二年正月戊戌条，第424页。
③ ［朝鲜］《李朝宣祖实录》卷四十六，癸巳二十六年十二月壬子条，第737页。
④ 何宗彦：《防海固藩议》，见《昭代经济言》卷十四，第314页。
⑤ ［朝鲜］《李朝宣祖实录》卷一二九，庚子三十三年九月丙寅条，第699页。

可见，即便是战时小规模的屯田，朝鲜方面采取的也是敷衍塞责的态度。因此，在战后，尽快停止屯田成了朝鲜官员的重要努力方向。备边司陈启时，明军即将全部撤出朝鲜，该司提出“并罢屯田”，正是这一思想的自然反应。也正是有此思想作指导，我们才会看到，在战后是否留驻部分明军在朝鲜的问题上，朝鲜政府只是强调本国物力有限，仅能勉强提供部分本色，却绝口不提让明军屯田自给。

为缓解财政压力，在尚未确定留驻军数的情况下，明朝开始按照自己的计划撤军。万历二十七年三月，明廷“命征倭总兵麻贵、陈璘、董一元俱撤回听用。李承勋以原官提督南北水陆官兵，充防海御倭总兵官，往朝鲜任事。周于德调镇守山东备倭总兵官”①。次月，原山东备倭都司总兵李承勋奏准：“登州原募南兵业已练成节制，乞许带往朝鲜，以充标卒。仍条陈数事：给月粮以抵安家，借沙船以便渡海，撤疲戍以补缺额，捐口粮以市锐器。”② 此前，山东半岛作为明军的后方补给基地，也曾不断抽兵赴前线，但总体规模有限。此次随李承勋赴朝鲜的登州南兵有3600余名③，是笔者所见规模最大的一次。

五月，经略邢玠拿出了具体的战争善后方案。其中涉及朝鲜的主要事项有：

> 一、留戍兵。议留副总兵茅国器等步兵一万五千，游击季金等水兵一万，副总兵解生等马兵五千。而抚臣标下选兵三千及巡捕杂流等，共计合兵三万四了一百人、马三千匹，分戍朝鲜。
>
> 一、定月饷。官兵盐菜及新造唬船，每年共该银九十一万八千九百六十余两。各文武公费廪银尚俟酌议。
>
> 一、定本色。合用米豆分派辽东、天津、山东等处。除起运及见贮者尽数催发外，另每年分派米、豆十三万石，俟朝鲜收成之后，徐议停运。
>
> 一、添巡捕。自鸭绿至王京，自王京至釜山，地方寥远，寇盗充斥。前议留捕兵六百名，即以把总李开先、杨拱二人统之，分地巡警。
>
> 一、分汛地。朝鲜要害，首釜山、次巨济、次竹岛及闲山、南

---

① 《明神宗实录》卷三三二，万历二十七年三月乙未条，第6148页。

② 《明神宗实录》卷三三三，万历二十七年四月乙丑条，第6162—6163页。

③ 《明神宗实录》卷三四〇，万历二十七年十月己卯条，第6307页。

海。应以水步兵分驻扼要，以马兵居中驰援。而总兵李承勋驻扎安东，提衡水陆之冲。至于明斥堠、谨烽火，如加德、天城、绝影岛等处所宜设立烽台，多置火炮，以使侦探、策应者也。

一、议操练屯种。择于宽便处所设立教场，天兵、丽兵相兼操练，训以教师、将官。月试为小操，镇道季临为大操，抚臣春秋二汛为合操。酌定赏格，以为鼓舞。分防汛地内有荒芜屯土者，责令开垦。屯种出于朝鲜，牛具给于官帑，庶足兵足食，两得之矣。

一、责成朝鲜。中国之兵不能久戍。乞天语叮咛，彼国君臣亟图绸缪，一二年后，殚力自完。使东征士卒，蚤慰室家之思。①

按照邢玠的计划，朝鲜南部沿海要害地区应留驻近3.5万明军，而且屯田要按部就班地举行。留驻军队的本、折军饷仍由明朝政府支出，这与朝鲜政府不愿承担高额军饷肯定有直接关系。

对于大军撤退后的安排，邢玠在所进献的《御倭图说》中建议“宜于镇江城将见在游击一员，添其兵足二千之数，为陆营。再设水兵游击一员。旅顺口有山东设防水兵游击一员，仍应再设陆兵游击一员，兵各以二千为率。其船只则有水兵之遗与粮运之旧者”②，随时准备应对突发情况。

邢玠的计划若要实施，需以朝鲜政府的配合为前提。因此神宗也不便直接确认，只好交兵部议处。

邢玠的留兵计划与朝鲜国王李昖承诺的一万五千官兵相去甚远，自然会引发又一轮的交涉。万历二十七年十月，“经理朝鲜万世德请留朝鲜戍兵八千，以三裨将统之，并留同知一员纪功、司饷。抚镇道臣以次撤回”③。这一计划较之邢玠的安排大大后退了一步，连兵部也觉得不妥。兵部因此复议并奏准：“经理之设原为救援朝鲜，事未竟而诸臣遽欲议归。留守诸将漫无统摄，是字小不卒也。臣愚以为抚、镇、道臣宜暂留彼中，相机调度，俟来春汛毕再议留撤。倘以兵寡力微，即将未撤副总兵张榜部下四千余名、李承勋标兵三千六百余名均留助戍。”④

万历二十八年二月，兵部又奏准：“朝鲜新复，防守须兵。顾兵多则虞靡费，兵少不敷分防，议者盖两难之。先该督抚议留八千之数，本部窃虑兵微力寡，尽撤之后，变起不虞，调援何及？今据题称，该国之用，全

① 《明神宗实录》卷三三五，万历二十七年五月壬戌条，第6211—6213页。

② 王在晋：《海防纂要》卷三，第526—527页。

③ 《明神宗实录》卷三四〇，万历二十七年十月己卯条，第6306—6307页。

④ 同上。

在舟师。况张榜陆兵已离信地，势难复留。惟吴宗道之船兵待冰泮方行，与李承勋之标兵，通前所留，共足一万六千之数。以守冻之兵防今春之汛，分布防守，抵夏撤回，此策之万全者也。”①

兵部提出的留兵一万六千，已经和李昖当初的承诺相去不远。但明朝的让步，并没有换来朝鲜的响应。相反，朝鲜政府在万历二十八年三月二十二日以国王名义发出的奏文又提出了新的要求：

> 朝鲜国王谨奏。兹者，听得各营善后官兵，定于本年四月内尽行撤回。目下全、庆沿海一带，水陆军兵，不满万数，防备十分踈虞……以本国孤单兵力，难以支吾，存亡之机，在于此局……或以为上年留兵之请，天兵于本国，原请八千数外，又加七千余。因此粮饷。万分不继。今虽只请三千，若又加留，则抑恐继饷为难。且上年留兵折色，天朝不许全给，将支剩米豆，抵作助发之银。今者月银，倘或如前不为全给，则虽欲留兵，亦不可得……
>
> 然臣之只请三千，不虑其小者，非以三千之兵，可以捍御凶锋也，天威所及，犹足以折奸谋于未动、镇军情于将涣，而小邦措粮之势，过此则难乎支继也。尽撤则国无所倚，多留则粮不可继，小邦今日之势，诚可悲矣。夫谷必生于地，财必生于民，而小邦土地瘠隘，民丁尠少，自经丧乱，八路皆被凶焰，千里无复人烟。贼退之后，虽或粗起农功，而不能平时百分之一。缘亩之民，力竭于转输，荷锄之辈，尽编于行伍，生谷之源既绝，裕财之道无因，公私交困，中外俱乏。以此物力，供亿军需，支撑至于八年者，只恃天朝米豆，倚以交济耳，非臣之力所能办此。今则罄竭之力，已到十分地头，而天朝米豆，亦已尽矣。唯将一年税入之谷，以算留兵该放之数，则三千兵本色之粮，犹有不足，而此则竭力拮据，可以措办。是系臣昼夜商度，反复熟讲者。岂敢率尔陈达，以重罪戾，亦岂敢含糊隐忍，致误大事？至于折色月银，则小邦尤无办出之路，不得不全藉于天朝。盖以银子，本非小邦所产，平时市铺，只用米布，经乱以来，百物残缺，如绵紬人参，系是进献之物，而亦不得照旧采办……伏愿圣慈，洞烛凶贼觊觎之形，俯察小邦残匮之状，特令该部，仍留水兵三千，选一良将，期以数年，统领镇守，其折色月饷，并蒙照例全给，则边情自

① 《明神宗实录》卷三四四，万历二十八年二月乙酉条，第6401—6402页。

固……①

仔细阅读这份奏章可以发现，原来万世德提出的留兵八千并非自己的想法，而是朝鲜政府新提出来的数字。在兵部让步，决定留兵一万五千后，朝鲜方面不仅不愿接受，反而提出了只留三千水兵的新要求，而且依旧是只提供本色军粮，不提供折色饷银。

接到朝鲜政府的新要求后，经理万世德也开始讨价还价，提出留下五千水兵。虽然不是接受朝鲜的建议，但较之兵部的态度又大大后退了一步。对此，朝鲜备边司也觉得不好再拒绝，但如果“许留五千于经理，则奏闻之意，归于不实”，于是拟定回答之辞：“大概以大人俯念小邦危迫之势，不啻若疾痛之在身，前后诲谕，无非深远之策，感刻于中，不知所言。水兵三千，诚为略少，若加二千，留守边徼，则其于缓急之备，声势之助，大为裨益。第前日奏闻，只请三千者，实是自量之审，在今岂有异说？三千之饷银，犹仰天朝之或许。况加此数，则何以为计？然以大人拯济之至意，岂思之不熟，而有是教哉？大人若以亲履目睹者，自为题本，兼请饷银，使之加留，则其在小邦，唯盛算是遵。”②

在得到朝鲜的奏本后，明廷上下反应不一。一部分人认为大军久驻异国，难免人心思归，不如“移置辽东，一以为东援，一以御虏患”③。朝鲜君臣认为这是一个不可失去的良机，随即要求在华使节尽力公关，务求将此论变成现实。

万历二十八年六月，朝鲜陈奏使南以信汇报了公关效果：

(户部)陈尚书曰：“水兵三千则不多。兵可多给，银不可给。尔国不为自强，每靠天朝。况前日出送银子，归于何地？尽投海底耶？”又曰：“倭贼虽至鸭绿，更无给银之理。”侍郎曰：当议处。诣兵部，则尚书田乐曰：“欲留三千，却不孤单耶？天朝为尔国，八九年东征，银子已尽，尔国何不自备？”……尚书曰：“尔国绵䌷米谷，从前给倭者几何？以此想之，则天兵馈饷，有何难乎？天兵撤后，倭贼再动，则百姓皆倭贼，钱粮皆倭粮，于尔心安乎？若留三千，则是三千之命，弃于尔地方也。撤则尽撤，留则一万可也。”臣等答曰：

① ［朝鲜］《李朝宣祖实录》卷一二三，庚子三十三年三月乙丑条，第617—618页。
② ［朝鲜］《李朝宣祖实录》卷一二四，庚子三十三年四月己丑条，第626页。
③ ［朝鲜］《李朝宣祖实录》卷一二五，庚子三十三年五月辛酉条，第640页。

“只请三千者，料措粮之势而为之也。”尚书曰：“俺当覆题。”云。初十日呈文，则尚书批下于职方司之说，有曰：“国家为朝鲜，灭数万人命，千余万饷，始存一小国。今似有厌惮我兵之意，多留不出饷。若留三千，是弄之也。中间事体难言，待彼中议来何如？大约此即彼国君之议，强为戍守，则悔吝生矣。奈何？”云。观其批辞，甚是厌之之意。①

可见，对于朝鲜政府的态度，明朝决策层已经非常不满，而且兵部已经作出决定，要么留兵一万，要么全部撤回。

对于这样的公关结果，李昖似乎非常满意。当年八月初三，李昖传令：“水兵三千请留，必须月银、粮饷等，自我国措备，然后乃可请也。天朝则固无发给之望矣。不为先算月银等，而轻为奏请，恐有难事。且予意，天朝既不许粮饷之请，三千之饷，亦难自我支给，而天兵一朝尽撤，其势亦危。姑为汲汲移咨于经理，请留南兵一千于都中以镇之。其一千月银等饷，则我国不可不专为措置。未审此不可乎？速议启。”②

据《李朝光海君日记》记载：

先是，辽东都御史请遣南兵一千、水兵二千，教朝鲜兵操炼。兵部题，云物力难以及此，宜令朝鲜，自募土著，自为训炼。而辽东抚院仍行督抚责成本国。③

可见，负责善后事宜的明朝官员已经同意只留下三千士兵，但朝鲜政府又进一步提出把留军数额压缩为一千名南兵。明朝政府不愿在这一问题上再纠缠，于是下决心，作出了全部撤回驻朝部队的决定。

结　语

从近两年的反复交涉中，我们可以发现，朝鲜政府知道明军在本国的存在对于维护战后和平的重要性。但基于减轻财政负担以及避免日后受控于人的长远考虑，朝鲜政府并不愿意让大量明军留在本国。按照朝鲜的计划，明军留下一千人。这一千人既可以显示明朝军事力量的存在，也可以

---

① ［朝鲜］《李朝宣祖实录》卷一二六，庚子三十三年六月辛丑条，第653—654页。

② ［朝鲜］《李朝宣祖实录》卷一二八，庚子三十三年八月癸酉条，第678页。

③ ［朝鲜］《李朝光海君日记》卷六十六，癸丑五年五月乙丑条，第591页。日本学习院东洋文化研究所昭和三十七年（1962）影印本。

充当本国军队的教师，帮助本国尽快恢复军力。站在朝鲜角度上看，这么做似乎并没有什么不妥。但问题是，在客观上，这一千明军还有另一重身份。

朝鲜政府很清楚，一旦日本再次侵略朝鲜，这一千明军发挥不了什么作用。但如果这些明军遭受损失，则意味着明朝的大国颜面尽失，明朝政府将不得不再次出兵，从而在客观上救援朝鲜。不客气地讲，如果朝鲜的计划得以实施，这一千明军等于被绑架到了战车上，既是威慑日本的标志，也是再遭侵略时“要挟”明朝的武器。对此，明朝政府其实也已经看得很清楚。如经略邢玠曾明白无误地对朝鲜陈奏使辛庆晋说：“前此尔国，屡请三千兵马，而天朝不许者，正今日尽撤意思也。设使三千果留海上，脱有警急，将使三千之命，寄于锋镝乎?”“天下莫难欺者，倭子也。若留三千，倭必先知。且贼退之后，又经二年，何事不可为，而至于今日，始欲训炼乎?”① 因此来看，明朝政府作出全部撤军的决定，无疑是明智的。这不仅保全了本国士兵的身家性命，也明白无误地告诉朝鲜，明朝对朝鲜没有任何额外的考虑。

第四节　战后山东沿海的销兵节饷

历时七年的援朝战争，消耗了明朝海量经费。万历二十四年五月，户部汇报：“计自东征以来，本部供办粮饷，动发帑银，至逾一百余万两、仓谷几四十万石。”② 而第三阶段的消耗，户部在万历二十七年七月的题本中提到“运过本色以八十万计，费过折银以四百余万计”③。仅这两次汇报，就提到了白银500多万两、粮米120多万石，这还不包括由地方政府筹措并使用的经费以及战后的补充性支出。巨额支出，对财政长期处于紧张状态的明朝政府而言无疑是沉重压力。因此，“节浮汰冗，以苏物力”④ 在战后迅速成为朝野各方的共识，并直接影响到了战争善后及海防战备的后续建设。

万历二十六年十二月，兵科右给事中桂有根在战争善后建议中率先提出裁减兵员、节省军费的问题。次年三月，海防巡抚汪应蛟奏准四事：

---

① ［朝鲜］《李朝宣祖实录》卷一三四，辛丑三十四年二月丙子条，第764页。

② 《明神宗实录》卷二九七，万历二十四年五月癸未条，第5566页。

③ 《明神宗实录》卷三三七，万历二十七年七月癸丑条，第6241页。

④ 同上。

一、简留水兵。议将登莱、旅顺二处水兵各简三千，以陈梦斗、马文焕统之，分住登、旅。陆兵惟登总标下南兵仍留防倭，余悉撤回。

一、亟罢募船。议将陈梦斗所募沙船悉发耆民领回。即以武懋德所造操驾，以省烦费。

一、减存兵马。天津先设水、陆兵三千，又设标下马兵三千。兹议于标下选用八百，听中军管理，余俱撤回。至于该营马匹应给标营家丁者，听其留用；转补真定各营者，价银解部，发寺备用。议发蓟昌抵算年例者，查估价值，径送顺天巡抚分发。惟是据开见在之数，比前额倒损过半，该镇未经战阵驰逐，恐有克减、盗卖等弊。应令查明造册，咨部覆议，以实马政。

一、联属声势。议将登、旅两寨联而为一，船兵月饷管理于山东抚道。俟东警已宁，改总兵为副将，驻札专辖，而节制于山东抚按。沿海墩台及时修筑，以备不虞。①

这四条建议除第四条主要涉及战后登、莱水兵的指挥和后勤保障问题外，其他三条，不论是裁减兵员、马匹，还是停止雇船，都是以节省军费为目的。即便是第四条中的战后裁撤总兵，也与节省军费有关。可见，不仅是中央政府中不直接接触具体事务的科道官员关心节省军费，实际主持军政大局的督抚官们也把节饷省费放在了重要位置。汪应蛟的建议获得批准，显示明廷已经把削减军费作为战后的重要工作。

由于明军刚刚开始后撤，在朝鲜还有大批部队在处理善后事宜，加之准备在朝鲜留驻部分军队，因而后勤供应仍是明朝政府的重要议题。万历二十七年闰四月，汪应蛟又就此议准："议将朝鲜戍兵诸饷分派于辽东、山东、天津等处。登、旅、天津戍兵诸饷分派于山东及顺、永八府，俱酌定额数，及期输运。俟秋成后察岛氛情形，酌兵马去留，另行区画停止。"②

七月，主管饷务的户部面对总督邢玠发来的催饷公函，正式提出"节浮汰冗，以苏物力"的建议：

今查前项开除各兵月饷多至二十二万有奇，按月稽算，则册上实

① 《明神宗实录》卷三三二，万历二十七年三月甲申条，第6140—6141页。

② 《明神宗实录》卷三三四，万历二十七年闰四月己卯条，第6173页。

数得无虚冒？即逐名查核，而中间事故，截日不无扣存，不可不察。及查天津盐菜月定三钱，朝鲜盐菜有九钱以至一两二钱者，尤宜酌裁。至于把总梁天胤，借口募兵，逗留观望。淮扬、登、旅虚费帑金，几于四万。及抵朝鲜，倭已败遁。今称十一月迄今，又该补饷三万八千余两。朝廷未得毫米之力，而縻费已不赀矣。艰窘帑藏，何能堪此？伏乞天语叮咛督抚二臣，酌内外缓急之办，念时事掣肘之艰，从长计议，月饷再加稽查，盐菜应否裁酌，务在有裨国计，罔实漏卮。①

在户部看来，既然大战已经结束，驻朝军队的优厚待遇应该适当调整，如原来高标准的折色盐菜银应予以降低。浪费、冒领军饷的现象更应严查。从户部的角度考虑，节省支出当然无可非议。但大战刚刚结束，善后工作尚在进行当中，日军未来的动向尚不明确，理论上仍有再战的可能，这时候就裁减官兵军饷明显不合时宜，因此神宗皇帝只是要求“督抚用心稽酌，毋致浪费”②，但银两照数全发。

万历时，朝政日趋腐败，吞没军饷的现象自然无法避免。在大战进行当中，督饷侍郎张养蒙即曾提出核查贪冒的主张，“其一谓江南造船工料不坚，重费修舱，宜申严督委侵冒之令。二谓海运数千里，稽延时日，且多驾言漂损，乘机侵渔。宜严押运后时之罚，以祛积习”③。此次户部重点提出的把总梁天胤借招募自肥、虚费饷银只是其中一例，类似现象其实很普遍。据后来的山东巡抚黄克缵描述，“朝鲜之役，各处废将率数百无赖至兵部投用，即与以游击、守备职衔，俾自往救。皆迁延天津、登州之间，不肯渡海，坐索厚饷……某时为山东方伯，盖亦驱之使去者数人至旅顺，亦皆不行，旋复归矣”④。

要节省军饷，裁减兵员是基本途径，而大战期间在招募兵员过程中出现的虚冒浪费现象也给战后的裁军提供了口实。下面，我们就以山东为例，看一看明廷在销兵节饷方面都做了些什么。

据《实录》记载：“先是，山东闻倭警，当事张皇，多招徕，饷至四十五万，而团操快壮之工食不与焉。二十七年销兵，饷稍减，尚费二十六

① 《明神宗实录》卷三三七，万历二十七年七月癸丑条，第6241—6242页。

② 同上书，第6242页。

③ 《明神宗实录》卷三二五，万历二十六年八月戊辰条，第6033页。

④ 黄克缵：《与阁下方相公》，见《数马集》卷四五，第543页。

万九千余两。东省民大困。”[①] 具体的裁军数量，巡抚黄克缵在万历三十一年二月的奏疏中称“减撤南北水陆官兵一万三千九百八十余员名，减饷一十九万余两”[②]。

不过，由于日本的动向尚不明确，明廷并未一味地裁军，而是有适当的调整，个别地区甚至还增加了驻军。如在登州，虽然于万历二十八年裁撤总兵，“仍设副总兵”，但又“增设团操中、前二营，各设把总一员、哨官四员”[③]。在莱州，万历三十年闰二月，“知府龙文明议请立水寨一营，把总一员、哨官二员，沙船十三只、唬船六只，水兵四百十八名”[④]。

团操军通常由民兵组成，军饷“系各州县徭编工食”[⑤]，属于正常财政开支范围，而且单兵饷额较之募兵也要少一些。增设团操营，一方面可以削减军费支出，另一方面可以弥补裁撤募兵之后的兵力不足。莱州虽然新设水营，但在总量上，截至万历三十年九月，“止存把总五员、哨官十二员，兵二千四百余”[⑥]，因此，新设水营应该也是在调整兵力布局方面所做的工作，并不影响驻军总量的裁减。

在裁军方面，巡抚黄克缵所做的工作最多。根据他在万历三十一年二月的汇报，山东省除了“团操马步快壮七千三百一十名，该工食银九万一千七百余两，系各州县徭编工食不计外”，济南兵巡道等下属单位共裁减官兵4344员名、战马13匹，节省军费62635.5两。其中武德兵备道正式官兵全部裁撤，只保留了400名土兵。详见下表：

山东裁撤官兵简表

下辖单位	淘汰老弱数额（员名）	减少军费数额（两）	见存官兵数（员名）
济南兵巡道	440（标下选锋营）	13563.3	3019
武德兵备道	1355	10620	土兵400
青州兵巡道	136	1626	911
安东、涛洛二营奉文归并安东营	166	1913.6	592

① 《明神宗实录》卷三八二，万历三十一年三月丁卯条，第7186页。
② 黄克缵：《议汰老弱，酌兵数，裁冗员以省繁费疏》，见《数马集》卷一，第17页。
③ 光绪《增修登州府志》卷十二《军垒》。
④ 万历《莱州府志》卷五《兵防》。
⑤ 黄克缵：《议汰老弱，酌兵数，裁冗员以省繁费疏》，见《数马集》卷一，第17页。
⑥ 万历《莱州府志》卷五《兵防》。

续表

下辖单位	淘汰老弱数额（员名）	减少军费数额（两）	见存官兵数（员名）
石旧、两城二营归并	石旧营淘汰 68	774.4	386
分守莱州道	638	7304.6	1492
登州海防道	1541/战马 13 匹	26833.6	土兵并水陆南兵 5023/战马 14 匹
总　计	4344 员名/战马 13 匹	62635.5	11823 员名/战马 14 匹

注：本表依据黄克缵《议汰老弱，酌兵数，裁冗员以省繁费疏》制作。

裁减之后，山东省的军饷额度降到了 201006.2 两，加上供应旅顺水兵的军饷，也不过 214406.2 两，较之大战期间的 45 万两，削减了一半以上。黄克缵的裁军方法是“较艺”，即根据集中训练后考核的结果，保留精壮、军事技能较高的士兵，淘汰不合格或军事技术不过硬的士兵。保留下来的士兵也要根据考核等级发放不同的军饷，不再采用单一标准。

按照万历二十七年三月汪应蛟的奏准事宜，旅顺和登州由于军事上的需要，应合二为一，集中管理和指挥，“船兵月饷管理于山东抚道”[①]。万历三十年正月，经略邢玠因“山东倭警未息”，提议增加旅顺驻军，但被黄克缵以“饷无从出”为由阻止，改为“暂留登州左营春班军于大嵩、成山等处防海，莱青右营仍戍边”[②]。

旅顺驻军的军费，一年共 26800 余两，此前由于“全辽凋瘵已亟，故议东省自办一年，直隶八府共办一半”[③]。对此，黄克缵在裁军时也提出了建议：

> 又旅顺官兵一千四百二十六名，岁该饷银二万六千八百两，山东分认一半，应征银一万三千四百两。及查登州实在水兵止二千六百余员名，而弹丸小城，设一副总兵，又设一游击，似为冗员。合无将水兵游击裁去，悉归副将总摄。[④]

登州与旅顺水兵在军事组织上合为一体，但旅顺防务关乎山东、直

① 《明神宗实录》卷三三二，万历二十七年三月甲申条，第 6141 页。

② 《明神宗实录》卷三六七，万历三十年正月辛酉条，第 6870—6871 页。

③ 《明神宗实录》卷三七一，万历三十年四月癸丑条，第 6963 页。

④ 黄克缵：《议汰老弱，酌兵数，裁冗员以省繁费疏》，见《数马集》卷一，第 18 页。

隶、辽左三镇，裁减兵员不是山东巡抚所能决定的。但两地水兵由驻登州副总兵统一调配，黄克缵提出裁减登州水兵，必然会影响到旅顺水兵，这等于在无形中把北直隶等地拨给旅顺的军费一部分挪用到了登州水军身上，客观上减少了本省的支出。

在裁撤军官方面，黄克缵不仅提到了登州水兵游击，还把大嵩营守备纳入裁撤范围。“至于大嵩营守备，系二十七年奉文添设。今倭夷败遁，属国奠安。则此营守备相应裁减，廪粮免编。”① 从上表中可以发现，黄克缵还合并了安东、涛洛等营。并营后，军官相应会减少。因此，被他裁去的军官，并不仅限于登州水兵游击和大嵩营守备。同样，万历三十一年裁撤的王徐营守备②，潍县游击等军官③，不排除也是黄克缵的手笔。

黄克缵在疏中还对裁撤马兵给出了具体的解释：“至于侦探倭警，全赖水兵、船只，马兵不过行走营阵，无益实用。相应酌量缓急，改充步兵，则兵不减而饷亦稍省。”当时的马兵年饷有20两和22两两种，“标兵每名十八两，南兵亦十八两”，“民壮、步兵有十两八钱，亦有十一两三钱者”④，改马兵为步兵，的确节省很多。按黄克缵的计算，仅此一项，可节省五千余两。

黄克缵的方案在同年三月获得批准。由于大战期间山东还曾开垦岛田，在莱州等地营田，有一部分相对固定的收入，因此山东省实际“派之丁地者犹须十五万七百六十两零”，军饷负担大大减少。

黄克缵的裁军计划只涉及正式营兵，并未触及隶属州县系统的民兵。但在销兵节饷成为政府主要思路的情况下，民兵也无法置之化外。万历三十三年四月，山东抚按提出：

> 青州原设马步壮快九百七十四名，以管操指挥统领。嗣因地方多事，设立守备。至万历二十五年，倭氛孔棘，增兵四千余名，改设游击一员，而移守备于安东。今事定兵减，除旧额壮快外，在青州官兵止六百七十余名，在安东石臼营止七百五十余名，宜裁游击，而存原设之守备，俾兼摄安东石臼事务。平时则并集青州，随营训练；讯期则拨兵防海，以千总统之。至于游击既裁，则中军可无用，而两营既

---

① 黄克缵：《议汰老弱，酌兵数，裁冗员以省繁费疏》，见《数马集》卷一，第18页。

② 万历《莱州府志》卷五《兵防》。

③ 万历《莱州府志》卷五载：“（潍县）万历二十五年因朝鲜倭警，募兵三千，置游击一员、中军一员、把总五员、哨官二十余员，以防北海，寻革。”

④ 黄克缵：《议汰老弱，酌兵数，裁冗员以省繁费疏》，第19页。

并，千总亦各裁其一。所省弃粮，悉免编派。其新兵共一千四百余名，犹属过多。若老弱必汰，事故不补，限以三年，裁去七百余名，止存六百名，亦足防御。①

兵部会议后，同意裁撤游击，“安东守备何式即移驻青州，余如拟”②。

黄克缵的裁军计划中提到了旅顺水兵，但未直接提建议。其实，在他之前就已有人提出裁撤旅顺驻军。万历三十年十二月，辽东巡抚赵楫上言，指出辽东半岛可以泊船、登山处众多，“皆倭奴入犯之地也。然惟黄骨岛东接朝鲜，实辽左之咽喉；旅顺口南对登州，为天津之门户。海口冲要，莫此为甚”。“黄骨岛、旅顺二冲海口各原设兵一百余名，极为单弱，难以防御。又查旅顺口见有山东登州游击一员，统领水兵一千余名驻扎旅顺，以防倭患。近因倭平，山东海防道议欲撤之”。赵楫认为“旅顺虽辽左地方，南距登州水路止八百里。倭奴入犯山海、天津必由此路。盈盈一水，扬帆可渡。若此兵一撤，不惟辽左可虞，即天津、山东恐亦不能安枕而卧矣”，因此不但不能裁撤，还应“将此游击水兵责令驻札旅顺，以备不虞”③。这一建议得到兵部的支持。

尽管旅顺驻军不减反增，但山东地方官员裁减旅顺军费的念头始终挥之不去。万历三十四年十一月，巡按山东御史温如璋再次提出裁军建议：

今谈海防者，类以守旅顺为要地。不知倭处东海中，四面皆水，待舟而行。其为寇也，必视风色，而飘泊无常，非如陆路可以程计也。如南风多，则寇朝鲜、辽东；北风多，则寇福建、广东；东南风多，则寇登莱；正东风多，则寇淮扬、苏松、浙江。无一山一屿以为障蔽。其来也无阻，其至也不及知。设舟以防之海上，是为得策。若北海，则内海也。北为辽阳，南为登、莱、青、齐。自登州径渡至旅顺口，九百里中，岛屿棋布，海道迂折。风一不顺，不飘抵南岸，则飘抵北岸。不则碎于礁石。是旅顺、天津，非可以径至者也。海上无数日不变之风，亦无三千里不迂曲之地。谓可以扬帆直达堂奥，必不其然。

---

① 《明神宗实录》卷四〇八，万历三十三年四月丙午条，第7605—7606页。

② 同上书条，第7606页。

③ 《明神宗实录》卷三七九，万历三十年十二月辛卯条，第7132—7134页。

臣等计旅顺设防，属不急之务。若为辽东计，必欲守之，则兵与船宜常在辽左，不宜在山东。盖每年春、秋二汛，渡九百里之海，往彼戍守。风一不顺，兵辄遭溺。不便一也。渡海领饷，阻风难达，忍饥待毙。不便二也。远隔绝域，虚名冒饷。不便三也。兵属山东，防在辽地，不守纪律，难以钤束。不便四也。猝有倭警，驰报甚难，无缘应援。不便五也。

议将此兵分而为二，择其精者五百人，用沙唬等船十八只。裁去游击，以守备统之，仍旧防守旅顺，但专属辽东抚按、道臣节制，以直隶半饷一万三千四百两裁去三千七百六十两，其余专解辽东，以饷旅顺。而山东不与知焉。尚存六百余兵，掣回山东。稍汰其脆弱，而以其壮者分配各水营防汛，饷亦随兵渐减。盖山东此时兵船常哨至皇城岛，离登州五百里处北海之中。旅顺之兵距此止四百里，亦可时常哨探。南北各有分地，不相推诿。防守之计，无善于此。①

大致同时，山东巡抚黄克缵也提出类似建议："今旅顺兵属山东，营设辽左。九百里之远，虽飞骑羽书亦不易达，况隔海乎？且将领遥制为难，兵卒选汰不便，渡海领饷，每每人船覆□……兵不必于多募，只用五百名，设一水营，统以守备，属之辽左，以备应援，似亦可矣。其余收回登州。"②

按照温如璋、黄克缵的建议，原本统一指挥的登州、旅顺水军应一分为二，回到从前的两属状态。相应地，旅顺军饷也不再由山东承担一半，而是完全由北直隶承担。

此建议得到了兵部的支持，旅顺因此裁去游击，"改设守备官一员。汰官兵六百二十员名、饷三千七百六十两"③，"改游击为守备，听辽镇节制。其半饷九千六百，专归直隶"④。

温如璋、黄克缵的建议被批准后，引起相关省份的强烈不满。"保定巡抚争言：旅顺之兵，北防辽左，南防登、莱，饷数原与北直均分。即登、莱无事，撤还防兵，而旅顺之饷，安得使北直独受之？"⑤

其实在这之前，保定巡抚孙玮同样出于节饷的目的，和蓟辽总督蹇达

---

① 《明神宗实录》卷四二七，万历三十四年十一月壬午条，第8057—8059页。

② 黄克缵：《裁减旅顺水兵专属辽东疏》，见《数马集》卷四，第57页。

③ 《明神宗实录》卷四二七，万历三十四年十一月壬午条，第8057页。

④ 《明神宗实录》卷四三三，万历三十五年五月辛未条，第8188页。

⑤ 同上。

一起奏准“裁天津海防副将，改设游击一员，统领水陆兵二千五百名，计岁减廪饩兵饷、马料等银四千有奇”①。现在他站出来反对裁减旅顺兵将，本身就底气不足，因而他把注意力放在了旅顺军饷的分摊问题上，希望继续和山东各出一半，即每年各承担4800两。

因为是军费之争，所以皮球被踢给了户部。户部讨论良久没有结果，问题不了了之，但旅顺水兵的裁员已成为定局。登州与旅顺水兵的一分为二，对海防无疑有很坏的影响。这一坏影响很快将在明朝政府与后金政权的战争中体现出来。

山东地方官员通过努力，终于甩掉了一个财政包袱。但令其始料不及的是，山东并没有因为裁撤旅顺水兵而即时获利，相反却因此造成了一次地方变乱。史载，万历三十五年，“旅顺浙兵因撤鼓噪”，升职等候交接的“（海防道）副使阎士选在莱州闻变，兼程抵登州，斩倡乱者，始定”②。

旅顺水兵主要从浙江一带招募而来，裁撤后，大批军士就便通过海道抵达登、莱一带。按理，明朝政府需要支付被裁士兵一笔遣散费。由于旅顺水兵的军费并不由辽东支付，这些士兵只能到山东领取。估计是因为山东与北直隶在旅顺军费问题上发生争议，互相扯皮，以致士兵们长时间领不到遣散费，影响了正常生活，进而引发哗变。

旅顺水兵哗变是笔者所见山东省最后一次因为援朝战争遗留问题而遭遇的打击。此后，山东海防的军备基本稳定，没有再出现大规模的变动。不过小范围的节饷行为仍在继续，如万历四十四年上任的海防道副使王之鑰，即曾因“浙兵饷厚，岁久弊滋”而极力查核，“岁省饷金七千有奇”③。

结　语

援朝战争结束后，由于战争消耗了明朝政府海量经费，销兵节饷迅速成为共识，不仅中央层面通过撤军、降低饷额、稽核惩贪等手段压缩军费开支，地方政府也从减轻本地财政压力的角度出发，极力压缩军费开支，山东海防士兵、装备被大量裁减正是在此背景下发生的。原任登州总兵官

① 《明神宗实录》卷四二〇，万历三十四年四月丙寅条，第7961页。

② 光绪《增修登州府志》卷十三《兵事》。

③ 光绪《增修登州府志》卷三十五《文秩·王之鑰》。

的李承勋也因此在战后没能回到山东，而是被调往贵州。[①]

其实，山东省承担的军费原来就不少。万历十年五月，山东巡抚杨俊民在奏报中提到，“山东通省旧设见在官军共五万六千三百七十四员名，岁支本折俸月粮五十七万一千六百六十六石。运粮官军三千一百五十一员名，岁支行粮一万石。骑操马九百七匹，岁支料银一千四百二十一两有奇”[②]，与援朝之战期间山东省承担的40多万两军饷相比，并不见得少多少。仅仅过了十几年，明廷上下就一致感觉压力巨大，除了国库蓄藏大幅度减少造成的集体心理恐慌外，也和万历十年正值张居正改革，大力清丈田土，整顿赋税征缴有关。

与张居正改革期间国力日渐恢复、走上坡路相比，此时的大战消耗的恰恰是改革期间的积蓄。内政日趋紊乱、国力日渐下滑的时候国库又被掏掉了一大部分，引起恐慌也是正常的事。在此背景下的销兵节饷无异于应激反应，很难避免。只是明廷没有想到的是，这次削减军备的举动将很快招致报复。

在整个大战期间，山东海防的建设走向可由三任巡抚为代表：使备战走向正轨的郑汝璧，将旅顺与登州联为一体，整体布局帝国北部沿海岸防及海上防御的海防巡抚汪应蛟，主持战争善后大局的黄克缵。三位巡抚有一个共同点，即重视军费筹集与使用。郑汝璧开垦岛田、征收本色赋税，重在开源；汪应蛟在战后第一时间就提出减兵、减船，重在节流；黄克缵则干脆以不遗余力地节省军费为政绩。巡抚主管钱粮，三人关注军费是分内之事，但从三人的不从侧重点可以看出，明朝政府虽然财政紧张，但在下了战争决心后，依然会以全力保障战争进行为首要任务。但这种带有些许竭泽而渔意味的筹饷行为必然要以战后的局部牺牲国防为代价，否则将民不堪命，出现更糟糕的问题。黄克缵的不遗余力能屡次得到中央政府的认可，正是这一逻辑的必然结果。

不过，虽然从中央到地方都在忙着削减军费，但由于防倭的需要，渤海沿岸各省的水军却不约而同地保留了下来，尽管数量有所减少。北方沿海常备水军的出现，是明代海防的一个重大变化。唯一不足的是，为了节饷，旅顺与登州水军之间的天然联系又一次被人为切断。这一次的分割，直接为天启、崇祯间的海防混乱埋下了伏笔。

---

① 《明神宗实录》卷三五九，万历二十九年五月戊戌条（第6701页）记载：“命……防海御倭总兵官、署都督佥事李承勋镇守贵州。”

② 《明神宗实录》卷一二四，万历十年五月戊午条，第2305页。

第五章　明清战争期间的山东海防(上)

万历四十六年（1618）四月，建州女真首领努尔哈赤以“七大恨”告天，誓师伐明。历时将近半个世纪的明清战争就此展开。誓师后，后金军很快攻占抚顺，毁城而去。七月，后金军又攻破清河城。怠政多年的明神宗自认为军力强大，幻想速战速决，以曾参加过援朝战争的杨镐为经略，匆忙组织了九万军队，在部分朝鲜军队和女真叶赫部的支持下，于次年三月对后金发动了著名的萨尔浒战役，不料被努尔哈赤集中兵力，各个击破，官兵战死四万六千余人。萨尔浒惨败，震惊朝野。明朝君臣不得不正视这个百年不遇的大敌，相关军事措置纷纷展开，山东海防官兵也由此被拉上明清战争的战车。

第一节　战争初期的山东海防

援朝战争结束后，为缓解财政压力，山东沿海进行了大规模销兵节饷，军力因此遭到严重损害。努尔哈赤占领抚顺、清河后，明廷着手北伐，山东省因为地缘关系也被纳入征兵范围。万历四十六年闰四月，署理戎政尚书薛三才奏准：“于登州三营兵内挑选一千五百名，选官押从海道渡辽，听彼中调遣。其行粮，就各军应得月粮内预支二月。”[①] 兵力本来就有限，现在又遭抽调，摆在山东地方官员面前的首要任务是重整军力。

一　萨尔浒大战前的小规模募兵

援朝战争期间，山东陆续招募南兵 5000 余名，后因销兵，登州三营只剩下 2419 名士兵。薛三才奏准抽走 1500 名后，登州只剩下 900 多士兵，本土守卫变得异常空虚。为此，山东巡抚李长庚上疏，希望“一面

① 《明神宗实录》卷五六九，万历四十六年闰四月庚申条，第 10703 页。

发兵，一面招募。而东省自大祲之后，公私悬罄，无可借用。惟有临清解部、解监税银每年约共四万两。伏望准将前银暂留，听职酌量，为发兵、募兵之费”[①]。此时的万历皇帝对犁庭扫穴充满信心，加之李长庚的请求中牵扯到了皇帝非常重视的税监银，犯了禁忌，因而这一请求迟迟没有得到回复。

无奈之下，李长庚只好效法前任，打起班军的主意。当年六月，他再次以登州空虚为由，提出“将登州卫京操班军暂留防守”[②]。这次，万历皇帝倒是很爽快地批准了。

取得一定进展后，李长庚决定再次尝试一下。八月，他旧话重提，建议“另募六百名，并遗下三百余名，共凑一千之数，立为三营，以备目前秋防”[③]。按《实录》的记载，这次皇帝的态度是“从之”。按理，山东省可以着手招募了。但到当年十一月，在《实录》中，我们又看到这样的记载：

> 兵部覆议：山东登郡孤悬海上，比邻倭奴。特设水兵以防春、秋二汛。后因汰减，兵止一千八百余名、船止八十余只。近因辽事，复抽一千五百余名、驾船七十只，所存无几。则补兵设备，应如该省抚道之议，再募兵六百名，并原剩三百余名，共足一千之数，仍分三营，以备海汛。其防汛船只，听该省酌量雇用。饷亦听该省暂行议处。东事平，援兵归，汰其懦者，扣足原额而止。庶海防有备。[④]

从这一记载中可以推断：（1）明廷在组织北伐大军时调走了登州绝大部分海船和水军。当时后金的根据地在内陆，远离海洋，这些水军和战船显然不是去参战的。援朝战争结束后，明朝虽然大规模裁军，但为了防止日军再次北犯，在环渤海各镇，辽东、永平、蓟镇、天津、登莱，都保留了一定数量的水军，以备不时之需。明廷组织北伐大军，辽东、永平、蓟镇等邻近军镇是主要征兵地区之一，其水兵也可能被部分征调投入陆战。因此，被征调的登州军士，特别是水军的主要任务应该是北上填补渤海西、北岸一线水军北上后留下的空缺，其作用仍然是海防而非陆战。朝鲜《李朝实录》中曾记载万历四十六年，“山东都司周义领登、莱水兵，

---

① 《明神宗实录》卷五六九，万历四十六年闰四月癸酉条，第 10717 页。

② 《明神宗实录》卷五七一，万历四十六年六月己未条，第 10758 页。

③ 《明神宗实录》卷五七三，万历四十六年八月戊寅条，第 10833 页。

④ 《明神宗实录》卷五七六，万历四十六年十一月庚寅条，第 10894 页。

来驻镇江”[1]，可资佐证。

（2）李长庚的建议虽然在八月获得神宗认可，但在具体执行过程中，还需要主管军事的兵部拿出具体意见。兵部直到三个多月后才具体答复，说明在其眼中，山东海防并非要务。

（3）兵部的答复中提到募兵经费由山东“暂行议处”。由于《实录》的记载不是很明确，无法判断李长庚是否对经费来源有具体预案。

神宗对自己的“私产”——内库非常重视。大战初起时，户部曾申请由内库拨款作为战争经费，被神宗一口否决。无奈之下，户部只好于万历四十六年九月奏请“援征倭、征播例”，加派赋税。“除贵州地硗，有苗变，不派外，其浙江十二省，南、北直隶，照万历六年会计录所定田亩，总计七百余万顷，每亩权加三厘五毫。惟湖广、淮安额派独多，另应酌议，其余勿论优免，一概如额，通融加派。总计实派额银二百万三十一两四钱三分八毫零”[2]。

李长庚闰四月的提议之所以被搁置，也是因为触及了神宗的敏感神经——税监银。因此可以推论，在户部经费短缺，不得不靠加派度日，而皇帝私产又不能动用的情况下，山东募兵经费应该是由本省自行筹措解决的。

二 兵败后的海防整饬

萨尔浒战役胜利后，后金军乘胜进击。万历四十七年六月，后金兵乘开原疏于防守之机，一举而下，明总兵马林战死。七月，后金军又攻占铁岭。开原城大民众，有丰富的物资储备，也是明朝政府联络女真和蒙古部落的重镇。占领开原，后金不仅获得大批物资，而且形成进攻辽沈的有利态势，并对统一女真和牵制蒙古有很大帮助。

在后金迅速扩大战场优势的时候，明朝方面却没有什么起色。萨尔浒兵败后，朝野一致要求罢免杨镐，改任熊廷弼为经略，就连浙党领袖方从哲也被迫加入到举荐队伍当中。但万历皇帝却充耳不闻，仅在万历四十七年三月起用熊廷弼为大理寺左寺丞兼河南道监察御史，负责宣慰辽东，直到六月份才任命他为“兵部右侍郎，兼都察院右佥都御史，经略辽东”[3]。八月三日，熊廷弼才进入辽阳，正式上任。此时开原城已经沦陷。

---

① 朝鲜《李朝光海君实录》卷一二九，戊午十年六月辛巳条。日本学习院东洋文化研究所昭和三十七年（1962）影印本，第440页。

② 《明神宗实录》卷五七四，万历四十六年九月辛亥条，第10862页。

③ 《明神宗实录》卷五八三，万历四十七年六月癸酉条，第11103页。

熊廷弼上任后采取守势，在要害地区部署重兵，且相互联络，形成一条比较稳固的防线。后金被迫暂停攻势。但熊廷弼的战略招来急于求成的神宗以及大学士方从哲等人的不满。天启皇帝登基后不到一个月，熊廷弼就在言官的攻击下去职。接替他的袁应泰秉承方从哲等人的意旨，强调主动出击，试图迅速收复失地，结果被后金军利用。天启元年（1621）三月十三日，后金占领沈阳城。二十一日，明朝在东北的首府辽阳被攻克，袁应泰自焚身亡。沈阳、辽阳失陷后，辽河以东大小七十余城都迅速降服。努尔哈赤随即迁都辽阳。后金从此走上与明朝争夺帝国统治权的道路。

在近两年的时间里，明廷始终没有形成统一思想，在战与守之间摇摆不定，并因此造成严重后果。同样，这种战略上的不确定也给山东海防造成了很坏的影响。

萨尔浒兵败后，辽东兵力寡少，山东兵因此再次成为被征调的对象。万历四十七年三月，大学士方从哲题："三路失利，全镇空虚，请就辽镇籍民为兵……仍须将宣、大、延、宁敢战之士各抽一二千，并调山东文登、武定等营防倭之兵，河南毛葫芦等兵，共得万余。择一智勇大将统之，驻札关内近地。东事急，则与蓟兵犄角而为捍御之师；东事缓，则率之出关与辽兵联络以待征剿之用。"①

本省士兵的持续外调，令山东地方官员非常担心。万历四十七年七月，新任巡抚王在晋上疏，再次提出增兵建议：

> 东省，运道之咽喉，南北水陆之总会，是神京之左腋也。登莱滨海……东北直达海、盖、辽阳、三岔河、乌龙江等处，一水盈盈，可通舟楫，是登莱又左腋之屏障也……今天下最称紧要，首患被兵之处，辽阳之外独有山东……臣甫受事东省，细察通省官军兵马数目，水营仅存一千八百名。近来□旨选调一千五百名，所存止三百耳。目今议补六百，连前亦共存九百耳。省会锋营合南营共见在二千七百名，今又奉旨选调二千名，所存止七百人耳。股肱肘腋之近，武卫单弱，神气不张，恐来海外之窥伺，长萑符之啸聚……当事者以辽阳之被兵，亟如救焚。救焚无如近水。明知东省兵稀，不得不借资近地以从其所急。彼时辽急而山东犹稍缓也。今开原陷矣，河东诸城势如破竹矣。辽阳危于旦夕，其去盖州不远矣。辽船

① 《明神宗实录》卷五八〇，万历四十七年三月辛亥条，第11023页。

尽集于盖州，我之海运尚觅船于彼处。奴乘盖州见在之船，又驾乌龙江新造之船乘风入犯，片帆直达，即司马穰苴而在，恐不能率此三百挑残之卒，六百新集之徒与强寇相持对垒。我无披坚执锐之兵，彼有摧枯拉朽之势，登莱之急不与危辽同一辙哉？即不然，而彼以一旅之师乘船绝我饷道，辽东十数万之命悬于呼吸。彼时不战自溃，奚待破山海而后徐及京师也？……台臣张志发建议登莱添设道臣一员，选募海兵之善识风势、水势及工于舟舵者千名，更募调浙闽水兵数千名，择南将之善水战者统领，而以道臣专督操练。若身履其地而灼知利害者。是臣所欲言者，台臣已更言之矣……①

从本疏中可以发现，李长庚提议招募的六百名水营新兵已经到位，但巡抚标下精锐选锋又被抽走了两千名，省会仅存七百名卫戍军。

在本疏中，王在晋先后引用台臣张志发、科臣李奇珍和经略熊廷弼的言论，极力证明山东，特别是登莱地区在防范后金内侵方面的重要性，希望借此打动皇帝，允许山东继续招募士兵。与此同时，为保全山东现有士兵，王在晋还致信山东籍的辽东巡抚周永春，嘱咐他“凡东省所发兵，收幕下得保全。经略檄取东兵三百往辽阳，俱为沙场之骨矣”②。

王在晋的上疏迟迟没有回音，因为他和其前任李长庚一样，触碰到了皇帝的敏感神经。在疏中，王在晋强调山东财政紧张，希望截留泰山香税银和解部助工银等款项。所谓助工银是神宗用来修缮宫殿的。王在晋在疏中呼吁：“此非常可惧之时，安得急土木以缓军兴，重方物而轻疆土？”③这等于指责皇帝只顾自己享受，不顾国家安危，其结果可想而知。

王在晋上疏留中后，山东巡按御史陈于庭等又陆续上疏，侧重点虽有不同，但都强调增兵添饷。在众人不懈的努力下，十月，兵部终于发出支持的声音。尚书黄嘉善覆题：

为照昔年倭犯朝鲜，登莱一带议增兵将。今日奴氛之恶什佰倭寇，而况海运刍饷所关，距旅顺止一衣带之隔。查自倭警撤防，兵渐汰革，复以援辽频调，单弱几空。抚按二臣先后疏请，诚非过计。臣部详加酌议，如登州副总兵营、莱州参将营、青州守备营，俱系沿海

① 王在晋：《三朝辽事实录》卷一，“四库禁毁书丛刊”影印本，第373—374页。
② 同上书，第375页。
③ 同上书，第374页。

要地。应增防兵数千。王徐寨当登莱险要，设守备一员，增兵数百名，以联络声势。临清守备改作参将，以防护漕运，原兵添足二千。巡抚标下营兵亦应补足原数。其济宁、滨州与文登、即墨俱原设有兵将，不必再议。内有抽调者，照数补足。至于旅顺，距东莱甚近，且系运道咽喉。除见在水兵外，应将前议调浙兵三千，共添足五千名。再益陆兵五千名，共一万名，总设大将一员，统领操练，防护海运，并为金、盖等处声援。

其前项应增之兵，需之他所，不如取之本地。臣谓宜将先题州县民兵约四千，后差官招募青、登、莱兵五千，尽留本省，就近防御。人情、地利，似为妥便，俱听抚按二臣酌量派发。如有不足，另议召补。总之于原额填实，于新增足数，亦足以壮敌忾，而振军声矣。仍令广造坚厚战船，使水兵游巡，往来会哨，西可以保障登莱，东可以接应辽沈，则濒海一带皆可恃以无虞。差出司官，只以事竣开召发之数，报命可也。其中合用兵饷、造船钱粮及议添陆运、接济海运等项，听户部议覆。事急时迫，臣等一面具题候旨，一面移文该省抚按二臣先行料理。其添改将领，另行推用。①

按照兵部的规划，山东半岛的陆上和近海防御能力都可以得到很大的提高。而从本省招兵，则可以节省部分经费，减少提案通过的阻力。按照黄嘉善的题本，兵部已经在未得到皇帝许可的情况下行文山东有关部门“先行料理”，大敌当前，即便皇帝或户部有不同意见，也只能“是其议”，先接受下来。

次年，福建抗倭名将并曾武力驱逐荷兰殖民者，收复澎湖的沈有容被调到山东，出任登州副总兵。山东海防的组织架构基本回到万历二十年之前的状态。

天启元年三月，沈阳、辽阳相继失守，辽河以东全部沦陷，明廷锐意恢复的计划遭到彻底失败。河东沦陷意味着后金的势力已经扩展到辽东半岛，与山东隔海相望。原本处于腹地的山东半岛一下子变成了前线，在理论上随时可能遭遇后金军的正面攻击。为此，山东巡抚赵彦于五月份奏准：“请于登莱、皇城岛、德州等处增兵置将。通计通省水陆兵，除原有额兵外，再增五万，以副总兵沈有容升署都督佥事，充总兵，驻登州。新升守备李先春，充本镇坐营都司。其余将领宜更易者更易，宜添设者添

① 《明神宗实录》卷五八七，万历四十七年十月己巳条，第11216—11218页。

设。新加辽饷，留充本省军需。不足之数，该省酌量措处。”[①] 六月，明廷“铸登莱防海总兵官关防给沈有容”[②]，登莱再次成为重镇。

六月初一，已被免去经略职务的熊廷弼上疏，提出三方布置，恢复辽左的建议，即“广宁用骑、步对垒于河上，以形势格之，而缀其全力；海上督舟师乘虚入南卫，以风声下之，而动其人心；奴必反顾而亟归巢穴，则辽阳可复”[③]。按照他的建议，登莱和天津应该并设巡抚和总兵，共同承担从海路北上的任务，“山海适中之地特设经略，节制三方，以一事权”[④]。

熊廷弼的建议迅速得到明朝决策层的认可。但吏科都给事中薛凤翔认为辽东已经有巡抚王化贞，可以增加他的权限，不必再设经略。熊廷弼为免遭打击，随即上疏表示赞成薛凤翔的提议，请求“查照科臣前疏，不必另设经略，仍用巡抚兼之。其登莱抚臣应否增设，一并覆议以求画一之策”[⑤]。熹宗传旨，指出设经略已经是定议，“不得纷纷滋议，致乱成谋。经略该部作速推用”[⑥]。

同月，熊廷弼被再次任命为辽东经略。为配合他的三方布置方案，原登州海防道按察使陶朗先于同日被任命为“都察院右佥都御史，巡抚登莱等处地方”[⑦]。登莱巡抚又称“防抚军门，亦称防院，驻登州，事主调兵御寇，山东巡抚则筹饷以济之……初以察院为行台，后即钟楼西旧登州卫署改建公署”[⑧]。至此，登莱抚、镇齐全，在有明历史上第一次成为可与“九边”并列的军事重镇。

其实，在熊廷弼提出三方布置之前，已经有人对登莱的战略地位作出过类似的判断。例如：天启元年四月，湖广道御史方震孺提出“登莱宜急设重臣，多募水兵，时时入海窥奴，时时放炮惊奴，此不可不责成总兵沈有容也”[⑨]；陶朗先在主持登州海防道期间，也曾建议增设三万水兵，

---

① 《明熹宗实录》卷十，天启元年五月己未条，第 528 页。《实录》记载对赵彦奏疏进行答复的是吏部。按理，增设兵将、任命将领、添加军饷属于兵部和户部的职责，与吏部没有大的关系。怀疑此处有错别字。

② 《明熹宗实录》卷十一，天启元年六月甲戌条，第 547 页。

③ 《明熹宗实录》卷十一，天启元年六月辛未条，第 543 页。

④ 同上。

⑤ 同上书条，第 544 页。

⑥ 同上。

⑦ 《明熹宗实录》卷十一，天启元年六月丙子条，第 550 页。

⑧ 光绪《增修登州府志》卷二十五《文秩一》。

⑨ 《明熹宗实录》卷九，天启元年四月丁亥条，第 459 页。

“日习水战，并听辽东调援。以五千人驻朝鲜境上，与朝鲜合兵，夹鸭绿江而阵，以绝奴连和朝鲜之谋。再以万人分布于镇江、宽奠、叆阳、海、盖一带，可陆可水，且战且防，使奴尝怀内顾后户之忧，不得悉力以与我争北关，窥开、铁。而余下一万五千以守登海，或轮班而援辽左，与四卫相为犄角”①。只是陶朗先的建议过于超前（开原、铁岭尚未沦陷），未获采纳，而方震孺的建议被要求“速行”而已②。可以说，熊廷弼提出的三方布置建议是多人智慧的结晶，而陶朗先受到重用，也和其战略思想与熊廷弼一致有直接关系。

三 从接济难民到用辽人守辽土

开原、辽阳等地沦陷后，辽河以东地区和明朝政府失去直接联系，后金乘机扩充疆土。陈尧道、郭彦光、吕端等降将被委任为参将、守备等职，前往辽东，试图招降金州卫、复州卫、海州卫和盖州卫等四卫。辽东军民或举家难逃，沦为难民；或就地组织抵抗，拒绝接受后金的统治。镇江古河屯民陈大等刺杀了陈尧道、郭彦光、吕端，“聚集三千人，歃血共盟”。马虎山民任九锡、马头山民崔天泰等亦聚集了数千人，等候明军支援。但“登镇以舟师单弱，不能救也”③。各地义军先后落败，被迫加入到难民队伍中。由于后金暂时没有海上力量，海上诸岛成为难民的重要聚集地，“逃入朝鲜者，亦不下二万人。朝鲜各给粮安插，遣使相闻”④。

如何安置汹涌而来的难民，成为摆在明朝君臣面前必须破解的一道难题。天启元年四月，原任辽东赞画兵部主事刘国缙致书督饷户部侍郎李长庚，“内称南四卫官民逃命山东等岛，约数万人。国缙在彼招抚，恐日久食尽，皆为虏有。乞发天津、登莱船只接济南来”⑤。同日，礼科给事中周士朴在上疏中建议抽选难民为军，“四卫良民避膻海岛，跧伏待援。其

① 《明熹宗实录》卷十，天启元年五月癸丑条，第514页。

② 萨尔浒兵败后，还有多人提出和方震孺类似的思想。如时任户部主事的杨嗣昌在天启元年五月二十七日撰写的《复议山东河北增兵用饷稿》中即提出“今日增兵，惟山东为急，真、保则次之，河南则又缓。今日留饷，惟山东宜多，真、保则减焉，河南则又减”。他的理由是“登莱海与敌共，非谓彼可以来舍长用短，争胜于舟楫之间，正谓我可以往，厚集水师，从此赴南卫会辽阳，不可失也”。见梁颂成辑校《杨嗣昌集》卷三，岳麓书社2005年版，第64页。另从该文中提到“原请留饷六十万有奇，户部疏称酌从三分之二，允为至当”来看，明朝政府在正式设置登莱巡抚之前，已经开始着手做相应的准备。

③ 《明熹宗实录》卷十，天启元年五月癸丑条，第514—515页。

④ 《明熹宗实录》卷十，天启元年五月癸丑条，第515页。

⑤ 《明熹宗实录》卷九，天启元年四月丙申条，第472页。

中岂无义气激烈，可备行伍之选者？似宜尽渡登州，精为拣选。强壮者编为一营，给以月粮，即以刘国缙训练之，俟我兵进剿密令，刻期航海，直薄海、盖”①。

对于刘国缙接济难民南渡的建议，光禄寺添设少卿刘光珍明确反对，指出：

> 国缙向为赞画。首疏力保杨镐与李如柏，反欲坐杜松以违制。迨开、铁既失，主用辽人，冒帑金二十万，究竟所称土兵三万化为乌有。今河东已没腥膻，国缙突然拥众以入。以臣过计，其不可信有三：夫前而三万土兵以多金招募而不足，今而数万亡命以空手招抚而有余，一不可信；众至数万，不为单弱。况山东矿徒素号骁劾，矢不降夷，国缙既能招抚，四卫官民亦可收矿徒为用，曷不就彼中纠合团聚，耀武扬威，牵制奴酋以自赎从来之积孽？何乃问道天津、登莱，窜处内地，意欲何为？二不可信。况辽之亡，皆以降夷为内应。今数万之众，保无奸细搀入其中？果其为国缙招抚者，或别有指授，亦不可知。叛帅倒戈之毒可再试乎？三不可信。庙算主持，万宜慎重。登莱逼近奴氛，天津密迩畿甸，轻纳数万人，非细事也。②

从其奏疏中可以看出，刘光珍之所以反对辽民南渡，一是担心大量人口的涌入，会扰乱登莱、天津等地的社会秩序，而且容易混进间谍③；二是基于刘国缙此前的“劣迹”，不相信他的招抚计划。另外，奏疏显示明廷在作出讨伐后金的决定后，曾经出重金准备招募三万辽人为兵。

“用辽人守辽土”是人所熟知的天启、崇祯年间明廷应对后金进攻的基本战略之一。其实这一战略在万历时期几乎已经是朝野共识。如万历四十七年八月，兵部尚书黄嘉善题：“当三路败衄，李如栢逡巡，举朝议以辽人守辽地，以辽将将辽兵，故主用李如桢。其时如桢亦慷慨自命，故不难以三韩旗鼓，一朝付之。”④

---

① 《明熹宗实录》卷九，天启元年四月丙申条，第474页。

② 同上书条，第472—474页。

③ 担心难民扰乱地方秩序的并非刘光珍一人。据张廷玉等《明史》卷二七〇《沈有容传》（第6939页）记载，天启二年广宁沦陷后，“辽民走避诸岛，日望登师救援。（登莱巡抚陶）朗先下令，敢渡一人者斩。有容争之，立命数十艘往，获济者数万人”。陶朗先在事后慨叹：“他日祸登州者，必辽人也。”见光绪《增修登莱府志》卷二十五《文秩一》。

④ 《明神宗实录》卷五八五，万历四十七年八月乙卯条，第11186页。

边防军土著化一直是明朝政府追求的目标[①]，“用辽人守辽土”是这一思想的具体表现。除了土著士兵有家室之念，熟悉本地地形、人情的优势外，明廷强调土著化还有另一个原因，即募兵制存在很大弊病。弊病之一是费用过高。如泰昌元年八月，给事中王继曾奏报：“臣过浙中，见募兵千人，每人安家三两、行粮二两。安家官克八钱，计千兵冒破八百两。强者入募，弱者候门顶买。已，更姓名逃归，复烦勾摄。”[②] 弊病之二是募兵素质不高。如户部主事杨嗣昌在万历四十七年八月二十一日的奏疏中说：“募兵就道，拚命辞乡，所过之处，民间豫愁抢掠，罢肆闭门。此辈市卖无从，翻成抢掠。小民泣诉，令长只得隐忍容之。”[③] 弊病之三是逃亡率高。“（辽东）议增新兵七万。先调一万随之入辽。比其到关，调兵至者不过数千。与俱度辽，只八百耳。”[④]

与募兵类似，从异地调来的客兵也不尽人意。“援辽诸将多迁途观望，不时至。”经兵部查实，“浙江守备胡良相等领陆兵千余人，至都不肯出关，挟索二三月饷。兵部不得已，咨户部，节次给之。管大藩部将张国卿所领江南水兵道亡几尽。淮兵至登者，以修船候风为名，逍遥逾岁。守备李际阳督之登舟，辄刃伤几殆”。因为急需用兵，兵部只好迁就，“第请罚领兵诸将，俾戴罪立功。逃去之兵，查明数目，行本省扣安家银两。其实逃兵皆市棍无家，去为群盗，徒累州县代陪而已。嗣后各处援兵纷纷效尤，莫可谁何”[⑤]。

因为募兵、客兵不中用，明朝士大夫纷纷强调招募土著。如给事中王继曾在谈过募兵冒破之害后，即提出“今招募在辽者，可十八万众，练之可得精兵八万，则今后招募可已也”[⑥]。而刘国缙奉命在辽东招募三万土兵，则说明明朝政府已经在一定程度上接受了这一建议。

辽民作为明朝的子民，明朝政府没有任何理由抛弃他们，否则将失去其存在的合法性。因此在刘光珍的提议中也只是强调“庙算主持，万宜慎重”，并未言及弃之不顾。既然必须接渡，那么从中抽选精壮为兵就成了化害为利的一个手段。相比之下，礼科给事中周士朴的提案显然更容易

① 参见拙著《明代卫所军户研究》第四章第二节“从军：久居行伍的惯性选择”中的相关分析。

② 《明光宗实录》卷六，泰昌元年八月辛酉条，第 150 页。

③ 杨嗣昌：《陈言兵饷疏》，见梁颂成辑校《杨嗣昌集》卷一，岳麓书社 2005 年版，第 10 页。

④ 杨嗣昌：《陈言兵饷疏》，第 10 页。

⑤ 《明熹宗实录》卷八，天启元年三月庚戌条，第 374—375 页。

⑥ 《明光宗实录》卷六，泰昌元年八月辛酉条，第 150 页。

得到响应。如辽东巡抚王化贞请求“鼓舞岛民，优以爵禄，俾自奋于功名”①。兵科给事中霍维华上言：“辽民蹈海者众至数万，资斧无几，待哺立尽。法在移其父母妻子于内地，分发各州县存恤抚养；留少壮于关外，以充行伍训练之选。有四利焉。免征调招募之扰，一也；省安家行粮之费，二也；无逗留逃亡之患，三也；有室家骨肉之牵，四也。至若岛上寄命，延颈望援，呼吸存亡之秋，奈何弃之？宜速令海运，委官载米四五千石，以当涸辙之升斗，而徐察其动静”② 等等。

天启元年五月，兵部就难民问题复议，认为“四卫军民仳离逃窜，不忘本朝”，理应接济。“至于蹈海寄登者，接渡非难，安插难，而稽查奸宄尤难。除周义水兵原系东省援辽兵数，应归旧伍；其川兵、毛兵归天津、登莱者，如果壮健，登抚即留充营伍，以省招募。领兵之官，亦准登、津留用。其余或系居民有室家者，择通都大邑，以使人群之解散。系卫所者，查号纸、印册，以便武弁之承袭。系监生、生员者，发附近胶庠，以便青衿之肄业。仍须多方诘察，便宜约束，期于登人不惊，辽人得所，奸细莫容，封疆无恙。”③

就在兵部答复刘光珍等人的同一天，登州海防道按察使陶朗先汇报了接渡辽左避难官民的情况：

> 原任监司、府佐、将领等官胡嘉栋、张文达、周义、严正中等共五百九十四员名，毛兵、川兵及援辽登州、旅顺营兵三千八百余名，金、复、海、盖卫所官员及居民男妇共三万四千二百余名，各处商贾二百余名。④

可见，在中央政府没有拿出具体的难民安置方案之前，登莱等邻近地区已经开始主动接渡南下辽民。从陶朗先接渡的具体人群来看，南逃官员、溃败士兵占了相当一部分。而在兵部的安置方案中，这部分人也是重点安置对象。从普通百姓中招兵尚未提上日程。

按照熊廷弼的三方布置策略，辽东半岛上的南四卫是恢复辽东的重要支撑点。南四卫陷落后，当地出现大量自发的义兵。能否有效利用义兵的力量成为三方布置策略能否得到具体落实的第一个考验。天启元年五月，

---

① 《明熹宗实录》卷十，天启元年五月癸丑条，第515页。

② 《明熹宗实录》卷十，天启元年五月乙卯条，第521—522页。

③ 《明熹宗实录》卷十，天启元年五月癸丑条，第515—516页。

④ 同上书条，第513页。

兵科给事中霍维华上言："闻东山矿徒聚众数千，据山自固，足为奴酋后患。宜遣人赍文，授其寨主以参、游之职。倘肯并力杀贼，不惜资以粮饷。奴平，与吾之将士一体封赏。各岛之中有险可恃，奴不能攻者，不妨留数千人，结寨其上，以联络登莱及矿徒之声援，以为直捣四州之根基。机会决不可失，惟庙堂断而行之。"兵部答复："往招之路，必由登海，宜责登州副总兵沈有容悬重赏，募奇人以往，相机行事。各岛有可置兵将，以联络声援者，俟差去官一同踏勘回报。"①

对于安置百姓和选拔军士，兵部也同时作了安排，只是并非由其具体操办，而是推给了山东和辽东巡抚。

次月，登州副总兵沈有容按照兵部的指示派遣都司严正中等从海道前往辽东，侦探敌情。根据前引陶朗先的汇报可知，严正中是从海上撤退到登州的辽东军官，按照兵部的安置规划，他可以被就地留用。

严正中等人这次北上，收获颇丰。史载：

> 各岛皆有叛将，率兵为奴拒守。每逼逐避虏男妇登岸，掳掠奸淫。正中等至广鹿、石城诸岛，互有杀伤。适宽奠王参将携家丁百余人泊长山岛，邀之同进，获辽船五只，接渡辽民男妇二千余人。有盖州诸生李遇春与其弟李光春等，聚矿徒二千余人自守。奴使六人诱之降，遇春杀五人，其一人逸。奴遣叛人麻副将攻之，矿奴歼焉。遇春携家走长山岛。金州指挥王朝卿被虏，髡其颠，欲官之。不从，痛捶之，亦逃长山岛。有衙役刘四者，从金州逃来，言奴终日练兵为事。各处海口造船、招篙工甚急。口至辽阳，会算军器、硝黄。每望海一墩，守望十五人，侦哨甚密。炮声相闻不绝。②

可见，海上岛屿中有大批难民需要救护，而且仍不时有辽东义兵、义民往海中撤退。义兵在故地无法站住脚，对明廷来说绝非好消息。衙役刘四所说的后金军准备渡船，可能从海上进攻的消息与女真人擅长陆战的特点不符，未必是真，但加强沿海戒备，力图维持住对南四卫一带的有效控制，则是可信的。从后来形势的发展来看，严正中等人带回的情报对于未来登莱将领对敌情的判断有重要影响。

七月，招练辽兵工作也有了进展。刘国缙被提升为山东按察司副使，

---

① 《明熹宗实录》卷十，天启元年五月乙卯条，第522页。

② 《明熹宗实录》卷十一，天启元年六月壬辰条，第572—573页。

“驻登莱，招集归附之众，拣选团练，以图进取”①。同时，为了满足经略熊廷弼使用辽人恢复辽土的要求，辽东籍官员佟卜年、洪敷教等也先后被调到军前，参与决策。

结　语

援朝战争结束后，山东海防力量被大规模削减。这既是海量财政消耗后的无奈之举，也是山东海防再次走向预备化的反映。后金崛起后，明廷组织讨伐，山东海防军被大比例征调参战，同样也是战略职能预备化的产物。

萨尔浒兵败后，后金军锐意西进、南下，明军接连战败，山东半岛随之迅速由战略预备区回归到战争现时状态，不仅本土与后金的势力范围隔海相望，登州备倭都司所属水军还直接投入战斗，在北上巡海过程中，与后金南下并进入海上岛屿的势力发生了正面的冲突。作为“神京肘腋”的山东半岛因此被纳入海防整饬的范围，开始再一次大规模整军备战。

由于熊廷弼的三方布置策略成为决策层的共识，登莱地区不仅成为恢复辽东的重要支点，还因此设置了巡抚和总兵，一跃成为可与“九边”比肩的军事重镇。山东海防体系也因此在明朝末期迎来了它的最辉煌时段。

不过与登莱镇辉煌相伴而来的不是卓越的战绩，而是大规模南渡的辽东难民。难民的涌入既给登莱带来了丰富的兵源，也为当地社会带来了沉重的压力。能否顺利“消化”这些难民，成为决定登莱镇未来走向的重要课题。

第二节　万历、天启之际的海运饷辽

援朝战争期间，山东作为明军的后勤补给基地，大批粮米、物资源源不断地从登莱起航，运往朝鲜。明朝决定讨伐努尔哈赤后，山东不仅被抽调兵力参战，而且再次承担起为明军提供后勤补给的任务。和上一次有些类似，山东又面临着尴尬局面。

万历四十三年九月，山东巡抚钱士完上奏，“登莱连荒三载”，请求临时改折赋税，“概从每石五钱折收，后不为例”。钱士完同时请求开放

① 《明熹宗实录》卷十二，天启元年七月丙辰条，第614页。

海路，“登莱大灾，思急与之活路，非从海转输不可”①。援朝战争结束后，为防止日军可能的侵袭，明廷再次厉行海禁，严禁民船下海。不过临时开放海禁，是辽东和山东两地政府在遇到大的灾荒时经常采用的救荒手段，钱士完请求开海，也是遵循既往的经验。为使开海被顺利批准，钱士完特意强调“必严通倭之条，编立号船，定有限期。行则盘验，到则稽核。有犯必惩”②。不过在奏疏下部讨论后，依旧没了下文。

万历四十三年的旱灾是山东历史上百年不遇的大灾。史载：“万历乙卯，齐春不雨，至于秋七月。赤地千里，禾麦尽枯。至秋复大蝗，民饿死者载道。昌乐贼起，破安丘城。千里骚然，无复人烟。”③ 诸城县举人陈其猷为唤醒中央政府救荒，绘制了《买卖子女图》、《狗活吃人图》等画作进献，明廷这才发银 16 万两及临清、德州仓米十二万石进行赈济，但对钱士完的开海请求则依旧没有什么表示。

万历四十四年三月，急于救荒的山东巡按御史王雅量再次请求开海，并列举了六条好处：“民生易阜，额税易征，勾补易足，边需易兴。而且沿海皆兵，可以防倭；营伍充实，可以御虏。”④ 但是依旧没有得到批准。

两年后，努尔哈赤举起反明大旗。明朝为镇压女真反叛势力，开始大规模征兵。兵马未动，粮草先行，如何解决前线大军的军粮供应成为大难题。与以往一样，辽东官员也把目光瞄到了开海上。万历四十六年闰四月，“辽东督臣请以被论涿州知州左之似降补辽东运粮通判，借发辽饷数万两，同登莱府佐一员，雇船籴谷给辽”⑤。这次明廷的态度发生了 180° 大转弯，神宗以为“海运籴粟饷边，深为便计，依议速行”⑥。五月，山东驿传道副使陶朗先被任命为登莱道副使，“总理海运”⑦，和左之似一道共同负责从山东半岛筹集军粮，从海道输往辽东前线。

不过这回率先从山东发出了反对的声音。就在陶朗先“召商集船，将有次第”时，山东巡抚李长庚以“本折船只脚力、防海之费浩繁”为理由打动了主管钱粮的户部，“部覆以为无所利，上因命停止之。米价转发饷司，就近籴买。于是动支太仓银库清折银六万两，差郎中李若讷解往

---

① 《明神宗实录》卷五三七，万历四十三年九月辛巳条，第 10180—10181 页。

② 同上书条，第 10181 页。

③ 谢肇淛：《书东省旱灾事》，见《小草斋集·文集》卷二十七，福建人民出版社，2009 年点校本，第 540 页。

④ 《明神宗实录》卷五四三，万历四十四年三月戊子条，第 10320 页。

⑤ 《明神宗实录》卷五六九，万历四十六年闰四月庚辰条，第 10721 页。

⑥ 同上。

⑦ 《明神宗实录》卷五七〇，万历四十六年五月庚子条，第 10739 页。

辽东，平价买籴，以备军兴”[①]。

登莱连续灾荒数年，刚刚有所恢复。如果承担买粮和运输任务，不仅会引起本地粮价上涨，而且会带来沉重的负担，很可能让此前的救荒努力付诸东流。李长庚反对开海，估计有一定的本位考虑。

按照韩行方、王宇的研究，在海运中止后，总理海运的陶朗先发挥了积极作用。是他凭着万历四十一年私自开海的经验，亲自踏勘海道，并成功说服了李长庚。[②] 不可否认，陶朗先在恢复海运方面发挥了积极的作用，但笔者认为，即便没有他的努力，恢复海运也是明朝政府必然的选择。我们应该注意到，在李长庚提出反对意见后，明廷的应对方案是发银六万两，到辽东就地购买军粮。明代的辽东经济并不发达，每逢灾荒，几乎都要求助于登莱。援朝之战中，辽东紧邻前线，承担着同样繁重的军事和后勤补给任务。当地的财富因此遭到严重损耗。韩行方、王宇在研究中也认为辽东没有为大军提供粮草的能力。在辽东籴买军粮，粮价是否高涨姑且不论，能否买到足够的军粮才是问题。“因粮于敌”是中国古代军事艺术中的基本原则之一。明军在本土作战，谈不上因粮于敌。退而求其次，应保证前线大本营的稳固。如果在辽东筹措粮秣，等于在自己的大本营附近自我消耗，明显违背战争法则。因此，即便明廷决定在辽东筹粮，也会很快发现问题，另选筹粮地。登莱因为地理上的“优势”，迟早逃不过这一“劫”。因此可以说，陶朗先的作用只是让这一“劫”提早到来而已。

与援朝战争第一阶段山东被迫截留籴买的部分粮米用于救荒不同，万历四十六年开始的海运饷辽虽然“又值东方大旱”，“出人事意料之外”[③]，但毕竟最困难的阶段已经过去，因而在恢复海运当年即承担了岁运十万石的任务，不久又增加到十五万石。等到万历四十七年三月，李长庚被调到户部，主持督运粮饷工作时，山东岁运任务已加到六十万石[④]，“副使陶朗先又于额外运十万石备用”[⑤]。原来只负责海防事务的备倭都司也于万历四十六年“加兼海运，凡济、青滨海州县悉隶焉”[⑥]。

---

① 《明神宗实录》卷五七一，万历四十六年六月癸亥条，第 10766 页。

② 韩行方、王宇：《明朝末期登莱饷辽海运述略》，见《辽宁师范大学学报》1992 年第 4 期。

③ 杨嗣昌：《陈言兵饷疏》，见梁颂成辑校：《杨嗣昌集》卷一，第 10 页。

④ 王在晋：《三朝辽事实录·总略·辽海》，“四库禁毁书丛刊”影印本，第 358 页。

⑤ 光绪《增修登州府志》卷三十三《海运》。

⑥ 顾炎武：《肇域志·山东·登州府》，第 557 页。

从正德年间开始，登莱—辽东之间的海道在大部分时间内处于封禁状态，加之山东人相对持重、保守的性格，在渤海、黄海上航行的走私船只大部分属于辽东人，以至于在援朝战争爆发后，山东本地竟然找不到足够的船只，而是需要辽船南下登莱运粮。日本侵略军被赶走后，明朝恢复海禁，山东少有人下海的现象因此被继续维持了下来。这给锐意恢复海运的陶朗先制造了一个大难题——没有船只和水手。

这时，登州大户王道增帮了陶朗先。据《王氏世谱》记载：

> （万历四十六年）平岛初设镇，运道未开，防抚陶公檄郡县募官商，无人应□。先君曰："东江不在天上，风波何畏哉?"出应命。遂秉巨舰，载军需，茫茫洪涛，冥行几危，越十四昼夜，抵其处。时岛屯军民数万，多绝粮……岛帅致留幕职，辞不就。归途所经岛屿，道里纡近，献陶公，以示安商。登岛通运，自先君使。①

由于运量过大，仅从少数港口发船，效率过低。在陶朗先的组织下，山东沿海各港口被充分利用了起来，"各府之粮或由陆路或由河道运至就近海口上船"。如在登州，"蓬莱自天桥口，黄县自黄河营，福山自八角口，栖霞赴蓬莱天桥口或福山八角口，招远赴黄县峄屺岛，莱阳自行村寨或即墨金家口，宁海自养马岛或龙门港、浪暖口、乳山寨，文登自长会口或望海口、马头嘴、倭岛。同时开船。与各府粮船皆会于庙岛"②，再一同北上，直抵旅顺口。在东南部沿海，"日照县南陆路四十里涛洛口开船；东南陆路二十里夹仓口开船；沂水县东南陆路二百五十里至日照夹仓口；蒙阴县东南陆路一百五十里至沂水再至日照夹仓口，通计四百里；莒州东南陆路一百八十里至日照夹仓口。自日照县涛洛口起，十七里至夹仓口，又五十里至宋家口"③。

随着前线败报接二连三的到来，明廷不得不一次次地追加士兵和军饷。万历四十八年，户部统计，辽东运饷，"淮上则截漕三十万，山东则本色六十万，天津则运漕并召买三十六万，兼以协运蓟、永二十万，共五十六万。总派之海者一百四十万，而派之陆者尚六十余万"。而从淮安转运的粮米系由"遮洋总从淮开洋，则成山设有向道；从淮抵胶州起陆至

① 《（福山）古现王氏世谱》所收《八世祖赠光禄公年谱》，天津图书馆家谱丛书影印清末稿本。

② 光绪《增修登州府志》卷三十三《海运》。

③ 乾隆《沂州府志》卷四《海运道》，中国地方志集成丛书影印本，第64页。

昌邑，历河入海则多助登莱船只以便协运"①。

淮安粮米分道北上，其中从昌邑转运的部分需要山东负责转运下海。这部分的具体额度不得而知。但成山角暗礁众多，海流不稳定，在明代被船民视为畏途②。运辽粮船如果沿途漂没，相关部门要承担责任并负责补充运输。因此，从成山角北上的运粮船数量应该不会很多。估计从昌邑转运的粮米应该在一半以上。这样，山东地区实际承担的海运量应该在八十万石左右，占全部海运饷粮的近六成。因为运量多，那时甚至有"本色止恃海运，海运止恃登莱"③ 的说法。

虽然有大户相助，有陶朗先精心筹措，但大灾之后的山东半岛经济实力有限也是不争的事实，运船寡少更是难以措手。万历四十八年七月，直隶巡按易应昌上言："天下无一岁不旱涝，亦无一地不旱涝。淮南之三十万不苦于粮，而苦于船。山东之六十万苦于船，而并苦于粮。"④ 可见，缺少运船的并不只是山东一家。

为了顺利完成运粮任务，督饷侍郎李长庚要求工部出资十三万五千两造船，山东抚按也希望工部制造六千只海船，用来运输籴买到的三十万石料豆。但工部同样叫苦，宣称"一岁之入不足以供出，两处造船料价约一百余万，计惟有催并南直节年逋负料价，或可少济万一"，"若不差官守督，终为画饼"⑤。

在运船不足的情况下，明廷只好在运输方式上想办法。如泰昌元年八月，李长庚奏准：

> 去岁海运初开，几不能济。今春力开，北岸较南岸一运可抵三运，而又省各岛风礁之险。然海运止七八月可行，今计止五十日耳。两年所截漕米五十万石，将次卸完，而船无脚价，觖待不行。转盼九月，便当停运。又山海关积粮四十万石，堆浥可虑。臣查南海口可径达盖套，乃留淮船十余、沙船五十，为南海口之用。此道开则关粮便

① 王在晋：《三朝辽事实录》卷二，第401页。

② 据《明光宗实录》卷三，泰昌元年八月丁未条（第76页）记载：泰昌元年八月，福建道御史万崇德奏："今登莱、津门应运之米闻将竣运，独淮安三十万石，总漕王纪、副使岳骏声经营虽有次第，然路经成山嘴、始皇坝，险阻汹涌，今乘载者板钉稀薄之船，撑驾者新募游惰之众，易动难制，督理需人。"可见成山角运道在淮安漕运官员看来确属畏途。从此运道北上的粮米比重应该不是很大。

③ 杨嗣昌：《陈言兵饷疏》，见梁颂成辑校《杨嗣昌集》卷一，第10页。

④ 《明光宗实录》卷二，万历四十八年七月丙子条，第27页。

⑤ 《明神宗实录》卷五九一，万历四十八年二月己未条，第11333—11334页。

可直达，视由关陆运至辽者省其三倍，视由天津达辽者每石可省三分，通计运粮四十万，止费十数万可完也。[1]

筹措粮米、提高运输效能还只是饷粮提供方单方面的努力。要完成运粮任务，还需要接收方提供相应的便利。

明初补给辽东，海船一般只需到旅顺口即可卸货。个别船只需在海州、盖州、三岔河一带进港交卸。为缩短运输线，经略熊廷弼要求登莱运船"俱至北信口交卸，量增脚价"[2]。莱州运船希望循旧例，在旅顺口交卸，熊廷弼指出："登道已愿改北信口矣。若北信口可收，则北信口去辽阳尤近；若北信口不可收，则当从旅顺口之议耳。"[3] 按照这一方案，登莱运船需要先"由海中径望东行"[4]，然后北转。

另据《明神宗实录》记载：

上初以山东海运脚力繁费，命为停止。至是，东抚又奏海运另有一途。自登开洋，望铁山西北口，至羊头凹，至中岛，至长行岛，至北信口，至兔儿岛，至深井，至盖州。剥运一百二十里至娘娘宫。起陆，至广宁一百八十里，至辽阳一百六十里。每石连籴、运，费不过一两。部覆，以为开之便。从之。[5]

这是山东巡抚李长庚在改变态度后提出的新方案。按照这一路线，登州运船需要航行到盖州套交卸。如果按熊廷弼的规划，在北信口交卸，路程还有相当的缩减。相比之下，莱州运船需要先向东北行至三山岛，再转向西北，再转向东北至北信口，路程反而增加了，所以才出现登州同意而莱船希望仍于旅顺口交卸的现象。

在熊廷弼要求运船尽可能靠近前线后，又出现了一个新问题，即新的港口不具备直接接受大船进港停泊的条件，必须有足够的小船进行剥运。但"旅顺诸处兵船、民船堪任剥载者不过四十二只，近报伤坏又居什之

① 《明光宗实录》卷三，泰昌元年八月己酉条，第83—84页。

② 熊廷弼：《辽粮交卸法疏》，李红权点校《熊廷弼集》卷十二《前经略会稿》，学苑出版社2011年版，第572—573页。

③ 熊廷弼：《辽粮交卸法疏》，第572—573页。

④ 陈仁锡：《陈太史无梦园初集·山海纪闻二·纪辽东便海运》，"四库禁毁书丛刊"影印本，第285页。

⑤ 《明神宗实录》卷五七三，万历四十六年八月壬申条，第10831—10832页。

二三”[①]。“娘娘宫（在三岔河入海口附近）以东，小圣庙以西有一套，可以泊船二三百号。离仓一箭而近。但前有淤沙，稍为之阻。向设沙兵一百八十二名，原供决沙之用。今因各衙门供役，仅存三十余名。只足仓内杂用”[②]。

除了沙兵、剥船不足外，管粮官员少也是困扰运船交卸的一个大问题。熊廷弼在万历四十七年八月二十八日的奏疏中曾反映“原议海运设有专官带衔经历左之似，彼时犹止收受登莱之粮，为数尚未多也。今本官已升辽阳管粮通判矣，粮运愈增，原官复减”，现在“天津所截漕粮十万石今皆起运。本部院又请再截十万于天津，十万于德州，以备明岁陆续运发。但南岸海道必由登、莱以达辽左，其途最远，而尤苦无舟”。如果因为管粮官员少造成运船不能及时卸货、不能及时返回，“何以为明春运计”？为此，他请求“转行海盖道速议，分立海口三处，添设府佐一员，庶收受有官，船得速归，以备明春运计。仍于沿海处所多设廒囤粮，到即赴交卸，以免风雨之虞”[③]。

万历四十八年，明廷根据他的要求，任命谭监正为通判，“于三岔河专管收卸”。熊廷弼于是要求运船全部到三岔河交卸。运船需要从盖州套继续北行，才能抵达三岔河口。为增加运输量，海运船一般选择大船。全部运到三岔河，对交卸是巨大的压力。在运船不足的情况下，户部强调“粮以过海为难，多运一回为幸”，遂将熊廷弼的方案改成“以大船载七百石者卸（盖）套，载三百石者卸河”[④]。可见，运船在北信口交卸的时间持续得并不长，登州运船的幸福时光非常短暂。

为解决运力不足问题，曾有人提出采用民运，“听商民自运贸易，宽其文法，许带货物一二”[⑤]。这一主张和开海禁的主张异曲同工，但在当时没有实施的可能。由于接连战败，明军士气低落，“营兵逃者，日以百计”，“自海禁弛而辽人无固守之志”，纷纷“以海为生门”，借助运粮海船逃离。在万历四十七年八月的时候，兵部即已汇报“有出关军士从山东海船逃散”。为此，山东巡抚王在晋等人纷纷提出“严海禁”、“紧盘

① 陈仁锡：《陈太史无梦园初集·车三·纪辽海运道》，第631页。

② 陈仁锡：《陈太史无梦园初集·车三·纪辽海运米五议》，第630页。

③ 熊廷弼：《辽粮交卸法疏》，李红权点校《熊廷弼集》卷十二《前经略会稿》，第572—573页。

④ 熊廷弼：《与登莱道陶副使》，李红权点校《熊廷弼集》卷二十一《前经略书牍第五》，第1054页。

⑤ 陈仁锡：《陈太史无梦园初集·山海纪闻二·纪盖套收卸》，第284页。

诘"[①] 的主张，试图阻止士兵开小差。在这种情况下如果开放海禁，海上船只将成倍增加，查盘将无法进行，很可能留下鼓励士兵出逃的口实。

海运初开时，山东只承担十万石的任务，尚可以承受。但在迅速加到六十万石以后，就有些力不从心了。不仅采买量、运量成倍增加，还有其他困扰。比如，山东采买的军粮不仅有米麦，还有供战马食用的黄豆、黑豆等。万历四十八年七月二十七日，熊廷弼致信陶朗先说：

> 顾今不独急麦，而更急豆。登莱本多出豆，本专运豆。闻今春海运未开，所急在米，遂责米七豆三，致民间二斗豆不能易一斗米，而辽中固缺豆甚也。两三月来，马无粒豆入腹。[②]

民间高价买米不说，为减少国库白银支出，明朝政府还时刻盯着登莱地区的粮价。如泰昌元年八月，给事中王继曾听说"山东小米大收，每石值银三钱"，遂奏请"那（挪）太仓银十万给与山东沿海州郡买小米，共凑八万石。视豆价高下，买豆，令足喂马之数。余以为海运柁船之费"[③]。由于流通的白银较少，登莱"小钱四十文值银四分"，"而易米一斗，当北直三斗"[④]。表面上看，在山东买粮似乎很合算。但动辄数万两白银投放市场，必然引起粮价上涨。如果要按照每石三钱的价格购买，官府势必要通过抑配的方式，即强行低价购买。这样，刚刚经过大灾稍有复苏的登莱地区必然因此被打断复苏的进程，陷入人为的衰败当中。这显然不是地方政府愿意看到的。但中央的命令必须执行，为缓解地方压力，山东地方官员只好另寻他途。

泰昌元年八月，山东巡按陈于庭上言："方今援辽之举，最苦累无若海运。山东以一省而兼数省之困，登莱又以两郡而兼各郡之艰。造船只、买米豆、集夫役，即丰年犹虑莫支，今且苦水、苦蝗、苦雹，所在灾变频仍，而文登、宁海之间海啸水溢，房舍桑田，汇为沙碛。夫东土有年，则海运可行，即辽可恃以为命。东土不支，则海运何出？自非发赈、减编，何以救此一方也？"[⑤]

---

① 王在晋：《三朝辽事实录》卷二，第386—387页。

② 熊廷弼：《回登莱道陶副使》，李红权点校《熊廷弼集》卷二十一《前经略书牍第五》，第1059页。

③ 《明光宗实录》卷六，泰昌元年八月辛酉条，第150—151页。

④ 陈仁锡：《陈太史无梦园初集·山海纪闻二·纪辽东便海运》，第285页。

⑤ 《明光宗实录》卷七，泰昌元年八月丁卯条，第177—178页。

与之相配合，山东巡抚王在晋则强调“奴自称兵以来，志在取金、盖，而绝饷道。彼见金、盖运去之粟积比仓敖，因粮于敌，以拒内援之兵”，“又盖州节次获奸细，皆云要抢盖州，烧截运粮船只。夫数十万人之命系于金、盖敖仓之积，而金、盖敖仓之积悬于一线之海道”，“抑登、莱发运甚艰，金、盖收粮甚缓。今不谋金、盖之转饷，而第责登、莱之发粮，是徒望口吻之饮食，而不思胸胃之痞塞也。万一金、盖被兵，则此二百六十余船，且为寇藉矣”。因此，“国家欲保全辽，必当严督车徒陆运，而以海运济之，乃为万全之策”[①]。

两人几乎同时上疏有一个共同背景，即当年七月，山东沿海发生严重的台风灾害。“七月初，海运船开洋。至马头嘴，夜闻海鸣龙斗，黑云纠连，运艘射激，伤登属运船八十五只、莱属船一十六只。漂没粮四万四千九百石有奇。”[②] 道光《文登县志》中更是明确记载发生时间为七月初八日，“大风拔木折屋，压死人畜甚众”，“溺死水工百余人”[③]。

在海运遭遇严重损失时请求陆运，显得让人很难拒绝。如果陆运，则起运点在北直隶地区，遥远的山东显然不能考虑在内，如此则可以大大减轻山东的压力，这是山东官员的如意算盘。但是“山海关抵辽阳约千里。内自关至广宁数百里，自广宁远达三岔河，又多沮海。每小车载米三石，日仅行三四十里。计往回四十余日，每车两人一驴，日约费银一钱二分，是费银五两而得米三石也”[④]。陆运的代价和效率显然远远低于海运。熊廷弼在致陶朗先的信中也强调“船运，大者七百石，小者三百石；车载，两牛者七石，独牛者三石五斗，难易迟速不得较量”[⑤]。

其实，辽东官员此前也提出过陆运的问题。如万历四十七年十二月，阅视边务给事中姚宗文曾提到：

> 昨见抚臣亟处车、牛等费疏揭中云，辽阳兵马，以十二三万为率，大约岁费米豆一百二十万石、草一千二百余万束。欲运积粮草，必多置牛车。分守道阎鸣泰等议添车三万七千辆，用牛七万四千头，

---

① 《明光宗实录》卷四，泰昌元年八月甲寅条，第113—114页。

② 《明光宗实录》卷八，泰昌元年八月癸酉条，第210页。

③ 道光《文登县志》卷七《灾祥》，道光十九年刊本。

④ 陈仁锡：《陈太史无梦园初集·山海纪闻二·纪千里截粮》，第283页。

⑤ 熊廷弼：《与登莱道陶副使》，李红权点校《熊廷弼集》卷二十一《前经略书牍第五》，第1054页。熊廷弼在信中强调海运，说明陶朗先此前应该也提出过用陆运代替部分海运的建议。

并人粮牛料等费约用银一百三十六万五千七百两，而宁前一道尚未与焉。并议于关内买骡车千辆，且多方召买本色，多议截留，以济粮饷之穷。此抚臣疏请之大概。[1]

马草重量轻、体积大，用海船运输过于浪费，只能陆运。但“丰润每一小车运草五十小束，至山海关，给脚价二两八钱，至典卖车驴不得归。后增至三两，而车户无应者。此车可三石，是丰润去关仅三百余里，运米三石，而费脚价三两。若自关至辽关千里可知已”[2]。

陆运艰难，海运困难，明朝官员出于各自的利益，为此纠缠不清。天启元年闰二月十八日，经略袁应泰仍在要求“取小车一万八千余辆，人夫三万七千余名”[3]，说明是否径行陆运依旧没有定论。明人陈子龙对此曾有一段评论：

当时朝廷宜发数十万于登、莱召买本色，络绎不绝。渡海亦非难事。何持陆运之议久而不决？至既行海运，而尚多疑虑也。[4]

就在明廷就海运还是陆运争吵不休的时候，天启元年三月二十一日，辽阳被后金占领。明朝在辽河以东的统治迅速瓦解。辽东沦陷后，饷辽海运失去停泊港口，但主持饷务的户部尚书李汝华不肯下令停航，“谓果河西不守，奴贼盘据山海关，然后可停”[5]。按照他的意见，山东运船需要沿着渤海南岸西行，前往宁远一带交卸。这是一条从未走过的海道，不仅需要专门探路，而且路程成倍增加，远不如从天津起运方便。因此户部郎中杨嗣昌越级陈诉，强调“辽左既陷，海运当停”[6]。明廷为维护统治秩序，虽然要求杨嗣昌“仍禀堂官举行”，拒绝直接作出决定，但在客观形势的压迫下，饷辽海运还是没能逃脱停航的命运。天启元年四月，湖广道御史方震孺提议：“辽阳不守，海运难行。当并力陆运。督饷侍郎李长庚或回部管事，或加敕防守天津。”[7] 同日，明廷采纳他的意见，“命天津督

① 《明神宗实录》卷五八九，万历四十七年十二月壬子条，第11271—11272页。

② 陈仁锡：《陈太史无梦园初集·山海纪闻二·纪辽东便海运》，第285页。

③ 杨嗣昌：《复袁经略疏不主调车夫稿》，见梁颂成辑校：《杨嗣昌集》卷三，第55页。

④ 熊廷弼：《与登莱道陶副使》附点校者小注，见李红权点校《熊廷弼集》卷二十一《前经略书牍第五》，第1054页。

⑤ 《明熹宗实录》卷八，天启元年三月己巳条，第416页。

⑥ 同上。

⑦ 《明熹宗实录》卷九，天启元年四月甲戌条，第425页。

饷户部侍郎李长庚回部管事”①，持续了近四年的山东饷辽海运宣告结束。

此后，山东海运虽然仍不时举行，但服务对象逐渐转到东江的毛文龙部，且海运的主要承担者由山东变成了天津，海运粮米也从登莱籴买变成以截漕为主。

结　语

援朝战争期间，虽然大批人员、物资通过海路源源不断地运往朝鲜前线，但明朝政府并未开放海禁，辽东、山东民船只是在被政府雇用时才得以航行于海上。战后，海禁未废，民船被迫再次转入地下，要么停航，要么加入走私队伍。官方的海船因为利益的驱使，也被不法官员用于走私。如万历三十七年正月，时任御史的熊廷弼抓获“登莱虎船三只，水兵、捕盗魏忠等三十三人，货物约银千余两，发行者十八，寄顿吴宗道衙内者十二；令票三张，皆总镇印号，朱标九月十四日，皆小汛将毕时事。问籍贯，则皆以浙江人充登莱副总兵标下水兵，为吴有孚所差……问船几何，则两年陆续到镇江、旅顺、金、复海外各岛者约三四十只不等，俱有孚家人梁贵、郑三等，捕盗卢中信、熊一德等往来兴贩”②。吴宗道、吴有孚为叔侄，分别镇守旅顺和登莱，登莱—旅顺航线恰恰是他们的“地盘”。军方将领利用兵船走私，“与民争利”，势必会大大压缩民间走私船的活动空间，进而使民间航海力量进一步萎缩。万历四十六年，山东恢复海运饷辽时找不到合适的船只和水手，其根源就在明朝的海禁政策。

后金反明发生在明朝国力严重下滑的时刻。万历三大征几乎耗尽了国库存银，万历皇帝又不肯动用内库“私”银，户部官员只好提请加派赋税。万历四十六年九月刚刚加派三厘五毫，四十八年三月，又“以军兴诸费不足，命各省直田地每亩再加派二厘，以敷兵、工二部之用”③。对于别省，仅仅是加派赋税，而对于山东登、莱等府，又在加派之外增加了籴买军粮的任务。说是按价购买，实则雷同于低价强买，致使半岛民众在重赋之外又增加了一重负担。这对于刚刚从大旱灾中恢复过来的山东无疑是坏消息。因此，在饷辽任务增加到六十万石以上后，山东地方官员不约而同地开始寻求用陆运部分代替海运。即便是当初锐意恢复海运的陶朗先也提出了类似的想法。

① 《明熹宗实录》卷九，天启元年四月甲戌条，第426页。

② 熊廷弼：《重海防疏》，见李红权点校《熊廷弼集》卷一《巡按奏疏第一》，第24页。原书个别标点有误，本书引用时径改。

③ 《明神宗实录》卷五九二，万历四十八年三月庚寅条，第11357页。

但陆运的代价和效率显然远不及海运，为此，明朝官员出于各自的考虑纷纷发表意见，致使到底是以海运为主还是以陆运为主成为一个纠缠不清的话题。争吵不休，势必影响前线补给，“去年缘海运少，米价踊贵十倍，客军卖尽行囊。战气之衰，全由于此。开原斗刍三四钱，人马饥死城中者甚众。遂为侦者所窥，以至破陷”①。开原陷落并没有终结这次争吵。最终，随着沈阳和辽阳的双双沦陷，辽东地区迅速成为后金的地盘，山东海运因此失去了目的地，因为敌人的“帮助”，实现了停运的目的。天启元年也因此成为明朝官方补给辽东海运船队最终停航的那一年。

第三节 登莱成镇:天启年间的山东海防

天启元年六月，明朝政府先后设立登莱防海总兵官和登莱巡抚，登莱从此成为军事重镇。登莱镇的设立并非一蹴而就，而是有一个短暂的酝酿和准备过程。

一 初步成型的登莱镇

天启元年三月，沈阳、辽阳相继失守，辽河以东全部沦陷。后金的势力范围扩展到辽东半岛。登莱与辽东隔海相望，理论上随时可能遭遇后金从海上发动的攻击。为此，山东巡抚赵彦率先提出增兵计划，奏准增加五万兵力，并在皇城岛等处置兵防守。登州备倭都司副总兵沈有容也在他的提议下被提升为总兵。主管饷务的户部也意识到了登莱地区军事上的重要性，开始着手做物质上的准备。如天启元年五月二十七日，时为户部新饷司郎中的杨嗣昌在奏稿中说：“今日增兵，惟山东为急，真、保则次之，河南则又缓。今日留饷，惟山东宜多，真、保则减焉，河南则又减……（登莱）原请留饷六十万有奇，户部疏称酌从三分之二，允为至当。今应坐淮民运十三万，加派二十七万，留为增兵月饷之资。此外尚有加派一十七万八千六百余两，俟海运酌妥之日另文支解，不可轻动分毫者也。”②

（一）筹集兵力

当年六月，明廷正式决定设置登莱巡抚。七月，又“天津、登莱二

---

① 陈仁锡:《陈太史无梦园初集·山海纪闻二·纪辽东便海运》，第285页。

② 杨嗣昌:《复议山东河北增兵用饷稿》，见梁颂成辑校:《杨嗣昌集》卷三，第64—66页。

巡抚各赞理征东军务衔，以示犄角”①。登莱巡抚设立后的首要工作即征兵。要迅速组织起五万大军非常困难，最方便调用的兵力仍然是班军。于是明廷于七月下令：“留登州班军八百四十名于登防哨，俟辽平，仍赴京操。”②

班军数量有限，本地兵源不足，加之又需要大量补充水军，明廷只好再次着手从异地征调并募兵。六月，御史游士任受命前往江淮一带募兵。此前由于浙江兵在嘉靖倭乱中的出色表现，成为各地征、募的重点。但长期的募调使南兵资源亦接近枯竭。天启元年八月时，浙江巡抚苏茂相曾上言：“浙兵水陆调募五次矣。近复补调陆兵一万。水兵已调三千，复议调八千。又部调罗木营陆兵二千。各兵闻调，如赴汤火。曩者：台臣李达劾管大藩统领浙直水兵九千脱逃，止一千二百人，公然行劫，徒縻国帑，覆辄可鉴。且浙海处处险要，岂可撤防？宁波、台、绍鼓噪屡闻。又春涝夏旱，杭州城二次大火，焚万余家。若复调兵骚扰，恐有意外之变。乞罢再调。”③

异地调兵有难度，直接从浙江招募也不顺畅。天启元年十一月，刑科右给事中孙杰上疏：

> 两浙产兵，独金华、东阳、义乌数邑耳，自征发数次，壮丁已尽。台州、宁、绍，在在鼓噪。今主事何栋如复以募兵开府会城，七阅月，无籍蚁聚，人人疾首。至兵行征舟，则三吴船户陪累百端。师过登途，则沿路市廛荼毒万状。当事者动称浙兵、川兵，川兵激变已见告矣，浙兵能独堪乎?④

苏茂相、孙杰的上疏都发生在游士任奉命募兵之后。但类似现象和言论不会突然出现，在此前会有一个发展过程。游士任的招兵地区改到江淮也从侧面证明天启时期的南兵资源已近枯竭。

明廷的征兵对象不仅涉及浙江，还辐射到了广东一带。天启元年十一月，两广总督陈邦瞻上言：

> 近议三方进讨，欲登莱飞渡，征及东粤水兵。自南海至北海，道

① 《明熹宗实录》卷十二，天启元年七月辛酉条，第623页。

② 《明熹宗实录》卷十二，天启元年七月己未条，第616页。

③ 《明熹宗实录》卷十三，天启元年八月乙未条，第687页。

④ 《明熹宗实录》卷十六，天启元年十一月戊戌条，第785页。

里修长，众莫应者。臣多方募选，得精勇三千五百人……适有原任总兵陈璘子、守备陈九德，孙、都指挥使陈谟等愿留兵当一路，宜量加九德游击，谟坐管职衔，以示鼓舞。至合用船只，粤人不谙诸省海道，安可驱犯不测？议照二十六年援朝鲜例，委同知伍元正领银至南直天宁州等处买料鸠造。计沙船六十只，每只价三百两；唬船三十只，每只价四十两。另备银三千两杂费。仍咨应天操江、漕运各督抚，委官协同买木，雇匠整造，刻期完驾，以达登、莱[①]。

登莱镇士兵的第三个来源是从南渡辽人中招募。明廷为此在登莱专门设立了招练道，“招集辽人，安置潍县”[②]。此前主张从辽人中招兵的刘国缙成为首任招练道按察副使。

除此之外，陶朗先还曾试图使用一些不光彩的手段加速筹兵、置械的进程。如天启元年十二月奏准“以山东入觐各官赍带盔甲器械留给登抚”[③]。又如十一月，“援辽浙江游击袁应兆领浙兵六千名至天津，逗留畏出关，而赴登抚陶朗先营，浼朗先，疏乞截拨天津”[④]。陶朗先随即代之上请，不过这次不仅没有如愿，反而遭到兵部尚书张鹤鸣的批评：

登、莱隔有大海，风猛帆危，奴不习舟，计必不出此。惟广宁至冲至危，值此朔风吹骨，边长兵少，既苦设防之难，又虞阑入之易。即军有十余万，原不为多。川、楚、浙兵皆为广宁调也。楚兵半至，川兵尽回关门，望眼欲穿，幸浙兵已到天津，而朗先乃有截拨之疏。大将与兵无不畏出关者，若从其请，恐后来借此为题，出关必无一兵，辽事去矣。况登莱已分兵五万，何苦不足，又议改拨，使兵心摇动？乞严敕应兆统兵出关，无得钻刺求留。[⑤]

浙兵是晚明人们心目中精锐的代名词。由于兵源萎缩，登莱能募调的浙兵数量很有限。对主动送上门的浙兵，陶朗先自然求之不得。只是他这次夹带私人感情因素（陶朗先是浙江秀水人）的截留之举犯了禁忌。即兵力的调配是兵部的职责范围，巡抚的职责是协助总兵用好这些兵，并没

---

① 《明熹宗实录》卷十六，天启元年十一月丁卯条，第831页。

② 光绪《增修登州府志》卷三十五《文秩》。

③ 《明熹宗实录》卷十七，天启元年十二月乙酉条，第863页。

④ 《明熹宗实录》卷十六，天启元年十一月壬子条，第800页。

⑤ 同上。

有直接调兵的权力。截留浙兵不仅破坏了兵部的总体规划，还助长了客兵逗留不进的歪风。陶朗先此举不仅没能为登莱增兵，反而给中央政府留下了不好的印象，为其很快遭到弹劾，被迫去职埋下了伏笔。

招兵、添置器械都需要添饷，主管钱粮的户部对此很配合。七月，专理辽饷的户部右侍郎李长庚上奏，称派给山东的饷辽米、豆六十万一直没有完成，“夫登莱留米养军可也，水兵安所需豆？曷若移召买豆价于登莱，以为召兵之资，而以其三十万豆致之天津。在天津者，仍用山东运船；在淮上者，仍用淮船搬运，一举两便。至山东所少三十万之米，应于江、浙、湖广三省，行各督粮道，于新饷银内，每漕粮十石即行州县买米一石，带附漕粮而来”[①]。

天启二年四月，陶朗先离任。新任巡抚袁可立上任后的第一把火即“请发帑金二十万安兵戢民”[②]，户部拒绝发饷。在杨嗣昌撰写的回复文件中详细披露了登莱镇征兵的进展状况：

> 臣查得登莱设镇，始于天启元年七月间，臣部总计前后解留一百二万两，不为不多矣……去年九月初七日，抚臣陶朗先三方兵力未具一疏内称，东省添兵五万，登、莱坐数实止一万四千。除一万听淮阳招来，三千听福建调到外，本镇应招一千。今已招得七八百人云……十一月二十日兵科蔡思充登莱兵数犹虚一疏内称，枢部应添五万，计部酌定三万，奉有明旨，顾截拨既不能应，而江淮招募报发仅满万，闽兵三千名春方可到，即到亦不过一万三千人。以三万论，尚少一万七千。道臣杨述程募于楚、蜀，必属风影……御史李时荣疏内称，今登兵三万，淮兵七千，辽兵二三千，约有四万，不知何时募满，何日开粮？……至于渡海辽民，御史疏内止载团聚莱州一万。[③]

从这一文件中可以发现，五万大军是整个山东省的增兵计划，登莱镇的增兵规模最初只是1.4万。到当年十一月左右，兵部才作出登莱镇增兵五万的计划，但被户部删减到了三万。在具体的招兵方式上，从江淮、闽广等地征调、招募仍占大头，山东本地的招募比例很低，最初只有一千人的额度。这一千人应主要从渡海辽民中招募。但在莱州只有一万余辽民的

---

① 《明熹宗实录》卷十二，天启元年七月壬子条，第606页。

② 杨嗣昌：《复登莱巡抚请帑稿》，见梁颂成辑校《杨嗣昌集》卷四，岳麓书社2005年版，第81页。

③ 同上书，第80—81页。

情况下，要完成招兵一千的计划，并不容易。

天启元年九月，登莱只招募到七八百人，外省征募兵尚未抵达。十一月时，江淮一带招募到一万人，合计新兵不到1.1万名。天启二年时，御史李时荣称登州约有兵四万，杨嗣昌明显持怀疑态度。天启二年正月，已调任总理三部军需侍郎的原山东巡抚王在晋在进言中提到，“臣面询登州同知宋大奎，知登莱水陆官兵已几三万”[①]，和李时荣所说“登兵三万”基本吻合。前文曾提到，天启元年五月时，陶朗先接渡的辽东难民主要是官员、败退兵将、商贾和部分民众。按兵部的安置计划，接渡到登莱的兵将可以根据需要就地安置使用。因此，登莱镇兵额能达到三万，败退官兵应有不少“贡献”。据此判断，天启元年末，登州有兵三万应该是可信的，李时荣所说的“淮兵七千，辽兵二三千”应是尚未完成的招兵计划。

总的来说，登莱镇的增兵计划完成得并不顺利，不然杨述程不会提出“募于楚、蜀”。十一月时新兵尚不足1.3万，年底新旧兵即达到三万，估计在最后的两个月内，登莱镇在败退到山东的辽东兵将身上做足了功夫。

史载，登莱在天启二年时陆军已有“陆左、陆右、陆中、陆前、陆后、陆游、火攻七营”，水军分作“水左、水右、水中、水游、平海五营”，“或领以参将，或领以游击，悉听防抚提调”[②]。可见，虽然登莱镇增兵总量尚未达标，但已初具规模，可以执行战备任务。

（二）早期登莱镇的战略任务

对于登莱镇的战略职能，明朝政府寄予厚望。在登莱巡抚刚刚履新不久，礼科都给事中杨道寅就亟不可待地提出出兵建议：

> 南四卫为鞍山卧塌之所，当先遣裨将，领兵二千，令所至招谕。有削发降虏者，赦罔治；能杀其伪署来降者，同军功升赏。我兵所过秋毫无犯，归老弱于故土，佥壮丁为义勇。夫犹吾赤子也，岂终悍然从虏，与我为难哉？又令登抚择遣部将，领防汛水兵二千，由旅顺进，与广宁合，招抚四卫，毋贪功，毋妄杀，收得一卫一岛者，一体叙功。且非直抚四卫已也。诚用水、步兵三五万由登莱海道济师，达旅顺，便可泊舟。或由铁山破浪，或由盖道套间道而前，先传谕诸岛

① 《明熹宗实录》卷十八，天启二年正月丙辰条，第926页。

② 光绪《增修登州府志》卷十二《军垒》。

逃难百姓，如抚南四卫例，则镇江、宽、叆等处可传檄定也。[①]

那时登莱刚刚开始增兵，尚不足以提师北进。对杨道寅的建议只能下部议复，敷衍了事。不过就在登莱镇专心筹兵措饷之际，一个突发事件，迫使其不得不提前遂行北进战略。

在熊廷弼的三方布置战略中，处于后金东南部的朝鲜是一枚重要棋子，"宜得一智略臣前往该国督发江上之师，就令权驻义州，招募逃附。则我兵与丽兵声势相倚，与登莱音息时通，斯于援助有济。辽阳东四百里为镇江，与朝鲜义州夹鸭绿而居，相去仅数里。于辽阳为臂，于南卫为尾，于贼巢为腋，凡朝鲜治兵防奴，辽人逃难避贼，辽将招兵集义，东山矿徒拒贼，上下皆聚于此。斯东南大扼要处，宜亟发敕谕，慰劳该国君臣，使尽发八道之兵，连营江上，以张其势。又亟发诏书，悯恤辽东官军士民之逃鲜者，招集团练，以成一旅，与丽兵合势。又亟发银六万两，半犒朝鲜之师，半恤我逃难之众，而臣又给与空头札付百余道，使之承制，并除其山东一带参、矿头目，有能结聚千人者，即署都司；五百人上下，即署备守有差。将一呼而应，而一二万兵可立致也。其粮饷则发银平买于朝鲜东山一带"[②]。

后熊廷弼选中监军道梁之垣，明廷遂"为铸给监军关防，仍照行人出使例，赐服色以宠其行"。梁之垣于是"先往登州整顿舟楫"[③]，做出使朝鲜的准备。

就在梁之垣尚未出发时，被熊廷弼视为联络朝鲜的重要城镇——镇江传来好消息。此前，辽东巡抚王化贞曾派遣手下都司毛文龙带领220余人的一支小分队，试图从海上发动突袭，占领镇江。毛文龙部从海路抵达朝鲜弥串堡，巧遇自发前往朝鲜借兵的生员王一宁，两人遂共同谋划规取镇江。恰逢后金委派的镇江游击佟养真不在城内，防守空虚。毛文龙、王一宁于是决定"令千总陈忠乘夜渡江，潜通镇江中军陈良策为内应，夜半袭擒养真及子松年等贼党六十人，收兵万人，旧额兵八百人，南卫震动"[④]。

自明清战争爆发以来，明军节节败退。毛文龙收复镇江，虽然带有一定偶然性，但却是明军少有的一场胜利。得到战报后，各方纷纷表态。辽

---

① 《明熹宗实录》卷十二，天启元年七月壬子条，第603—604页。

② 《明熹宗实录》卷十三，天启元年八月庚午条，第637—638页。

③ 同上书条，第638—639页。

④ 《明熹宗实录》卷十三，天启元年八月丙子条，第653页。

东巡抚王化贞原本就主张积极进攻，手下将领取得如此战绩，自然志得意满，随即上疏表示："臣前请敕谕朝鲜，及甲马车辆须于七月俱集者，正以此耳。乃朝鲜之使至今未行，天津水兵一船未到。使前船蚤至，扬帆直上沿海，缚叛将而至者，又不惟镇江，而竟不来也。坐失事机，惟有长叹。但文龙深入虎穴，力扼孤城。外援不至，恐归义之众不免复溃。是以臣闻捷音，且喜且惧。"①

在熊廷弼的三方布置策略中，辽东、天津、登莱三镇同等重要。辽东负责坚守和佯攻，拖住后金主力；登莱的任务是从右翼乘虚而入，争取利用持续地打击调动后金军全力回援老巢，然后与辽东军合击辽阳，争取收复失地；天津作为大本营，一方面负责辽东战场的物资补给，一方面分兵，从海、陆两线辅助辽东、登莱的军事行动。按照这一规划，规取辽东半岛的任务应该由登莱镇承担。但登莱兵力不足，暂时无法执行这一任务。熊廷弼老成持重，了解后金的实力，所以愿意等待，等各方条件完全具备后再发动攻势。

与熊廷弼不同，王化贞主张积极进攻，且应以辽东兵马为主力。此前天津、登莱巡抚都加"赞理征东军务衔"，但没有给王化贞加衔。明廷不给他加衔的目的是为了防止经略和巡抚都有军权，产生龃龉，但这难免引起王化贞的不满。王化贞擅自命令毛文龙规取镇江，实际上已经违背了熊廷弼的战略部署。毛文龙部之所以只用二百多人来执行这么重要的任务，固然是为了缩小目标，避免惊动后金军，但主要原因应该是王化贞没有兵权，所以只能调动个人直属的标兵来冒险一试。

毛文龙拿下镇江，使王化贞有了足够的资本，所以他才敢于在违背战略部署的情况下反戈一击，公然批评天津水军没有按照自己的要求支援毛文龙部。

王化贞此举把明朝政府置于一个尴尬境地。如果处罚王化贞，毕竟他取得了明军少有的胜利，于理不合；如果奖励他，等于抛弃了熊廷弼的战略部署，公开支持王化贞向上级叫板。最后，明朝政府还是选择了保住胜利果实，间接支持王化贞。明廷先是破格提拔毛文龙为副总兵，然后下令：

> 登莱巡抚陶朗先发水兵一万，总兵沈有容主之。天津巡抚毕自严调浙水兵八千为后劲，参将管大藩将之。或直抵镇江，或直抵三岔

① 《明熹宗实录》卷十三，天启元年八月丙子条，第653—654页。

河，皆选四将为副。王化贞挑广宁精兵四万，据三岔河，与西虏合，相机进取。经略熊廷弼严勒兵将，控扼山海，三方协力，务收全胜。饷则以兵部帑金十万两解登莱，五万两解天津支用。仍命梁之垣刻期领敕，宣谕朝鲜，分兵犄角。给银十万两，并户部所措处十二万解登、莱，转发之垣接济。①

仔细品读这一命令可以发现，规取辽东半岛的任务仍以登莱军为主，天津水师辅助，辽东军队的任务仍是"相机进取"，并不执行主攻任务。从总体上看，这一安排依然执行了熊廷弼此前的部署。但熊廷弼的角色从战略执行人变成了第二梯队的军事主官，以"控扼山海"为主要任务。可以说，这一决定是明朝政府在总体战略和现实需要的双重压力下做出的一个折中决定。表面上看，这一决定似乎无可厚非，但问题多多。一方面，王化贞追求的主攻没有实现；另一方面，熊廷弼的威信也没能得到有效维护。更糟糕的是，登莱水军尚处于调集和整编训练过程中，根本不具备大规模投入实战的条件。

迫于现实压力，熊廷弼和陶朗先选择了顺从朝廷的决定，奏准升任此前由登莱镇派出的、率领2500名军士北上，寻求在辽东半岛找到战略立足点的宽奠参将王绍勋为副总兵，"与毛文龙连师"，同时"行山东抚臣，将新增兵五万，存九千名，余发登莱。并题留新饷四十万、帑银十万，马五百匹，皆给登莱军饷之用"②，做二次渡海北上的准备。

但勉为其难的北上注定不会收获好结果。登莱总兵沈有容为此曾慨叹："率一旅之师，当方、张之敌，吾知其不克济也。"③ 在登莱、天津水师尚在做出发前的准备工作时，失败的消息就传了过来，"镇江果失，水师遂不进"④。

对于镇江的得而复失，《实录》的作者把责任归结为"是时明旨虽督发，竟以经抚各镇观望不进，坐失机会"⑤。其实不是各镇观望不进，而是登莱、天津军队根本不具备进攻的能力。登莱镇的征兵情况我们已有所了解，天津镇的情形也类似。

天启元年十月，御史苏琰在上疏中曾提到："天津兵固以济登莱不

---

① 《明熹宗实录》卷十三，天启元年八月丙子条，第654页。
② 《明熹宗实录》卷十三，天启元年八月甲午条，第680页。
③ 张廷玉等：《明史》卷二七〇《沈有容传》，第6939页。
④ 同上。
⑤ 《明熹宗实录》卷十三，天启元年八月丙子条，第654页。

及，而实为神京外护。第所云三万六千人者，必着实训练，以三之一应外，以三之二应内，分定统领，不许两端推调，方不负设抚初意。至有一兵即有一粮，今发帑、加派、调募不可谓少，而疏疏揭揭皆曰无兵；不复明言饷至多少，皆曰无饷；不复明列兵至多少，兵既多其数，以索饷而兵之未至者，与至而逃者，与虚名无实者，曾有悉心扣除，以待后至者乎？又兵之挑选、不挑选于方募之时，而挑选于既至之日。乃虑发回之无资，而议卖马以助其回费。何此兵仆仆往来，徒靡官民物力也？”①

不仅如此，苏琰还对当时登莱镇的军事实力作出了一番评价：

> 登莱海舟，以天风为进退。从登莱入辽，必待南风，南风必待夏至。在今日，即万艘皆具，不可望一艘到旅顺，而必亟亟取盈于五万之兵。夫战舟与运舟不同。运舟重底而无龙骨，涉海非滞，而不行则摇而不直。运舟可容百人，战舟只用三四十人，取其轻而易驾，往来出没，无浅阁之患。今五万人，则当以千艘为载，恐出海无期也。②

苏琰从客观条件上看出登莱军不具备大规模渡海作战的能力。身为登莱巡抚的陶朗先不可能不知道这一点。他之所以和熊廷弼一道支持援助毛文龙，不过是迫于形势的无奈之举。可以说，王化贞用一次意外的胜利把整个明朝政府都拖下了水，不仅让原本相对有序进行的战略部署被迫提前进入战斗阶段，而且使后金及时掌握了明朝的军事战略，并检验了明朝新军的作战能力，从而提前作出应对，进一步残破辽东。“迨四卫残破，辽人胆寒，而广宁始不可守矣”③。更糟糕的是，王化贞此举使明朝君臣在未来的战争策略上出现明显的分歧。此后，明廷围绕熊廷弼的持重坚守和王化贞的主动进攻分成两派，争吵不休，并最终酿成严重后果。

后金夺回镇江后并没有收手，而是展开报复行动，并对辽西发起进攻，令明军疲于应付。九月，陶朗先上言：

> 三方布置，呼吸宜通；庙堂成算，战守宜决。如诸臣而果真心欲恢复河东也，即须矢一片真心，出一番公力，计兵计路，务收三方进取之功。如曰声言进剿，实欲退守，即当另议一守之法，毋令人处于

① 《明熹宗实录》卷十五，天启元年十月壬申条，第743—744页。

② 《明熹宗实录》卷十五，天启元年十月壬申条，第743页。

③ 《明熹宗实录》卷十三，天启元年八月丙子条，第654页。

> 战不成战，守不成守之间，徒费光阴，相寻覆辙。今毛文龙报收复镇江矣，此时机括已发，不可中止。臣虽立遣辽东副将韩宗功、待罪游击许定国，各统兵一千，先后策应。而私计奴兵方劲，非二万人急往不可。今臣欲再发一兵，兵安在乎？即有兵而饷安在乎？三岔转盻冻河，贼且渡矣。其在镇江者，兵单将寡，倘倏举倏覆，不惟不足助河西牵制之势，而徒启贼人防备南路之谋，致殄四卫归附之众。其在河西者，又独当贼锋，而不能得登莱牵制之力。庙堂因急辽而遂缓登莱，不知缓登莱，即所以缓辽也。①

从上疏中可以看出，陶朗先对于王化贞的提前行动颇有怨言。但在木已成舟的情况下，他想的还是尽可能配合行动。

与陶朗先相比，经略熊廷弼就显得有些过于小气了。熊廷弼直言“三方兵力未集，而文龙发之太早，致使奴恨辽人，焚戮几尽，灰东山之心，厚南卫之毒，寒朝鲜之胆，夺西河之气，乱三方并进之本谋，误专遣联络之成算。目为奇捷，乃奇祸耳”②。对于王化贞自以为是的奇功，他极力批驳其谬。此后，他又与兵部尚书张鹤鸣发生龃龉，“由是枢、抚与经臣俱不协”③。

毛文龙攻取镇江固然有因小失大之嫌，但在明军连战连败的背景下，对于提振人心，无疑有重要意义。明廷上下也非常看重这一点。熊廷弼对其全盘否定，显然不会得到舆论的认同。如在熊廷弼丑诋王化贞、张鹤鸣不久，御史徐景濂即上言，为毛文龙、王化贞表功，并指责登莱镇将王绍勋、许定国、韩宗功策应不力，“如魅如魉，犹侈谭策应耶”，“愿登抚陶朗先勿为狡弁所愚也”④。

陶朗先升任巡抚，系得益于熊廷弼的三方布置策略。熊廷弼遭到舆论讨伐，陶朗先难免受牵连。徐景濂表面上强调经、抚必须团结，强调登抚不要被下属愚弄，实则是指责其与熊廷弼不识时务，是一丘之貉。

天启二年正月，吏科给事中侯震旸上疏，强调要马上解决经略与巡抚的矛盾，“惟是经臣去留，关系匪细，谓宜特旨传谕，专问经臣，毋以必难供之兵饷强责中朝，止将见在十二三万认真训练，进止迟速，惟其所裁，不从中制。能终始全局，不负国恩。遂撤去抚臣，一以付之。如其不

① 《明熹宗实录》卷十四，天启元年九月辛丑条，第 694—695 页。

② 《明熹宗实录》卷十四，天启元年九月癸丑条，第 708—709 页。

③ 同上。

④ 《明熹宗实录》卷十四，天启元年九月甲子条，第 725—726 页。

然，明白回话，以听议处。收拾残局，专付抚臣。或直移廷弼于登莱，以终其三方布置之局，与化贞水陆并峙，各效忠猷。而登抚陶朗先勒令解任。盖经、抚不和，大半由登抚之误，欲居首功，遂忌毛文龙，偏信反复之王绍勋，不为救而故为摧抑，人心不平，全在于此。惟圣明立赐裁决施行”①。

天启元年熊廷弼被重臣举荐为经略时，东林名士左光斗曾明确反对，认为他“才优而量不宏，昔以守辽则有余，今以复辽则不足”②，但无人响应。镇江得而复失后熊廷弼对王化贞等人的攻击恰恰证明了左光斗的先见。熊廷弼是众人合力推上去的，断然拿下有很多困难，这就注定了会有人充当经、抚之争的替罪羊。侯震旸公开指责是陶朗先故意不援助毛文龙，造成了经、抚不和，预示着陶朗先已经难逃悲剧命运。

对于侯震旸的上疏，决策层非常认可。“得旨：这本却说得直捷。着吏、兵二部佥同议拟，于经、抚中酌用一人，专任辽事，一人别用，并陶朗先、毛文龙都着明白处分具奏。”③

就在明廷为经、抚不和犯难的时候，后金发动了对明朝在山海关外的最大军事基地——广宁的进攻。天启二年正月二十日，后金军渡过辽河，包围西平堡，守将罗一贯城破被杀。临近之镇武堡、闾阳驿等兵随即溃败。辽东巡抚王化贞放弃广宁，仓皇南逃。二十三日，后金军攻占广宁，并占据辽西四十余城。广宁失陷后，后金已经在事实上占有了整个辽东。

丢失广宁，熊廷弼被免职、王化贞下狱，后来先后被处死。熊廷弼罢官后，言官并没有放过陶朗先。三月，御史陈保泰上疏，弹劾“梁之垣领帑银二十万，与陶朗先瓜分，人言籍籍，故之垣逍遥家园，朗先报其出山海，至铁山岛，遇风坏船。以发兵应援为名，以侵饷充橐为实。朗先、之垣相应一体勘问追赃，以警贪邪”④。那时梁之垣正奉命在朝鲜活动，不能轻易撤回，因此决策层并未正面回应陈保泰的弹劾，而是强调“事关钱粮，不难核实，何遽苛求悬坐”⑤。

面对众人的攻击，陶朗先只好于当年四月称病辞职。明廷顺势批准，改命袁可立接任登莱巡抚。

陶朗先离任后，明廷并未停止对他的追究。天启五年三月时，被阉党

① 《明熹宗实录》卷十八，天启二年正月戊申条，第913—914页。

② 张廷玉等：《明史》卷二四四《左光斗传》，第6331页。

③ 《明熹宗实录》卷十八，天启二年正月戊申条，第914页。

④ 《明熹宗实录》卷二十，天启二年三月戊申条，第1008—1009页。

⑤ 同上。

控制的刑部判定陶朗先“侵盗饷银四十万二千七百二十七两”。得旨：“着该部上紧立限严追。”[①] 随同陶朗先先后到登莱任职的刘国缙、游士任等也先后因贪污等罪名去职。首任登莱巡抚的领导群体几乎被整体端掉。

虽然在镇江失守后发生了种种问题，但明廷对三方布置策略，对登莱镇的战略作用并没有发生动摇和改变。如天启二年正月时，主持饷务的王在晋仍建议“速檄（登莱）抚镇发兵渡海，袭取金、盖等处，以牵制奴酋，使之不敢深入”，并得到批复：“依议速行。”[②]

（三）登莱镇战略任务的局部变化

毛文龙虽然没能守住镇江，但其对后金的骚扰却让明廷十分看重。广宁失守后，后金军兵锋直指山海关，能否从侧翼牵制后金，成为摆在明朝君臣面前的一道难题。兵微将寡的毛文龙因此成为明廷的一枚重要棋子。

天启二年三月，兵部议准：“毛文龙自镇江献俘，屡次挠虏。惟是应援之具，苦于无兵。今福建调取水兵三千，其人故习惊涛骇浪之中，与文龙伎俩相合。即以来将侯锐、郭士绰、杨联璋统率渡海。而生员王一宁授以府判之衔，与文龙参酌军机。或明牵其势，或潜捣其巢，使之努力图报。”[③]

福建水兵原本是要调到登莱，用来补充登莱镇兵力的。现在兵部议准将其直接调往辽东，预示着登莱镇的战略地位将发生些许变化。

五月，总理三部侍郎张经世上疏，除了强调“今日欲使奴酋不来，莫若接济毛文龙，以为牵制”外，又建议“顷部议以闽兵三千过海，宜催之速来。淮兵八千已至登莱，并贾祥所领浙兵三千一百，同闽兵俱当速发，为文龙用”[④]。明廷随即批准了这一建议。这样，毛文龙手下就有了一万五千余士兵。

数日后，兵科左给事中朱童蒙又提出：“登莱弹丸，兵民杂处，则民苦；米价腾涌，则军苦。月粮一万五千，则官苦。宜分一半过海，听毛文龙调度。其余散之北边险要，以资防御。”[⑤]

江淮、闽浙士兵原本都是用来补充登莱军力不足的，如果按照朱童蒙的建议，将登莱军队一半调给毛文龙，一半调往九边一带，等于给登莱镇釜底抽薪，登莱镇总兵沈有容有成为光杆司令的可能。因此明廷也不敢断

---

① 《明熹宗实录》卷五七，天启五年三月癸丑条，第2604页。

② 《明熹宗实录》卷十八，天启二年正月丙辰条，第926页。

③ 《明熹宗实录》卷二十，天启二年三月乙丑条，第1037—1038页。

④ 《明熹宗实录》卷二二，天启二年五月戊戌条，第1088页。

⑤ 《明熹宗实录》卷二二，天启二年五月庚子条，第1092页。

然给出结论，只能下部议处。

在不断抽兵配给毛文龙的同时，明廷在后勤补给方面也给予了足够的支持，“多运米豆布疋，以为军饷、衣装之资”①。

六月，明廷正式加封毛文龙为署都督佥事、平辽总兵官，自此自成一镇。由于辽东难以立足，毛文龙后率部撤到朝鲜的椵岛。明人多称之为皮岛。因为地处鸭绿江口以东，故毛文龙部又被称之为东江镇，毛文龙“挂征虏前将军印，号东江大帅”②。由于远在境外，和辽东巡抚无法顺畅联络，因而东江诸岛由登莱巡抚兼辖③。这样，登莱巡抚治下就有了登莱镇和东江镇两大军事重镇，如何协调两镇的关系成为此后历任巡抚的重要课题。

八月，毛文龙对东江镇的战略规划和人事安排提出系统建议：

> 三方布置，昔以广宁为正，登、津为奇。今则山海宜守，登、津较量。则津兵当以应援山海，而登莱峙联旅顺，密迩镇、鲜，且各岛联络其中，欲图恢复，必自各岛布置始。查得庙岛、鼍矶岛、皇城岛为登莱之门户，兵将船只之设，谅登莱抚臣自有成算，毋容臣赘。惟是旅顺之险，为奴所据，我舟径来不便。旅顺东距三山岛三百里，应以辽兵二千、水兵船六七十号，用经略标下练兵都司陈大韶，以旅顺南游营游击职衔居之。从岛入守旅顺，则登、津、朝鲜之水路通矣。三山岛东距黄鹿岛二百里，以辽兵二千、水兵船五十余号，用经略标下练兵都司王学易，以旅顺北游营游击职衔居之，从岛入守金州。仍令陈大韶应援。唐帝城址尚存可用。先臣马云、叶旺平辽之法守之也。广鹿东距长山岛五十余里，应以辽兵二千、水兵船五十号，用经略札委练兵游击宋鹏举，以复州参将职衔居之，从岛入守复州。长山东距石城岛二百余里，应以辽兵二千、水兵船五十号，用经略标下参谋都司刘可绅，以海州参将职衔居之。石城相近小松岛，应以辽兵千余、水兵船二十号，用经略札委加衔都司林茂春署盖州备御事，入守盖州，即令刘可绅为之应援。石城东距鹿岛二百余里，应以辽兵千人、水兵船二十号，用巡抚札委守备程政，以岫岩备御居之，入守岫岩。鹿岛东距鲜、镇、宽、叆二百余里，即用经略札委镇江练兵游击

① 《明熹宗实录》卷二二，天启二年五月戊戌条，第1088页。

② 光绪《增修登州府志》卷十二《军垒》。

③ 同上。

张恩、札委练兵游击署宽奠参将事张继善、札委练兵都司署叆阳守备事尤景和，各率所部，乘除于鲜、镇、宽、叆，并相机直入奴寨。且分且合，以疲其力；且进且退，且战且守，以挫其锋。譬彭越肄楚之法，孙子霸吴之术。虏之逸自劳、合自分，而后臣齐率众营，各凭山险，直逼辽城关上，更出师蹙之。

臣前揭陈部院，谓山海出扼其颈，三岔焚截其腰，东南齐拊其背而蹑其尾，奴固可灭也。况招练辽兵既免安家行粮，又省日月担阁，兼习虏情，而我得一人，贼即失一人。则过虑者谓辽民藏奸，宜禁海渡，正不知辽将或多通虏，辽民反深忠愤，且拣其壮丁为兵，载其家属过登，安插远处，何奸之有？乞速给臣饷三十余万，差官刻期押送。并再挑选津、登各处辽丁二万，又募浙江精于火器者万余，各给盔甲器械，分驻各岛，俾图战守，以襄恢复至计。奇正互用，首尾夹攻，岂特奴酋不敢窥山海，即河西不敢轻渡矣。①

在毛文龙的建议中，有两点需要引起注意。

第一，熊廷弼的三方布置策略以广宁、天津和登莱为支点，广宁负责牵制后金主力，天津和登莱负责从海路北上，择机收复辽东半岛。另外，在东南联合朝鲜袭击后金的后方。毛文龙的方案则是以“山海出扼其颈，三岔焚截其腰，东南齐拊其背而蹑其尾”，即以山海关一线和天津为一个支点，以辽东四卫为另一个支点，以东江镇和朝鲜为第三点。从总体上看，依旧是三方布置，但内涵已经大变。广宁失陷，自然不能再做支点，由山海关顶替之，也合乎情理。朝鲜和东江镇共同承担侧后方牵制任务，是新形势下的变通，较之以往更具实践性。问题出在天津和登莱两镇上。天津原为一个支点，现在被降格为山海镇的后援。登莱镇则彻底被挤出了三方布置战略。毛文龙设计的第三个支点是当初王化贞看重的辽东半岛。为此，在他拟订的人事安排中，有四人的未来作战任务是收复旅顺和金、复、海、盖四卫。收复辽东半岛原来是登莱镇的主要战略目标，现在毛文龙将其作为本镇的任务，登莱镇只剩下看护好自己的门户——庙岛诸岛。这样，毛文龙就在事实上同时占据了两个支点。如果这一方案得到批准，三方布置策略将变成两翼合击，且以东江镇为主。正是在此基础上，毛文龙提出继续给自己增兵添饷。

第二，毛文龙强调招用辽兵。以辽兵为恢复辽东疆土的主力，把希望

① 《明熹宗实录》卷二五，天启二年八月己巳条，第1251—1254页。

寄托在不满后金统治的辽东遗民身上，是王化贞的一贯思想。毛文龙作为王化贞的旧部，显然也接受了这一思想。不过用辽兵的前提是将其家属护送至山东半岛安插，以免后顾之忧。

早在天启元年十二月，御史贾毓祥就曾提出大军“尽聚登州，徒滋骚扰”，应由登莱镇选一大将，提兵驻扎旅顺，“其余水兵散冲要各岛，陆兵散沿海各卫所、州县操练”[①]。此后不断有人提出类似建议，如天启二年四月，巡按御史董羽宸上言：“登莱蕞尔，生理几何？而客兵一旦插入数万，弱肉强食，作奸犯科，官不能弹压，将不能统制。地方之祸，何可胜言？乞敕抚臣陶朗先厝置未了之局，按臣游士任节度所招之兵，道臣刘国缙训练三千辽兵，分屯要害，不宜与登民杂处一城，以滋扰害。”[②]毛文龙提出从登莱等地辽民中抽兵两万，分布于海岛，对于减轻辽民迁入地的压力无疑是有帮助的，和此前的舆论也相呼应。

不过毛文龙提出的继续安插辽兵家属到登莱等地的建议，则有使内地辽民进一步增加的可能。因此，是否愿意继续接收辽民，很大程度上取决于山东官员的态度。但毛文龙把登莱镇降格到可有可无的地位，势必会引起登莱官员的不满，所以这一移民方案必然会遇到很大阻力。

毛文龙的方案提出后，并未得到明廷的批准，而是引起了广泛的争论。御史夏之令等认为“毛文龙孤军客寄海外，难于急济，议当撤回”，当年极力支持王化贞，并把毛文龙比作班超的大学士叶向高在申救夏之令时也表示“毛文龙在海外，兵力单弱，接济甚难。朝鲜之情形又不可知。昨登莱巡抚袁可立有疏，甚言粮饷之无处，海道之艰危。五千淮兵之渡海者，率飘泊于各岛，未有一到。而文龙有疏，亦云必得兵四万而后可以有为。臣等度今日之财力，必不能办此。然则三方布置之说，竟未易行。之令之贬抑文龙虽为太过，而其深忧远虑，亦不可谓无见也”[③]。

有鉴于此，御史曾陈易于天启二年十二月上疏，请求“集众思，以定庙算”，“大约谓自有东事以来，战守之议几成聚讼。今日欲省议论，宜求画一。乞敕该部会集九卿科道从长计议，一切关内、关外、登鲜牵制及京师自固之策议定，总具公疏，覆奏施行，毋待临期，彼此互为是非，部不胜覆，罔所适从也”[④]。兵部请求发单集议，熹宗批示：“疆事当责成

① 《明熹宗实录》卷十七，天启元年十二月壬申条，第839页。

② 《明熹宗实录》卷二一，天启二年四月丁亥条，第1074页。

③ 《明熹宗实录》卷二九，天启二年十二月癸未条，第1469—1470页。

④ 同上书条，第1469页。

边臣。尔部又有专责，只咨访，从长举行，不必发单会议，致滋纷扰。”①

从这些言论中可以发现，毛文龙过于托大的战略建议并没有得到明廷上下的一致认可，其背后的登莱巡抚袁可立虽然没有明确表态反对，但从其强调后勤补给困难来看，事实上也持反对态度。而且袁可立的考虑似乎已经得到内阁的认可。那么，袁可立的战略构想又是怎样的呢？

天启三年三月，袁可立在奏报登州水军作战计划时曾讲道：“登莱之水师实榆关之犄角，臣与镇道图画者数月，诸凡操练将士、修验船只、合并营伍、简汰官兵，稍有次第，乃拔其尤者三千六百人，俾总兵沈有容领之先发。而副将李性忠所带家丁旧系辽左健士，臣于三月十二日饯而送之，嘱以相机进止，以固榆关，以联毛帅。”②

可见，在袁可立眼中，登莱镇仍具有不可替代的战略地位，登莱镇与退守山海关的明军是抗击后金的两大支柱。至于毛文龙，明廷的意见基本是统一的，即“进止机宜，已有旨听毛文龙自酌”，“俱令牵制奴酋”③。这样，熊廷弼的三方布置策略得到了总体维持，但三方转变为山海关、登莱和驻扎于皮岛的毛文龙部以及其背后明廷一直在争取给予支持的朝鲜。

三方布置策略发生改变后，天津镇退出了三方阵容，不再承担北上进军辽东半岛的任务，这与毛文龙的构想是一致的。东江镇成为一方，也基本满足了毛文龙的要求。至于登莱继续充当三方中的一方，既符合客观事实，也利于安抚登莱官兵。

对于这一调整后的战略构想，明廷依然有反对的声音。天启三年十二月，户科给事中朱钦相上言：

> 夫用兵之道，不外虚实。向辽未失而守铁、沈，既失而守三岔河。及广宁失而守宁前、山海者，实着也。其守登莱、天津，守海中诸岛者，虚声也。虚声者，张局布势，可以恫喝敌人之一时，而不可以为旷日持久之用。且奴之不能舍骑从舟，以与我争于烟波浩渺之间，亦明矣。故津、登之兵只于旧饷中稍为增益，训练以壮声援，其新设多旅，断宜尽罢……自有东事以来，不闻选一名将，惟在在添设文官。近议归并津抚矣，乃登抚亦当并罢。④

① 《明熹宗实录》卷二九，天启二年十二月癸未条，第1469页。

② 《明熹宗实录》卷三二，天启三年三月丁巳条，第1671—1672页。

③ 《明熹宗实录》卷二九，天启二年十二月癸未条，第1471页。

④ 《明熹宗实录》卷四二，天启三年十二月己丑条，第2167—2168页。

可见，在朱钦相上疏之前，明廷已经出现裁撤天津巡抚，不再增加天津、登莱驻军的声音。如果朱钦相裁撤登莱巡抚的建议获得批准，则意味着彻底抛弃三方布置策略，将抗击后金的重担完全压到山海关一线明军身上。

对此，亲自北上督理军务的大学士孙承宗明确反对。孙承宗认为：

> 登抚之设，原以防贼南下。目今贼无问水之师，即东抚可兼，则登抚原自可省。第向者，东省有事而海上后以扬舲见告，东鞭其有及乎？且两镇并设，三方照应，而不以一抚臣节制之，其兵马钱粮不得问，其斩获捕捉不得问，其调发分防不得问，其信地营制不得问，而独责其传弁流之塘报也。则登抚真可裁矣。然国家真以两镇不可问，不宜问乎？饷不及何以养兵，兵不核何以给饷？关门聚士大夫以驭弁流，而不无虚冒，独两镇为可勿问乎？海上之师所关甚重。一隅之偏师，必不若三镇之犄角。登镇与平岛，定宜并建。觉华与登镇，定宜贯通。静以防守，动以恢复，定以此为大机。两镇之兵马、钱粮、调发、功罪，必不可以不问。则登抚之议，当早为裁决。①

不仅如此，孙承宗还对登莱镇的军事部署提出建议：

> 先是臣题派分防登镇，需兵二万，由南卫为中路。盖酌量于钱粮赢缩，计算于地势冲缓，以酌略其数。查得青、莱二府并王徐、文、即等营原设官兵九千八百九十余员名，俱议留防守各该信地。又查登镇额兵、新兵、勇、夜、家丁等项一万二千九百八十余员名，除发援辽、留登防守，分有容统领北渡官兵仅三千六百员名。夫登镇初设，原以备贼南寇。于时征兵调马甚急。今习见贼之必不舍车骑为舟楫，遂视为可有可无。曾不知觑贼堂奥，以剚刃于腹，而因以规恢大略，惟此地为最要。如三千兵时惊时扰，似可支撑。倘机有可图，则众寡悬殊，何当攻战之数？且水兵与陆兵不同。陆兵征进，便可抬营而前。水兵必留守卒护船为家，即二万而去，守卒尚存乎见少，而况三千，何以足用？且其偏裨，率皆借衔暂委，不奉题请。而钱粮之给发，先东江而后登，有三月不见饷银者。以偶寄之官，率枵腹之众，而欲责破浪之功，其将能乎？似宜将淮兵尽数给有容，加以潍县兵二

① 《明熹宗实录》卷四二，天启三年十二月壬辰条，第2178—2179页。

千有奇，务足二万，或万二千，以成一镇。

其粮当责成于监军，而以登州通判司之。查该镇饷每月一两五钱，其本色听各兵自买，粮无腐烂，兵丁为便。而进剿则须官运。至马当二千，可得三万余金。而辽船载马，可得百十只。分送各岛，而南汛潮退，可以马渡。凡此一切及盔甲、器械，统责登抚备办。此关系边事安危大机，而耽延时日，空文塞责，予之以可为，格之以不为，天下事尚堪言乎？

至于该镇各官，当令先定营制，分粽、分哨统领，各领题奉钦依，则人知奋勉，此最关紧，不可仍旧因循。且边方事体，惟在决断……目今文龙累有捷报，既成牵制之功，再得登镇与觉华为备，则其势更大。伏乞皇上敕该部分部两镇汛地，酌给登镇兵丁。敕登莱抚臣用心料理，仍令节制两镇，凡一应兵马钱粮，征收调遣，防剿功罪，尽归经理。仍查有容果否可用，早为定夺。则权有攸归，人心自定。①

早在陶朗先主政登莱时，就有人提出登莱不堪部署重兵，应该分兵。袁可立接任巡抚后，曾于天启二年十二月上疏时提出两条建议：

一、设将领。谓登莱之皇城岛两游击及成山、威海等处俱系紧关冲要，宜添设钦依以重事权。

一、定边饷。谓登莱水陆分防，以二万兵为额。每兵月饷一两五钱，岁计费饷银三十六万。马料、操赏、修船诸费不下数万。新饷四十万留用，尚存见少。②

两万兵额较之登莱镇初设时提出的五万已经大为缩减，估计是袁可立在舆论压力下的无奈选择。但从孙承宗的奏疏中可以发现，即便是两万兵额，在一年后也没能如数凑齐。而没能凑齐的原因，显然与期间存在的裁撤登莱巡抚的动议有一定关联。

按照孙承宗的意思，登莱镇不仅不能裁撤，而且应大力加强，以使登莱镇和觉华、平岛声息相通。觉华岛在辽东湾西侧，明朝时是永平镇的辖区。平岛在今大连市西南约两海里的黄海中，那时由毛文龙军控制。可

① 《明熹宗实录》卷四二，天启三年十二月壬辰条，第2180—2183页。

② 《明熹宗实录》卷二九，天启二年十二月癸未条，第1471—1472页。

见，这三个互相支持的地方就是登莱镇、永平镇（含山海关一线）和东江镇，也就是调整后的三方布置策略中的三个战略支点。

孙承宗不仅支持“新”的三方布置策略，而且在奏疏中明确建议继续由登莱巡抚“节制两镇”，以便在和山海关一线形成掎角之势的同时对毛文龙部提供足够的支持。

登莱总兵沈有容曾于天启二年十月称病辞职，但被熹宗驳回，要求其“仍遵前旨，择岛驻札，督率诸将，策应毛文龙。不得推诿”①。沈有容的战略思想和毛文龙有明显不同，他更强调后勤补给的重要性。对于毛文龙提出的在没有根据地的条件下恢复辽东四卫的设想，沈有容认为并不可行。毛文龙袭取镇江时，沈部没有提供及时的后续支持，与其对毛文龙部没有信心有密切关系。对于沈、毛之间的矛盾，孙承宗想必也很清楚，因此才会在奏疏中要求“查有容果否可用，早为定夺”②。

此前，熹宗曾明确指示：“疆事当责成边臣。”③ 现在，主持边防大计的孙承宗提出具体建议，熹宗自然应予支持，“登莱巡抚官料理海上，岂可遽裁？袁可立已有旨，着尽心任事。其两镇分部事宜，着该部作速奏行”④。同日，明廷又“准登莱总兵沈有容回籍调理，以东兖总兵杨肇基代之”⑤。

至此，登莱镇的战略任务、巡抚职责以及新的总兵都已经明确，明廷对三方布置策略的调整最终落实。

二　袁可立治下的登莱镇

袁可立，字礼卿，号节寰，万历十七年进士。万历二十四年时因直言进谏被罢官，家居 26 年后，才于泰昌元年八月被召回。袁可立回朝时，正值辽沈陷落，于是他条上七事。在条陈中，袁可立对登莱镇的战略地位有清晰的见解：“登城防守，则其精锐已在□□矣。宜急敕登莱抚臣督兵过海，会□□□□□□□等乘虚捣□，绝其饷道，使力有所分，不敢乘胜深入。法曰：攻其必救也。”⑥ 于是，在天启二年四月陶朗先提出辞职时，

---

① 《明熹宗实录》卷二七，天启二年十月壬子条，第 1376—1377 页。
② 《明熹宗实录》卷四二，天启三年十二月壬辰条，第 2183 页。
③ 《明熹宗实录》卷二九，天启二年十二月癸未条，第 1471 页。
④ 《明熹宗实录》卷四二，天启三年十二月壬辰条，第 2183 页。
⑤ 同上书条，第 2188 页。
⑥ 董其昌：《兵部左侍郎节寰袁公行状》，见（清）陆时化《吴越所见书画录》卷五，续修四库全书影印本，第 252 页。

明廷决定由袁可立代替他。

（一）申斥军纪

袁可立离京不久，山东即发生徐鸿儒领导的白莲教起义。山东巡抚赵彦一面派遣都司杨国栋等领兵镇压，一面上疏，表示山东只有“锋营额兵三千名，调发已尽”①，请求明廷调兵援助。袁可立一行正好刚走到鲁西兖州一带，于是“檄登莱兵将驰至兖，申以法令，劝以大义。于是陷阵登坪，无不以一当百”②。由于登莱军的“意外”参战，起义很快被镇压了下去，徐鸿儒也于当年十月被擒，旋即遇害。

此前，明廷曾派御史游士任到江淮一带招募水兵，用来补充登莱水兵的不足。但游士任所募之兵“见海而惕，望登而避”，不堪实用，于是辽东经略王在晋提出将其“离群散党，分发武定、济宁、临、德等处，以渐清汰。有不愿往者，发回原籍，追安家、衣甲银两”③。兵部复议后决定调其渡海北上，接应毛文龙。但游士任先后只催发了1500余士兵渡海，其他士兵尚未出发。正巧此时袁可立的调兵檄文送到，游士任趁机把剩下的七千余不愿渡海的淮兵“调赴邹、滕，合剿妖贼”。对此，兵部十分不满，奏准“严旨督催”④。

对袁可立而言，这批淮兵既帮助他镇压了起义，建立了功勋，也让他了解到了淮兵的不足。于是，他开始通过校阅，裁汰客兵。史载，他“立日射之法，汰一客兵，补一土著。不半岁，土著充任者众，而思归远戍十不存一，纪律肃然。农狎于野，商狎于墟，茫茫大荒与通都等矣”⑤。

镇压了徐鸿儒起义后，淮兵依旧借故不愿渡海北上。不久，驻扎于福山县的淮兵都司汪崇孝所部借口军饷不到位而哗变鼓噪，“虎视三昼夜，人心汹汹”，赖知县袁希颜百般抚谕，才“解甲兵”⑥。

对于汪崇孝等的不法行为，袁可立没有姑息，而是上疏弹劾。兵部复议后奏准：“仍行游士任将淮兵鼓噪为首者擒拿正法，以警将来。汪崇孝姑准领兵渡海，戴罪立功自赎。”⑦ 由于袁可立针锋相对的态度树立了威

① 《明熹宗实录》卷二二，天启二年五月丙午条，第1098页。

② 董其昌：《兵部左侍郎节寰袁公行状》，第253页。

③ 《明熹宗实录》卷二二，天启二年五月乙卯条，第1113页。

④ 《明熹宗实录》卷二四，天启二年七月庚申条，第1228—1229页。

⑤ 董其昌：《兵部左侍郎节寰袁公行状》，第253页。

⑥ 光绪《增修登州府志》卷二十五《文秩四》。此事地方志记载发生于天启三年，但《明熹宗实录》及董其昌撰《兵部左侍郎节寰袁公行状》等史籍都记载为天启二年，应以后者为是。

⑦ 《明熹宗实录》卷二六，天启二年九月壬戌条，第1333—1334页。

信，“海上将吏咸斤斤受节制焉”①。

不仅淮兵难制，登莱地区广泛存在的辽兵也难于管理。据董其昌撰《兵部左侍郎节寰袁公行状》中记载：

> 癸亥（天启三年）春，潍县有报张尔心约同李副将性忠谋以元宵举兵叛者。报至之时，两监司在座，皆惊惶失色。公徐命小队呵殿而过沈帅，询性忠何状。沈以百口保之。公曰：“但令解其兵柄，无患也。”复移文县令无张遽而辽众始安。盖辽人跋扈，自其性初渡海依登莱，羁孤畏人，惟鼻息是仰。居久之，东人以为是刀斧之余，遇之横，而辽人不受前恭后倨，仇隙是起。飞语所加者，皆辽将也。公盖洞识其情，每从镇静云。②

这一事件在地方志中也有所反映。据《莱州府乡土志》中记载：

> 天启四年，（谭昌言）任登莱道。潍令与辽将构衅，以辽兵叛。抚檄登兵会剿。登营多辽人，偶语迭诱，昌言大言曰：“辽将吾将，辽民吾民也。谁敢言发兵者?”入辽营，握辽将李维忠手，令驰箭谕潍营将士，皆感泣。③

结合这两段记载，我们可以大致了解事件的经过。辽东失陷后，渡海南下的辽人和辽兵大量聚集在山东半岛，颇有寄人篱下的感觉。山东本地士绅因为自身生活受到影响，对辽人、辽兵颇多不满，从而使双方的矛盾日渐加深。潍县县令因为与辽将李性忠（维忠）有矛盾，于是污蔑他欲反叛。袁可立得报，征询总兵沈有容的意见，沈力保其不会反。与此同时，谭昌言深入军营，与李性忠坦诚交流，令辽东官兵释怀。袁可立出于谨慎，宣布解除李性忠的兵权。总之，在各方努力下，一场血光之灾化于无形。

李性忠谋反事件虽然平息，但其透露出来的辽兵辽将与登莱原住民之间的矛盾并没有就此化解。这一矛盾的积累，不可避免地会在未来造成严重后果。

---

① 董其昌：《兵部左侍郎节寰袁公行状》，第253页。

② 同上书，第254页。

③ 光绪《莱州府乡土志》卷上《政绩·谭昌言》，第35页。

（二）固守岛屿，择机北上

在军事措置上，袁可立认为皇城岛是“海洋之要冲，登莱之门户”，遂与沈有容共议，在岛上“设参将一员、守备一员，领兵三千，严加训练。无事则更番防守，有事则合并策应。又设南游、北游两营，各分汛地，侦逻于□□□□之间，时东时西，忽远忽近，使敌望之不知所攻，亦不知所守，因劳为逸，反客为主”，后金于辽东沿海哨探、巡视的“布帆草筏于是绝迹”[①]。

对于手下将领，袁可立亦有选择地任用。如天启三年四月奏准：“以防海道中军许定国平妖有功，加游击职衔，管登莱巡抚标下中军事。新升万全都司佥书周洪谟加都司职衔，仍留管文登营守备事。”[②] 同年闰十月，奏准裁撤冗员登州水营游击，“现任游击刘宣化另行推用”[③]。

袁可立任内最大的成就是策反了后金汉将刘兴祚[④]。刘兴祚原本是辽东士人，后流落建州女真，且颇受努尔哈赤的赏识，并为他起了一个满语名字“爱塔”。刘兴祚后来被编入努尔哈赤次子代善的正红旗，并娶了代善之子萨哈廉的乳母的女儿为妻。

1621 年（明天启元年，后金天命六年）四月，刘兴祚被派往金州任游击，当年八月即因功升为副将，总管南四卫。在后金汉官中，刘兴祚成为仅次于施吾里额驸佟养性、抚西额驸李永芳的第三号人物。

后金占领辽、沈等地后，把落后的奴隶制度带到辽东地区，强力推行剃发令，大量圈占土地，编庄为奴，对不服从统治的汉人大肆杀戮，造成严重的社会动荡。如天启元年三月，“奴酋据辽阳，封贮府库，民间金钱缯绮，掺取一空。分遣西虏驱辽民聚城北，奴众聚城南，遣三骑，持赤帜传令：自髡者贳不杀。于是河东之民无留发矣。家有父子五人者，抽三人为兵。有三人者，抽二人。酋之第三子循海州而南，四卫之人望风奔窜。武弁青衿各携家航海，流寓山东。不能渡者，栖各岛间”[⑤]。

---

① 董其昌：《兵部左侍郎节寰袁公行状》，第 253 页。

② 《明熹宗实录》卷三三，天启三年四月丁卯条，第 1693 页。

③ 《明熹宗实录》卷四十，天启三年闰十月甲辰条，第 2088 页。

④ 刘兴祚的事迹前人已有较多研究，如郭成康、成崇德：《刘兴祚论》（《清史研究》1994 年第 2 期），姜守鹏：《刘兴祚事迹补考》（《东北师大学报》1984 年第 5 期）、《刘兴治的归明与叛明》（《社会科学辑刊》1987 年第 3 期），王佩环、王爱军：《刘兴祚兄弟事迹始末》（《吉林师范大学学报》1987 年第 2 期），陈昱良：《明人刘兴治与朝鲜关系初探》（《满学论丛》第 1 辑，辽宁民族出版社，2011 年版）等。本书中涉及刘兴祚、刘兴治兄弟的内容，对前人作品多有借鉴，恕不一一注出。

⑤ 《明熹宗实录》卷八，天启元年三月丁卯条，第 409 页。

后金的残暴统治激起辽民的激烈反抗，但因为没有得到明朝政府的有力支持，反而给辽东人民造成更大的生命和财产损失。毛文龙袭取镇江后，努尔哈赤展开了更为血腥的报复，一万二千余战斗幸存者也全部被没为奴仆。

刘兴祚作为汉族知识分子，虽然委身后金，但对努尔哈赤的残暴统治非常不满，暗中也曾多次帮助汉族同胞，但成就很少，遂萌生投诚的念头。

据袁可立的《行状》中记载：天启元年二月，刘兴祚“令心腹金应魁约降，镇臣沈难之。公曰：‘此用间之会，不可失也。’即予加衔札付，许降后代请封官。而札中又备述其怨怼语，以防其泄。计事成则收恢复之功，即事露亦遗彼疑贰之祸。后□□果以复州王丙露泄其事，为□（虏）缚去，且诛戮数将，拆毁□□，诸城尽撤。海上之旅顺孤悬，乃为我有。而中国叛将为□（虏）羽翼者，皆上下携贰，公之本谋也”[①]。

当年七月，袁可立向明廷汇报了相关情况：

> 今二月内，总兵沈有容执有生员金应魁赍到奴酋伪授世袭总兵、驻复州刘兴祚，即刘爱塔密禀一纸，内称彼欲反正内应，以报中国，因求臣免死、加衔牌票。臣念辽阳以纳降陷城，广宁以叛官诱败，兴祚之言未可凭信。又思因间用间，实兵家妙用，随于二月二十三日写免死票一纸、加衔札付一张，移付沈总兵，转给金应魁先往。沈总兵于三月十三日率兵出海，相机接应去讫。其后续接塘报，皆云爱塔于七月来归也。奴四月间，以金州近海尽赶人民退处复州。以王丙之故，致奴觉察，将爱塔并李永芳长子械而去，杀其弟刘兴仁。暨王丙阖城屠戮所未尽者，悉赶而东。且并永宁、盖州俱行赶徙，而四卫已空其三。沿海四百余里之地，奴尽弃之而不敢据。所余者，西虏千人而已。当此时也，乘宁前驻防之众，朝鲜助兵之初，大兵出关东下，旅顺犄角夹攻，宣川拥鲜众而应，恢复之功，似有可图者。但谋贵万全，兵须审势。知彼知己，能为可胜。是又当慎图之耳。[②]

结合以上两条史料可知，刘兴祚先派出手下士人金应魁秘密联络登莱总兵沈有容，愿做内应，协助明军收复辽东。沈有容难以决断，上报袁可

---

① 董其昌：《兵部左侍郎节寰袁公行状》，第253页。

② 《明熹宗实录》卷三六，天启三年七月甲寅条，第1881—1882页。

立。袁可立鉴于此前后金攻占辽、沈等地时大量使用间谍，也不能确定刘兴祚投诚是否是真，但决定予以利用，遂按刘兴祚的要求，给其出具了免死票和札付，但在札文中故意把刘兴祚对后金不满的内容写了进去。随后，袁可立派沈有容率兵北上，准备按照约定计划行事，但未获成功。

据《明熹宗实录》记载，天启三年四月时，毛文龙曾递上塘报：

> 职前后挑兵驾船，欲袭金、复等处，俱为飓风阻回。奴酋惧职乘虚捣袭，分遣李永芳等各路设防。仍遣奸细王世杰至皮岛诈降，谋为内应，约以五月举事。为加衔参将唐尧卿发觉，已将世杰枭示正法。见今各兵已两月乏粮，嗷嗷待哺。乞赐兵饷接济。①

对于毛文龙的请粮要求，袁可立亦“具疏为请，且言各岛守冻淮兵已报开洋，三山岛未发之众亦已陆续登舟。总兵沈有容统率精锐于三月十二日出海，舳舻相接，奴酋胆寒。但恐粮糈匮乏，兵难用命，乞敕该部及山东布政司将应用钱粮速行给发”②。

可见，在和刘兴祚达成一致后，不仅沈有容领兵出海，毛文龙也率部西进，但遭遇飓风，无功而返。明军北上不仅没有完成任务，反而引起后金的警惕，增加了在辽东沿海的防御力量，并且试图通过反间，攻取皮岛。

以刘兴祚为内应收复辽东的计划虽然无果而终，但袁可立“用间”的计划却收到了实效。复州备御王丙向努尔哈赤告发了刘兴祚，致使刘兴祚弟兄及李永芳的儿子都被逮捕。由于没有有力的证据，加之刘兴祚坚决否认，王丙被处死，刘兴祚的弟弟刘兴仁也被杀害。刘兴祚本人虽然幸免，但被降为参将。

这次未遂的反金事变招致努尔哈赤的残酷报复，复州百姓被杀害两万人之多。此后，出于对辽东百姓的不信任，后金放弃了金州、复州等城，强制百姓迁徙到北部地区，辽东半岛为之一空。

后金军虽然撤走，但对辽东半岛的粮食并未放弃。当年秋季，后金遣人前往收割。袁可立于是“移书沈帅，乘其收割蕴祟之时，用火攻策。将吏用命，于是年九月乘风纵火，焚其积聚，举□□两月之捆载为之一

① 《明熹宗实录》卷三三，天启三年四月丁卯条，第1689—1690页。

② 同上书条，第1690页。

空”①，“得首功三十二，牛马倍焉”②。十月，后金发兵报复，“分兵两路袭我”，事先有所准备的明军“亦分兵以应，逼夜酣战，大获全胜，(虏)遂移营遁去”③。可见，在刘兴祚秘密投诚后，袁可立指挥登莱和东江两镇兵多次北上辽东，且取得了一定的胜利。

自占领广宁后，后金忙于内部整顿，将重点放在了稳定新占领土上，对明朝没有发动大的攻势，明清战争因此进入相持阶段。可以说袁可立取得的胜利，是有效利用了相持阶段有利态势的产物。

不过令袁可立没有想到的是，这次成功的“用间”，虽然取得了一定的胜利，但在手下两员大将——沈有容和毛文龙之间却产生了明显的隔阂。

(三）注重大局，支持毛文龙

努尔哈赤获知有人谋反后，大肆屠杀辽东人民。袁可立命两镇兵北上救援，并相机收复失地。努尔哈赤不愿过多纠缠，于是强制迁徙人口，“金、复、盖三卫俱空无人”④。毛文龙认为“辽东要地，惟金州南通旅顺口，北至三牛坝，西通广宁，东可图复。此城若得，陆扼建州骑，水可登州运粮、停泊”⑤，决定乘机兴兵收复金州。但沈有容认为“金州孤悬海外，登州、皮岛俱远隔大洋，声援不及，不可守”⑥，反对贸然出兵。毛文龙不听，遂命大将张盘、程鸿鸣等进驻麻洋岛。

天启三年七月初三，张盘等率军登陆，于当夜四鼓，至金州南门，各举火把呐喊、放炮，五百守军不知道明军的数目，仓皇撤离，张盘顺利进入金州。丢失金州，意味着明朝的登莱、旅顺、皮岛、宽、叆将连成一线，直接威胁后金的侧翼。于是后金派出大军反扑。

沈有容原来驻扎于广鹿岛，属金州管辖。“后总兵毛文龙遣张继善招练岛兵于广鹿，有容随移驻双岛。”但张盘收复金州后，仍然“责登兵为守。而毛文俊议守金州，亦拉有容为援”⑦。两镇互不统属，东江兵将“责”登莱镇兵守金州，纯属越权行事。加之沈有容对收复金州本来就不看好，因而不可能提供强有力的支援。由于没有强力后援，金州很快又失

① 董其昌：《兵部左侍郎节寰袁公行状》，第253页。

② 王铎：《太子少保兵部尚书节寰袁公神道碑》，见《拟山园选集》卷六十二，北京图书馆古籍珍本丛刊影印本，第701页。

③ 董其昌：《兵部左侍郎节寰袁公行状》，第253—254页。

④ 张廷玉等：《明史》卷二七〇《沈有容传》，第6939页。

⑤ 计六奇：《明季北略》卷二《毛文龙入皮岛》，中华书局标点本1984年版，第39页。

⑥ 张廷玉等：《明史》卷二七〇《沈有容传》，第6939页。

⑦ 《明熹宗实录》卷四二，天启三年十二月壬辰条，第2179—2180页。

守，张盘被迫退回麻洋岛。

金州得而复失，对毛文龙而言是不光彩的事，因而会尽量遮掩。对沈有容而言，却是可以证明自己有先见之明的证据，因而明廷收到了两人带有明显矛盾的塘报。史载：

> 平辽总兵官毛文龙塘报：刘爱塔之死，遣张盘潜师夜起，遂复金州。今欲据金州以图三卫。又报奴欲西犯榆关，遣师渡江，以伐其谋。暗置空营，更易旗号，于是有满浦、昌城之捷，斩获奴级一百三十八颗，获奸细四人，及夷器等物。奴耳目乱于梆声，手足触于地炮。东西奔命，人马饥疲，自相践踏而死者二万余人、马三万匹。
>
> 总兵沈有容塘报：三月内，统兵出海。已见奴贼毁弃金州不守。又报六月内，有张盘风飘至麻洋岛，船坏寄居。又报九月初二日，奴贼知金州有人，遣人将在城兵二百，掩杀殆尽。张盘向住麻洋，奴肆焚烧而毁其城垛、城角以去。
>
> 塘报互异。上谕兵部：着该抚查明。
>
> 登莱巡抚袁可立奏：刘爱塔事泄，而金州空。沈有容有登兵势寡，四不可守之议。而张盘毅然入而据之，此毛文龙所以有金州已复之报也。奴酋闻金州有众，人率众以至。张盘退居麻洋岛，此沈有容所以有九月初二之报也。此金州复与不复之实也。至于满浦、昌城之举，当以赶杀首级、获奸细夷器等项为实功，而不交一锋，致奴死二万余人、马三万匹，其数终有不可考。然其分兵设奇，举火放炮，使奴东西奔驰，如弄于股掌之上，当优叙，以为用谋者之劝。
>
> 上降敕谕奖励，赏文龙银一百两、蟒衣一袭。又发帑银三万两，劳赏诸将士，并命所司议处钱粮接济。①

从袁可立的调查结果来看，毛文龙和沈有容的塘报都没有问题，只是侧重点不同。毛文龙强调的是战功，沈有容反映的是金州得而复失的过程。从沈有容塘报中强调金州损兵两百余来看，似有暗含贬抑的嫌疑。毛、沈均为袁可立手下大将，不宜分彼此，故袁可立的汇报中并没有评价性的内容。但毛文龙对满浦、昌城“大捷”的描述过于夸张，实在让人难以相信。即便如此，袁可立也只是称“其数终有不可考”，并未予以否定，而且请求朝廷为之叙功。

---

① 《明熹宗实录》卷三九，天启三年十月辛酉条，第1995—1997页。

毛文龙自镇江大捷后连升数级，可谓志得意满。初时，他尚有复辽大志，锐意进取，但很快就有朝军阀转化的倾向。对此，朝鲜官员有清晰的判断。如天启三年十月，朝鲜名臣李廷龟曾说道：

废朝所大忌者，战也。都督知其意，故常以进剿夹击等言，声言于我，而实则本无是意矣。毛文龙始以孤军远涉海外，声言灭胡，招抚辽民。数年之间，辽民之归者以万计。虏亦疑其议后，不敢专意西向。其与中原，声势相倚，为掎角之形，其功亦不浅。而今则徒享富贵，无意进取。识者皆忧其终不利于中原，而为我国之深患。①

其实，对于毛文龙的行为，明廷也有所察觉。如天启三年三月，四川道御史刘重庆上言：

东奴之蛰伏，其故智也。来如飘风，去如脱兔。初闻牧马于百里之外，渐近而七八十里，又渐近而五六十里，忽放忽收，最为狡狯。毛帅起自行伍，初当重委，有死之心，无生之气，故能直抵镇江，俘其逆党。今正宜降心辑志，一意牵奴。奈何子女、玉帛，积百盈千，动为大言曰：将以某日捣奴巢、覆奴穴。此可间一开口耳，再则疑，三则厌，是何为者？更烦天语叮咛，令其竭力致身，庶几于牵制之着有当。②

对此，决策层的答复是："毛文龙海外孤军，奏内事情，着兵部明白传谕，务加谨慎，毋负重委。"③ 可见，明廷对毛文龙的行为也有所不满，但鉴于他在后金侧后方不可或缺的战略地位，明廷只能迁就。袁可立对毛文龙虚报的满浦、昌城"大捷"的态度和明朝中央政府的态度也是一致的。因此，在得到袁可立的奏报后，明廷随即下旨奖赏毛文龙部。

类似这样的顾全大局之举，袁可立还曾做过多次。如同年十二月，袁可立报"毛文龙统兵深入阎王寨，与奴贼大战，斩级三百七十一颗，生

---

① ［朝鲜］《李朝仁祖实录》卷三，天启三年闰十月辛亥条，第63页。日本学习院东洋文化研究所昭和三十七年（1962）影印本。文中所谓"废朝"，指不久前被废黜的朝鲜国王光海君。不尽力支持明朝抗击后金，是政变者废黜光海君的重要理由之一。

② 《明熹宗实录》卷三二，天启三年三月辛卯条，第1609页。

③ 同上书，第1610页。

擒真夷四名，请发赏功银两”[①]，等等。当年底准许沈有容回籍养病同样含有迁就毛文龙的目的。[②]

尽管袁可立对毛文龙百般迁就，但其在满浦、昌城“大捷”问题上的表态依旧引起了毛文龙的不满。据袁可立的《行状》记载：

毛文龙者，公故奇其胆、智。然自夜邑之奉蛊其心子，公之力柔其骨。数犛貂、参于奥援，求增饷金、宽海禁，无复吞之意。乃满浦、昌城之捷，谓兵不满千，未交一战，不遗一矢，而使□（虏）自相践踏，其被炮死者二万有余，马之走死者，三万有余□□。止余真□二万。公心颇疑之，私谓核实而后报，不失于慎。扶同而报，何辞于欺。乃移文东江，审其颠末。遂触毛帅之怒，嗾一黄门弹之，一二侪偶继之。[③]

王铎为袁可立撰写的神道碑则明确指认帮助毛文龙弹劾袁可立的是“方给事”[④]，即兵科给事中方有度。此事在《明熹宗实录》中亦有记载：

天启三年十月壬戌，兵科给事中方有度疏参登莱巡抚袁可立，言毛文龙塘报金州之复，满浦昌城之捷，可立应有特疏，而杳无一言。沈有容塘报所言金州事，即代为具报。可立将以满浦一事为伪也，则文龙为千古未有之谎。正宜明告君父，亟行显罚。如其真也，恐以文龙之长，形有容之短。党护忮克，为有容保奸，可立罪可诛也。[⑤]

不管是董其昌还是王铎，都在为袁可立撰写的行状和神道碑中称毛文龙背后的小动作没有对袁可立造成不良影响，“反以勋勚陟少司马”[⑥]。其实，袁可立在天启四年三月即离任，直到次年十一月才被任命为兵部添设右侍郎。在家赋闲近两年时间，不可能没受到科道弹劾的丝毫影响。董其昌等人显然有为尊者讳的嫌疑。

① 《明熹宗实录》卷四二，天启三年十二月己酉条，第2204页。

② 批准沈有容称病辞职虽然出自兵部，但按常理，兵部事先会通过某种渠道征求巡抚袁可立的意见。袁可立同意调走沈有容，固然是因为沈确实有病在身，但也不排除有为了安抚毛文龙而不得不牺牲沈有容的考虑。

③ 董其昌：《兵部左侍郎节寰袁公行状》，第254页。

④ 王铎：《太子少保兵部尚书节寰袁公神道碑》，见《拟山园选集》卷六十二，第701页。

⑤ 《明熹宗实录》卷三九，天启三年十月壬戌条，第1997页。

⑥ 王铎：《太子少保兵部尚书节寰袁公神道碑》，第701页。

（四）东江镇的后勤补给

前面引用的史料中多次提到袁可立帮助毛文龙向朝廷索要钱粮补给。在明清战争爆发之初，登莱地区承担了向辽东战场输送粮秣的大部分任务。辽阳、沈阳失陷后，登莱饷辽船队再次停航，加之登莱成镇后本地需要大批粮秣供养新增部队，很难再承担对外物资支援任务，因而新设东江镇的后勤补给就成了大问题。从袁可立多次代为请饷来看，此时东江镇的后勤供给方并不是登莱。

天启三年正月时，守备陈良策提出改朝鲜运道于登莱的建议。所谓朝鲜运道，即为毛文龙部提供补给的海道，因为毛文龙部的根据地皮岛属于朝鲜领土。对于陈良策的建议，主持督运辽饷的户部左侍郎毕自严认为可行，于是上疏：

> 朝鲜海运必论道理之远近，核地势之险夷，较脚价之省费，计粮料之贵贱，察事理之难易，而后可从事。今以天津与登州相提而论，朝鲜运务必由津海抵登，而后入鲜。在登较近一千五百里，是远近不敌也。由津抵登，中多礁石。及铁板以触，舟立碎。即如今秋，运甫至沾化，即损船十余只、粮料千石。若由登运，此祸可免，是险夷不敌也。由津入鲜，以登州为半途。天津登运每石脚价四钱。若改登州，便可减半给发，是省费不敌也。津门逼近京师，仰给截漕，其余粮料，价颇腾翔。登莱米豆皆无措处，小民习用市斗，每斗视津斛斗两倍而赢，是贵贱不敌也。登州陆续发运，一年可二三次。津门路遥，以极西抵极东，岁仅一次，是难易又不敌也。良策登运之说，无烦再计。但恐登以无船为解。及查运船，有官、民二种。官船原用官钱自造，计难猝至。民船实贪脚价前来，一呼可集。再有不足，即于津门南船量行拨给。①

登莱巡抚袁可立得悉后，随即上疏表示反对，理由除了强调登莱与后金为邻，“所重尤在兵，非若津之所事专在饷”外，和毕自严想到的一样，强调船少，不过不是招募不来，而是“尽为淮兵借用，一旦再加以运事，渡兵则不能运饷，运饷则不能渡兵”②。

在遭遇阻力后，户部只好以“登无现贮之米、凑手之银”为由，宣

---

①《明熹宗实录》卷三十，天启三年正月戊申条，第1521—1522页。

②同上书条，第1522—1523页。

布天启三年“鲜粮照旧于津门起运”①。通过这一番争论可以发现，东江镇从成立伊始，其后勤补给即主要由天津负责。另外从户部只是决定天启三年的补给任务照旧由天津承担来看，登莱承担部分补给任务是迟早的事。

在户部作出决定后，毕自严很快拟订了新的补给计划，其中涉及山东的大致有以下几项：

一、往年鲜运，“共用船一百六十只，共装粮料一十万九千八百八十八石，除失风外，其抵鲜者，共计九万二千三百七石四升”。鉴于天津运船有限，又承担补给山海关一线的任务，加之毛文龙所请不多，决定天启三年一共发运十二万石，“大约漕米可什之七，粟米可什之一，黄、黑豆可什之二，衡时势而约其多寡”。另外，发运布匹仍定为三万疋，其中“青梭布三千疋，其余俱以本地平机细布为主。内白色布可居其半，蓝、黄、红、绿各色布共居其半。染造配运，以此充御寒之需，而壮军容之威”②。

二、鉴于登莱水军在旅顺、皇城、广鹿、平山等岛一带活动，为避免遭到后金水军洗劫，登莱水军应承担护航任务，“如遇运艘经过，便当拨兵防护，期保无虞”③。

三、鉴于东江收集兵、民日益增加，海运压力过大，建议毛文龙督促辽人屯种，“自食其力，以海运资军饷，而无容滥觞于流移；以屯粟饲辽民，而不责供亿于飞挽”④。

到天启四年时，出现了新情况。毛文龙宣称东江镇已经“接济辽民男妇三十余万。除南兵外，挑选壮丁入伍，已有三万六千三十九名，召买骡马六千余匹”，因而天启二年、三年间运到的米二十三万石、布四万疋不敷使用，“复请漕粮十万石”⑤。户部研究后决定岁运二十万石给东江。但天津粮秣实在拿不出二十万石，于是决定派人到登莱一带籴买米豆，并从登州起运。按照毕自严的计划，“登莱，四塞之国。收其米豆，则地方得以通其有无”，而且“登州买运米、豆、蓟、麦等项通融计算，每石不过五钱，较津已贱，而又每石先省水脚二钱五分，更免于冯夷飘没之

① 《明熹宗实录》卷三二，天启三年三月癸卯条，第1638页。

② 同上书条，第1638—1639页。

③ 同上书条，第1640页。

④ 《明熹宗实录》卷三二，天启三年三月辛卯条，第1641页。

⑤ 毕自严：《鲜运届期飞輓宜亟疏》，见《饷抚疏草》卷一，“四库禁毁书丛刊”影印本，第55页。

患”。而登莱巡抚只需要行文“海防厅，拨发牙行指引，照市价平籴，总计籴粮四万石”①，无须亲自派人收买。

按照毕自严的规划，登莱暂时仍不承担东江补给任务，但在登莱籴买米豆，已经呈现出向万历、泰昌年间的海运饷辽方案靠拢的迹象。另外，为补充辽饷的不足，东昌府和兖州府已经于天启三年承担了“买米二十万（石）”的任务，且“不得复以邹、滕（有白莲教民起义）为辞”②。鲁西承担饷辽任务，显示山东省已经不可能再避开为辽东战场提供后勤补给的任务③。另外，在鲁西府县重点负责补给山海关一线的情况下，未来一旦需要登莱承担补给任务，将很难在省内寻求支持。令登莱失望的是，这一幕很快就将降临。

天启五年二月二十三日，毕自严上疏，就新一年的东江补给提出建议。奏疏中称其在天启四年九月时曾在“预计天启五年关、鲜二运粮料等事内称，五年鲜运仍应照四年例，截漕十五万以俟新运，其登莱五万，即着彼中州县分认籴买，仍俟鲜运回空兑发完局”④。可见，天启四年在登莱籴买的米粮数超过了原定的四万石。

估计是看到了登莱粮价低廉的好处，天启四年十月户部会议时决定天津截漕只能是十万石，“勘科查出陶抚案内入官还官米十四万八千余石，此中可拨给十万石”⑤。登莱巡抚武之望见到咨文后回复：“前项粮石俱已变价，止青属乐安县见贮米豆一千七十七石九斗”，另有“变价未解银一万一千一百五十四两九钱七分”⑥，故无力完成补给十万石的任务。不久，登莱巡抚又称变价银已经“抵补原借京边等项”，且“赃银解比未完”⑦，总之是一句话：没钱买粮。

毕自严在奏疏中称：“鲜运之粮以二十万为额，自天启四年而已然矣。第四年之粮发自津门者逾十八万，在登籴运不满二万，仍是津门委官收买而登莱不与焉。今岁户部覆议津发截留漕粮十万石，登发陶抚入官还官粮十万石，事本同条，粮分两地，此又鲜运一变局也。其登粮十万石，

① 毕自严：《鲜运届期飞輓宜亟疏》，第60页。

② 毕自严：《东兖召买事竣奏缴疏》，见《饷抚疏草》卷四，第205页。

③ 根据《明熹宗实录》卷六五，天启五年十一月丁未条（第3058—3059页）的记载，户部在强调登莱应承担天启六年的补给东江镇任务时，以“山东东、兖二府亦有加派，亦有召买，此皆布、米、力役并征者”为其中一条理由，可为佐证。

④ 毕自严：《鲜运渐迫料理难缓疏》，见《饷抚疏草》卷五，第252页。

⑤ 同上书，第252页。

⑥ 同上。

⑦ 同上书，第253页。

初议若有本色在登也者。及据登抚回咨，止有米豆一千七十余石，又价银赃银一万三千二百五十余两。登州诿于不能如数，户部责以照数召买。见在移咨，查议未决。"① 这里无意中透露出一个讯息，即登莱地区在天启四年实际籴买到五万石粮，但只有两万石运给了东江。那么，另外三万石到哪里去了？笔者估计，应是被明廷挪用，运往山海关或贮存到天津去了。在去年籴买五万石的基础上，户部要求登莱在天启五年提供十万石，如果应允并按时完成，很可能会在未来被继续加码，这应是登莱巡抚刻意推诿的原因。

按照毕自严的意思，"去秋差官赴登买粮价值，小米小麦每石俱五钱上下，黄、黑豆、高粮（粱）每石俱三钱上下。客岁秋收稍逊前岁，然而升斗最大，商贩颇稀，价亦不甚腾。若总以五钱计算，则连短运脚价、赁房、上船之需俱绰绰乎有余裕矣"，故应督促登莱"照户部原题措办，责成海滨州县上紧收买"②。

户部于天启五年三月十九日批复：登州招募运船七十只，归属天津船队。登莱"并未奉有抵补京边之命，该地方官自不得枝梧推诿以误运务。万不得已，即听借用别项以俟追赃补还"，"应买补粮七万二千余石速买候运，脚价一万七千两即于登州新饷支用"③。登莱费了一番周折，终归还是没有摆脱补给东江的命运。

当年十一月，勉强完成补给任务的登莱巡抚武之望上疏，以"米价、脚价陪补甚多，小民疲瘠"，"今已加派折色，而又责之买运本色"，民不堪命为理由，请求停派明年买运。户部复议：

> 青、登、莱三府加派，天启三年以前因有海运之役，各有减免。后因海运停止，故遂议复。今既复征加派，又令买米，委非用一缓二之法。但道府诸臣知其一未知其二。江、浙、吴、楚加派毫无减免，而带买辽米，岁岁不停。即去年荒歉异尝，亦不少假。山东东、兖二府亦有加派，亦有召买，此皆布、米、力役并征者。故不特登、青、莱三府为然也。天启六年分坐派已定，应照前动支新饷，派买十万，以俟鲜运。六年而后或有变更，亦非今日所可预计耳。上然之。④

---

① 毕自严：《鲜运渐迫料理难缓疏》，见《饷抚疏草》卷五，第254页。

② 同上书，第255—256页。

③ 同上书，第256—257页。

④ 《明熹宗实录》卷六五，天启五年十一月丁未条，第3058—3059页。

天启七年，与毛文龙配合默契的登莱巡抚李嵩提请给东江镇在二十万石米粮之外再适当追加一些。结果户部尚书郭允厚顺势奏准："合于登府就近地方，岁买十万之外，再加买二万石"，"旧时原以津粮为头运，俟抵鲜回空，然后再运登粮，故登运必值秋高风劲，不免漂没。今该抚请完办粮米于年前，改运期于次年春和浪静之际，庶乎利涉。至于民间应纳官银者，准以本色上纳，免民以米易钱，以钱易银之苦；又免官司收银于民，以银易米之烦"①。

可见，在天启四年承担了籴买东江镇粮秣的任务后，登莱地区就再没有摆脱海运补给的重担，而且数量呈日渐增加的态势。这一重担直到崇祯初年，经略袁崇焕调整东江补给路线时才暂时卸下。唯一令其欣慰的是，登运的时间调整到了气候适合的时刻，从万历援朝战争期间就开始有人呼吁的税粮本色上纳终于得到了落实。

三　朝鲜政府的矛盾角色

在明朝政府多方筹措，尽力补给东江的同时，毛文龙部还有一个重要的补给来源，这就是朝鲜。在分析朝鲜对补给东江的态度之前，我们需要先简单回顾一下朝鲜政府对于明清战争的态度。

万历四十七年（1619）三月，萨尔浒战役爆发，明军惨败。在战役中，朝鲜政府也派出了军队，配合明军作战，并在大战中蒙受了很大损失，主将姜弘立投降。为拉拢朝鲜，努尔哈赤热情招待了姜弘立等人。数日后，努尔哈赤"遣朝鲜降帅姜宏立部曲张应京及官属三、通事一还国。又使使臣二与俱。书仇明七大恨事"②。在使臣带去的国书中，努尔哈赤对朝鲜参战表示理解，"尔朝鲜以兵助明，吾知非尔意也。迫于其势，有不得已，且明曾救尔倭难，故报其恩而来耳"，但同时也要求朝鲜政府表态，"今王之意，将谓我二国素无怨衅，遂与我合谋以仇明耶？抑既已助明，不相背负耶？其详告我"③。

按照朝鲜的官方记载，后金使者于当年四月抵达汉城，并得到国王光

---

① 《明熹宗实录》卷八二，天启七年三月戊寅条，第3988页。

② 《清太祖实录》卷六，天命四年三月甲辰条，第68页。台北新文丰出版公司影印本，1978年。

③ 《清太祖实录》卷六，天命四年三月甲辰条，第68页。对这份国书，［朝鲜］《李朝光海君日记》卷一三九（己未十一年四月壬戌条，第552页）归纳为"求助已，约以通和息兵"，基本与原意一致。

海君的接见，且“款待赠物”。“虏使之至我境，自此始矣。”[①] 建州女真生活区域与朝鲜临近，历史上与朝鲜政府有着频繁的交往。光海君接见努尔哈赤的使者属于传统交往方式的惯性延续，并非意味着朝鲜将与后金有特殊关系。

由于大批战俘在后金手中，朝鲜政府必须对后金有一个答复。按照《清太祖实录》的记载，当年五月，朝鲜使团一行十四人随同后金使节返回，并带去了官方文书。文书以平安道观察使朴化的名义撰写，主体内容如下：

> 吾二国接壤而居，明与我二国历二百余载、毫无怨恶。今贵国与明为仇，因而征战，生民涂炭，不特邻邦，即四方皆动干戈矣。亦非贵国之善事也。明与我国，犹如父子。父之言，子敢违乎？盖大义所在，不可拒也。事属既往，今勿复言。张应京偕四人来，方悉此事原委。然邻国亦自有交道也。来书云：我若向来有意与明结怨，天即鉴之。推此心也，诚保世滋大、受天之佑者。自此以往，克协大道、同归于善，当亦明所深愿。其温纶不久即下。吾二国各守疆圉，复修前好，岂不美哉。[②]

从中可以发现，朝鲜政府的态度还是倾向于明朝的，不仅认为与明朝交恶不是好事，而且希望后金重回大明怀抱，静候明朝温旨。另外，这份文书以平安道观察使的名义发出，意味着在朝鲜政府眼中，后金并不是一个独立的、可与自己平起平坐的政权，仅与本国各道平级。总之，这一时期的朝鲜政府切实遵循了本国长期宣扬的“志诚事大”原则，并没有因为战俘在后金手中而与之同流。

但此时的明朝却传来令朝鲜震惊的消息。萨尔浒惨败后，明朝上下不得不正视后金的威胁，各种各样的言论纷至沓来。十月初三日，千秋使李弘胄、圣节使南橃等从北京传回情报。其一，翰林院检讨徐光启条陈边事，其中一条为“亟遣使臣，监护朝鲜，以联外势事”：

> 臣窃惟逆奴累胜，未遂深入者，后有北关，前有朝鲜，非彼贸首之雠，则我怀恩之属也。今开原不守，北关隔绝，鞭长不及马腹，必

① ［朝鲜］《李朝光海君日记》卷一三九，己未十一年四月壬戌条，第552页。

② 《清太祖实录》卷六，天命四年五月庚戌条，第69页。

且抵入于奴。朝鲜则师徒丧败，魄悸魂摇，昨传谩书，恐喝挑激，鲜之君臣，事势狼狈，既为逊辞复之。继以败将俘军，羁留为质，且怵且诱，遂入牢笼，赀币饩牵，交酬还往，鲜、奴之交已合，当然无复东方之虑矣。从此安心西路，奚止唾手全辽？射天逆图，殊未可量。即使辽左尚存，而镇江、宽奠，再一有失，朝鲜又为异域，后来合小攻大，鲜或不从，胁求假道，易于反掌……臣之愚计，谓宜仿周、汉古事，遣使宣谕，因以监护其国。时与阐明华夏君臣，天经地义，加以日逐警醒，使念皇上复国洪恩，无忘报答……臣今自荐，愿当此任。①

其二，云南道御史张至发陈奏："但今奴酋，又胁结朝鲜。朝鲜君臣惴惴自保，能必其不阳衡而阴顺乎？阴顺，则艅艎南至，进而窥登、莱，深而窥徐、兖。山之东、淮之南，皆顺流而下，运道阻，则京师有坐困耳。"②

按照朝鲜史籍的记载，光海君得到情报后，"不觉骨痛气塞，直欲蹈海钻地"，非常痛心，急忙令群臣商议对策。备边司认为"此由前日胡书之往复，致有辽、广之流言"，而且也是后金乘机行间的结果，应"专差具奏，吁呼而痛辨之"③。最后议定由李廷龟和尹晖为正、副陈奏使，前往中国辩诬。

李廷龟一行于万历四十八年四月抵达北京。以国王李晖名义发出的陈奏文被收录于《明神宗实录》卷五九四。史载，万历四十八年五月戊戌日，

朝鲜国王李晖以辽镇塘报称其与奴酋讲和，奴遣中军迎接高丽宰相，又闻天朝之为东事计者，或以鲜与奴阳衡阴顺，或将宣谕，或要监护等因，差陪臣赍本奏辩。其略曰：

自奴贼匪茹，小邦奉敕命，悉赋从征。天不助顺，全军覆没。贼既结蒙古西寇，犹恐小邦议其后，乃差胡通书。狞辞悖说，非不知焚书声罪，斩使驰奏，而相机制权，兵家胜算，阖辟弛张，待夷常道，故仍许边臣径自打发。盖自国中不为报答者，义不可也。使边臣随意

① ［朝鲜］《李朝光海君日记》卷一四五，己未十一年十月壬子条，第596页。

② 同上。

③ 同上书条，第597页。

> 答之者，斥之不与也。伊以后金为号，而边臣书中却谓建州云者，本其受命于天朝之部名也。伊以汗自称，而边臣书中却为马法云者，待之以番头也。至于陈说祸福，省谕逆顺，终以之天朝宠绥之典，不日诞降为言者，欲其革面改图，怀我好音也。奴酋见答书，尤益嗔恨，此果小邦欲通和，而反有此挑怨之说？边臣差小校一名往报，要探彼中情形，有何官职，而指为宰相，指为差官？小校既回，贼复差胡送书，以要盟作恶为说。无伦不道，所不忍言……
>
> 往倭贼蹂躏小邦，国势已穷，基命无所而终守臣节，不为凶贼所啗。奴贼虽极猖獗，比于桑酋，固已不侔。宁有一见凶书，遽尔恇怯，约成和好，交酬币贿，背君父、辱祖先、蔑宗社，自取罔测之祸哉？臣仍念所谓谕者，谕其迷惑、谕其利害，提撕戒饬之意也。监者，监其事状，察其情形，详谅谛审之谓也。小邦今日既无可谕之端，亦无可监之机，乃欲置之于虞疑之地，至烦外服之建置乎？臣诚窃冤之。①

从这一记载来看，明朝政府已经知道萨尔浒兵败后后金与朝鲜有使节往来，但对具体交流情况并不了解，以致产生了很多猜测和误解。李晖在奏文中也是首先对这一误解进行了辩解。他强调以边臣名义回复，劝后金继续臣属明朝，和《清太祖实录》中关于朝鲜致后金文书的记载基本吻合。至于称努尔哈赤为马法，称后金为建州，估计是因为伤及后金自尊，因而被刻意忽略，没有收录进《清实录》。可见，李晖在这个问题上陈述的都是实情。

不过按照朝鲜政府的一贯做法，不到非常必要的时候，是不会向明朝政府通告其与日本、女真等政权或实体的交往情况的。之所以此前会出现种种误解，估计也是由于朝鲜政府试图刻意隐瞒其与后金通使所致。

辩诬只是陈奏使来华的一个目的，朝鲜政府更重要的目的在于阻止明朝派监护之臣到朝鲜。因为还有战俘在后金手中，朝鲜与后金免不了官方往来。如果有监护明臣驻节朝鲜，不仅与后金、日本等的官方往来要受很大限制，就是本国的内政也要受到一定的影响。

按照《明神宗实录》的记载，对李晖的陈奏，明朝兵部、礼部的复议意见一致，即认可他的申辩，建议“给敕书一道”，“以彰天朝字小之

① 《明神宗实录》卷五九四，万历四十八年五月戊戌条，第11397—11399页。

仁”。最后神宗决定给敕，“着陪臣赍去”[①]。

其实，对徐光启等人的监护建议，明廷已经有了定案，“言官文章谓宜遣官宣慰，且荐行人刘时俊才智可使，宜敕遣往谕，隶以水兵，暂驻义州。但监护朝鲜，以壮彼国声援，兼为辽左犄角”，只是由于朝鲜不愿，加之“辽中商及驻兵种种称难，事遂中寝”[②]。

但在明廷作出“停宣谕之使”的决定后，朝鲜政府又上奏，“似谓必仍遣官宣谕，而其心始安”。礼部复议后，认为“其议遣也，固非由该国请之而行；其罢遣也，亦非尽由陪臣阻之而止。堂堂圣朝，赫赫明纶，倏而行倏而止，今又倏而复行，非所以重君命而耸观听也。其勿遣官便”。神宗采纳了礼部的建议，最终没有派遣宣慰监护之官。[③]

朝鲜政府在达到罢遣宣慰监护之官的目的后又请求派宣慰，看似自相矛盾，其实是其一贯的虚与委蛇的应对方法。这与援朝战争结束后，该国一方面强调无力供饷，变相反对明朝在朝鲜留驻大军，一方面又极力挽留“天兵”保护的做法并无二致。

熊廷弼主持辽东事务后，出于对朝鲜的信任，将其纳入三方布置策略当中。天启元年八月，梁之垣被任命为行监军道，出使朝鲜，并抚恤沿途辽东难民。登莱镇所属宽奠参将王绍勋领本部水兵随行。梁之垣请饷20万两，明廷允诺由“三部措处”，“暂发数万为安家、买马费，余俟陆续给发”[④]。

次年十月，梁之垣汇报出使结果：“臣领敕宣谕朝鲜，颁钦赏银三万两。国王李珲感恩，义形于色。虽处积弱，犹图佥括遗丁二万，以候助征。但该国文弱成风，且难自保。闻奴屯精兵，临江谋犯，毛文龙请兵数万，诚不容已之计。乞发精兵前来，庶可自强，而挟持朝鲜以为用。”[⑤]

按照梁之垣的汇报，朝鲜政府同意尽力征兵参战，但需要发数万明军为之依靠，否则自保都成问题。朝鲜政府仍以明朝为宗主不成问题，但在萨尔浒损兵折将之后，真的还有心配合明军作战吗？对此，笔者颇为怀疑。好在《李朝实录》中记录了朝鲜领议政朴承宗与梁之垣属下马都司的简要谈话记录，从中可以判断朝方的真实态度。

双方一共讨论了三个问题：

---

① 《明神宗实录》卷五九四，万历四十八年五月戊戌条，第11400页。

② 《明神宗实录》卷五九五，万历四十八年六月壬戌条，第11418页。

③ 同上。

④ 《明熹宗实录》卷十三，天启元年八月庚午条，第639页。

⑤ 《明熹宗实录》卷二七，天启二年十月丙寅条，第1341页。

（一）朝鲜是否愿意参战

朝方回答："小邦决不可与此贼两立。岂特天朝之叛逆，实亦小邦之仇怨，此贼存一日，则小邦危一日矣。天兵大举征讨，小邦敢不掎角协助？"马都司追问："中国欲多发兵渡海，波涛之险，甚为不便，故征兵贵国，以为声援。贵国调八道精锐，分守江上，可朝夕至，视中国越海冒险，难易又若天渊。今议发兵多寡几何，可详言之。"朴承宗回答："自戊午以来，五年防戍，闾左尽散，国中残败，言之哽塞。今难别地调兵，就边上聚合分防之兵，可得若干数，协助掎角，庶可尽力，独当挠后，恐未易言。"马都司强调辽左对朝鲜的重要性，朴承宗则以"敕书发于上年，其时大兵，集于河西，方图夹击。今日事局，与前有异"，不知如何奉旨行事应对。马都司明言"回复敕书，须有确议"，朴承宗回答："兵务精，不务多，其数之多寡，不关于成败。兵无必胜之兵，将有难败之将，欲得一员良将，以领三军，小邦人才眇然。虽有边上，一二将吏，未足倚仗，是用关虑。总计边上各处派守，仅过万余矣。"后来在马都司的逼问下，他又说"此外合调诸处万兵，益严防守，以遵奉敕旨耳"。于是，马都司替他作了决定：

> 回复敕旨，不宜含糊。亦须明白申说……如首鼠两端，游辞活套，殊非朝廷属望之心、贵国忠顺之大义也。先言派守万余，后言别调万兵，则总计亦二万有奇。二万有余之兵，如果精锐，再益天朝大兵，同心共举，则扑灭此贼，何异拉朽？今谢表内"即依尊议，以发兵二万"复旨可也。①

可见，朝方对参战的态度并不积极，而且明确表态不能独立承担"挠后"责任，即使有明军配合，也只能调用"边上聚合分防之兵"。梁之垣所谓的两万兵马，不过是马都司逼出来的数字，并非朝鲜的真实想法。

其实，对于出兵一事，朝鲜国王李晖在交涉前一天已经有明确指示：

> 发兵事，予意已谕。今则事势，与监军受命时不同，不患无辞。至如铳手，尤不可给送。若与此等军兵，轻举妄动，则伊贼不知乎？

---

① ［朝鲜］《李朝光海君日记》卷一七七，壬戌十四年五月丁酉条，第771—772页。

粮则远请山东粮饷，舡则依下教奉行。[①]

可见，能在交涉时达成出兵两万的协议，已经是很大的成就，尽管只是纸面上的。

（二）朝鲜能否助饷

明朝希望在朝鲜籴买军粮，朝方表示西北一带不产稻米，“每年所收，不足以养本处之兵。自兵兴以来，野多抛荒，秋获顿减。南方虽有些少之粮，过海千里，输送极难，每致臭载。即今西边见粮，一样匮乏。然谨当拮据收拾，以助天兵粮饷，与小邦军兵，同其饥饱，第恐不过数月而告竭也”。马都司曾参加过援朝战争，因而对朝鲜的物产及交通非常熟悉，遂明言对方是“以岁歉为辞”，“大抵厌苦我师之停泊，谓无粮，便当返棹耶？此或不佞揣摩之过当，而再四推却，情似有之。天朝与贵国，义同一家，情同骨肉，有无原当相通，缓急自当相顾。何可以中有难处之势，而坚意拒绝”，“全罗抵宣川等处，固是海道不甚远，亦不甚险。先年往来，顺天海道，亦颇详知。如肯募东南米谷，当无虑海道也”。[②]

鉴于朝方始终不肯明确表态，为避免谈判破裂，马都司主动把话题转到了买船上。

（三）朝方能否卖给明朝政府一百只船，以便运载滞留朝鲜的辽东难民回国

朝方回答：“买舡似易。但舡材在深山大岭中，当此农月，斫下不易。私舡中稍完固，可以济海者，或募得或买办，可得若干数。时未凑集，难的其数。辽民久困于弊邦，圣旨又令其迁内，敢不悉心竭力，奉以周旋？”马都司提出“但船有的数，每只该价若干，明以示之，即可奉价”，“辽民久居，于彼此亦甚苦，于贵国亦有不便，早遣之，彼此均便也”，“闻安州上流，有材木数万，今不以荷锸之民取之，而以银雇游手之人取之，此亦不妨。此舡宜早不宜迟，如约得多少，当言之梁老爷。明日即当送银”。朴承宗强调私船不便强买，“管参将在铁山造舡，多费工力，仅造三只。安州上流，虽有材木，恐妆造未易也。然到那边布政使朴烨议妥，施行不妨”[③]。总之，对于买船一事，朝鲜政府是百般推诿，以拖延为计。

就买船一事，在朴承宗与马都司交涉的前一日，备边司已经提出了具

---

① ［朝鲜］《李朝光海君日记》卷一七七，壬戌十四年五月丙申条，第770页。

② ［朝鲜］《李朝光海君日记》卷一七七，壬戌十四年五月丁酉条，第772页。

③ 同上书，第772页。

体的回复意见："圣天子敕内：'有辽民欲悉归内地，各控使臣，以凭留遣。'今老爷亟欲装载海船，送于山东，一则为辽民也，二则为小邦也。总归之遵奉圣敕事意，为藩服臣子者，敢不悉心料理，可募者募之，可造者造之。但百数海船，仓卒难备，如得十只，即泊西海，续得十只，载过辽民，必无不及之患矣。平安道，滨海之地，绝无松杉产处，船只皆小小渔艇。然布政使朴烨粗有干办之方，且尽心职事，启知寡君，明谕严饬，则安敢玩愒误事，坐及秋风乎？姑勿以一百只艨艟不得齐渡为咎也。"这一建议得到李晖认可，并"令承文院措辞撰出"[①]。朴承宗的交涉措辞几乎与此完全一样。

最后，朴承宗还以后金广布细作，随时可能发动袭击为理由，试图阻止梁之垣一行前往义州，但被马都司婉言拒绝。

从这次交涉中可以看出，朝鲜对涉及本国切身利益的事情大都采取了尽可能推却的态度，与其所宣扬的"志诚事大"完全不能相侔。

双方官员的交涉需要顾及很多礼仪，讲话中多有隐讳。与之相比，朝鲜国王李晖的话就直白多了。在朴承宗汇报谈话内容后，李晖曾给予这样的指示：

> 予观近日大小唐官、唐将所为，全无远虑，惟以贪功轻动为能事，日夜忧虞。虽陈药石之言，如以水投石，小无动听，小无动听之事，此亦天也。先发牌文，以巡视昌、义两邑声言，伊贼必先知之矣。观此马都司所言，尤极无理。安能以我不炼之卒，敌彼数十万狱兵乎？至如船材事，则予既以"兵火后，树木荡尽"为辞，而卿等只以深山大岭云云，似为抵牾。四五度接见，诿以彼不发端，予意不得陈谕，卿等更见极言，勿为含糊，以危社稷也。[②]

女真人一直是朝鲜北方的不安定因素的制造者。在日本侵略朝鲜之前，"防虏"，即防范女真人的袭扰一直是朝鲜政府的国防重心之一。努尔哈赤建立后金政权后，特别是姜弘立兵败萨尔浒之后，北虏的压力骤然提升到了最高点。处于明朝和后金之间的朝鲜因此显得颇为尴尬。基于历史和道义上的原因以及对明清战争未来发展的不确定的考虑，朝鲜不能背弃明朝。但为了本国利益，又必须把后金人的威胁尽可能地降低。从萨尔

---

① ［朝鲜］《李朝光海君日记》卷一七七，壬戌十四年五月丙申条，第770页。

② ［朝鲜］《李朝光海君日记》卷一七七，壬戌十四年五月丁酉条，第773页。

浒战役开始，明军节节溃败，到天启二年时已经弃守广宁，辽东近于彻底沦陷。明军尚不能阻止后金进攻，在防虏斗争中长期处于守势的朝鲜自然更没有独立打击后金的信心。《李朝实录》的作者对这一阶段的朝鲜政府的总体概括是“自深河丧师之后，朝廷日忧东抢，而不能为自强之计。唯以目前缓师为急”①，可谓一语中的。

按照梁之垣的奏报，广宁失陷后，辽东百姓对明朝的信心也有很大的丧失。

> （梁之垣）又述辽人情形。言去秋之初，毛文龙设奇鼓舞，群心响应，伪将就擒，镇江以西数百里内，踊跃思奋，岂非一大机会哉？无奈兵寡不敌，避之弥串。奴骑泄愤于屯民，屠戮甚惨，而辽民心懈矣。今春臣船初到鲜境，辽民以为大兵至，求渡、送款者不一而足。及候至匝月，见后队无续进之兵，求渡者失望，送款者变口，即缪氏诸大族亦呼之不应矣。咸曰所到兵少，未敢轻动以速祸。其情形可见也。
>
> 加衔参将严正中，南卫人之所信者也。四月间一到平岛，即招接良民数百，擒斩贼兵十余名，人心方奋而思应。亡何，登州调去。闻辽民谓登兵作用止此，在在为之灰心。加衔都司唐尧卿，金州人之所德者也。招得辽民朱世仲等，禀云：虏闻登船北渡，发兵防守金州，小民日望大兵登岸，乃本官寥寥数船，终不敢轻进以尝贼。辽民望眼徒穿，灰心必冷，其情形又可见也。今毛文龙新旧辽兵虽号四千，多赤身徒手之残疲。王绍勋等船兵未及三千，皆柔脆无用之水卒。自立且难，何以庇民，而鼓其向化？无论东山拒贼之豪杰，已化为刀头之鬼、剃发之虏，无可用其招纳。即海滨遗黎，概为接济，恐有引盗入室之患。惟有密传告示，潜受札付，专以抚之之道，结之隐用其心，不必明用其身，庶可有益而无损也。②

本国子民尚且心灰意冷，朝鲜君臣极力回避正面参战自然也是情有可原。至于李晖所说的明朝官兵“全无远虑，惟以贪功轻动为能事”，似与毛文龙部有关。

天启元年三月，后金致书朝鲜，要求“凡辽人之避兵、渡镇江而窜

---

① ［朝鲜］《李朝光海君日记》卷一六九，辛酉十三年九月戊申条，第727页。

② 《明熹宗实录》卷二七，天启二年十月丙寅条，第1341—1343页。

者，可尽反之”，“尔若纳我已附辽民，匿而不还，惟明是助，异日勿我怨也”①。就在朝鲜犯难之际，毛文龙于当年八月袭取镇江，但不久就在后金军的打击下退入朝鲜。在此情况下，如何避免引火烧身就成了朝鲜政府首先要解决的问题。九月，朝鲜决定派满浦佥使郑忠信“通和虏营”。郑忠信认为“毛文龙压驻吾境，今臣之行，既非刺客奸人，理难匿迹”，“若文龙辈变幻其说，流惑于天朝，曾母之杼，不待三至而投也”②。可见，在朝鲜人眼中，毛文龙部的存在和被明廷派驻了监护官没什么两样。

郑忠信到达后，后金官员曾向其询问：“毛所泊处，去龙川几许？那海亦冻合否？”郑忠信回答：“去海口二程余，海水本不冻合耳。”③ 结果当年十一月，努尔哈赤即命“二贝勒阿敏统兵五千，渡镇江，入朝鲜境，攻剿明将毛文龙。二贝勒至镇江，遂乘夜入朝鲜，斩游击刘姓者及兵一千五百级。文龙仅以身免”④。毛文龙部被突然袭击，不能排除与郑忠信提供的情况有关，甚至不能排除是朝鲜有意借刀杀人的结果。

广宁失陷后，备边司曾于当年四月向国王李晖提交了一份启文，提出“广宁陷没，若是真的，则征剿之举，必难容易。惟当遵养以待。而近年以来，连遭凶歉，军饷已乏，天兵陆续，万无接济之策。山东粮饷，不可不恳请运到。登极使今将发行，赍擎一本，以陈切迫情形，在所不已”⑤。这里所谓的天兵，显然是指毛文龙部。

据《明熹宗实录》记载，当年十一月，

> 朝鲜国王李珲以毛文龙驻师海上，馈饷难继，具疏言：“小邦地跷米少，不能专饷天兵，恐有脱巾之患。乞依万历东征例，发山东粮米，趁时舡运。”⑥

可见，备边司的建议得到了李晖的赞同并付诸实施了。不过就在十一月十一日，铁山府使驰报：“毛将不意乘舡，入据椵椵岛。”椵岛又称皮岛、稷岛。毛文龙进驻后改名为云从岛，“以叶己名”。将岛名改换，意味着有长期驻扎的打算。史载，“是后辽民皆卷入岛中，接屋甚盛，依作

---

① 《清太祖实录》卷七，天命六年三月癸亥条，第89页。

② ［朝鲜］《李朝光海君日记》卷一六九，辛酉十三年九月戊申条，第727页。

③ 同上书条，第728页。

④ 《清太祖实录》卷八，天命六年十一月乙卯条，第99页。

⑤ ［朝鲜］《李朝光海君实录》卷一七六，壬戌十四年四月戊辰条，第759页。

⑥ 《明熹宗实录》卷二八，天启二年十一月辛丑条，第1401页。

一都会。东南商船，来往如织，近海草木，尽于樵苏”[1]。毛文龙于是年五月进入皮岛[2]，十一月铁山府才报告，说明此前朝鲜地方官员并未意识到毛文龙部会把皮岛作为根据地，直到半年后才搞清毛部的目的。朝鲜政府最不愿看到的事，终于还是发生了。

与临时出使朝鲜的梁之垣相比，身处卧榻之侧的毛文龙显然对朝鲜政府有更深刻的了解，所以才会出现“废朝所大忌者，战也。都督知其意，故常以进剿夹击等言，声言于我”[3]，进而利用李晖的“软肋”，谋取本部利益的现象。明廷虽然没有派遣监护官，但毛文龙阴差阳错地进驻皮岛，对于摇摆中的朝鲜政府无疑是一种威压，客观上起到了监护效果。

不过这种令李晖颇为尴尬的状态并没有持续很久。因为就在几个月后，李晖就在政变中被赶下了台。

天启三年四月，朝鲜议政府左议政引弘者等移文毛文龙，通过他向明朝汇报了政权更迭的情况。其词称：

> 本年三月内，奉王太妃教旨，谓光海君珲自嗣位以来，失道悖德，罔有纪极，听信谗言，自生猜隙，不以予为毋，戕害我父母，虐杀我孺子，幽囚困辱，无复人理。屡起大狱，毒逋无辜。先朝耆旧斥遂殆尽，政以贿成，昏墨盈朝。赋繁役重，民不堪命。不特此也，我祖先祗事天朝，殚竭诚悃，无敢或怠，而嗣王珲忘恩背德，罔畏天威。督府东来，义声动人，策应不诚，未效同仇，神人之愤，至此已极。何幸大小臣民不谋而同，合词举义，咸以陵阳君倧仁声夙著，天命攸归。乃于今月十二日讨平昏乱，已正位号……[4]

朝鲜政坛的突然变化令明朝政府颇为震惊。率先得到消息的登莱巡抚袁可立随即提出三项处置建议：

> 李珲袭爵外藩，已十五年于兹矣。倧即系亲派，则该国之臣也。君臣既有定分，冠履岂容倒置？即珲果不道，亦宜听大妃具奏，待中国更置。奚至以臣篡君，以侄废伯？李倧之心不但无珲，且无中国，所当声罪致讨，以振王纲。倘为封疆多事，兵戈宜戢，亦宜遣使宣

---

① ［朝鲜］《李朝光海君日记》卷一八三，壬戌十四年十一月癸卯条，第809页。

② 计六奇：《明季北略》卷二《毛文龙入皮岛》，第39页。

③ ［朝鲜］《李朝仁祖实录》卷三，天启三年闰十月辛亥条，第63页。

④ 《明熹宗实录》卷三三，天启三年四月戊子条，第1740页。

> 谕，播告彼邦，明正其罪，使彼中臣民亟讨篡逆之贼，复辟已废之主。若果李倧迫于妃命，臣民乐以为君，亦当令其退避待罪，朝廷徐颁赦罪之诏，令其祗奉国祀，如国初所以待李成桂者。此又不得已之权也。[①]

消息传到京城后，群臣纷纷就此提出自己的处置意见。礼部尚书林尧俞曾就此总结出大致六种意见：

> 内外诸臣，抒忠发愤，有请声罪致讨者，御史田唯嘉也。谓必讨其罪，而当再诘其详者，登莱抚臣袁可立、礼科都给事中成明枢也。谓不可不讨，而不可遽讨，且弗受方贡，细核颠末者，督饷臣毕自严也。谓当令毛文龙诘问，责以大义，察其舆情之向背者，关臣潘云翼、南台臣王允成也。谓当诘此事只以通奴不通奴为主，珲诚通奴，则倧之立非篡也，但擅立为罪耳，而责以讨奴自洗者，御史游士任也。种种条陈，咸有可采。乃毛文龙则直谓珲实背德，倧改其行，诛党恶助叛之臣，而赤心天朝矣。[②]

礼部本身出于维护纲常的需要，强调“尽执篡逆之徒而诛之，此正理也，亦正法也”[③]，希望会同兵部，遣人查勘，然后再做定夺。

与之相比，已被后金搅得心烦意乱的兵部对伦理纲常并不很在意。十一月，兵部尚书赵彦提出：“毛文龙提孤军于海岛，牵制奴酋已三年矣。今出奇设伏，屡获大捷，亦奴之所深忌而思防者。朝鲜权国事李倧以李珲通奴为名，攘夺其位，今请命天朝，愿出力以报效。合降敕谕一道，发登莱抚臣，差官捧赍至朝鲜，先命李倧权管国事，如中国郡王管理亲藩事例，令发兵数万，同毛文龙列营栅于附近海岛中，不时出疑兵、奇兵以扰奴，又不时出虚着、实着以乱奴，密加哨探，伺奴动静，如有过河消息，即捣老巢以攻其必救，随机应变，伸缩自如，此海外牵制之当豫者。”[④]这一建议同当初袁可立的建议颇为相似。在现实的压力下，明廷采纳了赵彦的意见，命“李倧暂署国事，着礼部即议妥具奏”[⑤]。

---

① 《明熹宗实录》卷三三，天启三年四月戊子条，第1741页。

② 《明熹宗实录》卷三七，天启三年八月丁丑条，第1916页。

③ 同上书条，第1916—1917页。

④ 《明熹宗实录》卷四一，天启三年十一月丙子条，第2138页。

⑤ 同上书条，第2139页。

领命后，礼部尚书林尧俞等于次月提出新的处置意见：

> 臣部前议，会同兵部，移咨登抚，并札毛师，遣官往勘，务取该国臣民公本回奏者，以觇人情之向背，定李倧之顺逆。今咨已数月矣。虽冰胶风梗，勘报逾期，然闰十月内，登莱抚臣揭送彼国公结十二通，十一月内，毛帅呈送彼国公结十二通，自宗室以至八道臣民，合词一口，皆称珲为悖逆，倧为恭顺。人情如此，固不待勘报至而已了然矣。彼请封之陪臣相率哀吁，回还无日，且云逆奴欲绝毛帅之牵制，先攻小邦为同仇，当此为危急之秋，必须君国之主。若名号未定，则征发难行。此时急在边疆，似未可以经常例论矣。如蒙皇上俯从所请，伏乞先颁敕谕一道，登莱抚臣差官同陪臣至彼，锡以朝鲜国王名号，统领国事，仍着令发兵索赋，同毛文龙设伏出奇，俟恢复渐有次第，始遣勋戚重臣，赍捧节册，完此封典。庶几字小之中，不失固圉之道。其于疆事、国体，所裨非细矣。①

朝鲜作为中国的附属国，非常重视明朝政府的态度，因而在天启三年四月和七月，先后派出李庆全和赵濈两个使团来华陈情，力求尽快获得明朝的册封。来华使团走的是水路，因此在途中要经过皮岛和登州，自然要拜会毛文龙和袁可立。毛文龙与李晖不睦，非常希望通过这次政变获得朝鲜政府的人力、物力支持，因而极力为之声辩，以致引起礼部的怀疑，认为他“旅寄箕封，地主寓公，或相为回护”②。袁可立坐镇封疆，虽然也曾建议声罪致讨，但更重视朝鲜在牵制后金方面的作用，“诚能自托于毛帅，并力罢奴”，可“录其功，贷其前辜”③。因而在两次接待朝鲜使团之后，他也倾向于利用这次机会。朝鲜臣民的公结能及时转呈中央，与袁可立重视现实需要的态度应有直接关系。

在礼部、兵部及前线臣僚的意见趋于一致的情况下，明朝决策层顺水推舟，下旨：“李倧既系该国臣民公同保结，伦叙相应，又翼戴恭顺，输助兵饷，准封朝鲜国王。先与敕谕，着登莱巡抚官差官同陪臣赍赐其册使，候事宁，查照旧例行。”④

指责李晖背叛明朝是李倧等发动政变的重要理由。经过不懈努力，终

① 《明熹宗实录》卷四二，天启三年十二月癸巳条，第2186—2187页。

② 《明熹宗实录》卷三七，天启三年八月丁丑条，第1917页。

③ 王铎：《太子少保兵部尚书节寰袁公神道碑》，见《拟山园选集》卷六十二，第701页。

④ 《明熹宗实录》卷四二，天启三年十二月癸巳条，第2187页。

于获得明朝承认的朝鲜新政府必须在支持明朝反击后金的战争中尽力表现才能自圆其说、自证其不伪。寄居卧榻之侧，远离大明本土的毛文龙部因此成为检验朝鲜亲明成色的试金石。

对于日渐军阀化的毛文龙而言，不断收拢辽东难民，从难民中补充兵员是东江镇赖以存在的基础，而难民及本部的后勤补给是一大难题。李晖统治期间，毛文龙即曾多次向其讨要粮秣，“仁祖反正”后，宣誓忠于大明的李倧政府自然成为毛文龙索取补给的对象。

对于毛文龙的需求，李倧的态度是尽量满足。如天启五年，毛文龙差韩福，持令牌，催促朝鲜输粮，称“今年登州粮饷，运到数少，许多人命，将骈就饿死，至于相食”，“标下二十将官，各领三千众，宣川、郭山、定州、嘉山等处，弥满闾里，讨食于丽民，吾们所见，亦为可闷”。平安道随即与管饷使成俊耈相议，将“安州米二千六百石、郭山米六百石、臣营别置定州米五百石，通共米四千七百石、黄豆九百三十一石，即为移给唐差”①。类似的例子不胜枚举。

不仅索要粮秣，毛文龙还不时索取军事物资。如天启四年索取战马五百匹，李倧表示秋凉时必定驱送。

由于东江镇的存在，加之后金政权尚未适应新的生产形态，统治手段粗暴、落后，致使大批辽东难民涌入皮岛和朝鲜附近地区。“时辽民之来投椵岛者，日以益多，接济之事，专责于我。朝廷忧之”②。过多的难民使朝鲜政府疲于应付。为了缓解自身压力，朝鲜政府于天启四年正月派出接伴使李尚吉，“恳谕毛将，令除出其不合战用者，入送登州”③。五月，又“遣判敦宁金尚容于毛都督军门”，“谕以老弱入送山东之意”④。此前，李倧在接见毛文龙的侄子毛承禄时也曾提出：“今为督府计，莫若只留其丁壮，而尽送老弱于山东，以省转漕之弊。”毛承禄则回答：“当俟翦灭此贼，始议卷归耳。”⑤

难民是毛文龙赖以生存的一个条件，毛承禄的表态等于明确拒绝运送难民离开朝鲜。无奈之下，李倧只好直接求助于明朝中央政府。李倧希望明朝在两个方面支持自己。一是粮饷。天启四年，李廷龟曾建议：“今闻登州三钱之银，直米八斗，粟米则倍之。都督贸饷之银，多在关西，以此

① ［朝鲜］《李朝仁祖实录》卷十，天启五年十二月丁亥条，第247页。
② ［朝鲜］《李朝仁祖实录》卷六，天启四年五月辛酉条，第117页。
③ ［朝鲜］《李朝仁祖实录》卷四，天启四年正月壬戌条，第70页。
④ ［朝鲜］《李朝仁祖实录》卷六，天启四年五月辛酉条，第117页。
⑤ ［朝鲜］《李朝仁祖实录》卷六，天启四年五月乙卯条，第116页。

贸米于登州，则可以捄此大无之患，而兼且接活辽民矣。朝天使臣所乘船只，虚系登、莱，特至经年，可以其船一二次转运于使行未还到之前矣。”这一建议得到备边司的赞成，“请移咨都督及登州军门而行之”①。按照《李朝实录》的记载，当年五月，“贸米于登州”②。显然这一想法得到了明朝政府的支持。

需要注意的是，在督饷侍郎毕自严的建议下，登莱地区承担籴买粮米，补给东江任务的开始时间就是天启四年。明朝政府在同一年允许朝鲜到登州购买粮食，不排除有毕自严“襄助”的可能。

采买粮秣只是被动的应对，要彻底解决问题，还是得想办法使辽东难民离开朝鲜。据《明熹宗实录》记载，天启五年十二月，

> 朝鲜国王李倧奏请撤还辽民，安插中土。兵部覆奏，曰：属国叩关，谊同休戚。况请撤者谁？非我孑遗，而忍终拒之为异域之鬼？然撤之内地，不使在海，撤也；撤之外岛，不使在朝鲜，亦撤也。陆郡之储糈，登抚既任之。臣部欲登抚移粟于东，渐为接济，使岁月之后，屯牧聊生。明以其任，专责镇臣矣。何鲜之君臣皇皇焉？得无虞其生聚教诲，成邑、成旅，而逼处荐居焉，以为子孙患乎？然文龙固建纛须弥也，辽人去留，文龙是视。文龙一日不去，则辽人一日不离鲜。人驱之入岛，可也；驱之离岛，不可也。今宜令镇臣将前鲜辽民尽刷过岛，登抚所报接济之粮刻期速运。而该国素勤忠款，宜克有终，仍量行救赈，以资屯牧。盖臣实愿鲜人无远辽人之心，并愿镇臣无远辽土之心。上是之。③

可见，至迟到天启五年，李倧已经绕开毛文龙，直接向明廷提出遣返辽东难民的请求。但兵部的答复显然令其失望。兵部不仅因此质疑朝鲜的事明诚意，而且把辽民内徙与毛文龙捆绑在一起，“文龙一日不去，则辽人一日不离鲜”，充其量以迁入皮岛为让步。兵部虽然催促登州巡抚尽快发运东江粮秣，但亦强调朝鲜应“量行救赈”。这等于告诉毛文龙，缺饷时尽可以向朝鲜求取。此前，朝鲜支援东江，尚可以作为自己忠于大明的表现。现在，反而成了明朝赋予朝鲜政府的不可推卸的责任。李倧政府以

---

① ［朝鲜］《李朝仁祖实录》卷六，天启四年五月戊辰条，第120页。

② 同上。

③ 《明熹宗实录》卷六六，天启五年十二月己亥条，第3152—3153页。

“至诚事明”为立国的道义支柱，这次上奏不仅没有达到目的，反而在道义上丢了分，令明廷生疑，可谓一无所获。

得到明朝答复后的李倧作何感想不得而知，有一点可以肯定，即其对东江的支持将尽可能地持续下去，否则将给国内废王光海君的潜在支持者提供口实，威胁自身的统治。

从毛文龙建镇东江开始，虽然明廷不遗余力地予以后勤支持，但客观上远离后方的现实，使其很难得到及时、准确的补给，所以，朝鲜很早就成为东江镇求取及时后勤保障支持的目标。“仁祖反正”后，朝鲜政府高举事明大旗，客观上也为毛文龙部的不懈索求提供了条件。东江镇能在没有后方根据地的情况下长期存在，发挥牵制作用，朝鲜政府的支持可谓贡献良多。

四 旅顺争议及其背后的抚、镇矛盾

毛文龙因为袁可立怀疑自己的战报，便指使人弹劾他，致使袁可立留下“羡银一万二千两”，连续七次请辞，“乃得归”[①]。令毛文龙没有想到的是，新任登莱巡抚武之望并没有吸取前任的教训，反而继续与自己“作对”。双方的最明显矛盾出现在旅顺的归属问题上。

援朝战争末期，在海防巡抚汪应蛟的建议下，旅顺被划归山东管辖，与登莱水军统一指挥。但在战争结束后，短视的山东巡抚黄克瓒出于节省军费的目的，又把旅顺推还给了辽东。明清战争爆发后，旅顺的战略地位骤然上升。首任登莱巡抚陶朗先在主持登州海防道期间就曾建议“登、辽当相联络，欲令登州总兵于春、秋二汛会同辽东总兵合操于旅顺、皇城之间，使登兵、辽兵技相习、貌相识、心相和，缓急可互相策应”[②]。只是由于那时辽沈尚在明朝手中，他的建议并没有受到重视。

辽沈失陷后，熊廷弼的三方布置策略成为明廷复辽基本战略。登莱镇的首要任务是恢复辽东半岛。但要出兵北上，必须在辽东半岛上找到一个稳固的登陆点和突破口，旅顺因为地理上的优势再次进入明朝臣僚的视野。如有人提出“登兵五千，新旧各半，旧规出泛驻札皇城岛者，为辽阳未失，金州沿海有兵对峙为声援，所以防倭患也。今既无倭患，旅顺一带虏又弃而不守，则驻札皇城颇为无味。似当移驻旅顺，将五千分为二

① 王铎：《太子少保兵部尚书节寰袁公神道碑》，见《拟山园选集》卷六十二，第701页。
② 《明熹宗实录》卷十，天启元年五月癸丑条，第514页。

营，设二参将领之”[①]，此为乘虚进占之议。又如礼科都给事中杨道寅建议“登抚择遣部将，领防汛水兵二千，由旅顺进，与广宁合，招抚四卫”，“诚用水、步兵三五万由登莱海道济师，达旅顺，便可泊舟。或由铁山破浪，或由盖套间道而前，先传谕诸岛逃难百姓，如抚南四卫例，则镇江、宽、叆等处可传檄定也。镇江复则可联络朝鲜，协图进取……”[②]此为以旅顺为突破口，谋求恢复辽东四卫之议。再如御史贾毓祥上言：“登莱惟北岸旅顺口实咽喉总区，诚宜得一大将，量提水陆兵驻札，以外消窥伺，内固藩篱……乞敕部商确，登莱一路议守者是否当守旅顺？议战者是否当战由此路进兵？”[③] 此议目的在于催促明廷尽快明确北上战略。

毛文龙袭取镇江后，登莱巡抚陶朗先根据形势变化，奏准升任参将王绍勋为镇江副总兵，与破格提升为副总兵的毛文龙“连师”。但王绍勋与毛文龙因为镇江之功发生争执，“佟养真父子之擒也，文龙曰率民兵通内应，陈中军夜袭之。绍勋则曰屯兵错认为参将，为大兵群缚而献之。据其塘报口气，若幸镇城再陷，卫民屠戮，便以召衅罪文龙，并以轻躁为遣文龙者罪”[④]。毛文龙因此与登莱军产生了矛盾。

毛文龙晋升为总兵，开镇东江后，虽然和登莱总兵同属登莱巡抚节制，但两镇的矛盾不仅没有化解，反而因为他与登镇总兵沈有容在战略上的分歧而日渐加深，并直接体现在防区的划分上。对此，督师孙承宗曾有具体的描述：

> 查登镇总兵官沈有容见驻双岛……登镇由南卫为中路，当以广鹿、长山为驻师之地。有容初驻广鹿，其岛原金州管辖，后总兵毛文龙遣张继善招练岛兵于广鹿，有容随移驻双岛。然据文龙之报，张盘入金州，责登兵为守。而毛文俊议守金州，亦拉有容为援。则金州似当责成登镇，而广鹿便当为登镇驻兵之地。或文龙由东及西，照顾不难，则并以金州责成文龙，而登镇不妨驻双岛。两镇汛地分明，则贼所入犯，可以责其守；我所入剿，可以责其进。每见文龙报与贼接战，多在东江一路。而张盘入金于既弃之后，竟不能守，则地当有专责，力不宜过分，惟予以不得不分之地，课以不得不奏之功，则称功者不得卸过，忌功者不得害成。而相呼相应，又不妨联二为一，此当

① 陈仁锡：《陈太史无梦园初集·山海纪闻一·纪分兵旅顺》，第252页。

② 《明熹宗实录》卷十二，天启元年七月壬子条，第604页。

③ 《明熹宗实录》卷十七，天启元年十二月壬申条，第839—840页。

④ 《明熹宗实录》卷十四，天启元年九月甲子条，第726页。

急责登抚，行两镇酌量定之。①

从孙承宗的描述中可以发现，毛文龙军一直处于咄咄逼人的状态，沈有容则选择了退让，主动让出了广鹿岛。但毛文龙的主动进攻并没有取得实质性的进展，因而孙承宗认为必须明确划分防区，“地当有专责，力不宜过分”。但到底该怎么划分，还是得登莱巡抚袁可立决定。

袁可立的划分方案记录在（梁本）《明熹宗实录》卷四二中，时间为天启四年的五月份。袁可立认为：

> 海上诸岛对登州者，旅顺也。东则平岛、三山、广鹿诸岛在焉。他岛但可往来，停泊惟广鹿、长山可也。兵如应援毛帅，则二岛为要。若进窥辽阳，此岛又为缓地矣。旅顺以西有平头、凹山，不可泊舟。西则双岛，可住舟。但薪水给于老岸，未便也。转而西有麻洋岛，再北则松木、汶閦岛，皆隘浅不堪住。再北则中岛，南北泛口也。三岛皆环海……欲借登兵以图恢复，则三岛诚为要路。海外诸岛之形势大略如此。今欲分地而守，则旅顺、东□岛，毛帅业已兵屯，且迫近金州。顷兵部议，金州当为毛帅进兵之地，自当领之东镇。旅顺以西则去平岛最远，恐东镇鞭长难及也。今拟严正中等兵在旅顺双岛之间，与张盘牙制……②

按照这一方案，旅顺及其东部海上诸岛均归毛文龙管辖，旅顺以西岛屿由登莱镇负责。不过当时东江兵已经控制了旅顺，兵部也决定由毛文龙部从金州进军，事实上已经没什么可以划分的了。袁可立的提案不过是对既成事实的确认，这与其迁就毛文龙的一贯做法是一致的。

对于旅顺的战略地位，毛文龙有清醒的认识，早在天启二年八月，提出新的三方布置策略时，毛文龙就曾提出“从岛入守旅顺，则登、津、朝鲜之水路通”③ 的建议。在明确防区后，毛文龙部开始着手加强旅顺的防御工事。主要计划有二：一是在旅顺城北人工开挖一条运河。“北面狭束，东西相距仅十里许，挑断其地，引海水以自固，设墩堡以防守，则百三十里沃壤可屯可耕，可团聚难民数万人”④，这一建议最早来自登莱巡

① 《明熹宗实录》卷四二，天启三年十二月壬辰条，第 2179—2180 页。

② （梁本）《明熹宗实录》卷四二，天启四年五月庚午条，第 2366—2368 页。

③ 《明熹宗实录》卷二五，天启二年八月己巳条，第 1252 页。

④ 《明熹宗实录》卷五六，天启五年二月戊申条，第 2594 页。

抚袁可立。二是在城南南关岭修一座小城，“以陷虏骑。内可以保障旅顺，外可以虎视盖州”，“然城南关必须先集砖石于沿海两岸，供役需五千人，又须先设木栅于城外。后并工修筑，期一月工完，乃可动工。数日间，虏骑必来探望。我分兵拒之木城外，虏探骑必不多待。其回报盖兵来攻，必经旬日，我之城工已过半矣”①。

不过这两项工程都没能按计划完成。开挖运河计划已经获得明廷批准，但户部为节省开支，裁减了登莱十万两军费，致使“挑濬之费无所出，尚未举行，遽有旅顺之失”②。南关岭修城计划，三山岛主将曾有功、长行岛主将朱国昌和旅顺守将张盘已经约定日期。但张、朱二将领人到达工地时，“有功违约不来，即有虏骑猝至，重围我师。张盘力战被虏，朱国昌骂贼阵亡”③。张盘被俘，导致旅顺军兵群龙无首，很快被后金军攻克。

旅顺意外失陷，兵部认为曾有功有内奸的嫌疑。不过按照《清太祖实录》的记载，努尔哈赤早在天命十年（明天启五年）正月就得到消息。“上闻明发兵万人航海至旅顺口葺城驻兵，命三贝勒莽古尔泰统兵六千攻旅顺口城，克之，尽歼明兵。毁其城，乃还。”④

在旅顺明军立足未稳、城防工事尚未动工的情况下，后金即大举进攻，即便不发生意外，也很难守住。曾有功是否暗中勾结后金，并不是主要因素。何况曾有功在城陷四天后“又扁舟至旅顺城下，焚其火药，掳其妇女”⑤，似有将功补过的目的，未必真的投降了后金。

旅顺失陷后，兵部鉴于旅顺的战略地位，奏准“将天启五年登莱额饷二十万仍照旧全给一年。即将所留之银为旅顺再整士卒、修复城池及督率诸将领濬开城南海口，且屯且耕，保固藩篱，振起兵威，渐次而复金州，窥海、盖。一面申饬毛镇，益奋忠勇，勿以小挫为嫌；一面责成登抚，益殚壮猷，勿以裁饷掣肘。则所以图雪耻而成大功，端在此也”⑥。

从兵部的决定中可以发现，旅顺虽然由毛文龙控制，但修筑城防工事的经费依然要从登莱军费中划拨。东江镇虽然原则上由登莱巡抚监管，但

① 陈仁锡：《陈太史无梦园初集·山海纪闻一·纪城南关旅顺》，“四库禁毁书丛刊”影印本，第252页。

② 《明熹宗实录》卷五六，天启五年二月戊申条，第2594页。

③ 同上。

④ 《清太祖实录》卷九，天命十年正月癸亥条，第113页。

⑤ 《明熹宗实录》卷五六，天启五年二月戊申条，第2594页。

⑥ 同上书，第2595页。

由于孤悬海外，故其军费基本上是独立使用，登莱巡抚很难有效监督，而且从天启四年开始，户部划拨给东江镇的军费就已达到二十万石。在东江军费日渐增加之际，登莱的军费却被削减了十万，指望其拨款开挖旅顺城北运河，当然是不可能的事。虽然明廷在旅顺失陷后决定如数拨给登莱二十万军费，但仍要求其划出一部分用于恢复旅顺，东江镇则无须出一两银子。登莱出资，东江受益，这种畸形的军费使用方式不可避免地要引发新的矛盾。

果然，登莱巡抚武之望没有着手恢复旅顺，而是在天启五年三月重新提起旅顺的归属问题。武之望认为：

> 论地势，则旅顺与登州相近，而与东镇差远；论人情，则旅顺与东镇相宜，而与登州稍疏。若欲专属东镇，当令毛帅选将分防于旅顺并各岛之间；若欲专属登州，请罢东兵，令其专守东南，而登镇之兵选将分防，一如前例。从前议，则登镇止应设副将一员，驻札登州，与道臣共弹压。外设参、游或守备一员驻皇城岛为接济，而抚、镇二臣驻札于大海之南，兵马无多，缓急难就，似应裁革。从后议，则旅顺口应添设参、游或副将一员为主将，而东西诸岛量添守备四五员，以为分防协守之助，而镇守时出皇城岛为接济。此两策者，总听斟酌也。①

接到武之望的奏疏后，明廷命户、兵二部合议。次月，兵部回复：

> 登镇距三韩一大海，为东镇接济则易，为三方并进则难。向来当事者多侈大其词，以勤庙堂之东顾。抚臣不言防内侵，不言可进战，而以牵制自居。一何料敌，审而持议平也？事在牵制，则皮岛与旅顺左右犄角焉。若论事权之专一，属旅顺于东镇，非不称便。然筑城，而毛文龙不能协力；丧师，而文龙不能救援。鞭虽长有难及矣。而自登至旅顺，缩言之者曰七百里，纾言之者曰千余里。总之风顺，一日夜可达。盖以形势论，旅顺为辽左四卫之咽喉，登莱、天津之门户。无旅顺，则东镇之转输无从出海，朝鲜之贡使无由出途。登莱与虏比邻，亦有不安之势。是旅顺不可不固守也。以调度论，旅顺距东镇远而险，声闻虽可相通，缓急必难相拯。距登莱近而便，兵将易于责

① 《明熹宗实录》卷五七，天启五年三月乙卯条，第2611页。

成，粮糈易于接济。且挑浚南关，非登抚不能任。华夷界口，非登镇不能防。是旅顺应属登州，必然之画也。今已设游击一员，专守旅顺，当专属登抚节制。其分岛各官，听登抚择人分布，咨题授职。南关堡挑浚，听登抚择人严阵架梁，相机兴工，无蹈前辙。

其添兵加饷，与挑浚修筑之费，登抚欲取盈于原额四十万，诚以越海履危，非厚其饷不足以得其力。第挑浚在于一时，费虽奢而用有限。兵饷在于长久，食当足而用有节。昨臣覆请，业奉全给一年之旨矣。乃计部谓分给东镇者，原为淮兵与兵俱东，似难复问，则分给关门十万两，仍当还之登镇。夫以二十万饷而守此弹丸之地，添兵添将，绰有余谷。安插辽民，分屯布种，牵制奴兵，相机策应，皆登镇之要领，尤登抚之能事也。使旅顺果成屯聚，南关果成厄塞，则于今日分明职掌并有光矣。①

按照兵部的看法，登莱镇在三方布置策略中已经发挥不了太大的作用。若论牵制，则东江镇作用更明显。但考虑到距离以及经费使用方面的需要，旅顺必须划给登莱，由登抚、登镇直接管辖。这一思路得到决策层的认可。

随着旅顺划给登莱，原由毛文龙派出的旅顺游击张攀部相应地划入登莱镇序列。按理，即便是出于地方小算盘，武之望也需要迅速笼络张攀并按照明廷的要求展开城防建设工作，以免再出变故，但武之望却在收到兵部回复的次月，上了一个莫名其妙的“请酌议旅顺游击张攀兵饷折”。折子中说：

旅顺先系东镇信地，张攀又为东镇属官，合无仍以东镇之饷饷之？若以东镇缺饷，目前不便分拨，见今青、莱二府有科题追还官籴米豆本折，除抵还京边饷银及发解东镇外，其余即就近给发，犹足为旅顺然（燃）眉之助。若额数不足，容臣徐汰登兵以足之，亦权宜救济之便计也。②

把旅顺收入囊中之后却要求继续由东江提供军饷，等于不承认张攀是自己的麾下，除了得陇望蜀，似乎没有别的解释。

① 《明熹宗实录》卷五八，天启五年四月癸未条，第2668—2670页。

② 《明熹宗实录》卷五九，天启五年五月戊午条，第2747页。

旅顺划给登莱后，毛文龙也很不满意。武之望在五月份上了这个荒唐的折子后，毛文龙异常敏锐地捕捉到了这个机会。据报，在张攀到任一个月后，事先未做任何知会，“东镇忽移张继善等四员特来驻防”，“张攀势难与争，自应拱手逊避”，不久毛文龙又将“兵民载去”，把旅顺变成了一座空城。武之望只好“相应拨登兵数百名，令（张攀）暂驻盐场口以为防御，俟后东兵驻定，徐议进止”①。

对于毛文龙的无理举动，武之望似乎并不气愤。七月，他上疏汇报了这一情况，同时提出了自己的想法：

> 旅顺之防，原属车领信地。臣建议，欲截分彼此，专其所属者，非故与毛帅参商也。极知海外人心不齐，终难联络，故欲专其责成，免致争竞、推诿云耳。臣疏原欲先尽东镇，且请并行毛帅商确，而部覆不行会议，径改属登镇，且定题为游击张攀专来防守，业已到彼任事一月矣……
>
> 然臣更有说焉。登州离旅顺隔海七百里，寻尝往来，少以旬日计，多以二旬计。前日张攀之来，兵部覆疏，初云禀成登抚，又云听毛文龙节制。倘一事而禀成者曰可，节制者曰否，令任事者安所适从？是教之贰也。即两镇移文商量，速以两月计，迟则三四月矣。如此而欲并行禀成、节制之策，其能有济乎？况今海外之患，全在人心不一，法令不行。如曾有功勾虏诱陷，罪恶通天。臣前后疏参，不啻舌敝颖秃，而中外置之不问。目前若此，而欲后来诸将禀成节制于登抚，其谁信乎？而谁肯从之？②

原来，兵部在作出旅顺划归登莱的决定后，又决定张攀部同时受毛文龙节制。作出这一决定的时间，不排除是发生在武之望上疏建议张攀部军饷仍由东江供应之后。而毛文龙迁徙旅顺人口，移动张继善等防区的做法，在有权节制张攀的前提下，反而披上了合法的外衣。不过武之望的目的显然不是为了抱怨兵部的模糊决策，而是希望把旅顺划归东江镇。至于“非故与毛帅参商”的表态，无异于掩耳盗铃。

结合武之望的前后表现可以得出如下结论：武之望与毛文龙争执旅顺归属，其目的不在于把旅顺拿到手，而是不再承担旅顺驻军的各项军费。

---

① 《明熹宗实录》卷六一，天启五年七月己酉条，第2867—2868页。

② 同上。

唯有如此，才能解释其在得到旅顺后故意要求由东江镇供给张攀部军费的怪异举动。

不过对于武之望的行为，科道官员似乎并没有抓住肯綮。如礼科给事中叶有声即在当年九月上言弹劾毛文龙：

> 臣见登莱抚臣武之望疏，称游击张攀戍守旅顺，突有东镇张继善等载去本地民兵，不知所往。臣不胜骇然。旅顺密迩登镇，不闻一文移知会，乃尽撤其民兵，而以空堡贻一张攀。倘奴骑猝至，束手莫应。不知谁任罪乎？盖旅顺为登镇藩篱，故特设一游击以成联络之势。使旅顺可无添设，张攀不堪居此，毛帅独不可明告以听处分耶？①

面对科道官的卷入，明朝政府也显得有些无奈，只好含混了事。“得旨：两镇兵马应照原分信地，各为分守。张继善取之东镇，张攀取之登镇，该抚疏议甚明，不必争执。”②

按照明廷的意见，“两镇兵马应照原分信地，各为分守”，也就是维持兵部的原案不变，旅顺仍归登莱镇管辖。按理，这一决定不会是临时作出，此前应该已有定论，武之望也应有所了解。鉴于这一结果已经不能改变，为限制毛文龙的势力，武之望又提出在“石城、广鹿适中之地”设一员重臣，以节制两镇，“即以驻札之所为界，东属东镇，令专管镇江一路，以窥辽阳；西属西镇，令专管旅顺一路，以窥海、盖。一切调度方略，推用选补，悉秉成于节制之臣”③。

按照他的建议，可以产生两种结果。一是在旅顺及以西地区增设一镇，与毛文龙分庭抗礼。但设镇即意味着增兵添饷，这在明廷经费已经非常拮据的情况下，根本不可能被采纳。二是将现成的登莱镇军事部署适当调整，完全掌控旅顺等地。如果采用这一方案，则两镇之间的重臣非武之望莫属。因为登莱巡抚本来就节制两镇。

武之望的建议有一定可取之处，但在他与毛文龙的矛盾已经公开化的情况下，如果接受这一建议，势必引起毛文龙的激烈反弹。在东江镇的牵制作用被明朝决策层一致看重的背景下，武之望不可能在这场争斗中获

① 《明熹宗实录》卷六三，天启五年九月甲寅条，第2957页。

② 同上。

③ 《明熹宗实录》卷六三，天启五年九月辛亥条，第2949—2950页。

胜。当年十二月，这一场争斗终于有了结果。为了鼓舞毛部士气，武之望被调离登莱，太仆寺少卿李嵩取而代之，成为登莱巡抚。

武之望离任后，困扰明廷多年的旅顺之争有了新的变化。天启六年四月，登莱巡抚李嵩疏言：

> 登镇督发防海兵六百四员名、船二十七只，并带火药器械，于本月二十二日出海防汛。然今岁汛地与往岁不同。旅顺归之东镇，毛文龙委官防守。皇城、鼍矶等岛听登镇督兵防守。南北分界，制御各异。此日依为进止之的，他日援为功罪之准。臣于各将启行之日谆谆告戒，仍宜声息相联，救援互应。①

可见，在登莱巡抚调整后，旅顺又重新被划归东江镇。这一场持续数年的争议不可避免地会在两镇官兵之间产生隔阂，因而李嵩才会在大军出发前“谆谆告戒”，以免出现互不救援的糟糕后果。

不过，登州与旅顺之间的地理优势是一个不能回避的问题。天启七年正月，后金为解决来自背后的威胁，对朝鲜发动猛烈攻击，毛文龙部也在其打击之列。明廷急忙从各镇抽兵前往救援。毛文龙自顾不暇，自然顾不得旅顺。旅顺如果失陷，对登莱和东江都将产生致命威胁。因此，登莱巡抚李嵩再次提起旅顺归属问题：

> 挑浚南关、屯旅顺以窥海、盖，良称要图。但遥属东镇，声势远隔。然旅顺在东镇，则鞭长难及，不过赘余；在登镇则衔短易操，实为捷键。倘就此处增兵二营，以登莱总镇统之，则于毛帅为犄角之相助，于奴酋为胸肋之横冲。乞将旅顺官兵兼隶登镇，听其调遣。辅车之倚，胜于秦越万万矣。②

明朝决策层认为此议可行，命兵部讨论。兵部复议后，“依拟报可”③。在登莱与东江之间纠缠了多年的旅顺之争，终于以旅顺回归登莱辖制宣告结束。

旅顺之争表面上是辖区之争，其实背后隐藏着很深的文武矛盾。大致

① 《明熹宗实录》卷七十，天启六年四月己卯条，第3347—3348页。

② 《明熹宗实录》卷八二，天启七年三月己丑条，第4002—4003页。

③ 同上书条，第4003页。

从仁、宣时期开始，由于国防形势的日趋稳定，文官地位日渐上升、武官地位日趋下降。发展到晚明，文官集团已经彻底凌驾于武官之上。武官地位低下，势必会造成军力下滑，进而影响国防的巩固。万历中叶，明朝的国防形势日趋恶化，“万历三大征”刚刚严峻考验了明廷的虚弱国力，女真的威胁接踵而至。接连的失地损兵让明廷大为尴尬，终于使决策层开始认真反省重文轻武的不良后果，并于天启元年催生出一份对文官集团的严厉批评：

> 国家文武并用，顷承平日久，视武弁不啻奴隶，致令豪杰解体，志士灰心。今边疆多故，东夷荐食，大风猛士深轸朕怀。卿部再查祖宗旧制，文武各有职掌，互相弹压，不得仍前牵制。庶展豪杰之用。布告天下，使明知朕意。①

尽管决策层已经意识到文官地位过高的危害，但巨大的历史惯性已经使重文轻武的社会风气难以扭转。天启初，明军在辽东战场接连惨败，毛文龙奇袭镇江终于让明廷提振了一丝信心，毛文龙也因此得到满朝文武近乎一致的赞许，并被破格重用，逐渐发展成为后金侧后方一支独立的牵制力量。但在历史惯性的作用下，东江镇并没有获得体制上的突破，本镇的将领配置、资源调配，特别是后勤补给仍牢牢地掌握在文官手中。袁可立任登莱巡抚时，为大局考虑，尽可能迁就毛文龙，使之有效发挥了战略牵制作用。但孤军在外，屡立战功也刺激了毛文龙的个人野心，开始出现军阀化的倾向，冒功请赏是其最早的表现。袁可立因为对满浦、昌城捷报产生怀疑，引起毛文龙的不满，鼓动科道、宦官陷害他，并最终使其离任。但赶走了袁可立，也使毛文龙的劣迹逐渐被文官集团注意。

天启四年五月，毛文龙献俘报功，登莱参政谭昌言事先获悉俘虏被下药失去了说话能力，遂“密与解毒汤。旬日舌清，乞命，皆辽人也。言其实编为农”②。毛文龙冒功请赏，终于被人抓住了证据。

九月，毛文龙上《献俘疏》，陈述本部从去年秋季至本年秋季的一系列战功，“复地自金州至永宁堡、旅顺、岫岩、盖州以及清河、宽甸、叆阳、汤站、凤凰城并镇江一带，计地千有余里。已经遣将分守设防。数月以来即奴有报怨之举，我兵先发制人，屡挫其锋，先后共斩首级七百二十

---

① 《明熹宗实录》卷八，天启元年三月丙寅条，第401页。

② （梁本）《明熹宗实录》卷四二，天启四年五月丁巳条，第2360页。

六颗，生擒活夷十四名，活鞑妇五名……”[①] 并请求因此优叙将官 338 员。兵部获悉后，没有像以前那样直接叙功，而是“以功在海外，未可草草，遂传单会审，约于本月初五日中府审夷，初六日朝阳门外审报。是日，三法司并兵、刑科臣，河南道俱在。十二夷至堂上，豹贩等五人像貌狞狰，言语惨伤。旁立通事代报，有言某为官，某为将，当阵捉获，事之虚实，尽不可知。视之，皆真夷也，均当同叛逆之律。而幼童四名、幼女四、妇一，眍怯孱瘦，原非地方作孽之人，不过山居夷民，被我师扰获以归者耳”。于是御史袁化中上言：“臣查律令所载，凡叛逆之族，男子十五以下、妇女不计年，皆免刑，给功臣为奴。今把托等四人止十五以下，而粘既等五口虽年齿不齐，均不计年者也，事与律合。伏祈皇上大开好生之心，以施渡蚁之惠，将此九命俱免行刑……臣以为论功行赏，只宜就岛上诸将士言之。若泛泛叙功，中外之人无一不叙，无一不升，此近日恶套。愿当事者慎之……在我未尝有斩将夺城之功，在奴不闻有没军丧师之辱，不过小小捷功耳。稍俟文龙或擒李、佟二贼，或俘奴之父子，即告庙宣捷，岂不快人心，而重国典哉。”[②]

兵部复查俘虏情况以及袁化中的言论表明，文官集团对毛文龙虚报战功的行为已经有所不满，只是出于大局考虑，未予制裁罢了。但拒绝给予告庙宣捷，已经暗含警告意味。

文官集团对毛文龙开始不满，还与其与宦官势力日趋接近有关。天启四年时，魏忠贤的势力已经日渐做大，阉党与东林正直之士的分野也日渐清晰。中间群体因此被迫开始对未来的站队作痛苦的选择。毛文龙作为前线将领，行军打仗是主要工作，后勤补给是基本保障，所以在考虑站队时必须首先选择可以为本部提供有效支持的一方。东林集团占据了道德制高点，但政治地位的下滑趋势已经非常明显，如果选择支持东林，等于给自己釜底抽薪，断了东江镇的活路。所以，毛文龙选择和阉党站到了一起。在《献俘疏》中，毛文龙称战功“全赖皇上之福、社稷之灵、诸大臣之略、关上指示之力、登津应援之功、许中书犒赏鼓舞之神”[③]，明显沾染了阉党集团因小功而求集体受奖的坏习气。这在东林眼中当然是令人不齿的行为，所以袁化中才会指责毛文龙陷入了“近日恶套”。

与朝中众人的批评相对温和不同，直接和毛文龙打交道的武之望的反

---

① （梁本）《明熹宗实录》卷四六，天启四年九月庚辰条，第 2439 页。

② 同上书，第 2440—2441 页。

③ 《明熹宗实录》卷四一，天启三年十一月丙子条，第 2439 页。

应要激烈得多。武之望，字叔卿，号阳纡，陕西临潼人，为人耿直。史载，天启五年十二月，毛文龙“差官解进俘夷一百三十名。解官口称行至广鹿、石城岛，二船夷变，淹死五名。及至登城内，乘夜逃走二十名。登抚发兵捕缉，拒敌杀伤，仅余十一人。时诸夷半属辽人，率解汉语”①，武之望对此非常不满，遂上疏：

> 查各边镇临阵擒斩，绝无有解献入京者。即有之，亦其首恶头目，如宁夏之哱刘，重庆之樊虎，兖州之徐鸿儒等，其余孽小丑，悉于彼处正法，未有累累相属，致之于阙下者。至于斩获首级，例行巡按御史勘验而已，亦未有秽恶髑髅，入都门而尘睿览者。唯该镇一解再解，以至踵解不已。不知解一番功级，费一番资斧。前次汪崇孝之支领，可按籍而数也。至于驿递应付之夫马，沿途护送之乡兵，动以千百计，则二东疲瘠之乡，尤有不胜骚然者矣。合无以后凡有斩获，除真正头目，献一二以表奇功，其余只以疏闻而论功行赏，令抚按酌量题叙。②

毛文龙部还有其他很多不法行为也招致武之望的不满。如天启五年三月，武之望上疏表示登莱地区流动人员过多，“此地武弁与杂流最多，非平辽委官则内地差遣，非坐登买米则奉文领银”，而且乘机渔利，扰乱地方者众多，需要严加治理，“欲清奸宄，先汰武弁；欲汰武弁，先查虚衔”。对于东江官兵，武之望虽然表示“海外毛帅部下各官，得以便宜行事”，但同时又要求“凡自海外而来者，毛帅给以印信批文，备开委干何事，及随行人等姓名。至登莱，则登抚与道府得以查识之。不许其招摇市城，宿娼酗酒。至京师，臣部与五城得以约束之，不许其潜匿禁地，作奸犯科。其自登莱而往者，登抚院道给以印信批文，备开委解钱粮等项，及随行人等姓名。更严违禁之物。即遇劫遭风，务行审实，毋使诈诬以害平民。院道之文，东镇查验；毛帅之文，登镇查验。如无批照，不论官民人等，一例重究”③。对毛文龙部的不信任溢于言表。

天启五年九月时，毛、武的矛盾已经因旅顺之争而表面化，武之望干脆直接弹劾毛文龙“专制海外，糜饷饰功，擅权横恣”，要求增设一名监

---

① 《明熹宗实录》卷六六，天启五年十二月乙亥条，第3107页。

② 同上书，第3107—3108页。

③ 《明熹宗实录》卷五七，天启五年三月壬戌条，第2625—2627页。

察官员，“不时查点钱粮，稽核功罪”①。恰恰此时毛文龙又让人抓住了一个把柄。

此前，毛文龙请饷。“户部定议岁给四十万。内除本色二十万外，该折色二十万，于山东新饷支给。”十月份，毛文龙提出皮岛通商之后，“多市商货，价至三十万”，尚未给值，决定“以兵饷抵还，令诸商到登支领”，但武之望拒绝支付。“文龙疑管饷都司毛应时勒贿阻商，具疏参之。且咨登抚，俾代请增饷”。武之望于是“上其状，乞赐酌议以疏滞困”。户部复议后认为：

> 给兵、给商，在内固均之支给。而兵之冒锋镝而需此者，竟付之商乎？恐九边无此事例。况二十万之内，尚该旅顺兵饷四万余两，应听登抚扣除，犹未可尽兑为商价也。夺兵饷而作商价，事既窒碍难行，以不及二十万之兵饷而抵三十余万之商价，数尤悬殊。总之商可通，而货不可征。登海为夷夏之交，往来盘诘，不可不严。商价可兑，而数宜有限。兵饷非可居之奇货。乞令登抚移文毛帅，酌定回文，作何给发，作何通融，不得轻信商言，擅请增饷。②

通商是毛文龙获取私利的重要手段，武之望阻止以军饷支付商价，不仅有断了他的财路的可能，而且通过上疏，把这一行为透露给了中央政府，自然会招致毛文龙的进一步反感。

十二月，毛文龙汇报了朝鲜李适、韩明琏发动叛乱一事，并表示叛党“余孽韩润、郑梅等窜入建州，有左议府尹义立约为内应，期今冬大举犯朝鲜。臣已咨国王防守，暂移铁山之众就云从岛柴薪”。武之望随即上疏：“毛帅自五月以来，营室于须弥，所谓云从岛是也。今十月又徙兵民商贾以实之，而铁山之地空矣。故朝鲜各道疑其有逼处之嫌，甚至布兵以防御之。今镇臣所称李适等之叛，尹义立之内应，臣等微闻之，而未敢遽信焉。信之则益重鲜人之疑，不信则恐贻后来之患。”③

对于李适等的叛乱，朝鲜政府曾在天启六年向明朝作过汇报。其中，韩明琏之子韩润确实投奔了后金，“上年接得边臣驰报，称剃汉王四明等来自胡中，言：‘韩姓人兄弟，以甲子十二月，投入奴穴，自称

---

① 《明熹宗实录》卷六三，天启五年九月辛亥条，第2949—2950页。

② 《明熹宗实录》卷六四，天启五年十月庚辰条，第3000页。

③ 张廷玉等：《明史》卷三二〇《外国一·朝鲜》，第8303—8304页。

其父谋叛伏诛，尽输本国事情。又诳被拘诸将姜弘立等，以父母、妻子，尽被诛夷，为诱贼东抢之计’云。其后剃汉之归毛营者，所言皆与此合，则其为韩润兄弟明甚”。不过，对尹义立做内应一事完全否认，“尹义立，非议政，顷差毛营接伴官，奉职不谨，得过于毛将，实无谋叛本国之事，亦不曾充差进京。毛将所称王仲禄等呈报之说，全无事实，无乃有奸人故为交构者耶？且郑遵、郑造兄弟，俱以光海宠臣，有导贼林畔、谋废母后之罪，并伏常刑，而其弟道、逵，缘坐徙边，不曾脱逃。且其兄弟中，初无郑梅为名者，此亦似出于传闻之误也”①。

可见，毛文龙的汇报中有真实的情报，也有道听途说的成分。这在信息不发达、情报获取困难的条件下，是可以接受的。依据情报做出撤退铁山辽民，规避到皮岛也是正常的举动。但武之望的反应却是强调毛文龙在皮岛营建殿堂，这样，迁徙人口就成了充实皮岛的自私行为。武之望进而将充实皮岛与逼处朝鲜联系起来。如果属实，毛文龙就成了破坏三方布置策略的罪人（朝鲜在三方布置中充当着重要角色）。如果说此前弹劾毛文龙贪腐确有真凭实据，那么，这次的指责就有些捕风捉影，神经过敏了。兵部也看出了此中的问题，上言：“牵制敌国者，朝鲜也；联属朝鲜者，毛镇也；驾驭毛镇者，登抚也。今抚臣与镇臣不和，以至镇臣与属国不和，大不利。”②

由于毛文龙已经与阉党建立联系，武之望反复弹劾自然不会有什么好结果，最终只能以自己被免职收场。

武之望的调离并没有改善文官集团与毛文龙的关系。由于对李适、韩明琏叛乱的奏报有分歧，明廷不得不直接询问朝鲜政府。据朝鲜备边司的呈启，朝鲜先后接到“兵部、抚院咨文及朴鼎贤等所送给事薛国观题本”，其中“颇能照见本国事状，亦颇致疑于毛将所为”，“以或失辅车唇齿之势为忧，欲得本国真的情形，而圣旨又以同心共济等语，责励抚镇，其所望于本国者，亦不浅鲜矣”③。备边司陈启的时间是天启六年四月十四日，此时距离武之望离任不远，考虑到明朝咨文送达朝鲜需要一定的时间，朝鲜政府收到的抚院咨文应该是由武之望发出的。武之望怀疑毛文龙自不待言，兵部咨文和薛国观的题本中也出现怀疑毛文龙的内容，说明武之望的弹劾发挥了一定的作用。

---

① ［朝鲜］《李朝仁祖实录》卷十二，天启六年四月丙戌条，第288—289页。

② 张廷玉等：《明史》卷三二〇《外国一・朝鲜》，第8304页。

③ ［朝鲜］《李朝仁祖实录》卷十二，天启六年四月丙戌条，第288页。

对于武之望的咨文，朝鲜政府认为颇为不妥，“今见抚院移揭中语，抑扬捭阖，始焉许之以忠贞，终焉陷之以携贰，而屑屑于参斤、纸卷之多少、厚薄，窃窃焉为市井儿妇之态……莫测其心之所在”。“臣等窃揣，毛将务结中贵，以为自固之计，而亦有一种公论，觉其诈妄海外之事，不能真知的见，故有此奏咨，欲闻本国实情者也”①。

对于身处卧榻之侧的毛文龙，朝鲜政府有清晰的判断：

> 毛将始以一旅，艰关越海，来寓我疆，乃能虚张声势，牵掣虏后，接抚剃辽，遂有十数万之众。是毛将大有功于天朝，而使本国海路不阻，得伸其事大之礼者，亦毛将力也。奈专任少数，反复无常，既伪陈擒馘，欺罔皇上，又虚辞恐喝，诈瞒本国，肝肺毕露，明若观火，殊不知作伪心劳，人终不服，真可谓小黠大痴者矣。间者谣言屡煽，边情疑惑，朝廷略不介意，犹恐其馈饷之不给、欢情之或失，则本国之所以待之者，于斯至矣。②

因此，备边司认为“今若一一吐实，则恐有激变之忧；曲为阿护，则他日亦必反为所陷，可谓难处之甚者。然天下事，只须光明正大，务从实状，祸福、成败，付之于天。今宜另具奏本，其措语，备陈天朝恩德之厚及君臣分义之重，且陈毛将有功之状暨日后难处之形”③。

备边司的建议被李倧采纳，不过以李倧名义呈送的奏文于天启六年十月才送达明廷④，明人暂时还看不到。已调任兵部左侍郎的武之望对毛文龙仍然心存芥蒂，在不了解朝鲜对此前咨文反应的情况下，于六年五月再次上疏弹劾毛文龙：

> 毛帅在鲜五年，先与旧抚、镇不和，继与臣等不和，今又与鲜君臣不和，岂诸臣皆厉世妖孽，而独毛帅为和鸾鸣凤耶？塘报中捉获奸细与逃回妇人之言，皆言李永芳等于腊月初五日差人往三山岛，至二十八日始回，毛帅深讳之，千方百计，以图遮饰。迩来一闻李晖之党将勾虏南下，即撤兵窜匿云从岛。间谍一书，致差兵分尸游示。且来

① ［朝鲜］《李朝仁祖实录》卷十二，天启六年四月丙戌条，第288页。
② 同上书，第288页。
③ ［朝鲜］《李朝仁祖实录》卷十二，天启六年四月丙戌条，第288页。
④ 李倧的奏文见《明史》卷三二〇《外国一·朝鲜》，第8304—8305页。从内容上看，与备边司的建议基本一致。

□书之丑，损威辱国，莫此为甚。犹哆口自矜，曰虽分尸游示，遂其大举之师，岂非一纸之效？独不思虽寝南下之师，遂坚西向之举。岂贼不可自遗，而可以遗君父耶？此其跛扈之势与古安、史何异？臣独力撑持，恨不能制其骄蹇，而同朝衿带之士，反欲劣处臣，以快其心，如朝廷纪纲何？臣非好为此喋喋。缘海外虚实，与臣等是非关系匪轻。此事若不行查勘，则坚白之论终不息矣。①

李永芳劝降一事在其他史籍中也有记载。如计六奇在《明季北略》中称："天启四年七月初二，（后金）遣人与龙议和。李永芳又致手札，言龙在辽族属未遭屠戮者尽行优待，诱龙同叛，中分土地等情。"② 不过计六奇记录中的毛文龙的反应与武之望的上疏不同。《明季北略》的记载是"文龙将来使暨手札差官进呈。上加左都督，赏大红蟒衣一袭，银五十两"③。不知道武之望所谓的毛文龙千方百计进行掩饰是否另有所本。不过这并不重要，因为明廷对武之望不懈的弹劾已经非常厌烦，对其奏疏仅仅以"武之望心迹自明，既经改升，着安心供职，不必勘议"④ 作答。武之望自知不会有什么好结果，遂于六月份辞职，回乡安心行医去了。

不过，武之望的弹劾还是产生了一定的效果。在其离任后，明廷任命李嵩为登莱巡抚。李嵩因为给魏忠贤建生祠而于崇祯初被打入阉党逆案，估计此前他与阉党也应有较为紧密的联系。明廷任命他为登莱巡抚，估计也有看中其与毛文龙同属一党的因素。

武之望离职后，毛文龙越发恣睢，天启六年八月，他再次"报获虏二百七名，请献俘"。力求与之和谐相处的李嵩这一次意外地唱起了反调。李嵩上言："先是，逃夷二十名，倾登州之兵互相杀伤，仅能擒获。今以二百七名之众，倘知必死而求生，其患叵测。且上岁黔中有非安邦彦不必解献之例，则头目非哈赤、佟□，当令毛文龙审处解级，第于叙功之日准其上赏，亦分别功次之一款也。"明廷批复："不系巨魁，免行俘解，着遵前旨行。"⑤

此前，毛文龙冗滥献俘就曾遭到文官们的反对，这次不仅没有收敛，反而俘虏人数翻了近一倍。李嵩反对献俘固然有减少登莱压力的因素，但

---

① 《明熹宗实录》卷七一，天启六年五月甲子条，第3453页。

② 计六奇：《明季北略》卷二《毛文龙安州之战》，中华书局标点本1984年版，第42页。

③ 同上。

④ 《明熹宗实录》卷七一，天启六年五月甲子条，第3453页。

⑤ 《明熹宗实录》卷七五，天启六年八月辛亥条，第3629—3630页。

来自文官集团对毛文龙日渐增加的不满显然也发挥了些许作用。李嵩虽然投身阉党，但与文官群体毕竟有着天然的亲近。以武之望为首的文官对毛文龙的多次弹劾，不可能不对其有影响。

五 李嵩治下的山东海防

为取得优势地位，毛文龙曾在天启五年奏请由宦官“镇守登莱”①，试图通过宦官势力的介入来压制武之望，但因遭到丁绍轼等人的反对而作罢。不过这并未阻止毛文龙向阉党靠拢的脚步。在阉党的支持下，毛文龙的地位日益提高，到天启六年时，已经“册封夫人，追封四代”，“毛帅以此感戴皇恩，又交通宦寺，缔结魏忠贤，信使往来，月或三四云”②。据朝鲜史籍记载，天启六年曾有两名宦官到东江镇视察。“都督邀两使，共登镇后山，指示云从岛，两使曰：‘距椴岛咫尺，孰谓都督远弃辽土，深入朝鲜内地乎？都督招集民众，大开营镇如此，继粮之艰，天朝何以知之？俺等当奏知天子，饷银五十万两、军粮五十万包，当趁明春催送。’”③

（一）登莱镇战略地位的短暂下滑

东江镇隶属登莱巡抚，在广义上和登莱镇一样，都是山东海防体系的一部分。由于东江镇倍受朝廷重视，登莱镇一直处于下风，甚至一度被兵部怀疑不具备牵制后金的能力。在毛文龙取得魏忠贤及阉党的青睐后，登莱镇的地位更显边缘化。不仅如此，在李嵩巡抚期间，登莱镇的战略功能还有进一步弱化的趋势。

天启六年正月，后金重新发动对明朝的大举进攻。努尔哈赤亲自领兵，直扑山海关外的宁远城。在袁崇焕的主持下，宁远军民利用坚固的城防工事及西洋大炮坚守城池、浴血奋战，取得一场罕见的大捷，努尔哈赤本人也被大炮击中，不久即伤重身亡。但在宁远城主战场取胜的时候，在分战场的觉华岛，明军却遭遇了一场惨败。

觉华岛即今辽东湾西部的菊花岛，当时是辽西明军的仓储基地。这样重要的地方，明廷却只派了一个游击，率领天津镇龙、武二营水兵镇守，而且还兼具有运粮、护航、支援陆军行动等职责，防御可谓十分虚弱。

努尔哈赤顿兵坚城，心有不甘，于正月二十五日夜将主力秘密转移到

① 《明熹宗实录》卷六八，天启六年二月丙申条，第3261页。
② ［朝鲜］《李朝仁祖实录》卷十三，天启六年七月庚寅条，第323页。
③ 同上。

宁远城西南五里处的龙宫寺，“焚龙宫寺米豆二千数百有奇”①。经略高第“檄觉华岛将官凿冰自卫”，不料是日“风雪严寒，冰开复合。奴兵猝至，将多死之”②，“粮料八万二千余及营房、民舍俱被焚”③。

觉华岛被焚后，明廷这才意识到该岛防御的重要性，遂于当年二月下令“觉华水兵船只仍作速调补、修造，用资应援”④。四月，天津巡抚黄运泰建议“将津门兵二千一百员名分为三班，轮流更番防守觉华”。兵部复议后，改成“酌量分为二班，每班须一千五十名，原派船八十只，必当凑足”⑤。在继续调用天津水兵的同时，登莱镇也成为抽调的对象。

五月，登莱巡抚李嵩上言：

> 宁抚拟调舟师防守觉华。部咨坐派登镇船八十只、兵一千六百名，日夜图画，不能如数以应。今查得船五十只、兵七百七十四名，统兵官一员，于本月初八日开洋起行。一年换班，为更番防守之制。⑥

这里所说的宁抚指驻节宁远的新任辽东巡抚袁崇焕。袁崇焕升任巡抚是在当年三月，因此调取登莱水师的计划应该出现在三、四月之间。

袁崇焕不仅调用了登莱镇水兵防守觉华岛，而且有意迁移东江兵马，辅助宁远、觉华岛的防御。五月，袁崇焕上言：

> 毛文龙宜日近辽，不宜日近鲜，但移文内驻，不若留为外犄。水可泛棹三岔，陆可扬鞭四卫，朝廷折片纸呼之，跂可得也。师克在和，闻不如见。欲文龙为用，不足令其自用。且遣人与文龙从长商确，择便移居，宁近毋远，宁速毋迟。皇上第限以日期，不必坐以地方。候驻札定收聚完，臣且立会哨法，俾舟师往来，以熟海道。⑦

---

① 《明熹宗实录》卷六八，天启六年二月乙未条，第3260页。
② 《明熹宗实录》卷六八，天启六年二月乙未条，第3260页。
③ 《明熹宗实录》卷七十，天启六年四月辛卯条，第3371页。
④ 《明熹宗实录》卷六八，天启六年二月甲午条，第3256页。
⑤ 《明熹宗实录》卷七十，天启六年四月丙子条，第3338页。
⑥ 《明熹宗实录》卷七一，天启六年五月乙丑条，第3455页。
⑦ 《明熹宗实录》卷七一，天启六年五月己酉条，第3424—3425页。

崇祯初年，袁崇焕督师蓟辽时，力主山海、天津、登莱等镇兵马应统一指挥，划一事权。从其建议东江移镇来看，这一思想应该在其出任辽东巡抚时已经开始酝酿。不过在毛文龙日渐军阀化并已成为阉党红人的情况下，袁崇焕的这一设想注定不可能实现。

对登莱而言，水兵外调势必削弱自身的实力，因而登莱总兵杨国栋在五月份即上疏，言“登镇兵单船少，乞将调赴觉华兵丁船只早补完足”①。但疏下兵部后就没了下文。

虽然兵力单弱，但在后金专注于陆地的大背景下，登莱镇也曾打过一些胜仗。八月，李嵩奏报：

> 登总兵杨国栋、海防都司梁汝霖等侦知奴酋运板片至盖套（连云岛）督造船只，密遣将驾轻舟、带火器，焚其板片。奴兵追赶，迎战，复擒活夷一名，斩首级一十九颗，忠勇可嘉，乞与优叙。②

从战果上看，这一仗实在算不上什么大胜利，但明廷给予了充分的表彰。“得旨：杨国栋、梁汝霖侦探截杀，屡奏奇功。潜烧贼船，忠勇可尚。其降夷、活夷，俱着该抚审明酌处具奏。有功员役、阵伤军丁，查确赏赉优叙”。不久，“升总兵杨国栋为实授都督同知，都司梁汝霖等俱升授有差”③。

次年正月，兵部尚书冯嘉会再次言及此战，“连云岛居觉华岛之东，去三岔河仅四百里耳。奴酋屯聚连云岛，伐木造舰，计图狂逞。防汛官兵潜师夜渡，用草围木举火，楼橹之需，尽付一炬……”，明廷于是再次下旨：“连云岛之捷，虽斩获无几，而抚道伐谋之方略，将士用命之劳苦，亦宜叙酬……”④

明廷其实也知道这一仗是小胜，在复文中也强调“勿狃小胜”⑤、“斩获无几”⑥，但为何给予这么高规格的奖赏呢？笔者估计除了巡抚李嵩和阉党有瓜葛的因素外，与登莱镇的微妙地位有直接关系。

自东江建镇开始，登莱镇的地位就开始下滑，逐渐沦为前者的附庸。

---

① 《明熹宗实录》卷七一，天启六年五月辛酉条，第3450页。
② 《明熹宗实录》卷七五，天启六年八月辛酉条，第3648—3649页。
③ 同上书，第3649页。
④ 《明熹宗实录》卷八十，天启七年正月庚寅条，第3895页。
⑤ 《明熹宗实录》卷七五，天启六年八月辛酉条，第3649页。
⑥ 《明熹宗实录》卷八十，天启七年正月庚寅条，第3895页。

旅顺之争之所以不敌东江镇，正是这一地位变化的反映。明中叶，山东海防部队曾长期处于战略预备队的境地，直到明清战争爆发后，才彻底进入战争现时状态。但东江镇出现后，登莱镇的战略角色又开始变化，水军被抽调防守觉华岛，预示着预备化可能再次出现。杨国栋等突袭连云岛的意义不在于取得了一场胜利，而在于明确告诉世人后金正在着手造船，组建自己的水军部队。登莱与辽东一水之隔，一旦后金水军组建完毕，倾巢南下，兵力单弱的登莱镇必然无力抵抗。而后金军在登莱登陆后，将对北京形成战略包围。这一后果，明廷不可能不清楚①。因此，对杨国栋等大加表彰，既是对登莱镇的安抚，也是在展示中央政府对登莱的重新重视。

果然，在表彰后不久，被搁置了数月的登莱补充兵、船的建议就被捡了起来。十一月，兵部尚书冯嘉会上疏议准：

> 登镇距奴仅一水。自拨船五十只、拨兵七百余出汛觉华，而兵单船寡，致廑圣明之虑。故抚臣李嵩疏请造船募兵以还旧额，诚无庸再计。船则造于瓜、仪；计费，一万一千四百余两，与差官之行粮，合用之器械，俱无所抵。查登镇有新裁饷银六万六千，向为登镇裁，今仍为登镇用。听该司一扣除，间亦无庸再计。至如觉华残破之际，水哨虚空，不得已而远调登兵以资防御，今数月矣。关门内外，与辽海难民，必有习水操舟，可以招用者。与其留用登兵而滋东省招募之扰，孰若撤回登兵而招觉华附近之人？以旧觉华之额，饷新募之兵，而归登镇之原兵，食登镇之原饷，为势甚便。②

在冯嘉会议准可从觉华岛撤回登莱水兵后，李嵩趁热打铁，又于十二月份奏准：

> 一、议实授缺。言登镇备兵海上，以资汛守。其左右参将责任綦重。今梁汝霖、袁进，或由都司佥书，或由守备，俱系札委，非所重

---

① 天启七年二月，兵科都给事中许可征曾上言：“登莱一带有谓海涛天险，然汉人从逆者众，不乏习舟识汛之人。彼中辽船又复坚稳可渡，则登莱一带之设备宜严也。”（见《明熹宗实录》卷八一，天启七年二月丙辰条，第3946页）从中可以发现，此前明朝政府中的确有因登莱占据地利而忽视其军备建设的倾向。许可征强调后金也有船、有善于操舟之人，说明朝廷内已经有人开始重视来自后金的，逐渐成为现实水上威胁，而这与杨国栋等在战场上换来的情报可能有一定的关系。

② 《明熹宗实录》卷七八，天启六年十一月己卯条，第3756页。

权也。今将二弁俱受实缺，填入俸单，俟俸荐相应，循资升转。

一、议均甄别。言各边武弁年终有甄别，复命有举刺，惟海外用人时事倥偬，文网稍宽。今应照抚臣之议，令毛帅将所辖将领开送，贤否听登抚再加咨访，一体甄别，庶黜陟不致混淆。①

这两项建议，前者是对登莱镇本身高层军官的调整，有利于提高指挥效能，后者针对东江镇，在李嵩与毛文龙关系良好的情况下，无疑有利于东江将校的任用，这也是东江镇自成立以来，少有的一段与登莱和谐相处的时光。

天启七年，涉及明朝、朝鲜、后金三方的安州之战爆发，在毛文龙部疲于应付后金进攻，无暇西顾的情况下，李嵩乘机上疏要求旅顺划归登莱管辖，由登莱镇负责在旅顺设立了两个营，“以壮毛帅犄角，其调遣并隶登镇”②。同时，又以登莱镇兵船太少为由，请求调部分天津水军到登莱驻防，又陈奏“青、登、莱三面濒海，约长二千七百余里。墩台置哨，寥寥数人。即使瞭望真确，谁堪控御？宜添设游骑一二千名，布列沿岸诸口，以登兵裁饷饷之，令无事分队勤练，有事荷戈疾趋”③。这三项建议除调天津水军未获批准外，另两项都得到了决策层的支持。

收回旅顺，解决了长期以来登莱镇北面防御的缺环，又因在大战期间可以维护东江镇的后方而没有引起毛文龙的不满，令两镇之间悬而未决的难题化于无形。至于添设游骑以及天启六年十一月议准的造船、补充士兵，虽然需要一段时间的运作，未必能切实完成，但终归让中央政府重新开始重视登莱镇的战略作用。从这一点可以得出结论，不论李嵩是否真的从心底投向了魏忠贤，至少在山东半岛的海防建设方面，他是有贡献的。

（二）安州之战

天启六年努尔哈赤进攻宁远，标志着明清战争的短暂相持阶段结束，后金开始对明朝发起新一轮的进攻。但努尔哈赤在宁远城下受伤，不久去世，改变了战争的走向。其子皇太极继承汗位后，虽然对明朝依旧采取攻势，但把首选目标从辽西转向了侧后方的朝鲜，于即位后的第二年发动了对朝鲜的进攻。因为此战发生在丁卯年，所以清代史籍称之为“丁卯之役”。朝鲜史籍则称之为“丁卯胡乱”或“丁卯虏乱”。明朝人的记载中

① 《明熹宗实录》卷七九，天启六年十二月乙丑条，第3850页。

② 《明熹宗实录》卷八二，天启七年三月己丑条，第4002—4003页。

③ 同上书，第4002—4003页。

则称之为“安州之战”[①]。

以往对此战的研究，大多把侧重点放在后金与朝鲜的关系上[②]，对于后金此战的真实目的注意得不多[③]。其实，在《满文老档》中对此有明确说明：“先是，朝鲜累世得罪我国，然此次非专伐朝鲜。明毛文龙驻近朝鲜海岛，屡收纳逃人，我遂怒而徂征之。若朝鲜可取，顺便取之。故用兵两图之。”[④] 而在正月初八日，大军出发时，《满文老档》中的记载是“命贝勒阿敏、济尔哈郎台吉、阿济格台吉、杜度台吉、岳託台吉及硕托台吉，率大军往征驻朝鲜明将毛文龙”[⑤]，根本没有提征伐朝鲜的事，可见，消灭毛文龙部才是后金军的主要目的。

毛文龙坐镇东江，虽然兵力有限，但不时地游击式的骚扰却让后金疲于应付。不消灭毛部，后金永远不可能集中全力进击辽西。天命十一年（明天启六年）八月，后金擒获毛文龙派出的一个间谍，从其口中得知毛文龙部已经发展到“马步兵七万人”[⑥]。这一情报促使后金把消灭毛文龙部提高到了前所未有的战略位置。间谍还供述说毛文龙并没有进攻后金的意图，相反，“因闻我等将往彼处，故惧之，并于沿江派兵驻守”[⑦]。沿江派兵势必分散兵力，这就给了后金军集中兵力各个击破的机会。

正月十三日，后金军先头侦察部队 80 余人趁着夜色突袭了毛文龙军的六个哨卡，“六哨无一脱者”[⑧]，致使明军没能及时得到后金出兵的情报，“义州城人，一无所闻”[⑨]。这支 80 余人的侦察分队随即扑向义州，

---

① 如计六奇：《明季北略》卷二《毛文龙安州之战》，第 42—43 页。

② 如王臻：《后金政权对朝鲜的第一次征服战争述论》（《多元化视野中的中外关系研究——中国中外关系史学会第六届会员代表大会论文集》，延边大学出版社，2005 年）、《“丁卯之役”的交涉及战后金鲜的矛盾冲突探析》（《韩国研究论丛》2008 年第 1 期），魏志江、潘清：《关于“丁卯胡乱”与清鲜初期交涉的几个问题》（《学习与探索》2007 年第 1 期），石少颖：《和约背后的制衡——对“丁卯之役”及金鲜谈判的再探讨》（《历史教学》2012 年第 4 期），等等。

③ 笔者所见，只有李鸿彬：《试论“丁卯之役”》（《社会科学战线》1987 年第 4 期）一文谈到了的后金“出兵两图”。

④ 中国第一历史档案馆、中国社会科学院历史研究所译注：《满文老档》太宗第一函第三册，天聪元年四月条，中华书局 1990 年版，第 825 页。

⑤ 《满文老档》太宗第一函第一册，天聪元年正月初八日条，第 805 页。

⑥ 《满文老档》，太祖第九函第七十二册，丙寅年（天命十一年）八月初三日条，第 705 页。

⑦ 《满文老档》，太祖第九函第七十二册，丙寅年（天命十一年）八月初三日条，第 705 页。

⑧ 《满文老档》太宗第一函第三册，天聪元年四月条，第 825 页。

⑨ 《满文老档》太宗第一函第一册，天聪元年正月十六日条，第 809 页。

“乘夜而入，暗中设梯，领我众军，登城克之。明兵一万，朝鲜军两万，均劝降未从，遂尽杀之”①。在攻取义州的同时，后金军分兵“往攻毛文龙所居铁山，斩明兵甚重。时毛文龙遁往海岛，未能擒获”②。明军铁山守将毛有俊、刘文举等阵亡。朝鲜宣川、定州牧使金晋被擒，定州之民皆降。后金军随后又于正月十八日占领郭山城、汉山城，二十一日攻克安州，二十五日进入守军已经逃走的平壤。至此，战争的第一阶段宣告结束。

朝鲜政府后来就义州之战向明朝作了汇报，大致经过是：

> 本月十三日四更时分，奴贼三万余骑，卒袭义州，从水口门，杀其门将，潜师以入城中，军门不觉兵至。本镇节制使李莞仓卒出御，与通判崔梦亮及手下将官，搏战至朝，贼兵多死，而众寡不敌，力不能支，李莞、崔梦亮等抗贼不屈，同被磔杀，大小将官、数万民兵，屠戮无遗。是日夕，前锋已至定州，一枝大队，分向宣川浦口，要抢毛将。毛将自冰合后，驻云从岛，贼兵不得入，将蛇浦所住辽民及毛镇军兵，尽行厮杀。③

可见，后金和朝鲜对此战的记载基本一致。毛文龙因为在海水结冰后已经转到云从岛，侥幸逃过这一劫。可以说，在战争第一阶段，东江镇和朝鲜军在后金的突然打击下，都蒙受了巨大损失。

毛文龙损失的不仅是上万士兵，还有多年来积小胜而攒起来的士气。都司毛文显奉命救援宣州，却贪生怕死，“阴约兵民船，载家眷、兵丁西逃”。徐敷奏等散布谣言，说铁山、皮岛已失，石城岛游击高万重因而“席卷岛中货物子女，夺冻船为粮，航海窜归河西”，“都司马承勋、李矿、郑继魁等皆西逃”④。后虽予以惩处，但军心已经动摇，短时间难于恢复。

朝鲜政府则被迫与后金在三月三日签下所谓“平壤之盟”，约定朝鲜要向后金进献礼物；后金使节和明朝使节应享受一样的礼遇；朝鲜不得修筑城池、操练兵马，不得容留后金逃民；等等⑤。仁祖反正之后，朝鲜外

---

① 《满文老档》太宗第一函第一册，天聪元年正月十六日条，第809页。

② 《满文老档》太宗第一函第三册，天聪元年四月条，第825页。

③ ［朝鲜］《李朝仁祖实录》卷十六，天启七年四月丁酉条，第387页。

④ 《明熹宗实录》卷八三，天启七年四月壬寅条，第4021页。

⑤ 盟约内容见《满文老档》太宗第一函第四册，天聪元年四月条，第839页。

交奉行一边倒政策，完全站在明朝一边，对东江镇尽力支持。特别是天启六年后，因为明朝运船迟迟不到，"毛营数十万众，专恃仰哺于本国，今年支给之数，已过十五万石，决无可支之势"①。但后金的突然入侵，给朝鲜带来沉重打击，原有的一边倒外交政策被迫在枪炮的威胁下向等距离外交转变，同时与明朝和后金发展关系，尽管只是形式上的。这对于以儒家理念治国，强调忠诚的李倧来说，无疑是极其痛苦的精神折磨。

不仅如此，战争初期的惨败还给朝鲜政府与毛文龙部的关系投下阴影。由于和魏忠贤建立了较为密切的联系，毛文龙越发张狂，竟然发展到直接吩咐朝鲜。朝鲜官员称其"自见诏使、奏本、兵部覆题之后，气势颇张，今则直为发票督令，前头难处之患，不一而足"②，对其不满情绪溢于言表。

由于后金在进攻过程中采用了偷袭的方式，毛文龙怀疑是朝鲜政府内部有人故意诱引后金军打击自己，于是在当年二月行文，咨文中说：

> 向者边臣不轨，业已陈之。而本月十四日，丽人导虏，皆丽衣、丽帽，蓦抵铁山、宣川，但见负粮者、牧马者落落道路，而本镇犹驻兵云从岛，虏怒丽人绐己曰："尔谓先献毛都督，后献国王，毛都督今不可得，国王安可得乎?"虽括发归顺者罗拜载路，犹恣蹂躏、屠戮，乃始人自怨悔，噬脐而无及矣。③

对此，朝鲜备边司非常不满，认为"义州、凌汉之被陷，许多将领之义死，皆没而不举，亦无一言之慰问，日后酬应之道，难得善策"④。

其实，这次毛文龙确实是冤枉了对方。据李鸿彬研究，后金军在扫清义州外围的明朝哨探据点后，命令投降后金的原朝鲜叛臣韩明琏之子韩润身穿汉人服装，提前混入了义州城充当内应。后金先头部队抵达后，韩润等在城内纵火，配合后金军一举拿下了猝不及防的义州城⑤。既然攻打义州时可以使用内应，自然不能排除在进攻铁山毛文龙部时故技重演，化装成朝鲜人再次偷袭的可能。

尽管朝鲜政府并不承认，不过类似内容的揭帖还是送到了兵部。明朝

---

① ［朝鲜］《李朝仁祖实录》卷十四，天启六年八月乙巳条，第327页。
② ［朝鲜］《李朝仁祖实录》卷十四，天启六年十月辛酉条，第343页。
③ ［朝鲜］《李朝仁祖实录》卷十五，天启七年二月壬戌条，第375页。
④ 同上。
⑤ 李鸿彬：《试论"丁卯之役"》，《社会科学战线》1987年第4期。

政府商议后下旨：

> 览奏，奴兵东袭毛帅，锐气未伤，朕心深慰。丽人导奴入境，固自作孽。然属国不支，折而入奴，则奴势益张，亦非吾利。还速传谕毛帅，相机应援，勿怀宿嫌，致误大计。饥军需饷甚急，着登抚那借青、登、莱三府仓储，乘风刻日开帆接济。其动支赃银，以励戎士，速发火药，以壮军声，委系目前急着，俱上紧传与登抚，如议行。[①]

兵部讨论后决定在辽西由袁崇焕领兵直捣沈阳（因情报有误，后未执行），以“围魏救赵”，同时“于南海口、觉华岛精选水兵三千，令一健将统之，多载粮饷、器械先发，直就毛帅，合兵一处，仍听相机进止。再发天津水兵，续为后劲。登莱兵亦宜精选三千，刻期出洋，与毛帅会合，并力策应。奴可乘，则全旅以击之，固是正兵；奴未可乘，则多方以误之，亦是疑兵”[②]，并命令参将徐涟、游击宋承焘统领水军前往救援。

次月，登莱巡抚李嵩疏报：“内臣胡良辅等于四月十三日开洋东援。登镇官兵八千八十九名，计船八十一只，镇臣随四臣开洋去讫。游艇、战舰衔尾东渡，而登府遂为之一空矣。今权调莱州兵一千防登，登船未留一只，并无出汛防守之兵也。”[③] 鉴于登莱镇的重要性，明廷命令兵部“即行分派雇觅湖广、扬州船只赴登以资调度，作速回奏。出汛水兵作何增设，该部并与看议来说”[④]。

五月，兵部尚书王之臣回复李嵩疏：

> 奴难之初，登州原集重兵，足称雄镇。顷以逆虏犯朝鲜，东师孤注。于是尽撤防汛兵舡，从事海外。又以内臣开幕临戎，材官、丁健皆不可缺，臣与镇臣各分标下官员家丁一半，以备应用。计共四千八十九名，计舡八十一只，俱于日内开洋。游艇、战舰衔尾东渡，则抚、镇标下索然一空矣。夫奴兵在丽，则比邻之患当援。奴若西来，则腹心之忧可虑。臣议调莱州马步兵一千以防登，而以余兵防莱。盖登急而莱若缓，故不得不缓莱而急登，若登舡已不留一只矣。莱兵既调，当再招兵一二千以成一旅。其合用粮饷，登州府库原有存贮汰兵

① 《明熹宗实录》卷八二，天启七年三月庚午条，第3969页。
② 《明熹宗实录》卷八二，天启七年三月戊子条，第4000—4001页。
③ 《明熹宗实录》卷八三，天启七年四月庚申条，第4052页。
④ 同上书条，第4053页。

银两可动，无烦措处，应听登抚熟计而酌行之。①

可见，登莱巡抚李嵩在尽力支持毛文龙的同时，再次发挥了自己借机谋“利”的本领，为登莱镇又增加了一支劲旅。

在明廷整军东援之际，朝鲜在华冬至圣节使金尚宪等也主动公关，尽力争取明朝救援。金尚宪于三月初呈文兵部，提出“小邦一日不支，则毛镇亦无所依。毛镇无所依，则彼将专力，西犯皇朝，疆域之忧，必不止于今日也。诚及此时，速发偏师，乘其空虚，捣其巢穴，使贼首尾牵掣，则一举而全辽可复，属国可全，此乃兵家不可失之机会也”②。这一主张和明廷后来的举措不谋而合，不排除是受了他们的部分影响。

对于毛文龙汇报的“丽人恨辽民扰害，暗为导奴奸细，欲害毛镇”一事，金尚宪等极力为本国辩解：

小邦之失欢于毛镇，不过参、刀、纸束之微，而常时构捏，亦已甚矣。至于今日，共受兵祸，军民糜烂，疆域溃裂，而乘人之厄，反以为幸，张皇虚说，加以不测之名，噫！天下宁有仇视同胞，欲害一家；与雠奴谋，引入门庭，背畔君父，而自甘祸败之理乎？……小邦举国殚财，以奉毛镇，尚患不能赡，何暇发运军食，远饷仇雠乎？③

金尚宪等人的公关收到了效果。明廷后来下旨温言安抚，“览王奏，佩昭敬之遗言，怀壬辰之旧德。和协东镇，爱戴中朝，忠贞之忱，溢乎言表，朕甚嘉之”，同时又对朝鲜政府长期关心的辽东难民、东江补给问题作出一定的让步，“海上刍挽，朕近责之该部，多方区画，刻期接济匪难。辽民或丁壮可籍，或别岛可分，或内地可徙，亦令毛帅，悉心节次计处，俾无重为王累。并力合心，王亦勉之”④。

按后金方面的记载，丁卯之役是以后金全胜而告终。其实不然。在后金进攻安州时，毛文龙曾派遣“参将毛承禄、陈继盛等率兵万五千赴救，使张晓以万人设奇，自统八千后应”。按照毛文龙的汇报，后金“六王子中流矢，兵败。次日复战，敌退八里，文龙与曲承恩斩七将，围之。敌将

---

① 《明熹宗实录》卷八四，天启七年五月乙亥条，第4071—4072页。

② ［朝鲜］《李朝仁祖实录》卷十六，天启七年五月辛未条，第397页。

③ 同上。

④ 同上。

溃围北走。文龙入安州等处安民。回岛奏捷"①。此战虽未能挽救安州，且有夸大战果之嫌，但对后金军以较大打击，应是可信的。

另外，在得到明廷支援后，毛文龙在后金撤军过程中又发动了多次袭击，取得了一定的战果。如四月十三日在义州、鸭绿江一线后金军的撤退道路上设伏，杀死敌军"六七千余"。"这份塘报的数字虽有夸张不实，但亦反映了毛文龙给予后金兵沉重的打击。"② 正因为有毛文龙部的不断打击，后金在朝鲜才没有长期驻军，并于九月十二日撤出了在义州的最后一支部队。

安州之战对于后金摆脱孤立的困境，冲破明朝经济上的封锁，拆解明军的战略包围有很大帮助，但在消灭毛文龙部这一最主要任务上则没有达到预期目的。东江镇虽然遭到重大损失，但在明廷的支援下，主体尚存，依旧具备打击能力，可以继续执行战略牵制任务，而这对于登莱镇完成本身的战略职责无疑是有很大帮助的。

天启七年五月，登莱巡抚李嵩升任南京户部右侍郎，离开山东，太常寺卿孙国祯接替了他的职务。八月，明熹宗驾崩。天启朝的山东海防在经过一系列跌宕起伏后，以东江镇的转危为安为终点，完成了自己的使命。

结　语

明清战争在天启年间进入一个转折阶段。天启初，熊廷弼的三方布置策略得到明廷的认可并付诸实践，但因为决策层急于求成以及毛文龙袭取镇江带来的意外冲击，使这一策略没能落到实处，不仅广宁失守，辽东尽数沦丧，熊廷弼本人及积极配合其策略实施的登莱巡抚陶朗先也先后下野。

被寄予厚望的毛文龙力图建功立业，但他在被破格提升为东江总兵后，不仅没有和登莱巡抚、登莱镇官兵协同一致，反而端出一份以本镇为一方的新的三方布置策略。为实现自己的构想，毛文龙向明廷提出了大规模增加薪饷的要求：

> 夫牵尾倭巢，兵须用五万。今臣有浙直等处南兵八千，挑选辽兵三万七千，招练辽兵二千，已四万七千矣。以五万兵计，一岁之饷，并军器、火器、盔甲、马匹、船只等项，应一百五十万两方能足用。

---

① 计六奇：《明季北略》卷二《毛文龙安州之战》，第42—43页。

② 李鸿彬：《试论"丁卯之役"》，《社会科学战线》1987年第4期。

自有东事，海内加派新饷，每岁四百万，足供今日山海之用矣！尚有辽饷旧额每岁一百万，今全辽已亡，此项银两所当给臣者也。三年以来，止给银十一万两、米二十万石，其彀养官兵、彀养马匹乎?①

如果这一要求获得批准，东江镇将全面取代登莱镇的战略地位，后者将沦为前者的后勤补给基地，这对于登莱镇官兵而言，无疑是不能接受的。在袁可立主政期间，为大局考虑，尽量满足了毛文龙的要求，不仅汪崇孝等外地调来、准备补充登莱兵力缺口的客兵被派往东江，在防区划分上也尽量迁就毛文龙。孤悬海外的毛文龙由于没有得到中央政府的全力支持，逐渐把扩充军队的方向转向辽东难民，大量收纳难民，并从中抽兵补充自己的军队。这样的集兵方式以及基本没有约束的军费使用权力使毛文龙逐渐走向军阀化。

毛文龙以夸大战功的方式向明廷索要大笔奖赏的做法逐渐引起文官集团的不满。与前任不同，性格耿直的武之望选择了与毛文龙公开对抗，不仅在旅顺的归属问题上争执不下，而且公开指责毛文龙贪腐乱纪。迫于压力和现实的需要，毛文龙选择与日渐垄断朝政的魏忠贤及其阉党站到了一起，并成功地将武之望赶出了山东，迎来大力配合自己的李嵩。

李嵩虽然也出自阉党，但文官集团的强大压力以及出身文官集团的天然本性，使之无法满足毛文龙的全部要求，相反，还趁着后金大举进攻的机会收回了旅顺的管辖权，并乘机为登莱镇军力的提升做了很多工作。与个性刚直，却无益于实政的武之望相比，行事灵活、机巧的李嵩显然更适合登莱巡抚的岗位，尽管其政治立场颇受人诟病。

天启中叶的公开内讧不仅削弱了山东海防的实力，也使东江镇的后勤补给出现了困难。“仁祖反正”后选择与明朝坚决站在一起的朝鲜政府因此成为东江镇后勤补给的重要来源。但频繁的索取也让原本尽力予以后勤支持的朝鲜君臣产生逆烦情绪。毛文龙因此与朝鲜君臣又产生了罅隙。

天启七年，完成了权力更迭的后金主皇太极为彻底消灭毛文龙部在背后的威胁，派出大军偷袭朝鲜，并逼迫朝鲜政府签订城下之盟，打破了外界封锁，但消灭毛文龙部这一最主要的战略目的却没有达到。虽然在义州消灭了上万明军，但在安州以及撤军途中也遭到了毛文龙部的多次打击，双方基本上是打成了平手。

毛文龙轻率地怀疑朝军联合后金军袭击自己，使本来就在后金打击下

① 计六奇:《明季北略》卷二《毛文龙请饷》，第40页。

不得不转向等距离外交的朝鲜政府更加对其不满，给双方日后的合作投下了新的阴影。这在后金已经转入战略进攻状态的背景下，无疑是一个很糟糕的结果。

不过毛文龙并没有认识到这一点，相反借此机会上疏，向明廷大抱委屈：

> 臣做事惟认真直前，不能党私济诡，无奈恩宠极且优崇，而输发偏似吝惜，或从中制，或就旁观，致臣愤激号呼，取憎当事。始犹偏护以养恶，寻其恣谤以害成，盖缘侵克多饷之吴宗武等为臣提算，花费粮银之丁至德等为臣怒诃，每不合于旧抚武之望，辄加诋诬。尤可异者，高丽逆贼韩闰等降虏构丽，臣驰报，欲使防奸。旧抚又以前憾，行文丽国，阴泄其谋。他如徐敷奏之诱逃，郑继魁等之扬去，李钺偕弟矿之劫夺，高万重及刘章之遁走，法在不赦，而今尚有为之极口原情者。惟登抚李嵩、总镇杨国栋二臣实相怜矜悯。愿诸臣之勿丛妒积疑也。①

在阉党垄断朝政的情况下，毛文龙的抱怨可以换来明廷的抚慰，可以换来后勤补给的加速送达，但同时也会加剧文臣集团对自己的不满。长时间的张扬跋扈为其在不久的将来殒命亡身埋下了伏笔。

总体上看，明清战争在天启一朝甩出了一道下抛物线，两端激烈冲突，中间相对平和。山东海防在此期间也走了一条类似的道路。天启初，全面动员，力图打造军事强镇，不仅正规营兵得到大幅度增加，州县系统的民兵也有一定规模的扩充，如沂州兵备道“万历末年添兵伍，马步兵共一千人，营名奋武。选守备一员为中军。天启二年，白莲妖变，增兵马一千，营曰选锋，与奋武为二营”②，青州增设民兵营，“其兵丁于青州道州县抽调团练，快手五十名，民壮九百二十四名，自备马十匹。又募主兵五百一十八名，自备马五十匹。守备一员、军指挥一员、把总四员。后又递增官兵至一千七百六员”③，等等；天启末，面对后金新的进攻，登莱二度着手整军，增兵添饷。天启中段，则基本处于下滑状态，武之望与毛文龙的内讧，无疑又提高了下滑的速度。

---

① 《明熹宗实录》卷八三，天启七年四月乙卯条，第4041—4042页。

② 乾隆《沂州府志》卷二一《兵防·营汛》，“中国地方志集成丛书”影印本，第234页。

③ 同上书，第234页。

第六章　明清战争期间的山东海防（下）

天启七年（1627），因西苑溺水留下病根的明熹宗朱由校撒手西去，以魏忠贤为核心的阉党集团失去垄断朝政的主要依托，明朝政府面临着大规模的重新洗牌，山东海防也因此不可避免地再次陷入动荡。

第一节　袁崇焕总制下的登莱与东江

天启七年（1627）八月，熹宗朱由校病势日渐严重，原本铁板一块的阉党集团面对即将到来的皇位更迭，也开始出现裂纹。如在讨论宁锦大捷的封赏问题时，署理兵部事务的阉党中坚霍维华突然提出：

> 兹奉明旨，督、镇诸臣俱蒙二级之升、延世之荫，独袁崇焕一人止予衔一级，而遗其世荫。微臣冒滥于格之外，崇焕反靳于例之中，其何以示公而服边吏之心？乞皇上即以畀微臣之世荫量加一级以还崇焕。在朝廷未尝再多一锦衣之官，而两臣遂各得其固然之分，亦甚便计也。又崇焕以侍郎衔加服俸一级，蒙恩复加衔一级。查九（旧）例无从二之官，并乞将滥加微臣一级移加崇焕，俾得以正卿归里。①

宁锦大捷后，袁崇焕因不为魏忠贤所容而被迫离任回籍，霍维华突然提出把自己的加衔让给袁崇焕，明摆着是要拉开和魏忠贤的距离。魏忠贤当然非常不满，于是以皇帝的口吻严厉斥责："恩典出自朝廷，霍维华何得移荫市恩德？好生不谙事体！"②

熹宗驾崩后，皇弟朱由检于当月即位，改元崇祯。对于庞大的阉党集

---

① 《明熹宗实录》卷八七，天启七年八月壬寅条，第4209—4210页。

② 《明熹宗实录》卷八七，天启七年八月壬寅条，第4210页。

团，朱由检并没有马上出手清理门户，而是打起了太极，耐心等待阉党集团的裂变。十月，沉不住气的阉党成员杨维垣率先上疏弹劾魏忠贤的第一心腹——兵部尚书兼左都御史崔呈秀。此后，另一阉党成员贾继春也加入弹劾崔呈秀的行列。随着攻击者越来越多，崔呈秀被迫辞职。崇祯皇帝迅速批准了他的辞职，从而动摇了阉党在外朝的基础。

经过近三个月的拉锯，朱由检终于在当年十一月祭出杀手锏，将魏忠贤发配凤阳。后魏忠贤于发配途中自缢身亡。

就在阉党成员纷纷试图与魏忠贤撇清关系的时候，曾经与阉党有密切往来的毛文龙却作出了相反的选择。

一 袁崇焕就任前明廷对东江镇的打击

天启七年九月，毛文龙上疏，提出有“不平者五事”，公开诉苦，并提出辞职。

毛文龙所谓的“五不平”，除了抱怨粮饷不继、苦乐不均外，其他如徐敷奏等有罪却被包庇、自己遭人攻击等与其四月份的上疏①并无二致。他似乎并没有意识到自己与阉党沆瀣一气有什么问题。

对于毛文龙的抱怨，崇祯帝似乎给予了充分的理解。“帝以文龙远戍孤悬，备尝艰苦，屡建捷效，心迹自明。东顾方殷，岂得乞身求代？还宜益奋义勇，多方牵制，以纾朕怀。”②

似乎是受到了皇帝的鼓舞，毛文龙于九月份再次上奏，请求发饷：

> 海外兵民日多，屡借商贷，易米救济。商价积欠至五六十万。日望饷银解到散给，不意稽延三年，毫无可偿。遂使各商坐困，万口怨嗟。臣以前欠之饷兑作商价，听照数给发，以尖耗晒扬之粮给兵，兵得活命，商得贸易，实为两便。③

在魏忠贤的怂恿下，明熹宗从天启五年开始大规模重建万历年间烧毁的三大殿。浩大的工程消耗了大部分财政收入，无疑会占用相当比例的军费。天启六年八月时，朝鲜备边司曾在呈启中提到“近缘山东粮饷不来，毛营数十万众，专恃仰哺于本国，今年支给之数，已过十五万石，决无可

---

① 《明熹宗实录》卷八三，天启七年四月乙卯条，第4041—4042页。引文见第五章“结语”。

② 汪楫编：《崇祯长编》卷二，天启七年九月戊辰条，第18页。

③ 汪楫编：《崇祯长编》卷二，天启七年九月甲戌条，第25—26页。

支之势。须另议继饷之策，以纾本国物力”[①]，可见，明朝政府给予东江镇的粮饷确实曾经发生断供的现象。毛文龙此前抱怨的“海外南官，七年以来未徼半年之俸。数百万兵民取给于天津、登莱二十万之米，其中多有漂失而浥烂者。山东二十万两之银，复有侵克”[②]，想必也是实情。因此，户部对毛文龙的请求并没有直接回绝，而是表示同意“召商输银准抵积欠，即与选官，明注钦恤鲜商，以鼓舞之”，但同时又在答复时抱怨“东江饷银原止五十七万八千余两，（后）增至一百万两，常呼庚癸接济无术”[③]。

崇祯三年时，户部曾相对具体地谈到东江镇的军费支出数额，“天启二、三年尚少，天启四、五、六年银、米岁各二十余万。惟天启七年银、米俱三十余万，为数最多”[④]。可见，天启年间东江镇的军费开支最多时不过银、米合计六十余万，从未出现过一百万两。户部在答复时故意张大其辞，不排除有提示皇帝注意东江镇军费开支的目的。

其实，明朝政府早就注意到了东江镇飞速增加的军费开支。天启年间，兵科给事中王梦尹、翰林院编修姜曰广曾奉命“诣岛阅视”[⑤]，后兵部凭王梦尹的奏报，“是以开报一十五万”[⑥]。这和毛文龙自称的“麾下兵二十余万”[⑦] 有很大距离。

按常理，在阉党对政权的垄断日渐松动之际，毛文龙理应夹着尾巴做人，按照朝廷额定的 15 万编制讨要军饷，但他不但没有收敛，反而有恃无恐，几次上疏，不是抱怨，就是讨饷。一个与阉党有密切往来的军阀如此不识时务，势必会招来大量的挞伐。果然，在魏忠贤倒台不久，江西道御史张养、河南道御史范复粹等就对东江镇的兵额问题提出新的质疑。兵部顺势于崇祯元年三月议准：“今欲再查的数，应听登莱抚臣就近差官渡海，将所解皇赏，唱名给散，类册报部，庶免冒滥之弊。”[⑧]

此时的兵部尚书是同为阉党的阎鸣泰。在魏忠贤倒台后，阉党成员人人自危，纷纷寻找自救的办法。为了自救，阎鸣泰不仅支持重新核查毛文龙部的兵额，还在崇祯元年正月，根据自己此前在辽东、蓟镇的工作经

① ［朝鲜］《李朝仁祖实录》卷十四，天启六年八月乙巳条，第 327 页。
② 汪楫编：《崇祯长编》卷二，天启七年九月戊辰条，第 17 页。
③ 汪楫编：《崇祯长编》卷二，天启七年九月甲戌条，第 26 页。
④ 汪楫编：《崇祯长编》卷三三，崇祯三年四月庚申条，第 1930 页。
⑤ 《崇祯实录》卷二，崇祯二年五月癸丑条，第 52 页。
⑥ 汪楫编：《崇祯长编》卷七，崇祯元年三月乙丑条，第 317 页。
⑦ 《崇祯实录》卷二，崇祯二年五月癸丑条，第 52 页。
⑧ 汪楫编：《崇祯长编》卷七，崇祯元年三月乙丑条，第 317 页。

验，就抗击后金的战略部署提出具体建议，而这一建议恰恰又和毛文龙部有关。阎鸣泰认为：

> 辽左之势，关门居首，东江居尾，而南卫则其脊也。盖南卫居辽之中，西接关、宁，东连鸭绿……此枢钮之区，而腹心之处也。臣前欲毛文龙移驻此套，说者辄执守广宁之议。不知广宁四面受敌，无险可据。盖套则据山为阃，依海为家，左呼则宁远应，右呼则东江应，进可以战，退可以守，我惟共此腹心，遂致首尾悬绝。今日不将此中断一着紧急粘接，而欲求恢复，必不得之数也。今必得以大将，由觉华岛，合登莱之师，进取南卫，据盖套而居，东联毛帅，西应关宁，则首尾一心，合为一体。敌欲东则宁远陈兵河上，以牵其后，盖套因出锐师以袭之。敌欲西则毛帅耀兵江上，卷甲疾趋，以跋其尾，盖套亦出锐师以袭之。敌欲南则盖套扼塞以守，相机以战，而宁兵、毛帅各出锐师以袭之。敌左顾右盼，腹背受敌，方且自救不暇，尚敢离巢以窥我哉？然后我徐由盖州而海州，而辽阳，渐窥渐北，便可复吾旧疆，而广宁一带皆我囊中物矣。
>
> 疑之者曰：旅顺尚且不宁，况进之盖套？不知旅顺依大海，而盖套独障群山。古盖苏文恃之以拒唐，而我国初马云、叶旺用之以胜倭者，皆此地也。水程不过三百余里，舟楫往来，最为便捷。即转粮、运器，较之登莱，何啻天渊。阴联毛帅，密约师期，岛师由东而北，宁兵由西而东，使敌兵力两分，然后从中抽取。①

按照熊廷弼当年提出的三方布置策略，辽东半岛是重点争夺的地区，登莱设镇的目的，主要也是针对辽东四卫。东江设镇后，毛文龙曾提出以其为主新的三方布置策略，试图用东江镇替代登莱镇的战略地位，把辽东纳入自己的势力范围，但未能如愿。东江与登莱围绕着旅顺归属产生的争议，很大程度上也是因为在由谁为主进取辽东问题上长期存在分歧。阎鸣泰对于辽东半岛战略地位的阐述无疑是正确的，而由他提出的调毛文龙部移驻盖套的建议，正是毛文龙自己曾提出来的主张，所以尽管时移世易，毛文龙未必情愿，但也没办法公开反对。不过阎鸣泰的实际目的并不是要对毛文龙釜底抽薪，所以他在建议中反复强调东江镇的作用，也就是说毛文龙部不必移防，而是另选一良将担此重任。为此，他提出由王之臣

① 汪楫编：《崇祯长编》卷五，崇祯元年正月辛巳条，第218—220页。

“宜移督师于关上，以节制蓟辽”，由毕自肃任辽东巡抚，“有督臣在关，以为之轨。有抚臣在宁，以为之轨。而臣居后，以为之轸。视其辙之险夷而左右干旋之，中粘之着不断”①。

阎鸣泰对自己的安排并没有得到皇帝的回应。善于和阉党打太极的崇祯皇帝抓住阎鸣泰曾建议毛文龙移镇这一点，一方面肯定“这说盖套形势，信属制胜长策”，一方面强调辽东系“敌所必争，须宿重兵，统以重将”，既然“卿前疏欲移毛文龙于盖套”，那就让“内外大小诸臣商酌”②再定吧。

不过据《国榷》记载，当月，崇祯帝还是下令“移督师（王之臣）于关门”③。不过这一举措应看作是明廷迫于后金压力采取的应对措施，并非表示对阎鸣泰提议的认可。因为在魏忠贤倒台后，重新成为政坛主角的东林党人已经和皇帝取得一致意见，即召回赋闲在家的袁崇焕，由他主持复辽大计。天启七年十一月，明廷升袁崇焕为“右都御史，视兵部添注左侍郎事”④，不过此时袁崇焕尚在广东原籍，远水不解近渴。在后金重新进入战略进攻状态的时候，边关不能没有主帅，这才有了督师王之臣的移驻关门。

王之臣原来驻扎于宁远城，移驻关门，表面上等于迎合了阎鸣泰的主张，阉党成员颇受鼓舞。三月，阉党成员、江西道御史袁弘勋上疏，全面支持阎鸣泰，认为“恢复全辽，非用枢臣闫（阎）鸣泰策不可。用枢臣策，非即以东事委枢臣不可”。对于毛文龙移镇，袁弘勋认为应仔细斟酌，“皮岛驻师，鞭长岂及马腹？而文龙去年亦原有移驻广鹿、长生之议。广鹿、长生，去盖稍近，而于高丽不失犄角，最为便计。以至东江兵号五万，虽未必尽实，而但令就中挑选若干，统以部下偏帅，进据盖套，此亦何说之辞？再檄登莱抚臣，挑兵若干，由旅顺直趋金、复。而关、宁亦挑精兵若干，由觉华岛右屯三路合营，以图南卫。此真万全之胜算，而必效之画也”，“是用东江牵制之说，亦非守盖套不可。而枢臣之宜一力委任，尚烦再计乎”⑤，崇祯帝依旧不表态，“令下所司议”⑥。

同月，御史范复粹上言，提出反对意见。他认为毛文龙移镇不是问题

---

① 汪楫编：《崇祯长编》卷五，崇祯元年正月辛巳条，第220页。

② 同上书条，第221页。

③ 谈迁：《国榷》卷八九，崇祯元年正月己卯条，中华书局1958年标点本，第5414页。

④ 张廷玉等：《明史》卷二五九《袁崇焕传》，第6712页。

⑤ 汪楫编：《崇祯长编》卷七，崇祯元年三月乙亥条，第342—344页。

⑥ 同上书条，第344页。

的关键，难题在于东江兵民的安置。“数万生灵，谁非赤子？无处安插，必各据一岛，散而为寇，岂直登莱受祸，即劫朝鲜而生日本之心，东忧方大也。”①

自明清战争开战以来，数以万计的辽民渡海南迁，进入山东半岛，给当地造成了沉重的压力。山东巡抚王惟俭曾下令“严禁土著，不得凌铄抑掯，讹言挑激”②，显示辽民与山东土民之间存在诸多的矛盾。范复粹是黄县人，对此应有切身体会。毛文龙开镇东江，虽然军阀化倾向日益明显，但收留了大批辽东难民，客观上减轻了山东的压力，为家乡计，范复粹也需要尽可能地减少毛文龙移镇对山东的冲击。在二月份的上疏中，他曾提出“皮岛之移宜酌”③，由于记载简略，无法了解他的具体意见，估计也是以反对为主旨。不过在东江移镇的舆论很强烈的情况下，一味反对并不是办法，所以范复粹提出了一项变通的建议：

> 臣每念东事，知守盖套之议无烦再计，然守盖套，必先守南、北汛口。宜将文龙岛兵分一半于其子承禄，以守汛口，以成南卫逼敌之势。仍令文龙驻于皮岛，以终东江牵制之名。度文龙父子必不秦越视而水火构也。④

对此议，崇祯帝的态度不再是模棱两可，而是要求“该部作速议覆”⑤。

四月份，兵部就东江移镇问题作出答复，并获得批准：“东江一旅未可轻撤，但一应兵马、钱粮、将领，俱应听登抚统辖。其屯田移驻，还着督师、抚镇会议确当。登抚仍择风力司道渡海查兵数，以定粮额。”⑥

从武之望任登莱巡抚开始，抚、镇不合就成为影响山东海防的重要因

---

① 汪楫编：《崇祯长编》卷七，崇祯元年三月丙戌条，第380页。

② 《明熹宗实录》卷五七，天启五年三月癸丑条，第2606页。

③ 汪楫编：《崇祯长编》卷六，崇祯元年二月丙辰条，第298页。

④ 汪楫编：《崇祯长编》卷七，崇祯元年三月丙戌条，第380页。谈迁：《国榷》卷八十九记载范复粹的上疏发生于崇祯元年四月壬寅日（见该书第5430页），内容为“复辽必先守盖套，盖套必先南北汛口。盖套抵三岔口仅半日，西至觉华岛一日，声势可张，林木森茂，进而营盖套，因进连云海上，设伏三岔河，进牛庄，进如寨。敌至则我归，敌去则我驻。而毛文龙之子承禄官都督佥事，宜分兵守汛口，成南卫进迫之势”。与《崇祯长编》的记载大体一致。

⑤ 汪楫编：《崇祯长编》卷七，崇祯元年三月丙戌条，第381页。

⑥ 汪楫编：《崇祯长编》卷八，崇祯元年四月庚戌条，第432—433页。

素。新君登基后，范复粹即曾提出“登抚之权宜一”[①] 的问题，兵部的答复虽然只是重申旧制，但对毛文龙而言，无疑也是一次警告。至于兵部没有明确表态是否移镇，倒不是阎鸣泰顾及与毛文龙的关系，而是必须关注前线官员的意见，而朝廷属意的新任督师尚未到任，所以只能暂时搁置。

崇祯元年四月，刚刚移驻关门的王之臣被罢免，尚未启程的袁崇焕被任命为“兵部尚书兼右副都御史，督师蓟辽，兼督登莱、天津军务”[②]。王之臣被罢免对阎鸣泰是个不小的打击，意味着他通过主持抗击后金来脱罪的梦想基本破灭。在这种情况下，自然不便对东江镇是否迁移直接表态。

袁崇焕虽然没有到任，但对毛文龙的打击却提前到来。五月，登莱巡抚孙国桢报告：“内臣王国兴擅到海上，称密旨召毛文龙，踪迹诡秘。”崇祯帝下令逮捕王国兴，“下狱论死”[③]。魏忠贤倒台后，众臣对与宦官的交往颇为忌讳。王国兴不论出于什么目的前往皮岛，对毛文龙而言，都不是好消息。

同样是孙国祯，在此前四月份的上疏中也请求“额定东江兵数。定数若干，按籍输师，其余尽发各岛屯种”[④]，明显在附和此前清理东江兵饷的言论。

六月，“专理东江饷务户部员外郎黄中色核东江兵三万有奇，具疏上闻”[⑤]。七月，孙国祯根据黄中色等人的检视结果，奏报“东江兵数二万八千”。崇祯帝因此下旨：“以海外兵数既定，准运饷八万石，不得重累东民。”[⑥]

此前屡次上疏请饷，却只得到这个结果，毛文龙当然很不满意。于是，他借巡视属下各岛防务的机会，以遭遇风暴为理由，于八月份亲自来到登州，向巡抚孙国祯等讨要粮饷。这一不明智的举动招来更大的打击。当月，兵科给事中许誉卿即议准“擅离汛地，潜入登莱，责令据实回

---

① 汪楫编：《崇祯长编》卷六，崇祯元年二月丙辰条，第 298 页。

② 张廷玉等：《明史》卷二五九《袁崇焕传》，第 6712—6713 页。《崇祯实录》卷一和谈迁：《国榷》卷八十九均记载此事发生于当年二月（前者见崇祯元年二月甲辰条，第 10 页；后者见崇祯元年二月壬子条，第 5422 页）。但联系袁弘勋等人对东江移镇的态度来看，似应以《明史》记载的四月为是。

③ 谈迁：《国榷》卷八九，崇祯元年五月癸酉条，第 5437 页。

④ 汪楫编：《崇祯长编》卷八，崇祯元年四月丙午条，第 420 页。

⑤ 汪楫编：《崇祯长编》卷十，崇祯元年六月壬子条，第 589 页。

⑥ 汪楫编：《崇祯长编》卷十一，崇祯元年七月乙酉条，第 639 页。

奏”[①]。更令毛文龙没有想到的是，在天启七年还被他引为同道，“实相怜矜悯”[②] 的登莱总兵杨国栋居然也上疏弹劾，并给自己罗列了十大罪状：

> 专阃海外八年，糜费钱粮无算。今日言恢复，明日言捣巢，试问所恢者何地，所捣者谁巢？凤凰城、汤站等处，若有一人守堠，不致铁山陷失之惨。罪一。设文龙于海外，原为牵制，不敢西向也。数次过河，屡犯宁、锦，全不知觉，牵制安在？罪二。东偏接境朝鲜，辅车相依，乃日以采参、掘金，大肆扰害。鲜实不堪，致生携贰。罪三。铁山既失，鲜半入敌，伤残属国，失律殒师。罪四。难民来归，冒充兵数。或任填沟壑，或仍罹锋镝，掩败为功。罪五。皮岛孤悬海中，非用武之地。去岁与内臣合谋，请饷百万。竭民膏血，以填苦海。罪六。零星收降，捏报献俘。假造谩书，欺诳朝廷。罪七。私通粟帛，易敌参、貂，藉是苞苴，为安身之窟。罪八。通商接济，事出权宜。坑商货至百余万，怨声载道，死亡相继，罪九。岛中辽民，总凑应点，不满三万。欲冒皇赏，册开十五万。从前侵克钱粮，不计其数。罪十。
>
> 至如奉旨移镇，竟若罔闻。奉旨回话，绝无应答。煌煌天语，视如弁髦。此等滔天之罪，尚可容于尧舜之世哉？更有异者。文龙近以漂风为名，突至登州夏家疃上岸。续到多舡，见在登莱沿海窥探，不知意欲何为。大将擅离信地，律有明条。虽地方严为之备，然村野之民一时鸟惊兽骇，莫知所向矣。[③]

杨国栋与毛文龙往来较多，对东江镇的底细颇为了解。他罗列的这十大罪状，不仅明确揭发毛文龙冒饷、坑商、谋取私利，还全面否定了他的战功。如果明廷照此严查，不仅东江镇不保，能否保住性命都是问题。好在崇祯皇帝对此并未理睬。

东江镇在明朝的复辽战略中占有重要地位，从大局考虑，明廷不可能轻易拿掉毛文龙。崇祯皇帝对杨国栋的弹劾未予理睬，不等于他对毛文龙十分信任，实在是迫于无奈。但毛文龙却有恃无恐，不知收敛，反而同样上疏，弹劾杨国栋“贪婪扣克”[④]。对此，明廷同样没有实质性的回应。

---

① 汪楫编：《崇祯长编》卷十二，崇祯元年八月壬子条，第697页。

② 《明熹宗实录》卷八三，天启七年四月乙卯条，第4042页。

③ 汪楫编：《崇祯长编》卷十二，崇祯元年八月庚戌条，第693—695页。

④ 汪楫编：《崇祯长编》卷十四，崇祯元年十月甲寅条，第820页。

十一月，户部就东江镇的军费作出最后决定："道臣王廷试核实东江额兵仅二万八千，原无十五万之数。就兵额饷，通官俸、布疋、花红、廪饩、运价，每岁该银三十五万四百六十两、米十六万八千石。"①

大幅度裁减东江兵额，对毛文龙是莫大的打击。估计他也看出了些许端倪，于是以退为进，于当月称病请辞，然后毫无悬念地被驳回②。

二 登镇裁撤与毛文龙之死

崇祯元年七月，袁崇焕终于回到北京，被皇帝召对于平台，并获得便宜行事的大权。对于毛文龙部，袁崇焕早在天启六年宁远大捷后即曾表示"宜日近辽，不宜日近鲜"，"择便移居，宁近毋远，宁速毋迟"③。他的上任，对毛文龙而言，显然不是好消息。不过，袁崇焕上任后的第一个重大举措不是针对毛文龙，而是指向了登莱镇。

此时的登莱巡抚是天启七年接替李嵩的孙国祯。在崇祯元年四月时，孙国祯曾上疏陈六事，除了建议查核东江兵额外，其他五项都与登莱镇的海防建设有关。分别是：（一）修建旅顺南关岭防御设施，"精选水陆官兵，多造沙唬舡只，统以大将，佐以参游，宿重兵于此。一面训练，一面耕屯，不费内地牛菽。而又分拨沙唬舡只湾泊南、北汛口。闻此地沃壤，密迩盖套，可守可屯。陆兵从金、复，舟师抵盖套，协力齐奋，抵海州、牛庄，此恢复之至计"。（二）整顿兵饷。登莱镇原额军费二十万余，后被裁减到"十三万三千五百两有奇"。"前院题准，招募新兵二千名，食饷在于裁汰登兵银六万六千余两内，二项已近二十万。登非独防外，原以备倭及内地盗，此必不能虚内以奉外者也。"但此前因故被挪用近六万两，"布政司虚悬银五万三千余两"，以致军饷连年未能足额到位。（三）添设沿海游兵。"登镇水陆官兵，隶籍仅五千人"，不敷使用。"请于旧抚臣题裁留汰银六万两，除招兵二千名之外，尽数留登为招募之用。"（四）在刘公岛、田横岛等沿海岛屿开屯，"招谕一应汰归辽人，分给开垦"，"以安流移之众，以省输挽之烦"。（五）更改朝鲜朝贡路线。"尝稽成化时朝，鲜屡被建人邀劫，因请改贡道，由鸭绿江抵前屯，入山海。朝议将可之……今辽左沦没，贡使自铁山开洋，直抵登州，顺风不过三日程耳，较鸭绿抵前屯，更为近便。前屯至京，必由山海，犹有雄关铁垒，当关莫

① 汪楫编：《崇祯长编》卷十五，崇祯元年十一月戊寅条，874—875 页。

② 谈迁：《国榷》卷八九，崇祯元年十一月癸未条，第 5463 页。

③ 《明熹宗实录》卷七一，天启六年五月己酉条，第 3424—3425 页。

开之势。今由登入都，平原易地，防守在在疏虞，此甚不足以弹压外国，令其且畏且怀也。计惟有速改贡道，由旅顺，越双岛，逾南、北汛口，直走觉华，入芝麻湾，扣关而入，不失祖宗防微杜渐之意。”①

修建南关岭防御设施是登莱镇的固有主张，天启年间曾得到朝廷批准，但因为军费被裁减以及旅顺失陷等原因，始终没有落实。增兵、添船是前任巡抚李嵩留下的未竟事业，也曾得到明廷批准。孙国祯疏中提到的招募两千新兵，实际是在执行明朝政府的决定。但添兵必然加饷，所以孙国祯请求恢复被裁减的六万两饷银。开垦岛田，不仅是万历年间山东巡抚郑汝璧留下的宝贵遗产，而且也是现实的需要。可以说孙国祯的这几项主张，都是有利于山东海防建设的，而且很多是明廷此前施政的自然延续。另外，黄县籍御史范复粹曾在当年二月条陈海疆七事时建议“沿海之防宜严”、“各岛之田宜屯”、“旅顺之守宜固”②，与孙国祯的建议有雷同之处。可见，孙国祯的主张和朝中臣僚的言论也有相合之处，并非无源之水。

至于他提出的更改朝鲜入贡路线的主张，更是在袁崇焕上任后被采用，成为其恢复辽东战略目标的一个象征。

不过此时明朝政府的政治导向已经发生重大改变。在成功处置了魏忠贤之后，朱由检加紧清理阉党败类，而且公开要求订立逆案。阉党专政期间，一些正直之士为了更深层的目的，曾违心地向魏忠贤献媚，即便是不被魏忠贤喜欢的袁崇焕也曾在辽东巡抚任上为其建生祠。为了维护政权的稳定，应把对政敌的打击面尽可能控制在一个小范围。但性格有些偏执的朱由检必欲斩草除根，连对魏忠贤曾有阿谀之词的官员也不放过。孙国祯正是因为曾在上疏中赞美魏忠贤，“抚登称颂二疏有‘圣主兴，明良会合，厂臣忠诚贯天地，勇略震华夷’等语。又‘厂臣擎天巨手，翼运真才。四内臣一腔忠赤等语’”③ 而被打入另册，不得不离任，此后又和前任李嵩一道，于次年正月被打入逆案，以“交结近侍官员”的罪名，“坐徒三年，纳赎为民”④。

袁崇焕主持复辽大计，非常强调统一事权、统一指挥，上任不久就把关外总兵裁减到两个，仅保留宁锦总兵和山海关总兵。不久，又借着辽东巡抚毕自肃引罪自缢的机会，奏准停设辽东巡抚，由其本人驻节宁远城。

---

① 汪楫编：《崇祯长编》卷八，崇祯元年四月丙午条，第 420—424 页。

② 汪楫编：《崇祯长编》卷六，崇祯元年二月丙辰条，第 298 页。

③ 韩爌等：《钦定逆案》，“四库全书存目丛书”影印本，第 176 页。

④ 韩爌等：《钦定逆案》，第 181 页。

孙国祯因为和阉党有瓜葛而离任为其提供了另一个难得的机会。当年九月，户科给事中瞿式耜率先提出“裁登抚及久任抚臣”，明廷“下所司议”[①]。袁崇焕迅速上疏表示支持，并请求同时裁撤登莱总兵，“改设一协镇，一参将，二游击，以为东江应援。有事则以山东抚臣移驻登莱”[②]。对袁崇焕充满期待的崇祯帝随即批准了他的请求。存在了七年多的登莱镇因此迎来了第一次被裁撤的命运。

登莱撤镇后，崇祯元年五月上任的登莱总兵张可大因无处安置，被迫在次年二月降级为登州副总兵[③]。原订的增兵计划也只能取消。崇祯元年十一月，户部议准：“登饷二十万，已报裁六万六千余两，应扣支皇赏十五万两，只应给五万六千两。余银四万四千两充元年折色。”[④]

登莱成镇是山东海防最辉煌的阶段，但从毛文龙袭取镇江开始，其战略地位就不断受到挑战，以致到天启末年再次出现预备化的趋势，虽然经过李嵩等人的筹划，暂时遏止了下滑的颓势，但始终没有能像天启初年那样受重视。袁崇焕议准登莱撤镇，虽然是一次意外的打击，但也是其长期走低的一个必然结果。

毛文龙曾与登莱镇进行过多年的争夺，此番登莱撤镇对于东江镇而言无疑是个好消息。但令毛文龙意想不到的是，袁崇焕的下一个整顿的目标正是东江镇。

袁崇焕回京不久，曾与大学士钱龙锡谈及复辽步骤。袁崇焕表示：“恢复当从东江做起。文龙可用则用之，不可用则处之亦不难。”[⑤] 可见，整顿东江镇是袁崇焕的既定规划之一。东江镇最大的问题是不断增加的军费，袁崇焕遂决定从此入手。此前，明廷曾多次派人到东江镇核实兵数，并确定了2.8万的兵额。但东江镇的士兵和民众大多来自辽东难民，兵、民之间不仅联系紧密，而且没有清晰的界限。毛文龙索要的军饷除了养军之外，还有一部分是用来接济难民。因此，对于明廷确定的按照2.8万名士兵的标准提供军饷，毛文龙一直心怀不满。

对此，袁崇焕有比较清楚的判断。崇祯二年二月，袁崇焕议准：

> 东江兵二万八千，此道臣王廷试之言也。约数十万，此镇臣毛文

---

① 汪楫编：《崇祯长编》卷十三，崇祯元年九月丙子条，第748页。
② 汪楫编：《崇祯长编》卷十三，崇祯元年九月戊寅条，第754页。
③ 汪楫编：《崇祯长编》卷十八，崇祯二年二月乙卯条，第1091页。
④ 汪楫编：《崇祯长编》卷十五，崇祯元年十一月戊寅条，874—875页。
⑤ 汪楫编：《崇祯长编》卷二九，崇祯二年十二月丁卯条，第1616页。

龙之言也。臣屡令人察之，无数十万，然亦未必止二万八千。今只计应用兵若干，与能养兵（若）干，亦安能尽辽人而兵之，而养之？则二万八千之外，例如关外随便安插，任其自为屯种可也。[①]

将岛上居民迁离，安插于关外，既可以釜底抽薪，使毛文龙不再有混算兵、民的机会，也可以充实关外人口，这和袁崇焕“以辽人守辽土，以辽土养辽人”[②] 的战略思想是一致的，可谓一举两得。但如何能使毛文龙同意迁徙岛上民众呢？袁崇焕决定在军费上继续勒紧枷锁。

三月份，袁崇焕奏准为东江镇设置专门的饷司。但饷司办事机构设在宁远，“令东江自觉华岛转饷”，同时厉行海禁，“禁登莱商舶入海”[③]。

此前，东江镇没有专门的饷司，有关军饷的事务由登莱巡抚代为监管，这也是毛文龙与巡抚武之望多次发生龃龉的原因之一。此番设立东江饷司，弥补了制度上的缺陷，但把后勤补给线大大延长了，且设在宁远，等于东江镇的每一笔军费都在袁崇焕的监管之下。

往来于皮岛和登莱之间的商人是东江镇物资补给的重要来源。崇祯元年时，朝鲜李朝政府也曾通过这些商人来救荒[④]。袁崇焕严禁商人下海，可以彻底断绝除了朝鲜政府之外的皮岛物资补给来源，但对岛上民众的打击无疑也是很严重的。在此前明廷补给物资多年不能如数送到岛上的情况下，此举对岛上军民的生活也会产生影响。这虽然可以逼迫部分岛民主动脱离毛文龙的控制，但代价过于高昂，明显有饮鸩止渴的嫌疑。毛文龙自然也会作出激烈的反应。

四月，毛文龙上疏，表示三月初七见到了袁崇焕的奏疏，并陈述了兵民知晓运道改变后的激烈反应，随后具体分析了运道改变的诸多不利之处：

舡从关门至觉华岛，由旅顺，督臣言似容易，独不知登州至旅顺止用西南风，或西风，半日便可早到。数年往来如织，臣犹以为迟。

---

① 汪楫编：《崇祯长编》卷十八，崇祯二年二月戊子条，第1024页。

② 张廷玉等：《明史》卷二五九《袁崇焕传》，第6713页。

③ 《崇祯实录》卷二，崇祯二年三月条，第49—50页。

④ 据［朝鲜］《李朝仁祖实录》卷十九，天启八年（实际是崇祯元年）七月丁亥条（第480页）记载，朝鲜君臣讨论救荒办法时，仁祖李倧曾说：“椵岛商贾，多载米谷而来，云贸取于岛中，亦或无妨，中原则路远难输。若移咨登州，请遣米商，使得贸换，则庶或可矣。”众臣“皆以为然”。朝鲜遂以李倧的名义向明朝发出咨文，请求派粮商到朝鲜经营。

> 若关门至旅顺，道路湾曲，候风不等。关门必得正西风，两日从牛头河、大沙河至长山等，又要西南风，半日方至觉华岛。复进宁远挂号，又得西北风，一日可至搭连岛。又要正南风，半日方抵旅顺。风至，宜东、宜西、宜南、宜北，可计日而待乎？藉得勤劳运官，忙忙催趱，一年仅得一运，欲求再运，必不能矣。故云海禁之必不可也。且每运，津运十万，所至止满六七万，余俱报以漂没。臣欲回其来年之运，不得不出实收与之。若又从宁远挂号，路愈远，漂没愈多，津运几为乌有矣。皇上详察，登州至旅顺便乎？抑关门至旅顺便乎？[①]

对于袁崇焕怀疑他"不受节制，故欲申海禁"，毛文龙表示愿意服从节制，"臣为辽官，分为督臣下属，不待督臣之图谋也。而关宁、东江原是一家一事。督臣与臣安是一身一心，指示自然追逐，法令自然遵行，何在粮饷舡只经由挂号为合力也"[②]，最后，毛文龙表示如果得不到信任，愿意"听皇上或撤或留，臣随亲抱敕印竟进登州候旨，逮臣进京，悉从公议"[③]。

毛文龙陈述的岛上军民的激烈反应，未必都是不实之词，毕竟厉行海禁直接威胁到他们的日常生活。他对于补给线路改变后的糟糕结果的分析，基本也是实情。但袁崇焕要的就是这个效果。因此毛文龙的上疏没能产生任何作用。

眼看运道不可更改，毛文龙只好在饷额上动脑筋。五月，他再次上疏，历陈不能减饷。

> 臣受钺三年，危处东江。归乡人民，每岁不啻万计。臣亦忘形迹于将士之分，秉心戮力，以答国恩。故兵称二十余万，岂臣欲报多数而冒粮饷乎？亦欲得甲士之用耳。孰料庙议纷纭，今日言臣报数之多，明日言臣无厌之求，以致先帝惑听，遣词臣姜曰广、科臣王梦尹诸岛点阅，减报一十余万。使臣东那（挪）西借，剜肉医疮，而议者尚以冒饷劾臣……及登莱道臣王廷试奉旨汰兵，将各岛哨守兵士俱不点阅，只将皮岛官兵一看，定为二万八千，此亦不揣朝廷恢复之计，止狃目前乏饷之算耳……究其根实，文臣之误臣，

① 汪楫编：《崇祯长编》卷二十，崇祯二年四月甲辰条，第1240—1241页。

② 同上书条，第1240页。

③ 同上书条，第1242页。

而非臣之误国也。

昨接登莱道臣手书，云今岁钱粮将往年多领者扣算，然臣以十余万之众，而受四十万之饷，今反以二万八千为额，复将上年钱粮扣算，必欲速毙数十万之命，此何心也？即道臣王廷试覆称汰去老弱，止存精兵二万八千，宜于元年六月为始。而元年六月之前未经汰去者，皆不费衣食之土偶乎？……再议每兵每月本折一两三钱，较之关门，虽若不足，例之各边，似为有余。臣处东江，原为关门牵尾。关门接壤神京，每月一两四钱、米一斛，尚不敷用，况东江悬海，风涛叵测，百物腾贵，而反议每兵银七钱、米一斛，使各兵肯安心东江耶？诸臣独计除臣，不计封疆，操戈矛于同室，此臣之益未解也。[①]

对于运往岛上的军饷要部分用于救济难民，崇祯皇帝未必一无所知。但既然已经授予袁崇焕全权，朱由检也不好多说，只能表示“岛兵裁汰，照额发饷，近已有旨。督师欲面咨筹略，军中一切事宜，从长商确”[②]。在得到皇帝的答复前，毛文龙已经使出故技，再次亲往登州索饷。得知袁崇焕要亲自登岛与自己商量，毛文龙急忙返回。

六月，袁崇焕巡视到双岛。在前往东江之前，袁崇焕已经从户部争取到岛饷四万金[③]，因此登岛后首先犒赏岛上“吏卒三千五百七十五人，给饷金十万”[④]，以安定军心。毛文龙抵达后，带部曲百人入见，袁崇焕又赏赐了众部曲。但在与毛文龙商议军饷发放和东江移镇等问题时，二人始终无法达成一致。袁崇焕遂以便宜行事特权，历数其十二大罪，并用尚方剑处死了毛文龙。随后，袁崇焕将东江镇额定的2.8万名军士分成四协，分别由副总兵、毛文龙的养子毛承禄，副总兵陈继盛，旗鼓中军徐敷奏，游击刘兴祚统领，“东江诸务属陈继盛暂领”[⑤]。

东江镇在明朝的复辽战略部署中占有重要位置，性格偏执的崇祯皇帝之所以把大批与魏忠贤瓜葛并不深的臣僚打入逆案，却对与阉党往来密切的毛文龙不置一词，很大程度上也是顾及东江镇的战略作用。但袁崇焕未经奏准，擅杀毛文龙已经是既成事实，崇祯帝虽然有诸多不满，也只能暂时搁置，相反，还需要配合袁崇焕，为之擅杀正名。当月，崇

① 汪楫编：《崇祯长编》卷二二，崇祯二年五月己亥条，第1360—1363页。

② 同上书条，第1363页。

③ 谈迁：《国榷》卷九十，崇祯二年闰四月丙子条，第5481页。

④ 谈迁：《国榷》卷九十，崇祯二年六月戊午条，第5487页。

⑤ 同上书，第5487页。

祯帝晓谕兵部：

> 朕以东事付督师袁崇焕，固圉恢疆，控驭犄角，一切阃外军机，便宜从事。岛帅毛文龙悬军海上，开镇有年，动以牵制为名，全无事实，剿降献捷，欺诳朝廷，器甲刍粮，蠹耗军国，屡奉移镇明旨，肆慢罔闻。奉进招降伪书，词旨骄悖。而且刚愎自用，弹劾忽然，节制不受。近乃部署夷汉多兵，泛舟登州，声言索饷。雄行跋扈，显著逆行。崇焕目击应机，躬亲正法，据奏责十二罪，死当厥辜。大将重辟先闻，自是行军纪律，此则决策弭变，机事猝图，原无中制。具疏待罪，已奉明谕。仍着安心任事。一切善后事宜，委任道将料理……①

虽然从法理上为袁崇焕擅杀找到了依据，但东江镇的善后问题并不能因此解决。为此，袁崇焕采取了以下几个办法。

首先，命旗鼓官冯某"往旅顺宣抚"，又行文住在皮岛的刘兴祚"偿所欠各商银两"，再"差官查岛中冤狱，并抢来客商船只，俱即发商人洪秀等"②。杀毛次日又亲自为其发丧、祭拜，从而初步安定了军心。

其次，着手将东江兵、民调往关、宁。在斩杀了毛文龙不久，袁崇焕即移文朝鲜政府，通报了处死毛文龙一事，并表示"不特歼我乱帅，亦以靖贵国之祸也。皮岛本非中国地。其东江一师，拨令西徙，以图进取，毋仍征索，为贵国苦"③。

对于迁徙方案，袁崇焕在八月的上疏中作了具体表述：

> 东江一镇，乃牵制之必资也。无奈文龙将不将，兵不兵，饷不饷久矣。臣差参将徐敷奏等逐岛挑拣，不日可竣役矣。按辽东原止一镇，今用兵时应添设一镇于河东，但胜任者难之其人。况武臣总镇为极品，一得则为饱鹰，不若悬此一阶，为策功地。今止设两协，令有功者自取，亦鼓舞之微权也。其将领所用仅三十员，而彼中副、参、游、守无算。即登戎籍，已四百余员。臣已行取贤否履历，择其能者用之，否者汰之，即能而用不及者如骈拇收回听用，而兵马分数不得不预定。饷匮时艰，兵不能多。而既设两协以资犄角，少不足用，臣

---

① 谈迁：《国榷》卷九十，崇祯二年六月壬申条，第5490页。

② 汪楫编：《崇祯长编》卷二三，崇祯二年六月戊午条，第1388—1389页。

③ ［朝鲜］《李朝仁祖实录》卷二一，崇祯二年七月辛亥条，第539页。

拟设马兵十营，步兵五营，岁用兵饷折色银四十三万一千一百八十四两，草折银一十万三千五百九十九两米十三万六千二百石，料十八万四千一百七十六石。米则减旧额三万石，银则加于旧额十八万五千余两，而草折料豆在外也。更定一番，如衣之有领，如纲之可提。再益之盔甲器械，加之训练整齐，驱而用之，步步踏实，化海外之游魂为恢复之精锐，臣之所以用东江者如此。虽钱粮不无少增，而裒益通融，合算四镇，不过四百八十万。臣前言不敢不践也。[①]

袁崇焕杀死毛文龙后，为安抚众将，将岛上军士分为四协，其中两协交给毛文龙的养子毛承禄和旧部陈继盛。但这只是权宜之计。在军心稍定后，袁崇焕即展开下一步行动。一方面差遣徐敷奏前往各岛，裁汰岛兵，为定经制以及设立河东镇做准备；一方面将四协改为东、西两协，由陈继盛领东协，刘兴祚统率西协，同时命刘兴祚与其弟兄兴治、兴贤、兴沛等分领全岛精兵。所谓虚悬的河东总兵一职，不排除是为刘兴祚预留。

这里需要先讲一讲刘兴祚其人。上一章中曾提到刘兴祚，又名刘爱塔，系后金汉将，袁可立巡抚登莱时曾准备反正，但没有成功，不得不蛰伏下来，等待机会。按袁崇焕的报告，他在“为宁蓟道时，屡通书崇焕，欲自拔西来。崇焕固止之，欲留间于大清，使大清之一举一动得以窥伺。大清两次入关，塔俱遣人先报，得以为备。天启七年秋，崇焕去任，镇将差人通之。事泄，塔几不测，以计得免”[②]。可见，刘兴祚在天启年间已经与袁崇焕有暗中往来。

崇祯元年（1628）九月，刘兴祚再次找到南逃的机会。他预先写好了两封遗书，交给妻妾。然后物色了一个和自己长得很像的盲人，将其灌醉后烧死，伪造了一个自焚的现场。妻妾来验看时，只见尸骸焦黑，无法辨识，只好凭着从灰中拾得的刘兴祚事先戴在盲人手指上的金戒指来判断确实是他，而刘兴祚本人已经趁乱逃走。此后，他的兄弟刘兴治等也趁办丧事的机会远走高飞，一去不返。

刘兴祚兄弟后来逃到皮岛，投入毛文龙军。得知刘兴祚到了皮岛后，袁崇焕奏准，令其到宁远与自己见面[③]。可见，袁崇焕对其非常看重。这次整顿东江士兵，刘兴祚被委任统领一协，显然已经成为袁崇焕的心腹，

---

① 汪楫编：《崇祯长编》卷二五，崇祯二年八月庚午条，第1458—1460页。
② 汪楫编：《崇祯长编》卷十八，崇祯二年二月戊子条，第1024—1025页。
③ 同上书条，第1026页。

而且成为他在东江镇将领中“掺沙子”，逐渐消除毛文龙影响的重要棋子。

不过置换将领，迁徙兵民都需要时间。为安定军心，袁崇焕采用了增加兵饷的办法，致使东江饷银不仅没有减少，反而增加了十八万两多。但事已至此，崇祯帝也没有办法，只能批准，令“本折照数预措，并添设粮厅，悉如议”①。

大概是觉得东江镇大局已定，袁崇焕在当年九月底下令刘兴祚、刘兴贤兄弟离开皮岛，前往锦州与自己相见议事。西协暂交刘兴治统辖。可就在此时，后金十余万大军突然以蒙古兵为先锋，绕道喀喇沁部落，攻破山海关以西、防守稀松的大安口、龙井关，直扑北京。袁崇焕被迫率领总兵赵率教、满桂等入援。刘兴祚兄弟没有见到袁崇焕，只好“谒孙承宗于山海关。西宁前道兵备副使孙元化委兵八百人，俾西援。或疑之，兴祚不敢前。承宗令郑一亨同兴祚合四千人专护永平，建昌道臣不可，遂令一亨守丰润，兴祚同台头营将王维新等袭清兵于青山营。兴祚先登，素谙边形，故急莫能辨，遂大胜还太平，各归镇。庚午元日，兴祚至灰口。俄值清兵数千骑，马不及甲，步斗，杀伤过当，突中流矢死。弟兴贤被执”②，后被杀死。兄弟二人同时为国捐躯。

在刘氏兄弟殉国之前的崇祯二年十二月，袁崇焕也因为救援不力遭到阉党余孽的攻击，被逮捕入狱。后于次年八月被以擅主和议、专戮大帅的罪名处死。

袁崇焕和毛文龙，一文一武，两位对抗击后金有重要影响的大臣先后死于自己人之手，看似偶然，其实有内在的联系。毛文龙占据海岛，不时出击，虽然斩获有限，但对后金终究是个牵制。正如曾巡视东江的姜曰广所言：“建虏之有东江也，犹人身之有蚤虱也。撮之则无处着手，听之则吮肤而不宁。其言牵制，非也，鞭长不及马腹也。然则移盖套何如？曰石根难断，潮落道通。犹盐场堡，然皆绝地也……然则无关轻重乎？曰中国能以夷攻夷，则中国重。夷能以中国攻中国，则夷狄胜。使无东江，则彼得用辽人耕辽土矣。”③

由于备受倚重，又独居海外，难免心生骄恣，“以身握重兵，又居海岛，莫能难也”④。在重文轻武格局不可撼动的背景下，毛文龙这一做法

① 汪楫编：《崇祯长编》卷二五，崇祯二年八月庚午条，第1460页。

② 《崇祯实录》卷三，崇祯三年四月乙卯条，第87—88页。

③ 谈迁：《国榷》卷九十，崇祯二年六月戊午条附，第5488页。

④ 谈迁：《国榷》卷九十，崇祯二年六月戊午条，第5487页。

必然招致文官集团的反对，“朝论多疑而厌之”①。在阉党倒台后，这一迹象越发明显，袁崇焕可谓其中之极端代表。正如谈迁所说：“岛帅初陷镇江、开皮岛，人俱以为功。寖寖日久，又俱以为罪。”对这一现象，谈迁认为明廷在针对东江镇的制度上存在先天不足，“各塞例有饷部，皮岛独不设，专利则专祸，旋服尚方。彼伏波功成，珠犀之谤犹不免焉。矧岛帅乎哉”②。

后金军在皇太极带领下，绕道侵入长城，属避实击虚之策，与毛文龙被杀并没有必然的联系。但明廷京畿骤遭重创，必须有人为此负责，于是自诩五年可以复辽的袁崇焕自然成了众矢之的，“物故之后，传烽大举，人又思之不置”③。在此情况下，原本被崇祯皇帝包庇的擅杀大将罪责必然会被翻出来，“袁氏身膺不道之罚，则杀岛帅适所以自杀也”④。

可以说，毛文龙之死，是死于对文官集团权力垄断的不当挑战。袁崇焕之死，则是死在对本集团利益的超限度维护。

三　刘兴治之乱与复设登莱巡抚

袁崇焕虽然入狱，但他留下的烂摊子必须有人接手，这就是东江镇的善后问题。袁崇焕原计划把大部分岛上兵、民迁徙到内地安置，但因时间短促，尚未来得及实施。袁崇焕入狱后，这一计划并没有被废止，兵部尚书梁廷栋依旧准备“调皮岛兵于宁、锦”⑤，同时从关外撤回部分军队转驻蓟州一带，以亡羊补牢，填补蓟镇的空虚之处。枢辅孙承宗对此表示反对：

> 今天下方急堂奥，稍缓藩篱，此河东二万八千之众所为议调也。然此兵调之，自可适用；而猝调之，未可以应急……且海上风汛，岁以六月息。而此六月中风汛，未必皆可行船。又岛中田少，不能取给于耕，民必依兵以立，无兵则饷不至，而商米不来，故调兵必并调民。而兵、民俱有家口，据东江汰定精壮兵丁二万八千，半系单丁，半有家室，总合老幼不下二倍，计当八万有余。其间尚有从未为兵，以商、农自赡，而侨居各岛者，亦不下九万。合之实十余万。今核龙

① 谈迁：《国榷》卷九十，崇祯二年六月戊午条，第5487页。

② 谈迁：《国榷》卷九十，崇祯二年六月戊午条附，第5488页。

③ 同上。

④ 同上。

⑤ 汪楫编：《崇祯长编》卷三一，崇祯三年二月庚辰条，第1801页。

武、登、津舡只不足二百，岛中官舡一百五十二只，尽括各岛兵民私舡，约有百余只，计舡不过四百有余。大辽舡可载百余人，沙舡可载七八丨人，小者五六十人，唬舡止载二三十人，总计四百余舟，载不过万余人而止。及今速往长山迤西，犹可两回；石城迤东，仅可一回耳。转盼惊秋，所载不过三四万而止。必待一、二年，方可完撤。顾欲以此兵填松、锦，填关、宁，填天津、蓟门，而即得其用，有是理耶？

况以辽兵守松、锦诸处，于计又有必不可者。何以言之？兵贵土著，又忌全镇土著。故兵不欲间杂，而营当有间杂。有间杂则各营自为固。猝有一营之变，不至土崩而不可制……故今二万八千之众，不宜更填松、锦，更补关门，以益辽人之重，而成难返之势也。今河东之兵既不能一岁即可调来，其来亦当酌缓急分发。如涿，如通，如昌平，如天津，各三四千。随其已到之数，量为收练。盖三四千同居，便可无离索之苦。而止三四千，又不专在蓟辽，亦可无尾大之虞。

至蓟门一路，非以智勇之将，率节制之师，不足应急。即东兵之在蓟，多止可四五千，不宜以二万八千尽用于蓟也。若其民之岛居而不愿徙者，无论已；其徙而愿随兵赴调者，听其自择所从；不愿随兵赴调者，则置之宁前、松、锦之间。初来稍与食用，至后乃使自相周给。以此数万人脱屣异邦，委心荒岛，又历风涛之险来归，中原而使，琐尾流离，无所栖泊，如天之仁，必有所不忍也。①

孙承宗建议在未调之前，先派副总兵整顿龙武营水师，做运送岛上兵、民的准备，同时防范岛上官兵生变。崇祯帝接受了这一建议。

既然不能及时接运回内陆，那就得考虑这十余万人的生计。因此，孙承宗在崇祯三年二月上奏：

河东一镇，其兵民俱陷蕃归正之人。去年袁崇焕经制其军，定二万八千员名，后又改为一万八千。而旗鼓徐敷奏先往清理，实遵登州道臣二万八千之说。岛兵至今未知已减一万也。今敷奏称在岛人民及老弱妇女尚两倍于此，则不下八九万人，而粮饷久已乏绝。即以兵言之……有自去年九月缺米者，有自去年十月缺米者，有自去年十一月缺米者，惟长山岛一营可支至今年二月耳。即减其兵，而犹是民也。

① 汪楫编：《崇祯长编》卷三一，崇祯三年二月庚辰条，第1801—1805页。

宁可坐视其死？且未经明汰，历日已深。前崇焕令登州运买十万以济冬春，而收买迟宁可广大惧，仅发二三万，其达于岛者，不过数千而已。惟在皮岛者，尚可与鲜人交易支吾。而各岛远在二千里间，每岛屯种，腴者不过千石，瘠者不及数百石。民既再倍于兵，即照兵给廪，犹苦不足，况兵粮已久绝乎？皇上覆载群生，不欲使一民失所。闵此孑黎，已隔绝域，万死一生，自拔归正，而顿使其化为馁鬼，岂天地父母之心乎？……乞立敕登、津诸臣，于去年未发之粮速为催攒，于今年应运之数速为派发。仍分岛运给，不得拘泥耽延。至于折色银两，应按已定经制发与河东饷司宋献，令设法解往。如再仍往辙，宜照军法究罪。民命至重，乱不可长，惟皇上垂慈亟念。[①]

按照袁崇焕的布置，东江镇应设兵2.8万名。但在系统整顿辽东、东江、天津、登莱四镇后，袁崇焕发现兵饷大大超过了自己原先上报的480万两。为节省军费，袁崇焕采取了两个办法。一是奏准将河南磁州、山东兖州及真定、恒山等处的募兵“汰之归农，存饷解部”[②]，又将德州民兵营中的两千名用于救援的士兵裁掉。这些募兵和民兵原本就是预备部队，其任务是在必要时应援北京和北边。袁崇焕力主裁掉这些预备队，说明他对抵御后金进犯内地有足够的信心。但就是这一自负行为使明朝政府在北京被围后居然没有生力军可以及时调遣。这也是导致其被捕的原因之一。二是调整经制，将河东镇（东江）的兵额削减到2.2万名。“后又以蓟镇原定一万二千之外，欲加六千，故又损河东之四千，而更为一万八千有奇。”[③] 但因为“海冻不通，兵未简定”[④]，尚无一兵一卒离开皮岛。

为了使户部能够顺利答应为东江兵民提供补给，孙承宗提出“以一万八千留于长生、广鹿等岛，以从崇焕后定之制。而调一万于蓟州、昌平，补各省援兵之缺，以从敷奏先定之规。如此则留者可以牵制，调者可以冲锋。兵马、器甲，无一不得其实用，而东江之众，处之合其道矣”[⑤]。这样，既可以满足兵部调兵于内地的需要，又可使户部有充分理由减少东江军饷支出。

在孙承宗的运作下，户部于四月对补给东江问题作出答复，指出东江

---

① 汪楫编：《崇祯长编》卷三一，崇祯三年二月癸丑条，第1709—1711页。

② 汪楫编：《崇祯长编》卷十六，崇祯元年十二月壬辰条，第889页。

③ 汪楫编：《崇祯长编》卷三一，崇祯三年二月丁丑条，第1793页。

④ 同上书条，第1793—1794页。

⑤ 同上书条，第1794页。

兵初定经制时，“每兵月饷七钱、米一斛，每岁共银二十四万五千二百余两，本色米一十六万八千石，自崇祯元年十一月起，奉钦依，两年所给，不越此额”。但袁崇焕诛杀毛文龙后，为安抚岛上士兵，将东江士兵的军饷标准比照关宁军士执行，“有至一两五钱八分者，约岁额四十三万一千一百八十四两有奇，较之初定二十四万之数，已增一倍”。目前的东江兵既然发挥不了作用，理应减饷。遵循孙承宗的调兵方案，户部提出内调万人，“每兵应支一两一钱、米一斛，与蓟、密各兵相同”；留守的1.8万士兵，仍按照此前议定的标准执行，即“每名支银七钱、米一斛”。这样即可“岁可省七万余金”，又“于分别之中，寓鼓舞之术”①。

袁崇焕定的军饷标准虽然比较高，但并未落到实处，得到实惠的士兵并不多。户部新拟的饷额虽然下降了不少，毕竟可解燃眉之急，因而有利于东江镇的稳定。但令明廷没有想到的是，中央政府刚刚就东江士兵的安置问题达成一致意见，尚未来得及落实，内地和皮岛却先出了问题。先是副总兵茅元仪统率的龙武中、左、右三营水兵尚未开拔，就因为军饷没有及时发放发生哗变，茅元仪被绑架。经副将周文郁、参将刘应龙、关内道王楫多方护持，才免于被害。这边问题刚刚压下，海上又传来皮岛西协代理主帅刘兴治叛乱的噩耗。

袁崇焕被逮捕后，关于他与后金勾结的谣言甚嚣尘上，刘兴祚兄弟之死与此也有一定关系。由于袁崇焕的案子尚未落定，刘兴祚兄弟一直没有得到优恤，这使岛上的刘兴治兄弟非常不安。加之作为外来户和袁崇焕的心腹，刘兴治兄弟与陈继盛等毛文龙的旧部之间的关系亦非常微妙。恰在此时，“署岛副总兵陈继盛误听谍报，谓兴祚未死，且有以其弟兴贤书报之者”②。种种因素叠加在一起，终于促使刘兴治铤而走险。

五月，刘兴治诈为兴祚致祭，暗中埋伏下亲信兵丁。陈继盛等官员不知有诈，纷纷前往吊唁。“甫一拜，即前擒之，并执调兵官王远、督粮经历刘应鹤、中军李栢等十一人。手出刘兴祚诈死不忠，其在岛兄弟子侄咸怀不轨之揭以示继盛，以为出继盛手，将上之中枢，假朝命诛兴治者。继盛愕不知所谓。兴祚即以诸人殉于军中，谓此曹同谋揭部害己，不得已诛之。军中皆唯唯。是日，遂杀诸人于市，自为奏疏，极言兴祚报国之忠，兴治行权之妙，托之在岛商民以闻。”③

---

① 汪楫编：《崇祯长编》卷三三，崇祯三年四月庚申条，第1930—1932页。

② 汪楫编：《崇祯长编》卷三四，崇祯三年五月壬辰条，第2006页。

③ 同上书条，第2006—2007页。

杀死陈继盛等人后，刘兴治约同兄弟刘兴沛等带兵四出，试图控制整个东江。东江镇乱成一团。明廷得报后，非常震惊。候补比科阮震亨很快上疏：

> 传闻东江背叛，不胜惊忧。夫弹丸海岛，自我守之，未必足以牵彼；自彼据之，实足以为我患。驱习水之民，扬帆上下，可以无所不攻，岂独东省震惊，抑恐两淮骚动。万一敌计出此，此无宁宇矣。今**宜急复登镇，收拾诸岛**，示以恩信，激以忠义，谕以利害祸福。逃窜归附者，慰抚安辑之，不疑不杀，则反侧自化。兴治势孤，必委弃遁去，此不战屈人之胜着也。失此而使叛局一成，便难变动。大海之险，彼此共之，其祸岂可胜道哉。①

阮震亨的建议得到兵部尚书梁廷栋的支持。他在上言中说：

> 兴治、兴沛据岛而叛，拘集兵、商现船，此不南向登莱，即西指山海。纵横岛屿，俨然自处扶余，是东兵之外，又生一敌国矣。今当令总兵张可大回登州严兵以待，令龙武三营驻防觉华，檄副总兵周文郁前往，相机拓辑。如能定乱，即佩以大将印可也。帝皆从之。②

六月初一，周文郁领兵抵达小平岛，与刘兴治军相遇。周文郁百般抚慰。不久，五月才上任③的督饷东江户部郎中宋献也带着饷银抵达旅顺，参与安抚。加之三千后金军闻讯屯集鸭绿江观变，有趁火打劫的可能，刘兴治这才放下身段，接受安抚，并与周文郁一起回到旅顺。不久，孙承宗也派遣生员吴廷忠往谕，并带去允许刘兴治戴罪立功的消息。随后，孙承宗又任命他为副将，正式代理统率西协士兵。刘兴治“闻之稍戢，始自长山归东江”④。

刘兴治之乱平息后，给事中陶成道认为“（毛）文龙子承禄身为副将，久历行间，现在都门，知之必实，应令仍归守岛，听枢辅酌量委用可也”⑤，兵部尚书梁廷栋表示支持，但崇祯帝未置可否。

---

① 汪楫编：《崇祯长编》卷三四，崇祯三年五月甲午条，第2012—2013页。

② 同上书条，第2013页。

③ 汪楫编：《崇祯长编》卷三四，崇祯三年五月戊申条，第2058页。

④ 汪楫编：《崇祯长编》卷三四，崇祯三年五月甲午条，第2014页。

⑤ 汪楫编：《崇祯长编》卷三五，崇祯三年六月己未条，第2091页。

之所以东江总兵的位置继续虚悬，笔者认为与恢复登莱镇的动议有关。变乱之初，候任给事中阮震亨就提出了恢复登莱镇的建议。随后，兵部在处置意见中又提出将此前领兵驰援永平的张可大召回登州，以总兵身份主持防范大计，客观上为恢复登莱镇铺平了道路。无独有偶，“奉命驻师德州，联络声势”的山东巡抚沈珣也于六月上疏，提出“登州距德千里而遥，文移往来，军机恐有漏泄”，请求“驰至登门，亲为料理。谨照敕书出汛事宜，移镇前往”①。当年袁崇焕建议撤销登莱巡抚，一应事务交由山东巡抚处理。现在一个并未酿成严重后果的兵乱就使山东巡抚顾此失彼，证明登莱巡抚确有恢复的必要。因此，不排除此时崇祯帝已经作出复设登莱巡抚，即全面恢复登莱镇的决定。鉴于此前毛文龙经常与登莱巡抚发生矛盾，未雨绸缪，新的东江总兵人选必须征求未来的登莱巡抚的意见，因而有关毛承禄接管东江的建议只能暂时搁置。

就在当月，明廷宣布提升宁前道兵备副使孙元化为右佥都御史，“巡抚登莱、东江兼恢金、复、海、盖”②。登莱镇在经过近两年的沉沦后，又迎来一个重现辉煌的机会。

结　语

崇祯帝即位后，励精图治，试图在较短时间内恢复旧疆，因而对群臣推荐的袁崇焕倍加信任，给予全权。但过于自信的袁崇焕不仅擅自越权杀死东江总兵毛文龙，而且对边防布置进行了大规模的调整。就山东而言，不仅德州备援民兵营被撤，就连存在多年的登莱镇也被裁撤，使天启末年刚刚有恢复起色的山东海防骤然跌入深谷。

按照袁崇焕的布置，抵御后金的主力军悉数被布置到关宁一带，辽东半岛也是其防御的重点（但因毛文龙不愿意移镇未能实现）之一。明军的绝大部分资源因此密集于辽西、辽东防线。这一布置的特点是将抗敌战线尽可能向北推移，登莱、天津等镇因此沦为二线甚至三线。在这一配置下，登莱镇被降格实属必然。其实，在袁崇焕到任前，明廷已经于崇祯元年四月着手“自锦州右屯、广宁至三岔河筑城”③，袁崇焕的部署可以说是对明廷既往战略的具体落实，当然也不排除明廷在其回到北京之前已经按照他的方略开始着手重建辽西防御战线的可能。

---

① 汪楫编：《崇祯长编》卷三五，崇祯三年六月丁卯条，第2121页。
② 谈迁：《国榷》卷九一，崇祯三年六月癸酉条，第5539页。
③ 谈迁：《国榷》卷八九，崇祯元年四月甲寅条，第5432页。

但皇太极的劳师袭远、避实击虚之策彻底打破了袁崇焕的如意算盘。后金军杀入关内后，防线过于靠北，内地疏于防范的弱点暴露无疑。后金军对北京的打击不仅打击了明军的士气，也动摇了崇祯帝对袁崇焕的信任。袁崇焕因此入狱并最终被杀。

袁崇焕的入狱使其心腹刘兴治兄弟内不自安，间接导致了东江镇的变乱。虽经抚慰很快平息，但东江镇的战略功能因此再遭打击。正如谈迁所评价的那样：

> 本兵悠忽，于岛帅不幸，复视若赘庞。议内徙其兵民，已属非计。及闻变倥匆，庙议更忧海上矣。世人睹于眉睫，骄语远略，识者所以扼腕也。①

后金军杀入京畿后，面对“各镇单虚，无兵可调”的局面，明廷急忙着手恢复被袁崇焕废置的必要军事部署。被遣散的德州民兵于崇祯二年十二月开始陆续召回，后经山东巡抚沈珣建议，获准“将援兵一营照数招复”，“缓则境上操演以壮先声，急则统领北向以备应援”②。登莱镇也因东江之变得以恢复。这似乎是东江事变留下的唯一正面遗产。登莱镇在经过一段短暂的沉沦后，终于又回到正常发展轨道。

更需引起注意的是，新任巡抚孙元化的职责中包括“兼恢金、复、海、盖”，也就是肩负有恢复辽东半岛的职责。天启年间，毛文龙与武之望等关于旅顺的争夺，其实质就是争夺对辽东半岛的管辖权。在经过一番波折后，登莱巡抚正式担负起恢复辽东半岛的职责，东江镇因此名正言顺地成为登莱巡抚管辖下的一个军镇，再也不具备与登莱巡抚分庭抗礼的资格。明廷这一划一事权的举措，对登莱镇以及东江镇未来的发展都将产生重要影响。

第二节　从登莱之变到东江撤镇

孙元化主政登莱期间，登莱军力有了很大恢复。但成也孙元化，败也孙元化，由于他偏执的信任辽兵辽将，致使小规模的士兵哗变演变成大规

① 谈迁：《国榷》卷九一，崇祯三年四月乙卯条，第5529页。

② 汪楫编：《崇祯长编》卷三四，崇祯三年五月己丑条，第1988—1989页。

模的叛乱，几乎彻底毁掉了登莱的海防能力，也葬送了明廷的三方布置战略。

一　孙元化整饬登莱

崇祯三年六月二十八日，宁前兵备副使孙元化从邸报中得知自己被任命为登莱巡抚。出人意料的是，升了职的孙元化不但不高兴，反而上疏请求皇帝收回成命。孙元化在疏中称：

> 登莱与金、复隔海，军机缓急，风汛难凭，接济调发，俱不可必(少)。向者，敌在蓟门，内部即以异域视。关宁缺饷五月，千辛万苦，告语无人。今乃为**东省之赘抚，抚辽地之赘岛**，无一城可据，无一事可因，将知领兵而不知备器，兵知领饷而不知对敌。养济院中之孤独，长安道上之乞儿，合为一人。而强者则窝纵掘参，把持开市，明知内治不及，兔窟可营，此刘兴治之所以养夷八百，造甲制铳，便四顾无忌，小霸自雄也。盖**内廷向以登莱为虚抚，东岛为虚兵**，今欲以臣实其虚，而户部不给全饷，工部不给军需，兵部不给马匹，则兵仍虚。兵虚而援、恢亦虚，援、恢虚而抚亦虚，则是欲以臣实东之虚，而无乃以东虚臣之实。且勿论岛将之反侧戎索，又未易言已……伏冀圣明洞鉴，登抚之设无益于国，以责病臣，更有损于国。即以**登莱海防仍归东抚，以四卫恢复仍归辽抚**，鉴臣积瘁，允臣生还，庶边事无悮，而中兴之治更有光矣。①

孙元化是大学士徐光启的门生，和其师一样醉心于西学，并皈依了天主教。在镇守山海关期间，他曾在徐光启以及一批西洋人的帮助下，在城头四周部署红夷大炮50余具、灭虏炮2000余具，起到了很好的防御效果。按照他自己的说法，“曾为皇上三次发援，恢复数城，斩馘无算。且独守八城、二十四堡、四百里之边凡七阅月”②。但在他看来，朝廷对此并没有给予足够的认可，缺饷五个月就是证明。关门属于战场第一线尚且如此，使他有足够理由担心曾被视为“赘抚”、“赘岛”的登莱镇能得到的支持会更少。

孙元化的担心并非杞人忧天。因为在登莱巡抚一度被撤销后，明朝政

① 汪楫编：《崇祯长编》卷三六，崇祯三年七月丙戌条，第2185—2187页。

② 同上书，第2185页。

府对登莱镇的战略定位始终没有能够再次形成一致意见，忽视登莱，乃至罢废登莱巡抚的声音一直不绝于耳。例如：崇祯四年五月，户科给事中史应聘上言，认为“登莱额兵类万，徒作河上之逍遥。东江一旅，且为海徼之跛扈。徒敲骨吸髓，养此无益之士，计不在乎”[①]；同为户科给事中的冯元飙也曾提出“恢复大事，宜稳宜实，但当以全副精神注之关、蓟，其恢复大事宜稳。四州易取难守，断不当争于莫必，徒糜民脂，而赘设此幕府。或虑边海重地，不嫌过防，宜量留十万为处置诸岛之用”，“则裁去登抚，即岁省七十余万”，“乞敕所司将登抚立刻议裁”[②]。这种舆论的存在，必然为孙元化大展拳脚制造诸多障碍。

尽管提出辞职，但孙元化在上疏中还是提到了他担心的几件事，特别是“户部不给全饷，工部不给军需，兵部不给马匹”。估计他已经料到这次请辞不可能被批准，因此事先提出了一系列的困难，这等于是在打预防针，争取日后能得到皇帝的大力支持。

从日后的发展来看，孙元化的预防针发挥了作用。如当年十月，他申请马价二万两，太仆寺卿郑宗周上疏诘问：“元化称马价、军需难以急应，故先请二万。不知今日二万之价，即可恢金州否？得金州，即可以二万之价且守且战否？又称暂用暂请，随请随发，不知暂用若干马价，方可恢辽？夫开原、辽、沈、盖、海皆属辽土，不知恢辽者，恢开、沈乎？盖、海乎？恢之而敌不来，则须守。恢之而敌若争，则须战。战强守固，不知又当请马价若干数？下手结局，抚臣定有成算。乞敕兵部早与元化条定方略。若恐臣寺马价不继，并乞敕部及今豫讲支给之策。抚臣真心为国，决不漫以刍粮难应，借口卸责也。”崇祯帝当即予以驳回，指出“军机、马政，各有攸责”，郑宗周上疏纯属越俎代庖，掣肘疆臣，责令“所请马价，遵旨即与措发”[③]。

孙元化上任后，首先要解决的就是刘兴治之乱的后续问题。斯时变乱已经基本平定，但朝中舆论对此仍有怀疑。孙元化于是以性命担保“兴治业受戎索”，同时“请皇上急发岛饷，并预借四年分春粮五百石，资其续食，庶反侧之子不至既定而复摇，臣亦得藉我皇上恩威，终收为恢复用矣”。崇祯帝批示：“前以岛弁怙逆留饷，今既安受戎索，仍当速与额运。其预借续食，所司并酌以闻。”[④]

---

① 汪楫编：《崇祯长编》卷四六，崇祯四年五月辛卯条，第2779页。

② 汪楫编：《崇祯长编》卷四八，崇祯四年七月丁丑条，第2830—2831页。

③ 汪楫编：《崇祯长编》卷三九，崇祯三年十月辛酉条，第2363—2364页。

④ 汪楫编：《崇祯长编》卷三七，崇祯三年八月戊申条，第2229—2230页。

在讨来粮饷后，孙元化开始重点整治粮饷运输环节的问题。三年八月，他在奏疏中汇报：

> 臣奉命恢辽，先图戢岛，不与以应得之食，何以收民心而散其群，何以昭皇恩而革其面？六月大飓，岛粮尽伤。臣预借四年之春，而不意岛中所收，尚不及三年之夏。**其间总为运官、舡户通同耗匿**。先之以折干盗卖，继之以搀土和水，再继之以假实收、假失风，不特病兵，且官民交累。每赴州县收粮，则抗衡有司，抑勒纳户，每斗有加耗，每石有使费，不如其欲者，不听交收，是皇上甚费，小民甚苦，外岛甚饥，而运委独享其利。臣是以**暂裁新委，严核旧委**，已先拘曹其位、崔彪、毕应宿、杨世科等领运数人，监究查算。俟查算既明，臣当择其尤者，示以军法，另疏报闻。但既裁运委，则内当专责于州县，外当分领于岛营，而定为征收本色，佐贰押运，总交登仓，岛营赴领四法，以为料理登粮之计。①

十月，孙元化又提出“以海防同知贾名杰兼理东江饷司事，就加户曹，以便户部考成。其监军事务，则令登州海道冯任兼管。旧饷司宋献，当准其列册奏缴。查旧叙加级与枢辅疏中大捷新功，从优升叙”②。由于牵扯官员较多，变动过大，孙元化这次的请求没有得到皇帝的支持。

不过在其他人事安排上，孙元化没有遇到大的阻力。十一月，他提出由大将黄龙统辖东江，张可大防守登莱。兵部尚书梁廷栋对此表示支持：

> 登抚孙元化职任恢复。更定营制，有众八千。合以海外，三万有余，隐然可成一军。查黄龙攻滦功第一，为孙元化素所倚任，请加总兵衔，充度辽将军，专以恢复四卫事委之，最为合宜。登州旧有副将防海，张可大仍以总兵官管登州海防事，为他日渡旅后劲可也。③

崇祯帝对此表示认可。不久，黄龙“以总兵官专理恢剿”，“奉命赴皮岛受事”④。

登莱镇在孙国祯任巡抚时不过有兵五千余。登莱巡抚撤销后，“袁崇

① 汪楫编：《崇祯长编》卷三七，崇祯三年八月丙子条，第2290—2291页。

② 汪楫编：《崇祯长编》卷三九，崇祯三年十月丙午条，第2339页。

③ 汪楫编：《崇祯长编》卷四〇，崇祯三年十一月丁丑条，第2391—2392页。

④ 同上书条，第2392页。

焕裁定三千六百余名”[①]，何以在孙元化上任不久就增加到了八千人呢？

八月份，户部在回复山东地方政府提出的增兵加饷请求时曾提到：

> 旧额辽镇民运一十三万，向以七万充登兵月饷，其六万余两岁支买米，以供东江之需，亦未归臣部也。迩者，岛将违制，登海有震邻之恐，淮扬有腹心之忧。廷议再设登抚，意深远矣。**抚臣既设，登兵自不容以不增**。先是，臣部准兵部咨，议于袁崇焕裁定三千六百余名之外，增饷四万两，盖循登抚武之望折衷之旧制。于是登之额饷增至十一万有奇。而所云六万者，今又强半为登用，未始为臣部用也。查抚按原疏，初亦为登海起见，欲将二项十一万**取为招兵之用**，固恐与之之廉，故不嫌于取之之多也。今四万既有成议，似不烦更赘一词。[②]

可见，孙元化在就任巡抚后，曾获得户部支持，增饷十一万两用于招兵。这多出来的四千余士兵应该就是增兵后的成果。

另需注意的是，户部在回文中特意强调山东巡抚治下已经有兵一万，无须增加，“为今之计，惟舍募兵而求练兵，不务用多而务用少，此真救时急着耳”。换句话说，即不同意为山东增加兵饷。而崇祯帝的批示是：“兵贵实练，饷无虚糜，原自相成。其增兵事，仍着与兵部从长酌议。”[③]在事实上支持了户部的意见。同样是请求增兵，登莱获得支持，山东却被驳回，估计这又是孙元化上任前的预防针发挥了作用。

虽然军费上有保障，但要在短短三四个月内招募到四千多名士兵也不是一件容易的事。孙元化此前在山海关曾训练出一支精干的火器部队。崇祯三年五月，正是这支部队在大将黄龙的率领下，在攻打滦州的战斗中立下大功。随后，又在收复遵化、永平、迁安三城的战斗中发挥了重要作用[④]。孙元化获准将黄龙调到麾下，不仅是带过来一名心腹爱将，估计也会带过来部分熟悉西洋火器的士兵或技术骨干。

另外，毛文龙遇害后，大批部众害怕遭到迫害纷纷逃离东江。孙元化在辽东工作时间较长，“素言辽人可用”[⑤]，“欲复辽土，宜用辽人。欲固

---

① 汪楫编：《崇祯长编》卷三七，崇祯三年八月丁卯条，第2265—2266页。

② 同上书，第2265—2266页。

③ 同上书条，第2266页。

④ 参看董少新、黄一农《崇祯年间招募葡兵新考》，《历史研究》2009年第5期。

⑤ 张廷玉等：《明史》卷二四八《徐从治传》，第6431页。

辽心，宜得辽将"①，于是大批逃离东江的毛文龙旧部，如毛承禄、李九成、耿仲明等，纷纷投入其麾下。登莱一带南迁辽人众多，在孙元化信用辽人的倡导下，估计也会有大批适龄青壮年参军，如毛文龙的旧部孔有德就是在"走入登州"② 后二次投军的。

孙元化能在三四个月内聚集起八千士兵，估计黄龙带过来的旧部以及重新投军的毛文龙旧部占了相当比重。

与在辽东时一样，孙元化在登莱也非常重视火器的使用，不仅花费巨资添置了很多西洋炮、斑鸠铳等火器，还专门聘请了葡萄牙教师到登州，就地制造相关配件和教授操作方法。崇祯四年六月，副总兵张焘还曾带着这些招募来的葡萄牙官兵在靠近鸭绿江口的宣川一带重创后金军③。

在置备火器的同时，孙元化还曾派人到朝鲜购买战船。朝鲜虽然害怕后金报复，"不能准副"，不过还是在崇祯四年七月"以战船四十艘送之"④。

对于经过孙元化及其麾下整饬的登莱镇，朝鲜使节曾有过一番评价。崇祯四年八月，朝鲜陈慰使郑斗源、冬至使书状官罗宜素入对朝鲜仁祖，

> 上曰："当今名将有几人?"斗源曰："孙承宗以首将总裁军务，如登州军门孙元化等，皆禀裁于承宗，而诸将乐为之用矣。"上曰："中原之城，亦以石筑之欤?"斗源曰："或有甓筑者，或有土筑者矣。"上曰："陆若汉何如人也?"斗源曰："似是得道之人也。"上曰："孙军门何如人也?"斗源曰："清俭疏雅，虽威武不足，可谓东门得人矣。"上曰："登、莱之兵何如?"斗源曰："皇朝专力于燕京、山海关，故山东则兵势寡弱矣。"⑤

---

① 谈迁:《国榷》卷九十一，崇祯四年十二月壬申条，第5578页。

② 张廷玉等:《明史》卷二四八《徐从治传》，第6431页。

③ 参看黄一农《天主教徒孙元化与明末传华的西洋火炮》(《中研院史语所集刊》第67本4分，1996年12月)；董少新、黄一农:《崇祯年间招募葡兵新考》(《历史研究》2009年第5期)等文章。

④ [朝鲜]《李朝仁祖实录》卷二五，崇祯四年七月乙亥条，第635页。崇祯三年十月，孙元化曾代朝鲜奏请更改贡道，把朝华使节的进京路线从袁崇焕坚持的觉华岛一线改回在登州上岸，从陆路进京。"礼部议暂从觉华岛，兵部以贡道改陆从海已七年矣，忽改觉华岛，非便"，兵部的意见后被崇祯帝采纳。事见《崇祯实录》卷三，崇祯三年十月乙丑条，第100—101页。孙元化此举对改善刘兴治之乱后的中朝关系显然是有帮助的。朝鲜政府踌躇一段时间后决定送战船，与此应有一定联系。

⑤ [朝鲜]《李朝仁祖实录》卷二五，崇祯四年八月甲辰条，第639页。

从这段对话中可以看出，朝鲜政府对明朝的军力，包括演习火器、接受葡萄牙火器教师培训等事务非常关注。孙元化在着力整饬登莱军备一年后，朝鲜官员依旧认为登莱兵力寡弱，说明孙元化的努力依然受到了一些不良影响。这里既有明朝国力不足、登莱并非战场第一线的因素，还有其他一些干扰。其中最主要的就是明朝官员对火器的认识还有很大不足。如礼科给事中卢兆龙即曾弹劾孙元化"偏词执拗"，建议"停止调夷"。他说，停止招募葡萄牙火器教师一事，"满朝众议佥同"，唯独孙元化极力阻挠。

> 观其疏语，一则谓撤议未定，胜兵先捐。再则谓关切封疆，坐堕成算。是明明埋伏机关，预为卸罪之地，不忠孰甚焉。夫元化身受特恩，建牙东土。数万貔貅，尽可训练。何必借力于远人？盔甲枪牌，必有给造，安在重惜此火器？舍封疆大计，不图实做，而必为澳夷解嘲。舍东江兵民，不图收拾，而必为澳夷请调。古人金城图上方略不如此也。且臣历稽万历、天启年间往事，澳夷之畜谋不轨，警变屡闻。其间言澳夷之害者，如科道郭尚宾、容大德等，班班可考。乃元化尚谓六七十年来未坏一事，未睹可疑。又澳夷未离粤东一步，已要挟过数万金钱。而谓自备资粮，将谁欺乎？若谓挟其胜器、胜技，可以前驱无敌，即此胜器、胜技，愈足深忧。倘其观衅生心，反戈相向，元化之肉，恐不足食也。①

尽管受到种种掣肘，但较之以往，山东半岛的海防实力还是有了很大的提升。史载，文登县"原设威远炮四十八位，碗口铜炮三十三位，佛朗机八位，火药并硝一千斤"②。属于野战编制的文登营到清朝康熙十一年时尚存"大炮三十九位，鸟枪二百杆，镔子二百一十个，铅子二十二觔八两，火药三百一十八觔，火线五百二十条……"③ 这些火器的存在，说明孙元化在登莱火器装备和训练等方面还是取得了明显的成绩，只是在和关宁一带相比时，才处于下风。

孙元化大量购置火器既是为了提高本土防御能力，也是为了在牵制后金和规取辽东半岛方面发挥重要作用。但据现有史料来看，除了崇祯四年

---

① 汪楫编：《崇祯长编》卷四三，崇祯四年二月丙寅条，第2597—2598页。
② 道光《文登县志》卷一《武备》，道光十九年刊本。
③ 同上。

六月葡萄牙人公沙的等参战的宣川之战外，东江镇配属的火器部队并没有大的作为。不过造成这一现象的原因并不是出在火器部队本身，而是和东江镇的复杂形势有关。

二　棘手的东江

孙元化在就任登莱巡抚之前做了充分准备（包括给皇帝打预防针），但在人事安排上触动了敏感神经。刘兴治变乱发生后，兵部曾许诺谁能平定事变，“即佩以大将印”①，也就是做总兵。副总兵周文郁冒险入岛，说服了刘兴治，满足了兵部平定事变的要求。孙承宗在抚慰刘兴治时，也曾将其升职，正式统率东江西协。刘兴治回岛后，以大帅自居，要求众将服从自己的领导，并派出使者到朝鲜。在其心目中，东江总兵一职已经非他莫属，至少不能在他上面再派领导。孙元化上任后，并没有建议为刘兴治升职，也没有帮助兵部兑现承诺，委周文郁以重任，反而把自己的心腹黄龙调过来，出任东江总兵，这不仅触犯了多方的利益，而且给黄龙在东江开展工作制造了诸多困难。

崇祯四年三月十六日，刘兴治率先发难。他先“集各客二百余名，责以无粮欺诳，欲俱杀之”。其弟刘兴基因与之意见相左，被“捆打三十”，又“杀沈世魁一家，惟世魁得脱”。但刘兴治的再次叛乱遭到很多将领的反对。次日，“刘三山、刘四、沈世魁齐入刘五（即刘兴治——笔者注）家，候至更深时，杀死刘五”②。

刘兴治再次公开叛明的直接诱因是黄龙出任东江镇总兵。另据朝鲜史籍记载，刘兴治在第一次变乱后已经和后金秘密取得联系。“先是，椵岛刘兴治之母在虏中，虏欲诱降兴治，兴治亦遣使约降，仍欲借兵，东抢我国。”③《崇祯长编》也记载刘兴治叛变后，后金“佟驸马勾引东兵三百名，刘铁山拨船接济，亦被刘三山杀散”④。可见，担心黄龙到任后发现自己与后金的秘密往来应该也是刘兴治发难的重要原因。

按照《李朝实录》的记载，刘兴治被杀后，后金“使一高山，领甲骑一万二千余人，由义州猝入宣、定、嘉、铁，而差仲男、满月介等，借船于我，先自旁搜海上，得十一船，分屯身弥、宣沙、都致等处，将欲攻岛。会都督黄龙来镇椵岛，闻虏将袭之，使张焘往身弥岛战。少利，复督

① 汪楫编：《崇祯长编》卷三四，崇祯三年五月甲午条，第2013页。
② 汪楫编：《崇祯长编》卷四五，崇祯四年四月甲寅条，第2681—2682页。
③ ［朝鲜］《李朝仁祖实录》卷二四，崇祯四年六月庚午条，第634页。
④ 汪楫编：《崇祯长编》卷四五，崇祯四年四月甲寅条，第2682页。

大小兵船百余艘，迎战于蛇浦，斩获一高山及牛鹿二将，胡兵死者甚众，汉兵下陆争首级，为虏所掩，亦多死亡者”①。

从这一记载来看，黄龙应是在刘兴治叛乱发生后才莅临东江，并主持了针对后金的防御战，且取得了不小的战果。不过这一战在明朝史籍中没有明确记载，估计战果并没有那么丰硕。

毛文龙死后，明廷即着手迁移东江兵民到内地屯驻。孙元化也是这一政策的支持者。崇祯四年三月，他曾上疏：

> 岛营之设，十年于兹。以为养兵，则堪战之人绝少，总属虚糜。以为养民，则枵腹之众尚多，难言裁节。向皆约计成数，听彼开销。即有盈亏，总未置问。盖以粮少人多，几经勒减，不堪再问耳。合二、三两年，本色尚欠十余万石。内外数目参错，政在清查。而商人发粮于岛，取偿于登者，又几十二万两。今皆无从拨补。朝夕嗷嗷。臣多方设法，**必俟西移之后，方可分别兵、民**。兵则置备器马，资之战守。民则量给工本，散之在农。民散为屯，兵乃可为规画也。今既未能实点核以求清，自不必造花名以自诳。且当就原营原饷，照数兑发耳。②

不久，他又提出更改东江军饷会计报告制度。户部于四月议准：“谨会同科臣许世荩、饷臣周士朴酌议，具覆，请许其半年一报，或三月一报。倘不如期，无辞苛责。俟抚臣设法西移，令民皆就屯，兵皆归伍，然后另照原限造报，无不可也。”③

中央政府为迁徙岛众提供了制度上的便利，新任总兵黄龙作为孙元化的心腹，自然要设法推进此事，但这与东江官兵的既得利益明显冲突。按照明朝政府的设计，岛上兵民要迁到山海关及以北地区，也就是抗金斗争的第一线。岛上兵民大多出身于难民，对昔日的遭遇有惨痛的记忆。在岛上生活虽然也不时受到后金军的骚扰，但相对要好得多。如果回到关宁一带，等于重新跳进火坑。在明军战场上节节败退、罕有胜绩的背景下，有意愿迁离东江的兵民应该不占多数。

在毛文龙主镇东江的后期，东江的战略地位逐渐成为军官集团的牟利

---

① ［朝鲜］《李朝仁祖实录》卷二四，崇祯四年六月庚午条，第634页。

② 汪楫编：《崇祯长编》卷四四，崇祯四年三月己丑条，第2635—2636页。

③ 汪楫编：《崇祯长编》卷四五，崇祯四年四月庚戌条，第2672页。

工具，不仅存在冒领军饷的现象，倒卖人参、貂皮等土特产品，坑害商民等也是屡为人诟病的恶习。如果被调离东江，势必失去这一块“财源”。因而毛文龙的旧部们同样不肯内徙。

估计是登岛后发现了迁移兵民的难度超出预想，黄龙与孙元化在迁移方式上发生了分歧。崇祯四年六月，黄龙曾派遣游击白继安到朝鲜请求资助粮饷。据白继安讲，“孙军门之意，欲撤回岛众，而黄总镇以为数万之众，不可一朝遽撤，仍欲留住耳”①。不过朝廷裁减东江等地兵额的计划没有丝毫改变。四年七月，“兵部以添兵祇以糜饷，终无足恃。议裁省东江兵一万三千，登州五千三百，涿州一千，列册以闻”②。

十一月，孙元化上报了裁减岛兵的方案，“言原额三万三千，今拟每千裁去二百。除旅顺地连敌原不可减，广鹿、长山、石城已共调五百在旅贴防，不容更减。则皮、獐、鹿三岛共兵一万五千五百六十七名。七月为始，应减三千一百九名，合之正月先减三千名，今岁应扣还户部饷银米折共六万五千五百八十两有奇。俟岛饷发完，总册汇奏”③。

在上报计划之前，副总兵张焘已经按照孙元化的指示，“率舟师一千三百人，发船而去”，黄龙因为坚持缓步推进，“以巡审义州”的名义④，继续留在岛上。

据山永巡抚丘禾嘉奏报，崇祯五年正月，“登将王廷臣统领官兵一千一百三十余名，暨家口妇女一千二百余名，于是日出关”⑤。可见，孙元化确实按照明廷的规划，在有序裁减本镇兵马。不过东江兵的迁移却始终没什么结果。同样是这个丘禾嘉，在崇祯五年四月的上疏中汇报“登兵到者寥寥，岛人万难期”，因而建议把重点放在训练现有营兵上，“与其慕二万之空名，何如执一万之见在”⑥。

东江士兵难于迁移的原因除了前面提到的官兵的意愿外，和总兵黄龙强调稳步撤回有关，和岛上的突发事变关系更大。

在黄龙上岛不久的四月份，两只通洋船被巡逻官兵捕获，从船上搜出了黄蟒、湖丝等违禁商品。经询问得知，这两只走私船系“登州委官王舜臣、李梅所为也。舜臣为抚标中军王廷臣之兄，李梅则抚标游击耿仲明

---

① ［朝鲜］《李朝仁祖实录》卷二四，崇祯四年六月辛未条，第634页。

② 汪楫编：《崇祯长编》卷四八，崇祯四年七月甲戌条，第2818—2819页。

③ 汪楫编：《崇祯长编》卷五二，崇祯四年十一月戊寅条，第3012—3013页。

④ ［朝鲜］《李朝仁祖实录》卷二五，崇祯四年十月甲辰条，第649页。

⑤ 汪楫编：《崇祯长编》卷五五，崇祯五年正月辛亥条，第3201页。

⑥ 汪楫编：《崇祯长编》卷五八，崇祯五年四月己卯条，第3359—3360页。

之心腹。二犯口供，诸货皆出自廷臣、仲明”。黄龙将人犯收监，“以俟审明正法”。王廷臣、耿仲明得知后，决定铤而走险。岛上都司、耿仲明的弟弟耿仲裕“窥衅而起”。据黄龙后来汇报，耿仲裕于当年十月二十七日卯时，“鼓其本营兵丁围臣公署，以索饷为名，率把总杨世勋，爪牙王三喇子、刘八、孙绍绪、陈都等竟入卧内，夺取敕印，搜获蟒缎、胡（湖）丝，乘势将兵器、文卷、书籍、衣服席卷一空。仍拥臣至演武场，欲肆凶逆。赖众将理谕而散。次日，仲裕令其党将二货船伐鼓扬帆，飘然去矣。至十一月十三日，臣访知仲裕之同谋者，为都司谢太平、游击张捷仲。裕心怀疑畏，遂与千总王应元谋为乱，欲杀将领为贽，招致敌人。以兵士不从，遂缚应元出首。仲裕之势渐孤，臣遂于十一月二十六日分遣参游等官沈世魁、王良臣、龚正祥、李惟鸾、尚可喜等分兵擒获仲裕及同谋诸人。鞫之，盖专为黄蟒、胡（湖）丝一节，受廷臣唆使而然也。遂将仲裕及应元、世勋、绍绪、捷都、三喇子、李安、李化龙等同时正法”①。

黄龙的汇报时间是在他重获自由并基本稳定了岛上局势后的崇祯五年正月。对这一事变，孙元化在四年十一月曾上报说是“黄龙隐没兵士赏功银，又扣克春、夏月饷，致众兵哗噪，拷折龙腿，割去耳鼻”②。为安抚岛众，孙元化派毛文龙的养子毛承禄上岛查勘，并“随宜安抚”③。

《李朝实录》对此事变的记载是：

> 椵岛都督黄龙，专废军政，贪黩无厌，凡除将官，必皆受赂，西来钱粮，不以给军。孙军门求买船只，送鸟铳、铜锅等物，而亦皆自占。军中咸怨，遂持兵器，会于都督衙门，绑都督以下诸将官，沈世魁亦在其中。世魁自解其缚，复解黄龙而言之曰：“虽是赃吏，曾为都督，岂无权道?”即徙置于王游击良臣家，仍扬言岛中：“今因无粮，军兵造叛，绑拿总爷及诸将，而以本协为署，管岛中之事”云。于是，领兵直至物货所储处，搬出银货五万余两，分给各营军兵。④

耿仲裕等发动兵变后，必须为自己找一个合理的理由。晚明时代经常因为军饷发放不及时、不足额而引发士兵哗变。黄龙被指责克扣军饷，这个理由并没有什么“创新”。不过结合第三方朝鲜的记载来看，黄龙似乎

---

① 汪楫编：《崇祯长编》卷五五，崇祯五年正月己亥条，第3183—3185页。

② 汪楫编：《崇祯长编》卷五二，崇祯四年十一月乙未条，第3062页。

③ 同上。

④ ［朝鲜］《李朝仁祖实录》卷二五，崇祯四年十一月癸酉条，第654页。

在军饷问题上确实存在污点，从而为对手提供了机会。但问题的关键不在于此，而在于事变的结果。《李朝实录》的记载清楚地显示，事变中，不久前刚刚参与诛杀刘兴治的沈世魁再次扮演了重要角色，不仅帮助黄龙解脱困境，还擅自做主发放军饷，且扬言“以本协为署，管岛中之事”，俨然已经是岛上之主。

这个沈世魁是何许人呢？崇祯十年，兵部尚书杨嗣昌在东江陷落后曾经汇报：

> 沈世魁者，本一买头牙行，有女绝色，毛文龙纳之为妾，宠冠一时。文龙死，刘兴治纳之；兴治死，陈继盛纳之；继盛死，黄龙又纳之。至黄龙死前，此妇乃死。而历毛、刘、陈、黄四姓，皆尊世魁为沈太爷。苏杭商贾之走江东贩丽货者，岁时寓书沈太爷不绝。臣在关门，拿获违禁海船，得其书无算……①

可见，沈世魁是东江军官集团经商牟利的重要媒介，而且与历任长官都有姻亲关系，是一个不折不扣的既得利益者。他自命署理岛中事，等于在事实上宣布孙元化通过“掺沙子”的办法控制东江，进而迁徙岛上兵民的努力已经彻底失败。

黄龙是孙元化的爱将。按理，在发生兵变后，没有弄清真实情况之前，孙元化应尽力保护好黄龙。但他在上疏中也指责黄龙克扣军饷，似有弃车保帅的嫌疑。而崇祯帝批示的“更置任将，所司即与确酌”②，等于在一定程度上认可了孙元化的指责。

事实上，孙元化这么做，并没有收到预期效果，反而招来多方的指责。一方面，礼部尚书黄汝良等乘机再次提出废置登莱镇的意见：

> 曩自熊廷弼、王化贞经抚辽阳，创为天津、登莱、皮岛三方牵制之说。夫天津设抚，犹曰运道咽喉，尚有说也。登莱距天津不远，防海转饷之事，自有山东抚道主之，别设抚镇胡为者？至于皮岛，则陡绝海外，风波限隔。自毛文龙开镇以来，十余年间，曾得其半矢之用否？计登莱岁饷以八十余万，总会所费，不翅二千万矣。昨者调援大

---

① 杨嗣昌：《复登监兵垣道将激变岛众疏》，见梁颂成辑校《杨嗣昌集》卷十五，第377页。按：陈继盛在毛文龙后代领岛众，后为刘兴治所杀。杨嗣昌将陈继盛置于刘兴治之后，明显颠倒了顺序。

② 汪楫编：《崇祯长编》卷五二，崇祯四年十一月乙未条，第3062页。

> 凌，辄称飓阻，是徒以有限之财，填无穷之壑，此亦谋国不忠之甚矣。近见皮岛兵变，所开奸镇黄龙条款，其侵冒粮饷，鱼肉朝鲜，作威福而无上者，盖自毛帅来已成故事。夫奸镇既以海岛为乐窝，而节制用事之臣复以岛师为外府，相蒙至今，养痈之祸，犹未已也。盍若将皮岛、登莱抚镇尽行罢撤，以其兵分隶昌平、通州，以壮虎豹当关之势。万一缓急，可以朝呼夕至，是为撤所缓以备所急，罢无用以为有用。计诚无便于此者。①

另一方面，被抛弃的黄龙也是满心愤懑，获得自由不久即上疏请求严查事变始末情由，“并治臣招尤辱命之罪，庶海外知朝廷之有法，岛人安，而臣之死可瞑矣”②。不满之情绪溢于言表。连总兵官都开始对孙元化公开不满，迁移岛众自然无从提起。

造成东江兵民迁移停顿还有一个重要原因，即登州发生了严重的叛乱。

三　偏执“招安”铸就的登莱事变

孙元化在登莱大力推广西洋火器，其代价是高昂的军费支出。在财政严重不足的条件下，不管是火器的支持者还是反对者，都希望登莱镇的火器部队能尽快参战，在战场上检验其实际价值。崇祯四年，明廷着手在关外复建大凌城，以增加陆上防御的纵深和厚度。后金得信后，迅速派出大军奔袭大凌，意在阻止明军修城。明廷对此也心知肚明，于是集结大军在大凌城附近与后金展开大战。复设登莱巡抚后，明朝政府重新划分了防区，宁远海口一带及辽东半岛都成为登莱巡抚的辖区或经略目标。因而在大战开始后，明廷亦行文登莱镇，要求派兵参战。

孙元化接到命令后，也希望在战场上为自己正名，于是一面征调东江副总兵张焘率领公沙的等葡人训练的火器部队以及一个营的川兵从海上西进，一面命令孔有德、吴进胜等从登州出海，“驾大小沙唬等船二十二只，起行赴援大凌”③。两支部队计划于三岔河口一带登陆会合，共同前往大凌参战。但此时已经是秋季，海上风向改变，结果两支部队在海上先后遭遇飓风。张焘所部携带的兵器几乎全部损失，公沙的等葡人纷纷请求

---

① 汪楫编：《崇祯长编》卷五三，崇祯四年闰十一月壬戌条，第3117—3118页。
② 汪楫编：《崇祯长编》卷五五，崇祯五年正月己亥条，第3185页。
③ 汪楫编：《崇祯长编》卷五十，崇祯四年九月壬辰条，第2925页。

离境回澳门。孙元化于是命令张焘率军前往登州，希望借此机会实现迁移部分岛上兵民的目的。孔有德等人的遭遇比张焘部似乎还要惨一些，连孔有德本人也险些葬身鱼腹，狼狈而归。

前线战事吃紧，登州援军却未见踪影，这给了朝中的反对派们一个机会，弹劾孙元化的奏章纷至沓来。如试御史余应桂上言："如登抚孙元化者，岁费金钱八十余万，比之毛文龙之旧，已数倍矣。料理两年，无论复四州、援大凌，即岛兵两变，亦且充耳无闻。且登兵号二万之众，调赴关宁者止二千五百，而已云尽。如此破绽，罪已滔天。"① 云南道试御史张宸极上言："登莱设兵，原为防海，每岁费饷数十万。迩者大凌之役，登兵以海隔风阻，未及效一臂之力。臣意东兵亦无越海而西向者。以有用之兵，委之无用之地，则何如留其半守海滨，分其半移关门，使登莱不至废防，山海又不患兵寡，又计之最便者。"②

上文提到的礼部尚书黄汝良的废置登莱镇的建议，也是以"调援大凌，辄称飓阻，是徒以有限之财，填无穷之壑"③ 为重要依据。

其实，孙元化在一年多的时间里，已经使登莱防务有了很大的改观。登州一带已经有陆营七（陆左营、陆右营、陆中营、陆前营、陆后营、陆游营、火攻营）、水营五（水左营、水右营、水中营、水游营、平海营），共十二营精兵。④ 这十二营分别驻在军事要地，对保障山东半岛的正常生产和社会秩序发挥了很大作用。如陆左营设在八角海口，"兵将驻防，亦一时重地"，"海运由此发钉往来者，俱已（以）停泊为便"⑤。另外，当时的西洋火器虽然比较先进，但缺乏运载工具，很难实现快速部署。加之受多年海禁政策的影响，明朝政府的造船能力大大减退，渤海、黄海一带明军根本没有配备大吨位战船，因而无力抗拒海上猛烈的西北风。派遣登莱火器部队从海上援辽原本就是勉为其难。但在巨大的舆论压力下，孙元化没机会为自己辩解，只能拿出新的实际行动，争取堵住反对派的嘴。于是，在当年十月，孙元化命令死里逃生的孔有德和白登庸、王弘基等一道，率领"援宁兵三千二百名"，"于十月二十九日鼓行而西"⑥，从陆路前往关外参战。

---

① 汪楫编：《崇祯长编》卷五三，崇祯四年闰十一月庚戌条，第3091页。
② 汪楫编：《崇祯长编》卷五二，崇祯四年十一月庚寅条，第3037页。
③ 汪楫编：《崇祯长编》卷五三，崇祯四年闰十一月壬戌条，第3117页。
④ 道光《重修蓬莱县志》卷四《武备·营制》，道光十九年官刻本。
⑤ 乾隆《福山县志》卷二《地里》，中国地方志集成丛书影印本，第409页。
⑥ 汪楫编：《崇祯长编》卷五二，崇祯四年十一月乙酉条，第3030页。

明末战乱频仍，加之官兵军纪较差，对地方造成很大破坏，因此百姓对经过本地的军人大多敬而远之，关门闭户，唯恐受到骚扰。孔有德军也遭此待遇，以致军粮无处筹措，士气低落。闰十一月二十七日，部队行至吴桥，恰与部将李应元的父亲李九成相遇。“九成勇敢善战，始为元化委买西马，所赍马价荡尽，不敢归，流劫至吴桥。适与有德兵遇，而其子应元亦在营中，乃相与密谋，以为马价既尽，反亦死，不反亦死，不如一逞，可以得志。”① “适部卒以攫鸡，与王生员相争。有德次其卒，众遂哗然，以为吾等方前斗赴死，而行粮已尽，市买无所，不如回登请粮，再图进止。”李九成父子遂煽动士兵哗变，“缚有德于演武场，首倡反谋”。孔有德听从其建议，遂“回戈东指，大肆抢掠”，当日即攻占陵县，“抢掠官民马骡二百余匹，县库钱粮七万余两，监囚七名，并劫乡绅士庶财物无算”②。“有德以九成父子材武，且有首事之勋，故让而先之。”③ 叛军一路向东，连破商河、齐东等六城。肆虐山东半岛约一年半的登莱事变爆发了。

孙元化得到消息后，不相信孔有德等会叛乱，于是派人前往安抚。晚明时代，因为军饷发放等原因引发的士兵哗变几乎遍地开花，但在明朝政府及时安抚后，大多迅速被平定，没有引起大的变乱。孔有德等在毛文龙被杀后曾流散四方，后因孙元化的招徕才回到军中。加之孔部哗变也和后勤补给跟不上有关，所以，在事变之初，孙元化认为孔有德等可以通过安抚重新归队，这么做并没有问题。问题在于叛军尚未被解除武装之前，孙元化竟然下令沿途州县“不许截杀”，以致叛军可以“安意长驱”④，如入无人之境。总兵张可大领兵西进平叛，也被孙元化强行制止。

十二月二十二日，叛军回到登州，并进攻西城，但被城上西洋火炮击退。崇祯五年正月初二，张可大率领南兵、副总兵张焘领辽兵与叛军大战于城外。南军将胜，与叛军同源的张焘部辽兵却突然在阵前倒戈，杀了张可大一个措手不及，致使南军几乎全军覆没。

叛军虽然获胜，但在守军猛烈的炮火打击下，仍然无法破城。于是张焘叛军又恳求归顺，“城内士民咸言不可”，孙元化却固执己见，允许其进城。“于是贼俱混入。中军耿仲明、都司陈光福等密谋内应。是夜，举

① 汪楫编：《崇祯长编》卷五五，崇祯五年正月辛丑条，第3188页。

② 汪楫编：《崇祯长编》卷五三，崇祯四年闰十一月戊辰条，第3132—3133页。

③ 汪楫编：《崇祯长编》卷五五，崇祯五年正月辛丑条，第3188页。

④ 毛霦：《平叛记》卷上，“四库全书存目丛书”影印本，第675页。

火，有德等遂从东门杀入。城陷。”[①] 总兵张可大自缢而死，孙元化等被活捉。“城中旧兵六千人、援兵千人、马三千匹、饷银十万、红彝大炮二十余具、西洋炮三百具、其他火器甲仗不可胜数，及城中金帛子女，皆为贼有”[②]。

为扩大战果，叛军在城内大肆扩充，“凡辽人在城者，悉授以兵”。随后叛军公推李九成为都元帅，“部署营伍，伪授官爵”，“用巡抚关防，檄取州县饷银以万金犒岛兵，诱令同反。旅顺营守备陈有时攘臂而起，杀周、卫二将，率众七八千渡海附之。广鹿岛副将毛承禄，文龙义子之首也，亦率其众入登从贼，与有时并称总兵。二人既同逆，贼势益张”[③]。

叛军原准备推举孙元化为首领，但遭到拒绝。念于往日恩情，孙元化被释放，渡海逃到天津，后被明廷问罪处死。

登州城内原有部分葡人火器教师和工匠。在守卫登州的战斗中，这些人也参加了战斗，“公沙的、鲁未略等十二名捐躯殉难，以重伤获全者十五名”。后来兵部尚书熊明遇议准：“将死事公沙的赠参将，副统领鲁未略赠游击，铳师拂朗亚兰达赠守备，傔伴方斯谷、额弘略、恭撒录、安尼、阿弥额尔、萨琮、安多、兀若望、伯多录各赠把总职衔，仍各赏银十两，给其妻孥。其现存诸员万里久成（戍），各给行粮十两，令陆若汉押回。而若汉倡道功多，更宜优厚，荣以华衮，量给路费南还。”[④] 熊明遇还准备再从澳门选拔一批火器教师进京，但葡人士气因此战备受打击，加之熊明遇本人和支持军事改革的徐光启等人先后去职，选拔火器教师一事不了了之。

自明清战争开战以来，如何安置渡海辽东难民就是摆在山东地方政府面前的一道难题。虽然有如谭昌言等积极为难民安置想办法的官员，但大部分官员的态度更倾向于避重就轻，因而难民与土著居民之间不可避免地产生了矛盾，“辽人恃其强，且倚帅力，与土人颇不相安，识者久忧之”[⑤]。叛军破城后正是利用了这一矛盾并将其进一步扩大化，拖着辽民大肆杀戮登州城内土著居民，从而把城内辽民捆绑到自己的战车上。

应该说，明廷也意识到了争取登州城内辽民支持的重要性。如吏科给事中宋玫即提出：“登城之陷，辽人内应者不能无疑。然其中必有杰出，

---

① 毛霦：《平叛记》卷上，第678页。
② 汪楫编：《崇祯长编》卷五五，崇祯五年正月辛丑条，第3186—3187页。
③ 同上书条，第3187页。
④ 汪楫编：《崇祯长编》卷五八，崇祯五年四月丙子条，第3356—3357页。
⑤ 汪楫编：《崇祯长编》卷五五，崇祯五年正月辛丑条，第3188页。

为众拥服者。就其萃聚，即用一人以晓谕联络之，而有司亦加意拊循，务使同井比屋，相忘无猜，而后煽惑可绝也。是在道府州县明为开谕，曲为调护耳。"①

为防止叛军拉拢东江兵民，明廷采纳宋玫的建议，"亟驰温诏，遍示诸岛，激以恩信，揭以顺逆，许其照常接济"，东江兵饷"以津门原派河东漕米六万五千余石，照现在营伍给散，廪给折色亦如之"②。东江镇除了毛承禄等少数将领率军从逆，其他大部分站在了明朝政府一边。这其中除了黄龙等将领的悉心措置；时值冬季，海水封冻，叛军与岛上联络不便等因素外，明朝政府比较及时的抚慰措施应该发挥了积极的作用。

叛军在控制登州后，分兵四出，劫掠周边城镇，然后集中向西，包围了莱州城。莱州城在万历援朝战争期间曾由知府龙文明主持重建，非常坚固。加之知府朱万年的悉心布置以及明军在莱州新河口、丁河口等交通要道提前布防③，叛军围攻了七个多月，始终没能越过莱州，"卒以城坚得完"④。

为突破莱州，叛军从登州运去大量火器。西洋火器的威力给莱州军民留下了恐怖的记忆。如在城内的山东巡抚徐从治说：

> 最受害者，在红夷大炮。铁子每个重六斤，□之即折，城垛尽倾，守垛者无处站立……隧道，暗藏地雷，火延机发，城忽震塌可二丈余……⑤

徐从治本人后来正是在守城时头部中炮，以身殉国的。

令人不解的是，在叛军猛烈进攻莱州城时，明廷内部仍有很多人幻想招安，如大学士周延儒、督师刘宇烈、新任登莱巡抚谢琏、援军总兵陈洪范等。结果他们的招抚行动不仅没有成功，反而使谢琏和朱万年等落入叛军之手。

领导层意见不统一，前线将领的表现也不怎么样。崇祯五年四月，山东行营遣副将吴安邦从宁海趋登州，试图抢占叛军大本营。负责守城的耿

---

① 汪楫编：《崇祯长编》卷五六，崇祯五年二月己巳条，第3263页。

② 同上。

③ 汪楫编：《崇祯长编》卷五五，崇祯五年正月癸卯条，第3191页。

④ 清末《莱州府乡土志》卷上《政绩》，第42页。

⑤ 徐从治：《莱城万分危急疏》，见乾隆《掖县志》卷七《艺文》。

仲明故技重施，“扬言据城归正”。吴安邦居然信以为真，“率文登营兵及土兵二千余人与中军徐树声共袭登。是夕，离登二十五里下营。树声先薄城。城中炮响，贼兵遽出。树声初欲受降，未及成列，遂为所执。安邦遁还”①。同月，“总兵邓玘、王洪以川兵万二千人自昌邑东援。距莱城四十五里，不进，且通叛兵”②。五月，黄龙秘密从东江出师，“欲以舟师捣(登州) 水城，为夹攻之计”③，也没能成功，被迫后撤。

直到当年八月，明廷才在进剿问题上达成一致。八月十九日，明军在沙河大败叛军。此次平叛，明朝政府征调了川兵、彝兵和关陇劲旅参战。此前，叛军在与山东兵的战斗中节节胜利，信心爆棚。“先是，贼尝私语‘杀山东兵如切菜，虽十万无奈我何。各镇兵咸非吾敌，惟虑关外兵耳’。至是，闻彝、汉丁至，始有惧色。”④

所谓彝兵，就是明军将领从关外各少数民族中召集来的士兵，这些士兵往往是军官们赖以生存的主要依靠，如刘兴治，就是利用朝鲜人所谓的“降㺚”，“先杀将校之不与己者，又欲尽除岛众之不从者”⑤。叛军大多是来自辽东，因而熟知彝兵的作战能力。

叛军在沙河兵败后，迅速回撤登州，莱州解围。明军随即包围登州。叛军心知大势已去，遂作逃跑准备，“欲航海，先移家长山岛”⑥，明廷急令黄龙调兵从海上堵截。

十二月初三日，李九成被打死，叛军士气更差，不久即从海上逃离登州。对于叛军逃离登州的具体情况，黄龙在崇祯六年初给朝鲜的咨文中有较为详细的介绍：

> 钦差镇守登镇东江沿海等处地方、挂征虏前将军印、专理会剿事务总兵官、后军都督府佥黄为会报急切军情并乞速允前咨亟借船铳以资扑剿事。照得登叛孔有德等逃溃奔登，负隅固守，大兵环困者已数月矣。于年前十二月初三日，各贼出城困斗，被我大兵掩击，杀其渠魁李九成，而贼惕息气沮。本年正月二十七日，据登州提塘赵贤佐报称：正月十九日，有从登州城里逃出一人名朱有才，说十八日众贼家

① 汪楫编：《崇祯长编》卷五八，崇祯五年四月壬午条，第3367—3368页。

② 谈迁：《国榷》卷九十二，崇祯五年四月庚午条，第5590页。

③ 汪楫编：《崇祯长编》卷五九，崇祯五年五月甲辰条，第3398页。

④ 汪楫编：《崇祯长编》卷六二，崇祯五年八月甲申条，第3593页。

⑤ ［朝鲜］《李朝仁祖实录》卷二四，崇祯四年三月乙未条，第618页。

⑥ 谈迁：《国榷》卷九十二，崇祯五年八月丙子条，第5595页。

> 眷财物具已上船，只待风顺潮涨开洋。预先计议：先放船五十号在小平岛，又发船五六十号在双岛，绝住水陆咽喉，然后将六七十船截杀旅顺，一路召集各岛，将家眷行李卸下皮岛，竟往朝鲜要粮接应，如有不从，先行洗戮，再要他二三百号辽船，抢掠淮安等处，各军情到镇。据此看得，登贼以釜底游魂，竟思脱命奔海，则弃长用短，正自速其毙也……再照本镇于上年十一月十一日具咨贵国，请借辽船五十号、鸟枪三百门，原拟资以截剿，东望悬悬。①

叛军入海后，明廷随即调集水上力量予以阻截。但“淮扬兵船已报抵海州，距登州止四五百里，逗留不前，而关、津兵船曾无一□报至者”②，阻截重任因此完全压到东江镇身上。东江总兵黄龙因此成为明军平叛后期的实际最高统帅。孔有德等在叛乱期间曾以黄龙在登州的家属为筹码，要挟黄龙率部从逆，但被黄龙严词拒绝，叛军因此杀害了他的全家。黄龙与叛军有不共戴天之仇，因而在海上平叛期间拼尽全力，前引咨文中向朝鲜讨要的兵器、战船正是平叛急需物资。

“旅顺自陈有时叛后，东江大帅黄龙即移镇其地，练兵蓄士，为固守剿叛计。”③ 崇祯六年二月二十二日，叛军袭击旅顺，被黄龙击退。叛军无法入城，遂从水上包围旅顺城，结寨于龙王堂老营。由周文郁统率的水军实力不足，“仅龙武左、右两营”。周文郁决定用诈，“乃伪立内丁二营、火器一营、招练一营。彝丁百人□番出哨。夜，分布各艘唱彝歌，辽人能彝歌者和之。贼闻之，谓我营中皆彝丁也”④。周文郁乘机偷袭，于三月十六日焚毁龙王堂老营。十八日，明军水师又在双岛获胜，生擒叛将毛承禄，叛军乘风逃遁，旅顺解围。三月二十九日，东江水军在黄骨岛追上叛军，大胜，斩叛将李应元，生擒苏有功、陈光福等。次日，追敌于獐子岛。叛军遁入鸭绿江，“中国之地始尽贼”⑤。

四月二十七日，穷途末路的孔有德、耿仲明率残余叛军投降后金。“孔、耿舟在鸭绿江者尚百余艘”，不久，“皮岛副将沈世魁遣人悉焚孔舟

---

① 《镇守东江总兵黄龙咨朝鲜国王文》，转引自宝卫、王若《罗振玉家藏档案始末》，见《中华读书报》2011 年 9 月 21 日第 15 版。另见韩行方《明末旅顺之役及黄龙其人其事》一文，《辽宁师范大学学报》1994 年第 6 期，第 86—87 页。

② 《兵部题〈登岛监视吕直题〉稿》，台北中研院史语所编：《明清史料·辛编》，中华书局 1987 年版，第 222 页。

③ 毛霦：《平叛记》卷下，第 747 页。

④ 同上书，第 748 页。

⑤ 同上。

之在鸭绿江者”[①]。历时十八个月的登莱事变宣告结束。

登莱事变是明清战争的重要转折点。经过孙元化的悉心布置，登莱军力得到很大恢复，但一场叛乱，使这些努力全部化为乌有。不仅重金购置的西洋火器被孔有德等带给了后金[②]，使明军在战场上的武器优势不复存在[③]，而且颓败的山东半岛使明朝政府的所谓三方布置策略在客观上已经破产。

要承担恢复辽东的战略任务，登莱地区需要具备足够的经济实力。“登州僻在海隅，素称荒阻。自万历戊午以来，辽人渡海，避处各岛及诸州县间，毛文龙号召为一军，岁饷八十万，皆从登州达皮岛中，而辽地一切参、貂之属潜市中土者，亦由登地内输，由是商旅之往来，云集登海上，登之繁富，遂甲六郡。”[④] 登州经济的蓬勃发展虽然有赖于畸形的商贸活动，但毕竟为整军备战提供了一定的物质保障。登州事变后，山东半岛残破不堪，加之大批毛文龙的旧部或死或逃，使登州畸形的经济形态遭到很大打击，虽然与海上的商贸活动依然存在，但规模小了很多，登州经济因此失去了迅速恢复的可能，也因此不再具备供养大批士兵驻扎的客观条件，登莱军力要想恢复往日荣光，除非明廷为其大规模补血，而这对于已经千疮百孔的明朝政府而言，显然是不可能的事。

四　东江镇的沦陷

登莱事变后，明朝政府并未放弃三方布置策略，因而对登莱镇做了很多的善后补救工作。在现存明代档案中有一份兵部于崇祯六年五月二十二日发出的《关于登莱二属善后各款》残稿，里面保存了较多的信息，可以看出明朝政府主要做了以下几个方面的工作。

（一）重整军备

按兵部的计划，登州应留驻“川兵二千名，月食一两……岁支饷共

---

① 毛霦：《平叛记》，第756页。

② 战乱期间曾有大批火器被丢弃。如《（福山）古现王氏世谱》所收《八世祖赠光禄公年谱》（天津图书馆家谱丛书影印清末稿本）记载：登州陷落时，“福山尚属偏安，民不习兵，□县不备。先君输粟百石，复为搜括沿海枪炮，招散兵之晓行阵者以教战，军声渐振，城卒获全”。可见，并不是所有登州火器都被叛军带给后金或损失于战场，仍有少量保存了下来。只是这些武器对恢复登莱军力的作用非常有限。

③ 后金汗皇太极对孔有德等的归降非常重视，不仅派济尔哈朗、阿济格等三大贝勒率兵相助，阻截追击的明军，还亲自到郊外十里相迎，并封孔有德为元帅、耿仲明为总兵，以后又并封为王。后金对叛军如此重视，显然是看中了他们手中的西洋火器。

④ 汪楫编：《崇祯长编》卷五五，崇祯五年正月辛丑条，第3187—3188页。

一十万八千两。土兵五千名，月食一两二钱，岁支饷该七万二千两。战马千匹，每匹月给草料银九钱，岁支马乾该一万八百两。而船只之修舱则扣坐于还汛之行粮”。“目前买马一千匹，约该价二万两。制造额船一百六十只，内沙船十之三，沙唬船十之二，唬船十之四，划船十之一。打造工料，每沙船三百两，沙唬船百五十两，唬船百两，划船□十五两。约该价二万六千四百八十两。二项惟今岁并造为然，不烦再役者也。”按照新的兵力配备，登莱镇每年需军费“二十五万一千三百五十六两零”[①]，较之事变前，已大为减少。另外，将平叛战争中尚未使用的米、面、豆、草等尽数运往登州，充作崇祯六年的本色军饷。

（二）调取附近州县粮米，设粥厂等救济难民

另发放一批粮种和耕牛、农具，帮助百姓复业。

（三）安抚辽民

明廷认为“此番辽叛之衅，皆由主客不安酿之也”，所以必须亡羊补牢。“辽人避难东徙者充斥六郡间，无虑十余万”，战乱中死亡三四万，存留尚多，“有司当一体抚字，地方人当倍加□辑”[②]。对于参与叛乱的土著人员，亦照从叛辽民例，予以赦免。

（四）安抚东江兵民

“海禁向来森严。自设岛帅而始通奸商，谲弁串通，夹带之弊从此生矣。獐、鹿、皮、平诸岛在旅顺之东海上，风色不顺，咫尺费（弗）克声援。贼以一旅如（加）遗孤岛，数百人何能与贼抗？不过赍之粮而资以向导耳。部议檄东岛诸兵悉移旅顺膏腴□垦，就便开屯。兵多食足，画汛分防。丁不议减，饷不加增，而金、复之间渐可与奴争利……且海路一空，海禁益肃。貂、参不得南，硝黄、布帛不得北，内地信息不得输，足以坐困奴而登、津、淮沿海诸境可享安澜之庆矣。”[③]

东江镇在事变后兵力受损，兵部建议在核实准确数字后再拟定每年的饷额。

（五）组织各营兵丁重建城墙、衙署等不可移动设施

（六）勘丈绝产，充公，防止奸徒影占瓜分

（七）起用循良官员为登莱地方主官

这份善后方案涵盖各个方面，既涉及官员的配置、百姓的救济、叛军

---

① 《兵部行〈关于登莱二属善后各款〉残稿》，台北中研院史语所编：《明清史料·辛编》，中华书局1987年版，第218页。

② 同上书，第219页。

③ 《兵部行〈关于登莱二属善后各款〉残稿》，第219—220页。

财产所有权的变更，也有具体的军事整顿内容。单就军事方面而言，有以下几个地方值得留意。

第一，登莱的士兵数额仍有七千之多，较之孙元化主政期间的八千人并没有少多少，但以土兵为主，辅以四川客兵，原来充当主力的辽兵则不见了踪影。另外军费总额也大幅度下降，仅限于士兵饷银和马匹饲料、造战船等基本开支，没有提及购置火器。可见，孙元化大力倡导的以火器为核心的军事思想在战后已经被抛弃。

第二，明朝政府虽然强调安抚辽民，但字里行间依旧充斥着不信任，而且牵连到东江兵民。兵部主张迁移岛上士兵到旅顺一带驻扎，在总体上和崇祯初年阎鸣泰、袁崇焕等提出的调东江士兵到盖州套一线驻扎的思想是一致的，也是毛文龙被杀后，明廷迁徙岛上兵民到内地安置的一贯政策的延续。只不过安置到旅顺较之内徙更容易让人接受罢了。

第三，修建高墙是冷兵器时代的重要防御手段。兵部强调动用士兵补修、重修相关城防设施，既是节省经费的需要，也是重视恢复登莱陆上海防设施的表现。

在阻击叛军北逃时，旅顺城发挥了重要作用。兵部也看到了这一点，所以强调迁徙岛上士兵调防旅顺，意在一石二鸟。只是后金方面也看到了旅顺的重要性。史载，由于黄龙对叛军打击沉重，“有德等大愤，欲报龙。会贼舟泊鸭绿江，龙尽发水师剿之。七月，有德等侦知旅顺空虚，遂引大清兵来袭”①。

孔有德等投降后金后，在鸭绿江中仍停泊了大量战船。黄龙有意全歼，遂于崇祯六年七月调遣水师前往，并派都司刘万福移咨朝鲜政府，宣称自己是“近奉明旨，严督水师，乘锐追剿。一面传饬副将沈世魁，一面会同朝鲜，穷贼所往，二贼不灭，终不得已”，希望朝鲜“查照来文内事理，速添兵将，协力擒剿，勿贻他日之患”②。

黄龙战前如此大张旗鼓，难免走漏消息，结果被孔有德等导引的后金军乘虚围城。史载：

> 龙数战皆败，火药矢石俱尽，语部将谭应华曰：“敌众我寡，今夕城必破。若速持吾印送登州；不能赴，即投诸海可也。”应华出，龙率惟鸾等力战。围急，知不能脱，自刭死。惟鸾及诸将项祚临、樊

---

① 张廷玉等：《明史》卷二七一《黄龙传》，第6998页。

② ［朝鲜］《李朝仁祖实录》卷二八，崇祯六年七月丙申条，第62页。

化龙、张大禄、尚可义俱死之。①

旅顺是东江镇在辽东半岛的唯一据点，如今重镇失守，总兵阵亡，对东江官兵的士气打击很大。按照《李朝实录》的记载：

根岛闻旅顺败，大惧，备舟楫，荷担而立。都督周文郁退住鹿岛；孙、杨两都督退住长山。副总沈世魁议弃岛西还，岛中军民争之曰："老爷平日以大将处岛中，今日独自西归，吾属其将奈何？俺等当先自杀。"副总不得已，遂止，人心稍定。②

崇祯帝得到消息后，不愿放弃东江，于是下诏：

岛将沈世魁着加总兵职衔，俾守皮岛，以图恢剿。海藩素秉忠顺，尔部其移文宣谕，使拒绝奴逆，毋假舟、粮。俟有功绪，别行优赏。程龙既称可用，亦加副总职衔，同能干官，一并前去，用心干事，其海上情形，陆续驰报，以资调度，俱令速行。③

程龙原是毛文龙手下将官，此番升任副总兵，辅佐沈世魁。东江镇主要官员因此重新回到由毛文龙旧部主导的局面。从杀毛文龙到扶正沈世魁，明朝政府在持续的"折腾"后，几乎又回到了原点，只是东江镇的实力已经面目全非。

为了使东江镇能继续发挥牵制作用，明朝政府不仅不再谋求迁徙岛上兵民，反而改弦更张，于崇祯七年九月派遣"监军黄孙茂，太监李文成、何文禄，总兵蔡裕带兵二万，副总黄蜚领兵一万、舡四十五艘，来泊椵岛"④。三万大军的到来，不仅提高了东江镇的实力，也在客观上降低了原有辽兵在全镇的比例，有利于中央政令的贯彻执行。次月，明廷晋升沈世魁为都督佥事⑤。此举估计带有安抚性质，意在使岛上新旧官员能精诚协作。

黄孙茂登岛后，除了整军备战外，非常重视和朝鲜的联系。在上岛不

① 张廷玉等：《明史》卷二七一《黄龙传》，第6998页。
② ［朝鲜］《李朝仁祖实录》卷二八，崇祯六年八月甲子条，第67页。
③ ［朝鲜］《李朝仁祖实录》卷二八，崇祯六年十一月乙未条，第74页。
④ ［朝鲜］《李朝仁祖实录》卷三十，崇祯七年九月己未条，第108页。
⑤ 谈迁：《国榷》卷九十三，崇祯七年十月丙午条，第5670页。

久，他就派人携带四千两白银前往朝鲜购买战船。朝鲜备边司虽然认为“彼虽欲以五十两买一船，而其价太轻，决难应副”，但仍然同意按照一百两买一艘船的标准，“宜以价银，分送于各道，使之随便买取，庆尚道十艘、全罗道十五艘、公（忠）清道十艘、京畿五艘。且于一船价银一百两内，除出若干，以为格军之价，择定差使员，交付于海州结城仓泊船之所，仍令黄海道，鳞次入送于椵岛”①。

崇祯九年九月，黄孙茂又派人给朝鲜政府送去揭帖，提出册封与后金统治阶层不睦的女真金召石、白羊骨二部后人，“使率其部落而来”，趁女真内部争权之际多派间谍，整饬义州防务以及恢复贡马等建议。朝鲜政府虽然卑辞拒绝，“唯望父母邦之来救”②，但仍于当月送战马 60 匹③，以表示对宗主国的支持。

不过黄孙茂的情报明显滞后，因为就在当年的四月份，皇太极已经彻底解决内部权力纷争，并宣布称帝，改元崇德，建号大清。十二月，皇太极亲统大军，再次发动对朝鲜的猛攻，试图彻底切断朝鲜政府与明朝的联系。次年正月，清军包围汉城，朝鲜各地援军屡战屡败，仁祖李倧被迫出降。

在解决了朝鲜后，皇太极决定顺势拔掉东江镇这根芒刺，彻底解决背后的隐患。1637 年（明崇祯十年，清崇德二年）二月，皇太极自朝鲜班师，临行前命令贝子硕托和孔有德、耿仲明等携带红衣大炮十六位及朝鲜方面提供的 50 艘战船，前往攻打皮岛④。

清军进攻朝鲜的消息，明朝政府很早就知道了，为此，明廷命沈世魁及总兵陈洪范“进师耀州北岸”⑤，“相机进援朝鲜”⑥。当时沈世魁有兵 1.25 万人，但战船很少。陈洪范有兵八千，“战舰不及百”⑦，加之清军攻势凌厉，明军尚未采取实质性的行动，朝鲜已经沦陷。

不久，硕托等领兵来攻。沈世魁等竭力抵抗，致使清军进攻了一个多

---

① ［朝鲜］《李朝仁祖实录》卷三十，崇祯七年十月戊戌条，第 110 页。

② ［朝鲜］《李朝仁祖实录》卷三三，崇祯九年九月甲辰条，第 183 页。

③ ［朝鲜］《李朝仁祖实录》卷三三，崇祯九年十一月丙午条，第 190 页。

④ 对明清在皮岛的最后一战，刘建新、刘景宪、郭成康：《一六三七年明清皮岛之战》（《历史档案》1982 年第 3 期）一文有较为详细的论述。本节在撰写过程中多有参考，恕不一一注出。

⑤ 《崇祯实录》卷九，崇祯九年九月癸卯条，第 291 页。本书中“沈世魁”作“沈冬魁”，下同。

⑥ 《崇祯实录》卷十，崇祯十年三月辛亥条，第 301 页。

⑦ 谈迁：《国榷》卷九六，崇祯十年三月辛亥条，第 5776 页。

月也没有取得多少进展。三月，皇太极命贝勒阿济格领兵增援硕托。阿济格抵达后，取代硕托成为清军最高统帅，但明军固守坚岛，依靠火器对攻岛清军进行远程打击，缺少战船，且缺乏水战经验的清军虽然获得强援，但依旧是一筹莫展。两军暂时陷入僵持状态。

三月下旬，登州监视太监陈应祥接到沈世魁的塘报，随即转报朝廷。兵部尚书杨嗣昌认为“敌破朝鲜，海船尽为所有，则我沿海一带所在可虞”，但“各镇水师为陈洪范抽调出海，所存不多”，无力再抽调赴援，“不如各守信地，犹可固门户而戒不虞也”[①]。崇祯帝接受此建议，但同时命令登莱镇抽调得力兵将，争取发动奇袭，烧毁清军从朝鲜掳掠到的船只。

登莱巡抚杨文岳希望沈世魁、陈洪范能相机进攻，并请配发粮饷、火药。杨嗣昌认为“登镇建牙海滨，东镇建牙海外……欲规利乘便，为批捣之奇着”，但“今敌兵东图，属国屈降，陈洪范种种条议尽成画饼……不得不先期打算，皇皇为应援之计。但论今日时势，正宜会海师以护登，不宜空各镇以填海。洪范、世魁进取即不足，退守宜有余，亟当分布要害，扼其入犯之路。果有渡海声息，以主待客，出奇待之，自可得志”[②]。崇祯帝于四月初三批示：“登抚、监、镇一面亲度海口冲缓，布置设防，毋使隙疏。仍责成沿海有司团练乡勇，殚力协守，务保无虞。”[③]

如果全面采纳杨嗣昌的主张，等于弃东江于不顾。登莱镇官员很难接受这一点，陈应祥、杨文岳等再次呈文，请求“调水兵九千、陆兵四千”，杨嗣昌以“沈世魁有兵一万二千五百名，陈洪范有兵七千余名，合之已足二万之数。岂惟退堪图岛，亦可进往援鲜”[④]，再增派士兵，岛上无力供养，以及要防范清军声东击西为由予以回绝。对东江镇的牵制作用仍抱有很大期许的崇祯帝这次终于没有再听从杨嗣昌的建议，而是于四月初六下令：“敌人狡谋，必急攻皮岛，策援万不容疏。陈洪范所统船兵前称尚未齐集，登抚又称近有被飓损坏者。岂得尽作实数？所请调水兵，还着再行确议速奏。毋但以扼守得乘，虚词支诿。”[⑤]

就在明廷为是否增援东江争论不休时，清军改变了策略，改用偷袭，于四月初八日初夜秘密登岛，举火为号，招引后续部队登陆。明军猝不及

---

① 杨嗣昌：《复登监塘报疏》，见梁颂成辑校《杨嗣昌集》卷九，第210页。
② 杨嗣昌：《复登抚属国之报甚危疏》，见梁颂成辑校《杨嗣昌集》卷九，第211页。
③ 同上书，第212页。
④ 杨嗣昌：《复登莱抚监敌人图鲜用鲜疏》，见梁颂成辑校：《杨嗣昌集》卷十，第216页。
⑤ 同上书，第219—220页。

防，很快被突破滩头阵地。两军转入岛内腹地攻防。副总兵白登庸、提督陈洪范率先逃跑①。按照《崇祯实录》的记载，守岛明军与清军激战两昼夜，"守兵战败，副总兵金日观死之。沈冬魁即焚仓粟，携家登舟，走石城岛。陈洪范亦自广鹿岛至"②。不久，清军进攻石城岛。沈世魁被俘，不屈而死。

对于沈世魁牺牲的地址，朝鲜方面的记载与《崇祯实录》有异。《李朝实录》中称"清将马夫达领舟师七十余艘袭破椵岛。都督沈世魁，不屈而死，军兵死者万余人"③。即沈世魁牺牲于皮岛上，并未逃往石城岛。朝鲜平安兵使柳琳对此描述得更为详细。他在向仁祖辞行时曾介绍道：

> 椵岛之西，连陆二十里，中有一山。马夫达莗山而陈，取小船七十艘及我船四艘，载车逾山，汉人不之觉。一时挂帆，鼓噪而进，掩其不备，汉人惊骇溃散，莫敢争锋，遂至陷没，男丁万人，几尽被戮矣。上问沈世魁不屈之状，琳曰：世魁被执而来，不跪不拜，与马夫达并踞，故即被害。上曰：清兵亦有战亡者乎？琳曰：汉之败卒，退保一山，清兵四五百人，仰而攻之，汉人殊死战，故清兵死者甚多，大将一人，亦中丸而死矣。④

另据杨嗣昌疏报，残余明军逃到石城岛后再生变故。沈世魁的侄子沈志祥"公文径称副总兵署东江总兵事，遂于石城更定营伍，废置旧将，擅用私人"⑤。如果沈世魁逃到了石城岛的话，沈志祥显然没有机会自署总兵。可见，沈世魁确实是牺牲在皮岛上。

残余明军败退石城岛后，明廷准备在"皇城、长山二岛安置壁垒，扼守津、登门户。其关、宁等镇前调水兵务要环集于此，互相联络，有警随宜策应"⑥。但石城岛上很快又出变故。

沈世魁牺牲后，"诸岛虽有残卒，不能成军，朝廷亦不置大帅，以登莱总兵遥领之而已"⑦。但沈志祥"觎岛帅"，索要总兵印信。监军黄孙茂

---

① 《崇祯实录》卷十，崇祯十年四月壬申条，第301页。
② 《崇祯实录》卷十，崇祯十年四月戊寅条，第302页。
③ ［朝鲜］《李朝仁祖实录》卷三四，崇祯十年年四月癸未条，第222页。
④ ［朝鲜］《李朝仁祖实录》卷三七，崇祯十一年七月癸酉条，第280—281页。
⑤ 杨嗣昌：《岛众原有忠心疏》，见梁颂成辑校《杨嗣昌集》卷十七，第418—419页。
⑥ 杨嗣昌：《惊闻皮岛溃失疏》，见梁颂成辑校《杨嗣昌集》卷十一，第245页。
⑦ 张廷玉等：《明史》卷二七一《黄龙传》，第6969页。

拒绝给予。恰逢明廷命副总兵白登庸“简汰岛众”，沈志祥乘机作乱，“于陈镇座拉杀黄公并白帅”①，黄孙茂当场遇害，白登庸侥幸逃生，后率部“走降于清兵”②。

明朝政府认为沈志祥作乱是“陈洪范擅给札付，使之总统兵权，惟所欲为，无不如志，以至于是”，于是在当年七月二十二日下诏革去陈洪范的提督职衔，“以总兵官督率各镇兵船，先扼石城要路，然后大张榜谕，宣布朝廷威德。止诛首恶一人，其余悉赦不问，随地安抚……能戕渠抚众，仍与湔罪叙功”③。

陈洪范与沈志祥叛军周旋良久，所获不多，仅手刃黄孙茂之李逢春、李毓秀被擒，其余叛乱领导者一无所获。在明朝政府的压力下，沈志祥决定向清廷投降。崇祯十一年（清崇德三年）二月二十二日，沈志祥以“驻镇东江总镇都督府”的职衔行文清廷，表示愿意投诚，并详细介绍了手下人数：“副将捌员、参将捌员、游击拾陆员、都司贰拾员、守备叁拾员、千总肆拾员、百队兵丁家眷□□肆千余名口，于本年贰月贰拾壹日石城岛起行，由黄古岛上岸屯扎。”④

二月二十五日，沈志祥又报：“本日申时，大兵船只追袭，上岸扎营，约有五六千。臣带领官丁对敌，砍杀南兵尸场。本月贰拾伍日，同皇上守边牛鹿爱诸户验讫。”⑤

三月初一，沈志祥在清军帮助下摆脱明军追击，手下剩余人口数为“实在目兵乙千九百六十四名，妻小九百七十二口，二项通共二千九百三十六名口，副、参、游、都、守、千等官一百二十二员不在内。副将八员、参将八员、游击十六员、都司二十员、守备三十员、千总四十员”⑥。与二月二十二日汇报的数字相比，损失了大约一千余人，估计是在二十五日的战斗中损耗的。

从沈志祥这三份文书来看，从其上年五月杀害黄孙茂，到本年二月二

---

① 杨嗣昌：《复登监兵垣道将激变岛众疏》附录，见梁颂成辑校《杨嗣昌集》卷十五，第378页。

② 《崇祯实录》卷十，崇祯十年五月壬午条，第305页。

③ 杨嗣昌：《岛众原有忠心疏》，见梁颂成辑校《杨嗣昌集》卷十七，第420—421页。

④ 《沈志祥奏为所属兵丁由黄古岛登岸降清事本》，转引自方裕谨《清崇德三年汉文档案选编》，《历史档案》1982年第2期。

⑤ 《沈志祥奏请速发车马米粮以便行事本》，转引自方裕谨《清崇德三年汉文档案选编》，《历史档案》1982年第2期。

⑥ 《沈志祥奏报降清官兵确数事本》，转引自方裕谨《清崇德三年汉文档案选编》，《历史档案》1982年第2期。

十一日离开石城岛，这期间大约有九个多月的时间，他并没有离开石城岛。明廷于上年七月下旬即命令陈洪范等捉拿作乱分子，沈志祥居然在岛上又安度了半年有余，其原因要么是陈洪范故意不作为，要么是叛军实力过强，讨伐军奈何不得。从二月二十五日一战即消灭叛军千余人来看，后者的可能性不大，估计问题还是出在后来同样降清的陈洪范身上。

随着沈志祥的降清，明廷彻底失去了恢复东江镇的希望，唯一需要关注的只是岛上兵民如何安置。早在清军开始进攻皮岛时，杨嗣昌就提出了派船接渡岛上民众，“安插八城旷土”的主张，以防“万一为敌资也”①。但他对关宁太监高起潜提出的“宜速撤岛兵，安置长山一带”的主张则不予支持。不支持的原因不是反对，而是担心影响了前线士兵的士气，即“言不当撤以安岛人之心，言接难民以散岛人之势”②。在他看来，“图边一着，惟有关宁一正，更无登莱一奇。果关宁能正，不必有登莱之奇”③，登莱镇原本就不重要。崇祯帝支持后者，但对移民建议没有回应。

皮岛失陷后，崇祯帝终于在崇祯十年五月初一日决定迁徙岛民移驻山海关内外八城，“或挑选为兵，或随宜安插，务令得所乐用。但勿使上登、莱”④。沈志祥在石城岛叛乱后，明廷加紧移民，命前任宁远岛官池凤高加升二级，“查注中军实衔”，“仍给哨船出海，与其中军池凤铭等，设法招徕情愿投奔宁、锦之人，不拘多少，随与接渡……精壮者优给大粮，次等者分拨城守，老弱者拨与旷土，随处耕种，免其起科……招徕男妇至五百名口，加升一级。每五百名口，再加一级”⑤。经过杨嗣昌等人的不懈努力，到崇祯十一年夏季，已是“诸岛一空”⑥。承担牵制任务十七年之久的东江镇从此退出历史舞台。

结 语

孙元化就任登莱巡抚后，在徐光启等人的支持下，大力推进军事改革，为登莱镇培训出一支装备精良的火器部队，使登莱在复设巡抚后迎来另一段辉煌。但明廷因此付出了海量白银。在财政日趋捉襟见肘的情况

---

① 杨嗣昌:《复登莱抚监敌人图鲜用鲜疏》，见梁颂成辑校《杨嗣昌集》卷十，第218页。
② 杨嗣昌:《复关监鲜藩力屈外降疏》，见梁颂成辑校《杨嗣昌集》卷十，第235—236页。
③ 杨嗣昌:《复登抚岛事初定疏》，见梁颂成辑校《杨嗣昌集》卷二十四，第576页。
④ 杨嗣昌:《复登监塘报接渡难兵疏》附录，见梁颂成辑校:《杨嗣昌集》卷十四，第346页。
⑤ 杨嗣昌:《岛众原有忠心疏》，见梁颂成辑校:《杨嗣昌集》卷十七，第419—420页。
⑥ 张廷玉等:《明史》卷二七一《黄龙传》，第6969页。

下，为一个二线军镇提供如此大的军费投入难免引起非议。为规避非议和怀疑，孙元化急于证明自己，因而强令孔有德等在后勤补给尚未完全到位的情况下仓促上路，结果引起士兵的暴力反抗。

造反的辽兵是孙元化的嫡系和精锐，这把孙元化逼进了一个死胡同。如果支持对叛军进行镇压，等于宣布自己的军事措置完全失败。于是孙元化偏执地选择了招安，希望利用昔日的恩情换来叛军的回心转意，结果反而被叛军利用，致使叛乱日趋严重，直到占领登州。肆虐山东半岛 18 个月的登莱事变不仅使孙元化的军事改革化为乌有，使明军在武器上的优势转化为后金军的强项，而且彻底断送了登莱恢复军事重镇地位的机会。不过孙元化重视火器的理念对山东海防仍有重要影响。例如：崇祯十一年蓬莱知县刘邦弼负责置办的兵器中还有“威远炮二位、三眼铳十二杆、马蹄炮十位”等；崇祯十五年知县王开期置造的兵器中有“威远炮三位、百子炮二位、三眼铳三十杆、喷筒十八个”[①] 等。这些新置办的火器的存在，说明孙元化的努力并没有彻底付诸东流。

登莱事变后，后金在降将的帮助下，迅速拿下旅顺，进而开始为消灭东江镇，彻底解除背后的潜在威胁做准备。后金军不善水战，因而对朝鲜政府不时为东江提供支持非常不满。早在崇祯元年八月，后金即曾致书朝鲜国王，要求朝鲜“不容毛兵上岸，倘毛兵强上岸来，必与交锋，力不能支，即来报知矣……尔如不能支，将舟借与我，亦攻取各岛，以绝其患”[②]。从朝鲜借船的目的，显然是训练水军，为进攻东江做准备。孔有德等投降后，为后金提供了先进的火器和富有经验的水上力量，攻击东江的条件日趋成熟。与此同时，崇祯皇帝为保持东江镇的战略牵制功能，也为其补充了大量的士兵。但在清军正式大举进攻皮岛后，明朝内部因为对东江镇是否仍有存在价值发生分歧，进而影响了对前线的支援力度，致使皮岛在得不到后援的情况下被清军占领。皮岛失陷后，东江再无收拾起来的可能。明朝令登莱总兵遥领东江，表面上是顺势而为，实际是毛文龙死后明廷长期着力于迁徙岛上兵民的必然结果。正是看到了东江无望重建，前途渺茫，沈志祥等才铤而走险，杀害监军，并最终走上投降清廷的道路。

随着东江兵民迁徙内地的完成，熊廷弼提出的三方布置策略正式寿终正寝。清军不再担心背后的突袭，开始全力进军山海关一线，明廷疲于应付，明清战争的走向至此完全固定化，攻防形势再无逆转的可能。

---

① 道光《重修蓬莱县志》卷四《武备》。

② ［朝鲜］《李朝仁祖实录》卷十九，天启八年八月甲辰条，第 482 页。

第三节　山东海防的最后七年

东江镇沦陷后，山东海防迎来了它最灰暗的时光。不过在这最后的七年里，山东海防并非一无是处。

一　二度被“废”的登莱巡抚

从毛文龙被杀开始，关于登莱是否恢复成镇的争论就没有停止过。孙元化出任登莱巡抚后，推行军事改革，大大提高了登莱镇的军事实力，但高昂的军费支出也为撤镇派提供了新的口实。登莱事变平息后，明廷虽然又派来陈应元任巡抚，并于崇祯七年任命倪宠为都督同知、总兵官，镇守登莱[①]，但撤镇的呼声依然存在。

崇祯八年十月，陈应元因故被免职。山东布政使劳永嘉希望得到这一职位，求助于内阁首辅温体仁。在温体仁的运作下，劳永嘉被廷推成功，但山东籍的吏部尚书谢升突然提出反对意见：

> 登莱，臣乡也。巡抚之官原属赘员。初为熊廷弼恢复辽东设，被陶朗先恃才妄作，致地方鸡犬不宁。既又为皮岛刘兴治之变而设，被孙元化带领辽兵数千，日日与登人为难致祸，□贼大乱，是地方未受巡抚分毫之利而受巡抚无穷之害。前车已见于此矣。夫□□之不能航海，尽人而知之。海上十羊九烦九牧，又弹丸黑子之地，那堪长袖之舞乎？……其实登莱残破之后，十年生聚，十年教训，巡抚一官，除海外机密重情及告贪官汙吏外，其余地方词讼一概不准可也。[②]

崇祯年间，迫于内忧外患，不得不反复加派，致使民不堪命，陷入恶性循环。山东地区既要承担支援关宁、京畿的任务，又要供养登莱镇大批士兵，负担可想而知。因此，山东，特别是登莱籍的官员一直希望通过自己的努力为家乡减轻一些负担。如大学士范复粹就曾呼吁减少登州，特别是家乡黄县的赋税：

---

① 谈迁：《国榷》卷九三，崇祯七年九月癸酉条，第5664页。

② 谢升：《为缺官事》，见张缵曾《侍御静生张公遗集》卷十一《附谢冢宰疏》，四库全书存目丛书影印本，第505页。

> 况新饷一节，照限计亩，而文登数独多。或以地独广，此何与各县事？乃出告偏累，摊于他邑，而黄且代纳二百两。夫此分外者人以之相加，至今忍痛，而所应还者，拒而不受，为之黄者苦矣、极矣。[①]

谢升建议撤销登莱巡抚，也是出于同样的目的。

崇祯帝接到谢升的上疏后，一度批准了这一建议，“永嘉为巡抚三日，解任去”[②]，成为史上最短命的一任登莱巡抚。不过撤销登莱巡抚的决定遭到兵部的坚决反对[③]。在东江镇尚存在，仍需要有大员监督的情况下，崇祯帝很快又收回成命，恢复了登莱巡抚的设置。巡抚虽然恢复，但类似的呼声依旧存在。在东江遭到清军沉重打击后，撤销登莱镇的主张再次高涨，只不过这次的倡导者恰恰来自兵部。

沈世魁殉国后，其侄沈志祥谋求继任总兵。黄孙茂被杀后，总兵陈洪范“札付委牌，令沈志祥署镇事”[④]，自己抽身逃回登州。为尽快平息东江事变，兵部尚书杨嗣昌建议“宜先正告目兵，朝廷原设岛镇，专为联络属藩。高丽既降于敌，我兵势难孤立，今后断不设镇，恐有疏虞，徒害尔等性命”[⑤]，同时承诺保留东江一协五营的编制，继续设置副总兵统领全协，希望借此分化岛上众军，以便擒拿首恶。

在沈志祥投降清廷，东江大局已定后，杨嗣昌等没有全力去料理登莱“后事”，反而把一部分注意力放在了对东江昔日军阀倾向的清算上，提出东江镇“无事则专以贩参、卖布为生涯，有事便以据岛走险为退步”，因此，“撤岛之宜，诚不再计而决者。而撤岛必先撤镇。今日持总镇一票曰军需，明日挂总镇一单曰接济，毛文龙相传秘诀，守之至今十七年……而撤镇必并撤抚。耿仲明者，该抚孙元化之中军也。黄蟒、湖（丝）由黄龙所执，以为仲明透贩之物，而并以持元化之短长者也。镇主贩而欲专之，抚分权而旋噬之。不撤抚将倚草倚木，而不可知也。抚、镇撤，则选道、将之堪任者，水陆十营付之简练，专任责成……抚、镇撤而透贩无凭，接渡审而奸萌可绝。此清岛之大本根，不

---

① 范复粹：《两驿复制公揭》，见康熙《黄县志》卷八《艺文》，国家图书馆藏清代孤本方志选丛书影印本，第403—404页。

② 《崇祯实录》卷八，崇祯八年十月辛巳条，第262页。

③ 谈迁：《国榷》卷九四，崇祯八年十月辛巳条，第5716页。

④ 杨嗣昌：《立请决机疏》，见梁颂成辑校：《杨嗣昌集》卷十六，第400页。

⑤ 杨嗣昌：《复登监岛机诈疏》，见梁颂成辑校：《杨嗣昌集》卷十六，第400页。

须兵而疆圉固者也”①。

杨嗣昌之所以提出撤抚建议，在于他原本就不认为登莱镇可以充当复辽奇兵。在他看来，“图边一着，惟有关宁一正，更无登莱一奇。果关宁能正，不必有登莱之奇”②。

这一建议提出后，崇祯帝没有给予答复。杨嗣昌于是在崇祯十一年五月再次上疏：

> 臣前奏言，水陆十营简冗练精，沿海州县未尝撤备也。但山东一省仅仅六府，沿海州县约居其半，防备之事专在夏秋。若冬若春，竟可高枕。假使巡抚得人，冬春驻西，夏秋驻东，一手提缀，六郡通灵，何必更建节钺？左掣右牵，十羊九牧，而后为得乎？所以臣言抚、镇并撤，非是疏防节钺，往来责成专一于是……
>
> 犹恐目前着数，须当渐次而来。特留防抚一人，专图善后之着……务使鲸鲵之浪允矣澄清，声泪之民安然底定，而后行臣初议，入告成功，并归省抚，全提安汎，东西分驻。或亦岛事画一之规模，全齐安稳之着数乎？③

对此，崇祯帝依然没有明确表态，只是要求“同该科从长确酌速奏”④。既然杨嗣昌也强调暂留防抚，那么是否撤销登莱巡抚也就不是目前的急务，大可延后讨论。因此，杨嗣昌的撤抚建议同样没有达到预期目的。此后，明朝的国防形势发生新的变化，登莱巡抚的职能也有相应的调整，加之杨嗣昌离开兵部，撤抚一事再无人提起。

登莱巡抚虽然保留到明亡，但朝野对设置登莱镇必要性的质疑依旧不绝于耳。比如陈子龙在编辑《明经世文编》时即曾慨叹：

> 二十年来，登海设镇增兵，究也，我不能以一舟度辽，敌未尝以一骑过海，徒酿壬申之乱耳。予前在都下时，与诸公言防登莱不若防

---

① 杨嗣昌：《复登抚岛事初定疏》，见梁颂成辑校：《杨嗣昌集》卷二十四，第575—576页。

② 同上书，第576页。

③ 同上书，第584—585页。

④ 同上书，第585页。

天津，防天津不若防三协也。[①]

登莱巡抚之所以被保留下来，和他担负的内卫职责越来越突出有很大关系。自永乐朝卫青主动带兵参与镇压唐赛儿起义后，山东海防官兵就不再是纯粹抵御外辱的国防军。随着形势的变化，山东海防部队的内卫功能日渐突出，甚至一度成为其主要职责，所以崇祯初年的登莱巡抚孙国祯才会在奏疏中公开强调“登非独防外，原以备倭及内地盗，此必不能虚内以奉外者也”[②]。

由于长期的积弊以及天启年间阉党的肆意胡为，明朝的国库异常空虚。在后金压力日渐严重的情况下，明廷不得不通过反复加派来筹集军费。但过重的赋税必然招致百姓的反抗。偏偏崇祯年间气候异常干燥，大旱连年、蝗灾不断。多重因素交织在一起，终于引爆了明末农民大起义。发端于陕西的大起义虽然没有立刻波及山东，但在类似的压力下，山东地区小规模的农民起义同样此起彼伏。反抗暴敛的农民起义和趁火打劫的各类反政府行为搅在一起，使明朝政府的内卫压力甚至超过了后金军的进攻。在山东，崇祯五年就发生了“海贼刘新宇等袭安家村”[③]，“遂劫诸城之信阳场”[④] 的事件。好在安东卫石臼所百户房建新“率勇士四百人御之，贼弃所掠而逃。数日复至任家台，官军有备，乃去”[⑤]。安东一带虽然不是军事防御重点，但也是登莱镇的辖区。此时正是孔有德等盘踞登州，四出为害之际，安东卫官兵作为主力参与平寇并能战而胜之，说明登莱镇官兵在平时对自身担负的内卫功能就有相应的准备。

崇祯八年（1635），陕西起义军进入河南。二月，高迎祥、张献忠、李自成部率部南下，攻下明朝的龙兴之地——凤阳，并发掘了朱家的祖坟。明廷大为震惊，急调各路兵马镇压。登莱镇亦被抽调四千兵马西援。崇祯十年，清军大举进攻东江。登莱巡抚杨文岳请求召回这支部队，兵部尚书杨嗣昌的答复是：“登抚所请西援四千兵马，原议防卫祖陵，俟新兵募足方敢撤回。臣部昨奉明旨，牟文绶留防凤、泗，以备援剿。”[⑥] 可见，

① 陈子龙在王世贞《议防倭上傅中丞》一文中之夹注。见《明经世文编》卷三三二，第3544页。

② 汪楫编：《崇祯长编》卷八，崇祯元年四月丙午条，第421页。

③ 光绪《日照县志》卷七《兵事》，光绪十二年刊本。

④ 光绪《日照县志》卷七《考鉴·海防》。

⑤ 同上。

⑥ 杨嗣昌：《复登抚属国之报甚危疏》，见梁颂成辑校《杨嗣昌集》卷九，第211页。

到崇祯十年时，登莱镇的内卫职能已经超越海防，成为最主要的职能。在这样的情况下，杨嗣昌提出的因东江撤镇而一并裁撤登莱巡抚的建议自然得不到正面回应。

自皇太极于崇祯元年率军杀进长城包围北京后，后金军即不断发动入口之战，且打击范围一次比一次宽阔。崇祯九年六月，称帝仅两个月的皇太极就派武英郡王阿济格等率军再次杀进长城，进抵居庸关，攻克昌平，直逼北京。明兵部尚书张凤翼、宣大总督梁廷栋皆按兵不敢战。清军遍蹂畿内，攻略城堡，掠夺人畜十八万后，才于九月出边。崇祯十一年九月，睿亲王多尔衮、克勤郡王岳托等再次率领清军分两路入关，然后沿着太行山和大运河，分成六路向南进攻，转掠二千余里，攻下济南等七十余府县，兵锋直抵临清一带，“距徐州百余里。居人南渡”。为保护南直隶，“安庆巡抚史可法驻徐州，刘宇亮、孙传庭会师于大城”①，形势万分危急。

大运河是北京的命脉，一旦被清军切断，北京城将不攻自破。为此，杨嗣昌奏准“移登莱总兵于临清，护南、北仓”②。总兵移镇后，登莱海防依旧属于临清总兵的负责范围。比如崇祯十三年，登莱巡抚徐人龙曾在题本中称“登兵自经抽调，饷绌兵单……登莱亦镇臣汛地”③。可见，随着清军打击范围的延伸，登莱镇的负责范围在一直向西扩展。辖区扩大，担子更重，巡抚自然更不能撤了。

由于总兵官的防御重心西移，难于兼顾广大半岛地区，登莱巡抚和总兵的职责甚至有了具体的划分。

崇祯十四年，登莱巡抚曾樱奉命移驻青州，“会剿土寇”。但曾樱在青州呆了近两个月，发现“实则青属原无土寇，止为青之蒙阴、沂水等县与济属莱芜、新泰等县接壤，与泰安、宁阳一带亦相去不远。向之蹂躏蒙阴、沂水者，皆西寇蔓延于此，并非青齐另有一伙贼巢之可剿也”，于是“留游击强世爵统兵守沂蒙一带，且恐客兵久住之或扰，用登兵、青

---

① 《崇祯实录》卷十二，崇祯十二年正月甲申条，第356—357页。

② 《崇祯实录》卷十二，崇祯十二年正月壬申条，第357页。道光《重修蓬莱县志》卷四《武备·营制》和光绪《增修登州府志》卷十二《军垒》都记载登莱总兵是在崇祯十一年移镇临清。《崇祯实录》问世较早，似应以其为准。崇祯十一年是清军大举南下的时间，按惯例，登莱军会前往救援。估计两部志书的作者把登莱军出发的时间和登莱总兵正式移镇的时间搞混了。

③ 《兵部为登莱瞭见清兵船队事行稿》，见方裕谨编选《崇祯十三年明清登莱战防史料》，《历史档案》1986年第2期。

兵各四百，俱听强世爵调度。盖为地方无事而班师，非敢有事而推卸也”[①]。为明确职责，曾樱奏请山东总兵刘泽清“移兵于济属之东，与登将强世爵互相犄角，以遏西寇之东窥”[②]。当时临清总兵杨御蕃正和刘源清一起镇压农民起义军，无力东顾。曾樱提请刘源清和强世爵一道巩固济南府和青州府边界一带的防务，等于把杨御蕃撇开，不再让他负责东三府的防务。事实上，在此后东三府发生的军事斗争中，也确实没有再出现临清总兵的影子。如崇祯十七年春，“诸城土寇邱子嬴陷灵山卫，土寇张大雅等攻州城。明登莱巡抚曾化龙、胶州知州郭文祥御之，获高密县闯贼伪官孙握玉，诛之。夏五月，登州将官滕允玉以兵至，围解”[③]。主持御寇的一直是巡抚曾化龙，直到北京失陷，明朝的统治崩溃，曾化龙等弃官而去，鲁东沿海也没见到临清总兵派出的一兵一卒。

郭红、靳润成在《中国行政区划通史·明代卷》一书中曾引用《明史纪事本末》的记载“（天启）七年三月，建州兵攻朝鲜，朝鲜不支，折而入于建州……上命文龙相机战守，并命登抚暂移登、青、莱三府仓储接济”[④]，来证明青州府于此年划归登莱巡抚管辖[⑤]。其实，从这个“暂移”来看，登莱巡抚只是临时获得调用青州府库物资的权力，尚无法证明青州府已经明确划入其管辖范围。不过从前引登莱巡抚曾樱与山东总兵刘泽清划分防区的记载来看，崇祯年间青州府属于登莱巡抚的管辖范围应是可以确定的。

二 以被动防御为重心的海防建设

东江失陷后，清军解除了后顾之忧，且具备了从海上进攻山东并登陆，从南北两个方向合围京畿的条件。在这种情况下，明军理应加强登莱防务，为什么明廷反而把登莱总兵移镇临清，自毁长城呢？这既与明朝内部烽烟四起有关，也和明朝政府对清军的进攻战略的判断有关。

崇祯十年九月，兵科给事中钱增上言：

---

① 《兵科抄出登莱巡抚曾樱题本》，台北中研院史语所编：《明清史料·辛编》，第1304页。

② 《兵科抄出登莱巡抚曾樱题本》，第1305页。

③ 道光《重修胶州志》卷三十四《大事》，中国地方志集成丛书影印本，第339页。

④ 谷应泰：《明史纪事本末》“补遗”卷四《毛帅东江》，中华书局标点本1977年版，第1460页。

⑤ 郭红、靳润成：《中国行政区划通史·明代卷》，复旦大学出版社2007年版，第767页。

> 建虏渐驻沈阳，贪内地财物，防边之局，不止防秋。已已入犯，非隆冬乎？防海之局不止防登莱，今已蹂朝鲜，保毋勾倭乘风四掠乎？彼以海为虚声，而或懈我各边之城守；彼以边为实着，而或乘我沿海之疏虞。所谓必防其隙也。①

钱增的看法后来被兵部官员接受。如兵部尚书陈新甲在崇祯十三年五月回复登莱巡抚徐人龙等人的题本时说：

> 看得逆奴见屯义州，复有借丽船、调丽兵之着，岂真舍彼弓马长技，漫试于惊波骇浪中，以自陷不测之险也？不过孔、耿诸逆贼欲以水兵一技（枝）先渡登莱，以报夙仇，飘泊津门，以截海运，而于关宁则遥张声势，以恫疑虚喝而已。故逆奴航海之患，登莱近而速，津门远而迟，而我御之之道因之矣。②

可见，以海上进攻为虚，以陆上长驱为实，这是明廷上下对清军进攻路线一致的判断。正是基于这一判断，明廷才敢于把部分登莱官兵调往其他地区。

不过，尽管断定清军不会从海上发动大规模进攻，但必要的海防准备还是不可或缺的。登莱原有十二营士兵，登莱事变后因为损耗很大，合并为十营。登莱总兵调防临清后，“登州设城守营，并十二营为六营，水陆各左、中、右三营。每营设将官一员、中军一员、千总一员、把总二员，共官兵九千一百九十七员名，岁食饷银二十二万二千四百七十九两六钱”③。

崇祯十三年，给事中曾应遴曾建议在觉华岛、庙岛、中岛等处，“责成登抚于该镇水营中速发一旅，以资犄角”，另由辽东巡抚“于该镇龙武营速拨原船，以资哨剿”。对此，登莱巡抚徐人龙答复：“中岛去登千里，咫尺复、金，而欲登兵驻防，匪止鞭长不及，且汛远风阻，馈饷不前，是坐困也。登兵自抽调后，只存水兵二千八百、陆兵六千二百。防海需用水兵，而水兵甚单，分汛广鹿、长山、皇城诸岛，兼之东西远探，已有无余。臣所虑者，策应乏人。屡接镇臣杨御蕃移报，有熟练鸟枪二三千名，

---

① 谈迁：《国榷》卷九六，崇祯十年九月辛未条，第5790页。

② 《兵部为登莱海域明兵布防事行稿》，见方裕谨编选《崇祯十三年明清登莱战防史料》，《历史档案》1986年第2期。

③ 光绪《增修登州府志》卷十二《军垒》，光绪七年刊本。

或可分借海上，以资犄角，而以陆兵严防一带海口。”①

按徐人龙的说法，登莱在崇祯十三年时有水陆官兵共九千人，和地方志记载的9197员名基本一致。此时的登莱仅存七个营。徐人龙说九千是“抽调”后的数据，则总兵移镇前，登莱镇应有兵一万人以上。徐人龙请求从总兵杨御蕃处调回鸟枪兵二三千名，估计被抽调走的士兵数大体与此相当。

同年五月十七日，登莱水兵侦察部队在长山口外的大雾中发现“奴船约有百十余号，蜂拥齐进……不知欲犯何处”。徐人龙乘机再次提出从杨御蕃处调兵回防。崇祯帝以“马岱，夷将，虽勇，是否与水战相宜”②的疑问作为回答。

当年四月二十五日，崇祯帝曾下令加强海防，“泊船处所，广置炮火远击，毋使傍岸，视各边匹马不入为功”③。既然皇帝指示加强火器打击能力，徐人龙请求调回部分鸟枪兵就是奉旨行事，无可指责。何况“登莱亦镇臣汛地”④，理应兼顾。崇祯帝因此也不便直接否决，只好从领队军官是否适应水战角度来间接否决。

从皇帝对海防的要求来看，明朝政府已经彻底放弃在海上与清军争雄的打算，只要求阻止其登陆即可。

据杨嗣昌汇报，崇祯十年时，“津门营水兵共五千一百余名，沙唬船一百零七只”；“关门水兵止二千二百员名，船一百只”；“关外龙武两营共一千九百四十八名，船六十六只”⑤，合计共有水兵九千三百余名、战船273只。到崇祯十三年四月时，兵部尚书陈新甲称“关内现有海防二营官兵一千九百员名，沙唬船九十三只。并津关镇海等营官兵五千员名，沙唬船一百四十二只”⑥。加上登莱水兵，整个渤海沿岸，明廷共有兵9700余名，数量不减反增。战船也有235只，如果加上登莱镇的战船（没有明确数据），估计也和崇祯十年差不多。水兵、战船数字的变化估计有收集了部分东江镇败兵的因素。但不管怎么说，明朝政府终归还有可观的水上力量，并没有因为东江镇的沦陷而伤筋动骨，仍可以与数量有限

① 《兵部为登莱海域明兵布防事行稿》。

② 《兵部为登莱瞭见清兵船队事行稿》。

③ 《兵部为登莱海域明兵布防事行稿》。

④ 《兵部为登莱瞭见清兵船队事行稿》。

⑤ 杨嗣昌：《复登莱抚监敌人图鲜用鲜疏》，见梁颂成辑校《杨嗣昌集》卷十，第221—222页。

⑥ 《兵部为登莱海域明兵布防事行稿》。

的清朝水军周旋于大海。但就是在这样的情况下，明朝政府将海防战略改为纯粹的近岸防御，这说明东江镇的沦陷及其带来的三方布置策略的彻底破产对明朝君臣的心理打击极大，以至于从谋求恢复旧疆一下子逆转为固守现有国土，再无进取之念。

在海防战略发生逆转的情况下，山东半岛的陆上防御工事建设日趋成为重点，这其中最为突出的就是城墙及其附属设施的修缮和改建。山东半岛上一次大规模修建城池是在万历援朝战争时期，那时也是为防备敌军登陆和深入腹地。只不过上一次是为了防御外敌，这一次是针对内部的反对势力。崇祯年间的大规模修城，笔者见到的最早的记录是崇祯三年，日照知县郑麟喻将嘉靖三十六年知县张执中在旧城西新建的土城“砌以石，与旧城为一，周四里，共敌台十二，垛口一千四百八十三”①。另外，崇祯八年上任的胶州知州王献吉曾提出完善胶州周边海防的建议。他认为胶州“城东三里即海潮往来之地。南至灵山卫百五十余里，俱可泊船。居民稀少，墩台瞭望久废不讲”，应“每三里筑一烟墩，守卒四人，瞭望相接，便于援应。查本州岛有兵千余，今置胶即营，去州百余里，在即墨境上，非滨海要冲，置之无用。合无调三四百名以屯海口。其墩堡守卒，则灵山卫与本屯可以拨给”②。只是未获上官支持，“未果行”③。日照和胶州都在鲁东南，与南直隶接壤。这里遭到后金（清）军海上直接攻击的可能性很小。如王献吉提议的目的就是“查海盗”④，也就是针对国内的反政府势力以及集团性的犯罪团伙。这在当时明朝的国防战略中显然排不到前列，未得到支持也是很自然的事。

山东半岛真正大规模的修城是在崇祯十年之后。如在当年，福山知县周翼龙即“建炮台八”⑤，黄县知县任中麟重建黄河寨石城⑥。蓬莱县城在崇祯初年曾由“知府桂辂、戴宪明先后增高三尺五寸”⑦。崇祯十一年，知府陈钟盛等又重修了水城。崇祯十二年，黄县知县任中麟创建了火药局⑧。次年，又在黄县籍大学士范复粹的帮助下增修了县城城墙，“比旧

① 光绪《日照县志》卷二《城池》，光绪十二年刊本。

② 道光《重修胶州志》卷二二《列传·官师》，道光二十五年刊本。

③ 光绪《胶州直隶州乡土志》卷三《政绩·防海》，“国家图书馆藏乡土志抄稿本选编”影印本，第258页。

④ 光绪《胶州直隶州乡土志》卷三《政绩·防海》。

⑤ 光绪《增修登州府志》卷七《营建·城池》。

⑥ 康熙《黄县志》卷二《城池》，清代孤本方志选丛书影印本，第100—101页。

⑦ 道光《重修蓬莱县志》卷二《地理》。

⑧ 康熙《黄县志》卷二《城池》，第99页。

周围各增三尺，共高三丈五尺”[①]。崇祯十五年，高密知县何平“增设敌楼四于城四隅，上下安炮，远及数里。敌台四于城下，上下安炮四层。台中可容二十人”[②]。

崇祯十二年七月初五，登莱巡抚杨文岳曾在会稿中提到：

> 看得登莱各州邑卫所皆系滨海要区，一切修练、储备，臣等无日不严饬料理。凡有城不坚完、器不整备，与夫火药、刍粟之不及格者，臣向来俱已陆续责令整办矣。惟是招、栖、平度、昌邑、潍县与大嵩卫俱系冲要之地，乃城垣低薄，雉堞朽坏，臣不胜日夜忧心。但苦兵燹之余，钱粮无措，臣不得已，设法搜括，极力捐处，以为之倡。先又委通判王一龙、经历邵承先为之督工，而一时在事诸臣、乡绅、士庶人等靡不踊跃好义，奋力急公。除平度城工全完，潍县工已及半，昌邑工方创始，俟至日，另疏奏闻外，今查招远、（栖）霞、大嵩卫三城自去秋至今不一载而相继告竣。[③]

可见，抓紧修缮城池已经成为当时官方及地方士绅的共识，而这与东江镇沦陷后明朝海防战略大踏步内缩显然有直接的联系。不过，在经费紧张，不得不借助于士绅捐献的情况下，并不是所有城池都能“沾光”，像靖海卫城就不在关注之列，“自明季天启年间湮废至今，渐坍塌五十五处，久成通衢”[④]。另外，登莱镇虽然在总兵移镇后，直至清初仍保有上万士兵[⑤]，但大多集中于登州附近使用，沿海其他地区的守备力量非常虚弱。如成山卫左所百户莫匪忠汇报，该所在崇祯十年闰四月时“只有军一十二名，边操七名，京操五名”[⑥]。靖海卫和成山卫都处在山东半岛最东端，军兵寡少意味着在卫生活的军户数量不会很多。人口少，有话语权的人士相应也会很少，也就不会得到官方的足够重视，卫城得不到修缮，与此应有一定的关系。

---

① 康熙《黄县志》卷二《城池》，第91—92页。

② 光绪《高密县志》卷二《城池》，光绪二十二年刊本。

③《工科外抄山东巡抚刘景耀题本》，台北中研院史语所编《明清史料·辛编》，第943页。

④ 康熙《靖海卫志》卷一《形胜》，中国地方志集成丛书影印本，第402页。

⑤ 据道光《重修蓬莱县志》卷四《武备·营制》记载：“国朝顺治初年，兵制尚存。明旧水陆营各三，官兵一万有余。”

⑥《刑科外抄山东巡抚颜继祖题本》，台北中研院史语所编《明清史料·辛编》，第672页。

三　最后时刻的海运提议

隆庆、万历年间，明廷曾经为是否开挖胶莱运河争执不休，后因挖掘分水岭难度过大而终止。开挖胶莱运河的目的是为了避开成山角海域的成片暗礁，降低海运漕米的运输风险。胶莱运河停止运作后，倡导海运的臣僚不得不再次敛声。

崇祯十年，鉴于东江镇沦陷，清军多次大举入侵，运河随时可能被切断，明朝内部再次有人提出恢复海运的建议。

次年，清军再次大举南下，并于次年攻陷济南，之后又一路南下，运河沿岸之博平、临清、济宁等地先后沦陷。运河漕运被切断已不再是可能的威胁，而是变成了活生生的现实。迫于形势，崇祯帝不得不认真考虑恢复海运的可行性。于是，崇明人沈廷扬脱颖而出。

沈廷扬，字季明，时任内阁中书舍人。他生长于海滨，因而对海运情有独钟。“先是，宁远军饷率用天津船赴登州，候东南风转粟至天津，又候西南风转至宁远。廷扬自登州直输宁远，省费多。”① 崇祯帝议行海运后，沈廷杨认为施展拳脚的机会到了，于是“上疏极言其便，且辑《海运书》五卷以呈。帝喜，即命造海舟试之”②。

据《明史》记载，沈廷扬的海运建议是通过主持户部工作的倪元璐递上去的。崇祯帝采纳后，“乃以庙湾船六艘听运进。月余，廷扬见元璐，元璐惊曰：我已奏闻上，谓公去矣，何在此？廷扬曰：已去复来矣，运已至。元璐又惊喜闻上。上亦喜，命酌议。乃议岁粮艘，漕与海各相半行焉”③。

据《明史·河渠志》载：“廷扬乘二舟，载米数百石，十三年六月朔由淮安出海，望日抵天津。守风者五日，行仅一旬。帝大喜，加廷扬户部郎中，命往登州与巡抚徐人龙计度。”④ 又“诏领淮安水次粮一万石，由淮入海抵天津”⑤。

不过，《崇祯实录》和谈迁的《国榷》都记载登莱巡抚徐人龙在崇祯十三年正月“以成山道险，不便”⑥ 为理由，请求罢海运之议。《崇祯实

---

① 张廷玉等：《明史》卷八六《河渠四》，第2117页。

② 张廷玉等：《明史》卷二七七《沈廷扬传》，第7107页。

③ 张廷玉等：《明史》卷二六五《倪元璐传》，第6841页。

④ 张廷玉等：《明史》卷八六《河渠四》，第2117页。

⑤ 光绪《增修登州府志》卷三三《海运》。

⑥ 《崇祯实录》卷十三，崇祯十三年正月甲午条，第372页。谈迁：《国榷》卷九七，崇祯十三年正月辛亥条（第5856页）记载，崇祯十三年正月辛亥日，“巡抚登莱右佥都御史徐人龙言成山海运甚险”。

录》和《国榷》成书都较《明史》早很多，记载相对会更准确一些。因此，大体情形应该是沈廷扬在崇祯十二年获准试行海运后，在当年即圆满完成试验，而不是《明史·河渠志》所载的十三年六月完成。试验成功后，沈廷扬被加官，前往登州和徐人龙商讨由海路漕运一万石粮米事宜，但于崇祯十三年正月意外地遭到徐人龙的反对。

不过徐人龙的反对意见在沈廷扬的成功试验面前，并没有多少说服力。倡导海运的官员并没有减少。十三年六月，兵科左给事中陈启新也上言海运之利，且举例说“临清副总兵黄胤恩已行之”①。不久，山东按察佥事来斯行又呈上所著《胶莱河说》，再次提出开挖胶莱运河。

七月，临清副总兵黄胤恩献上所绘《海运图》，并条陈九条建议，说：

> 难易不可不审，险易不可不明，省费不可不较。河渠浅涩，必力加挑浚，而海则无籍也。河水旱干，又必远借湖泉，而海又无籍也。此难易审矣。海之险非一，人所共知、共畏者，成山耳。成山之上，则有始皇桥、白浪礁，臣昔过此，知山内有曲径可通，山外更大洋可行。成山虽险，淮沙船乘风直走大洋，转刘公岛至登州，此险易明矣。登莱陆运，每石至三两五钱，海运每石二钱七分。天津除漂失外，每石省或二金一金。辽饷三百四十余万石，省四百余万金，此省费较矣。②

此后，海运正式恢复运行。次年八月，黄胤恩“海运万三千石”③，另在淮扬完成召买八万石，准备海运北上。十五年，已升任淮海总兵官黄胤恩又“领米五万石，海运抵天津”④。几次成功的海运鼓舞了黄胤恩，使其在来斯行之后，再次提出开挖胶莱运河的建议。崇祯十五年正月，黄胤恩上言：

> 先朝开胶莱河，俱山根，难施五万之功。臣今密察其功，南北横计二百四十余里，潮水深入百余里。又河溪湖畔量浚即可通潮者百里。此外岭骨不可凿约四十里。过此利涉，即留兹岭为盘剥之地。计

① 谈迁：《国榷》卷九七，崇祯十三年六月壬子条，第5867页。

② 谈迁：《国榷》卷九七，崇祯十三年七月甲午条，第5871页。

③ 谈迁：《国榷》卷九七，崇祯十四年八月甲辰条，第5901页。

④ 光绪《增修登州府志》卷三三《海运》。

> 淮扬运胶河，空舟接至莱河，其间通浚小河、广造小船，如通州抵坝故事，于岭上建仓驾车，仿古河阴洛口之运。待回空受载可也。①

这里不得不再次提起登莱巡抚徐人龙。按照胶州籍官员高弘图的说法，崇祯十三年率先提出开挖胶莱运河建议的正是徐人龙。“崇祯十三年复有起而议胶河者，是为防抚徐公亮生。公，浙之上虞人，异乎刘也。”②在高弘图看来，万历初年开挖胶莱运河的努力之所以失败，和主持人刘应节是潍县人，难以摆脱为家乡牟利的嫌疑有重要关系，所以他在《胶莱河嘲》一文中特地强调徐人龙是浙江人，与山东没有地缘上的瓜葛。

徐人龙建议开挖胶莱运河的理由有三点。一是此前开挖时都把重点放在马家濠，以规避淮子口大小两仙桥等险路，“缘舟子长年于其两仙桥适中之溜，能不犯岞岩。海船大行，万无一失。昔难今易”，因而不必再执着于马家濠。二是“二沽虽冲沙为害，然河废越三百年，积沙仅尺许。冬春水涸，岁加捞刷，纵复挟涛而至者，有限矣”。三是分水岭一带可以通过修建闸、坝等手段回避，“通估所费，不足以敌会通河剥浅牵拽一岁之所□也，并不称难”。不仅如此，徐人龙还曾亲自从麻湾口到海仓口探勘，“成竹胸中所具矣，乃入告，非耳食者”③。

将徐人龙的提议和黄胤恩的上言相较，可知两人在规避分水岭问题上的主张大体一致，但在可操作性上，徐人龙的主张更胜一筹。由此看来，徐人龙之所以反对沈廷扬的海运建议，并非反对恢复海漕，而是另有替代方案。只是在漕运受阻，沈廷扬炙手可热之际，徐人龙反对沈廷扬的主张颇有些不合时宜，其提案遭到冷遇，也是很自然的事。相比之下，黄胤恩有着“骄人”的海运记录。他的建议虽然并不比徐人龙的高明，但更容易得到皇帝的重视。

崇祯十六年十一月，崇祯帝曾下谕旨：“工部前议开胶莱河以通海运，曾否动支？其户部所发及河工银十万两，曾否支用？着即察奏。”④可见，在黄胤恩上言后，崇祯帝已经正式命令工部着手开挖胶莱运河，并晓谕户部拨付十万两工程费。

大致在开挖胶莱河的舆论高涨的同时，成山卫生员田士龙提出了开挖

---

① 谈迁：《国榷》卷九八，崇祯十五年正月庚子条，第5916页。

② 高弘图：《胶莱河嘲》，见氏著《太古堂集》，四库全书存目丛书影印本，第415页。徐人龙，字亮生。

③ 高弘图：《胶莱河嘲》，第416页。

④ 万言：《崇祯长编》卷一，崇祯十六年十一月丁未条，第30、31页。

成山角养鱼池——朝阳口运河的建议：

> 海运贵于乘时，惟是三月以至七月，风柔水软，海不扬波，及是时自淮口扬帆，不经月而即至天津，万万无虞……此外，又有开河之捷径焉。以臣之卫遮正东三十里，名曰成山头，海道极险处也。遮西北五里，名曰朝阳口，内有一小海。遮南七里，名曰养鱼池，内有一小海。遮正西为进京大路，南北小海相联一线，中间止十二里许。此地并无峭山坚石，俱是沙冈土阜，由此而开凿一渠，引两小海之水合为一处，往来运船可行，永避成山头而兴利万世。且开凿之费，不烦发帑劳民，但留东三府京边两班军丁挑掘，不日即可告成，其图可验也。①

开挖胶莱运河的动议此前曾多次有人提起，但都未能彻底铺开，其中一个重要的原因就是挖开分水岭的工程难度太大。黄胤恩等人的提议虽然得到皇帝的支持，但依旧绕不开这一难题。如果田士龙的建议可行，则不仅工程量大大减少，而且同样可以收到绕开成山角暗礁群的效果。因此，田士龙的建议提出后，颇受重视。

按光绪《增修登州府志》的记载，田士龙的建议提出于崇祯十年②。但道光《荣成县志》则记载为崇祯十四年。不仅如此，后者还记述了这一建议提出的背景及反响：

> 闻诸前辈，成山指挥田姓者，以海贾致富，更觊朱张封侯之业，于崇祯癸未献此议。登莱巡抚曾樱以属邑多陷下狱，希借以免祸，于是怂恿计臣倪元璐奏其事。诏遣贺王盛踏看，以明亡而止。③

据《崇祯长编》记载，崇祯十六年十一月，户部汇报："文登开养鱼池，尤为通漕便道，系（原任文登知县）贺王盛所议。"崇祯帝非常感兴趣，于是下诏："着王盛前去详悉勘明，议奏以闻。"④ 从明朝政府的反馈时间来看，道光《荣成县志》的记载应更接近事实。

史载，崇祯十七年正月十一日，已升任太仆寺寺丞的贺王盛"绘图以进"。崇祯帝下旨："贺王盛着即踏勘成山一带海运形势事宜，详确速

① 田士龙：《请成山开河通海运疏》，道光《荣成县志》卷九《艺文》，第531—532页。
② 光绪《增修登州府志》卷三三《海运》。
③ 道光《荣成县志》卷一《海运》，第448页。
④ 万言：《崇祯长编》卷一，崇祯十六年十一月丁未条，第30—31页。

奏。图留览。”[①] 但此时明朝的帝国大厦已经风雨飘摇，随时可能坍塌，已经不可能再进行这样的大工程了。据说没有动工的原因之一，也是“土下皆巨石，与新河等”[②]。

同月，崇祯帝谕令兵部：“近闻山东土寇出没不常，外解梗阻，该抚镇何全无奏闻？着即督发官兵扫荡，以通饷道。其天津总河总漕各督抚，凡遇地方寇贼生发，着督发兵将，作速廓清道路，水陆俱通，不得因循贻误。”[③] 从其催促疏通运道，保护运河安全来看，崇祯帝本人对于开挖新运河似乎也没抱什么希望。

结　语

登莱事变平息后，明廷仍未放弃三方布置策略，因而尽力重建登莱，并先后多次蠲免租税[④]，以便其休养生息。但东江镇的“意外”沦陷，彻底葬送了三方布置策略，也沉重打击了明廷上下恢复旧疆的信心。不管是杨嗣昌等再次提出的废置登莱巡抚的建议，还是崇祯帝强调严防清朝水军登陆的指示，都是信心丧失后的具体表现。

基于清军不会以水路进攻为主的判断，登莱总兵被调离登州，前往临清防护运河和镇压农民起义军。登莱地区因此把防御重点放在内陆城防工事的建设上，水上力量虽然和崇祯初年相比没有太大的变化，但已彻底放弃逐鹿海上的打算，退化成一支纯粹的岸防部队。

尽管总兵前往临清，但清军南下的频率依然故我。崇祯十五年，清军再次深入腹地，直入山东，连克三府、十八州、六十七县，并于次年在登莱合军[⑤]。为此，崇祯帝甚至于当年十一月责问山东抚按：“登镇将士，殉节殊多，该抚按何无奏闻？张守箴、马士禄，并阵亡官兵，俱详行察恤。”[⑥]

在崇祯十一年清军初次切断运河运输时，崇祯帝已经大感不妙，于是恢复海运的呼声又起。黄胤恩等通过海运实践打动了皇帝，并趁热打铁，再次提起开挖胶莱运河一事，并获得皇帝首肯及相应的前期经费支持。但

---

① 万言：《崇祯长编》卷二，崇祯十七年正月十一日条，第90页。

② 光绪《增修登州府志》卷三十三《海运》。

③ 万言：《崇祯长编》卷二，崇祯十七年正月丙午条，第83页。

④ 如《崇祯实录》卷七，崇祯七年二月戊寅条（第193页）记载：“蠲登莱宿逋，且赈之。”又如谈迁：《国榷》卷九四，崇祯八年四月壬寅条（第5702页）记载：“免掖县、平度田租。”类似的例子还有很多，恕不枚举。

⑤ 《崇祯实录》卷十六，崇祯十六年二月戊子条，第465页。

⑥ 万言：《崇祯长编》卷一，崇祯十六年十一月癸丑条，第36页。

糟糕的国势，特别是崇祯十五年清军在山东的大肆杀戮，使这一构想只能继续停留在口头，不可能再有付诸实践的机会。

总的来说，山东海防在明朝的最后六七年时光里并非一无是处，但大厦将倾，微弱的成就对于挽救濒死的帝国，实在是无足道哉。

在大明帝国的最后几年里，朝野上下虽然不乏有识之士，但慌乱无措是政坛主流，种种看似合理，实则毫无益处的建议比比皆是。如登莱巡抚曾樱"请实议练乡兵以避客兵之害"①，似乎没看到属于其管辖范围的沂州不久前刚刚因为"兵饷不给"，裁撤了两个营的民兵②。又如大学士王应熊在清兵不断蹂躏山东之际仍然责备山东巡抚没能完成屯田大任，"今各处治屯道厅，莫不是废闲起用，似乎为人设官，非择官任事之意"③，山东总兵刘泽清提请在青州、登州一带山中开矿，"着该道设法采取，用充本地之饷"④，等等。

最极端的例子出现在《明季北略》中。据载，崇祯十五年，清兵肆虐于京畿、河北一带，"一日报陷名城二十六处，至危急也"，兵科都给事中曾应遴于是上言"航海攻心"，谓"造船三千，发兵六万，于登莱东涯航海渡辽，在敌知之，必速归救，不攻而自去矣"⑤。

从登莱出海原本是三方布置策略的基本内容之一。但在东江沦陷，登莱兵力部分抽调防河的情况下，满朝文武都知道这一策略已经不可能实现。但对这样一个不可能付诸实施的建议，各方是如何反应的呢？

首揆票拟，"特嘉计划之妙，该部看议速奏。"工部覆曰："造船固系臣衙门责任，但会典旧例，因兵事兴工者，同兵部分理其役。臣部止认造一千五百。"上允之，着同兵、工二部，作速起工，而担半卸于兵部矣。然起工估计，仍是工部职掌。造船三千，每船价值计银二千两，共应支销钱粮六百万。工部于估计疏曰："臣部现今库藏如洗，分任船费亦须三百万，计无所措，事又在必行，日夕筹躇。有河南开封等府，积欠臣部料价银七百几十万，合无将此一项，听臣那借，即日马上差人，再限刻起解，以为造船之费可也。"时开封河堤为流贼所决，城郭现在水底。上又允之，急移咨兵部，促三百万以需

---

① 谈迁：《国榷》卷一〇〇，崇祯十七年正月癸巳条，第6013页。

② 乾隆《沂州府志》卷二一《兵防·营汛》，"中国地方志集成丛书"影印本，第234页。

③ 万言：《崇祯长编》卷一，崇祯十六年十一月辛丑条，第23—24页。

④ 万言：《崇祯长编》卷二，崇祯十七年二月甲申条，第108页。

⑤ 计六奇：《明季北略》卷十八《造船航海》，第335页。

起工之用。兵部则曰："用兵所需，臣部安敢推委？但造船三百万，非捻指可就。况当此库藏如洗，外解阻绝，巧妇安能为无米之炊？臣查凤阳等府，欠臣部马价银八十余万，催其陆续先解，以应工部造船支费。此现在钱粮，无烦设处者也。"上又允之。

工部初意，实欲向兵部措银几万，为起工搭厂规模，不谓兵部止移空文一纸，竟同本部之游戏浮词。乃乞怜于户部，大司农曰："现今山东路梗，刻刻有庚癸之虞，自救不暇也。"转叩冏卿，又以勤王四集，冏藏与厩肆皆空，乃告窘于东西江米巷绌布二商，令执票于留都、苏、杭官库兑银，应者及百而止，人有千余，数不上半万也。亦以零星而止。时已为闰十一月中。北兵则入山东，连破兖、青二府，州县小城，在所不计。

造船之价银，两奉旨，其事则究归工部。工部恐为建议者参其泄泄从事，乃为脱殻之谋，以神其变化，上一疏曰："造船之费，两部虽经擘画，奈今九门昼闭，工商裹足，油钉板木，无从置买，匠作舵手，亦无从觅雇，而行兵之事，又刻不容缓，如之奈何？为今之计，臣部适差造船主事朱正色前往淮安船厂，合无令之带往厂中，则物料现备，匠工丛拥，商贾凑集，可以计日成功，省臣建议，不致徒托之空言也。"上又允之。时为十二月初也。

此事已实责在朱正色一身。正色若非金蝉，宁不畏军法从事？谁知正色之计更妙，谈之侃侃，听之凿凿。其疏言曰："造船攻心，省臣妙算，同仇之恨，人所同心。但臣所督造者，由闸运粮腹里之船，非乘风破浪航海之船也。航海与腹里，板木不同，钉铁不同，式样不同，帆舵不同，索揽器用不同，人夫师手操驾作用不同。今欲为此，必须资材于闽、广，营造于海涯，耑敕彼处两抚，计日完工，即从海上驾往而北，以勷大事。因材因地，理势之必然，臣非敢为膜外视也。"疏上，准移敕两广督台与福建开府矣。

旧例，省臣上疏，不逾五日落旨，部覆省臣疏，大约十日内，至部属奏章，则候旨一月也。朱正色之旨，得之于十六年二月初旬，都察院请敕移咨，又已为二月终矣。至是年九月初，见闽、粤两抚会稿，各疏具报，先极赞科臣之策之妙，后言臣等拮据料理，极欲起工建造，但今北兵已出，海宇澄清，造船之说，不必议可也。奉圣旨："是。"①

① 计六奇：《明季北略》卷十八《造船航海》，第335—337页。

一个严肃的战略讨论在明朝君臣那里，简直就是文字游戏，各方互相推诿，皇帝也煞有介事地批阅来、批复去，最后除了浪费些笔墨纸张，什么也没得到。这样一个多轮次的无效文件周转，除了说明大明社稷已经彻底不可挽救，又能证明什么呢?

第四节　弘光朝的错误决策与山东的沦陷

崇祯十七年（1644）三月十八日，李自成起义军攻进北京城，大明帝国陷入空前混乱。不久，福王在南京即位，清军亦进入中原，明、清、大顺三股势力展开激烈争夺。山东省的特殊地理位置使之成为各方争夺的重点地区之一。

一　清初科举中的怪现象

山东号为孔孟之乡，素以重气节著称。但笔者在翻检族谱资料时却发现一个奇怪的现象。比如高密单氏家族。其九世祖单崇，万历三十八年进士，明末曾奉命在辽东督理粮饷，抵御后金（清）的进攻。单崇生有六子，其中三个儿子的科举功名令人诧异：单父琴，天启朝选贡，“顺治辛卯（八年）顺天举人”；单父驾，“崇祯丙子、壬午两科副贡，顺治戊子（五年）拔贡”；单父令，“崇祯癸酉举人，顺治丙戌（三年）进士”①。

类似的还有高密傅氏和淄川高氏。傅氏五世祖亶初，谱载其为“崇祯己卯（十二年）副贡，顺治戊子（五年）顺天举人，（顺治）戊戌（十五年）进士”②。高氏十世祖高玮，“崇祯己卯解元，顺治丙戌（三年）进士”③。相似的例子还有很多，恕不枚举。

在上面的三个例子中，高玮的弟弟高珩系崇祯十六年进士，谱载入清后先后任内翰林秘书院侍讲学士、江南乡试正主考，纂修《太宗实录》副总裁，直至刑部左侍郎，应该是最早一批投降清朝的明朝士大夫中的一分子。高玮受弟弟的影响，较早与清廷合作，参加清初科举，尚可理解。但从谱中记载来看，高玮系崇祯年间中举，入清后并未重新参加乡试，而是直接参加了会试，且一举成功。清朝入主中原，改朝换代，难道还会承

① 《高密单氏家乘》，道光二年宗祠藏版。

② 《高密傅氏族谱》，道光元年续修本。

③ 《淄川高氏族谱》，光绪十九年七修本。

认前朝授予的功名吗?

查阅史籍可知，顺治皇帝在入关后曾在北京举行登基大典，并颁布《即位诏》。在诏书中明确宣布:

> 一、会试定于辰戌丑未年，各直省乡试定于子午卯酉年。凡举人不系行止黜革者，仍准会试；各处府州县儒学食廪生员仍准给廪，增附生员仍准在学肄业，俱照例优免；……
>
> 一、京卫武学官生遇子午卯酉乡试年，仍准开科，一体会试；
>
> 一、京府并直省各府州县学廪生贡额年分不等，今正贡准改恩贡、次贡准改正贡，每处贡两名，止行一年，后不为例。有才华出众孝弟著闻者，不拘廪增附学，俱许提学官特荐试用；
>
> 一、前朝文武进士、文武举人仍听该部核用。①

看来，为了迅速稳定在中原的统治，争取汉族知识分子的支持，清廷确实采用了一个非常手段，即不顾新朝脸面，不追求新朝气象，直接承认前朝功名继续有效。

不过，山东士大夫向来彪炳气节，这样一个优惠政策就能拉拢大批山东士子吗？前述之单崇以及傅亶初的父亲傅钟秀、兄傅稾初均于甲申年“殉难”，虽然不是直接死在清军之手，但总归算是明朝的忠臣，他们的直系亲属会这么快就忘却国仇家恨吗？诚然，清朝入关之后，为了维护统治，宣传自己的合法性，曾下令崇祀乡贤，特别是死于农民起义军之手的明朝官员，单崇因此“国朝赠谥烈愍”②，傅氏父子也被崇祀，“并载入通志”③。但这都是顺治五年前后才发生的事，像单崇之子单父令那样，顺治三年就以前朝举人身份参加新朝会试，显然不是因为新朝赐予的安慰性表彰。那么，究竟是什么原因让大批山东士大夫这么快就忘记旧主，奉侍新朝呢?

二　一厢情愿的议和策略

明末的山东多灾多难，崇祯十一年、十五年，清兵两次入关，都曾波及山东，给当地造成严重的破坏。随着农民起义浪潮席卷各地，山东地区

---

① 《清世祖实录》卷九，顺治元年十月甲子条，中华书局1985年影印本，第95—96页。

② 《高密单氏家乘》，道光二年宗祠藏版。

③ 《高密傅氏族谱》，道光元年续修本。

也出现了很多起义武装。这些中小规模的起义虽然陆续被镇压，但在客观上呼应了李自成义军。正因为有一定的阶级基础，大顺军杀入北京城后，虽然派往经略山东的农民军力量并不是很多，但很快控制了大片地区。据朱亚非考察，大顺政权在控制山东的两三个月内，先后委派有名可查的将军、防御使、府尹、州牧等各类官员66名[①]，辖区遍及山东六府。

但大顺政权在山东的统治并不稳固。大顺军进入北京城后，一直没有一个明确的战略目标，对控制江南经济重心没有足够的认识，因而对于地当南北孔道的山东的重要性也没有清晰的构想。在取得一定成绩后，始终没有再派遣后续力量，使山东地区的原明朝统治阶级的剩余力量并没有遭到毁灭性的打击，而只是迫于压力，暂时潜伏了下来。不久，吴三桂引清军入关，大顺军措手不及，很快退出北京，并向西撤退。山东一带的大顺军随即一同西撤，在山东刚刚建立起来的新政权因此失去依托。原来蛰伏下来的明朝统治力量迅速杀了个回马枪，“青州士绅军民杀其伪将军、伪道、伪府，余相继杀伪官者十处”[②]。大顺政权在山东的统治仅仅维持了两三个月就迅速瓦解了。此时的清军重点在追击大顺军，南方的弘光政权尚处草创，山东地区因此暂时处于统治真空状态，起义军余部、明朝势力、地主武装等不同力量混战一团。能否抢先控制山东，成为考验各方战略眼光的一道测试题。

崇祯帝自缢后，在黄淮及长江以南还有大片国土被明朝控制。由于晚明党争的影响，留在南方及从北方南下的士大夫们没有同仇敌忾，反而首先陷入究竟立谁为皇帝的纷争中。五月，福王在马士英等人的支持下，率先进入南京，并于五月初三日宣布监国。福王的父亲也是死于起义军之手，因而在监国诏书中明确强调“既痛社稷之墟，益激父母之仇”[③]，在随后为崇祯帝后的发丧诏书中，福王再次重申“驯见妖氛日炽，戮我赤子，辱我宗藩，毁我陵寝，四海之心，莫不欲灭此而后朝食”[④]。起义军是其眼中最大的敌人。

两天后，礼部尚书、东阁大学士高弘图上《新政切要八事》，其中有两条值得注意：

---

① 参看《大顺政权派遣山东地方官吏表》，见安作璋主编《山东通史·明清卷》，人民出版社2009年版，第68—70页。

② 李清：《南渡录》卷一，浙江古籍出版社，1988年标点本，第26页。

③ 同上书，第3页。

④ 同上。

七曰固江防，欲将江北、河北、山东等处正税本折等，从崇祯十六年，以至十七年，尽行蠲免，无为贼小惠所愚；

八曰择诏使，欲遣词臣、科臣招徕朝鲜，以觇女直之逆顺合散。①

第七条建议证明河北、山东等地在被起义军控制后，均田、免粮的起义口号曾得到了具体落实，并受到穷苦民众的热烈欢迎。弘光政权下蠲免令纯属马后炮。但这一建议说明至少在高弘图眼中，北方失地仍然是要想办法收回的。同时，这也是弘光政权第一次提到山东问题。第八条则显示高弘图对东北的清人非常重视，已经清醒地看到清人在未来的“中兴”大业中会有影响。要通过朝鲜了解清人动向，势必要从南直隶或从山东出海赴朝鲜，至少要经过山东沿海。这说明在弘光政权眼中，山东海防应该尚未沦陷。

五月十一日，吏部尚书张慎言也提出《中兴十议》。与高弘图的建议相比，张慎言的主张没有什么新意，除了“议叛逆”等老调外，丝毫未提及清人，相反却率先提出了“议伪命”的主张，即对曾经归顺大顺政权的明朝官员进行处理。虽然他的处治建议并不激进，但却对后来“顺案”的出现有很坏的影响②。

五月十五日，福王正式即皇帝位，改元弘光。在其登极诏书中，依旧把剿灭起义军视为第一要务。虽然弘光皇帝屡次表态要“讨贼”，替君父报仇，可他是否真的有此志愿，颇令人怀疑。两天后，江督袁继咸入见，请求他于冬春间御驾亲征淮上。弘光帝不但没有慷慨激昂，反而面露难色。害得阁臣姜曰广只好出来打圆场，“所言澶渊之行，非遽为此事，然不可不时提此志”③。

在此前后，兵部尚书、大学士史可法得到了从北京回到江南的福建莆田生员陈方策的上书。书中称：

贼有未可缓图者六：吴三桂屡与李贼战于畿辅，如不即破贼，则贼主夷客，旷日粮匮，不无望我接济。夷兵深入，策应渐遥，愚民无知，附贼日益，贼不遽歼，夷将孤注，不无望我救援。贼兵烂糜，自

① 李清：《南渡录》卷一，第6页。

② 关于“顺案”，请参看毛佩琦《“顺案”考略》，《明史研究》第五辑，黄山书社1997年版。

③ 李清：《南渡录》卷一，第15页。

> 成授首，夷兵得志，劳著功成，不无望我赏赉。一溃散必走西秦，夷兵不穷追，势将南向，不无望我安顿，似未宜缓图所以待夷兵也……京师以南，黄河以北，人授贼愚，咸知有偶僭之伪朝，而未知有中兴之新主，喜诏、孝诏所当速颁，似未宜缓图所以挽人心也。山东差半降贼，尚有兖、青、登、莱夙称殷富，坚壁固守，若不急颁诏传檄，愚民罔知适从，恐遭煽惑，似未宜缓图所以救东省也。①

从陈方策的上书中，弘光朝廷可以得到明确的讯息：一是吴三桂已经引清兵入关，并已经与大顺军开战；二是山东等地仍有明朝官吏在坚守，但总体上已经处于无政府状态，急需前去收拾。陈方策还分析了战局发展的几种可能，并明确提出要事先提防清兵南下。

不过，从弘光帝的即位诏书中丝毫未提及清兵入关一事来看，此时的弘光政权对北方的形势发展似乎仍然没有清晰的认识。另外，史可法在弘光朝廷中并没有站稳脚跟，反而不得不于五月十六日“陛辞”，准备离开南京，北上扬州，因而让人不得不怀疑陈方策的上书是否经他之手转给过其他人。但有一点可以肯定，弘光君臣此时尚未对山东有清晰的政策。因为史可法在六月三日仍在上疏，恳请皇帝迅速派人前往山东等地，颁布“监国、即位二诏”，“晓谕通知，庶人心有归”②。

那么，这期间的清朝人在做什么呢？

早在当年的正月二十七日，清廷已经以大清国皇帝的名义，致信“西据明地诸帅”，也就是占领了西北一带的农民军，提出“欲与诸公协谋，同力并取中原。倘混一区宇，富贵共之”③ 的建议。只是由于送信人的失误，该信被当时驻扎榆林的起义军大都督王某拆看，没有送到李自成手中。

在得知大顺军占领北京后，大学士范文程很快上疏摄政王多尔衮，认为当前的形势是“我国虽与明争天下，实与流寇角也”，故应改变以往的抢劫政策，“当任贤以抚众，使近悦远来，蠢兹流孽亦将进而臣属于我”，“官仍其职，民复其业，录其贤能，恤其无告”，“如是，则大河以北，可

① 李清：《南渡录》卷一，第12页。

② 史可法：《请颁诏敕定北方人心疏》，见张纯修辑、唐振常校补《史可法集》，上海古籍出版社1984年版，第22—23页。

③ 《清帝致西据明地诸帅书稿》，见郑天挺、孙钺等编辑《明末农民起义史料》，中华书局1957年版，第455页。

传檄而定"[①]。多尔衮采纳其建议，并亲自提兵南下。后遇吴三桂使者，遂与吴三桂连兵，共同进击大顺军，并取得胜利。

五月初一，多尔衮师至通州，并下令归顺臣民薙发[②]。初三日，多尔衮谕令兵部，除限期薙发外，"朱姓各王归顺者，亦不夺其王爵，仍加恩养"。又谕令故明内外官民人等，"各衙门官员俱照旧录用"，"避贼回籍隐居山林者，亦具以闻，仍以原官录用"，"凡投诚官吏军民，皆着薙发，衣冠悉遵本朝制度"[③]。多尔衮优待明朝皇室的政策很快收到效果，明朝东原王长子朱弘槵等纷纷奉表归诚[④]。初四，多尔衮下令为崇祯帝下葬。为收揽人心，多尔衮特地允许明朝臣民在"除服后"再"遵制薙发"[⑤]。廿四，看到薙发令引起普遍不满，多尔衮决定暂缓实行这一激进政策，转而谕令兵部，"予前因归顺之民无所分别，故令其薙发，以别顺逆。今闻甚拂民愿，反非予以文教定民之本心矣。自兹以后，天下臣民照旧束发，悉从其便"[⑥]。

和弘光朝廷的迟钝相比，清廷对山东的战略地位有清醒的认识。五月十二，归顺清廷的都察院参政祖可法、张存仁上言："山东乃粮运之道，山西乃商贾之途，急宜招抚。若二省兵民归我版图，则财赋有出，国用不匮矣。"[⑦] 多尔衮迅速作出反应，在当月即以原明朝山东布政使司参议兼按察使司佥事、霸州道刘芳久，布政使司参议、天津道孙肇兴等人以原官回山东任职，又"以故明井陉道方大猷为监军副使，招抚山东"[⑧]。六月初三，多尔衮又命户部右侍郎王鳌永前往招抚山东、河南[⑨]。

主持弘光朝军务的史可法并非对山东没有丝毫想法。在他主持设置的江北四镇中，"辖淮、扬者，驻于淮北"，统辖山阳、清河等江苏、安徽北部十一州县，"经理山东招讨事"[⑩]。其他镇也承担不同方向的招讨事务。史可法本人作为督师驻扬州。对这样的措置，《南渡录》的作者李清

---

① 《清世祖实录》卷四，顺治元年四月辛酉条，第51页。
② 《清世祖实录》卷五，顺治元年五月戊子朔条，第57页。
③ 《清世祖实录》卷五，顺治元年五月庚寅条，第57页。
④ 《清世祖实录》卷五，顺治元年五月己酉条，第59页。
⑤ 《清世祖实录》卷五，顺治元年五月辛卯条，第57页。
⑥ 《清世祖实录》卷五，顺治元年五月辛亥条，第60页。
⑦ 《清世祖实录》卷五，顺治元年五月己亥条，第58页。
⑧ 《清世祖实录》卷五，顺治元年五月壬子条，第60页。
⑨ 《清世祖实录》卷五，顺治元年六月庚申条，第61页。
⑩ 李清：《南渡录》卷一，第13页。

认为有欠妥当，因为“于青、兖、开、汝，似置之不讲矣”①。

李清的判断没有问题。不过，张光政权设置江北四镇的出发点是为了安抚那些无心北伐立功，但曾在拥立福王过程中出过力，故“唯心涎扬州，思息足”的军阀们，“庙堂知驱之不得，遂立分镇议，姑为羁縻”。为了鼓励他们北征，史可法甚至不得不允诺他们，“所收中原土地，即归统辖”②。要求史可法在分镇时充分考虑收复山东的需要，未免苛求。

就在弘光朝廷忙于整理内务的时候，淮抚黄家瑞得到了吴三桂联合清军占领北京，大顺军西撤的消息。黄家瑞马上报告给史可法。不久，史可法又接到青州士绅的来信，不仅再次确认大顺军兵败西撤的消息，而且得知山东一带士绅已经各自为战，收复大批被大顺军占据的土地、城池。青州士绅信中还提出请“诸君子速立新天子，号召义勇，补天浴日之功，正在此时”。史可法随即上疏，请求迅速派人携带监国诏、即位诏，“直抵山东北直一带，晓谕通知”。弘光帝批示：“吴三桂倡议创贼，朕知道了。其山东河北一带，应颁监国、即位诏书，着礼部会同兵部，即日选差才能官员前去。”③

史可法上疏在六月初三。据《南渡录》记载，次日，弘光帝即接受史可法的建议，“命速颁河北、山东诏”④，效率出奇得快。

关于吴三桂事，弘光帝批复说“朕知道了”，是因为早在五月廿七，控制朝政的马士英已经上陈恢复大计：

> 吴三桂宜速行接济，在海有粟可挽，有金声桓可使；而又可因三桂以款虏。原任知县马绍愉，陈新甲曾使款奴。昔下策，今上策也。当咨送督辅以备驱使。⑤

弘光帝对此表示认可，下诏由史可法便宜行事。次日，又封吴三桂为蓟国公，“给诰券、禄米，发银五万两、漕米十万石，差官赍送”⑥。

《国榷》等史籍中记载六月十五日，清廷曾“驰诏江南人”。诏书中

---

① 李清：《南渡录》卷一，第 14 页。

② 同上书，第 13—14 页。

③ 史可法：《请颁诏敕定北方人心疏》，见张纯修辑、唐振常校补《史可法集》，第23 页。

④ 李清：《南渡录》卷一，第 26 页。

⑤ 同上书，第 23 页。

⑥ 同上。

首先申明入关是替明朝复仇，“非有富天下之心，实为救中国之计”，并把自己以礼安葬朱由检等“事迹”述说了一遍，随即话锋一转，

> 咨尔河北、河南、江淮诸勋旧大臣、节钺将吏及布衣豪杰之怀忠慕义者，或世受国恩，或新膺主眷，或自矢从王，皆怀故国之悲，孰无雪耻之愿？予皆不吝封爵，特予旌扬。其有不忘明室，辅立贤藩，戮力同心，共保江左者，理亦宜然，予不汝禁。但当通和讲好，不负本朝。彼怀继绝之恩，此敦睦邻之谊。其有量力不敌，北面归诚者，当各剿劲旅，佐我西征，或削平所属余贼，用以自效……若国无成主，人怀二心，或假立愚弱，实肆跋扈之邪谋，或阳附本朝，阴行草窃之奸宄，斯皆民之蟊贼国之寇仇，俟予克定三秦，即移师南讨……①

顾诚认为清廷诏书中提出的议和主张“对于南明弘光政权具有很大的吸引力，他们鉴于自身的腐败无能，苟且偷安，因而对清方代平‘流寇’表现出极大的兴趣……‘联虏平寇’就成了弘光朝廷一厢情愿的上策”②。

从诏书中可以发现，此时的清廷并不知道福王已经在南京即位称帝。这从其他史料中也可得到印证。如七月十二日，奉命招抚山东的王鳌永曾上疏“密报南中情形。言近闻南中已拥立福王，改元弘光，以史可法为内阁，封总兵刘泽清、刘良佐、黄得功、高杰等分据各镇”③。如果此前清廷已经了解南京的实况，王鳌永的报告显然是废话，更用不着密报。清廷后来编纂《清世祖实录》时也用不着记录此事。另外，在多尔衮七月份给史可法的书信中仍称“比闻道路纷纷，多谓金陵有自立者”④，也从侧面证明清廷此时并不了解南京的情况。正因为不了解情况，清廷才在诏书中提出了三种假设和相应的对策，即如有贤藩即位，可通和讲好；如是散沙状态，则劝其归顺；如已立昏君，于清廷不利，则将讨伐。建立伊始就充满内争的弘光政权在清廷眼中会被定性为贤藩吗？恐怕弘光君臣自己都没有这样的信心。

据《明季南略》记载，六月份，马士英曾得到一份多尔衮发布的

---

① 谈迁：《国榷》卷一〇二，第6118—6119页。

② 顾诚：《南明史》，中国青年出版社1997年版，第103—104页。

③ 《清世祖实录》卷六，顺治元年七月丁酉条，第68页。

④ 《附摄政王来书》，见张纯修辑、唐振常校补《史可法集》，第89页。

"谕南朝官民示"：

> 据东镇太子太师、东平伯刘泽清揭前事，内称六月初六日，据北来难民严太、沈绍祖、潘章、张敬山等报称：东虏五月初一日追贼至京，出示云："大清国摄政王令旨，谕南朝官绅军民人等知道：曩者我国欲与尔大明和好，永享太平，屡致书不答，以致四次深入，期尔朝悔悟耳。岂意坚执不从，今被流贼所灭，事属既往，不必论也。且天下者非一人之天下，有德者居之；军民者非一人之军民，有德者主之。我今居此为尔朝雪君父之仇，破釜沉舟，一贼不灭，誓不返辙。所过州县地方，能削发投顺、开城纳款，即予爵禄，世守富贵；如有抗拒不遵，一到玉石不分，尽行屠戮。有志之士，正干功名立业之秋，如有失信，将何服天下乎！特谕。"①

六月十五日，马士英将此上报，并提出："看得虏示，是不知中国已有主矣。理合速差文武二臣颁诏北行，以安彝、汉臣民之心。从此东南又换一局。臣已遣陈新甲向议款主事马绍愉往督辅史可法处，相机商酌。"②

按前引《南渡录》记载，马士英于五月廿七首先提出可以通过吴三桂"款虏"，并推荐了"陈新甲曾使款奴"的马绍愉。六月份得到的这份含有"欲与尔大明和好，永享太平"字样的多尔衮谕令，无疑为马士英的建议提供了重要的依据。另外，以当时的通信手段，清廷六月十五发布的公开诏书，不可能于当日即被马士英等人得到。可见，令马士英动了讲和之念的信息来自于多尔衮五月初一的令旨，而非上面所介绍的这份诏书。

不过，清廷与残明政权议和倒是既定主张。早在与吴三桂联兵之前，大学士范文程就曾在给多尔衮的上疏中提出"彼明之君知我规模非复往昔，言归于好，亦未可知"③。清军入关后，当务之急是消灭大顺政权，为避免掣肘，主动向潜在的南方敌人发出和好的信息，暂时稳住对方不失为一个低成本的选择，这才是清廷在公开的文书中反复提到通和讲好的真实目的。

不管怎么说，被马士英等人控制的弘光朝廷有了"款虏"的依据。

---

① 计六奇：《明季南略》卷二《北事》，中华书局标点本2006年版，第134页。

② 同上书，第134页。

③ 《清世祖实录》卷四，顺治元年四月辛酉条，第51页。

那么，马士英派马绍愉同史可法商议的结果如何呢？

对此，保留在《史可法集》中的一封奏疏给出了答案：

> 奏为急请款御等事：
>
> 先帝以圣明之主，遘变非常，即枭逆闯之头，不足纾宗社臣民之恨，是目前最急者无逾于办寇矣。然以我之全力用之寇，而从傍有牵我者，则我之力分；以寇之全力用之我，而从傍有助我者，则寇之势弱。不待智者而后知也。近闻辽镇吴三桂杀贼十余万，追至晋界而还。或云假之以破贼，或云借之以成功，音信杳然，未审孰是。然以理筹度，宁前既撤，则势必随以入关，此时畿辅之间必为所有；但是既能杀贼，即为我复仇，予以义名，因其顺势，先国仇之大，而特宥前辜；借兵力之强，而尽歼丑类，亦今日不得不然之着数也。前见臣同官马士英已筹及此。事期速举，谋戒需迟。今犇马闻已南来，而凶寇又将东突，见庙堂之上，议遣何官，用何敕，敕何称谓，办何银币，派何从人，议论徒多，光阴已过。万一犇马临河，然后遣行，是彼有助我之心，而我反拒；彼有图我之志，而我反迎。所重者，皇上之封疆；所轻者，先帝之仇耻。既示我弱，益长彼骄，不益叹我中国之无人，而北伐之无望邪！伏乞敕下兵部，会集廷臣，既定应遣之官，某文某武，或径通其主，或先通九酋；应用敕书是何称谓，速行核议，应用银币，速行置办，并随行官役若干、各项应给若干靡费，一并料理完备，刻期起行，庶款出不为无名，而灭寇端在此举矣。①

奏疏中明确提到“臣同官马士英已筹及此”，说明本疏是与马士英商议之后的产物。从疏中看，史可法也认为“目前最急者无逾于办寇”，说明优先剿杀农民军是弘光君臣一致的看法。史可法完全同意马士英“款虏”的建议，认为利用清兵“杀贼”是“今日不得不然之着数”、“灭寇端在此举”。不仅如此，为防止清兵南下，史可法还建议迅速派人出使，“刻期起行”。当初莆田生员陈方策致史可法的信中曾提出一旦农民军“一溃散必走西秦，夷兵不穷追，势将南向”，故必须未雨绸缪，“未宜缓图所以待夷兵”。史可法建议迅速派人出使，未尝不是受陈方策的影响。

既然决定要议和，首先要有议和人选。此前，都督陈洪范已经主动请缨，在陛见后，马士英于六月十六日正式推荐了他。可就在同一天，已经

---

① 《请遣北使疏》，见张纯修辑、唐振常校补《史可法集》，第27—28页。

归顺清廷的参将唐虞时上疏多尔衮：

> 逆贼张献忠自江西转掠江南，势甚猖獗。臣惟南京形胜之地，闽浙江广等处皆视其顺逆以为向背，今宜乘其危惧，即颁令旨赏格，臣赍往南京，宣谕官民。江南之地，可传檄而定也。若虑张献忠、左良玉首鼠两端，则有原任镇臣陈洪范可以招抚，乞即用为招抚总兵。臣子起龙乃洪范婿，曾为史可法标下参将。彼中将领多所亲识，乞即赍谕往招，则近悦远来，一统之功可成矣。①

因为局势混乱，不了解对方情况，那时，明、清双方都曾频繁发生本方臣僚举荐对方官员到本方任职的乌龙事件。陈洪范被敌方推荐并不奇怪。问题是议和是极为重要且机密的外交活动，必须保证议和官员绝对可靠才行。在当时的情势下，引用一名与清廷有瓜葛，而且是毛遂自荐的官员，显然不是上策。从后来陈洪范在南返途中“具密启请留同行左懋第、马绍愉，自愿率兵归顺，并招徕南中诸将”② 的行为可以证明，他确实不是合适的人选。另从弘光朝廷在八月份又追加已经投降清廷很长时间的祖大寿之子祖泽溥“随陈洪范北行”③ 来看，弘光君臣似乎很喜欢使用与谈判对手有亲缘瓜葛的臣属，看来已从心底与清廷不分彼此，这又犯了外交谈判之大忌。

另一个使者、佥都御史左懋第同样是毛遂自荐。他自荐的理由更是荒唐：“母死于北京”，丝毫未考虑自己是否胜任。使团中唯一有与清廷谈判经验的是太仆寺卿马绍愉。可左懋第认为马绍愉当年奉陈新甲之命出使清廷时“奴颜婢膝”，自己当年就曾建议对其严惩，因此耻与之为伍。

好友李清在其临行前曾对他说：

> 成事贵于死事。君不闻富郑公（弼）对辽使语乎？昔北使时方卧病车中，闻北诏至，即起拜，凡以图成事也。时予以今日之事，自立为贵，所以通款，为缓兵计耳。不用诏用书，以敌国待。若至彼国时，以代先皇帝复仇为辞，廷谢之。待其情意渐洽，方与议款。若骄

① 《清世祖实录》卷五，顺治元年六月壬申条，第 62 页。

② 《清世祖实录》卷十一，顺治元年十一月乙酉朔条，第 105 页。李清在《三垣笔记·下·弘光》中曾明确提出陈洪范“潜通摄政左右”（见该书第 111 页），不过这已经是大局已定之后的马后炮了。

③ 李清：《南渡录》卷二，第 77 页。

蹇不从，则骂敌而死，未晚也。

言未竟，懋第慨然曰："彼吾属夷，非辽与宋比，虽富郑公膝，亦不可屈。"①

在外交谈判中，最重要的是利益，而非气节，不卑不亢本身即是外交谈判的基本原则。在当时的形势下，最大限度地拖延清军南下的步伐，争取备战时间是弘光政权的最佳选择。李清的分析和建议无疑是正确的。为了达到目的，做出一些实质性的让步都是必须的，遑论礼仪？

其实，即使按照外交礼仪，他也可以向清帝下跪。因为弘光政权并没有对清廷使用诏书这一下行公文文种，而是用平行的"书"。且"书称大明皇帝致书北国可汗"②，完全是对等的口吻。作为明国使节，向清国皇帝或摄政王跪拜，等同于向弘光帝跪拜，并不违礼。至于弘光朝廷给予使团敕书内的"不屈膝即为不辱使命"③，虽然是决策层思维混乱的产物，但如果谙熟外交技巧，完全可以将其理解为在谈判过程中不能使用屈膝乞求的方式，而不是礼仪上的屈膝跪拜。

可后来的事实证明，左懋第重视的恰恰是代表气节的形式上的跪拜礼仪。他临行前的表态也不是尽力争取和议成功，而是"惟以不辱自许，以死自矢"④。一个如此注重气节，宁折不弯的人，如何能应付复杂多变的外交谈判？

人选确定后，需明确谈判底线。据李清的另一部作品《三垣笔记》记载，左懋第、陈洪范等北行前，弘光政府决策层曾专门讨论议和条件，有人提出以两淮为界，阁臣高弘图反对，认为"山东百二山河，决不可弃。必不得已，当界河间耳"。同为阁臣的马士英则说："彼主尚幼，与皇上为叔侄可也。"⑤

高弘图的主张在客观上反映了一个事实。即如果弘光政权能乘山东地区局势混乱，北上填补权力真空，势必可以争取到一个比较好的谈判位置，和议倒是真有成功的可能。

为使谈判成功，弘光朝廷一厢情愿地认为吴三桂等明朝旧臣会鼎力相助，因此在使团出发前后曾多次致信吴三桂等人。驻扎淮北，有"经理

---

① 李清:《三垣笔记·下·弘光》，第111页。

② 李清:《南渡录》卷二，第56页。

③ 李清:《三垣笔记·下·弘光》，第111页。

④ 李清:《南渡录》卷二，第57页。

⑤ 李清:《三垣笔记·下·弘光》，第98页。

山东招讨”职责的刘泽清于七月三十日致信吴三桂，“欲藉鼎亲翁，于畿东界境内开藩设镇……以有易无，立定南北之马市”[①]。在给冯铨、洪承畴等的信中，刘泽清进一步明确说将来通商之地“必需交会之地，非直隶、山东交界不可”[②]。马绍愉在致吴三桂的信中则提到要“订盟和好互市，将前年之局结了便是。叔侄之君，两家一家，同心杀灭逆贼，共享太平，以成上天好生之德。此出自庙堂乾断，不似前年摇惑于人言者”[③]。

顾诚认为左懋第使团出发时，本方的谈判方案并没有酝酿成熟[④]。但从这几封信的内容来看，高弘图和马士英的主张都被采纳了，并且已经是“庙堂乾断”。至于左懋第在《辞阙效言疏》中提出的：

> 陵京在北，实我故都。成祖文皇帝、列宗之弓剑已藏，先帝先后之梓宫未奠，庶民尚依坟墓，岂天子可弃陵园？□□（虏酋）若好义，处榆关（山海关）以东，而以勋臣吴三桂为留守，春秋霜露，不损抔土。而南北互市，榆关为界，如往年辽阳故事。中国之商利蔑貂，□□之人利缯絮，华□各安其所，各得其欲，中国之利，亦□之利。此臣所知也……□若肯为我杀贼，当有以饷之。饷之名美于金缯，而有杀贼之实。饷之名，用兵则用饷，兵止则饷止，而非岁币之比……二者之外，非臣所知。[⑤]

笔者认为应该看作是左懋第个人的主张。在清军已经入主中原，占据河北等地的情况下，指望他们撤回山海关外，无疑是痴人说梦。此前史可法已经分析过“宁前既撤，则势必随以入关，此时畿辅之间必为所有”[⑥]，左懋第仍有此幻想，实在是迂腐。

类似左懋第这样的观点，大学士高弘图也曾提出过。据《弘光实录抄》记载，高弘图在讨论出使事宜时曾提出五点意见，其中第二条谈“分地”，“割榆关外瓯脱与之。若议关以内，即华夷无复界限，而山陵单弱，将何以安”；第五条谈“使仪”，“本朝使外夷具有成礼。我使第不至

① 《刘泽清致吴三桂书》，见郑天挺、孙钺等编辑《明末农民起义史料》，中华书局1957年版，第464页。

② 《刘泽清致冯铨洪承畴金之俊书》，见郑天挺、孙钺等编辑《明末农民起义史料》，第515页。

③ 《马绍愉致吴三桂书》，见郑天挺、孙钺等编辑《明末农民起义史料》，第516页。

④ 顾诚：《南明史》，第114页。

⑤ 左懋第：《萝石山房文钞》卷一，转引自顾诚：《南明史》第114页。

⑥ 《请遣北使疏》，见张纯修辑、唐振常校补《史可法集》，第27—28页。

屈膝，即是不辱使命也”。黄宗羲对此评论说：“此论可谓执古不知变通矣。风雨如晦，鸡鸣不已，要亦非占风望气之徒也。”[①]

不过结合前引《三垣笔记》的史料来看，高弘图应该在讨论过程中部分放弃了以上主张，至少在割地问题上现实了许多。与之相比，左懋第显然更配得上“执古不知变通”的评价。身为使团团长，却丝毫不尊重现实，进一步说明左懋第只是忠直义士，毫无外交才干。

三　“借虏平寇”思维下的按兵不动

弘光朝廷选派的使节是否合适只是单方的问题，作为谈判对手，多尔衮主持下的清朝政府有没有兴趣谈判是另一个问题。六月十五日发出的诏书中虽然有“通和讲好”字样，但清廷真的有和南方明朝的继承人共同讨伐农民军的意愿吗？

六月二十七日，就在清廷发出公开诏书后的第12天时，多尔衮派人把明朝诸帝的灵位从太庙中迁出，移进历代帝王庙，并煞有介事地撰写了一道祭文，祭文中称：“兹者，流寇李自成颠覆明室，国祚已终。予驱除逆寇，定鼎燕都。惟明乘一代之运以有天下，历数转移如四时递禅，非独有明为然，乃天地之定数也。”[②] 祭文中说的很明白，明朝国祚已终，清朝才是正统，换句话说，南方政权不管是贤是愚，将来都必须臣服。需要注意的是，祭文的撰写者恰恰就是刘泽清等人寄予厚望的冯铨。

清廷大的战略方向已经确定，即使同意谈判，也不过是避免两线作战的缓兵之计，这和前文中提到的李清的分析倒是不谋而合。那么，摆在双方面前的有两个共同的问题需要考虑：第一，大顺军还能坚持多久，换句话说，留给双方的谈判时间还有多少？第二，能否在谈判开始前争取到一个更有利的位置？

关于第一个问题，史可法在六月中旬的上奏中表达得很清楚：“急请款御。”但从七月十七日工科给事中李维樾还在建议“改款北为酬北，以正名义”[③] 来看，弘光政府虽然已经把议和当成头等大事，但效率却低得可怜。

七月二十三，兵科给事中陈子龙上疏，强调“北使宜速”：“臣料虏今在临、济间者，以安民为名，不过建州零骑，或即我降将。万一大众南

---

① 黄宗羲：《弘光实录抄》卷三，见《黄宗羲全集》第二册第62页。浙江古籍出版社1985年标点本。

② 《清世祖实录》卷五，顺治元年六月癸未条，第65页。

③ 李清：《南渡录》卷二，第64页。

下，而我玉帛待诸境上，城下之盟，国体益伤。宜敕左懋第、陈洪范等星夜渡淮，先赍谕往，而令马绍愉等护银币徐行，沿途将登极诏四行腾布，使诸夏晓然知有共主，则人心尚可鼓也。”① 可见，此时的议和使团刚刚走到淮河岸边。

前引《刘泽清致吴三桂书》，函封时间为七月三十日，信中仍称使节“旦夕北发”②，看来使团此时仍然滞留在淮河南岸，尚未渡河。

恰恰就在七月，清廷的态度发生了巨大的变化。当时大顺军已经退守陕西一线，清廷已经在河北一带站稳脚跟，并呈战略进攻态势。为此，多尔衮派降将陈万春等于本月带书信给史可法，指责弘光政权“苟安旦夕，弗审事机，聊慕虚名，顿忘实害”，是“欲雄据江南，坐享渔人之利”，如果继续“拥号称尊，便是天有二日，俨为敌国。予将简西行之锐卒，转旆东征；且拟释彼重诛，命为前导”，“诸君子果识时知命，笃念故主，厚爱贤王，宜劝令削号归藩，永绥福禄……兵行在即，可西可东。南国安危，在此一举”③。可见，清廷此时留给弘光政权的选择只剩下一个：投降。议和的时机已经被错过。

再看第二个问题。应该承认，弘光朝廷知道山东的得失对谈判会有什么影响，朝中士大夫也反复催促决策层要尽快收复山东。五月二十八日，就在马士英奏报吴三桂山海关大捷之后不久，户科给事中熊汝霖即再次催请朝廷令四镇北渡，“收拾齐、豫，恢复北都”④。七月初四，吏科都给事中章政宸疏陈国是，强调：“今宜以进取为第一义，进取不锐，则御守不坚……比者河北、山左忠义响应，结寨保聚，擒杀伪官，为朝廷效力，若不及今电掣星驰，仗义伸讨，是綳天下之气而坐失机事矣。”⑤ 七月十三，熊汝霖再次进言：“近闻虏骑南下，山东诸郡岂可轻委？南北诸镇，不于此时渡河而北……直待长驱入境，徒欲一苇江南，公然向小朝廷求活乎？”⑥

迫于压力，弘光朝廷于六月二十八日任命王燮为山东巡抚，丘磊为总兵镇守山东。不久又拟王永吉为山东总督。七月，“给山东抚镇十万金资

① 李清：《南渡录》卷二，第67页。
② 《刘泽清致吴三桂书》，第464页。
③ 《附摄政王来书》，见张纯修辑、唐振常校补《史可法集》，第89—90页。
④ 黄宗羲：《弘光实录抄》卷一，第23页。
⑤ 李清：《南渡录》卷二，第56页。
⑥ 同上书，第63页。

饷”[①]。可就在八月廿三，弘光朝廷仍在催促王燮、丘磊马上去赴任，并晋升丘磊为都督同知，结果却仍是“徘徊淮上不行”[②]。更糟糕的是，刘泽清还把弘光朝廷的措置通报给了敌国之吴三桂，一厢情愿地认为王燮等“皆我辈莫逆”，“正为旧新共事之便耳”[③]。

相比之下，清廷的效率要高得多。六月初三，多尔衮命王鳌永招抚山东、河南。为了使王鳌永能死心塌地地为本朝卖命，敕书中一方面封官许愿，强调“二东为南北咽喉，两河为中原堂奥”，一方面给他吃定心丸，信誓旦旦地表示“安我畿辅，定鼎于兹，永无迁徙”[④]，即绝不会再撤回关外。

清廷同时在军事上配合王鳌永的招抚工作。六月廿七日，清军进占德州。二十九日，弘光朝廷得报，“传报济宁固山额真石等，奉摄政王令，调兵马巡视山东，所到地界，官民出郭迎接，违者以抗师治罪。又清国平西王吴三桂称：‘摄政王简选虎贲数十万，络绎南下，牌行山东临、德一带，仰体大清安民德意。’”[⑤] 七月初一，弘光朝廷又得知“有北骑数人持告示至青州，一为摄政王，一为平西王吴，各称安民。又有北中兵部文二角，索一路清册，惟济宁未降，东昌、临清皆服”[⑥]。十月初三，清廷再次张大声势，称“摄政王发大兵四十万南下，谕州县预备粮草”[⑦]。

王鳌永也很卖力。七月十二日，他密报南中弘光朝情形，并指出“江北之地，彼所必争。请亟补镇臣，移驻曹、单，控扼淮徐”[⑧]。十九日，为笼络人心，他又奏准“蠲免山东钱粮如河北例”[⑨]。为了能迅速掌控山东，清廷甚至不顾尊严，接受山东巡按朱朗鑅的建议，令山东新任三监司放弃满清衣装，换穿明朝官服，“目下急剿逆贼，兵务方殷，衣冠礼乐未遑制定。近简用各官，故依明式，速制本品冠服，以便莅事。其寻常出入，仍遵国家旧例”[⑩]。

其实，从后来的战局发展来看，清廷此时的主要精力仍在西方，决定

---

① 谈迁:《国榷》卷一〇二，第6129页。
② 同上书，第6141页。
③ 《刘泽清致吴三桂书》，第464页。
④ 谈迁:《国榷》卷一〇二，第6111页。
⑤ 计六奇:《明季南略》卷二《北事》，第135页。
⑥ 同上书，第135页。
⑦ 同上书，第137页。
⑧ 《清世祖实录》卷六，顺治元年七月丁酉条，第68页。
⑨ 《清世祖实录》卷六，顺治元年七月甲辰条，第70页。
⑩ 《清世祖实录》卷六，顺治元年七月己亥条，第68页。

清廷与大顺军命运的怀庆战役、潼关战役尚未展开，清廷在山东的一系列举措主要目的仍在于震慑弘光政权。因此，只要对方有微小举动，清廷都会如临大敌。如河道总督杨方兴于十月十日奏报："为照二东地当南北孔道，目今时事，患在人心未定。人心之未定，由于土寇之横行。土寇之敢横行，由于南兵潜作奸细，伪榜纷传，讹言屡起。南兵之敢来作细，由于将帅之罢敝，兵力之单虚。虽先设有沂、胶二镇，俱相隔千里，土贼、南奸在在见告，未免顾此遗彼。"① 为此，杨方兴建议增设登州防海总兵和临清防河总兵，以便"互相犄角，四应不穷"。多尔衮见奏，马上批示兵部复议。为了几个微不足道的弘光朝间谍就如此兴师动众，足见清廷对山东的重视程度。

又如当年九月，大顺军旗鼓官赵应元利用清军的麻痹，骗开青州城门，占领青州。为了换取当地地主武装的支持，赵应元把明朝宗室衡王搬出来，以为号召。清廷对此十分紧张，兵科都给事中戴明说汇报山东形势时特意强调"应元素称机诈，今假以拥戴衡藩为名，号召奸宄，蓄心更险"，建议清廷要当机立断，不可"今日曰招抚，明日曰招抚，道旁一纸，遵依了事。百姓漫无与也，土贼不及知也。招者自招，叛者自叛，直养痈耳"。多尔衮批示："这本说的是，大兵即星夜前去。"②

在剿杀了赵应元义军后，多尔衮仍不放心，特意要求梅勒章京和讬等人，"衡王曾否与赵应元同谋，应行详察，有谋则严加看守，另行奏闻；不则仍令安业"③。清廷对已经投降的衡王倍加重视，说明对山东地区的地主势力并不放心，唯恐他们心向旧主，与弘光政权联合。

崇祯末年，清军曾两次蹂躏山东，给当地人民造成很大伤害。清廷对山东心存戒心是可以理解的。赵应元拥戴衡王以及清廷的迅速反应，则说明山东民众对明朝还有较深的感情。即便是部分投降清朝的地方官员，也对清朝缺乏坚定的认同。如当年七月，明朝旧臣杨汝成、张维机南下，已被清廷任命为监军、"署巡抚事"的方大猷竟然派人持牌护送他们到济宁，登舟南下。同月，旧臣张凤翔等携家眷南下，期间还曾和弘光朝派往北方颁布诏旨的官员同行。按理，应该倍加小心。事实却是他们"借临

---

① 《河道总督杨方兴启为东省寇横敌窥亟需旧将弹压等事》，见郑天挺、孙钺等编辑《明末农民起义史料》，第481页。

② 《兵科都给事中戴明说题为惊闻青州失守贼势蔓延可虞恳刻期扫除事》，见郑天挺、孙钺等编辑《明末农民起义史料》，第482—483页。

③ 《清世祖实录》卷十，顺治元年十月丙子条，第102—103页。

清兵自卫”[①]。那时的临清已经是清朝属地，他们居然能借清军来保卫自己，足见当地官员并没有坚定的政治立场。官员如此，遑论乡绅百姓?

八月份，山东济宁知州朱光、生员孙胤泰、乡民魏立芳等，“各疏请兵”[②]。九月，“东昌府乡绅张凤翔等擒斩伪官，复东昌等府县”[③]，并通报弘光朝。结果却是孙胤泰等仅被授予候补道官，未见一兵一卒，后者更是仅获优恤。在弘光朝廷迟迟不提供实质性支援的时候，山东乡绅士大夫依旧络绎不绝地投向南方，说明弘光政权完全有条件利用人心向背，收复山东失地，换得谈判桌上的有利位置。

九月份，陈洪范等终于北上，但朝廷却仍“无一兵收山东”，巡按山东御史凌駉不得不上疏:

> 臣以铅椠书生，未谙军旅，先帝过简，置之行间。遭值危亡，不能以死报国，乃以万死余生，纠集义师，讨擒伪逆，诚欲自奋其桑榆之效。然不藉尺兵、不资斗粟，徒以忠义二字激发人心。方今贼势犹张，东师渐进，臣已上书东国大臣，及覆恳切，不啻秦庭之哭矣。然使东师独任其劳，而我安享其逸，东师克有其土，而我坐受其名，恐无以服彼之心而伸我之论。为今日计，暂假臣便宜，权通北好，合兵讨贼。名为西伐，实作东防。俟逆贼既平，国势已立，然后徐图处置之方。若一与之抗，不惟兵力不支，万一弃好引仇，并力南向，其祸必中于江、淮矣。若臣之自为计，则当不出此。臣南人也，即不肖而有功名之想，尚可几幸于南;但恐臣一移足而南，大河之北，便非我有。故忍苦支撑于此，以为他日收拾河北、畿南之本。夫有山东，然后有畿南;有畿南，然后有河北。临清者，畿南、河北之枢纽也。与其以天下之饷守淮，不若以两淮之饷守东。伏乞皇上择一不辱君命之使臣，联络北方以弭后患，宣慰山东州县以固人心。[④]

凌駉这个人的身份比较特殊，有必要先交代一下。

凌駉，原名云翔，字龙翰，徽州歙县人。1644 年正月以兵部职方司主事的身份在督辅李建泰帐前效力。大顺军西撤时，他曾“纠合三百人起兵，擒伪防御使王皇极等三人”，并传檄山东，史称“山东、河北各土

① 计六奇:《明季南略》卷二《北事》，第 135 页。

② 李清:《南渡录》卷二，第 85 页。

③ 同上书，第 103 页。

④ 计六奇:《明季南略》卷三《凌駉自缢济馆》，第 193—194 页。

寨来归者甚众”[①]。李建泰投降清朝，凌駉以旧人身份投靠，并奉命招抚山东一带，“然駉于南京亦发疏不绝”[②]，换句话说，凌駉是潜伏于清廷的弘光朝间谍。只不过他是主动潜伏，而非受弘光朝廷遣派。正因为他的身份特殊，大顺军才会于六月份派五名侦察兵伪装成他的家人进入济宁搜集情报，且差一点就成功占领济宁[③]。

在当年七月，凌駉曾“驰奏亟乘机恢复”，弘光朝廷于八月授予他东昌兵备佥事职[④]，不久又改授浙江道御史，巡按山东，并“给空札一百道，量才补官”[⑤]。

从上面的奏疏来看，凌駉在“借虏平寇”问题上和弘光君臣并无分歧，区别仅在于他对清军有足够的警惕，因此才会建议在“假臣便宜，权通北好”，以便“合兵讨贼”的同时出兵北上，“名为西伐，实作东防”。从字里行间可以看出，凌駉对长时间孤身滞留敌营，“忍苦支撑”，“不藉尺兵、不资斗粟，徒以忠义二字激发人心”颇多愤懑，并对弘光朝廷用人不力，始终无所作为颇为不满，因而大声疾呼“伏乞皇上择一不辱君命之使臣，联络北方以弭后患，宣慰山东州县以固人心”。令其遗憾的是，弘光朝廷给予他的仅仅是令其“便宜联络”的虚词，以及此前赐予的100道空白委任状。至于迟迟不见弘光朝廷有实质行动的原因，其实凌駉自己已经给出了答案，即弘光君臣大多担心兴兵北上会被清廷理解为敌对行动，“若一与之抗，不惟兵力不支，万一弃好引仇，并力南向，其祸必中于江、淮矣”。

如果说弘光朝廷对山东丝毫不重视显然有些冤枉。弘光政权此前不仅已经派出王爕、丘磊，又于九月十六日追加王燊“巡抚登莱”[⑥]，十月份，再“敕王永吉驻徐州，料理山东、河北战守”[⑦]。从此前张凤翔等南下时遇到颁诏官员、清朝河道总督杨方兴上报发现南朝间谍等来看，弘光政权在收拢山东民心、收集情报等方面还是做了一些事情，并收到了一定的效

① 计六奇：《明季南略》卷三《凌駉自缢济馆》，第193页。

② 计六奇：《明季南略》卷二《北事》，第135页。

③ 黄宗羲：《弘光实录抄》卷一，第12—13页。

④ 谈迁：《国榷》卷一〇二，第6139页。

⑤ 同上书，第6141页。

⑥ 黄宗羲：《弘光实录抄》卷二作“癸卯”，即十八日，见《黄宗羲全集》第二册，第52页。谈迁：《国榷》卷一〇三作九月辛丑（十六），“以王燊为右佥都御史，巡抚登莱、东江等处，援辽赞理军务”，见该书第6147页。计六奇：《明季南略》卷二《九月甲乙总略》也记载为“丁丑”日派出，见该书第96页。本文采用后者。

⑦ 谈迁：《国榷》卷一〇三，第6158页。

果。不断有山东士绅起义兵并联络南京，即是很好的证明。但为什么没有进一步的举措呢?

表面上看，是用人不力。总兵丘磊“镇齐不行，屡旨催促，乃携家渡河，又携被逮原任保定总督侯恂同往。督下海北发，然后自以百骑回安东索饷……”[①]，前后消耗军饷二十余万，却寸土未复。史可法不得不于十一月奉旨将其逮捕，并以“逗留观望，志图不轨”[②]等罪名将其处死。

巡抚王燮、王溁也好不到哪去。“燮与溁皆以齐事超擢，慨然任行。已见北兵渐炽，遂疑惮不进。”工科右给事中戴英上疏弹劾：“臣近闻山东人心不忘本朝，乡勇团聚不下十余万，若溁与燮早渡河收拾，自不难为我用。今督抚重臣逗留如此，于地方何望！臣谓二臣初意原不过谝官，迨官已入手，则向兵部索兵，向户部索饷，向工部索衣甲器械，借种种不能应手之事，以曲遂规避，而疆事已大溃。臣谓昔坏东省者，虏与寇也，今弃东省者，溁与燮也。若不严行处治，立正斧钺，恐尤而效之，未有止息。”但结果仍是“明旨屡催，竟不行也”[③]。

负责经营山东的王永吉表现也不怎么样。十一月廿六，御史沈宸荃弹劾王永吉“观望逗留，徘徊淮海间，未闻荷戈，先请诰命……何急于荣父母，而缓于勤君上”[④]。工科都给事中李清见状，向掌控朝政的马士英建言申明法纪，以儆效尤，马士英却只丢下了一句话：“人言我愦愦，后人当思我愦愦。”[⑤]

另外，王燮于六月受命巡抚山东，王溁于九月受命巡抚登莱，可在弘光朝的山东官员系列里同时还有“东抚斤祖德”、“不列名之登抚曾化龙”[⑥]等，一职多授，即便这些人都是股肱之臣也免不了推诿扯皮，治下民众更会无所适从，何况还都是些贪生怕死之辈?

回过头来，我们不妨分析一下马士英这句“人言我愦愦，后人当思我愦愦”的内涵。按理，弘光朝廷建立不久，掌握大权的马士英等就陷入“逆案”当中，遭到所谓君子直臣的不断攻击。此后又有所谓“顺案”等政治事件迭次发生，弘光朝廷陷入一片混乱。内有文臣掣肘，外有藩镇事实上的割据，马士英等要彻底主宰朝政，要么大肆杀伐，实行

① 李清:《南渡录》卷三，第153页。
② 黄宗羲:《弘光实录抄》卷三，第65页。
③ 李清:《南渡录》卷四，第183页。
④ 李清:《南渡录》卷三，第157页。
⑤ 李清:《南渡录》卷四，第183页。
⑥ 李清:《南渡录》卷三，第157页。

恐怖统治；要么建立大功业，树立权威。实行恐怖统治，在当时的政治环境下，要冒极大的风险，显然不是上策。那建立什么样的功业呢？收复山东、河南可以做一个选项，但分量略显不足，而且在混乱的朝政背景下，未必有人能担此重任。王燮等出工不出力，予以惩处无可厚非，但一方面无济于事，一方面还可能引来新的人事纷争①，得不偿失。

当时，弘光政权上下都把剿灭起义军作为头等大事，如果能在这方面建立功勋，显然是上佳选择。出身凤阳总督的马士英对本方的军事实力有一定的认识，弘光帝也没有亲征的打算，加之四镇只关心切身利益，指望通过北伐立功，成功的概率太低。吴三桂引清军入关并击败大顺军让马士英看到了立功的希望，因此，“借虏平寇”成为他的首选。在得到史可法等人的支持后，进一步上升为国策。既然是国策，其他事务都要以此为中心，创造良好的议和氛围是其中之一。清廷派王鳌永等招抚山东的消息，南京方面在七月初就已获悉。在议和使团迟迟没有出发的情况下，如果贸然出兵北上，万一在山东引发冲突，势必会影响议和。这对于一心要实现“借虏平寇”的弘光朝廷来说，绝对是不可承受之重。因此，在科道官不断弹劾的时候，朝廷下旨催促更像是敷衍科道，而非其真实用意。王燮、王溁等人估计也猜透了朝廷的心思，因此才敢于拖延北上②。这里举一个例子可以作为佐证。

十月，清军开始基本占有山东，并开始南下，前锋已经进至淮河北岸，曹州、单县、归德、沭阳等地都发现清兵在活动。马士英不是积极备战，而是奏请“赐王永吉一品斗牛服色，少隆接待北使之礼”。军事主官刘泽清倒没这么糊涂，他的建议是坚守徐州等地，同时“必令丘磊渡海，先收登、莱”，但如此措置的目的，却不是为了恢复故土，而是“以待使臣回日定和战”③。

不为君子们所齿的马士英等是这样处理的，那么，受他们欣赏的史可法又如何呢？请看其《请讨贼御敌以图恢复疏》：

屡得北来塘报，皆言敌必图南，水则广调丽舡，陆则分布精锐，

---

① 王溁是万历三十八年进士，与马士英忌惮的大学士高弘图以及钱谦益、张慎言等是同年。如果对之惩处，有可能引来所谓君子们的报复。

② 史载，奉命巡抚山东后，王燮仍同刘泽清在睢宁“具食与乐”，似乎已达成某种默契。见《黄宗羲全集》第10册《传状类·王义士传》，浙江古籍出版社1985年标点本，第580页。

③ 计六奇：《明季南略》卷二《北事》，第137页。

尽河以北，悉染腥膻……和议固断断难成，一旦南侵，即使寇势尚张，足以相距，两者必转而相合，先向东南。宗社安危，决于此日……今宜速发讨贼之诏，严责臣与四镇，使悉简精锐，直指秦关，悬上赏以待有功，假便宜而责成效；丝纶之布，痛切淋漓，庶使海内忠臣义士闻而感泣，必有投袂而起者矣。①

无疑，在史可法眼中，大顺军和清兵现在都是敌人，但大顺军仍然是头号。而且，他还想当然的认为，一旦和清廷决裂，大顺军必然会和清军联合南下。所以，朝廷应速发讨贼诏书，先消灭大顺军。至于清军，虽然“和议固断断难成”，但言下之意，还是要争取暂缓撕破脸皮。可见，大战在即，弘光朝廷的决策层依旧在梦想和议，至少目前还不能决裂。

正是因为弘光朝廷顽固坚持与农民军为敌，错把几十年的大敌当成可以平定祸乱的依靠力量，加之内部腐败，文恬武嬉，才一而再地贻误战机。十二月初七，巡按御史凌駉在恢复无望的情况下拒绝清廷利诱，回到南京②。廿一，弘光朝廷“命山东巡抚王燮驻淮安府安东县，无警守城，有警防河。登莱巡抚王溁暂驻淮上，以候委用。又省原派山东饷银三万，东、登二抚银米三十万”③。至此，弘光朝廷彻底放弃了山东。

清军占据山东后，从容分兵南下。弘光朝野虽然已经明了清朝政府的真实目的，但为时已晚。不仅复仇无望，连自己的小朝廷也断送了。

弘光元年四月，清军即将兵临扬州城下，马士英仍拒绝救援。他的理由竟仍然是“敌至犹可议款”，若左良玉兵进南京，则“我君臣独死耳”④。那位忍痛潜伏于敌营的凌駉在自缢前也曾致书清朝豫亲王，仍期望“愿贵国无负初心，永敦邻好。大江以南，不必进窥”⑤。按照传统史学的评价方法，马士英和凌駉是一奸一忠，一邪一正，可两人在死到临头的时候都仍在幻想议和，颇让人玩味。

---

① 张纯修辑、唐振常校补《史可法集》卷二，第38—39页。《南渡录》记载本疏上于十一月丙申，张纯修等有异议，本文同意后者的看法。

② 李清：《南渡录》卷四，第167页。

③ 李清：《南渡录》卷四，第182—183页。

④ 李清：《南渡录》卷五，第269页。

⑤ 计六奇：《明季南略》卷三《凌駉自缢济馆》，第194页。

结 语

明朝末年，努尔哈赤起兵反明。不堪重负的明朝政府为维持旷日持久的战争，不得不加征赋税，结果引起农民反抗，崇祯帝、后因此殒命。退守江南的弘光政权为了自己的家天下，不惜与昔日的大敌议和，以换取共同镇压农民起义。按理，要议和首先要争取谈判时的有利地位，保有山东是基本选择，“一旅北出与公（注：指凌駉）犄角，上扼沧、德，下蔽徐、兖，天下事未可知也”[①]。但弘光朝廷害怕北上与清廷发生冲突，致使山东等地“义民”始终得不到故主的支援，山东百二山河最终沦落于清人之手。山东丧失后，原本有机会捡起来的山东海防随之彻底解体。

不久，弘光政权亦灰飞烟灭。山东士子或出于对旧主的失望，或为清廷优惠政策所吸引，转而与清朝合作，从而出现了本文开篇所描述的那一奇怪现象。不过，山东人民对崇祯末年清军赐予的灾难并没有彻底淡忘，不少人因此选择了消极对抗。如崇祯七年进士、登州人张允抡，其族人张宏德、张焕皆因“崇祯癸未守城被难”，允抡因此“鼎革后隐居不出，舌耕授徒，连征不起”[②]。至于像高密单氏三兄弟那样选择与清廷合作，究竟是顺应时势，还是同弘光君臣一样，因亲人死于起义军之手而对之有切齿仇恨，为此不惜与外敌合作，因史料缺失，也就不便妄加揣摩了。

---

① 计六奇：《明季南略》卷三《凌駉自缢济馆》，第194页。

② 《续修张氏谱书》，民国二十年烟台东鲁印刷局代印本。癸未年即崇祯十六年，清军在本年曾洗劫山东，并与当地军民在莱阳血战多日。张氏世居莱阳，并参加了保卫战。多名族人因此罹难。

第七章　山东海防建设与移民

第一节　明初海防卫所建设与半岛人口的迁移

明承元制，实行世袭军户制度。从军军户被纳入分布在各地的卫所当中，进而形成庞大的卫所军户群体，成为一种特殊的军事性移民，对当地的社会发展产生了深远影响。前辈学者曾提出“明朝政府刻意将军士调离原籍，实行南北互易，远离乡土，同一县的军士不准在同一卫所或同一地区服役，以防其同谋逃亡或共谋反抗”① 的观点，并被广泛接受。近年来，这一观点开始受到质疑。于志嘉率先提出明代军士远离乡土的原因在于明初卫所草创阶段没有通盘规划，卫所频繁调动，致使卫所军逐渐远离原籍②。

个人认为，明初刻意将军士调离原籍的现象的确存在过，但仅限于归附军士，也就是从陈友谅、张士诚等敌对阵营投诚或收降过来的军士。不过这些归附军士与其说是被调离原籍，不如说是被调离“根据地”——旧阵营控制区——更为贴切。另外，明初的谪充军基本不在原籍附近服役。不过这是一种司法惩戒措施，并不会发生在一般军士身上。更为重要的是，明初军户的另一大来源——垛集军的服役地一般在原籍或邻近省份③。就近服役的垛集军户的存在也是前人观点需要适当修正的核心证据。

但是在山东半岛上，我们看到的却是另一番景象。

本书第一章第三节曾探讨过，出于防御倭寇的需要，洪武一朝先后在

---

① 王毓铨：《明代的军户——明代配户当差之一例》，《历史研究》1959 年第 6 期。

② 于志嘉：《试论明代卫军原籍与卫所分配的关系》，《中研院史语所辑刊》1989 年第 60 本 2 分。

③ 参见拙著《明代卫所军户研究》第一章相关内容。

山东沿海设立了 10 个卫[1]，除了登州卫、莱州卫、宁海卫设立较早外，安东卫、灵山卫、鳌山卫等七个卫都创立于洪武三十一年。也就是说，山东半岛上的大部分卫所都创立于洪武末期。

明朝军户的来源，按照传统分类，主要有从征、归附、谪充和垛集四种。从征和归附主要在洪武初年使用，谪充是一种与司法制度相配合的集军方式，且不是军户来源的主体。洪武中后期征召入伍的军户，主要采取垛集方式，也就是从新设卫所附近地区的民户中按照一定的比例签充。

大致从洪武十七年开始，明朝政府的海防战略开始发生变化。洪武初，对倭寇及方、张余党采用主动出击战略，定期派出大规模舰队沿海巡航。但在沿海局势相对稳定后，这种近海防御战略逐渐被近岸防御战略取代，大规模的出海巡逻不再独立举行，开始与海运结合进行。东南海区的巡逻任务则交由地方都司负责。洪武十七年，汤和等人被派往浙江，开始在要害地区大规模设立以被动防御为主要特征的卫所以及附属堡、寨等。浙江陆上海防卫所建设完成后，这一政策被推广到闽粤沿海，并于洪武三十一年起，开始在山东半岛落实。

沿海地区的卫所因为设立时间较晚，其军官大多从其他卫所抽调，离开原籍是必然现象。但士兵大多采取垛集方式，从附近府县民户中签充。如《明太祖实录》卷一八七记载，洪武二十年十一月，

> 信国公汤和奏言：宁海、临山诸卫滨海之地，见筑五十九城。籍绍兴等府民四丁以上者，以一丁为戍兵，凡得兵五万八千七百五十余人。先是，命和往浙西沿海筑城籍兵戍守以防倭寇，至是事毕，还奏之。[2]

又如洪武二十年四月，

> 命江夏侯周德兴往福建，以福、兴、漳、泉四府民户三丁取一，为缘海卫所戍兵，以防倭寇。其原置军卫非要害之所，即移置之。德兴至福建，按籍抽兵，相视要害可为城守之处，具图以进。凡选丁壮万五千余人，筑城一十六，增置巡检司四十有五，分隶诸卫以为

---

① 青州诸卫因处于内陆，未计算在内。

② 第 2799 页。

防御。①

山东沿海各卫设立时间更晚，按理，应该也是以垛集为主要征兵方式，即以附近人口为主。但现在的山东在人们心目中是军户大省、移民大省。居住在半岛上的人们大多声称自己是山西洪洞人、四川人、枣强人、云南人以及江苏东海人的后裔，也就是来自山东以外。人们记忆中的祖籍，大多能从谱牒资料中反映出来。如日照《丁氏家乘》“初修本后序”载：

> 祖考中翰公行述：本为江南海州之东海人，明初祖顺北徙，占籍于邑南之刘家寨迤东二里许。时朝廷命郡县募壮士守沿海哨墩，以勇敢募，且利其少，既禀为资斧，竟以军籍隶青州伍，世为日照人。四传皆业农，积渐田连阡陌，至今人呼其处为丁家庄。②

又如（昌邑）《陈氏家乘·谱系叙略》记载：

> 始祖（得甫）原居成都南关铁臼巷，洪武二年以军籍来昌邑，遂家焉。二世、三世均充辽东广宁左卫差，至四世乃罢。今该处之姓陈氏者，多吾同族也。③

类似例子还有很多，不胜枚举。为什么山东沿海海防卫所的建置时间很晚，反而出现了有别于东南沿海地区的现象呢？

可以肯定，洪武三十一年明朝政府曾经在山东地区执行过垛集征兵，如胡士文在永乐二年撰写的《新设威海卫捕倭屯田军记》中曾写道：

> 洪武戊寅春正月，特命魏国公徐、都督朱垛集本处之民，置立沿海卫所。④

在个案资料中也有所反映。如诸城县人杨喜孙，“洪武三十一年垛青

① 《明太祖实录》卷一八一，洪武二十年四月戊子条，第2735页。

② 咸丰九年刊本。

③ 民国三年山东印刷公司排印本。谱作者陈榦，字明侯，辛亥革命时起义淮甸，是首义功臣。

④ 乾隆《威海卫志》卷九《艺文志·记》，民国十八年威海九华小学重印本。

州左卫总甲”[①]。又如日照县人卜官儿，“洪武三十一年投充青州卫后所总旗”[②]。后者虽然是投充，即主动从军，但也说明明朝政府曾于洪武三十一年在山东半岛进行过征兵工作。因为随机接受主动投军人众仅发生在战乱时期，和平时期是不会随意接受投充军士的。

不过从威海、成山等卫一般只有三个千户所，并未达到额定编制来看，洪武三十一年的垛集征兵效果并不好。其中固然有部分军士被补充到此前早已设立的青州左卫等卫所的缘故，但主要原因似乎应归结于本省潜在军户资源的短缺。本地兵源不足，只能借助于外省人口，于是才有了大批跨省军事移民的涌入。那么，山东本地兵源短缺是否真的存在？原因又是什么呢？

一　山东本土军户的外流

元末，山东地区迭遭兵火，红巾军、元朝政府军、察罕帖木儿军、地方武装等多支力量曾在这里展开反复较量，给当地造成严重损失。远在江南的朱元璋也对这里的局势发展十分关注，特意派著名谍报员何必聚以厨师的身份潜伏到山东红巾军领袖毛贵的儿子身边。“时太祖欲知齐鲁、燕冀虚实，乃遣何必聚为毛平章烧饭食，以探中原。小毛平章年幼聪敏，必聚至数日，待之甚厚，以金盒盛玉带一条谢之。”[③]

1367年朱元璋称吴王后，明军开始北伐。山东一带的军阀陆续倒戈投降或逃走，大批军士投入明军。战前对山东形势非常了解的朱元璋对这些曾多次改换门庭的降兵降将非常不信任。当年十月，沂州守将王信表示愿意投诚，朱元璋密谕大将军徐达：“王信父子反复，不可遽信。宜勒兵趋沂州以观其变。如王信父子开门纳款，即分两卫军守其地。信父子及部将各同家属遣至淮安。若益都、济宁、济南俱下，各令信军五千及我军万人守之，其余军马分调于徐、邳各州守城，然后发遣其家属与居。”[④]

王信父子正式投降后，朱元璋又在当年十一月十九日命令徐达等人，“王信来，其部下得力头目，尽数收拾，与王宣父子等管解来……军人全用然是全用，须要分于各部，随我军征守。每军各带家小，于所守城内住

---

① 《青州左卫选簿》，《中国明朝档案总汇》第55册，第93页。

② 同上书，第92页。

③ 钱谦益：《国初群雄事略》卷一，龙凤五年七月丙辰条，中华书局1982年标点本，第27页。

④ 《明太祖实录》卷二六，吴元年十月辛未条，第407页。

坐。止可数千调用，不可满万”[①]。

吴元年十二月，朱元璋认为徐达、常遇春等没有认真贯彻自己的要求，又派人告诫他们：“今山东诸将虽皆款附，而未尝遣一人至此，若留诸降将布列旧地，所谓养虎遗患也。昔汉光武命冯异平三辅，营堡降者，遣其渠帅诣京师，散其小民，令就农桑；坏其营壁，无使复聚。古人之虑患深矣。将军其思之。”[②]

都督同知张兴祖推诚待人，“于其降将有可用者即使领其旧兵，俱以进取”。朱元璋认为：“此非良策。闻兴祖麾下降将至有领马军千骑者。若一旦临敌，势不足以相加，因而生变，何以制之?”于是命令张兴祖：“今得一降将及官吏儒生，才有可用者，悉送以来京，勿自留也。”[③]

几天后，朱元璋再次遣使晓谕徐达等北征将领：“闻大军下山东，所过郡县，元之省院官来降者甚多，二将军皆留于军中。吾虑其杂处我军，或昼遇敌，或夜遇盗，将变生不测，非我之利。盖此辈初屈于势力，未必尽得其心，不如遣来，使处我官属之间，日相亲近，然后用之，可无后患。若济宁陈平章、卢平章，东平马平章，各官家属亦发遣来，我将厚待之。”[④]

朱元璋的担心不是没有道理。不到半年，洪武元年闰七月，在济南就发生了降将乔佥院的叛乱[⑤]。乔佥院原本是从福建航海北上，往大都运送大象的军官。因为局势的迅速变化，航海至山东的他主动登岸投降。按说，他在山东地区并没有什么根基。可就是这样一个人也可以鼓动成千上万人和他一起叛乱，足见原本在此经营的元朝旧将发动叛乱的风险会更大。

要把风险降到最小，最好的办法就是把这些投诚兵将分散并调往外地安置。从大量个案资料来看，明朝政府正是这么做的。例如：高邮人葛敬，原为元朝“山东行枢密院佥院。吴元年归附，克取青州。洪武二年并枪，选充骁骑前卫壮士，三年充壮士旗手，十一月除怀庆守御百户……”[⑥]；沂水县人邢拳，“前王信下佥院，吴元年归附。洪武元年钦除

---

① 王世贞：《弇山堂别集》卷八六《诏令杂考二》，中华书局 1985 年点校本，第 1644 页。
② 《明太祖实录》卷二八上，吴元年十二月丁未条，第 423—424 页。
③ 《明太祖实录》卷二八上，吴元年十二月戊申条，第 426—427 页。
④ 《明太祖实录》卷二八上，吴元年十二月丙辰条，第 430—431 页。
⑤ 《明太祖实录》卷三三，洪武元年闰七月庚子条，第 579 页。
⑥ 《云南后卫选簿》，《中国明朝档案总汇》第 59 册，第 435 页。

沂州卫百户，五年除宁国卫百户，十一年调太仓卫后所”[1]；等等。

为确保新复地区的稳定，朱元璋曾在要求把降军调离使用的同时，又命令“惟土兵勿遣”，即来自当地的降兵可以继续留在家乡附近卫所服役[2]。不过由于明初卫所军调动频繁，这些一度被留在本省的归附军士大部分也被陆续调离。如洪武元年八月，徐达在设置燕山等六卫时，即改“乐安卫为燕山左卫、济宁卫为燕山右卫、青州卫为永清左卫”[3]。这在个案资料中也有所反映。如济南府乐安州顺礼乡人张林，“洪武元年二月于华指挥归附从军，克大都，洪武二年调燕山左卫中所……”[4] 同样来自乐安的王成也被发往燕山左卫中所[5]。又如：济南人管庆，“洪武元年归附，拨燕山右卫军”[6]；武定州人金木消，“吴元年归附，大兴右卫军……七年升除骁骑左卫总旗”[7]；泰安人拜住，“洪武元年本处归附，充青州卫总旗。拜住生（子宁）忠，征进北黄河等处，升诸城所百户”[8]；等等。

为了最大限度地消灭敌对势力，朱元璋对战争中被打散的敌军非常重视，在战争仍在继续的吴元年十二月，他即命令中书省出榜晓谕亡将散卒：“尔等昔皆良民，因世乱，不得已而从军。王师之举正为民驱除祸乱，使得复业。尔等各有父母妻子、祖宗丘垄，岂不因此得以休息，遂仰事俯育之心。何乃迷而不复？以此为终身之谋，得无失计。若体此意，能自言于官，军则月给以粮，民则各归本土。如不从命，天宪靡逃，一丽于法，悔无及矣。”[9] 不过因为战场形势错综复杂，并不是所有归附降兵都能及时编伍安置，如诸城人王恕，吴元年归附，洪武元年才被编伍，“拟充权百户”[10]。郯城人明亮，更是直到洪武六年才充军入伍[11]。

像明亮这样先回家乡生活了一段时间，此后才被征召入伍的归附军士有很多，与之相关联的是一项针对这类人群的特定政策：收集。

所谓收集，即把因为各种原因散落在民间，未能收编入伍的元朝旧军

---

① 《云南后卫选簿》，《中国明朝档案总汇》第59册，第251页。

② 《明太祖实录》卷二六，吴元年十月辛未条，第407页。

③ 《明太祖实录》卷三四，洪武元年八月癸未条，第619—620页。

④ 《青州左卫选簿》，第21页。

⑤ 《宁远卫选簿》，《中国明朝档案总汇》第55册，第490页。

⑥ 《德州卫选簿》，《中国明朝档案总汇》第68册，第92页。

⑦ 《宁夏中屯卫选簿》，《中国明朝档案总汇》第57册，第24页。

⑧ 乾隆《诸城县志》卷二十《职官表下》，“中国地方志集成丛书”影印本，第141页。

⑨ 《明太祖实录》卷二八下，吴元年十二月丁卯条，第468—469页。

⑩ 《青州左卫选簿》，第112页。

⑪ 《云南右卫选簿》，第34页。

户以及曾在敌对阵营当兵的人户重新征集，纳入军户系统的政策。这一政策在洪武朝曾长期执行，甚至累及第二代[①]。在山东地区，收集旧军人的行动也曾多次出现。如洪武四年闰三月，

> 命侍御史商暠往山东、北平收取故元五省八翼汉军。暠至，按籍凡十四万一百十五户，每三户令出一军，分隶北平诸卫。[②]

洪武十七年十二月，“东川侯胡海奏：招集山东故元军士凡一千四百四十余人”[③]。洪武十八年八月，“命都察院左佥都御史高翼招集莱阳、即墨等处故元将校一百九十八人为军”[④]，等等。

这几次收集行动都记录在《明太祖实录》中。另从零散个案资料看，明朝政府在山东还有一些小规模的收集行动未被记录入《实录》。如济宁州人黄贵，“洪武十年收集，充济宁左卫军，调济州卫后所”[⑤] 等。

经过多次收集，流散在民间的旧军人已寥寥无几。可这些被收集上来的军士又被安顿到了哪里呢？出于对这些潜在敌对势力的不信任，归附军人大多会异地安置。从种种迹象上看，山东籍的归附军士除了投降不久即入伍，随军转战四方者外，大致有两个去向。一是被安置到了京卫，也就是南京地区，由中央直辖的卫所。

洪武二年三月，朱元璋对指挥同知袁义说：“尔所统军士，多山东健儿，勇而好斗。”[⑥] 根据《明太祖实录》卷七四的记载，这个袁义是羽林卫的军官，也就是京卫军官，并曾领兵“捕逐苏、松、温、台滨海诸郡倭寇”[⑦]。前文中提到的郯城人明亮，最高官职即“羽林右卫前所世袭百户”[⑧]，进一步说明羽林卫中的确有很多山东籍军士。在其他卫中也有山东归附军士的例证，如登州蓬莱县人王疲儿，“洪武三年充登州卫军，拨

① 如江西刘以道、刘原福等人，其父曾在陈友谅军中，后回乡务农，并已经去世，但他们的后人依旧在洪武二十年前后被收集入伍，编入宁都卫，后又辗转调往远离家乡的德州等地。事见《德州卫选簿》，第143、161页。

② 《明太祖实录》卷六三，洪武四年闰三月庚申条，第1204页。

③ 《明太祖实录》卷一六九，洪武十七年十二月乙卯条，第2579页。本次收集有具体的个案佐证，如临清人高荣，“洪武十七年东川侯收集，以惯战头目充小旗。二十一年开设沈阳右卫。”见《德州卫选簿》，第139页。

④ 《明太祖实录》卷一七四，洪武十八年八月己亥条，第2652页。

⑤ 《德州卫选簿》，第139页。

⑥ 《明太祖实录》卷四〇，洪武二年三月戊戌条，第805页。

⑦ 《明太祖实录》卷七四，洪武五年六月己丑条，第1360页。

⑧ 《云南右卫选簿》，第34页。

府军卫中所”①，等等。

洪武二十年（1387）闰六月，“上以京卫将士多山东、河南人，一人在官则阖门皆从，乡里田园遂致荒废。因诏五军都督府核遣其疏属还乡，惟留其父母妻子于京师”②。可见，在京卫中服役的山东籍士兵非常之多，而且因为南京地区生活水平相对较高，大批军属主动到了南京，随军生活。由于数量过多，对明朝政府构成很大压力，迫使明廷不得不改变此前对军属赴卫生活的放任自流态度，转而强迫部分家属返回故乡。

洪武十四年，明朝政府发动统一云南的战争，大批京卫兵将参战。战后，出于巩固新复领土以及减少京城管理压力的需要，大批京卫官兵被留在了云南，其家属也被陆续送往云南团聚生活。刚才提到了羽林右卫指挥同知袁义，也被提升为楚雄卫指挥使③，彻底离开了首都。明亮则被调遣到了云南右卫。随着京卫军士西调，大批山东籍军士也因此到了云南，彻底远离了家乡。④

在基本扫荡了长城以内的残元势力后，辽东地区成为明军的下一个目标。山东半岛因为和辽东仅一海之隔，很自然地成为明军向东北进军的大本营。明军的进攻很快取得成功，洪武四年七月，明朝政府在辽东设立了定辽都卫指挥使司，以马云、叶旺为都指挥使。⑤

按惯例，马云等从登州渡海进攻辽东，其属下军士应从邻近卫所中抽调，其中必然包括一部分山东卫所军士。定辽都卫成立后，下辖各卫的军士从何而来呢？史载，洪武六年十一月，

> 置定辽右卫于辽阳城之北，立所属千户所五，命定辽都卫指挥佥事王才等领原将山东诸卫军马屯守。⑥

---

① 《青州左卫选簿》，第54页。

② 《明太祖实录》卷一八二，洪武二十年闰六月乙卯条，第2752页。

③ 《明太祖实录》卷一四三，洪武十五年闰二月甲午条，第2245页。

④ 在统一云南的战争中，山东都司也曾调军参战。如《明太祖实录》卷一七二，洪武十八年三月庚午条记载：当日，“赐山东等处征南军士六万四千一百三十二人钞一十三万六千五百十锭”（第2626页）。战争结束后，有部分山东官兵被留在了云贵。如宁海卫后所百户石琳，于洪武“二十二年调威清卫中所”（见《威清卫选簿》，《中国明朝档案总汇》第60册，第154页）；又如腾冲卫“前所自洱海卫调，多江南山东湖广籍”（见乾隆《腾越州志》卷七《职官·武秩》）；等等。

⑤ 《明太祖实录》卷六七，洪武四年七月辛亥条，第1254页。

⑥ 《明太祖实录》卷八六，洪武六年十一月癸酉条，第1532页。

可见，辽东开设卫所后，又有一批山东参战军士被留在了当地。

收复辽东后，辽东的战事并没有马上停止。纳哈出等北元势力仍是明朝政府的巨大威胁。因此，明廷需要继续不断从内地调兵增援辽东战场。这其中，山东军士因为地理原因，仍是重要兵源。如《明太祖实录》卷一七七记载，洪武十九年四月，

> 命前军都督府都督佥事商暠往河南、山东二都司训练军马，遣属卫指挥率赴辽东听征。[①]

同年八月，置沈阳中、左二卫，“命指挥鲍成领原将河南、山东校卒一万三百二十八人分隶焉”[②]。

从这些例子可以看出，在洪武四年后，仍有大批山东军士被不断调往辽东服役。早年因为各种原因暂时被收编于本省卫所的归附军士因此也踏上了离家的路，远离了故土。个案资料也证实了这一点。例如：沂水县人杜锡，“吴元年归附，洪武元年权千户，三年钦与实授所镇抚。六年调定辽右卫。过海官员，钦除铁岭卫镇抚”[③]。掖县人于亨，“前元汉（军）百户。吴元年从军，洪武元年编充总旗，九年邀杀达贼，二十一年升定辽前卫中所百户”[④]。平度州人丘云勋，“吴元年归附，充权百户。三年除青州左卫百（户）。二十一年过海升定辽右卫中所副千户，本年八月与世袭”[⑤]。文登县人林青，“吴元年归附，洪武元年充总旗，二十一年升定辽前卫中所百户”[⑥]。莱州卫总旗韩真，洪武二十四年十一月“钦除定辽中卫前所世袭百户”，“本所全伍管军，调设辽东宁远卫左所”[⑦]。姚得，“丙申年归附……十一年除沂州卫百户。十六年为整点大军，发辽东征进”[⑧]。前四个例子，都是山东籍归附军士被辗转调离故土。韩真和姚得虽然分别来自南直隶武进县和江都县，但也是归附军人，早年被安置到山东卫所，本身就是异地安置政策的证明。

这些被陆续调离家乡的山东籍归附军士大致有多少呢？洪武元年三

---

① 《明太祖实录》卷一七七，洪武十九年四月癸丑条，第2688页。

② 《明太祖实录》卷一七九，洪武十九年八月辛丑条，第2706页。

③ 《宁远卫选簿》，第326页。

④ 同上书，第312页。

⑤ 同上书，第336页。

⑥ 《宁远卫选簿》，第376页。

⑦ 同上书，第341页。

⑧ 《云南右卫选簿》，第247页。

月，徐达等奏："所下山东州县，凡获卒三万二千余人。"① 加上此后数次收集，被收编入伍的山东归附军士数量估计应该不会低于五万人，非常可观。尽管有部分军士幸运地留在了本省，例如：莒州人林荣，"吴元年归附，洪武元年除青州卫百户，调胶州守御所，阵亡"②；章丘人胡士安，"洪武四年充军……三十一年以年深总旗，除成山卫前所百户，调青州左卫前所"③，但在异地安置的大背景下，其中的大部分应该辗转离开了本省。也就是说，山东本省军户资源至少减少了三四万户。

由于省内不同地区遭受战乱打击的程度不同以及风土民情上的差异，各地在元末投入军伍的士兵数量也有很大差异。民风尚武，又遭反复拉锯的青州一带入伍者尤多。史称"莒之民弃耒耜而趋戎伍者十室而九"④。明朝建立后，这里的归附军户数量自然也会比其他地区多一些。因此造成的各府县军户比例的失调，对后来沿海卫所建设的兵源有重要影响。

由于归附军士大多被调离原籍，山东本省卫所的军士又从何而来呢？洪武七年正月，

> 定辽都卫奏并卫所官军，以左千户所青州土军五千六百人属定辽左卫，以右千户所莱州土军五千人并本卫军七百九十四人属定辽右卫，余军分为八千户所，内调千户余机领中、后二所，往金州守御，俱隶都卫。从之。⑤

所谓"土军"，其实就是从山东本省民户中征召上来的军士，也就是垛集军。有关山东垛集的记载，笔者所见，最早出现在洪武三年。据辽东《宁远卫选簿》记载，山东宁海州人于信，"前原（元）百户，吴元年拨守本城。洪武元年编充青州卫总旗，三年签充土军总旗，六年调定辽左卫"⑥。可见，青州卫军士中有相当一批是本省垛集军，而且是集中管理的。大概是未能满足编制需求，这次垛集持续到了下一年。史载，诸城县人李良住，洪武四年，"垛充青州卫军"⑦。博兴县人高关

① 《明太祖实录》卷三一，洪武元年三月甲申条，第538页。
② 《安南卫选簿》，《中国明朝档案总汇》第60册，第197页。
③ 《青州左卫选簿》，第103页。
④ 嘉靖《青州府志》卷八《人事志·官署·莒州》附《知府赵麟记》。
⑤ 《明太祖实录》卷八七，洪武七年正月甲戌条，第1544页。
⑥ 《宁远卫选簿》，第378页。
⑦ 《留守中卫选簿》，《中国明朝档案总汇》第60册，第361页。

驴，“洪武四年垛充青州右卫右所军”[①]。“洪武四年从军”的莱州府胶州高密县人常伏保[②]，也是借这次垛集的机会投入军伍的。

至于定辽都卫奏并卫所时提到的青州、莱州土军，究竟是渡海北征前临时从两府垛集征召，还是直接从青州卫、莱州卫抽调，因为记载不是很明确，无法作出准确判断。考虑到垛集军入伍后需要一段时间的训练和编组，青州卫、莱州卫在洪武四年前即已存在，估计后者的可能性更大一些。至少，两卫在马云等北征前，应参与了对这批军士的训练工作。

在第一章中，我们曾探讨过登州卫的设立时间问题。笔者认为明初，登州地区曾设有军卫。但因为其他地区战争补给，尤其是不断抽兵到辽东参战的需要，致使本卫军士数量始终处在变动状态，不断抽走，又不断补充，始终没有达到一个军卫的额定编制，被动地出现了一个较长的草创阶段。到洪武九年十二月，登州卫的军额才基本满足编制需要并大体稳定了下来，这才有了《实录》中，洪武九年十二月的重置登州卫之举。临近之宁海卫也存在类似现象，直到洪武十一年四月才基本稳定下来。而造成两卫迟迟未能稳定的最重要原因，无疑是补给辽东战场的需要。

洪武七年五月，山东潍州判官陈鼎奏准：“故事：正军、贴军地土多者，杂徭尽免。今本州军地多而民地少，民之应役者力日殚，请正军全免差役，贴军免百亩之下。其百亩之外余田则计其数与民同役。”[③] 潍州属莱州府，辖区在半岛东南部。引文中出现“正军、贴军”字样，证明在山东确实实行过垛集征兵。从陈鼎的汇报来看，这里由于军户数量过多，已经威胁到正常赋役的达成，于是不得不减少对军户的优待。造成这里垛集军比例过大的原因，辽东战场对士兵的需求，无疑是一个重要因素。

不论是被政府主动异地安置的归附军户，还是因为战争久拖不决，不得不陆续调往省外的垛集军户，都是山东本省军户资源的重大损失。

二 大移民背景下的半岛人口西迁

山东地区在金、元之季就是战争重灾区，人口损失很大。元初，社会相对平稳，人口有一定的增加。按照《元史》卷五八《地理志》记载的人口数统计，元代山东各路、府、州，在册人户合计379493户，1262701口。元末，这里再次遭遇战火，且战争激烈程度较之金元时期有过之而无

---

① 《天津右卫选簿》，《中国明朝档案总汇》第68册，第42页。

② 《宁远卫选簿》，第490页。

③ 《明太祖实录》卷八九，洪武七年五月壬午条，第1576页。

不及，刚刚有所恢复的人口再次蒙受巨大损失。史载，洪武元年闰七月，徐达等率师发汴梁，北上规取河北，一路所见，“道路皆榛塞，人烟断绝”①。因为人口不足，明朝政府甚至于洪武三年三月接受了山东按察司佥事吴彤的建议，撤销了博平、清平、夏津、朝城、观城、范县、馆陶七个县②。洪武七年，明廷以北方部分府县“民稀事简”为由，裁撤了308名府州县官，山东因此“州减同知者三；县减丞者二十九、主簿者四，减丞及簿者二”③。虽然博平等县及被裁减官员后来又陆续恢复，但山东人口的大幅度缩减是不争的事实。

洪武十四年底统计天下人口，“山东布政使司户七十五万二千三百六十五，口五百一十九万六千七百一十五”④。十年后再次进行人口统计，“山东布政使司户七十二万二百八十二，口五百六十七万二千五百四十三”⑤。经过20余年的恢复和发展，山东省的人口数较之元代增加了近4.5倍。虽然元、明两朝的人口统计数字不是很准确，且行政区划也有所变动，但在元末蒙受巨大损失的情况下，短短二十余年，靠着本省人口的自然增殖，无论如何是不可能取得如此成就的。

为解决人口的地区性失衡，明初，政府曾有组织地进行过多次大规模的人口迁移。迭遭兵火洗劫的山东因此成为主要的人口输入区之一。山西地区在元末战乱中遭遇的打击相对较少，加之地处黄土高原，沟壑纵横，可耕地本来就少，处于人多地少的状态，又与山东、河北等省相邻，因而成为向河北、山东、河南一带移民的主要来源地。

洪武二十一年八月，户部郎中刘九皋建议：“古者狭乡之民迁于宽乡，盖欲地不失利，民有恒业。今河北诸处自兵后，田多荒芜，居民鲜少。山东、西之民自入国朝，生齿日繁，宜令分丁，徙居宽闲之地，开种田亩，如此则国赋增而民生遂矣。”朱元璋部分采纳了他的建议，“于是迁山西泽、潞二州民之无田者往彰德、真定、临清、归德、太康诸处闲旷之地，令自便置屯耕种，免其赋役三年，仍户给钞二十锭，以备农具”⑥。次年，又命后军都督佥事李恪等往山西，迁徙无地贫民到河南彰德、卫辉、归德，山东临清、东昌诸处生活，“愿徙者验丁给田，其冒名多占者

① 《明太祖实录》卷三三，洪武元年闰七月庚子条，第579页。
② 《明太祖实录》卷五十，洪武三年三月条，第989页。
③ 《明太祖实录》卷九十，洪武七年六月戊午条，第1585—1586页。
④ 《明太祖实录》卷一四〇，洪武十四年十二月条，第2217页。
⑤ 《明太祖实录》卷二一四，洪武二十四年十二月条，第3167页。
⑥ 《明太祖实录》卷一九三，洪武二十一年八月癸丑条，第2895页。

罪之”[①]。洪武二十八年三月，再次“诏中军都督府左都督刘谦、右军都督府都督佥事陈春、后军都督府都督佥事朱荣往彰德、卫辉、大名、广平、顺德、真定、东昌、兖州等府劝督迁民屯田”[②]。可见，明朝政府对移民工作非常重视。

为使移民工作收到实效，明朝政府给予移民免粮等多项优待政策，且不时延长优待时限。如洪武三十一年，户部尚书郁新建议：“往者，山西狭乡无田之民募至山东东昌高唐境内屯种给食，今已三年，请如民田例征租。”朱元璋未予接受，反而“命再复其租一年”[③]。

实际上，从山西向山东移民，早在明初就已开始。洪武十四年统计天下人口时，山东省在册人口就已达到5196715口[④]。这其中的大部分“功劳”应该记在移民的身上。

关于山西移民的研究，史学界已经有很多成果，无须赘言。需要注意的是，在遭受战争打击更大的山东西部三府（济南、东昌、兖州）大量接受以所谓“大槐树”移民为代称的山西移民的同时，山东东部三府（青州、莱州、登州）也有大批人户被调往西部。例如，洪武二十八年二月，山东布政使司奏准：“青、兖、济南、登、莱五府民稠地狭，东昌则地广民稀，虽尝迁闲民以实之，而地之荒闲者尚多。乞令五府之民五丁以上、田不及一顷，十丁以上、田不及二顷，十五丁、田不及三顷并小民无田耕者，皆令分丁就东昌开垦闲田，庶国无游民，地无旷土，而民食可足也。”[⑤] 几个月后，山东布政使杨镛汇报，已经起取“青、兖、登、莱、济南五府民五丁以上及小民无田可耕者”1051户、4666口到东昌府编籍屯种[⑥]。

其实，早在洪武二十五年二月，明朝政府已经接受监察御史张式的建议，迁徙“登、莱二府贫民无恒产者五千六百三十五户就耕于东昌”[⑦]。

万历时期的内阁大学士于慎行，原籍登州府文登县斥山镇，“洪武间，公祖一世公奉诏徙东阿之杨柳渡”[⑧]。估计就是在洪武二十五年开始

---

① 《明太祖实录》卷一九八，洪武二十二年十一月丙寅条，第2967页。
② 《明太祖实录》卷二三七，洪武二十八年三月己酉条，第3461页。
③ 《明太祖实录》卷二五七，洪武三十一年四月丙寅条，第3716页。
④ 《明太祖实录》卷一四〇，洪武十四年十二月条，第2217页。
⑤ 《明太祖实录》卷二三六，洪武二十八年二月戊辰条，第3451页。
⑥ 《明太祖实录》卷二三九，洪武二十八年七月乙未条，第3480页。
⑦ 《明太祖实录》卷二一六，洪武二十五年二月庚辰条，第3185页。
⑧ 殷士儋：《明平凉府同知册川于公墓志铭》，《金舆山房稿》卷十，“四库全书存目丛书”影印本，第788页。

的这次大移民中离开东部沿海的。类似的个案还有临清于氏，“上世莱掖邑人。国初以赵、卫间被兵空虚，徙海上大姓实之。曾祖常迁临清之梨园屯家焉”①；博平刘氏，“其先胶西人也……国初有讳宗者，奉诏徙实东郡，占籍为博平人”②；即墨杨氏，其六世祖杨通即于“明永、洪间……出居直隶东光县城东杨家庄”③；等等。可见，山东沿海民众不仅有迁徙到鲁西一带的，还有的远迁到了现在的河北一带。

从山东布政司的建议来看，明朝政府迁徙山东半岛上的东三府贫民到鲁西地区定居生活的原因是东三府“民稠地狭”。这个理由似乎有些勉强。元末，最先给山东地区带来军事打击的是毛贵率领的红巾起义军之东路北伐军。毛贵部从海上进入山东，首先打击的就是半岛东南部的胶州地区，然后才向西、向北进军，并曾在莱州等地设屯田，作为后勤补给基地。尽管红巾军与元军反复拉锯是在鲁西地区，但最后的战斗发生在东部，半岛地区的人口不可能不蒙受任何损失。山东半岛虽然以丘陵地形为主，但也有鲁北平原和胶莱平原两大片相对适宜农耕的土地，在人口同样遭受一定损失的情况下，如果说东三府有“贫民无恒产者”倒可以理解，但要说这里“民稠地狭”则未必。

洪武四年明军渡海占领辽东后，关外的战事久拖不决，登莱地区成为辽东战场的重要后勤补给基地。要维持庞大的补给，登、莱两府必须有相当的承受力。在古代社会，承担赋役的人口的多少是考量地方政府综合实力的重要指标。在这种情况下，仍从东部地区调出人口，令人费解，这其中似乎另有隐情。

为表述方便，这里先罗列几条资料：

①洪武五年四月己卯，山东行省奏：济南、莱州二府连年旱涝，伤禾麦，民食草实、树皮。上曰：山东之民久罹兵祸，方底平定，又复频年艰食，何厄之甚也！……命于淮安运粟往赈之。④

②洪武五年六月甲申，上谕中书省臣曰：闻山东登、莱二州旱，遣人驰驿往谕山东省臣，勿征今年夏麦。其递年逋租及一切徭役悉蠲

① 于慎行：《明故文林郎南京湖广道监察御史前渚于公墓志铭》，《穀城山馆文集》卷一九，四库全书存目丛书影印本，第573页。

② 于慎行：《明累赠中宪大夫、河南按察司副使育庵刘公墓表》，《穀城山馆文集》卷二六，第55页。

③ 《即墨杨氏族谱》，民国二十六年续修本。

④ 《明太祖实录》卷七三，第1341页。

之。又命以米六万六千余石赈莱州及东昌二府饥民。[1]

③洪武二十年九月壬寅，诏山东诸府民造战袄二十万袭，给大宁戍卒。以登、莱民贫，倍给其直。寻令登、莱诸府罢造，止于济南、济宁及直隶淮安、徐、邳、宿州分造之，仍倍给其直。[2]

④洪武二十二年四月庚戌，山东莱州、兖州二府久雨害稼，民饥乏食，遣使赈之，凡钞二十六万九千二百一十锭。[3]

⑤洪武二十二年四月丁未，命户部起山东流民居京师，人赐钞二十锭，俾营生业。[4]

⑥洪武二十三年六月戊子，山东自闰四月至是月雨。[5]

⑦洪武二十三年十一月癸丑，山东青、兖、登、莱、济南五府二十九州县久雨伤麦及稼，诏免其租。[6]

⑧洪武二十三年十二月，山东登州府宁海、莱阳，兖州府东平、泗水、曲阜、汶上、邹，青州府诸城、安丘、蒙阴……诸州县水，遣官赈之。[7]

⑨洪武二十三年十二月戊寅，遣国子生钟必兴等十四人巡视山东流民。上命必兴等曰：山东衮、登二府所属州县近因河决，小民荡析离居，难于衣食。已尝遣官赈济，尚恐流离乡井，未遂其生。今遣尔等往巡视，遇其所在，令有司厚加存恤，无令失所。[8]

⑩洪武二十四年正月庚子，上谕户部：免山东青、兖、登、莱、济南五府鱼课，听民采鱼以济饥馑。[9]

⑪洪武二十四年正月内午，山东平度、博兴、福山、宁阳、长山五州县水，赈其民户五千一百四十三。[10]

⑫洪武二十四年正月丁巳，免山东登、莱、青、兖、济南五府民粮。上谕户部臣曰：闻山东之民旧岁被水灾，粟麦不收，衣食窘乏。

---

① 《明太祖实录》卷七四，第1359页。
② 《明太祖实录》卷一八五，第2783页。
③ 《明太祖实录》卷一九六，第2942页。
④ 同上。
⑤ 《明太祖实录》卷二〇二，第3032页。
⑥ 《明太祖实录》卷二〇六，第3071页。
⑦ 同上书，第3077—3078页。
⑧ 同上书，第3075页。
⑨ 《明太祖实录》卷二〇七，第3083页。
⑩ 同上。

其登、莱等府秋粮宜悉免之。[①]

⑬洪武二十四年二月壬戌，赈山东高密、栖霞、莒州被水患民万五千九百余户，男女年十五以上者钞一锭，十岁以上者三贯，五岁以上者二贯。仍命他处被患者视例赈之。[②]

⑭洪武二十五年二月丁巳，山东青、兖、登、莱、济南五府饥歉。上命免征今年鱼课，听民渔以助食。[③]

之所以在这里不厌其烦地罗列了14条资料，是为了给读者一个直观的认识。从前两条资料中可以发现，在刚刚承担起补给辽东战场的任务不久，登、莱地区就发生了水旱灾害，不仅不能为辽东战场提供足够的军需物资，且连自我救济的能力都不具备，反而需要中央政府调拨粮米来支援。朱元璋慨叹“何厄之甚”，与其说是怜悯灾区百姓的不幸，还不如说是抱怨上天对自己不公，战略部署刚开始运作，就遇到这么大的麻烦。

从洪武六年到十九年，《实录》中没有出现半岛地区发生自然灾害的记载。尽管可能有遗漏，但发生的灾害严重程度应该相对有限。这十余年，登、莱二府应该比较圆满地完成了后勤补给任务。

但从洪武二十年开始，半岛一带迭遭灾害打击，而且每年都在发生，不仅下达给这里的制作军装等任务无法完成，而且需要中央政府提供大量救济物资。尽管如此，仍然出现了大批流民，对当地及邻近地区的社会安定产生了严重影响，以至于中央政府不得不把部分流民安置到京城。可见，在洪武二十五年山东布政司提出迁徙东部三府百姓的建议之前，登莱地区已经基本丧失了充当辽东战场后勤补给基地的能力。在当时的经济和科技条件下，把后勤补给基地转移到其他地区显然不现实，放弃辽东战场更是不可能的选项。留给明朝政府的唯一选择就是尽可能帮助东部三府卸掉包袱，最大限度地维持其补给能力。

在众多的包袱中，无力承担赋役的流民、贫民无疑是最大的一个。与其让他们成为流民或者在原地等待政府救济，还不如迁徙到人口缺乏的鲁西地区。既卸掉了东三府的包袱，又补充了西部的人口，一举两得。就此，我们可以得出结论，所谓“民稠地狭”，不过是明朝政府为顺利实现人口迁移的一个借口。对于那些人多地少的家庭来说，无地族众本身就是

① 《明太祖实录》卷二〇七，第3087页。

② 同上书，第3088页。

③ 《明太祖实录》卷二一六，第3178页。

贫民、流民的潜在来源，是明初严厉打击的“游食”群体的渊薮，把他们和贫民一起迁移，符合朱元璋的既定政策。山东布政司建议中的一句“庶国无游民”，其实已道出了实情。

迁徙部分半岛居民到鲁西地区定居，还有另一个原因。

如前所述，在汤和等受命经营沿海防倭卫所的时候，曾经实施了一项空岛政策，即把沿海岛屿上的居民强制迁徙到内地生活，以防其与倭寇或张士诚、方国珍等残余势力勾结。这一政策在山东沿海也曾执行。问题是，这些岛民转移到内陆后，政府势必要拨出部分土地来安置他们，但原有的肥沃土地基本上已经被原住民占据，这些岛民不可能获得优越的生活条件。《明太祖实录》卷二二〇记载，洪武二十五年八月，

> 山东宁海莒岛民刘兴等诣阙，诉旧所居地平衍，有田千五百余亩，民七十余户，以耕渔为业。近因倭寇扰边，边将徙兴等于岛外，给与山地，硗瘠不堪耕种。且去海甚远，渔无所得，不能自给，又无以供赋税，愿复居莒岛为便。诏许之。[①]

像刘兴等人这样，有幸获准回到岛上生活的岛民数量应该不会很多。更多的则是留在了内陆。因为生活条件艰苦，这些岛民中的一部分应该是符合东迁条件的。从刘兴等人在洪武二十五年提出回到岛上生活的请求来看，明朝政府在山东开始执行空岛政策的时间应该在洪武二十五年之前，较之沿海大规模的卫所建设时间要早很多。因此推断，明朝政府很可能在派汤和等人经理浙江、福建沿海陆上海防建设之时就已经作出在其他沿海地区进行类似建设的规划，并以迁徙岛屿居民为起点，开始在沿海地区逐步展开。

三 建置新卫所背景下的人口对流

虽然大批本土军户因为各种原因被调离本省，但因为执行过垛集政策，注定了在建置较早的卫所中会保留有部分本土军士。如《明太祖实录》卷一四七记载，

> 洪武十五年八月，明廷遣使谕平山卫指挥使司：“近东昌府奏，言平山卫遣军三百余人历郡县追逮军役。凡民家养子赘婿悉被拘系。

---

① 《明太祖实录》卷二二〇，洪武二十五年八月己巳条，第3226—3227页。

夫朝廷军伍之制，有应补者当明移文取之。今不上禀朝廷，而妄自遣军，偏扰吾民，可谓无法矣。”①

平山卫设置于洪武四年六月②，大致位于东昌府聊城东部地区。明初军队地位很高，卫所经常违规，自行派人前往勾军。平山卫派军士到东昌府州县“追逮军役”，说明该卫有很多本府籍的士兵。

在沿海卫所中，莱州卫设置于洪武二年二月③，诸城守御千户所设置于洪武四年十二月④，青州卫设置更早。登州、宁海等卫设置时间也不是很晚。这几个卫所设置时本土兵源尚未枯竭，应该和平山卫一样，也有部分本土士兵。前述李良住、高关驴的个案也证实了这一点。

当然，由于异地安置归附军的需要，这里也出现了大批外省籍军人。如洪武九年二月，“调扬州卫军士千人补登州卫，高邮卫军士千人补宁海卫”⑤。又如原广东军阀何真，洪武三年三月被任命为山东行省参政⑥。为表达对新朝的忠诚，他于当年六月“收集广东所部旧卒三千五百六十人发青州卫守御”⑦。

总的来说，洪武朝中前期设置的卫所，士兵来源还比较多元。相比之下，洪武末期在沿海设置的卫所则完全是另一副样子。

洪武三十一年，明朝政府一口气在山东沿海设置了大嵩、安东、灵山等七卫以及雄崖等直属守御千户所。这些新设卫所基本都分布于沿海人口稀少地区。按照胡士文在《新设威海卫捕倭屯田军记》⑧一文中所说，这批卫所的军士，明廷也曾试图通过“垛集本处之民”的方式征召，但从这几个卫都不满额来看，此次垛集并未达到预期效果。造成这一结果的原因显然与本省军户资源的外流以及东部人口的西迁有着直接关联。也正因此，在山东半岛上出现了与人口西迁完全相反的军事人口东进现象。

在拙作《明代卫所军户研究》⑨一书中，笔者曾谈到明初的民屯很多

---

① 《明太祖实录》卷一四七，洪武十五年八月癸巳条，第2319页。
② 《明太祖实录》卷六六，洪武四年六月甲辰条，第1244页。
③ 《明太祖实录》卷三九，洪武二年二月壬辰条，第799页。
④ 《明太祖实录》卷六六，洪武四年六月甲辰条，第1244页；《明太祖实录》卷七十，洪武四年十二月乙巳条，第1311页。
⑤ 《明太祖实录》卷一〇四，洪武九年二月庚子条，第1747页。
⑥ 《明太祖实录》卷五十，洪武三年三月丙午条，第980页。
⑦ 《明太祖实录》卷七四，洪武五年六月癸卯条，第1371页。
⑧ 胡士文：《新设威海卫捕倭屯田军记》，见乾隆《威海卫志》卷九《艺文》。
⑨ 参见拙著《明代卫所军户研究》第一章第一节“明代军户的来源”。

由军方管理，民屯人口在很大程度上充当着卫所后备军的角色。如洪武十一年（1378）四月，“籍凤阳屯田夫为军。先是，徙浙西民户无田粮者屯田凤阳，至是籍为军，发补黄州卫”①。次年，升格蕲州守御千户所为卫，新增四个千户所缺军，又“以无粮民丁屯田凤阳者为军以实之”②，等等。那么，在山东是否也存在类似现象呢？

万历《汶上县志》卷五《宦绩》载：

> 史诚祖，解州人。自洪武中为汶上令……皇帝尝欲迁汶民数百于胶州，公奏留之，增编户十四里。③

汶上是鲁西屯田区，县内新兴屯、富粱屯、永寿屯等都是屯民聚集区。经过多年的移民，鲁西地区的人口得到大幅度的补充，在大量迁徙东部贫民到西部的背景下，“迁汶民数百于胶州”的目的显然不会是到那里屯田。唯一可以解释的是到胶州新设卫所从军服役。也就是说，明朝政府在鲁西人口大幅度增加的条件下，已经准备通过籍屯田夫的方式，由鲁西人口反哺鲁东军户资源的不足。但屯民东迁，势必减少鲁西州县的未来纳税人口，遭到当地官员的反对，也是可以理解的事。

在县令史诚祖的游说下，汶上民户被免于佥充为军户，其他地区的屯民是否这么幸运，免于二次迁徙，在没有具体资料证实的情况下，暂时不得而知。

不过有确切的资料显示，确有山东西部人口被佥充为东部沿海卫所军户。如莱阳张氏后裔在清朝顺治十八年撰写的家谱序文中提到：

> 按旧谱叙云：张氏源派原系济南府，武定州塔儿埠乃其故土也。国初莱阳土旷人稀，拨补静海卫军籍，始居鲍村社汪家庄，后迁大夼社杜家泊。我之始祖一代讳仲卿、仲义。后仲卿生文斌，又移居任家庄，以作赘于任氏，遂居焉。后张氏颇日繁盛而任氏绝矣。斯先是从来之大略云。④

---

① 《明太祖实录》卷一一八，洪武十一年四月条，第1927页。

② 《明太祖实录》卷一二六，洪武十二年八月丙子条，第2010页。

③ “中国地方志集成”丛书影印本，第182页。

④ 《续修张氏谱书·张氏族谱序》，民国二十年烟台东鲁印刷局代印本。文中之“静海卫”，应是“靖海卫”之误。

不过山东本省的军户资源毕竟有限，像莱阳张氏这样的山东土著居民被佥充为沿海卫所军户的不会占多数。在佥充屯民同样有一定阻力的情况下，只能从外省征集新军。大批外省军户因此被陆续征发、调往山东沿海，从而在山东半岛上形成了一个前人所谓的“军人世界”。在明代移民史上备受关注的山西大槐树移民、河北枣强移民、四川移民、小云南移民、江苏东海移民等纷纷出现在这里，给这里的社会发展带来了新的活力，形成了与以往颇具异质的海疆文化。

结　语

关于山东半岛上的外省移民，目前除了山西移民可以肯定的确存在外，其他人群或多或少都有一定的疑问，需要专门章节予以讨论。这里唯一可以确定的是，在山西移民走出高原，向东迁往鲁西并部分自发地继续向东迁徙，东三府贫民（含部分海上岛民）“奉诏”向西迁徙的双向流动的情形下，山东沿海新卫所的设置，使移民的流向又发生了新的变化。军事性移民开始从不同方向流入山东半岛。从前面曾经提到的（昌邑）《陈氏家乘》的记载来看，另有很多在辽东服役的军士的家属因为多种原因滞留在辽东卫所的后勤补给基地——山东。这些滞留人口的存在，进一步增加了半岛人口来源的复杂性，值得深入研究。

第二节　枣强裔移民考

在山东半岛各类移民中，枣强移民是一个相对被学界忽视的群体，本节拟先对其作一初步探讨。

一　乡土资料中的枣强人

在今天的山东济南、淄博、潍坊等地，也就是明代济南府、青州府辖区及邻近地区，有大批据说是来自河北枣强地区的移民后裔，“要问老家在哪边，直隶省的枣强县”的歌谣至今传唱。据刘德增的调查，在今天的章丘市，枣强移民村落占总数的36.52%，寿光市的枣强移民村落占村落总数的16.08%，博兴县枣强移民村落占61.54%，惠民县更是占到了84.21%，其他地区也有大量分布。其中前三个县市的移民村落大多宣称建置于洪武、永乐年间，且以洪武二年居多。惠民县则以宣德年间为主，其次是永乐朝。①

刘德增的调查主要依据地名志资料。地名志和谱牒有着密切的联系。在笔者接触到的谱牒资料中，也有类似的反映。

如《淄川张氏宗谱·世系图》中称其始祖张子中："原籍枣强县人，其所自出无考。旧谱广文公曰：敩闻明初被花子军之变，山东民死者十之七。当路者言之朝，乃迁冀州枣强之民实之，故始祖自枣强徙于淄川，占城西关北地数十亩为业，今祖茔是也。居城中南巷，遂人在四图籍中，后易在三图，盖万历初年也。"②

淄川孙氏十一世孙守珍于咸丰十一年撰写的修谱序言中称："吾孙氏，自明初洪武二年虎、豹二祖由枣强迁居淄邑，已越十三世于兹矣。自洪武二年至嘉靖二十年后一百八十余年，我虎祖尚在，豹祖未殁，乃以二祖为迁居之始。"③ 长山左氏的祖墓墓碑上亦称始祖左星午"大明洪武四年自直隶枣强迁于山东长山焦家桥"④。

称祖先始迁于永乐时期的也不少，如邹平释氏称："吾族始祖兄弟二人自大明永乐由直隶枣强迁居于此，地属邹平之东南隅二十里小清之阳，村名释家套焉。"⑤ 张氏也说："吾家先世系直隶枣强籍，有明永乐二年始祖讳顺迁邹，居东郭。"⑥

在清末民初编撰的大量乡土志中也有类似记载。如《长山县乡土志·氏族》收录的9个大姓中，有王氏、李氏等7姓来自枣强，其中5姓迁于洪武二年，两姓迁于洪武四年，一姓迁于永乐四年。另一个大户刘姓，也是于洪武二年从距离枣强并不遥远的直隶宁津迁徙而来，只有徐氏来自江苏昆山，但时间也是频繁出现的洪武二年⑦。乡土志的信息很多采自民间，在一定程度上可以视为清末民初的社会调查报告。

与洪洞大槐树移民、小云南移民相比，枣强移民受到的关注相对较少，研究成果也不是很多，且基本以明初山东确实存在枣强移民为出发

---

① 刘德增：《大迁徙——寻找"大槐树"与"小云南"移民》，山东人民出版社2009年版，第90—103页。

② 《淄川张氏宗谱》卷首，光绪九年刻本。引文中之"敩"，指万历四十一年族谱创修者张敩。

③ 《山东淄川孙氏族谱》，1997年编印。

④ 《左氏族谱》，民国二十四年手抄续修，2010年复制本。长山县原属济南府，1956年并入邹平。

⑤ （邹平）《释氏族谱·原序》，民国二十一年奉先堂续印本。

⑥ （邹平）《张氏族谱》卷一《张氏重修族谱记》，光绪二十六年七修本。

⑦ 清末抄本，"国家图书馆藏乡土志抄稿本选编"丛书影印本，线装书局2002年版。

点。如曹树基在《洪武时期山东东三府地区的人口迁移》一文中指出，途经枣强是山西移民进入山东最便捷的通道，山西移民的巨大推动力对枣强地区的人口外移有重要影响①。在随后的研究中，曹先生又判定，“所谓枣强人可能是真定人的代名词，犹如洪洞县之对于山西人”②。李靖莉《黄河三角洲明初移民考述》一文，在肯定所谓枣强移民主要是山西移民的基础上，进一步指出由枣强转迁黄河三角洲的移民可分为自愿转迁和政府分发两种。另外，小股移民自发迁入也是黄河三角洲存在大批枣强移民的重要原因③。

但与大槐树移民、小云南移民到20世纪才引起人们的关注不同，枣强移民在明代已经被人提及。如李开先曾指出：“章人由枣强徙居者，十常八九。”④《章丘县乡土志》的记载也印证了这一点。在清末该县的七个大姓中，有五个宣称来自枣强，另一姓是从省内他处迁来的孟子后裔，只有一姓是土著⑤。五个大姓中，焦氏、胡氏、高氏称徙自“明初”，谢氏明确声称来自洪武二年，只有张氏称迁徙于金章宗四年。

那么，如此众多的枣强移民是否真的存在？如果存在，是否真的主要迁徙于洪武、永乐年间呢？

二 明初移民的逆向迁徙

与大量移民后裔宣称来自枣强不同，翻阅《明实录》，我们发现，在官方记载中，移民的流向恰恰与之相反。如《明太宗实录》记载，永乐七年六月，“山东安丘县民邢义等言：本邑人稠地隘，无以自给，愿于冀州枣强占籍为民。从之。仍命户部徙青州诸郡民之无业者居冀州，凡徙八百余户”⑥。

在建文年间的靖难之役中，真定府和济南府是重灾区，靖难军和政府军曾在这里反复拉锯，给当地造成重大损失。永乐元年十二月，北京行部尚书郭资等曾奏报：“真定枣强县民初复业，加以蝗旱，流殍者众。今天寒，乞遣人核实，以施赈济。”朱棣认为当地“民困如此，济之如当救焚

① 《中国社会经济史研究》1996年第4期。另见曹树基《中国移民史》第5卷，福建人民出版社1997年版，第182—202页。

② 曹树基：《中国移民史》第5卷，第235页。

③ 李靖莉：《黄河三角洲明初移民考述》，《中国社会经济史研究》2002年第3期。

④ 李开先：《奉议大夫南京户部郎中贞庵刘君墓志铭》，《闲居集》卷七，见《李开先全集》，文化艺术出版社2004年版，第601页。

⑤ 光绪《章丘县乡土志》卷下《氏族》，光绪三十三年石印本。

⑥ 《明太宗实录》卷九三，永乐七年六月庚午条，第1241页。

拯溺，少缓即无及”，于是下令马上遣官赈济，并“命监察御史一员监督”[①]。朱棣的迅速反应，间接证明当地确实破损严重，亟须休养生息。

前引《明太宗实录》的资料使用的是中研院史语所1962年的校勘本。在江苏国学图书馆的传抄本《明太宗实录》中，这条资料见于该书第64卷，文字也略有不同。原文如下：“永乐七年六月庚午，山东安丘县民邢义等言：本邑人稠地隘，无以自给，愿于冀州枣强占籍为民。从之。曾命户部从（從）青州诸郡民之无业者居冀州，凡从（從）八百余户。”[②]

这里的“从（從）”字难于理解，且与“徙”字形近，应为“徙”字之误。不过“曾”字显然不是“仍”字的误抄。按照国学图书馆本实录，朱棣此前应该已经下令迁徙山东青州等地无地民众前往填实冀州（枣强属冀州管辖）等地。换句话说，徙民填实冀州的行动应该开始于永乐初年。虽然从语义上看，史语所校勘本更为顺畅，国学图书馆传抄本中的“曾”字有些突兀，但嘉靖《真定府志》中的记载，恰恰为这一“突兀”提供了佐证，“真定自永乐初地旷人稀，徙齐、晋人户以实之”[③]。

不过从众多个案来看，移民的来源远比这复杂。试举几例：

①断事赵庠，“其先本山西泽州名族也，国初徙诸富民以为冀实，故令占籍为冀”[④]。

②通判陶万象，“先世籍东平，自高祖某徙家棘津”[⑤]。

③枣强监生郑养大，“郑自始祖讳友成公由齐迁赵……居枣强城南之洪流固村，去始祖盖六世矣”[⑥]。

④清人张于陛，“其先遵化人，明初徙居枣强”[⑦]。

⑤清人刘璠，“刘氏之先居密云，自始祖忠迁于枣强之臣赞乡”[⑧]。

棘津系枣强古称，万历《枣强县志》卷一《沿革》即称枣强在殷商

---

① 《明太宗实录》卷二六，永乐元年十二月乙酉条，第482页。

② 《明太宗实录》卷六四，第九页b面，江苏国学图书馆传抄本。

③ 嘉靖《真定府志》卷十二《籍赋》，四库全书存目丛书影印本，第167页。

④ 沈良：《断事正赵庠墓志》，乾隆《冀州志》卷二〇《艺文下》，乾隆十二年刻本。

⑤ 万历《枣强县志》卷三《刑部主事王鹤龄撰通判陶公墓志铭》，“国家图书馆藏明代孤本方志选”影印康熙增修本，中华全国图书馆文献缩微复制中心，2000年，第523页。

⑥ 万历《枣强县志》卷三《左都御史高邑赵南星撰太学生郑公暨配张硕人合葬墓志铭》，第525页。

⑦ 万历《枣强县志》卷三《御史德州年弟卢世濯撰东昌府同知九齿张公暨配宜人桂氏合葬墓志铭》，第543页。

⑧ 万历《枣强县志》卷三《礼部尚书真定梁清标撰参戎刘公墓志铭》，第556页。

时属“棘津地”。[①] 例①、例②、例③显示的是山西、山东人迁居枣强；例④、例⑤的先人则来自北京附近地区。可见，枣强及附近地区的移民来自四面八方。只是这些移民是否都迁自永乐时期，尚难判断。特别是后两个例子，不排除是洪武时期南迁北京附近的元朝遗民的可能。

明初，曾大量迁徙山西人户填实河北、河南、山东等地。山西移民大多是有组织地前往，在移入地所占比例和影响自然也要大一些。山东因为自身人口不足，西迁真定一带的数量应该比较有限。民国时期编纂的《冀县乡土志》中记载：“明代以前，冀境凋残，土民稀少。成祖定鼎燕京，始迁山西之民以实之。”[②] 这里只提及山西移民，从侧面证明当时山西移民的数量应该占据了绝对优势，以至于山东等地的移民被湮没其中，甚至没能在人们的记忆中留下痕迹。

前面枚举的5个例子，只有例①确定属于政府行为，后4个例子是否是被政府强制迁徙，尚不清楚。不过，从官方记载来看，在有组织迁徙之外，确实存在山东百姓自发前往枣强一带生活的现象。如《明宣宗实录》记载，宣德三年（1428）七月，“青州府民刘中等奏：永乐中因岁歉流徙至北京枣强县，凡二百余户，居二十年，已成家业。今有司追还山东。乞就附籍枣强。上谓尚书夏原吉曰：彼此皆吾土，但得民安即已”[③]。

在明代，“北京”常被用来代指北直隶。如李攀龙在《明开封府同知进阶朝列大夫王公墓志铭》中写到“公讳绍，字孟宣，其先枣强人”。宋祖骏、宋祖骅在“枣强”二字下面加的注释即为“北京真定府冀州枣强县”。[④]

从族谱资料中，我们也能发现山东人向河北地区迁移的例证。如《冯氏族谱》载，“永乐二年，我始祖世昌公自山东之中都北迁于丰润县之西南溪歌庄，遂家焉”[⑤]。这一记载出自冯氏五世孙冯钊于成化二十三年（1487）初编族谱时撰写的族谱序言。当时距明朝建立不过100余年，

---

① 万历《枣强县志》，卷一，第213页。

② 《冀县新乡土志教科书》第26课《明清兵患》，冀县赞化石印局民国十二年出版，“国家图书馆藏乡土志抄稿本选编”丛书影印本，第205页。

③ 《明宣宗实录》卷四五，宣德三年七月乙亥条，第1112页。这一记载后来被徐学聚收入《国朝典汇》卷89《户部三·户口》，只是户数变成了“凡三百余户”，见该书第1216页，书目文献出版社，1996年。不过这一区别并不影响山东百姓存在自发移民枣强的判断。

④ 李攀龙：《明开封府同知进阶朝列大夫王公墓志铭》，见宋祖骏、宋祖骅编《补注李沧溟先生文选》卷三，四库全书存目丛书影印本，第695页。

⑤ 《冯氏族谱·族谱原序》，民国六年五修本。

据永乐二年（1404）更只有80多年，冯钊的记忆应该是比较准确的。又如文安纪氏，原本生活在山东德平，后始祖纪寿“徙直隶盐山县，再徙保定府。永乐十年卜居文安县宁受屯”[①]。纪寿之子纪亨生于洪武九年八月二十八，卒于景泰七年九月初一。二世祖有如此准确的生卒年月记录说明该谱创修很早，其记载也是可信的。

从以上官、私史料来看，洪、永间的人口迁移，山东人向河北一带迁徙应该是主流。

在官方编纂的史籍中，关于枣强人于明初移民山东的记载，笔者只见到一条，见康熙《阳信县志》卷三：“洪武十三年，红军为祟，十村九墟，迁直隶、东三府民以实阳信。”[②] 这一记载后被收入《古今图书集成·广舆汇编·职方典》卷二〇七《济南府部》下（原文之“迁直隶、东三府民以实阳信”被改为“迁直隶及青州、登州、莱州三府民以实其邑”）[③]，并被曹树基、李靖莉等引用。但康熙《阳信县志》成书时，距明初已经300余年，现存史籍中也没有找到洪武十三年前后阳信或济南地区曾发生白莲教众余部起义的记载，所以它只能作为孤证存疑。

枣强在元代隶属冀州，冀州又隶属于真定路。洪武元年，明朝北伐军占领大都后迅速南下，占领真定，并将其作为进攻山西扩廓帖木儿元军的前沿阵地。大批明军云集到这里。从道理上讲，为躲避大战，当地百姓外逃到邻近的山东或河南地区居住，是完全可能的。另外，为保证西进明军的后勤补给，明朝政府曾于洪武二年正月把真定府划归为已经基本稳定统治的山东行省管辖，[④] 直到几个月后真定战事基本平息时才“复其旧”[⑤]。虽然时间短暂，但不排除山东行省方面出于保护人口以及其他方面的需要，主动迁移战区百姓到济南或其他地区居住的可能。

部分族谱资料也证实了这一点。如《明崇祯十五年孙氏南马兰支谱》记载，洪武二年，青州都指挥使叶大旺主持修建青州城，从枣强一带征发了大批男丁前往青州。孙氏始祖孙炳即“由山西枣强县孙家营村率三子龙、虎、象来青州负徭役”，在青州东南隅建城，一年后竣工，遂定居城北南高柳村。类似的记载还出现在青州《李氏家谱》、《刘氏家谱》、《高

① 《纪氏家谱》，道光十五年刊本。

② 康熙《阳信县志》卷三《灾祥》，康熙二十一年刻本。

③ 见中华书局、巴蜀书社1984年影印本，原编第79册之29页。

④ 《明太祖实录》卷三八，洪武二年正月癸亥条，第779—780页。

⑤ 《明太祖实录》卷四〇，洪武二年三月癸丑条，第812页。

氏族谱》等资料中[①]。

可见，大量谱牒资料称其始祖迁自洪武二年，并不完全是空穴来风。

目前笔者见到真定人户被外迁的证据只有一条，即《明太祖实录》卷一一〇，洪武九年十一月戊子条，“徙山西及真定民无产业者于凤阳屯田，遣人赍冬衣给之”[②]。凤阳和山东在明初同属人口迁入区，且山东较之凤阳要近得多，气候、风土类似，真定无业人口被迁到山东屯田，应该是可能的。只是尚无直接证据可以证明。

不过在官方典籍中，移民真定的记载要多得多。例如：洪武二十一年（1388）八月，“迁山西泽、潞二州民之无田者往彰德、真定、临清、归德、太康诸处闲旷之地，令自便置屯耕种，免其赋役三年，仍户给钞二十锭以备农具”[③]；洪武二十八年（1395）三月，“诏中军都督府左都督刘谦、右军都督府都督佥事陈春、后军都督府都督佥事朱荣往彰德、卫辉、大名、广平、顺德、真定、东昌、兖州等府劝督迁民屯田”[④]；永乐元年（1403）六月，户部致仕尚书王钝议准：“种田囚人若照籍贯分定地方，则有多寡不同，难于编甲。今宜不分籍贯，于保定、真定、顺天等府所属州县挨程安置，先近后远，庶几聚乐易成。”[⑤] 永乐十五年（1417 年）五月，山西平阳、大同、蔚州、广灵等府州县民申外山等获准“分丁于北京广平、清河、真定、冀州、南宫等县宽闲之处占籍为民，拨田耕种”；等等[⑥]。

真定自古就是兵家必争之地，元末红巾军北伐，扩廓帖木儿和孛罗帖木儿、李思齐等人的内战都曾给真定地区带来深重灾难。真定下属之枣强，洪武二十四年（1391）在册人口只有 1352 户，7731 口。此后又遭靖难之役打击，到永乐十年（1412），在册人口不过增加到 1953 户，9847 口[⑦]。按照《元史·地理志》的记载，枣强在元代属于中等县。至元三年（1337），元朝政府规定：“六千户之上者为上县，二千户之上者为中县，

---

① 参看孙凤瑛《孙氏祖源——青州枣强是一家》，第 84 页；孙凤瑛《揭秘明初山东青州府移民之谜》，第 91 页。两文均收录于《河北枣强首届移民文化研讨会资料汇编（一）》，未刊稿。

② 《明太祖实录》卷一一〇，洪武九年十一月戊子条，第 1827 页。

③ 《明太祖实录》卷一九三，洪武二十一年八月癸丑条，第 2895 页。

④ 《明太祖实录》卷二三七，洪武二十八年三月己酉条，第 3461 页。

⑤ 《明太宗实录》卷二一，永乐元年六月庚戌条，第 377 页。

⑥ 《明太宗实录》卷一八八，永乐十五年五月辛丑条，第 2004—2005 页。

⑦ 万历《枣强县志》卷一《户口》，第 289—290 页。

不及二千户者为下县。”① 枣强的户数应该在二千到六千之间。与之相比，洪武二十四年的户口数，可以用锐减来形容。尽管这些减少的人口不会完全殒命于战乱，但不排除在转徙他乡的过程中一部分迁移到山东地区，但数量应该不会太大，在明初大量向当地移民的背景下，原住民外迁的现象应该更少。那么，大量存在的所谓枣强裔移民又是从何而来呢？

三　东向章丘：战乱中的第一选择

李开先是明中叶著名文学家，“人言死者但得李文，免堕地狱”②，在其为人撰写的墓志铭等文章中，有大量枣强移民的个例，为我们探寻枣强移民的真相提供了方便。为行文方便，先将有关事例罗列如下：

①王氏，“上世枣强人也，元末花军称乱，六祖讳禄者，避兵走济阳，遂占籍三乡”③。

②王言，“上世冀州人，胜国时移居章丘，占籍在城北，地名回军。五传而至君”④。

③国子监生高能，“上世冀之枣强人，金季以河沴，避地而家章丘”⑤。

④世伯张悔庵，“原冀州枣强人，金季以河沴，移家济南东北，地名老僧口。祖有讳保……遗冢尚存于彼。元有西台御史碑，久剥落名字，无所与考”⑥。

⑤马广，“彼先枣强人。元末毛贵、田丰之乱，章城残破，断绝人烟，乃迁补关厢图籍”⑦。

⑥王国珍，“先世枣强人，因兵火移家于章”⑧。

⑦同窗好友李松石，“高祖李三由冀州徙（章丘）”⑨。

⑧新街王家，“祖有名英者，由冀州徙章”⑩。

① 宋濂：《元史》卷九一《百官志七》，第2318页。

② 李开先：《煤客刘祥墓志铭》，《闲居集》卷七，见《李开先全集》，第594页。

③ 李开先：《中顺大夫彰德府知府王公合葬墓志铭》，《闲居集》卷七，第547页。

④ 李开先：《端岩王君合葬墓志铭》，《闲居集》卷八，第627页。

⑤ 李开先：《太学生东楼高君墓志铭》，《闲居集》卷七，第561页。

⑥ 李开先：《张氏迁茔记》，《闲居集》卷十一，第843页。

⑦ 李开先：《南冶马义士合葬墓志铭》，《闲居集》卷八，第665页。

⑧ 李开先：《唐县知县冶山王君墓志铭》，《闲居集》卷八，第612—613页。

⑨ 李开先：《庠生李松石合葬墓志铭》，《闲居集》卷七，第558页。

⑩ 李开先：《处士王治祥墓志铭》，《闲居集》卷七，第563页。

⑨袁西野，“祖原冀州人，移寓章丘”[①]。

⑩“刘氏自其祖义，与众同徙家于城北张林镇”[②]。

⑪袁氏，“先世冀州人，乃袁白燕之后，国初徙居于章，遂为章丘人”[③]。

⑫王氏，“原冀州枣强县人，始祖名德，以洪武初年改迁齐东，占籍坊廓三图”[④]。

以上是李开先《闲居集》中有关枣强人徙居章丘的几个典型个案。在其他山东籍士大夫的文集中，如李攀龙《沧溟集》、殷士儋《金舆山房稿》等，也保留了很多枣强人徙居济南等地的个案。前面罗列的前5个例子明确说先世迁徙于金元时期，其中例③、例④都提到了金代的河患。无独有偶，在《章丘县乡土志·氏族》中记载的张氏也提到了河患：“张氏，先世临洮人也。大宋乾德二年避乱徙枣强。至金章宗四年，漳河水决，百里无椽，复徙章丘。明正德间居邑之张公巷。”[⑤]

金章宗共有明昌、承安、泰和3个年号，且都使用了不止4年，《章丘乡土志》中所说的“金章宗四年”，不知道具体指哪一年。不过枣强地区发生水患却是完全可能的。真定地处黄河下游的华北大平原上，流经此地的河流除了滹沱河是发源于黄土高原东缘的浑源州外，其他或发源于山泉，“或出地脉”，加之含沙量很大，水流又很平缓，一旦遇到大雨，很容易泛滥成灾，乃至引起河流改道。对此，古人有深刻的认识。嘉靖《真定府志》的作者即称真定所属“各州县旷然平陆，无丈尺之渠以潴泻。其间稍□不雨则赤地龟折，尽为沙霾……一遇淫淋则水地上行决溢，有败为鱼鳖食，其患不可胜计。故通渠成水门，因其势而导之，不惟储水备旱以资民利，而污潦有泄亦可无溢决之患矣”[⑥]。

流经枣强的河流主要有两条：索卢河和黄泸河。索卢河是卫河的支流，民国时期已经彻底干涸，故又名枯水，“其水无源，数年一至。遇泛滥则波涛汹涌，从流而下。旱辄涸，民播种其中，收获倍利”。[⑦]不过在明代，索卢河还是一条水量充沛的河流，枣强八景中，有两个——“浆

① 李开先：《豫作乡宾西野袁翁墓志铭》，《闲居集》卷七，第590页。
② 李开先：《奉议大夫南京户部郎中贞庵刘君墓志铭》，《闲居集》卷七，第601页。
③ 李开先：《奉议大夫衡府右长史乐盘袁公墓志铭》，《闲居集》卷八，第618页。
④ 李开先：《郑府右长史致仕进阶朝议大夫三溪王君合葬墓志铭》，《闲居集》卷八，第654页。
⑤ 光绪《章丘县乡土志》卷下《氏族》，光绪三十三年石印本。
⑥ 嘉靖《真定府志》卷十三《河渠》，“四库全书存目丛书”影印本，第174页。
⑦ 《枣强县志料》卷二《河流》，民国二十年铅印本。

台眺碧”和“卢水秋涛”——是以索卢河涨水泛滥为背景的。黄泸河同样已经干涸，以至于人们已经找不到它的踪迹。有人认为是漳河故道，有人干脆将其和索卢河混为一谈。枣强境内尚有黄河故道、清河故道、张甲寅渎、枯漳河等，这几条河流在万历《枣强县志》中都没有出现，估计要么是当时尚未流经枣强，要么早已干涸。

前面提到，枣强乃至真定地区的河流必须依靠水利工程才能化害为利。但金元之际的北方长期处于战乱状态，金大安三年（1211），成吉思汗就对金朝发起了进攻，1213年兵锋就已降临真定。此后，真定成为蒙、金政权以及众多割据势力重点争夺的地区，根本无暇开展水利建设。即便是在和平时期，因为水利、水文知识的限制，也不一定能完全控制住水患。如金天会四年（1124），黄河北岸决口，枣强县城一度被彻底淹没，“城陴楼堞圮没于河”。[①] 据此，笔者认为在金元之际确有一批枣强民众因为躲避水患而外迁。枣强地区处于交通要道，向西经井陉可入山西，向东则可直达山东。山西地处黄土高原，农耕条件不佳，显然不会成为外迁百姓的首选。向南迁，面对黄河，依旧摆脱不了水患。向北，情形与南迁类似。相比之下，唯有向东迁徙稍好一些。

例①、例②、例⑤和例⑥都是因为躲避战乱而东迁。其中前3个例子明确指出是迁于元末。按照默书民的研究，冀州地区虽然在蒙金战争中遭到摧残，但在蒙古统治稳定后，由于当地汉族世侯的着力恢复，当地人口较之其他地区损失相对较小。至元七年（1341），冀州的户数应在三万户上下，大体保持了金代人口峰值的二分之一以上。[②] 也就是说，枣强乃至冀州一带有相对充裕的人口可供迁移。

据万历《枣强县志》记载，当地名人郑甫曾因“金季丧乱，乃辇其父母避地河南”，“后闻河朔稍定”，才“挈家北还”[③]。前面提到，南迁并不是首选。既然有人在金朝末年暂时南迁河南，东迁的人应该更多一些。

元末，冀州一带再遭兵火，例①、例⑤都提到了红巾军起义。其实，龙凤政权的北伐只有东路的毛贵曾经过冀州一带，而且毛贵部主要活动在山东地区，真正进入河北一带向大都挺进时已经是强弩之末，加之冀州并不是主攻方向，应该说对这里的摧残不会太大。真正对冀州一带造成毁灭

---

① 万历《枣强县志》卷一《城池》，第241页。

② 默书民：《金元时期冀州社会管窥》，见《冀州历史文化论丛》，河北人民出版社2010年版，第282—300页。

③ 万历《枣强县志》卷四《名贤·郑甫传》，第579页。

性打击的是扩廓帖木儿等人长时间的内讧。不过不管怎么说，当地百姓因为躲避战乱大举外逃是肯定存在的。

山东章丘县在元代比较富庶，在册人户即达二万二千，和至元七年的冀州人户数接近。当地“田野水陆宜粟麦桑麻蔬果，潴而为泽，鱼藕蒲苇，流而为川，水硙千余区。又支渠灌溉浸润，故少水旱之忧。在全齐山川形胜土脉膏腴，视诸邑为最”①。偏偏这里在元末遭遇严重摧残，以致“断绝人烟”。外逃的百姓在红巾军离开山东后纷纷聚集到这块昔日的乐土上，出现李开先所谓的“章人由枣强徙居者，十常八九”② 现象也是顺理成章的。

其实，不仅有枣强移民迁到章丘，来自其他战乱区的百姓也不少。如青州大姓张氏，即是因为“金末东乱，避兵西走章丘”③。李开先的祖先也是为躲避金兵从陇西辗转抵达章丘长城岭，进而落户绿原村的④。金代尚且有人不远几千里迁徙到山东，近水楼台的枣强人在元末大举迁居山东是完全可能的。

与后世径直称先祖是枣强人不同，例②、例⑦、例⑧、例⑨和例⑫都称来自冀州，枣强是冀州属县，大灾大乱之年当然不会只有枣强一县百姓外迁。事实也是如此，如济南人赵应奎，其先祖孝礼即是在元末从冀州下属之南宫县迁居济南的⑤。南宫在元代属上等县，人口在 6000 户以上。外迁的百姓自然也不会太少。李开先、殷士儋等生活在明中叶，距离明初虽已 100 余年，但那时人们对祖先的记忆应该相对清晰一些，因而尚未出现后世盖以枣强为原籍的现象。

在前面的例子中，只有最后两个明确提到迁徙于明初。不过在殷士儋、李攀龙等人撰写的墓志铭中却有很多自称明初迁徙的例子⑥。前文说过，明初虽有枣强乃至冀州人迁徙到山东的现象，但数量应该很有限。何

① 胡祗遹：《增修庙学记》，康熙《章丘县志》卷八《艺文》，“国家图书馆藏清代孤本方志选”影印本，线装书局 2001 年版，第 528—529 页。

② 李开先：《奉议大夫南京户部郎中贞庵刘君墓志铭》，《闲居集》卷七，第 601 页。

③ 李开先：《西皋举人张君行状》，《闲居集》卷九，第 698 页。

④ 李开先：《先大父处士墓表》，《闲居集》卷九，第 690 页。

⑤ 殷士儋：《贡士赵君墓志铭》，《金舆山房稿》卷九，“四库全书存目丛书”影印本，第 775 页。

⑥ 参见殷士儋《将仕佐郎巡检赵君墓志铭》、《诰封中宪大夫顺德府知府张公墓志铭》等，分别见于《金舆山房稿》卷九，第 779、785 页。李攀龙：《明开封府同知进阶朝列大夫王公墓志铭》、《明将仕郎赵君墓志铭》等，《沧溟集》卷十九，第 269、273 页，“钦定四库全书荟要”丛书影印本，吉林出版集团有限责任公司，2005 年。古人撰写墓志铭，大多依据家属提供的“行状”等资料，作者本人未必真的很了解墓主的情况。

以这么多人自称迁自明初呢？笔者推断这似乎与明中后期在处理流民问题时强调回归原籍有关。

明中叶，大批人口离开原籍外出讨生活，为稳定国家税赋来源，明朝政府不遗余力地争取流民还乡。如正统五年，“直隶真定府所属冀州等二十二州县并山西太原府所属代州等九十四州县招抚逃民复业，共三万六千六百四十余户”[①]。但并不是所有流民都有意愿还乡。而随着政治形势的变化，像青州府民刘中等人那样可以得到皇帝的直接“庇护”留在迁入地的机会微乎其微。要想留在迁入地，只有一个办法，即把自家描述成土著居民。明初的大规模移民恰恰为其提供了这个机会。大批人众不约而同地强调迁自明初，很可能是以获得迁民身份为目的的。

从地方史志资料中可以发现，随着时间的推移，到明中叶，即便是官方，也很难分清治下民众究竟是土著还是外来移民。如万历《汶上县志》载：

> 邑之编里，国初三十有六，后增十二焉。永乐间议迁汶民数百于胶州。邑令史公奏止之，并招抚之民共增为四十八社……按：国初之法，因方分里，族处萃居，畛域攸分，安可溷也。及版图渐淆，规避滋生。纳赘招傭，冒姓通谱，术已工矣。甚则侨寓、土著，真伪莫稽。即诵读之士，亦脱影异地，互免更钱。田徭之伪，宁有急乎？[②]

土著、迁民身份混同的现象，无疑给后来流入的百姓提供了一个造伪的机会。当然，是否真的存在明代中后期流民通过造伪使人相信其家迁徙于明初，还需要大量的实例来验证，目前只能停留在推测阶段。

四 明中后期的迁徙“高潮”

其实，在众多宣称始祖于明初迁自枣强的谱牒资料中，已经有意无意地透露出附会的影子。比如《淄川袁氏家谱》在序文中称“世传为枣强人，而谱则云北京海岱门首人，盖军籍也”[③]。但在具体的世系表中则介绍一世始祖彦中系“北京海岱门首人。洪武四年堕籍南京龙虎卫左所百

---

① 《明英宗实录》卷六三，正统五年正月辛亥条，第1198页。

② 万历《汶上县志》卷二《建置·编里》，“中国地方志集成丛书”影印本，第157页。县志中记载，在该县芦泉乡治下有新兴屯、富梁屯、永寿屯，从名称上看，估计是民屯，即外来移民。

③ 《淄川袁氏家谱·原序》，道光三年续辑本，崇德堂藏板。

户张宝旗下。至永乐靖难后，随驾至北京。蒙迁发于淄川，在城北袁家庄居焉”[①]。从世系表的记载来看，袁彦中应是于洪武四年被划入龙虎卫军籍的。永乐迁都后随本卫迁到北京，海岱门应是其服役地或者居住地。后来又被调拨到淄川地区。至于他本人的祖籍到底在哪里，后人并不清楚，所以只好谨慎地写作“世传为枣强人”。

类似这样拿军籍做掩饰的还有淄川韩氏。《淄川韩氏世谱》称其始祖韩景文“原籍冀州枣强人，军籍。明初迁于淄北珂里家焉”[②]。其十二世孙韩午锡于乾隆十八年撰写的旧谱序文则明确说是“有明永乐七年己丑，般阳韩氏自广川迁居，始祖四传，文学始兴”[③]。广川县设置于西汉时期，后屡经变革，于北齐天宝年间并入枣强，因而后世有人用广川代指枣强。但原来的广川县在元代又被划入枣强东临修县（即明朝的景县），所以韩午锡所说的广川究竟指哪里就不好确定了。韩氏七世出了两个进士：韩萃善、韩取善。查阅《明清进士题名碑录》可知两人确实是军籍。据此可知，韩氏先祖确实可能是因为从军来到淄川，但原籍是否一定是枣强则需存疑。

值得注意的是，称祖先于明初迁自枣强的族谱大多修撰于清中后期。本文开篇提到的邹平《释氏族谱》初修于咸丰元年（1851），而且其家族在明代一直没有发达起来，“迨至有明鼎革，始瓜衍瓞绵”[④]。小户人家缺少书香，对祖先的事迹只能通过口耳相传，准确性不免大打折扣。《张氏族谱》“相传五世未有系牒”，虽然自六世即开始编撰，但直到崇祯壬午年（1642）才“付梓镌之”[⑤]，而且未能完整地流传下去，到乾隆五十三年（1788）才重新编撰，情形与释氏有类似之处。

之所以有如此多的家族自称来自枣强，似乎与清代的经济社会发展有关。清朝中后期枣强地区发展很快，有“金枣强，银南宫”之说，“枣强者，直隶第一美任也”[⑥]。以枣强为原籍，不仅可以寻求前人提出的共同的祖先记忆，还可获得心理上的满足。当然，这还需要细致的论证。

随着经济的发展，寻根问祖、续修族谱的风气在部分地区日趋浓厚，

① 《淄川袁氏家谱·一世始祖彦中》。
② 《淄川韩氏世谱》，光绪八年八修本。
③ 《淄川韩氏世谱·校雠族谱小记》。
④ 邹平《释氏族谱·原序》，民国二十一年奉先堂续印本。
⑤ 《张氏族谱》卷一《张氏重修族谱记》，光绪二十六年七修本。
⑥ 梁溪坐观老人：《清代笔记》卷下《道学贪诈》，转引自刘德增《大迁徙——寻找“大槐树”与“小云南”移民》，山东人民出版社2009年版，第104页。

无意中给我们拨开枣强人背后的迷雾提供了机会。

《山东临朐张氏族谱》续修于2006年，但其中收录了康熙五十九年（1720）立的墓碑碑文："吾郝庄张氏祖贯真定府枣强县，大公以军籍入朐。"[①] 不过后人在续修谱时只是称"吾族张氏本籍太行山左，金国时期太祖张公从军而抵青州府临朐县，军屯盘阳之野，立家盘阳集侧"，此后一直延续军籍，并于"元末为临沂县郯城巡检"[②]，并未提及枣强。看来随着时代的变迁，张氏后人对原籍枣强的说法也有所怀疑，索性隐去。

枣强《王氏族谱》在2009年完成第4次续修。据其中保留下来的道光十一年（1831）旧谱序记载，"前明永乐二年徙海内大姓实畿辅，吾始祖讳刚公自山西省潞安府长治县秦家庄迁于直隶枣强县城东南洼里村"[③]，此后族人迁徙他乡者众多，渐渐失去联系。留居枣强的族人只和迁徙到景县的族众有较为密切的联系。据本谱《附记》介绍，从20世纪90年代起，陆续有很多山东、河北一带的王姓族人到枣强寻根，其中可以对上号的有很多，但令其族人奇怪的是，"山东普遍记载始迁年是明洪武二年，差异很大"，所以只好存疑，"有待考察"。其中完全能吻合的有两支，其中一支来自山东禹城，即本谱中之十一世王祥振。按20年一代人推算，王祥振迁往禹城应该是在万历到崇祯年间。

《王氏族谱》中另载十世王守礼父子"俱外出兖州府正南八十里镇店开店"，此后失去联系。十世王得时"在德州曹乡宦家"，后人同样无考。另据利津《李氏家乘》记载，其家于"明嘉靖间由直隶枣强迁山左利津"。结合《王氏族谱》来看，似乎明朝中后期出现了一个枣强乃至冀州一带人户相对集中地迁往山东府县的小高潮。

嘉靖年间，国防形势再度恶化。蒙古鞑靼部俺答汗在谋求互市不成后，开始兴兵南下，试图用武力逼迫明朝政府接受互市。嘉靖十九年（1540），俺答率军杀入山西，直抵太原、潞安等地。十年后更是兵围北京城。为此，明朝政府不得不大力加强北部防务。太原等地毗邻井陉，一旦蒙古军队再次侵入晋南并向东挺进，势必会杀入北直腹地，从南面构成对京城的威胁。因此，真定地区也在防务加强之列，据《冀县乡土志》记载，嘉靖二十一年（1542），明廷"令各县建堡修墩……遇警瞭望，以备声息烽火之传"[④]。地当孔道的枣强自然不能幸免，"诸郡之卒戍徒役交

---

① 《山东临朐张氏族谱·张陆河张氏祖茔碑记》，2006年编校本。

② 《山东临朐张氏族谱·三修〈临朐张氏族谱〉序》，张铭璇补撰于2006年。

③ （枣强）《王氏族谱》，追远堂藏版，2009年续修本。

④ 《冀县新乡土志教科书》第13课《墩堡》，第163页。

杂于路，悲歌少年慷慨相向”[①]，一幅大战在即的景象。

另外，嘉靖年间当地百姓的生活水准也在大幅度下降。万历《枣强县志》载：“民田，洪武年间有任民开垦，永不起科之命。后地尽辟，方每顷税粮二斗八升为例。是时简用舒、贡赋薄而民易供。嘉靖初年，差徭日烦，征粮养马，有三十亩折一亩者，有十亩折一亩者。”[②] 不断恶化的生活环境以及现实的战争威胁都是百姓外流的动力。

民国时期，冀县有八千顷耕地，但劳动力不足，“南宫、清河等县来佣工者，几居其半”[③]。其中没有提到枣强。似乎枣强人对向西发展没有兴趣，有着更乐于向东迁移的传统。

至于曹树基等人提出的山西移民因在枣强中转而自称枣强人的推测，笔者也发现了一个比较典型的例子：“太初公原居山西平原（阳）府洪同（洞）县南关外西胡同道大槐树野鹊窝，分手自元朝成宗二年。分支直隶真定府冀州枣强县城南三里地程阁庄。自永乐二年迁发山东阳信县程子坞。”[④] 这个例子出自《程氏宗谱》中的庆云县一支。庆云县在明清时属河间府，20 世纪 50 年代划归山东。上引这段话把明初山东移民的几个典型要素——山西洪洞大槐树野鹊窝、枣强、永乐二年——都融合了进去，颇有研究价值。

不过，要理清众多移民自认枣强裔的原因、是否和山西移民转迁有关，以及是否在嘉靖以后存在一个枣强乃至冀州人户东迁的小高潮等问题还需要大量的实地调查、论证以及民俗学等相关学科的辅助。

结　语

金元之际，因为战乱、水患等原因，大批冀州及附近地区百姓向东迁徙到了山东境内。但在明初的大规模移民过程中，冀州地区更多的是承担移民迁入地的功能，本地土著东迁齐鲁的现象虽然存在，但规模应该很小。枣强乃至冀州地区出现较多的东向移民更多的应该是发生在明代中后期。但由于规避返乡、族群归属等因素的存在，大批移民后裔自称来自明初，并认定枣强为祖籍。随着时间的推移，原来的权宜之计通过口耳相传变为不可置疑，雪球越滚越大，并通过大批若干代后（主要是在清代中后期）编撰的谱牒逐渐凝固于文字和历史当中。

---

① 李攀龙：《枣强县刘村新建三官庙记》，《沧溟集》卷十九，第 253 页。

② 万历《枣强县志》卷二《田赋》，第 295 页。

③ 《冀县新乡土志教科书》第 9 课《农业》，第 160 页。

④ 《程氏族谱》卷一《河北省庆云县程氏族谱序》，民国二十四年天津信华印刷局石印本。

第三节　扑朔迷离的“小云南”

小云南移民主要分布在胶东一带。据刘德增考察，胶南县云南移民村落占总数的30.98%，胶州市云南移民村落达到22.42%，青岛市崂山区则高达48.42%。相对而言，山东半岛北部云南移民村落要少得多，比如牟平市只有7.18%，文登市占2.52%，比例最高的烟台市福山区，也不过22.03%。半岛内地的云南移民村落同样很少，如莱西市，只占到总数的4.5%[①]。从这一分布状况来看，所谓小云南移民似与明朝在山东沿海的卫所分布有某种关联。

一　既往研究回顾

与枣强移民在历史上被较早提及，但未受学界充分重视不同，小云南移民较晚出现在人们的视野中，但受重视的程度远远超过枣强移民。最早提及小云南移民的是民国《莱阳县志》。在县志的《附记》中，编纂者这样写道：

> 居民传说其先世率于明洪武二年迁自云南，然按《氏族略》，其为唐宋故家、金元遗民仅廿余族，余各姓除从军或流寓，历年尚少，则凡传二十余世、历五百余岁者，大率相同，而能确定其原里居亦多族，十之八九漫称云南。又谓户有占山、买山，宋元旧家则为漏户。及诘其所以迁徙，及何以占山、买山，何以旧家若是之少，新迁如许之多，无论乡僻野老，莫能道其原委，即缙绅世家，亦语焉不详。
>
> 征诸历史，度以理势，滇洱蛮荒，久寄化外（唐属六诏，宋属大理）。元置行省不及百年，而洪武二年梁王（云南东部）犹为元守，大理仍属段氏（世为酋长）。明兵力未及，安得有迁民之举？此其说不攻自破也。且考《明史·本纪》，洪武四年三月，徙山后民万七千户屯北平（山后即山北，石晋以来燕曰山前，云曰山后，号为燕云十六州）。六月，徙山后民三万五千户散处诸府州县，又徙沙漠遗民三万二千户屯田北平，又徙浙西、山西民于滁州和北平、山东、

① 刘德增：《大迁徙——寻找“大槐树”与“小云南”移民》，山东人民出版社2009年版，第118—119页。

河南。九年，徙山西及真定无业者田凤阳。永乐元年，徙苏州等十郡，浙江等九省富户实北京。二年，徙山西民万户实北京。是明初亦无云南迁民之事也。

或谓云南为豫南、汝南之讹，或谓小云南在安徽境内，或谓小云南为山西地，亦均之无稽。虽然，要自有说，意即洪武四年，山后内徙之民也。盖阴山之南、恒山之北曰郡、曰州、曰府、曰路，自昔即以云称。则云中、云州之南或云冈、云阳、云泉之南，其土人必有以云南称者。而莱阳自金元以来，用夷变夏，屡经兵祸，民之死于锋镝，或掳掠流徙者，当不知凡几。用是移民来此，其先至者领地开垦，谓之占山，后至者购买熟地耕种，谓之买山。其土著遗民得脱于兵匪驱掠者谓之漏户。而迁者不忘旧居，故传称云南，又以非云南省故，又别之为小云南。亦犹吾东府人侨居关外，概呼登莱为海南耳。

今走辽吉，问其先世，率称海南。而诘其籍贯，则莫有详。即其附近同姓谓同族与非同族，亦往往无征。是则远徙异域，无谱牒以为联属，大类县中同姓世传为一家，而系统无考者焉。唯当日迁自小云南者，或不如传闻之众。即称为漏户者，亦当不如现时之少。是则历明及清，迭遭惨杀。死亡流离，宗谱损毁。或畏避徭役，迁自他处，原无谱牒。历年既久，传闻失实，遂胥附于迁自云南之说矣。顾荐绅先生必执云南二字，确信为滇洱编氓，迨于明初迁民之时地未考核焉。①

晚清、民国时期的地方志作者，或多或少都受到了一些西学的影响，因而对家族等社会学范畴的内容颇为关注，不论是专门的乡土志，还是常规的州县志，都对本地区的人口构成（包括民族、氏族等）有一定的调查和描述。小云南移民能进入地方志的记载，和这一文化背景有直接联系。从上引文字来看，《莱阳县志》的编纂者不仅注意到了小云南移民的存在，还对其真实性进行过讨论，提出了多种假设，只是最终采纳了云中之南的说法。而其提出的“当日迁自小云南者，或不如传闻之众”，“历年既久，传闻失实，遂胥附于迁自云南之说”的观点亦颇有见地。

民国《莱阳县志》问世不久，其“云中之南”的观点即得到民国《牟平县志》作者的回应。后者认为此说“虽无据而近理”。不过后者并

① 民国《莱阳县志》卷末《附记·杂述·云南迁民》，“中国地方志集成丛书”影印本，第582页。

没有轻易否定云南说的真实性，“但本县间有能举其自云南某县某地来者，未必尽系传闻之误。或有其事而史未及载，或人民自动迁徙，亦未可知，阙之以俟知者”①。

此后，关于小云南的讨论归于沉寂。1993 年，风良发表《明初移民山东的云南地望考》② 一文。该文在观点上并无新意，只是重复了民国《莱阳县志》提出的小云南即云中之南的观点，但却重新引起了人们对小云南移民问题的关注。1998 年，朱端强针对此文提出反对意见，认为小云南移民确系从云南省迁出的移民，且有从军、充军和抗倭入齐三种移民方式③。这是笔者见到的第一篇公开肯定小云南移民确实来自云南省的文章。二者观点上的针锋相对，引发人们的研究热情，对小云南移民问题的热烈讨论由此展开。

综观现有研究成果，大体可以分为两类。一是不承认小云南移民和云南省存在联系，进而就小云南的实际指向提出自己的看法。如谭雨明提出“小云南不在山西，也不在云南。小云南在山东，其具体地点即指今青岛市和即墨市的东部沿海地区，其中心治所即今即墨市鳌山卫”④。王诵亭认为小云南移民都是山西移民⑤，张德玉也认为小云南指的就是山西雁云十六州之地⑥。吕伟达认为“小云南”在河南固始县南，“当地有一云水，称云镇，人们口传的小云南，皆指此地”，但移民所称祖籍云南，则指“云州或云中之南”⑦；夏树藩则认定小云南在贵州省境内⑧。

与之相反，另一部分学者坚持认为小云南与云南省存在必然联系。这一派的观点又大多集中在两个点上。一是云南省肯定存在小云南这个地区。例如，边百森指出《明太祖实录》中有关于小云南的记载⑨；龙圣《“小云南”考辨》⑩ 则考证出宋代即存在“小云南”，且在大理国境内；

① 民国《牟平县志》卷十《杂志·轶事》，济南山东印刷局铅印本。

② 《中国历史地理论丛》1993 年第 2 期。

③ 朱端强：《〈明初移民山东的云南地望考〉商榷》，《云南师范大学学报》1998 年第 2 期。

④ 谭雨明：《小云南与明清移民》，《寻根》2003 年第 10 期。

⑤ 王诵亭：《青岛地区明代移民》，《春秋》2008 年第 1 期。

⑥ 张德玉：《谈八旗汉军家谱中的“小云南”》，《满族研究》2010 年第 4 期。

⑦ 吕伟达：《福山移民史略》，中国文史出版社 2007 年版，第 148、154 页。转引自刘德增《大迁徙——寻找“大槐树”与“小云南”移民》，山东人民出版社 2009 年版，第 137 页。

⑧ 夏树藩：《试论历史上的小云南与小云南人》，《满族研究》1999 年第 1 期。

⑨ 边百森：《〈明太祖实录〉中的“小云南”》，《寻根》2011 年第 1 期。

⑩ 《寻根》2011 年第 4 期。

吴光范《“小云南”考》[①] 具体认定小云南在今云南省祥云县；袁辉《也谈“小云南”》[②]、鞠明库《明清史籍中的“小云南”》[③] 等文亦大体支持小云南在祥云县的观点。

除了在史籍中寻找依据，部分学者还试图从其他途径判断小云南与云南省的关系。如张彩霞通过对比即墨一带和云南地区流行的创世纪神话故事及祭祖习俗认定小云南移民确实是云南籍移民[④]。任光伟在《谈东北汉军旗人及其“烧香”与云南流人之关系》[⑤] 一文中采用了类似的方法，指出流行于东北、自称祖上来自云南的汉军旗人中间的祭祀习俗，如换谱、跳虎神、花关索信仰都与云南民间习俗类似，并进一步认定这些人的祖上是被清廷从轻发落的吴三桂的叛军。

二是分析云南移民的迁徙路线。如张健《再问“小云南”你从哪里来?》[⑥] 一文认为先民先随明朝征南大军进入云南，再因战略转移迁往山东，清初又因鼓励垦荒的政策迁往关外。吴光范则提出云南移民既有北向、东向两条迁徙路线，又有南向经越南，泛海至山东者，且南向走水路是主流[⑦]。

随着双方讨论的深入，又出现了一些试图弥合双方分歧的观点。例如：王玉珉提出云南小云南和山西小云南并存[⑧]；吕杨认为“小云南”只是明初移民大潮中的一个抽象名词，其组成成员包括山西、枣强和一部分云贵移民以及曾经在云贵地区服役或调防山东的云贵籍军人[⑨]；王砚天在肯定小云南移民来自云南省祥云县的同时，强调众多移民后裔把小云南作为自己的祖籍是一种移民文化的认同[⑩]；等等。

二　解读“小云南”

在众多的族谱资料中，不仅有称祖上来自“小云南”者，也有径称

---

① 《中国地方志》2011 年第 4 期。

② 《满族研究》1999 年第 2 期。

③ 《中国地方志》2007 年第 9 期。

④ 张彩霞：《明初军户移民与即墨除夕祭祖习俗》，《民俗研究》2002 年第 4 期。

⑤ 《民族艺术研究》1995 年第 3 期。

⑥ 《中国地名》2003 年第 6 期。

⑦ 吴光范：《“小云南”考》，《中国地方志》2011 年第 4 期。

⑧ 王玉珉：《小云南迁民释疑》，《中国地名》2004 年第 11 期。

⑨ 吕杨：《“小云南”探源》，《中国地方志》2006 年第 7 期。

⑩ 王砚天：《“小云南”——独特的移民文化符号》，《内蒙古民族大学学报》2011 年第 3 期。

来自云南者，例如：雄崖所《王氏宗谱》称其祖籍为云南省桃花村[1]；即墨《李氏族谱》记载“始迁祖福、雄兄弟二人，旧谱说是明永乐二年自云南徙燕京剪子巷，又由燕京来即墨蒲渠，后雄又移居段村”[2]。另外，还有称来自“大云南”者，如即墨葛氏称“祖籍本是大云南，迁于即墨崂山前”[3]。不论如何称谓，总归和云南有关。

目前可以确定的是，明初的山东移民中，肯定有来自云南者。比如元代名臣赛典赤·瞻思丁的后裔、曾孙赵明远。赵明远是赛典赤的长孙伯颜的幼子，其上还有两位兄长，赵明高和赵明方。按其家谱记载，“明太祖混一中夏，时换朝移，本枝散乱，或还西域，或徙北平，或迁河右。明高、明方相继死节，惟明远蒙明太祖深嘉其讳，敕谕同始祖母、诰封一品夫人马氏迁山东青州府益都县南柳社下户为民。其余勋臣子弟保全忠孝者俱发南北为民。洪武元年八月二十三日出京，至丙寅初六日入青州府益都县南柳社下户为民”[4]。

赵明远的兄长赵明高，元至正朝曾任职枢密院，故在大都居住。从谱序中看，赵明远等人也在大都生活，因而在元顺帝北逃后被逐出北京，安置到了青州。赛典赤来自西域，信仰伊斯兰教，故其后人在青州地区伊斯兰教的传播过程中发挥了重要作用，如赵明远的曾孙赵信即曾任本城掌教。

赛典赤是云南建省后的首任平章政事，其后裔长期在云南生活，应该算是云南人。如果说赵明远一家是从北京迁往山东，算不上典型的云南籍移民，那么，登州王氏可以弥补这一不足。

王氏始祖名王忠，“云南大理府云南县人。旧传为小云南鸡儿头王家。任邑之登宁场盐大使，卜居古现集之河北村”[5]。《王氏世谱》亦称王忠“原任山东盐运司胶莱分司登宁场盐课大使，官署在福山城北盐场村。

---

① 即墨市政协教科卫与文体文史委员会等编：《雄崖所古城》，中国文史出版社 2010 年版，第 42 页。

② 即墨《李氏族谱》，1999 年编印。

③ 浮山所百户寨《葛氏族谱》，转引自朱光涌《洪武、永乐时期山东莱州府南部移民研究——兼论卫所制度与沿海地区移民》（2008 年硕士论文，中国海洋大学）。

④ 《青郡赵氏宗谱·圣裔赵氏家乘序》，此序由其十三代孙赵庆臻撰写于康熙二十四年三月，《北京图书馆藏家谱丛刊》第 48 册《民族卷》影印旧写本，北京图书馆出版社 2003 年版。

⑤ 《王氏家谱》，《天津图书馆家谱丛书》影印雍正十二年刻本，天津古籍出版社 2001 年版。整理者原题为云南大理王氏，实际应为山东福山王氏。

休致后，乐此风土，因留籍……遂世为福山县孙夼社一甲古现集河北村人氏”①。

河北村原有王氏一族，“旧有王姓数百家”，王忠一家迁入后，“与之同处”，后“四大支续日繁夥，至村不能容。彼王旧姓消灭无余，吾族全有其业，甲于西北”②，成为福山县的大家族。清末甲骨文大家王懿荣即来自王家。

更值得重视的是，王氏后人在清代曾两次赴云南寻根访祖。其十世孙王淯，康熙五十二年（1713）“筮仕云龙州，路经小云南镇。平原开阔，山川秀发。访所谓鸡儿头村，渺不可得。古云三十年为一世，淯去始祖十世，今更益五世，忆其时当在前明洪、永之间”③。此后，十一世孙王杲又在乾隆二十二年（1757）趁着就职于大理的机会，“遍询土人，始知鸡头村今改隶蒙化府属，村居王姓数十人，以务农自赡。但知述元末自江宁迁去，家无谱系，□详，终不可考”④。

虽然没有找到亲眷，但证明了大理府确实曾有一个鸡头村。因此可以判定，王氏祖传的迁自云南的说法并非毫无根据的无稽之谈。

此外，据其家谱记载，其乡邻郭氏始祖、来自江西万安县的郭福辉，“当洪武初以备倭迁福山”，其三世郭享“系天顺六年甲申恩贡，犹后王甲十三年，则我始祖来福山时大概在洪武之世乎”⑤。因有具体的参照，其推断应该是比较准确的。

与王氏类似，很多宣称来自云南的移民后裔都曾提到相对具体的云南祖居地。例如：牟平尹氏，“原籍云南蒙自县杨柳村，明初迁至海阳上尹家”⑥；莱阳张氏，“原籍云南大理府浪穹县川横沟”⑦；平度吕氏，“明末由云南石坪州迁至山东即墨”⑧；黄县张氏，“明弘治间自云南大理府云南县迁黄”⑨；黄县林氏，自称“明代由四川会理县所谓小云南者迁黄”⑩；

---

① 《古现王氏世谱》，《天津图书馆家谱丛书》影印清末稿本，天津古籍出版社2001年版。

② 《王氏家谱》。

③ 同上。

④ 《古现王氏世谱》，十一世孙王检《家谱述》。

⑤ 《古现王氏世谱》。

⑥ 民国《牟平县志》卷三《氏族》，济南山东印刷局民国二十五年铅印本。

⑦ 《续修张氏谱书·世系》，民国二十年烟台东鲁印刷局代印本。

⑧ 平度信村《吕氏族谱》，民国二十三年刊本。

⑨ 民国《黄县志·民社·氏族》，转引自王玉珉《小云南迁民释疑》，《中国地名》2004年第11期。

⑩ 同上。

等等。

上文中提到的浪穹县，洪武十六年设，隶属大理府下之邓川州，今名洱源县。云南县，元朝时为州，洪武十五年改为县，直属大理府，十七年改属府下之赵州，即今祥云县。石坪州是元代的称谓，明洪武十五年改曰“石平”，后又改为“石屏州”，隶属临安府。蒙自县，亦在临安府境内。

会理县的情况更为复杂。元朝时曾设会理州，属会川路管辖。洪武十五年三月，明廷曾设会川府，隶属云南布政司，但十月即改属四川布政司。洪武二十六年后，废置该府，原有辖区统一归会川卫军民指挥使司管辖。会理州因此也被撤销，直到清康熙年间才恢复为州，民国二年才改为县。黄县林氏的资料来自民国《黄县志》，并非族谱原文，不排除方志作者作了一定修改的可能。当然还有另一种可能，即县志作者所依据的族谱修撰于民国年间。栖霞县《米氏族谱》即记载其始祖米强，“原籍四川会理县小云南地，明洪武二年由顺天府徙居山东省栖霞县城东上曲家”①。可见，民国初年修撰的族谱确有采用当时地名称谓的现象。

在云南地名中出现频率最高的除了“小云南”，就要属“乌撒（沙）卫”了。例如：即墨张氏，“闻先人祖居小云南乌撒卫十字街大槐树底下”；迟氏，“吾祖于明永乐二年从云南乌沙卫牛角胡同迁居即墨迟疃”②；等等。

洪武十四年，明朝政府发动收复云南的战争，当年即占领多民族聚居的乌撒地区，并设置了乌撒府，隶属云南布政司。次年正月，设乌撒卫、普安卫等十四卫。洪武十六年正月，又以“云南所属乌撒、乌蒙、芒部三府隶四川布政使司。先是，乌撒等部诸蛮复叛，征南将军傅友德等率兵讨之，大败其众，进军搜捕余党，有潜匿者皆捕而杀之。诸蛮慑惧，相率来降。至是悉平。以其地近四川，故割隶之”③。洪武十七年五月，又将邻近的云南东川府划归四川，并与乌撒、乌蒙、芒部三府一起改为军民府，实行准羁縻统治。

乌撒卫虽然主要辖区在乌撒军民府境内，但在隶属关系上并没有随乌撒府一起划归四川都司，而是一直属于云南都司管辖。贵州建省后，乌撒

---

① 城关村《栖霞县米氏族谱》，1946 年修，转引自王日根、张先刚《从墓地、祖谱到祠堂：明清山东栖霞宗族凝聚纽带的变迁》，《历史研究》2008 年第 2 期。

② 转引自张彩霞《明初军户移民与即墨除夕祭祖习俗》，《民俗研究》2002 年第 4 期。

③ 《明太祖实录》卷一五一，洪武十六年正月辛未条，第 2380 页。

卫又于永乐十二年改属贵州都司，但永乐二年组建完成的乌撒卫后千户所依旧设在云南沾益州境内，所治在“州治西北”①。这样，乌撒卫就成了一个横跨三省的军卫，虽然隶属贵州都司，但辖区却在四川和云南省境内，这也是明朝政府“犬牙相制”设卫思想的具体反映。部分学者提出小云南移民来自贵州，正是对明朝这一颇具特色的军事建设思想缺乏深入了解的结果。

如此众多的实际存在的云南或邻近云南省的地区的地名出现在族谱资料当中，显然不能用“云中之南”一类的观点来解释。在此，我们首先需要对“小云南”的具体指向作一个判断。

在《宋史》中曾出现关于“小云南”的记载：

> 凡风琶、两林、邛部皆谓之东蛮，其余小蛮各分隶焉。邛部于诸蛮中最骄悍狡谲，招集蕃汉亡命，侵攘他种，闭其道以专利。曰大云南蛮，曰小云南蛮，即唐南诏，今名大理国。②

可见，在宋代，“小云南”是对云南地区“邛部”少数民族中的一支的称谓。

另据《明太祖实录》记载，洪武二十七年四月，明廷更定蕃国朝贡礼仪。在云南所属所谓西南夷当中提到了“土官三：海东、宾居、小云南”③。

嘉靖间充军云南的杨慎在《滇程记》中也曾提到“小云南”：

> 自镇南州普淜驿六亭而达云南县界，所经有桃树坡、金鸡庙、孟获箐、安南坡，坡有巡司。下坡地复坦夷，相传古云南郡治此。土人称为小云南，以别于云南治城云。④

《实录》和《滇程记》中提到的“小云南”显然指的是某个确定的地理区域，后者更明确其为云南县境内的古云南郡治所在地。

朝鲜《李朝显宗实录》中也有关于“小云南”的记载。如壬寅三年

---

① 顾祖禹：《读史方舆纪要》卷一一四《云南二·罗平州》，第493页。
② 脱脱等：《宋史》卷四九六《蛮夷四》，中华书局1977年标点本，第14231页。
③ 《明太祖实录》卷二三二，洪武二十七年四月庚辰条，第3395页。
④ 顾祖禹：《读史方舆纪要》卷一一七《云南五·云南县》，第732页。

四月甲寅条载："清兵入小云南，执永历皇帝以归，大明绝，不祀。"① 同年十一月庚寅条记载："陈奏正使郑太和、副使许积、书状官李东溟等回自北京。闻之沿路，永历皇帝为清兵所执遇害，朱氏子孙之逃生于小云南者，亦皆为清兵所杀云。"② 吴三桂捉拿永历皇帝的地点在缅甸境内，可见当时人也有称毗邻云南的缅北地区为小云南者。

综合以上资料，笔者认为所谓的小云南既是一个确定的地名，如杨慎所载，同时也是一个相对宽泛的概念，从川、滇、黔交界的乌撒等多民族聚居区，向西一直延伸到缅北一带，包括明代云南的曲靖、寻甸、武定、大理、永昌等府以及毗邻的四川部分地区。而小云南的得名和大理国有一定的关系。

从汉代开始，云南北部地区就进入中原王朝的视野。蜀汉时，诸葛亮曾设云南郡，管辖今川南、滇北一带，后辖区虽然多次变更，但云南郡的设置一直延续到隋朝初年。唐朝中叶，南诏兴起，并曾向外大力扩展版图，控制范围涵盖今云南全境以及邻近地区。南诏建立者皮逻阁，唐朝政府册封其为云南王。南诏灭亡后，大理政权继起，但版图大为缩小，大体收缩到今滇西北一带。《宋史》中称大云南蛮、小云南蛮"即唐南诏，今名大理国"，在一定程度上为我们指明了方向。笔者认为，这里的"小云南蛮"，大体指的就是大理国范围内的少数民族，"大云南蛮"则分布在更广泛的区域。

那么，明初是否真的存在云南人口向山东半岛迁移的现象呢？

三　云南移民迁徙路线假说

对于移民的迁徙路线，部分族谱中有比较清晰的记录。如《张氏族谱》记载：

> 溯吾张氏，云南故乡。宗长常山、宗次双山、宗三三山、宗四单山，洪武迁民驱渡长江，路过浔阳，迷失单山，一路查访，无处寻觅，还登州蓬莱城里家焉，七甲八社，乡称九兰。逊清定鼎，自由自便，先祖宗龙跨海移迁……③

① ［朝鲜］《李朝显宗实录》卷五，壬寅三年四月甲寅条，日本学习院东洋文化研究所昭和三十八年（1963）影印本，第125页。

② ［朝鲜］《李朝显宗实录》卷六，壬寅三年十一月庚寅条，第150页。

③ 《张氏谱册·序》，转引自李林《满族宗谱研究》，辽宁民族出版社2006年版，第309页。

对于离开云南的原因，谱牒中要么语焉不详，要么归咎于元末丧乱。如栖霞《孙氏族谱》称“我支世居云南……元末群雄割据，盗贼蜂起，兵来贼去，兵去贼来，西南各省，十室九空。我恢祖乃舍云南之产，迁居山东”①。

但恰恰是这样的记载让人怀疑。在元末农民大起义过程中，天完政权从湖广发端，继而向四川、江西等地拓展，部分的波及了云贵地区。但当时的云南在梁王的治理下，并没有遭遇过多的打击，较之长江流域要安静许多。谱牒中经常出现的乌撒地区“有盐池、银矿之饶。其民习奸利，往往侵略邻境”②。按常理，大乱时期，应该是内地人口由湖广、四川等地向乌撒等地流徙才对，云南民众没有理由离开乐土，扑向战乱频仍地区。即便有小规模的北上人口，数量也会很少，能远徙到山东地区的会更少。

认同山东存在云南移民的学者大多将其与明朝的军队调动联系起来，在谱牒中也确实有很多“证据”。如雄崖所《谢氏祖谱》载，谢氏一世祖谢成，河南归德人，至正二十五年归附。二世祖谢敬，曾转战云南大理等地，“洪武三十一年五月钦除山东管垛集军百户职事，六月到莱州卫任百户”③。又如雄崖所朱氏，始祖朱茂诏迁居云南，“永乐中，东支一世祖朱汉迁居雄崖所，任百户”④。

在官方史料中，也有少量反映。如《实录》记载，洪武十七年四月“诏以故元云南平章段世、宣慰段名随侍齐王，给千户禄”⑤。

按照朱元璋的预订计划，在收复云南后，需从当地征兵立卫，守御本省。但傅友德等在平定云南后发现“屡经兵燹，图籍不存，兵数无从稽考”，于是只好奏准，“暂留江西、浙江、湖广、河南四都司兵守之”⑥。虽然说是暂留，但因云南旧军户尺籍无存，这些军士不得不改为永久留戍。

这里虽然没有提及山东都司，但正如本章第一节所讲，山东地区的军户因为和旧政权及地方割据势力有千丝万缕的联系，因而被人为地大量调

① 下马河村《孙氏族谱》，1937 年修，转引自王日根、张先刚《从墓地、祖谱到祠堂：明清山东栖霞宗族凝聚纽带的变迁》，《历史研究》2008 年第 2 期。

② 顾祖禹：《读史方舆纪要》卷七三《四川八·乌撒军民府》引《土彝考》，第 493 页。

③ 即墨市政协教科卫与文体文史委员会等编：《雄崖所古城》，第 42 页。

④ 同上书，第 44 页。

⑤ 《明太祖实录》卷一六一，洪武十七年四月己巳条，第 2489 页。段世等前往山东任职不会只身前往，除家属外，估计会带一些本族部众。

⑥ 《明太祖实录》卷一四三，洪武十五年三月丁丑条，第 2258 页。

离本省安置，其中很大一部分被安置到了京卫。在征南之役中，京军恰恰是主力，因此，随着云贵一带卫所的陆续设立，大批山东籍军士进入了云贵。为使士兵能在云南安心服役，明朝政府又多次遣送其家属离京，前往团聚。如洪武十七年三月初三，朱元璋下旨："（云南）各卫所上紧屯种，尽问军人每，若是有粮，便差内官送将家小来。"[①] 洪武二十年八月，"诏在京军士戍守云南者，其家属俱遣诣戍所。户赐白金十两，钞十锭，令所过军卫相继护送"[②]，等等。这样，就有更多的山东人口迁徙到了云贵地区。

这在地方志和谱牒资料中也有所反映。如乾隆《腾冲州志》记载，腾冲卫下辖六个千户所，其中"前所自洱海卫调，多江南、山东、湖广籍"；"腾冲所系守御千户所改设，多土人，亦间有江南、山、陕、湖、川等处籍"[③]。毕节《路氏族谱》记载："祖居宜兴，既迁历城。明初，鼻祖以指挥从军至黔，遂家于毕。"[④] 腾冲李氏始祖李德，原籍山东青州府益都县北城。洪武四年从军，次年调到南京威武卫，任总旗；十一年，调府军右卫前所，升百户；十四年，升千户，率部随西平侯沐英等南征云南，先后在普定、曲靖、东川等地征战，并留守当地；洪武二十年四月二十四日调任云南前卫前所千户。二十九年二月，奉璧字第854号敕命，准以世袭。[⑤]

在云贵缺少军户资源的时候，大量从省外调拨军士，带有一定的支持边疆建设的意味。在西南基本安定，山东等沿海卫所建设全面铺开的时候，从云南调兵反哺沿海，理论上是可能的。但卫所建设强调稳定，在大批军属已经随军就地生活的情况下，将其大范围调动有相当的难度，既有扰乱军心的可能，又有悖于用汉族人口影响当地，"用夏变夷"的政策导向。因此，由于明朝政府主动调防，从云南迁往山东沿海的人口并不会很多，而且应集中在军官群体。

官方调动的可能性不大，但并不妨碍这些军户自发回籍。中国人有落叶归根的传统观念。为了能在退役后回到原籍，远戍的军士往往会遣

---

① 王世贞：《弇山堂别集》卷八七《诏令杂考三》，中华书局1985年版，第1667页。

② 《明太祖实录》卷一八四，洪武二十年八月乙亥条，第2772页。

③ 乾隆《腾越州志》卷七《职官·武秩》，"中国方志丛书"影印本，台北成文出版社1967年版，第85—86页。洱海卫在云南县治西，洪武二十二年建。

④ 《毕节路氏长房宗谱·皇清敕授文林郎诰封奉直大夫……竹舟府君行述》，光绪二十一年刊本。

⑤ 《腾冲青齐李氏宗谱》，民国十九年本家宗祠雕版。李氏始祖情况，据本谱卷一《世系表一》和卷三《碑传集一·世官记、先德记》整理。

送部分子孙回故乡承袭旧业，为日后回归做准备。如徽州府歙县的胡世显，洪武十五年“受命调北征南，偕夫人陈太君来黔，留守普定卫前所”，“二世祖官德、玄德二公。官德公继承父职，留守普定卫……玄德公遵父命返回江南故里”①。同卫之百户汪灿，到卫后才于当地娶妻黄氏，诸子皆生于卫所，但仍遣一子回到徽州故里②。浙江上虞人顾亮，因在靖难之役中“弃职家居”，被充军五开卫，“举家编置卫之来威屯”。顾亮在卫去世后，“三子：钺，留居来威；鉴、钛还上虞”③。类似的例子，不胜枚举。

目前虽然没有见到山东籍军户自发返回原籍的例子，但在类似的生活环境、相同的文化背景下，应该会有同样的事情发生。

让部分家属返回家乡只会是零散的、不成规模的。而永乐年间爆发的安南之役则为在云南服役的军户提供了大规模逃回原籍的机会。

永乐四年七月，因为安南国主伏击了护送陈天平回国即位的明军，朱棣大怒，决定派遣大军前往讨伐。明军很快在战场上取得胜利。由于没有找到陈氏继承人，朱棣决定在当地设置府县，将安南并入版图。为配合直接统治，明朝政府在安南设置了大批卫所。如永乐五年六月，朱棣下令：

> 交阯城中立交州左、右、中三卫，富良江北立交州前卫，昌江、丘温各立卫。市桥、隘留关各立守御千户所。市桥以两所守之，粮储已令都督韩观等督广西土兵攒运，足半年之食则止。即将镇守军士分布耕种，及于已附土人内收税供给。驿传紧要处，亦令韩观于军卫有司、土官衙门摘拨舡马人夫，相兼递送。存留守城军士：广西二千五百，广东四千七百五十，湖广六千七百五十，浙江二千五百，江西、福建各一千五百，云南四千。余就本处收集土军，相参守御。其合用官，听自选留。④

同年九月，“置交阯交州左、右、中、前并昌江、清化卫经历司经历及市桥守御千户所吏目各一员”⑤。经历、吏目等文官的设置，说明卫所

① 《胡氏族谱·明入黔胡氏族简介》，1998年依据旧墓志重修。

② 汪希鹏主编：《黔腹汪氏宗谱·入黔始祖汪灿公事略》，2001年印制。

③ 唐树义、黎兆勋、莫友芝：《黔诗纪略》卷一《顾教谕亮》，贵州人民出版社1993年版，第44页。

④ 《明太宗实录》卷六八，永乐五年六月癸巳条，第958页。

⑤ 《明太宗实录》卷七一，永乐五年九月丁丑条，第998页。

建置工作已经基本完成。

永乐五年十二月，总兵官张辅等又奏准“于原设七卫之外，再拨官军五千六百人，设交州后卫。又请设镇夷、谅山二卫，及增设十五千户所，该用官军二万二千七百有奇”[①]。交州左卫等七卫军士主要由各都司参战军士抽调组成，这次新留用的二万二千余军士应该也是来自于出境作战的明军。

永乐六年二月，明廷又决定“增置交州左卫之中左、中右二千户所，并交州中、右、前三卫及昌江卫之中左千户所，清化卫之中右、中中、中前、中后、水军五千户所，三江卫之中、前、后三千户所”[②]。

永乐十二年六月，又增设乂安、新平、顺化三卫和演州守御千户所、南靖守御千户所。虽然这几个卫所是“籍土军，以土官指挥、千户理其事”[③]，但明军也会派出部分官兵参与新卫所的建设。

大批明军因为新卫所的设置而长期留在了安南，这其中必然包括很多从云南都司抽调的山东籍军士。

但明朝在安南的直接统治并没有维持多久。由于当地民众的不断反抗，明廷于宣德二年作出了撤销交阯布政司的决定。当年十一月，明宣宗下诏：

> ……凡交阯大小官员军民人等，有犯罪，无大小，咸赦除之……总兵官、成山侯王通等即率官军各回原卫所。交阯都司、布政司、按察司、卫所、府州县文武官吏旗军人等，各带家属回还。镇守、公差内官内使，悉皆回京……[④]

明朝政府的决策颇为仓促，事先并未做仔细的准备，以致撤退在一片混乱中进行，这给了部分思乡心切的军士脱伍逃离的机会。据正德《云南志》记载：

> 谢氏，孙彬妻。彬，吴人，广南卫军。永乐初挈谢戍交阯清化卫，生子敬。彬卒，谢守节。久之，有诏复安南国，撤戍。乡同戍者强敬由海道趋吴下。谢曰：汝父占戎籍，汝私还，勾牒必至……乃引

① 《明太宗实录》卷七四，永乐五年十二月己丑条，第1023页。

② 《明太宗实录》卷七六，永乐六年二月丙申条，第1037页。

③ 《明太宗实录》卷一五二，永乐十二年六月庚戌条，第1766页。

④ 《明宣宗实录》卷三三，宣德二年十一月乙酉条，第836页。

敬匿神祠中，睨同戍者过，尽循故道徒步艰关归。[①]

谢氏母子在清化卫随军生活，说明明朝政府在安南设立大批卫所后，同样有意识地遣送了大批军士家属到卫生活，以便安定军心。孙敬的同乡逼迫他和自己一道从海路返回家乡，说明确实存在军士趁乱脱伍的现象。谢氏母子不愿回乡，却不能光明正大地拒绝，反而要通过藏匿神祠中来躲避同乡的逼迫，显示当时脱伍的现象并非少数，甚至已经形成一股难以抗拒的势力。

在山东地区的族谱资料中，经常出现所谓的效芝国、交趾国、蛟趾国、交址国、胶芝国等字样，如阴岛（今名红岛）肖氏，谱中记载始祖兄弟二人从"云南交趾国昆明县乌沙卫柳树胡同棋盘街"迁徙而来[②]。刘德增认为这些奇怪的国名指的都是交阯，即安南国，并引用《明宣宗实录》卷九十的记载：

宣德七年五月丙子，交阯土官百户陈复宗等言曰：窃闻为臣之道，惟忠与义。臣虽生处僻方，心实拳拳于此。故虽黎利倡乱，臣等明于顺逆之理，必守君臣之义，宁弃坟墓、遗亲戚，随诸将归朝廷。蒙嘉其心，给之公禄，奖忠劝义，无以加矣。臣亦夙夜兢惕，惭无报效。今有司欲援宽恤事例，混臣等于交阯官员之列，概送河南、山东，俾之就闲。然臣之所以舍家乡而归朝廷者，惟忠义是徇也。今乃进则远于朝廷，退则失其家乡，为忠与义，反不得安。是岂臣等本心哉？伏望止留在京，以劝天下臣子之忠义。[③]

以此证明确实有安南官民随着明朝内徙的官民一起回到中国，并被安置到山东等地。

山东地区有安南人存在是毫无疑问的，不仅《实录》有记载，在地方史志中也有很多个案可以证明。如万历《巨野县志》载：

段汝旦，原系云南义安府南靖州盘石县土官。宣德元年值黎利作

① 正德《云南志》卷二二《列女》，"天一阁藏明代地方志选刊"续编影印本，上海书店出版社1990年版。

② 参见刘德增《大迁徙——寻找"大槐树"与"小云南"移民》，山东人民出版社2009年版，第166—167页。

③ 《明宣宗实录》卷九〇，宣德七年五月丙子条，第2060—2061页。

乱，汝旦奉敕同征夷将军成山侯王公讨之，屡立战功，札授盘石县主簿。又从王师平定交趾有功，上嘉赏，赐宴光禄，配以官人南阳王氏，授山西繁峙县丞，仍赐田蠲租，令一子入监世袭以酬其功。未三年，调巨野县丞。因民爱，坐升知县……传称不朽。①

不过，纯粹的安南移民似乎没有必要非要和云南扯上关系。因此，对于含有交阯国或类似称谓，同时又出现“小云南”、“乌撒卫”等字样的族谱资料，笔者认为借明朝撤销安南布政司的机会脱离原伍，辗转从海路北上，并最终落户于山东半岛的原云南卫所军户的可能性更大一些。所谓交阯国，最初不过是为了规避清勾，但无意中反而透露了自己的逃兵身份。

另外，由于和辽东千丝万缕的联系，很多辽东卫所军士的家属并没有过海团聚，而是滞留在了山东半岛。如（昌邑）《陈氏家乘》记载：

始祖（得甫）原居成都南关铁臼巷，洪武二年以军籍来昌邑，遂家焉。二世、三世均充辽东广宁左卫差，至四世乃罢。今该处之姓陈氏者，多吾同族也。②

辽东生活条件艰苦，军户多不乐往。为补充兵员，大批充军人犯被发配到辽东服役。这其中也包括大量云南籍人犯。如现存辽东残余档案资料中提到：

云南布政司病故二名

云南府昆阳县一名，赵祥，系本县保乡社人，洪武二十五年，为……

大理府赵州云南县一名，陈系保……③

按照明朝的制度，充军人犯需要有家属，至少是妻子随行。这些人的家属出于各自的需要，同样可能和陈氏家族一样，滞留在了山东半岛定居

① 万历《巨野县志》卷五《选举志·武功》，《国家图书馆藏明代孤本方志选》影印本，中华全国图书馆文献缩微复制中心，2000 年。

② 《陈氏家乘·谱系叙略》，民国三年山东印刷公司排印本。

③ 《辽东各卫呈报从直隶山东等省因罪流充的军丁亡故名册》，辽宁省档案馆、辽宁省社会科学院历史研究所编：《明代辽东档案汇编》，辽沈书社 1985 年版，第 5 页。

生活。

不过，不论是军户家属自发返回原籍，还是在安南服役的军士趁乱脱伍，辗转迁徙到山东，抑或是充军人犯的家属滞留山东半岛，目前都缺乏直接的史料依据。尽管笔者认为这三个推断是成立的，但在找到足够的证据之前，只能算是一种假说。

云南籍移民大多宣称于明初洪武、永乐年间迁到山东，不过也有少量移民的迁移时间记载为明中后期。如栖霞路氏始祖路杨柱，谱称其系明中叶随戚继光北上，“由云南移民到山东栖霞县路家沟村”①。牟平勇氏，亦称“由云南转浙江迁来”②。嘉靖倭寇泛滥东南时，明廷确实曾调动大批客兵，但主要是从山东、广西、湖广一带调兵，没有见到从云南调兵的记录。且戚继光完成抗倭任务后即调往蓟镇守边，未曾回山东任职。是否有抗倭旧部随之返回山东生活，尚待研究。

另有记载于明末抵达山东者。如高氏：

> 闻祖上传谕：我高氏门中，本贯云南，耕读为业。时当明崇祯末壬午，遍地逆贼猖狂，见他处犹轻，惟云南为甚。我祖在于境内，始避难于山东，驻足高家庄，系登州蓬莱所属，仍习旧业。维时我始祖文增已至残年，随殁于此。奈该府豪强聚众，亦不免掳掠良民。我二世祖兄弟三人，率子侄辈，弃业奔海，始至盛京……③

崇祯壬午，即崇祯十五年，正是山东惨遭清军蹂躏的年份。谱中称“遍地逆贼猖狂”，“惟云南为甚”，明显与史实不符，似乎是主动向“云南”靠拢的产物。不过从万历时期开始，直到崇祯年间，包括族谱中经常出现的乌撒卫在内的云、贵、川交界地带一直不太平，先有杨应龙之乱，后有奢仲明、安邦彦等的叛乱，迫使明朝政府投入了巨额人力、财力才镇压下去。动荡的社会环境无疑会迫使部分当地民众外逃讨生活。加之杨应龙等人的叛乱中夹杂着严重的民族对立，会进一步促使当地汉族人户向外迁徙，不排除部分民众会远徙到北方生活。只是这同样需要明确的证据。

与土著居民相比，移民来自不同地域、不同时间，因而大多有一种从

---

① 路家村《路氏支谱》，光绪三十年修，转引自王日根、张先刚《从墓地、祖谱到祠堂：明清山东栖霞宗族凝聚纽带的变迁》，《历史研究》2008 年第 2 期。

② 民国《牟平县志》卷三《氏族》。

③ 《高氏宗亲谱册·序》，转引自李林《满族宗谱研究》，第 325 页。

众心理，以寻求心灵上的归属。这在山西移民、枣强移民中有明显的反映，在云南移民中间也不例外。如莱阳张氏，在崇祯七年进士、十世孙张允抡于顺治十八年六月所作谱序中称：

> 张氏源派原系济南府武定州，塔儿埠乃其故土也。国初莱阳土旷人稀，拨补静（靖）海卫军籍，始居鲍村社汪家庄，后迁大夼社杜家泊。我之始祖一代讳仲卿、仲义。后仲卿生文斌，又移居任家庄，以作赘于任氏，遂居焉。后张氏颇日繁盛而任氏绝矣。斯先是从来之大略云。①

但在民国二十年张氏十七世孙张隆德所撰续修族谱序言中，张氏的来历却变成了下面这副样子：

> 吾族原籍肇自云南，胞堂兄弟十一人，明初叶拨于山东者四人。讳仲法者移口外宣化府万全县，讳仲仁者居济南武定府惠民县塔儿埠，讳仲卿、仲义者迁莱邑凤山乡，始寓汪家庄，既移杜家泊，吾始祖也……嗣后族大户繁……至寓蓬莱、福山、栖霞、平度、济南并关外异县者。②

张氏后人张宏德系天启五年进士，查《明清进士题名碑录》可知他是莱阳军籍。谱中所附《张氏武定州原籍宗谱》的序言中也称“张氏先世原世籍武定州南乡，后移武定北十里省屯镇”③，可见张允抡对祖先来历的记载是正确的。

除了靖海卫军籍外，张氏旧谱中曾记载“二世祖有讳文通、文中者，明初拨补天津卫军”，是天津卫军籍，“分居张旗屯”只是“未明其是仲卿祖之子、仲义祖之子”④，只字未提及张仲卿兄弟还有其他弟兄。

张允抡的序言作于顺治年间，那时修谱之风尚未盛行，估计所谓“云南”或“小云南”的提法并未占据主流，因而张氏旧谱尚能秉笔直书。但在康熙、乾隆年间修谱之风大盛后，受从众心理的影响，想必张氏

---

① 《续修张氏谱书·张氏族谱序》。

② 《续修张氏谱书·续修族谱叙》。始祖张仲卿、张仲义兄弟的原籍，在本谱《世系》被具体记载为“云南大理府浪穹县川横沟”。

③ 《续修张氏谱书·张氏武定州原籍宗谱又叙》。

④ 《续修张氏谱书·世系》。

对祖先的记忆也难免“泯于众人”，这才有了原籍云南的记载。

类似的现象还有很多。如雄崖所《王氏宗谱》称祖籍云南省桃花村，后因灾迁徙河南省归德州，“一世祖王相尧于元至正二十五年从军”①。王氏明显来自河南。又如栖霞梁氏，自称“始祖起家于陕西省华阴县小云南古槐树底下，明洪武二年正月十七日奉旨启行，抱谱携经，六迁入莱阳”；栖霞孙氏称“始祖孙四公，明洪武二年由江苏省小云南槐树底迁至莱阳城”②。明明是陕西人、江苏人，却硬要和“小云南”扯上关系，趋同从众心理暴露无遗。

结　语

在山东半岛众多的外来移民中，“云南”或“小云南”移民无疑是最神秘的一支。而在趋同从众心理的作用下，大批与云南并无瓜葛的外来人口有意无意地把本家族描绘成云南移民，无疑又加重了这层迷雾。随着时代的变迁，部分移民后裔也开始对自己的云南祖源产生怀疑。例如：栖霞韩氏谱称“我韩氏籍栖霞，由明及今五百余年矣。或谓来自云南，或谓来自武定，俱弗深考”③；牟平磨山于氏“多云移自云南，或云出自斥山与大水泊”④。“云中之南”等解释亦随之而来。尽管种种迹象表明小云南确实存在，包括部分少数民族人口的云南移民也有迁徙到山东的可能，但直接证据的匮乏，致使我们始终无法得出准确的结论⑤。笔者提出的三个假说目前也在无法证实之列，只能寄望于未来新资料的发掘。

第四节　莱州四川裔移民考

四川裔移民主要集中于山东半岛西北部一带。据刘德增考察，莱州市是四川移民比例最高的地区，全市 1068 个自然村，其中 751 个村落以四

① 即墨市政协教科卫与文体文史委员会等编：《雄崖所古城》，第 42 页。

② 安定郡《梁氏宗谱》，1922 年修；西李家庄《孙氏族谱》，1935 年修。转引自王日根、张先刚《从墓地、祖谱到祠堂：明清山东栖霞宗族凝聚纽带的变迁》，《历史研究》2008 年第 2 期。

③ 大韩家村《韩氏谱书》，光绪二十六年修，转引自王日根、张先刚《从墓地、祖谱到祠堂：明清山东栖霞宗族凝聚纽带的变迁》，《历史研究》2008 年第 2 期。

④ 民国《牟平县志》卷三《氏族》。

⑤ 部分学者提出的小云南移民系被发配的吴三桂叛军成员的观点同样无法提供直接的依据。

川移民为主，占总数的70.52%。在莱州市邻近地区，如招远、莱西、昌邑等县市，也有少量分布[①]。这些拥有四川移民的地区，基本处在明代莱州府的辖区内。

莱州府存在四川移民，清人毛贽已经有明确记录。在其所著《勺亭识小录》一书中曾写到：

> 掖自金元兵燹后，土著者少，惟武官刘氏、坊北程氏、军寨吕氏、王西王氏七八姓。余多成都人，永乐间所迁徙之小民也。[②]

同山西移民、枣强移民、小云南移民一样，四川移民中也有很多把迁徙时间定在了洪武二年。那时四川尚处于明氏大夏政权控制下，并不具备向外移民的可能，不过这并不能就此否认四川移民的存在。

洪武四年，明军从陕西、湖广两个方向发动凌厉攻势，当年即覆灭了明氏政权。九月，明朝政府“置成都都卫及右、中、前、后四卫”，开始在四川实施有效统治。为防止明氏旧部威胁新政权，傅友德、汤和等“各遣人招辑番汉人民及明氏溃亡士卒。来归者众，因籍其丁壮，置各卫以分隶之”[③]。十月，朱元璋下令诛杀明氏权臣吴友仁，“其余将校发戍徐州”[④]。

在下令傅友德等向四川进军的当日，朱元璋还命令右丞相徐达“往北平操练军马、缮治城池。济南卫指挥佥事盛熙领兵二千人，济宁左卫指挥房宽、厉达领兵五千人，青州卫指挥佥事周兴领兵四千人，莱州卫指挥同知胡泉领兵二千人，徐州卫指挥佥事司整、李彬领兵二千人，悉听节制”[⑤]。将明氏旧部安置到徐州，既是为了将其调离“根据地”，也有补充徐州卫兵力的目的。

此后，明朝政府还曾多次在四川收集明氏旧部。例如：洪武五年，“兵部主事彭恭、泸州守御指挥彭万里收集四川明氏旧校卒二千六百六十

---

① 刘德增：《大迁徙——寻找“大槐树”与“小云南”移民》第169—172页。对四川移民的研究还比较少，笔者目前见到的直接研讨之作只有程皓：《明代胶东半岛的四川移民——以明代掖县为中心》一文，见《鲁东大学学报》2010年第2期。

② ［清］毛贽：《勺亭识小录》卷八，“山东文献集成丛书”（第二辑）影印本，山东大学出版社2007年版，第441—442页。

③ 《明太祖实录》卷六八，洪武四年九月丙子条，第1278—1279页。

④ 《明太祖实录》卷六八，洪武四年十月丁酉条，第1283页。

⑤ 《明太祖实录》卷六十，洪武四年正月丁亥条，第1168页。

人为军”[①]；六年五月，“指挥万亿招集四川旧将士四千七百五十六人至京师”[②]；十年八月，“遣神策卫镇抚余忠往四川招集明氏故将丁氏校卒”[③]；十一年二月，“命四川都指挥使司收集明氏故将校为兵，凡六千五百余人”[④]；等等。

按惯例，这些收集来的军士会被异地安置。有证据显示，的确有不少明氏旧部被辗转安置到了山东。如四川铜梁人周成，“洪武四年归万指挥，充天津卫总旗。征进捕鱼儿海子、哈喇等处，升诸城所百户”[⑤]。这里的万指挥，不排除就是《实录》中提到的万亿。天津卫设置于永乐二年十一月。天津右卫系永乐四年由青州右卫迁建，天津卫也有从山东卫所调兵的记录[⑥]，因此，不排除周成在调职诸城所之前，曾经在山东卫所服役过的可能。

又如四川潼川州人杨谷恕，洪武十年被镇抚余忠“收充四川都司松潘卫军”。洪武十六年，“调山东都司平山卫（中所）军”[⑦]。成都府双流县民郭彦才，洪武十年“蒙余镇抚收籍，充发四川成都前卫后所军。洪武十一年调发松潘守备，逃回。洪武十六年，改调山东都司济南卫前所百户张政下军”[⑧]。杨谷恕和郭彦才都是由镇抚余忠收集，先被编入四川西部边卫后，又改调至山东的，说明明朝政府对将其安置在四川省内依旧不是很放心。现存很多四川移民的族谱中都有相对具体的来源地的记录，估计其祖先与杨谷恕等有类似的经历。如郓城《马氏族谱》记载其祖先从“四川成都府建昌卫健康街”迁来[⑨]。建昌卫应该就是马氏祖先被收集后的第一个服役地。

山东沿海卫所大多在洪武三十一年开始建设。因为本地军户资源有限，不得不从省外补充兵员。此前建立的莱州卫、登州卫等卫所由于不时有官兵被调离他用，亦处在“动荡”之中，需要不时从他处补充兵员。

---

① 《明太祖实录》卷七七，洪武五年十二月辛巳条，第1411页。

② 《明太祖实录》卷八二，洪武六年五月甲子条，第1478页。

③ 《明太祖实录》卷一一四，洪武十年八月丁卯条，第1879页。

④ 《明太祖实录》卷一一七，洪武十一年二月甲子条，第1914页。

⑤ 乾隆《诸城县志》卷二十《职官表下》，“中国地方志集成丛书”影印本，第141页。

⑥ 如乾隆《沂州府志》卷一《沿革》记载，安东卫在天顺年间，“调去中所于天津卫，右所于徐州卫”。“中国地方志集成丛书”影印本，第38页。

⑦ 刘笃才、杨一凡、吴艳红、姜永琳整理：《历代判例判牍·四川地方司法档案》，中国社会科学出版社2005年版，第167页。

⑧ 同上书，第328页。

⑨ 转引自刘德增《大迁徙——寻找“大槐树”与“小云南”移民》，山东人民出版社2009年版，第189页。

明朝奉行居重驭轻的军事战略，明初的京军在数量上占有压倒性的优势，因此在外卫兵力明显不足时，京卫及南京周边卫所就成了重要的补给来源。如洪武九年二月，“调扬州卫军士千人补登州卫，高邮卫军士千人补宁海卫”[①] 等。万亿等收集的明氏旧部很多被编入南京附近卫所，因而有很多机会被改调至山东。

以东莱赵氏为例。谱载，其始祖赵守义“原籍四川，明初任金州卫经历。以防御海寇功擢佥事，因家东莱”[②]。其七世赵履昌，“荫授莱州卫指挥佥事”[③]。经历是文职，不可能改任军职。赵氏后人赵燿、赵焕、赵胤昌等都是进士，查核《明清进士题名碑录》可知，赵氏确实是莱州府掖县军籍，那么，其始祖赵守义不可能是文职。查阅族谱可知，赵氏旁支也有多名军职。例如：二世赵迪，“洪武时任莱州卫指挥副使，诰授武略将军”；赵信，“洪武时任莱州卫千户，诰授（昭）信校尉”；三世赵德，“宣德间庠生，军功，授莱州卫指挥佥事”[④]。据此可知，东莱赵氏是世袭的官军户。

出身四川的军户是“从征”军户的概率很低，估计也是明氏旧部。赵氏的经历估计是调防辽东卫所后因功升授指挥佥事，并调往莱州卫任职的。

赵守义的经历同时证明有四川军户在被分配到辽东卫所后，又辗转到了山东。类似的还有昌邑陈氏。陈氏始祖陈得甫“原居成都南关铁臼巷，洪武二年以军籍来昌邑，遂家焉。二世、三世均充辽东广宁左卫差，至四世乃罢”[⑤]。《陈氏家乘》中记载其后人陈思孝是“万历丁未会试副榜”[⑥]，但《进士题名录》中却没有此人的信息，因而无法确认其是否是军籍。如果族谱记载无误的话，陈氏家族可以作为四川军户军籍在辽东，而户中主要人群却在渤海对岸的山东落籍的典型。洪武时期，山东半岛是辽东战场的后勤补给基地，有大量山东卫所军士被改调到辽东，不排除陈得甫是在落籍莱州后又改调广宁左卫的可能。

山东沿海的卫所建设因为靖难之役而中断。朱棣夺位后，重新拾起这一工作，同时也为了给战争中涌现出的新贵们一个妥善的安排，把大批

---

① 《明太祖实录》卷一〇四，洪武九年二月庚子条，第1747页。

② 《东莱赵氏家乘》卷三《世谱》，民国二十四年铅印本。

③ 同上。

④ 《东莱赵氏家乘》卷五《旁支》。

⑤ 《（昌邑）陈氏家乘·谱系叙略》，民国三年山东印刷公司排印本。

⑥ 《（昌邑）陈氏家乘·敬所公传略》。

“新官”安排到了山东沿海卫所。增设军官不可避免地要辅以新兵的补充，因而永乐时期应有另一批四川军户辗转来到山东。像莱阳赵氏那样，“其先四川成都人，永乐时徙居九区百户屯”①，应有足够的可信度。因此，程浩在研究中认为“洪武四年之后到永乐年间前后一段时间，才是符合常理的大规模移民的时间”②，无疑是正确的。不过，程浩仅仅解决了四川移民是否存在的问题，对其为什么聚集于莱州一带却未作回答。要解决这一问题，我们需要把目光移到此前研究往往忽略的一个时段——明末。

嘉靖倭乱期间，西南地区的土司兵在抗倭斗争中发挥了重要作用。此后，凡有重大战事，明朝政府都会把征调目光瞄向西南。努尔哈赤起兵后，明廷照方抓药，再次下令调用土司兵。万历四十七年十一月，兵部奏准：“调湖广永顺宣慰司兵八千，都指挥使彭元锦亲统；调保靖宣慰司兵五千，宣慰彭象乾亲统；调酉阳宣抚司兵四千，宣抚冉跃龙亲领；石柱宣抚司兵四千，应袭马祥麟同秦邦屏亲领。以遵义参将童仲癸统之。仍将四川副总兵陈策升援辽总兵官，责成统领。两省抚按仍各议委道臣一员监兵，兼程前来。”③

命令发出后，各土司表现不一。永顺土司“彭元锦闻援辽调兵三千，以为不足立功，愿以万兵往。朝廷嘉其忠义，加升都督佥事，锡以飞鱼服色。既而部檄调兵八千，仅以三千塞责，又上疏称病不行”④。八千兵勉强凑齐出发后，又迁延数月不到，“而一至通州，闻三路败衄，辄望风奔溃”⑤，徒耗十万军费。

四川土司则相反。石柱宣抚司主动请求在3030名官兵之外，“欲将在川土兵三千五百余名陆续调来，共成一臂之力”⑥。不仅如此，川兵在作战中也非常英勇。沈阳一战，石砫宣抚司都司秦邦屏等先后阵亡，酉阳宣抚司也有1700余官兵先后战死沙场。辽东经略熊廷弼在总结战败教训时虽然说“川兵、土兵、毛兵心虽齐、法虽整，亦强弱参半”，但亦承认其均为堪战者，因此建议再从“水、蔺各土兵调一二万，成一川土兵势，

---

① 民国《莱阳县志》卷三之二《氏族》，“中国地方志集成丛书”影印本，第488页。

② 程皓：《明代胶东半岛的四川移民——以明代掖县为中心》。

③ 《明神宗实录》卷五八八，万历四十七年十一月戊子条，第11256页。

④ 《明神宗实录》卷五九三，万历四十八年四月丙寅条，第11378页。

⑤ 《明熹宗实录》卷一，泰昌元年九月丙申条，第62页。

⑥ 《明神宗实录》卷五九四，万历四十八年五月甲午条，第11395页。

然后进取”①。

基于此前的英勇表现，辽东沦陷后，明廷依旧没有放弃使用川兵。如天启五年，兵部在谈及流入登州一带的辽东四卫兵民时奏准：“其川兵、毛兵归天津、登莱者，如果壮健，登抚即留充营伍，以省招募。领兵之官，亦准登、津留用。”②

孙元化出任登莱巡抚期间，虽然大力推进军事改革，重用东江镇溃散辽东籍官兵，但对川兵同样非常重视。如崇祯四年，明廷命令登莱军驰援大凌等关外诸城。孙元化随即命令东江副总兵张焘率领公沙的等葡人训练的火器部队以及一个营的川兵从海上西进救援。可见，在天启、崇祯年间，山东半岛有数量可观的川兵存在。

孔有德等叛乱后，川兵又成为平叛的重要力量。如崇祯五年四月，“总兵邓玘、王洪以川兵万二千人自昌邑东援”③。由于川兵作战勇敢，叛军对山东兵不屑一顾，宣称“杀山东兵如切菜，虽十万无奈我何”④，但对川兵和关外调来的彝兵却非常害怕。

登莱事变平息后，明廷重建登莱军备，川兵又成为重建的主力，“（留驻）川兵二千名，月食一两……土兵五千名，月食一两二钱”⑤。川兵和土著士兵一起，成为登莱镇的主力。川兵以土司兵为核心，而土司官兵，特别是军官，在出行时往往携带很多家属，如石砫宣抚司秦邦屏阵亡后，“三十口妻孥留滞京华，行乞求助”⑥，因此留戍登莱的川兵及其家属的数量远不止两千。

此后，清军对明朝的攻势日渐猛烈，明廷疲于应付。留镇山东半岛的四川籍士兵始终没有得到调回原籍的机会。明朝灭亡后，清军和南明政权展开长期的拉锯，加之张献忠起义军进入四川等因素，这些川兵基本上不具备自行返回故土的可能，留给他们唯一的出路就是落地生根，定居于山东半岛。尽管川兵中有大批少数民族士兵，但在和当地汉族民众长期交往后，估计会比较顺利地融入当地社会，成为汉民族中的一员。因为登州在登莱事变中受损很大，不具备供养大批士兵的条件，因而相当一部分重建

① 《明熹宗实录》卷二，泰昌元年十月戊辰条，第106—107页。

② 《明熹宗实录》卷十，天启元年五月癸丑条，第515—516页。

③ 谈迁：《国榷》卷九十二，崇祯五年四月庚午条，第5590页。

④ 汪楫编：《崇祯长编》卷六二，崇祯五年八月甲申条，第3593页。

⑤ 《兵部行〈关于登莱二属善后各款〉残稿》，台北中研院史语所编：《明清史料》辛编，中华书局1987年版，第218页。

⑥ 《明熹宗实录》卷十二，天启元年七月庚子条，第586页。

后的登莱镇官兵驻扎在莱州府北部沿海一带。川兵人数有限，在庞大的土著居民面前，要维护本集团的利益，必须团结。种种因素共同促成了四川移民密集分布于莱州一带。由于川兵的威名，不排除一部分土著人口主动向四川移民靠拢，甚至“冒充”四川人以求得到保护或者心理安慰的可能性，这在无形中又增加了四川移民的向心力和“扩容”能力。

结　语

与扑朔迷离的小云南移民相比，四川移民显然有更为充分的历史依据。不仅明初的明氏旧部有被安置到山东的证明，晚明时代大量川兵的涌入，无疑也增加了四川移民的可信度。虽然族谱资料中经常提到的洪武二年、永乐二年等始祖迁居年份未必可信，更多的是一种趋同心理的反映，但四川移民的真实存在却是不容置疑的。以聚集莱州一带的川兵为核心的晚明时期的四川移民由于自己土司兵的特殊身份，为融入主流社会，在编撰族谱时不可避免地要受土著居民的影响，这使我们很难在族谱资料中发现他们的踪迹，但过于集中的分布，恰恰证明晚明时期的土司川兵才是四川移民最清晰的来源。

第五节　近水楼台东海人

在鲁东南的日照、诸城、莒州等地，即明代青州府和莱州府的南部，存在大批号称来自海州一带的移民后裔。在有关族谱资料中，这些移民后裔大多称其祖先来自“海州”、“东海”、“海东”等地，因为大体指同一个地区，本节概称之为“东海人”。

海州，位于今江苏省东北部，元代称海宁州，明代改称海州，隶属南直隶淮安府，下辖赣榆县，清代为江苏省直隶州，民国元年始改称东海县。明代虽然没有设置东海县，但在临近的安东县内设有东海巡检司，另设有东海中千户所、海州中前千户所，直属中军都督府。

海州位于黄淮海平原东侧，属淮河流域。发源于山东南部山区的沭水、沂水等河流或流经海州入海，或经此南流汇入淮河，因此，海州与莒州、诸城等地同属于一个地理单元，即淮河流域。

由于地缘上的天然联系，海州与日照等地的人口交流并不仅限于特定的历史时期，而是常态化的存在。但在目前保留下来的大量族谱资料中，所谓的东海移民大多与明初的卫所建设扯上了关系。如日照丁氏，

《家乘》序言载："祖考中翰公行述：本为江南海州之东海人，明初祖顺北徙，占籍于邑南之刘家寨迤东二里许。时朝廷命郡县募壮士守沿海哨墩，以勇敢募，且利其少，既禀为资斧，竟以军籍隶青州伍，世为日照人。四传皆业农，积渐田连阡陌，至今人呼其处为丁家庄。"[①] 在谱中的《世谱》部分，丁氏投军缘由被进一步明确为"信国公汤和沿海经画，凡岛屿居民皆徙内地，乃北徙"[②]，即与明初山东海防建设有关。

在山东沿海卫所中，的确有很多来自海州或邻近州县的军户。例如：匡福，原籍淮安府赣榆县，"以元行省参政归附，有功，授沂州卫百户"[③]，后其子匡德于洪武二十五年调任胶州千户所正千户；汪兴，淮安府山阳县人，"洪武初为真定小旗"[④]，其孙汪清于宣德二年调任胶州所正千户；徐州人杨家成，"洪武初归附，授小旗，守御密云燕山。传子狗儿……"[⑤]，后裔同样调守胶州；盐城人徐广，"先脱烈伯下参政。洪武二年大同归附，征进甘肃等处，选充银牌先锋。有功，升诸城所百户"[⑥]；等等。不过匡福、杨家成、徐广等人都是归附军户，最初大多不在山东服役，而是辗转调动后才来到临近故乡的山东沿海。

但如本章第一节所述，《丁氏家乘》中提到的迁徙海岛居民的政策确实曾在山东沿海执行过。江苏一带在元末是张士诚的地盘。"当是时，士诚所据，南抵绍兴，北逾徐州，达于济宁之金沟，西距汝、颍、濠、泗，东薄海，二千余里，带甲数十万。"[⑦] 朱元璋称帝后，张士诚的余部大量盘踞海上，与明王朝作对，成为明初海防的主要威胁之一。明朝政府强制岛民内徙，在很大程度上就是为了切断张士诚、方国珍余部与内地的联系。淮安府临海，海上岛屿众多，将岛上居民内迁，符合明朝政府的政策，将其直接迁徙到山东境内，实行异地安置，无疑更有利于落实空岛政策的主旨精神。因此，丁氏迁自海州海上岛屿是可能的。

按其《世谱》记载，始祖迁到日照后，"四传皆业农，世次支派多不可考"，因此家谱以实际的第五世丁良儒为一世。谱中记载，四世（实际上的九世）丁允元生于万历三十年，即公元 1602 年。此时距明

---

① 《日照丁氏家乘》"初修本后序"，咸丰九年刊本。

② 《日照丁氏家乘·世谱第一·始祖顺》。

③ 道光《重修胶州志》卷七《明职官表》，中国地方志集成丛书影印本，第 57 页。

④ 同上书，第 58 页。

⑤ 同上。

⑥ 乾隆《诸城县志》卷二十《历代职官表下》，第 141 页。

⑦ 张廷玉等：《明史》卷一二三《张士诚传》，第 3694 页。

朝立国已 235 年。丁氏在始祖丁顺之后两个多世纪里繁衍了八代，平均不到 30 年繁衍一代，大体符合古人的繁衍速度。据此判断，丁氏迁自明初，也应是可信的。丁允元是崇祯四年进士，曾做过户科给事中。查对《明清进士题名碑录》可知其确为山东日照人，但户籍没有记载，因而无法判断丁氏对祖先军户身份的记载是否准确。

不过像丁氏家族这样，对始祖有相对准确记忆的移民并不多。比如莒州王氏。按民国时期重修的《莒志》记载，约有四个王姓家族宣称来自东海县当路村，始祖王良臣等七兄弟同时迁徙北上，但在始祖们的迁徙时间上却有明显分歧。如二区王家山庄王氏称“洪武年间迁山东诸城县九仙山后王家大村”，四区张仙小河王氏却说“元末，王良臣兄弟七人同时迁徙。良臣则迁莒之张仙村”。小河王氏族谱叙原籍与前两者大体一致，“惟云于洪武二年，兄弟七人同迁诸城县南乡七老岭”①。八区山头渊王氏甚至说“明季，始迁祖某因避兵难来莒”②。同样的祖先，外迁的时间差距竟然将近三个世纪。

在山东移民关于始迁祖的记忆中，“洪武二年”或“洪武初年”是一个频繁出现的年份。在众多移民共同记忆的推动下，甚至很多土著居民也加入到“移民”的行列。如莒州八区庄氏，明明有“金大定四年度僧牒刻石碑”证明其“之在莒南，自金以前矣”，但“庄氏谱牒谓相传原籍江南东海十八村，明洪武初年来莒朱陈店”③。八区大店尉氏自称“洪武初由江苏东海县来莒”，但嘉靖、隆庆间的内阁大学士李春芳为其后裔所撰《处士尉大公讳岱墓志》却明确说尉氏“先祖原籍长山，国初如莒”④。

不过，由于海州和山东临近州县人口交换较为频繁，很多家族的成员甚至分居两地⑤，因而有相对密切的交往，对祖先的记忆较之山西、枣强、四川等地的移民明显要清晰一些。例如：五区季氏称“始迁祖先于金明昌年间移居莒北”⑥；五区刘氏，“元初(由海州) 迁于莒”⑦；十区赵

① 民国《重修莒志》卷四十《氏族上》，“中国地方志集成丛书”影印本，第 308 页。

② 同上书，第 309 页。

③ 民国《重修莒志》卷四十一《氏族下》，第 327 页。

④ 同上书，第 328 页。

⑤ 例如何氏，“原籍江苏东海县。兄弟五人，明洪武年间，长、二、三支迁居莒县……四支惠后裔住日照县……五支恭仍住东海县原籍。今传至十九世”。见民国《重修莒志》卷四十《氏族上》，第 315 页。

⑥ 民国《重修莒志》卷四十《氏族上》，第 316 页。

⑦ 民国《重修莒志》卷四十一《氏族下》，第 337 页。

氏，“元顺帝四年自江苏东海县迁居莒南”[①]；十区臧氏，“原籍江苏东海县当路村。始迁祖胤祚于明洪武二十三年迁至莒县”[②]；十区高氏，“原籍江南高公岛。始祖文孔，明正统三年迁居莒州高家东山”[③]；十区上庄李氏，“原籍江苏东海县李家大村。始迁祖寿春、寿仙于明景泰三年到莒”[④]；三区黄埠庄宋氏，“始迁祖某于明成化七年由江苏省八里庄迁莒”[⑤]；二区唐氏，“原籍海东十八村簸箕掌。始迁祖瀛海于明隆庆四年迁莒东新旺庄”[⑥]；八区吕家崮西吕氏，“原籍江苏东海县。始迁祖某于万历间来莒”[⑦]；一区郭家园李氏，“始迁祖宏煦，明末自江苏桃源县李家村徙居日照县石盖子”[⑧]；一区南关刘氏，“顺治初年由海东迁莒县南关”[⑨]；等等。类似的例子还有很多，恕不枚举。如此众多的年份出现在谱牒资料中，一方面说明海州人口向山东迁移很频繁，一方面显示东海移民对自身历史的记忆相对清晰，对共同记忆并没有那么迫切的需求。

那么，谱牒资料中频繁出现“洪武二年”又该如何解释呢？笔者认为，这或许和明朝初年对户籍的整顿有关。

明朝继承了元朝的配户当差制度，因而立国不久即开始清理户籍。洪武二年规定：“凡各处漏口脱户之人，许赴所在官司出首，与免本罪。收籍当差。凡军、民、医、匠、阴阳诸色户，许各以原报抄籍为定，不许妄行变乱。违者治罪，仍从原籍。”[⑩] 次年七月，又命“户部榜谕天下军民：凡有未占籍而不应役者，定期许自首……命军发卫所，民归有司，匠隶工部”[⑪]。为使户籍清理结果有据可循，明朝政府又于洪武三年十一月“核民数给以户帖”，“书其户之乡贯、丁口、名岁，合籍与帖，以字号编为勘合，识以部印，籍藏于部，帖给之民”[⑫]。为使户帖制度得到严格执行，明朝政府特意调动军队参与户籍清理。朱元璋在谕旨中明确规定：

---

① 民国《重修莒志》卷四十一《氏族下》，第332页。
② 同上。
③ 民国《重修莒志》卷四十《氏族上》，第318页。
④ 同上书，第314页。
⑤ 同上书，第311页。
⑥ 同上书，第320页。
⑦ 同上书，第311页。
⑧ 同上书，第312页。
⑨ 民国《重修莒志》卷四十一《氏族下》，第337页。
⑩ 万历《大明会典》卷十九《户口一》，台北文海出版社“元明史料丛编”第二辑影印本，第350页。
⑪ 《明太祖实录》卷五四，洪武三年七月庚戌条，第1067页。
⑫ 《明太祖实录》卷五八，洪武三年十一月辛亥条，第1143页。

> 如今天下太平了也，只是户口不明白……我这大军如今不出征了，都叫去各州县里下着，饶地里去点户比勘合。比着的便是好百姓，比不着的便拿来做军……百姓每自躲避了的，一律要了罪过，拿来做军。①

山东地区在元末曾是多种力量反复拉锯的地带，因而在明朝建国后遭到多次的收集，大批旧军人被纳入军户系统，发往异地安置。在清理归附军户与严苛的户籍清理政策双重作用下，山东的土著居民应该大多在洪武二年前后即完成了户籍申报及相关事项。移民与土著居民相比，处于先天的劣势，心理上不免要尽力向其靠拢。把始迁祖尽力描绘成与土著居民同时纳入新朝户籍系统，无疑是一个“良方”。

另外，洪武二年的山东，确实已经出现了第一批移民的身影。《明太祖实录》记载，洪武二年十二月，朱元璋谕令北平行省参政赵耀：“闻北口子人多来归附者。汝宜速往，选其骁勇可用者为兵，月给米赡之。余悉处之临清、东昌之地，毋令其失所。”② 另据谱牒资料记载，由于枣强一带在洪武二年曾短暂划归山东行省管辖，山东都卫都指挥使叶大旺在修建青州等城时曾大量佥发枣强一带的百姓到山东服徭役，后来这些人大多留居山东，成为第一代枣强移民。如《明崇祯十五年孙氏南马兰支谱》记载，青州孙氏始祖孙炳，“明洪武二年由山西枣强县孙家营村率三子龙、虎、象来青州负（服）徭役”，后移居城北南高柳。《李氏家谱》、《刘氏家谱》等也有类似的记载③。这批进入山东的移民在申报户籍的时候，自然会把落籍年份定在洪武二年。

既有心理上的需要，又有客观存在的洪武二年的外来移民做榜样，加之随着时间的推移，移民和土著居民的界限日益模糊，“今编各乡皆为土著，而无复乡屯之辨”④，移民中的后来者自然有大把的机会与土著居民混同。

---

① 崇祯《嘉兴县志》卷九《食货志·户口》，“日本藏中国罕见地方志丛刊”影印本，第351页。

② 《明太祖实录》卷四七，洪武二年十二月丁卯条，第935页。

③ 转引自孙凤瑛《揭秘明初山东青州府移民之谜》，见《河北枣强首届移民文化研讨会资料汇编（一）》（未刊稿），第91页。据《明太祖实录》卷六三，洪武四年闰三月辛酉条（第1205页）记载，当日，“以叶大旺为青州卫都指挥使”。可见洪武二年叶大旺并不是都指挥使，但不能说明当时的青州守将不是他，只能说族谱资料的记载并不准确。

④ 顾炎武：《天下郡国利病书》原编第十六册《山东下》引《高唐州志》，四库全书存目丛书影印本，第46页。

不仅移民与土著居民之间存在刻意靠拢的现象，在不同来源的移民中间也有寻求互相认同的现象。如莒州一区韩家菜园马氏，谱载“原籍山西洪洞县，元至正年间迁居海州，复迁海东县。明洪武年间始迁祖母携子三……抵日照县居焉”①。山西洪洞大槐树移民原本是山东移民中规模最大的一支，但生活在莒州的马氏家族却刻意把自己打扮成东海移民，显然与大槐树移民主要分布在鲁西三府，莒州一带以东海移民为主体，大槐树移民相对较少有关。总量众多的山西移民尚且如此，其他来源的小规模移民自然更难以“免俗”。像莒州九区官地村吴氏，“原籍安徽歙县，继迁江苏东海县西市。始迁祖海，明洪武二年迁居莒南官地村”②；九区徐氏，“原籍江苏昆山县大桥村。元至正二十年，兄弟叔侄十四人避乱至海东当郰村，寄居八载。明洪武三年，始祖有安迁莒州南乡官梅沟。住年余，移居朱梅庄。其余十三人迁住诸城县……”③ 这样的记载随处可见。

其实，山东移民的来源非常广泛，仅以胶州千户所有据可查的百户们为例，即可见一斑。

胶州千户所百户来源表

张氏	安徽凤阳府人张得山为管军万户，子信忠授永宁百户。永乐十年张安调本所
王氏	登州府福山县人王秃儿以青州军戍密云，少子黑代戍。黑弟冲后又代黑，以功授东胜百户，传子安。宣德六年调本所百户
谈氏	凤阳全椒人谈三明，兄弟三人从常遇春攻采石，长授西宁卫指挥，次授西安卫指挥，三充刘总管军。卒，子真代。洪武二十四年“以全军功”除本所百户
韩氏	浙江乐清人韩得名自宁波从军，子均保以父功授总旗。洪武二十一年除本所百户
吴氏	直隶望江县人吴普胜初从徐国公军，又从何丞相以平附功授百户。永乐十年子性除本所百户
魏氏	直隶华亭人魏成从父旺从军有功，授汝宁百户，宣德三年调本所
朱氏	兖州府宁阳人朱得水代妻父张成名从军济宁，贵代父军，从征有功，授西安百户。宣德三年调本所
黄氏	直隶滦州人黄兴代父从军，有功，授永平百户。又以从阳武侯功准世袭本所百户，宣德六年至任
陆氏	直隶和州人陆四以军功授总旗。后人陆信以全伍功升百户。永乐十年陆斌调本所

注：本表依据道光《重修胶州志》卷七《表六·明职官·卫所官表》制作。

① 民国《重修莒志》卷四十《氏族上》，第 317 页。

② 同上书，第 314 页。

③ 同上书，第 319 页。

以上九姓无一是山西、四川或云南移民，但有一个共同点，即都是官军户。明初重武轻文，军官的地位很高，有诸多的特权，自然没必要向土著居民靠拢；加之明朝政府对军官的管理比较细致，各类文书档案层出不穷，从而使这些官军户对自己的先祖有比较清晰的记忆和切实的依据。与之相比，山西等地的移民要么是普通的贫苦民众，要么是归附军人甚至充军人犯，社会地位普遍低下，需要抱团取暖，才能站稳脚跟；加之文化水平有限，对家族的历史主要靠记忆，在趋同心理的驱使下出现一系列的混同现象，也就不足为奇了。

结　语

海州与山东为邻，自古即有海州人口北迁到山东境内，因而对东海移民的真实性无须质疑，也正因如此，在东海移民的记忆中，祖先迁居山东的起始时间才相对清晰。但与土著居民相比，分散在不同时段迁入邻境山东的东海移民依旧处于劣势，因此同样产生了和大槐树移民、枣强移民等类似的现实和精神需求，反映到谱牒资料上，即刻意提早入鲁年份，造成“洪武二年”、“洪武初”频繁出现。随着时代的变迁和移民群体的不断扩容，原本占有诸多优势的土著居民反而产生了波动，进而有意无意地向移民群体靠拢。而在一个相对封闭的区域内，不同移民之间的相互混同无疑又加厚了笼罩在祖先历史中的迷雾。尽管始祖迁徙时间需要逐一核实，但有一点可以肯定，即明代第一批离开故土的东海人，确与明初的海防建设有直接关联。

第六节　海禁背景下的辽东移民

山东人“闯关东”，人们耳熟能详，但对与之方向相反的辽东人口南下，却较少有人留意。山东半岛辽东移民的存在，既与两地之间密切的经济、社会交流有关，同时也是日趋严苛的明代海禁政策之反动。

正德初年，在山东与辽东之间行驶了百余年的海船停航，原由海路补给辽东的物资要么折银，要么改由陆路，经辽西走廊运往辽东。补给物资的减少对经济发展水平相对较低的辽东影响很大，大量折银的输入又对当地市场形成巨大压力，致使物价飞涨，进一步恶化了当地民众的生存环境。为了生存，大批人口逃离辽东，其中相当一部分突破海禁的重重限制，流散到山东沿海岛屿，垦荒生存。这些辽民对岛屿的开发作出了很大贡献，但因身处“化外”，对山东沿海的社会管理构成了一定的威胁。如黄海中的斋堂岛，“去岸五里，入岛必以舟渡，岛中平地约千余亩，多土少石，甚肥饶，多萑萩，产紫竹、黄精、海枣。上有废井，沙径可容车行，海滨居民樵采赖之”①，但一直没有常住居民。“嘉靖二十三年，辽左大饥，辽民泛舟而来居于岛，伐木垦田，占据数十年。辽丰辄返，凶又复来，后渐出没为盗，为滨海患。万历二十九年，岛寇杜承宗杀南商十三人，劫银五六百两，捕获正法。”② 又如登州北方海中的刘公岛，嘉靖年间，“海贼王宪武造房五十三间、座，踞而有之”，后由“御史蓝玉督汛兵逐之，丈耕其地”③，“兼火其庐”④。大管岛、小管岛、福岛等岛屿亦“常有辽人聚集为患”⑤。

大批辽民流入海岛证明海禁政策并没有产生预期效果，对此，明朝政府亦心知肚明，如总督蓟辽侍郎王忬在上疏中谈到：“山东、辽东旧为一省，近虽隔绝海道，然金州、登莱南北两岸间，渔贩往来，动以千艘，官吏不能尽诘。”⑥ 面对这一现实，明廷在是否维持海禁政策上发生了严重的分歧。嘉靖三十七年六月，王忬因辽东饥馑，请求“因其势而导之。明开海禁，使山东之粟可以方舟而下，此亦救荒一奇也”⑦。给事中许从龙、巡抚辽东都御史侯汝谅等也先后提出恢复登莱海运以及开通天津至辽东航路的主张。户部讨论后，议准开通天津海道，但造船数量由侯汝谅提出的200艘减为100艘，“令与彼中岛船相兼载运”，但“登莱海道姑勿轻议，以启后患”⑧。

实行海禁的主要目的是为了海防，户部同意部分恢复海运的初衷是为了赈济辽东饥荒，但同时也考虑到了海防的需要，因而未敢轻启登莱海道。尽管如此，这依然引起了部分官员的反对，如山东巡抚朱衡在嘉靖四十年十月上奏：

> 登、莱、青三府地濒大海，东近辽左，南通浙直。国家设军分守甚严。日者，辽左告饥，暂议弛登、莱禁以济之。其青州迤西之路未

---

① 顾炎武:《肇域志·山东·青州府》，上海古籍出版社2004年标点本，第604页。

② 同上书，第605页。

③ 乾隆《威海卫志》卷一《疆域志·山川》，民国十八年威海九华小学重印本。

④ 乾隆《威海卫志》卷一《疆域志·兵事》。

⑤ 顾炎武:《肇域志·山东·莱州府·即墨》，第633页。

⑥ 《明世宗实录》卷四六〇，嘉靖三十七年六月己卯条，第7774页。

⑦ 同上。

⑧ 《明世宗实录》卷四七九，嘉靖三十八年十二月乙丑条，第8013—8014页。

> 许通行。今富民猾商遂假道赴临清，抵苏、杭、淮、扬兴贩货物。海岛亡命阴相构结，俾二百年慎固之防，一旦尽撤。顷者浙直倭患，非后事之镜乎？宜申明禁约，停止为便。①

主管军事事务的兵部接到此议后随即表示支持。此时较嘉靖三十七年局部开海已经过去了三年余，估计辽东饥荒已经有很大缓解，“不法商人”与所谓“海岛亡命”的危害开始显现，因而朱衡提出了恢复海禁的利己主张，兵部予以支持，估计也有部门利益的考虑。在反对派的努力下，明廷于嘉靖四十二年十二月正式以“辽商利海道之便，私载货物，往来山东”、“恐海禁渐弛，或有后患”为理由，“禁止通海辽船”②，恢复海禁。

暂时开放海禁为生活困苦的辽东民众南下寻找生活来源提供了一定的便利，估计这期间山东沿海岛屿上的辽东移民有较大幅度的增加。对于拘泥于旧制的明朝政府而言，这些移民无疑是潜在的威胁。于是，兵部在实现恢复海禁的目的之后，又把目光瞄向移民。嘉靖四十五年十月，兵部根据巡按御史韩居恩的奏疏议准：

> 登莱三面滨海，自蓬莱抵胶州二千余里，海岛纷错。国初建立营卫所寨以防海备倭，虑至远也。然倭夷其来有时，防之犹易。顷因辽左上告饥，当事者重恤民困，暂许通舡粜贩以济一时之急，而豪猾因籍为奸，往往驾巨艘入岛屿采木贸易，且利其土饶，遂推乃妻孥以居。因招集亡命，盘据诸岛，时出劫掠，土人莫可谁何。此其患视倭尤甚。宜移文巡抚，严督海道备倭等官整饬登莱戎务，各将快壮军兵练习，墩堡城寨修整，并严谕各岛居人在内地者悉还本业，在外地者俱回原籍。其人系辽东金州等卫军丁，则会同辽东巡抚一体议处。③

尽管支持海禁的舆论又占据了上风，但开海的呼吁同样不绝于耳。如户科都给事中魏时亮在隆庆元年十二月上言：“辽阳自罢海运，转饷甚

---

① 《明世宗实录》卷五〇二，嘉靖四十年十月辛酉条，第 8298 页。

② 《明世宗实录》卷五二八，嘉靖四十二年十二月己酉条，第 8613 页。另据同治《即墨县志》卷十一《大事·改革》（山东地方志集成丛书影印本，第 289 页）记载：“嘉靖三十九年，禁莱州商贩往来辽东。”估计是在中央政府正式下令恢复海禁之前，山东地方政府已经单方面采取了类似的行动。

③ 《明世宗实录》卷五六三，嘉靖四十五年十月癸酉条，第 9020—9021 页。

艰。乞稍通旧路，于每岁季或大熟、极荒之秋间一行之。仍厉禁讥察非常，则山东米粟贸易既为两利。万一岔河戒严，而襟喉之地可无阻矣。”① 隆庆三年五月，总理屯盐都御史庞尚鹏在条陈辽东屯政时也提出开放海禁，“谓海禁不通，止以登、莱造舡及布花本色之扰，故议者纷纷，辄以风涛、寇盗为解。殊不知辽左咽喉，全恃宁前。宁前若扼，则全镇更无可倚，止有金州通海一线，奈何闭之”②。魏时亮的建议得到了皇帝的支持，但没有下文。庞尚鹏的主张在户部那里也碰了软钉子。户部不置可否，而是推给了地方政府，建议“行抚按诸臣计处以闻”③。

庞尚鹏的主张在地方政府那里得到了完全不同的反馈。在辽东，巡抚张学颜、镇守李成梁坚决执行遣返移民的政策，不仅到长山岛、长生岛等岛屿“招降，散之金、复间”，而且“焚烧屋庐，凿舟塞井，沉其器具于海，海患平而禁海不得通，登、辽遂绝”④。到万历二年，辽东共“招抚山东登、莱各岛向来潜住为害辽人四千四百余”，又奏准“登州、金州都司每遇三、六、九月，会同登舟，遍诣各岛，搜捕一次”；石城、广鹿、长山三岛“各建公馆，选金州卫廉干官一员住守，以便钤制”；存恤岛民，“给帖免差十年，并宥免已往罪犯”；禁用私船，“合将海岸民船，每口不过三只，听其搬运米薪、捕采鱼虾。见在大者，给价，改为官船。其余尽行劈毁”⑤。

而山东地方政府却提出了将移民收为本省编户的主张。隆庆五年九月，山东守臣上言：

> 青、登、莱三府海岛潜住辽人，辽东累年勾摄既不可得，而山东虚文羁縻，终非永图。臣等博采群策，有安集之议七焉。
>
> 一、定分管。青州诸城县分管斋堂岛，莱州府胶州分管灵山岛、竹槎岛，即墨县分管福岛、大管岛、小管岛、田横岛，掖县分管芙蓉岛。登州府文登县分管刘公岛，宁海州分管崆峒岛、青岛、宫家岛，蓬莱县分管沙门岛、长山岛、大竹岛、鼍矶岛、黑山岛、小岨岛，黄县分管桑岛。三府共二十岛。辽人附居者皆籍而抚之。
>
> 一、严保甲。大岛每十家为一保，保有长，仍立一总保、副保以

① 《明穆宗实录》卷十五，隆庆元年十二月丁卯条，第407—408页。

② 《明穆宗实录》卷三二，隆庆三年五月己未条，第841页。

③ 同上书条，第842页。

④ 顾炎武：《肇域志·辽东都指挥使司·复州卫》，第770页。

⑤ 《明神宗实录》卷二八，万历二年八月辛酉条，第690—691页。

约束诸保长。小岛止立一保长。朔望诣州县受事，岁报户口之数。

一、收地税。今各岛见耕地八千三百八十六亩，宜比寄庄事例，亩量税银五厘，每岁十月各送保长输官，以充巡察海道备倭都司修船之用。新垦者续报。敢匿者罪之。

一、查船只。各岛辽人渔贩船只大则税银二钱，小则一钱二分，各输州县以充修船之用。敢有擅用双桅，远泛海洋或近高丽者，罪无赦。

一、平贸易。辽人既为编氓，一切贸易，宜与土人彼此均平。禁不许入夜私交以生他衅，亦不许货违禁物。

一、专责成。安辑抚绥当责成海道及都司，乃有统纪。必明法令，毋务姑息。

一、修哨船。往时海道及都司同处登州城，各有哨船，故各岛流人望风远避。今海禁日弛，乞将臣等所造海雕船十艘、辽船八艘饬后人修理毋坏。

一、杜续逃。各岛安插既定，辽人避事，必有续逃者。宜令辽镇重禁金州等处人毋复越海。①

据葛守礼《送中丞梁鸣泉擢抚河南序》载：“（辽东）流民数千，泛海据登莱岛上，既虞盗且难遣。公为休燠之，令土著通市易而编以保甲使为寄，民众以安。”② 可见，山东巡抚梁梦龙具体主持了就地安置辽民的工作。

其实，类似的安置行为在此前已经出现。如隆庆三年出任海防道的温如玉即曾因“时辽阳诸岛交匿无赖，间出剽劫，登莱之间时被惊扰”，而“扬兵海上，日练水战，以张其势，而密遣指挥汤诏等招抚诸岛酋长，宥其已往，编立保伍，给田通市，咸遵约束”③。因此，可以说山东地方政府是在局部成功试验后才提出来这样的就地安置主张。

梁梦龙隆庆四年任职山东，张学颜隆庆五年巡抚辽东，两人上任时间接近，为什么对待移民的态度截然相反呢？

辽东人口以军户为主，民户和寄籍人户比重很低，大批人口外流直接影响军役及相关事务的达成。因此，尽管明了民众外流是生活困苦所致，

---

① 《明穆宗实录》卷六一，隆庆五年九月丙寅条，第1480—1482页。

② 葛守礼：《送中丞梁鸣泉擢抚河南序》，见《葛端肃公文集》卷二，“四库全书存目丛书”影印本，第286页。

③ 光绪《增修登州府志》卷三十五《文秩·温如玉》，光绪七年刊本。

但为了本地区的利益，也只能采取“堵”的方式。山东则相反。由于生活环境恶化，从明初开始，山东即存在人口外流现象，而且呈愈演愈烈的态势。“差繁赋重，土旷民逃，绳枢荜户之家皆孤居寂处于荒漠寥远之境。夫其绳枢荜户也，已无甚垣墉之固矣。”① 辽东移民寄居海岛，是客观环境使然，一味防堵、镇压不仅难以收到实效，反而可能激化矛盾，冲击山东沿海的正常发展。如果将移民就地安置，不仅可以增加本地人口，而且可以化危机于无形，化害为利。不过，留置移民有与辽东争夺人口的嫌疑，因而山东地方政府在安置方案中特意强调要防范“续逃者”，一方面修理本地哨船，主动防范；一方面提请辽镇配合禁缉，以免引起辽东方面的反感，增加提案通过的难度。

由于山东方面提出的安置方案具体、系统而可操作，因而获得了中央政府的批准。据《实录》记载，万历元年六月，兵科给事中赵思诚在上疏中仍然提请“抚驭山东岛人”②，可见就地安置政策在万历初年仍在执行。

不过在两地生活水平存在明显差异的背景下，尽管山东地方政府强调严禁“续逃”，仍不免有辽东民众铤而走险，希冀再获“招安”，因而这一政策的负面效应日趋显现，甚至引起了部分山东官员的反对。如万历六年就任即墨知县的许铤即曾在其所撰《地方事宜议·海防》中写道：

> 本县东南滨海，即中国东界。望之了无津涯，惟岛屿罗峙其间……以故居者利之。嘉靖间，辽之逋徒觇知其利，携妻子入岛，以状乞为编氓。比司地方者失远计，谓可以蔡人待之，听其留而税其租。久之，辽人视此中即故乡矣。辽人故畜坚舟，乘顺风不十日可抵高丽界，盗其松杉诸美材以归，则货诸边海居民。居民利其美材而价廉也，辄与之通贸易。辽人因得熟知民家虚实，往往乘其不备，抢人牛羊，掳人财物，甚至公行强劫，出没岛中，非地方保甲所能擒捕也。有司以其状白当道，为檄该营，以计诱之登岸，悉擒其人、火其居，并田横庙毁焉。于是海畔苍赤始得安枕，牛羊始得出牧矣。然辽人所以去彼适此者，不直年饥谷贵之故，大半皆亡命徒耳，又况此旧居乐土也。夫去死乡，就乐土，谁不欲之？由是旋遣旋来，以至今

① 许铤：《即墨县图说》，同治《即墨县志》卷十《艺文》，“山东地方志集成丛书”影印本，第243页。

② 《明神宗实录》卷十四，万历元年六月丙子条，第451页。

日。岛中且盘据数百人，构室治田，为长久计。而其首邢天举者，且状乞编氓如昔年故事矣。议者遂谓岛中既不可留，擒而遣之，将必复来，不如招之，分编各社，以散其党类。夫封疆之界，遶海之险，尚不能限其来，而止其趋利；百里之邑，棋布之社，顾能使之必散而不聚乎？有如辽之饥民恶少，闻风源源而来，不可收拾，将若之何？此非计之得也。[①]

登州知府刘泾也曾因为商民之间发生流血冲突，“恐以一时之权而启异日之患”，上书请求停止在登莱籴粮，恢复海禁，“政府嘉其虑不在近，市籴遂止”[②]。

辽东官员对此更为不满，但单纯的海上防堵并不能阻止辽民南下，“辽人窜伏山东海岛。辽之官司不能统摄，致赋役愈繁，逋逃愈众”[③]。为了降低辽民南逃的影响，明朝政府于万历元年八月接受兵部右侍郎汪道昆的建议，“将辽阳管捕都司一员移住登州，专管岛民，以事讥察”[④]。驻节登州，可以比较及时地了解岛民的实际状况，便于必要时勾补逃军或征发赋役，同时也可监督山东方面，使其尽可能少一些有损辽东利益的举动。

随着南下辽民的日渐增多，山东地方政府也开始有意识地与辽东方面合作，打击那些威胁本地治安的移民败类。如万历七年八月，“岛贼邢才甫、白应时等先经招抚，安插金州，复逃故岛为贼，劫掠高丽”，登州备倭都司即派出海道官兵与辽东官兵一起合力镇压，“首从各典刑问拟”[⑤]。

不过类似的行动需要两镇密切配合，这在两地官兵没有隶属关系，大多数南下辽民比较安分，且山东备倭都司地位日渐下滑的情况下并不容易实现，更不可能常态化进行。因此阻遏辽民南下的任务只能靠两地各自完成。这就遇到了另一个问题。

山东备倭都司官兵的主要职能是海防和京操，在辽民并未做出出格行动的时候，海防军没有理由主动参与遣返行动，遣返辽民以及维护治安的任务要由地方政府负责，而地方政府又往往是心有余而力不足。即墨知县许铤对此提出建议：

---

① 同治《即墨县志》卷十《艺文》，第244页。

② 张萱：《西园闻见录》卷五八《兵部六·海防后·往行》，台北明文书局印行明代传记丛刊排印本，第250—251页。

③ 《明神宗实录》卷十六，万历元年八月丁巳条，第482页。

④ 同上。

⑤ 《明神宗实录》卷九十，万历七年八月辛巳条，第1851页。

登莱地瘠民贫，鱼盐之外无他利，非如淮阳诸富商大贾聚集处，为倭夷垂涎也。猝尔一至，不过海风飘泊，食穷则抢岸耳，非常有之患也。**迺辽人之虑，则无岁无之**。语云：涓涓不塞，将成江河。患虽小不可长也。海防官军之推诿者有曰："我防海，非防辽也"，又曰："防海，乡兵分其责焉，我官军不独任也。"夫倭患既不常，御辽又不任，则国家竭百姓膏血以养官军谓何？……故今计亦无他，要在**责成营、卫官军**而已。今官军非不云分布也，然实纵之旷役而无实用，任其回籍而无实数，非本县所谓责成也。勤点查，则数不缺，严法令，则役不旷。营操者，巡徼不绝，有事策应，则率然之势也。海防者，瞭视不失，谨守汛地，必**无使登岸**，则张翼之形也。而又**造海舟以巡岛屿，分游兵以扼要路，必无使入岛**，则犄角之利也。此不惟可以御辽，真可以防倭矣。不然而使辽人一居岛中，则彼为主而我反为客，彼有在山之势，而我有赴敌之名，有如今日，非万全之算也。

若为目前不得已计，则当行昔年**阳招阴遣**之术，招之不来则扬兵海上，要其必归；要之不归则捣其巢穴，系其妻孥，递之原籍，仍移檄彼处军门下所司穷鞫之。亡命者坐以法，逃饥者则卫付之所，所付之总旗，羁縻之。再逃则连坐以罪，庶有所反顾，而无敢公然逃矣。①

许铤的建议只是要求海防军承担阻遏辽东移民的任务，并没有回应军方提出的乡兵（实际指的是州县系统管辖的民兵）承担部分责任的要求。而要海防军与民兵合作，需要对军事管理体制进行总体变更，这只能由中央政府出面完成。在辽民并没有对山东海防或社会治安造成严重影响的情况下，中央政府显然不会轻易改变现行军事体制。

另外，许铤的主张本身也有互相矛盾的地方。他强调不许辽民登岛，也就是要继续厉行海禁，但他同时又对开海充满期待。在其《通商》一文中，他写道：

本县系本省之末邑。僻居一隅，与海为邻。既非车毂辐辏之地，绝无商贾往来之踪。近城市者，别无生理，止以耕田度日；滨海洋者，田多盐碱，则以捕鱼为生。壮者代役，懦者佣工，游手之徒，颇居十之二……今淮海通舟，天所以为登莱赤子开一线生路，乃自闭其

① 许铤：《地方事宜议·海防》，同治《即墨县志》卷十《艺文》，第244—245页。

> 咽喉，则本县所未解也。本县淮子口、董家湾诸海口，系淮舟必由之路；而阴岛、会海等社，则海口切近之乡。嘉靖十八年，本县城阳社民牛稼者，告允行海舟，自淮安觅船，两昼夜直抵城阳之西金家口通贸易。是岁大饥，沿海之民赖之以不死。行之数年，牛氏以富，附舟者咸利之。此即其明验大效也。厥后倭夷称乱，其利遂止。
>
> 隆庆壬申议行海运，胶之民因而造舟达淮安，淮商之舟亦因而入胶。胶之民以腌腊米豆往博淮之货，而淮之商亦以其货往易胶之腌腊米豆，胶西由此稍称殷富。每船输桩木银三两，于州以为常。今虽有防海之禁，而船之往来固自若也。独本县则拘守厉禁而无敢通商。然淮海之船亦不能越县之淮子口等处，而径达州也，但本县地方不得停泊，而胶州地方任其交易。何防海之禁行于墨，而不行于胶耶？即不敢为国家争桩木微芒之利，生民之咽喉顾不可开，而坐视其闭塞耶？夫所为海防者，本以防倭，兼以防辽，非以防淮商也。防淮商，直虑其勾引倭船卒难辨识耳。然淮船、倭船本不难辨，且倭患久宁，即辽人为梗，其患易制，而与淮船尤不相妨，则亦何所顾忌耶！若曰有碍海防，则胶业行之，未尝闻患也。①

既要求开放海禁，使本县享受通商之利，又要“防辽”，禁止辽民渡海南下，对己开放，对彼严禁，姑且不论其利己心态是否合适，单就要求海防军在维护海禁的同时区分辽民、辽船与江淮商民、商船，就有相当的难度，谁能阻止辽民仿造淮船，冒充商民南下？

实际上，此时的辽东官员也对海禁政策提出了质疑。如辽东巡按御史安九域即曾在万历八年提出开放海禁。只是这次的反对者不是兵部，而是户部。户部认为“国初山东俱用本色饷辽，故海运不得不通。今既改用折色，难于卒复其初。且辽东积苦之贫军方谋逃伍，若海禁一弛，不惟充发者脱逃，即土著者亦移家就食。数年以后，行伍益虚，战守无措。于时再行严禁，势将何及？宜旧弗通使”②。

如果开放海禁，有可能重新改折色为本色，这会给户部增加大量工作。如果恢复海运，还得划拨大笔钱款用于造船。另外，如果辽东士兵大量南逃，一旦发生战事，势必要大量募兵，又会给户部带来沉重负担。估计这些可能是户部反对开海的部分真实原因。

---

① 许铤：《地方事宜议·通商》，同治《即墨县志》卷十《艺文》，第247—248页。

② 《明神宗实录》卷九七，万历八年三月壬寅条，第1941—1942页。

海禁没有废止，又没有阻止辽民南下的得力措施，其结果只能是纵容有胆量的辽民继续南下，占据海岛，进而等待山东方面招入内陆安置，从而陷入恶性循环。援朝战争爆发后，经略宋应昌在万历二十年十一月十三日的奏疏中曾提到旅顺至蓬莱之间的海上有 17 个海岛，“各岛居民筑室耕田，尽成家业”，并建议“召集其忠勇为人推信者，每岛一人，量给冠带或名色把总，令其统率精壮者为兵”，配给“将军等大炮，令官兵与民兵不时出海远哨”①。可见，到万历中期，山东沿海各岛上仍有大量辽民居住，且其数量足以供明廷征兵设防之用。明朝政府对辽民南下的限制措施，的确没有收到预期效果。

援朝战争期间，登莱海运得到恢复，山东巡抚郑汝璧为解决粮饷问题，在辽民开垦岛田的基础上，在沿海岛屿开展营田。部分岛民乘机通过招募等途径投入军伍或参与海运，从而获得了合法身份。但在巨大的政策惯性思维的影响下，战争结束后，明廷再度恢复了海禁。此后虽有王雅量等臣僚不断提出开海主张②，但始终没有得到明廷的回应。万历四十七年，明军在萨尔浒之战中惨败。新兴的后金政权开始对明朝发动不断的攻击。天启元年，辽阳沦陷，辽东领土尽失，大批难民流落海上岛屿或渡海逃难到山东半岛。如何安置这些难民成为山东地方政府的一大难题。仓促、混乱的安置不仅给辽东难民带来极大的痛苦，也对山东半岛的正常发展造成了严重的打击，甚至因此酿成了多次的难民与土著民之间的冲突。这一混乱现象直到明朝灭亡也没有消除。而这一后果的出现，无疑与明朝政府没有制定统一的、长期执行的辽东移民安置政策，山东地方政府缺之长远规划，相关官员意见不统一，进而造成缺乏系统的安置训练，没有足够经验可循有密切关系。

结　语

在山东不同来源的移民群体中，辽东移民是不受人重视，却又没有争议的一支。按照明朝的行政区划，辽东除了军事事务独立外，其他方面概归山东管辖。“辽东之隶山东，先朝有深意。辽山多苦无布，山东登、莱宜木绵，少五谷，又海道至辽一日耳，故今登、莱诸处田赋止从海道运布

---

① 宋应昌：《议处海防战守事宜疏》，见《经略复国要编》卷三，第 53—54 页。“四库禁毁书丛刊”影印本。

② 王雅量的建议见《明神宗实录》卷五四三，万历四十四年三月戊子条，第 10319—10321 页。

辽东，无水路舟车之劳。辽兵喜得布，回舟又得贩辽货，两便之。”[1] 但登莱海运在正德年间彻底停航后，这一互补性很强的经济联系被人为切断，辽东经济发展受到严重制约，人民生活水平逐渐下降，迫使大批辽民冒险下海，到海中岛屿或对岸的山东半岛讨生活。为缓解辽民无序流入对本省的打击，梁梦龙等主导的山东地方政府在隆庆年间提出了吸收移民入籍，就地安置辽民的主张，并获得中央政府首肯。第一代辽东移民因此获得了合法身份。

但辽民入籍山东意味着辽东军事人口的减少，为本地区利益考虑，辽东官员大多反对允许辽民落籍山东的政策，而是致力于强制遣返。由于不断南下的移民给当地的社会管理带来巨大压力，很多山东官员亦倾向于阻止移民登岛，在史志资料中，类似“辽民占据数十年，尽伐树木，耕垦其中。至今或去或来，犹为严阶”[2]，“（斋堂岛辽民）今虽稍戢，宜设法驱逐，令还本地，勿任久占岛中，以滋祸乱”[3] 一类的言论不绝于书，正是这一心态的反映。

在不同声音的影响下，明朝政府始终未能就辽东移民有一个统一的政策，要么因辽东或登莱发生灾害而暂时开海救灾，要么厉行海禁，对铤而走险的移民予以武力打击。这种摇摆不定的态度既使辽民有机可乘，源源不断地南下，也使相关地方政府无所适从，既没有取得移民安置经验，也没有收到阻止移民登岛、登陆的效果，反而在明清战争爆发后，面对大量流入的难民，茫然失措，人为制造出很多矛盾。作为辽民与土著居民矛盾极端体现的登莱事变甚至加速了明王朝的灭亡。

在笔者看来，发生在清朝中前期的山东人“闯关东”，既是明末山东战乱频仍，经济凋敝，长期未能全面恢复的结果，其中也应不乏移民与土著民积怨良久，甘愿回归故土的因素。

---

① 顾炎武：《肇域志·辽东都指挥使司》，第779页。

② 顾炎武：《肇域志·山东·青州府》，第604页。

③ 同上书，第605页。

余　论

海防建设的根本目的是为沿海地区的发展营造安定和谐的社会环境，明朝政府的一系列军事措置既对保障山东半岛的和平发展发挥了积极作用，同时，大量人员、物资的涌入也对沿海的发展产生了直接的影响。由于牵涉话题众多，这里仅能作一些概要式的分析。

第一节　海防建设与山东沿海的社会发展

明代的海防尚未形成独立的战略思想，很大程度上仍是陆战思维的延续，因而倍加重视城防建设。在战时，沿海星罗棋布的卫城和堡寨是抵御倭寇进攻的前沿阵地和军用物资集散地；在和平时期，由于大量军事人口及其附属人群的存在，这里就成了各色人等的交流以及商贸活动的场所。随着国防形势的好转，明中叶的山东海防全面预备化，一些纯粹出于军事目的修建的堡寨逐渐被废弃，处于地区核心地位的卫城则逐渐演变为政治和经济中心。随着卫所军户人口的变化，文教工作亦提上日程，沿海卫所纷纷设立卫学[①]。卫学的存在不仅使军中俊秀子弟多了一个职业选择项，也使卫学的所在地——卫城进一步发展成为地区文化中心。多个中心的重合，使卫城逐渐走向城市化，为清代撤卫改县后发展为县域经济文化中心奠定了基础，而从卫学中走出来的“饱学之士”不仅成为当地话语权的掌握者，亦在清代裁撤卫所过程中为维护本卫的利益作出了诸多贡献（详见下一节）。在卫城走向城市化的同时，城外众多的堡寨亦因地处交通要道而发展成为局部的经贸中心，即城镇化。

---

① 《明世宗实录》卷四九八，嘉靖四十年六月丙戌条（第8251页）记载，当日，“裁革山东济南、衮州二府管理料价通判各一员，安东、灵山、鳌山、威海、成山、靖海、大嵩等卫儒学训导各一员”。证明山东沿海七卫都设有卫学。

卫城、堡寨发展成为人口密集的城市或城镇需要长时间的积淀，与之相比，海防建设对沿海开发最直接、最易见效的贡献则是土地的垦殖。

山东地区在元末屡遭战乱蹂躏，人口损失严重。东部地区虽然受到的冲击相对少一些，但在明朝建国后由于迁徙贫民到鲁西地区屯垦，人口亦非常有限。因此，洪武末年在沿海众建卫所时，军户资源明显缺乏，不得不从省外大量移民填实。大量移民的涌入不仅给这里带来了新的文化元素，而且提供了较为丰富的劳动力。

为实现军队的自养，减轻对财政的压力，明朝自建国伊始即大力推行军屯。山东沿海卫所虽然设立较晚，但也设置了专门的屯军。山东半岛以丘陵地形为主，缺乏连片平整土地，“非山即海，可田者绝少”，且“地多硗埆碱卤”，[①] 肥力有限，加之沿海卫所大多在洪武三十一年才开始建置，因而军屯开始的时间亦相对较晚。这就造成了两个现象：一是屯地相对分散，因为较好的土地大多已经被州县民户占据，屯军只能见缝插针，靖海等卫的屯田甚至分散在“离卫二百余里”的莱阳等县[②]，这给军屯的管理造成了很大的不便；二是屯地数量庞大，由于土壤肥力差，成山、靖海等卫多以“一千二百步作一亩，名之曰上，以当他邑二百四十步之一亩”[③]，即以五亩折一亩，这样，每名屯军实际负责开垦的屯地都在百亩以上，这对那些缺少余丁的屯军而言，压力非常大。

明初，由于管理不当以及军事行动较多等原因，屯田的垦殖虽然铺的面很大，但实际效果却差强人意。如宣德八年三月，山东按察使虞信上书指责“山东都司卫所管屯官不体上意，私役军丁，怠废农务。比见如济南卫军旗总五千六百人，随营余丁老幼亦不下千余人。宣德五年，下屯止百九十人；六年，四百七十人；七年，四百八十人。似此屯田，粮何由积？切恐诸卫皆然”[④]。正统五年，巡按山东监察御史徐璟亦报告“靖海卫系备倭处所，其屯田皆在莱阳等县，离卫二百余里。先因倭寇登岸，取回屯军守城，田地至今空闲”[⑤]。

尽管如此，大量屯军及其家属的存在，对于沿海土地的开发以及补充人口仍然发挥了很大作用。为充分利用军户资源，文登知县祝协甚至在正统元年奏准，“命山东靖海、成山、威海、百尺、宁津、浔山六卫所军余

① 道光《荣成县志》卷三《食货·田赋》，中国地方志集成丛书影印本，第463页。

② 《明英宗实录》卷六五，正统五年三月乙巳条，第1238页。

③ 道光《荣成县志》卷三《食货·田赋》，第463页。

④ 《明宣宗实录》卷一〇〇，宣德八年三月癸亥条，第2240—2241页。

⑤ 《明英宗实录》卷六五，正统五年三月乙巳条，第1238页。

俱寄籍文登县，佃耕民田”①。军户寄籍州县，使军民之间有了互相佃种对方土地的可能，进而混淆了屯地与民地的界限。清初，威海卫绅士戚若鳃在《按院冯公批准军民照旧各差碑记》一文中曾提到：“（威海卫）城隍而外，寸土皆民，卫人多买耕焉。即如卫屯星置于各州县，民人多佃耕之。”② 造成威海卫的实际辖区仅局限于卫城之内的原因，正是由这种军民土地互相混淆所致。

明中叶，军屯废弛现象日益严重，为弥补屯粮生产的不足，明朝政府不得不多次下令，鼓励军余垦荒。如弘治十六年十二月，清理屯田兵科给事中王承裕奏准：

> 山东各卫屯田瘠薄，而登、莱沿海一带尤甚。欲将子粒除见征粮者如旧，余凡事故旗军所遗并京操、运粮户丁佃种地，分别肥瘠，肥地亩征米五升三合五勺，瘠地及登、莱沿海卫所亩征三升三合。③

这一税率与民地的税率基本一致，对于减轻屯军负担，鼓励垦荒无疑有促进作用。但屯军土地与余丁新垦荒田在税率上的差异，又在无形中鼓励了军屯地与新垦荒地之间的互相混淆，致使军屯地的国有权受到很大冲击。为了获取现实的收益，明廷干脆在万历十五年批准山东巡抚李戴等人的建议，“将登州等十四卫所并莱州等七卫所屯地，每名给繇帖一张，明开荒熟四至、条段数目、官军姓名，各收永为己业，抵兑月粮。退出屯丁及莱州等卫兑剩屯地，量派公费”④。

在取得屯地的所有权后，负责垦殖的屯军及其家属的身份客观上已经向自耕农转化。人身依附关系的减轻，对于释放生产力无疑是有很大帮助的。万历四十六年，山东巡抚李长庚上报：“查得四十四年分共开过额内荒地四千一百八十五顷零，开过额外荒地一百七十六顷三十九亩零。”⑤这176顷多额外荒地即不在册耕地，显然是屯军及沿海民众垦荒所得。即便是额内的4185顷荒地，能被重新开垦出来，与明廷客观上的私有鼓励政策也有密切关系。

由于军民地之间的混淆，给州县行政官员介入卫所管理创造了条件，

---

① 《明英宗实录》卷二五，正统元年十二月丁丑条，第500页。

② 乾隆《威海卫志》卷九《艺文》。

③ 《明孝宗实录》卷二〇六，弘治十六年十二月丙辰条，第3835页。

④ 《明神宗实录》卷一八四，万历十五年三月甲辰条，第3439页。

⑤ 《明神宗实录》卷五六五，万历四十六年正月辛巳条，第10640—10641页。

一些在地方上行之有效的新政也被带进卫所。卫所军户除承担军役、垦种屯田外，还有很多琐碎的杂役，“论其最负累者，曰牢役、曰巡捕、曰军伴、曰屯催。四项一定，老死不休，父方谢役，子即代替。一门受残踏捶楚之苦，累世为鞍前马后之人。科派多端，侵渔无厌，往往千金之产，役未竟，而绝立锥焉”①。为消除这一弊端，威海卫指挥佥事董遇时和千户吴梦麒于万历三十七年将在民户中实行已久的一条鞭法引入卫所。其具体做法及效果是：

> 各项杂差俱免，编名止分三则纳银，其牢伴等役，各给工食招募。其军伴供丁，本族有丁者，照例优免；无丁者，不得拣占异姓，以启需索之端。于是，数年来，死灰复燃，枯木复苏，纳银者止完国课，乘手足之余闲，皆得经营于活计；应募充役者，愿出本心，资口粮以润身家，愈思效力于公门，官长不乏使令之役，丁余无复奔命之扰，所谓上不病官，下不病民，行之万世而无弊者，此也。②

需要注意的是，董遇时等引入一条鞭法并没有向备倭都司或兵部申请，而是向“两院、道、府”行文，即求助于行政系统。万历四十六年，卫民刘世勋、吕望周等担心此法被废，请求上级支持，其请求的对象也是登州府，而不是军中的上级。登州府接到呈文后，指定宁海州查报。该州邓知州回报：

> 查得威海之行条鞭也，已十年矣；各卫仿而行之者，亦非一日。倘非宜于人情，谁肯比例而乐从也？往者，卫所力差贫余，不堪供亿之繁；条鞭行，则军余止纳额征之银，而无苛敛之扰，此条鞭之所以为便也。③

这一轮反复不仅证明一条鞭法已经通行于沿海卫所，亦显示州县行政系统已经渗透到卫所军户管理的核心事务，其权威甚至已经超越都司长官。行政官员的介入，使沿海军户在管理方式上日益接近州县民户，人身依附及赋役负担逐渐减轻，不仅有利于释放生产力，而且使军户群体有了

---

① 毕再传：《遵宪定额条鞭碑记》，乾隆《威海卫志》卷九《艺文》。

② 同上。

③ 同上。

更为多元的职业选择。这对于沿海地区的全方位发展无疑是有利的。

不过，卫所终归是军事设施，在给地方发展带来诸多便利之时，亦不可避免地带来很多负面影响，首当其冲的就是海禁。

明初，为防范张士诚、方国珍余党与倭寇勾结，明朝政府奉行空岛政策，将沿海岛屿上的民众悉数迁徙到内陆居住。这一政策在山东沿海也得到了严格执行，刘公岛、黄岛、莒岛等岛屿上的民众被强行迁往内地。即便深入胶州湾，与大陆一水之隔的阴岛百姓也在正统十四年被迁到陆地陈家庄安置。相关史料在前文中已经多次引用，恕不赘述。空岛政策不仅使沿海岛屿的正常开发被人为阻断，而且使巡海舰船失去了很多优良的补给港湾，无法顺利抵达远海，反而危害到海防本身。

在沿海居民眼中，"海为百谷王。汪洋一水，货财殖焉。管子治齐，鱼盐之利，富甲天下，职是故尔"。"富者船只生财，固可以课子母，贫者网罟贸易，亦足以供俯仰。"① 但在海禁政策下，海外通商被严格禁止。原本是"客商兴贩、渔樵采捕出入之所"的抹直海口等贸易港口因为海禁而"舟楫不通"②，沿海人民习以为常的经贸格局被打破，陷入一片萧条，"登莱二郡，沂、济以南土旷人稀，一望尚多荒落"③，"六七城不足当大藩一县"④。沿海经济的落后固然牵涉多重因素，但海禁政策无疑是其中的祸首。

不过，与清代的禁止片板下海不同，明朝的海禁只禁止民间海外贸易，并不禁止小规模的捕鱼捞虾、采打柴木，因而类似唐家湾、董家湾海口"三月后，土人在此行船筏捕鱼，海岸葺庐舍市鱼，车舟辐辏，至五月终止"⑤ 的景象并不罕见，在明中叶倭患相对和缓时更为普遍。只是这种小规模的生产活动仅是出于维持沿海渔民最低限度的生活需要的考虑，换句话说，是维持沿海低水平自然经济模式的一种"法外开恩"，不能作为明朝政府决策层通晓海洋经济的证明。

与明中叶江浙沿海民众自发组织海外贸易一样，渤海、黄海上的海禁政策也没有彻底切断山东半岛与外界的联系。加之山东海防军海上力量薄弱，为赈灾需要，明廷不时开放海禁，允许商船暂时往来于辽东与山东半

① 康熙《安东卫志》卷一，秦洪河标点整理，内部印行。

② 顾炎武：《肇域志·山东·登州府》，第549页。

③ 万表：《皇明经济文录》卷二十五《山东·总论》，"四库禁毁书丛刊"影印本，第207页。

④ 顾炎武：《肇域志·山东·莱州府》，第622页。

⑤ 顾炎武：《肇域志·山东·莱州府·即墨》，第633页。

岛之间，山东沿海虽然存在海上走私活动，但并未出现东南沿海那样激烈的官民冲突。如上章第六节所述，大批辽东民众正是因为有此“便利”条件才得以冒险下海，流入山东沿海岛屿，垦荒生活，并不时被招安，合法融入地方社会。

与冒险南下的辽民相比，明朝政府的海防蒙受的损失似乎更大。万历二年八月，明廷批准蓟辽督抚刘应节的提议：

> 山东、辽东舟楫相通，若私船不禁，是仍开递送之途。合将海岸民船每口不过三只，听其搬运米薪、捕采鱼虾。见在大者，给价改为官船，其余尽行劈毁。①

明廷的严厉禁止，迫使辽民千方百计隐藏大船。但十余年后援朝战争的爆发，令明朝政府搬起石头砸了自己的脚。万历二十年十月，援朝大军出征在即，经略宋应昌行文辽东地方政府，要求其“动支无碍官银，雇募海船五十只、稍水人役完全”②，准备前往山东运输粮米。宋应昌还特地指出“先该本部拊循东省，十八九年前，来山东登莱籴买米粮者，俱金州卫旅顺口军民，各带多船”③，即肯定有船可雇。但结果却罕有人应募。即便战争进行了多年之后，山东巡抚万象春在雇募民间海船时仍然是“一月之间，止募得辽船三只”④，不得不改募不了解北方海道的淮船。造成这一现象的原因，无疑要归结于明朝政府反复无常的海禁政策，失去了沿海居民的信任。

不过与明末虚弱的海防对沿海社会的破坏相比，海禁政策只能算是小巫见大巫了。明清战争爆发后，登莱迅速发展为军事重镇，大量士兵麇集半岛。为缓解军饷不足，明朝政府开始不断加派田赋。在“就近起运”原则下，登、莱二府几乎承担了全部的海运饷辽及大额的采买军粮任务。牟平籍行人常康为此曾上书登莱巡抚陶朗先和山东巡抚李长庚，恳请疏解沿海民众之苦。他的建议主要有三方面的内容：

（一）请求分担海运任务

“今独以海运责之登州，因而骚动八属，文登、宁海之扰尤甚。始而报渔船不堪矣，继而议造作不能矣，又转而勒令商人向淮安以雇募矣。彼

① 《明神宗实录》卷二八，万历二年八月壬戌条，第691页。

② 宋应昌：《檄海盖分巡二道》，《经略复国要编》卷二，第50页。

③ 宋应昌：《檄海盖道》，《经略复国要编》卷三，第58—59页。

④ 万象春：《题为运粮业有成议事》，《明经世文编》卷四一〇，第4449页。

淮安之人，且乘急而肆逗留之计……合无准请会同饷部，移檄淮抚，令彼处出船，我任雇价。再行青州，凡通海道天津等处，许分运粮饷。庶公务克济，而一方亦免重累也。”①

（二）请求分担籴买粮米

“目今米豆，东省在在皆产，匪独登莱为籴贩之薮。旧岁业已本色开运矣，今岁且倾倒殆尽矣”，“合无准暂宽米豆之运，或许江淮并运……”②

（三）祛除虚假开荒之害

指出沿海人口稀少，无力垦荒，但“年来屯院之出……严责各处报开荒地，不足数者责罚，是以人多捏造地数，希图一时免罚。及责以起科，则又分摊于阖州地亩”，请求“自今以后，登莱以东之地，不许报荒数，即有司亦不以此为责成”③。

其他如清除计亩条鞭之害、严禁吏胥借加派营私等建议都切中时弊，但在军情紧急的大背景下，这些建议如石沉大海，没有产生任何影响。

与之相比，倒是文登县政府在加派问题上的不懈努力起了一点作用。文登县的田地因为比较贫瘠，明初定为五亩折一亩。但随着人口的流失，土地荒芜加剧，为维护税收，隆庆六年，知县李中孚“乃变立小亩，量分上中下三等”④，“仅足原额六千四百之数”⑤。万历九年清丈时，因仅存“小亩一万九千顷”，为凑足原额，“彼时地荒人逃，有将原一大亩劈为二三小亩者；又有二三小亩作一大亩者”⑥，以致“土地日减，亩数日增”⑦。明清战争爆发后，明朝政府下令，“照《会计录》万历八年所定田土旧额，每亩九厘加派，分毫不得增减”。但登州地方政府却按照万历清丈后得出的小亩数字加派，“不用旧额而用新额，改九厘为五厘二毫，以致轻重不均，疲邑偏累”⑧，致使百姓无力负担，纷纷逃亡，云光里、朝阳四里等里甲的百姓竟然逃亡一空。为此，文登知县孙昌龄、解启衷等从泰昌元年开始就不断向朝廷反映，终于在崇祯五年获准按旧亩数加派。

① 常康：《上登莱抚台陶公条议》，民国《牟平县志》卷九《文献志》，济南山东印刷局民国二十五年铅印本。

② 常康：《上登莱抚台陶公条议》。

③ 同上。

④ 道光《荣成县志》卷三《田赋》，“中国地方志集成丛书”影印本，第463页。

⑤ 孙昌龄：《文登县加派议》，道光《文登县志》卷八《艺文上》，道光十九年刊本。

⑥ 解启衷：《因讹派复请部额申文》，见道光《荣成县志》卷九《艺文》，第536页。

⑦ 孙昌龄：《文登县加派议》。

⑧ 解启衷：《因讹派复请部额申文》，第536页。

尽管如此，因为战争而强加在文登百姓头上的税负依旧非常沉重。孙昌龄等人的努力，不过是在体制允许范围内，略有舒缓而已。

结　语

山东半岛由于自然条件相对艰苦，在开发上明显落后于中原腹地，明初的大规模海防建设，给这里带来大量的人口和物资，客观上为沿海的发展提供了人力、物力和智力资源，使之获得了较快的发展，并为清代改卫设县，进而发展出相对独立的县域经济打下了基础。但军事资源的投入是一把双刃剑，在促进沿海开发的同时，由于一切以军事目的为优先选项，也不可避免地带来很多负面影响，表现最为明显的就是海禁政策。它不仅葬送了前代岛屿开发的几乎全部成果，也扼杀了本地原本有一定优势的海洋经济发展势头。直到明中叶，海禁政策出现间歇性的松动时，被压抑的海洋生产力才得到一定程度的释放。冒险南下的辽东移民成为岛屿开发以及人口补充的主力军。明末，为解决登莱成为军事重镇对经济的压力问题，山东地方政府彻底解除对岛屿的开发限制，在刘公岛，“万历末年，知府陶朗先复召人开垦纳税，兼设墩台中峰之岭，官兵戍焉”①；长山岛、沙门岛、黑山岛、小砣岛等岛屿亦“俱招民开种”②。类似行动能取得一定成效，与此前辽东移民在沿海诸岛的自发垦殖打下的基础密不可分。

尽管有现实的证据证明开海有益，但对海洋经济的质疑仍不绝于耳。如万历间的士大夫周如砥担心开海后“贸贩往来，人多去而贾轻赍，盛田赋诎矣。一有缓急，齐民之藏尽萃贾人子”③，知名地理学家王士性一方面肯定辽东移民对岛屿开发的贡献，但同时亦强调不能允许他们“架屋常住”，“恐窝引海寇，为患浙、闽间矣”④。这些都是传统海防思维的产物。

清廷入主中原后，一度实行更为严厉的海禁政策，片板不许下海，致使“民多半菽不饱，士多短褐不完”⑤，直到收复台湾，废止海禁后，山东沿海人民才再次获得新生。明、清两朝始终视海禁为抵御海外敌对势力的法宝，一方面证明那时的海防仍未脱离陆战思维的窠臼，一方面亦证明军事建设对沿海地方经济与社会的发展有着极强的两面性。

---

① 乾隆《威海卫志》卷一《疆域志·山川》。

② 顾炎武：《肇域志·山东·登州府》，第557页。

③ 周如砥：《赠胶守杨锦溪膺荐序》，《周季平先生青藜馆集》卷二，“四库全书存目丛书”影印本，第217页。

④ 王士性：《广志绎》卷三，中华书局1981点校本，第58页。

⑤ 赵双璧：《安东卫志序》，见康熙《安东卫志》卷首。秦洪河标点整理，内部印行。

第二节　山东海防卫所在清代的变革

清廷入主中原后，投降清朝的明军成为其攻伐南明、翦灭农民起义军的重要力量。这些降兵降将中的幸运儿被编入汉军八旗，成为满洲贵族的嫡系，大部分被纳入脱胎于明代营兵的绿营系统，在明代国防中长期发挥作用的卫所军因此失去了存在的意义。为此，清朝政府进入中原不久就开始着手废除卫所制度。如顺治二年七月，摄政王多尔衮在覆灭了南明弘光政权后，致信豫亲王多铎等人，信中明确表示："掌印指挥、管屯指挥暂留，余指挥俱裁去。其卫所改为州县，俟天下大定，从容定夺。"①

顺治三年，清廷开始对卫所制度进行改造。当年十月，兵部奏准：

> 指挥千百户名色既已尽裁，而卫所必不可裁。应每卫设掌印官一员，兼理屯事，改为卫守备。千户改为卫千总。每所设一员，俱由部推。百户改为卫百总，每所设一员，由督抚选委。其不属于卫之所，俱给关防。卫军改为屯丁。凡卫所钱粮职掌及漕运造船事务，并都司、行都司分辖，皆宜照旧。②

改变卫所官制，改卫军为屯丁是清朝政府废除卫所制度的重要一步。从此以后，卫所的军事职能几乎彻底丧失，卫军成了纯粹的农业生产者。由于军户制度尚未废除，卫所军在很大程度上成了被束缚于屯地上的农奴。不过这一身份对屯丁的实际生活影响并不大。因为为了迅速恢复生产，清廷在入主中原后即大力推行垦荒，卫所抛荒的屯地也在开垦范围。如顺治元年八月，山东巡抚方大猷奏准："州县卫所荒地无主者、分给流民及官兵屯种。有主无力者，官给牛种，三年起科。"③ 明代屯军的纳粮科则与民田并不一样。清朝政府准许复垦的屯地三年后起科，客观上给了屯丁混淆地亩、逃避赋税的机会。类似的现象在明代比比皆是，清初百废待兴，事务烦琐，更不可能消灭这一现象。估计是看到了这一问题，清朝政府在顺治七年八月干脆下令统一科则，"凡无运粮各卫所屯田地亩，俱

---

① 《清世祖实录》卷十九，顺治二年七月壬子条，第167页。

② 《清世祖实录》卷二八，顺治三年十月乙未条，第238页。

③ 《清世祖实录》卷七，顺治元年八月乙亥条，第81页。

应查照州县民田则例，一体起科征解”[①]。科则统一后，屯丁除了不能随意离开卫所外，与普通民户已经没有太大的区别。

一 清初的撤卫路线图

在政局基本稳定后，清廷开始进一步弱化卫所。就山东海防卫所而言，顺治十二年九月，清朝政府下令裁撤“青州左卫右中前后四所、安东卫左前二所、莱州卫右中前后四所、灵山卫左后二所、鳌山卫左后二所、登州卫左右中前后五所、福山守御中前所、宁海卫左右前后四所、威海卫左前二所、成山卫左前后三所、靖海卫左右后三所、大嵩卫中前二所。归并肥城所于济南卫、滕县所于沂州卫、诸城所于莒州所、胶州所于灵山卫、宁津所于靖海卫、奇山所于宁海卫、海阳所于大嵩卫”[②]。

如本书第一章第三节所述，明代的莱州卫左所于洪武间升格为宁海卫，仅存四个千户所。登州卫下辖福山所等八个千户所，威海卫下辖左前后三所，成山卫辖左前后三所，靖海卫辖左中后三所，大嵩卫领中前后三所，鳌山卫领右前后三所，灵山卫辖左前后三所。与顺治十二年的裁撤令对比可知，莱州卫、成山卫、靖海卫下属千户所被全部撤销，这三个卫已经形同空架子。灵山卫前所即夏河寨千户所，安东卫后所即石臼所，鳌山卫前所远在浮山寨，威海卫后所等于百尺崖千户所，大嵩卫前所即大山千户所，这几个千户所与本卫原本就不在同一区域，属于遥制。考虑这一因素，这几个卫的状况和莱州卫等三卫应属于同一情形。没有被完全架空的只剩下青州左卫、登州卫和宁海卫。

登州卫和宁海卫“皆在城内”，不是实土卫所，裁撤起来比较简单，因此在顺治十六年即被彻底撤销[③]。青州左卫地处内陆，虽然侥幸保留，但其屯地在顺治四年即被瓜分，如乾隆《诸城县志》卷九《田赋考》记载：“顺治四年裁青州左卫，并其地四十九顷六十六亩七分。”[④] 威海等卫地处沿海，属实土卫所，撤并前需要解决一系列问题，因而暂时得到保留。但清廷并没有就此罢手，而是在撤销登州卫和宁海卫的同年八月，宣布裁撤“灵山卫、鳌山卫经历”[⑤]。灵山卫不再设经历，但经历司保留了

---

① 《清世祖实录》卷五十，顺治七年八月癸卯条，第 398 页。

② 《清世祖实录》卷九三，顺治十二年九月壬寅条，第 734 页。

③ 光绪《增修登州府志》卷十二《军垒》。

④ “中国地方志集成丛书”影印本，第 80 页。此处记载明显有误，实际情况应是青州左卫屯地被相关州县瓜分，而卫本身尚未被撤销。

⑤ 《清世祖实录》卷一二七，顺治十六年八月戊申条，第 989 页。

下来，直到康熙十年才被撤销，这期间的事务估计由经历司吏目负责。

由此可见，清朝政府在裁撤卫所问题上采取了区别对待、稳步推进的策略。对地处内地、与州县同城的卫所直接裁撤，对实土卫所则先裁下属机构或官员，减少层级，由卫所主官（守备或千总）直接统领，这和沿海卫所管辖有大量地土、民众，且仍具备一定海防职能有关。这样的处理方式既考虑到了沿海卫所的实际需要，又可以观察卫所主官直接统领的效果，为下一步的行动预留出足够的缓冲时间。

康熙年间，清廷依旧采取稳步推进政策。为避免冒进，清廷甚至在康熙十年接受山东巡抚袁懋功的建议，把已经收归州县催征的屯粮，“照各省之例，改归都司统辖”①，但同年，又裁去“灵山卫经历司、夏河所千总、胶州所千总，并其田赋于灵山卫”②。康熙十七年，在先前陆续裁去屯地的基础上，正式撤销了青州左卫和沂州卫③。

青州左卫的经验证明先裁屯地，再裁撤卫所的“路线图”是可行的。但当清朝政府准备照方抓药，在沿海卫所撤并屯地时，却遇到了明显的阻力。在乾隆《威海卫志》中保存了一份康熙二十年的《阖卫绅士留卫条议》，从中可以窥见地方强势集团对撤卫的态度。

条议中首先强调威海卫在军事上的特殊地位，“威海一卫，则枕接刘公岛，海口湾环曲抱，容纳万艘，为南北咽喉。且东距成山卫一百余里，南距文登县九十里，西距宁海州一百二十里，北则盈盈沧海，一碧万顷。是以明初设操军二千余名，明末设营兵二千五百名。今我清又调防文登县营千总一员、营兵二百五十名，协理戒备，大率专为防海备倭起见，原非设卫设官专为征收屯粮计也”。

随即，士绅们把矛头转向裁并屯地。“鼎革而来，军去屯存，而佃耕屯地者，始输纳屯粮。因屯系卫地，故加卫官以兼理之责。则威海之有专城专官，固非屯存与存，屯亡与亡之说，可弛防而撤备也。近奉上檄督议，屯地屯粮欲并邻近州县，以专责成，诚为时至事起之正论。但恐屯地一去，则卫官权轻。卫权轻，则裁卫裁官之说必有起而议其后者。”看得出来，沿海士绅已经很清楚清廷的撤卫路线图。

但反对撤卫必须有充分的理由。士绅们既然承认很多威海卫屯地已经由民人佃种，转由州县行政官员管理正是适应这种变化的恰当途径，根本

---

① 《清圣祖实录》卷三六，康熙十年六月己酉条，第486页。

② 道光《重修胶州志》卷三十四《大事》，道光二十五年刊本。

③ 《钦定大清会典事例》卷五五六《兵部·卫所》，“续修四库全书”影印本，第701页。

没有反对的机会，因此必须另辟蹊径。于是，士绅们把“救命”的法宝端了出来，这就是卫学。条议中写道：

> 且威海之不便议裁者，尤有说也。设卫之初，即设卫学，作养官军子弟，以为收拾人心之助。建黉宫，崇圣像，设教授，员典至重也。国朝因之，挺然各立庠校。今使屯可并也，卫亦可去；卫可去也，学亦可散。即令不散，而附于别州、县学之后，使堂堂俊秀，补廪除贡，各成一路。功名之士，一旦而委之为流离琐尾之子，犹或可忍也；俨然圣像而委之荒烟蔓草之中，亦不足伤乎？且卫无居人，诸生即居人也；威无丁，诸生之子弟即丁也。前于逆猖獗，官率诸生子弟守荒城、拒狂敌，总恃人心为城之力。若裁卫而改学，则诸生子弟亦去卫而就食，是无卫即无卫学，无卫学即无卫人。无卫人，则穷荒遐陬之地，势必有空虚叵测之虑矣！故屯地、屯粮可以去，可以不去；而卫城、卫官乃必不可去，终不可去者也！①

清廷以少数民族政权入主中原，为有效统治人口千百倍于本民族的汉人，刻意向中原文化靠拢，崇尚儒学是众多手段之一。山东是孔孟故乡，由山东人集体强调卫所儒学教化军民的重要性，自然更有说服力。撤销卫所后，如果对卫学没有妥善处置，卫中孔庙等礼仪设施必然遭到毁坏，这对宣扬尊奉儒学的清朝统治者来说，无疑是很尴尬的事。可以说，威海卫的士绅们击中了清廷的软肋。

沿海卫所基本是实土卫所，经过几个世纪相对独立的发展，已经孕育出相对固化的群体结构。卫中士绅，大多是卫所中的既得利益者，要么占据大片屯地，要么掌握权力资源。撤销卫所，必然伴随地方利益群体的重新整合，他们的利益将或多或少地受到冲击，甚至彻底丧失。所谓的维护卫学，不过是幌子，根本目的还在于维护既得利益。

令中央政府意想不到的是，山东沿海州县对撤卫也不支持。文登知县王郇在《留成、靖二卫详文》中罗列了五条反对意见：

一、两卫距县太远，钱粮难于征缴。“两卫离邑穹远，往返维艰。若一议并，势必催粮者呼应不灵，纳粮者比较违误，以至点卯过限。道途之费，一年倍于正供。民力几何，其堪此耶？”

二、屯地散在州县，难于查核。“两卫屯地有在他州别县数百里外

① 《阖卫绅士留卫条议》，乾隆《威海卫志》卷九《艺文》。

者。若一议并，而县境内者可核，县境外者亦可核乎？”

三、军民地土混淆，不便核查。“军民混杂，民地入于军户，军地入于民户，疆界不清，争讼不已，则地亩亦未易核也。”

四、合并后疆域太广，治安难于维护。“两卫地方辽阔，坐镇有人，巡缉难诿。若一议并，鞭长有不及马腹之虞……则逃盗又未易清也。”

五、卫学难于处置。“今当熙朝崇儒重道之际，如怀远、永宁诸卫无学校之处尚有议复之美政，而忍三百年之巍巍圣学鞠为茂草，使边海文风不被其泽乎？”

王郴还特意举证，说“明季之时，卫因县辖，官民俱多其累。自我朝顺治十六年间始将县、卫分管，迄今相沿二三十年”，诸事方便，因此，“以县治卫，不若以卫治卫之为便也”①。

在乾隆《威海卫志》中还保存了一份《登州府留卫详文》，从中可以发现撤卫方案提出后，莱阳、文登两县和大嵩、成山、靖海三卫都表示反对，只有宁海州愿意收并威海卫，但威海卫官民不同意，“裁并未免更张，其间调剂稍有未善，必贻地方之累。是则威海一卫合无亦仍旧贯为便”②。

州县、卫所以及卫所中的强势群体都表示反对，说明撤卫的时机尚未成熟。清朝政府只好暂时放弃了这一想法。卫所既得利益集团反对撤卫为的是维护自己的利益，相邻州县反对合并为的是减轻行政压力，也是出于本位利益，因此，清廷下一步的撤卫努力，将不可避免地与各类既得利益集团进行正面交锋。能否顺利推进卫所撤并，对清朝政府的政策执行能力是一个不大不小的考验。

二　雍正朝的强力撤并

在裁并沿海卫所屯地遭遇阻力后，清朝政府暂时放弃了撤卫的打算。这一搁置就是40余年。雍正皇帝登基后，裁撤卫所才重新提上日程。

雍正二年闰四月，兵部等衙门就裁并卫所于州县一事提出自己的意见，“查得各处军民、户役不同，未便归并。且武官科甲出身人员专选卫所守备、千总。若尽裁卫所，必致选法壅滞，应无庸议”。雍正皇帝对此颇为不满，下旨：“此事部议所见甚小。滇、蜀两省曾经裁减卫所，未闻不便。今除边卫无州县可归，与漕运之卫所民军各有徭役，仍旧分隶外，

---

① 王郴：《文登县留成、靖二卫详文》，乾隆《威海卫志》卷九《艺文》。

② 《登州府留卫详文》，乾隆《威海卫志》卷九《艺文》。

其余内地所有卫所悉令归并州县。饬令直省督抚分别详悉区画。其武举、武进士作何铨选，不令壅滞之处，吏、兵二部详议奏闻。”①

既然皇帝已经作出内地卫所悉数归并州县的决定，臣下只能遵从。当年六月，兵部等衙门奉命就武举、武进士作何铨选提出具体方案：

> 查每科武进士，前半以营守备用，后半以卫守备用。今卫备之缺既经裁减，嗣后请将卫守备用之武进士内再分十五名，以营守备用。于双月营守备各班之末，另立一班推补。守御所千总裁减之外存缺无几。旧例粮船回空、随帮千总，以卫千总推用。此等人员，总漕称为明季世职子孙。今既非世职，应停其顶补。请将拣选之武举，候推守御所千总人员内顶补推用。再裁缺之卫守备及现任卫所千总应升卫守备者，请于单月营守备各班之末添设裁班，相间轮补。至卫千总领运有二百一十一缺，加以边卫千总照旧分隶，则所裁卫千总之缺无几。应以候推卫千总之武举照常铨选。其裁缺另补者，仍以卫千总原班补用。守御所千总裁缺人员，亦应仍以原班补用。②

这一方案很快得到皇帝批准。在顺治年间大批裁撤卫所下属机构之后，卫守备、所千总几乎是卫所仅存的武职。在对这些人做出具体安置之后，在清朝政府眼中，裁撤卫所就只剩下屯地和人口的归并以及少量文职属员的安置了。

裁卫方案确定后，清廷于当年撤销了已经没有军事职能的山东都司，下属各卫屯田赋税改由附近州县督催。州县负责卫所屯粮征缴，在客观上已经变卫所为其下属单位，这为撤卫作了一定的铺垫。

山东巡抚陈世倌在雍正二年二月接到兵部的撤卫文件后不敢怠慢，借当年五月查勘河道的机会，“于六月二十六日轻骑减（简）从，遍历登、莱、青三府，自安东卫起，至灵山卫折而浮山所，至鳌山卫又折而雄崖所，历大嵩、靖海、成山、威海等卫，沿海要地，绵亘一千数百余里”③，悉数查看了一番。

在实地考察期间，卫所军民纷纷就撤卫发表反对意见。在威海卫，贡生吕日卓受众人委托，于雍正三年呈上《阖卫绅士留卫公呈》。在呈文

① 《清世宗实录》卷十九，雍正二年闰四月甲申条，第313页。

② 《清世宗实录》卷二一，雍正二年六月己丑条，第345页。

③ 陈世倌：《请留边卫永固海防疏》，乾隆《灵山卫志》卷八《艺文志》，第229页。

中，威海卫士绅没有再一味强调卫学的重要性，而是把“突破口”放在了海防上：

> 思威海卫据东海要冲，州、县鞭长不及，宁福水师两营皆有防海之责者。然宁兵不满三百，汛兵墩堡三百余里；水师战舰，登郡、胶州分防，止有十只更番巡哨，南北奔驰二千余里，而海寇窥伺，来如风影。如康熙四十二年及五十一年，卒然乘虚，所至风鹤。向非卫守督率兵丁，昼夜巡护，比及兵将合聚，东郡之忧恐未有艾。是威之为卫，东海第一要地，正宜整顿以备中外，安可议并？况我朝重道崇儒，加意培植圣脉，威虽蕞尔，圣像在焉，先帝御制匾额巍巍悬竖，作何安植？更当斟酌……疏请存留，不惟万年之金汤巩固，亦边海贫民所赖以为保障者也。①

对于山东的海防，清朝政府大体延续了明末的体制，但兵力大大缩减。区区几百名军士，显然不足以保障上千里海岸线的安全，因而沿海卫所的军事职能在特定时期还会被捡起来。威海卫士绅正是抓住了这一点，力陈沿海卫所保境安民之功效。后来陈世倌在反对撤卫的奏疏中强调“卫所之去州县，远者数百里，近者百余里。即在百里、数十里内者，中隔层峦叠嶂，险阻扼塞，有车不能容轨、马不能并辔之处，向来海氛窃发，全赖卫所守、千飞督，屯军、乡勇各执刀石、器械奋勇守御，海船望风而遁，不敢登岸。一经裁去，则城郭空虚，万一萑苻有警，州县相隔崇山峻岭，一时救援不及，可以乘虚而来，所关非小”②，估计就是受了类似威海士绅言论的影响。

在灵山卫，该卫士绅同样提出了一系列维持卫所现状的理由。其中的卫距州县穹远，钱粮不便缴纳，另编户口、丈量田亩等“有供亿之烦，兼开需索之弊”，“卫城处州县鞭长不及之地”，“专官去位，民失瞻依”等与此前文登知县王郙反对撤卫的理由大体一致，而“民为土著之民，官为守土之官。万一裁并，未有官裁而城不废、城废而民不散者。以烟火稠密之城邑，废为荒凉寂寞之村墟”③ 则反映了当地军民对自身利益的现实忧虑。

---

① 吕曰卓：《阖卫绅士留卫公呈》，乾隆《威海卫志》卷九《艺文》。

② 陈世倌：《请留边卫永固海防疏》，乾隆《灵山卫志》卷八《艺文志》，第230页。

③ 《吁请存留边卫公呈》，乾隆《灵山卫志》卷八《艺文志》，第233—234页。

在经过实地调查后，陈世倌正式呈文中央政府，请求保留沿海卫所。卫所士绅提出的卫所有利于海防，钱粮征缴不便，卫学有利于教化等理由悉数被采纳。此外，陈世倌还提出“设欲增兵，又须增饷”，“军民赋役，科则轻重不同。归并州县，军民不相画一”，卫学“生员食廪、出贡以及中式等例不由州县”等现实困难。“总之，文职管银两而不管军，武职管兵而不管银两，莫若卫所之守备、千总以武衔而兼文事，训练屯军、督率乡勇、征收钱粮并理词讼。无事则安屯，有事则资御。军民有所庇依，得以保其室家；宵小有所畏忌，可以戢其奸谋。此卫所之设所以星罗棋布，与州县犬牙相错，以固内地之藩篱，以收海隅之岚势。”①

不仅如此，陈世倌在实地调查后还提请放弃此前已经获得批准的将雄崖、浮山二所并入鳌山卫的主张，“相应一体议留，于海防大有裨益”②。

兵部在收到陈世倌的呈文后，于雍正四年十一月提出批复意见：

> 查卫所议归州县，原为便于军民、利于地方起见。今该抚既经遍历卫所，亲验舆情，查明界趾（址），卫所各官关系甚要，相应仍旧议留等语，应如该抚所请，将安东卫等七卫准其照旧存留。至雄崖、浮山二所，先经该抚疏请，已经裁汰归并鳌山卫在案。今该抚既经亲历其地，一在卫南一百七十里，一在卫北七十里，形势险要，相应一体议留等语，亦应如所请照旧存留。但从前因何并不详查，遽行题请归并裁汰，应令该抚将从前混行详报。各官职名题参到日交与吏部议可也。③

当月二十一日，雍正皇帝表示依议。山东沿海卫所再次逃过一“劫”。

尽管没有撤卫，但清廷在此后的施政过程中，有意识地蚕食着卫所的独立性。雍正五年，江西巡抚迈柱申请“照直隶、山东等省之例，将丁银摊入地银，其各卫所屯丁银摊入屯粮，分派带征”④，显示山东省已经在卫所中执行了和州县一样的摊丁入地政策。丁银并入屯地，客观上解决

① 陈世倌：《请留边卫永固海防疏》，第230—231页。

② 同上书，第232页。

③ 《兵部议覆疏》，乾隆《灵山卫志》卷八《艺文志》，第232—233页。此批复另见《清世宗实录》卷五十，雍正四年十一月辛丑条，第754页。

④ 《清世祖实录》卷五四，雍正五年三月甲寅条，第827页。

了卫所军户与州县民户丁银缴纳标准不统一的问题。①

雍正六年，清朝政府裁撤了设在莱州的金州卫学和复州卫学。这两个卫学虽然是明末为“金州、复州士子寄食莱境者”② 所设，但莱州当地生员也有附学肄业者。两学裁撤后，学舍等设施转交即墨县，这在客观上为裁并沿海卫学提供了经验。

雍正十二年，河东总督王士俊巡视登莱沿海，再次着手撤卫。鉴于此前的撤卫努力总是遇到各方面的阻挠，王士俊这次采取了高压手段，对反对者严厉惩戒。史载：“登莱青道董自超、登州府于斐及该管各该州县、四卫守备，望风承旨，不敢异词。各卫士民，纷纭具呈，牢不可破，靖海触怒尤甚，拿送宁海州监禁，以奸匪论罪。巡抚岳浚洞知情节，碍难制肘。”③

在高压的同时，王士俊对此前各方反映的诸多现实困难也作了相应的处置，以减少阻力。如在军事上，于当年二月奏准“添设山东登州镇成山卫汛。派千总、把总各一员，战守兵一百名，驻防养鱼池海口”④，以增强海防实力。在士绅们非常关心的卫学问题上，王士俊上疏：

> 学校关系人才，雍正五年裁莱州府属金、复二卫，七年裁河间献县二卫，俱归并州县考试。查金、复二卫全系奉天人民，后渐归里，赴考无人。河间献县二卫初增编号设额，附入府学。后因归并，屯军府、县两处考试，是以将学额裁革归县籍考试。今卫所人民文风蔚起，若因归并州县，将各卫学额一并裁汰，令归州县定额内考试，未免人多途隘，应将各卫廪膳、岁贡仍照学政旧款留行廪粮等项，均令归并州县，于各卫额征粮内分支造报。将灵山卫生员归胶州学管束，童生考试仍照卫额，统入该州县，一体进取。查胶州原额二十名，今应添并灵山卫额八名，共进二十八名童生应试。仍取卫廪保结卷面，另添字号，分额进取，以杜州县卫通融冒滥之弊。
>
> 至各卫旧有文庙敬谨封扃，春秋丁祭，统归州县儒学。仍令巡检、千总于朔、望日入庙行香，不得亵慢残损。原有籍田该作学田。所存坛宇改作讲约。其忠孝、乡贤、名宦各祠均改为义学。祠内设立

---

① 清代延续了明代的户籍政策，军、民等户籍依旧保留，尽管大部分军户已经不再承担承袭军役的义务。

② 同治《即墨县志》卷十一《大事·改革》，第290页。

③ 王庭槐：《裁卫记略》，乾隆《威海卫志》卷九《艺文》。

④ 《清世宗实录》卷一四〇，雍正十二年二月辛亥条，第769页。

姓氏，移送归并州县，入祠奉享。关帝、城隍各庙听从士民祭祷。则学校人文仍知鼓励，而一切坛宇祠庙亦俱安置得宜。①

此建议获得礼部的支持，并最终获得皇帝批准。王士俊吸取此前裁撤河间、献县二卫学的教训，提请保留沿海各卫学学额，最大限度地维护了沿海学子的利益，由巡检等官负责维护卫学文庙等设施，亦堵住了士绅们的嘴。

对于附近州县反映的合并后疆域过大，不便管理问题，王士俊采纳大嵩卫守备李自遂等人的建议，不再坚持合并卫所于州县，而是创造性地提出了改卫为县的建议。比如对于文登县东部的威海等三卫，王士俊上疏：

文登幅员已极辽阔，今再加以威海、靖海、成山三卫地粮、军户，其地周环至八百余里，殊难管辖，而成山卫又未便听其孤悬海滨。且成山地方为海洋东面险要之区，则成山卫自应改设一县，以资弹压。东以成山头海边为界，西以文登县桥头集为界，南自靖海卫之宁津所海边起，至西南文登县属之柳树村为界。西北以文登县之周家村为界。分拨文登县之朝阳都十一里、温泉都之桥头等七里、云光都之柳树村等二里地亩、钱粮，并靖海卫之宁津所……等屯，俱归改县征收。②

这一建议同样获得皇帝的批准。

在解决了以上难题后，王士俊陆续提出了一整套撤并山东沿海卫所的建议。雍正十二年十一月，兵部分两次议准了这些建议。在裁卫设县方面，

一、大嵩、成山二卫请改为二县。裁卫守备、教授各一员。设知县、典史、教谕各一员。

一、靖海、威海二卫请裁卫守备、教授各一员，添设巡检各一员。靖海卫即以宁海州议裁之乳山寨巡检移驻，威海卫即以文登县原属之温泉寨巡检移驻，均归并文登县管辖。

一、莱阳县行村乡巡检请改隶大嵩新县。文登县赤山寨巡检改隶

---

① 道光《重修胶州志》卷三十四《大事》，道光二十五年刊本。

② 光绪《文登县志》卷一上《建置沿革》，山东地方志集成丛书影印本，第11页。

成山新县。

一、大嵩、成山既改卫为县，其考试生童额数应行酌定。请将靖海卫附大嵩，威海卫附成山，各取进生童十六名，增设廪生二十名。均应如所请。从之。寻定大嵩改设县曰海阳，成山改设县曰荣成。①

对于直接裁撤卫所，并入附近州县事宜，兵部议准：

一、鳌山一卫，雄崖、浮山二所，请改归即墨县管辖。灵山一卫归胶州管辖。所有守备、千总、教授各缺，俱行裁汰。

一、鳌山卫原设把总请改为千总，添兵三十八名。灵山卫把总亦改为千总，添兵二十六名。雄崖、浮山二所各添设把总一员、兵三十名。

一、二卫二所既经裁改，应各添设巡检一员驻扎。除掖县原属之柴葫寨、胶州原属之逢猛司及益都县颜神镇议裁之巡检三员请分拨移驻外，再添设巡检一员，以资查缉。

一、卫所童生学额，请照旧籍原设名数，各于所归州县取进。均应如所请。从之。②

至此，除安东卫地处山东与江苏省之间，是否裁撤需两省合议之外，其他山东沿海卫所因地制宜，悉数撤销。王士俊的裁并方案，最大限度地维护了卫所既得利益集团的利益，因而减少了阻力，使裁撤工作在一年内即告完成。唯一不满的是灵山卫。据说灵山卫没有单独设县是因为当时的卫守备李兆英“不谙文事，为胶州知州王维所绐，许其借力改补营弁，因而矫拂舆情，扶同阿比，会议裁并。文已上达，卫人始知，力薄，终不能挽”③。灵山卫于雍正十三年春季裁撤后，胶州知州王维不承认此前的约定，“守备李兆英进退失据，寄寓州城。资斧缺，诣州守，请如所许，守背之。穷窘忿怒，持刃往，欲自刭于州庭。守惧，和解之，缓其请。未几，守以痼疾终，备失所依，遂流落不知所终”④。李兆英下落不明无关宏旨，留给灵山卫军民的却是一系列的麻烦。

---

① 《清世宗实录》卷一四九，雍正十二年十一月丁亥条，第848页。

② 《清世宗实录》卷一四九，雍正十二年十一月壬辰条，第850页。

③ 《吁请改县公呈》，乾隆《灵山卫志》卷八《艺文志》，第235页。

④ 乾隆《灵山卫志》卷八《艺文志》，第239页。

三 裁卫后的善后与发展

裁撤卫所虽然已经有了定论，但裁卫和设县都不是一朝一夕可以完成的，因此，在雍正十二年之后，沿海卫所仍然不时出现在官方史籍中。如雍正十三年七月，主持裁卫大计的河东总督王士俊疏报："山东德州、历城县、成山卫、浮山所等一百十五州县卫所开垦雍正十二年分田地二千顷有奇。"① 乾隆二十八年八月，山东巡抚阿尔泰疏报："乾隆二十六年分，邹平、东平……灵山、鳌山、高密、莱阳等十三州县卫，报垦无粮旱地一百四十六顷八亩有奇。"② 可见，到乾隆年间，灵山等卫依然作为独立实体存在着。之所以出现这种现象，是因为卫所裁撤后还有很多善后工作需要料理。在善后工作完成之前，卫所的裁撤还不能算彻底完成。

海防兵力不足一直是反对撤卫者的主要攻击点之一。清廷为此不断调整沿海防务。如乾隆元年七月，兵部覆准山东巡抚岳浚"登州新设成山汛养鱼池，请添设水师守备一员，属登州镇水师前营游击兼辖"③ 的提议，并议准"裁归胶州管辖之灵山卫，裁归即墨之鳌山卫、雄崖所、浮山所，各应建造衙署、营房、马棚"④。

裁撤卫所是个系统工程，需要逐步推进。以卫学为例。在撤卫之初，威海卫、靖海卫虽然并入文登县，但"学校生童，威海则附荣成，靖海则附海阳。学额合新县原额，文武各十六名。威、靖现廪，俱改为候廪。除贡，则荣、威两学各较食廪年分二年一贡"⑤。生员与本县儒学分离，显然不符合体制。乾隆二年，为划一规制，清廷"将威、靖学校生童俱改属文登。学额照文登之旧，只十五名，本学王兆圣、戚儆澍、吕浚、王兆兴、李昂在荣成续补，现廪又改为候廪。出贡则文、靖、威三学较年分二年一贡"⑥。

卫学的教学条件、师资力量较之州县学要差一些，两卫生员并入县学，一起考试，明显处于劣势。与之相比，鳌山等卫所生员的待遇要好得多，他们虽然"亦隶本县儒学，惟廪、贡及入学名数仍照原额，但注卫

---

① 《清世宗实录》卷一五八，雍正十三年七月庚申条，第942页。
② 《清高宗实录》卷六九二，乾隆二十八年八月壬辰条，第759页。
③ 《清高宗实录》卷二二，乾隆元年七月乙巳条，第531页。
④ 《清高宗实录》卷二二，乾隆元年七月丙午条，第531页。
⑤ 王庭槐：《裁卫记略》，乾隆《威海卫志》卷九《艺文》。
⑥ 王庭槐：《裁卫记略》。

字别之"[①]。为此，学政李光墺、登州知府陈法于乾隆三年发文，"饬莱、宁、文、荣、海五州县详查，欲仿灵山、鳌山二卫之例，另立字号，入学帮补除贡"，但因二人相继离任，"遂成画饼"[②]。此后，仍不时有官员试图弥补这一缺憾，但终因种种原因，未能如愿。虽然没有成功，但亦说明清朝政府还是很重视撤卫的善后工作的。

乾隆六年，清廷再次行文，调查"裁卫便否"。威海卫生员试图借机反映有关问题，但因故"本卫士民不得与闻"[③]。威海卫士绅没能抓住机会，在撤卫过程中未能充分保障自身利益的灵山卫士绅则一直在努力。乾隆十一年春，山东巡抚喀尔吉善到沿海实地考察。灵山卫士绅纷纷求见，并于三月十八日具文申请像成山等卫那样单独设县。呈文中列举了归并胶州后的三大不便之处：

> 灵山卫为边海专城，距胶州百里。枕山环海，各为区宇。身等世居此土，安常习故，无事则屯田，有事则资御。官民相依，巩固海防，甚便也。兹因河东总督王以便民情由归并胶州，不知民之不便难以枚举。即如钱粮一事，卫地海滨斥卤，钱粮最为零星。五户一单，按限办纳，自封投柜，不许包揽。虽一钱半分，亦须亲自到州，往反二百余里，浮费逾于正额。输纳不便，一。且卫人军户粗浊，兵民杂处，不无雀角。巡司岂能弹压？申理必赴州庭。凡有争讼，守候羁时，动经累旬。讼狱不便，二。况卫城士子萃居，训诲岂可无人？季考月课，岁有常规。城居文武生员二百余名，一季再赴州学，贫穷艰于资斧，奔波亦废学业。考课不便，三。纷更之扰，谁可控诉？呼吁无门，十年于兹。今蒙大人东巡卫中，居民如望云霓。匍匐陈情，妄冀垂察。求如大嵩、成山例，改为县治；或移胶州清军厅统属人民，征收钱粮拨胶州……[④]

因为牵涉和胶州的关系，喀尔吉善没有直接答复，而是批转给布政司处理，布政司又推给胶州知州查议。于是灵山卫士绅又呈文署理胶州事务的诸诚县知县王志曾。在呈文中，士绅们将当年灵山未能设县的罪过推给胶州知州王维，"州主恶其分拨钱粮，希图屯赋羡余，因给卫备，许其借

① 同治《即墨县志》卷十一《大事·改革》，第290页。
② 王庭槐：《裁卫记略》。
③ 同上。
④ 《吁请改县公呈》，乾隆《灵山卫志》卷八《艺文志》，第236—237页。

力改补。卫备遂扶同阿比，罗织不便之处，会议裁并”，“不知卫屯附近州城者不过十之一二，附近卫城与别县者十之七八。裁并之后，虽有便于近州数屯，而大有不便于卫城居民与附近卫城之屯民也。呼吁无门，十年于兹”。“伏见卫城……依山附岭，天然界画。且卫城孤悬海上，唐岛口滩陡水深，舟到即可抵岸……必改为县治，城池、钱谷得有专属，兵民相依，防守益力，海疆庶几永固矣。且改设之制，原以便民。改卫为县，不惟有便于卫民，即胶州、平度、高密，一切俱便。伏稽胶州钱粮四万一千零，平度钱粮六万一千零，高密钱粮四万八千零。胶州地方距胶州远、附本卫近者，割益新县，是卫民有便，附近卫城之州民亦便也。平度、高密地方距本州、本县远，附胶州近者，割益胶州，是平度、高密附近胶州之民亦便也。所谓一举而三善备焉。莫非王土，莫非王臣，何必此疆彼界，裒多益寡？胶州钱粮不必加少，而灵山亦可成县矣。”①

士绅们的呈文虽然对设县的优点说得很透彻，但不合时宜之处也很明显。当年王维设计收并灵山卫，为的是增加赋税收入，提高本州经济实力。呈文对此不予回避，反而一开始就指责他。在封建官场上，否定前任需要非常大的勇气，这等于给王志曾出了一个大难题。另外，在收并卫所后，胶州承担的上交省、府财政的赋税额度会相应上升，如果同意灵山设县，又要折腾一番，于胶州没有丝毫好处。至于士绅们提出的维护胶州钱粮的方法，涉及平度、高密等州县的疆域重划，不仅实现难度很大，于胶州也没有什么收益，充其量是维持现有的钱粮收入。因此，士绅们寄望于王志曾同意改县，无异于与虎谋皮。也正因为如此，王志曾在收到呈文后只是好言安慰，“面谕回籍，静候取例，到日即唤卫众公同议覆”。在打发走众人后，“竟私自揑详，极言改县不便，其事遂寝”②。

灵山卫士绅未能实现设县的目的，该卫此后的发展前景自然暗淡了许多。

在改军士为屯丁、大量裁撤下属机构后，山东沿海卫所已经基本沦为一个生产单位。由于军事职能基本丧失，清朝政府对其的投入大为减少，加之沿海土地贫瘠，屯地产出有限，沿海各卫的发展越来越显现出一派颓势。以大嵩卫为例，守备李自遂雍正十年上任时见到的场景是：

观土宇民居质朴可爱。既而，寥寥三五，役迎于道左。询疆界，

① 《投署胶州事诸城知县王呈稿》，乾隆《灵山卫志》卷八《艺文志》，第237—238页。

② 《吁请改县公呈·序》，乾隆《灵山卫志》卷八《艺文志》，第236页。

> 曰：濠外土悉属莱阳；呼书吏，曰：无有；问衙署，曰：仅余故址。入城检卯簿，军犯且倍隶卒。赋役则壤寄远郡，近城百里无耕屯之民。催科必亲扣门户，往返动辄千里，积谷为潮气侵蚀，时虑红腐。屯民往往相畛域，保甲稽察呼不即应。缉捕无时日，丁壮远扬。地当扼要之区，而廨舍、仓廒、胥役、粮储，一无恃赖。[①]

但在撤卫改县后，面貌截然相反，“修公廨，整官仓，募胥吏，联保甲，规模既具，风气一新，非复昔日之寥落荒寒也”。加之从文登县划过来的行村、乳山等海口“商贾辐辏，鱼盐蚕桑之利甚普”[②]，大嵩（海阳）的经济社会发展焕发出明显的活力。

改置为荣成县的成山等卫同样如此，在设县的次年即“筑墉浚壑，雇役鸠工”，建设新县城，并于乾隆四年顺利完工[③]。荣成能有新城，除了政府的大量投入外，同样与“将文登之朝阳都十一里、温泉都之桥头等七里、云光都之柳树村等二里地亩钱粮分拨改县征收”[④]，增加了赋税来源有一定的关系。

作为一个独立的政治单元，成山等卫在改县后逐步发展起自成一体的县域经济，而未能改县的灵山卫，则与之形成鲜明的对比。乾隆十六年二月，礼部等部门议准前任山东学政李因培改革山东沿海原卫学生员的提议：

> 莱州府之灵山卫，辖三十七屯一所，每屯卫籍，实仅数家，应试文童最多二十余人、武童十余人，进额文武各八名，未免太滥。嗣后请各减三名，取进五名。其文生廪、增额各二十名，亦请各减八名，将年浅者，改作候廪、候增，新旧兼补，廪生一体挨贡。裁减后，文风果盛，准该学政题复旧额。又威、靖二卫，地丁俱在文登县，文武生员，经拨归文登县学，原额廪、增各二十名，亦归文登为虚缺。文登一学，廪生现共六十名，两年一贡，未免壅滞。请自本年始，照金、复二卫归并莱州府学例，一年一贡，三学轮出，二卫廪生贡完

① 李自遂：《大嵩卫改县始末纪略》，光绪《海阳县续志》卷九《艺文》，“山东地方志集成丛书”影印本，第360页。

② 李自遂：《大嵩卫改县始末纪略》，第360页。

③ 罗克昌：《建县修城记》，道光《荣成县志》卷九《艺文》，第539—540页。

④ 道光《荣成县志》卷一《疆域》，第442页。

后，仍两年一贡。从之。[①]

李因培的建议解决了此前威海卫、靖海卫生员在文登县学中的不利地位问题，属于撤卫善后工作的新进展。灵山卫生员名额因选材范围狭窄而大幅度裁减，则显示出当年士绅们“民为土著之民，官为守土之官。万一裁并，未有官裁而城不废、城废而民不散者。以烟火稠密之城邑，废为荒凉寂寞之村墟”[②] 的担心已经变成了现实。

乾隆年间裁撤卫所工作还有一个里程碑式的新进展，即最后一个沿海卫所安东卫被顺利撤销。裁撤安东卫的提议出自山东巡抚朱定元。他在乾隆七年正月上奏，指出安东卫守备及教授、登州府盐捕通判等官员系冗员，可以裁撤[③]。当年六月，吏部复议认为：“青州府之安东卫守备，专管理事征粮。名为武弁，实同文职。究所征钱粮，不过一千余两。管辖屯军，错处日照、诸城二县境内，离卫穹远。军民完粮听讼，均苦不便。且该卫并不佥丁运漕。应将该卫地亩庄屯分归诸城、日照二县经管。文、武生员亦分隶二县，岁科两试，编号取进，各半入学。文庙封扃，春秋丁祭，统归日照县儒学。耤田改作学田。并将城池交给安东营经管。仓粮归日照县经管，出纳社仓积谷。各按屯庄，分属二县，责成仓正副旧办理……安东卫守备、教授二员……悉行裁汰，应如所请。”[④] 乾隆皇帝随即批准了这一建议。次年五月，礼部采纳山东巡抚包括的建议，“安东卫屯丁向居卫城。今卫城既归并日照，应将该卫文、武生童均归日照考试，其廪粮亦于该县地丁银内额支”[⑤]，将分散安置于日照、诸城两县的安东卫学生员统一划归日照县学管理。至此，山东沿海最后一个卫所彻底成为历史名词。

结　语

清廷入主中原后，卫所的军事职能被剥离。为划一政体，卫所不可避免地进入裁撤合并的范围。对于山东沿海的实土卫所，出于稳定考虑，清朝政府没有大刀阔斧的改革，而是采取了小步快走的方式，先后进行了裁减属员和下属层级，撤销都司，由州县督催屯粮等方式，稳步推进。随着

① 《清高宗实录》卷三八三，乾隆十六年二月乙酉条，第33页。
② 《吁请存留边卫公呈》，乾隆《灵山卫志》卷八《艺文志》，第233—234页。
③ 《清高宗实录》卷一五九，乾隆七年正月庚寅条，第15页。
④ 《清高宗实录》卷一六八，乾隆七年六月甲午条，第132—133页。
⑤ 《清高宗实录》卷一九三，乾隆八年五月壬寅条，第478页。

撤卫的临近，卫所中的既得利益集团纷纷提出保留卫所的主张，邻近州县也因为一些现实问题对合并卫所裹足不前，致使直到雍正初年，撤卫工作仍未取得实质性进展。在河东总督王士俊介入裁卫事宜后，一方面通过高压手段慑服反对者，一方面通过单独设县、保留卫学生员名额等办法打消各方的顾虑，终于使撤并卫所工作取得重大突破。

沿海卫所由于撤并路径不同，撤并后的命运也截然相反。成山等卫单独设县，获得了大量行政和财税资源，逐渐发展成为独立的经济与社会实体。威海等卫虽因地理关系被并入州县，但通过努力，在生员名额等方面亦取得了相对公平的待遇，加之客观条件与州县区别不大，从而比较迅速地融为一体。唯一不幸的是远离州县却被并入胶州的灵山卫，由于不再是一个独立实体，获取的资源大为减少，加之并入州县后，卫所军户的流动不再受限制，人口大量外流，致使原本如数保留的生员名额也被大幅度削减，其自身亦日渐消颓，最终沦落为一个穷僻乡镇。

参考文献

一　古籍文献

（一）实录、档案

1.《明太祖实录》，台北中研院史语所 1962 年校勘影印本。

2.《明太宗实录》，台北中研院史语所 1962 年校勘影印本。

3.《明太宗实录》，江苏国学图书馆传抄本。

4.《明仁宗实录》，台北中研院史语所 1962 年校勘影印本。

5.《明宣宗实录》，台北中研院史语所 1962 年校勘影印本。

6.《明英宗实录》，台北中研院史语所 1962 年校勘影印本。

7.《明宪宗实录》，台北中研院史语所 1962 年校勘影印本。

8.《明孝宗实录》，台北中研院史语所 1962 年校勘影印本。

9.《明武宗实录》，台北中研院史语所 1962 年校勘影印本。

10.《明世宗实录》，台北中研院史语所 1962 年校勘影印本。

11.《明穆宗实录》，台北中研院史语所 1962 年校勘影印本。

12.《明神宗实录》，台北中研院史语所 1962 年校勘影印本。

13.《明光宗实录》，台北中研院史语所 1962 年校勘影印本。

14.《明熹宗实录》，台北中研院史语所 1962 年校勘影印本。

15.《崇祯实录》，台北中研院史语所 1962 年校勘影印本。

16.《崇祯长编》，台北中研院史语所 1962 年校勘影印本。

17.《清太祖实录》，台北新文丰出版公司 1978 年影印本。

18.《清世祖实录》，中华书局 1985 年影印本。

19.《清圣祖实录》，中华书局 1985 年影印本。

20.《清世宗实录》，中华书局 1985 年影印本。

21.《清高宗实录》，中华书局 1985 年影印本。

22.［朝鲜］《李朝太祖实录》，日本学习院东洋文化研究所昭和二十八年（1953）影印本。

23. ［朝鲜］《李朝定宗实录》，日本学习院东洋文化研究所昭和二十八年（1953）影印本。

24. ［朝鲜］《李朝太宗实录》，日本学习院东洋文化研究所昭和二十九年（1954）影印本。

25. ［朝鲜］《李朝世宗实录》，日本学习院东洋文化研究所昭和三十一年（1956）影印本。

26. ［朝鲜］《李朝世祖实录》，日本学习院东洋文化研究所昭和三十二年（1957）影印本。

27. ［朝鲜］《李朝宣祖实录》，日本学习院东洋文化研究所昭和三十六年（1961）影印本。

28. ［朝鲜］《李朝宣祖修正实录》，日本学习院东洋文化研究所昭和三十六年（1961）影印本。

29. ［朝鲜］《李朝光海君日记》，日本学习院东洋文化研究所昭和三十七年（1962）影印本。

30. ［朝鲜］《李朝仁祖实录》，日本学习院东洋文化研究所昭和三十七年（1962）影印本。

31. ［朝鲜］《李朝显宗实录》，日本学习院东洋文化研究所昭和三十八年（1963）影印本。

32. 台北中研院史语所编：《明清史料·辛编》，中华书局，1987 年。

33. 中国第一历史档案馆、辽宁省档案馆编：《中国明朝档案总汇》，广西师范大学出版社 2001 年版。

34. 辽宁省档案馆、辽宁省社会科学院历史研究所编：《明代辽东档案汇编》，辽沈书社 1985 年版。

35. 郑天挺、孙钺等编：《明末农民起义史料》，中华书局 1957 年版。

36. 中国第一历史档案馆、中国社会科学院历史研究所译注：《满文老档》，中华书局 1990 年版。

37. 刘笃才、杨一凡、吴艳红、姜永琳整理：《历代判例判牍·四川地方司法档案》，中国社会科学出版社 2005 年版。

38. 方裕谨编选：《崇祯十三年明清登莱战防史料》，《历史档案》1986 年第 2 期。

39. 方裕谨编选：《清崇德三年汉文档案选编》，《历史档案》1982 年第 2 期。

（二）正史、政书、野史等

1. 司马迁：《史记》，中华书局 1959 年标点本。

2. 宋濂等:《元史》,中华书局1976年标点本。
3. 谈迁:《国榷》,中华书局1958年标点本。
4. 谷应泰:《明史纪事本末》,中华书局1977年标点本。
5. 张廷玉等:《明史》,中华书局1974年标点本。
6. 郑麟趾:《高丽史》,(韩国)奎章阁图书馆藏本。
7. 万历《大明会典》,台北文海出版社“元明史料丛编”第二辑影印本。
8. 徐学聚:《国朝典汇》,书目文献出版社1996年影印本。
9. 张学颜等:《万历会计录》,“北京图书馆古籍珍本丛刊”影印本。
10. 王琼:《晋溪本兵敷奏》,“四库全书存目丛书”影印本。
11. 王在晋:《三朝辽事实录》,“四库禁毁书丛刊”影印本。
12. 王在晋:《海防纂要》,“四库禁毁书丛刊”影印本。
13. 邓若曾:《郑开阳杂著》,影印文渊阁四库全书本。
14. 郑若曾:《筹海图编》,中华书局2007年点校本。
15. 毕自严:《饷抚疏草》,“四库禁毁书丛刊”影印本。
16. 汪应蛟:《海防奏疏》,续修“四库全书丛书”影印本。
17. 沈一贯:《敬事草》,“四库全书存目丛书”影印本。
18. 宋应昌:《经略复国要编》,“四库禁毁书丛刊”影印本。
19. 赵士祯:《倭情屯田议》,中国历史研究资料丛书铅印本。
20. 卜大同:《备倭记》,“四库全书存目丛书”影印本。
21. 王文禄:《策枢》,丛书集成初编本。
22. 郑晓:《皇明四夷考》,台北华文书局“中华文史丛书”影印本。
23. 张萱:《西园闻见录》,台北明文书局印行明代传记丛刊排印本。
24. 王士骐:《皇明御倭录》,续修四库全书影印本。
25. 王世贞:《弇山堂别集》,中华书局1985年标点本。
26. [日本]瑞溪周凤:《善邻国宝记》,东京出云寺松柏堂刊本。
27. 计六奇:《明季北略》,中华书局1984年标点本。
28. 计六奇:《明季南略》,中华书局标点本,2006年第2版。
29. 钱谦益:《国初群雄事略》,中华书局1982年标点本。
30. 沈德符:《万历野获编》,中华书局1959年点校本。
31. 李清:《三垣笔记》,中华书局1982年标点本。
32. 李清:《南渡录》,浙江古籍出版社1988年标点本。
33. 韩爌等:《钦定逆案》,“四库全书存目丛书”影印本。
34. 毛霦:《平叛记》,“四库全书存目丛书”影印本。

35. 王世贞：《弇山堂别集》，中华书局 1985 年点校本。

36. 陈梦雷等：《古今图书集成》，中华书局、巴蜀书社 1984 年影印本。

37. 谢国桢编：《明代社会经济史料选编》，福建人民出版社 2004 年校勘本。

（三）文集

1. 于慎行：《穀城山馆文集》，“四库全书存目丛书”影印本。

2. 王铎：《拟山园选集》，“北京图书馆古籍珍本丛刊”影印本。

3. 王锡爵：《王文肃公全集》，“四库全书存目丛书”影印本。

4. 毛纪：《鳌峰类稿》，“四库全书存目丛书”影印本。

5. 史可法：《史可法集》，上海古籍出版社 1984 年标点本。

6. 冯惟敏：《冯惟敏全集》，齐鲁书社 2007 年标点本。

7. 刘基：《诚意伯刘先生文集》，中国文史出版社 2011 年标点本。

8. 李开先：《李开先全集》，文化艺术出版社 2004 年标点本。

9. 李攀龙：《沧溟集》，吉林出版集团“钦定四库全书荟要丛书”影印本。

10. 张缵曾：《侍御静生张公遗集》，“四库全书存目丛书”影印本。

11. 杨嗣昌：《杨嗣昌集》，岳麓书社 2005 年标点本。

12. 宋祖骏、宋祖骅：《补注李沧溟先生文选》，“四库全书存目丛书”影印本。

13. 陈仁锡：《陈太史无梦园初集》，“四库禁毁书丛刊”影印本。

14. 陆时化：《吴越所见书画录》，“续修四库全书”影印本。

15. 周如砥：《周季平先生青藜馆集》，“四库全书存目丛书”影印本。

16. 郑汝璧：《由庚堂集》，“续修四库全书”影印本。

17. 高弘图：《太古堂集》，“四库全书存目丛书”影印本。

18. 殷士儋：《金舆山房稿》，“四库全书存目丛书”影印本。

19. 黄克缵：《数马集》，“四库禁毁书丛刊”影印本。

20. 黄宗羲：《黄宗羲全集》，浙江古籍出版社 1985 年标点本。

21. 葛守礼：《葛端肃公文集》，“四库全书存目丛书”影印本。

22. 谢肇淛：《小草斋集》，福建人民出版社 2009 年标点本。

23. 蓝田：《北泉文集》，“四库全书存目丛书”影印本。

24. 蓝田：《蓝侍御集》，“四库全书存目丛书”影印本。

25. 蓝章：《大崂山人集》，十三世孙蓝祯之编辑自印本。

26. 熊廷弼：《熊廷弼集》，学苑出版社 2011 年标点本。
27. 万表：《皇明经济文录》，“四库禁毁书丛刊”影印本。
28. 陈子壮编：《昭代经济言》，丛书集成初编本。
29. 陈子龙编：《明经世文编》，中华书局 1962 年影印本。
30. 《全明文》，上海古籍出版社，1992 年。
31. 唐树义、黎兆勋、莫友芝：《黔诗纪略》，贵州人民出版社 1993 年版。

（四）地方志

1. 正德《云南志》，《天一阁藏明代地方志选刊续编》影印本。
2. 嘉靖《青州府志》，上海古籍书店 1965 年线装复制本。
3. 嘉靖《山东通志》，《天一阁藏明代地方志选刊续编》影印本。
4. 嘉靖《淄川县志》，《天一阁藏明代方志选刊》影印本。
5. 嘉靖《夏津县志》，《天一阁藏明代方志选刊》影印本。
6. 嘉靖《宁海州志》，《天一阁藏明代地方志选刊》续编影印本。
7. 嘉靖《真定府志》，“四库全书存目丛书”影印嘉靖刻本。
8. 万历《巨野县志》，“国家图书馆藏明代孤本方志选丛书”影印本。
9. 万历《莱州府志》，民国二十八年青岛赵琪永厚堂重刻本。
10. 万历《兖州府志》，《天一阁藏明代地方志选刊》续编本。
11. 万历《汶上县志》，“中国地方志集成丛书”影印本。
12. 万历《乐安县志》，“国家图书馆藏明代孤本方志选丛书”影印本。
13. 万历《枣强县志》，“国家图书馆藏明代孤本方志选丛书”影印康熙增修本。
14. 李昭祥：《龙江船厂志》，江苏古籍出版社 1999 年校点本。
15. 崇祯《嘉兴县志》，“日本藏中国罕见地方志丛刊”影印本。
16. 康熙《登州府志》，康熙三十三年刻本。
17. 康熙《章丘县志》，“国家图书馆藏清代孤本方志选丛书”影印本。
18. 康熙《阳信县志》，康熙二十一年刻本。
19. 康熙《靖海卫志》，“中国地方志集成丛书”影印本。
20. 康熙《安东卫志》，秦洪河标点整理，内部印行。
21. 康熙《即墨县志》，“国家图书馆藏清代孤本方志选”影印本。
22. 康熙《黄县志》，“国家图书馆藏清代孤本方志选丛书”影印本。

23. 乾隆《威海卫志》，民国十八年威海九华小学重印本。
24. 乾隆《灵山卫志》，五洲传播出版社2002年校注本。
25. 乾隆《即墨县志》，乾隆二十九年刻本。
26. 乾隆《福山县志》，“中国地方志集成丛书”影印本。
27. 乾隆《海阳县志》，“中国地方志集成丛书”影印本。
28. 乾隆《沂州府志》，“中国地方志集成丛书”影印本。
29. 乾隆《掖县志》，《掖县全志》本，光绪十九年县衙藏版。
30. 乾隆《诸城县志》，“中国地方志集成丛书”影印本。
31. 乾隆《冀州志》，乾隆十二年刻本。
32. 乾隆《腾越州志》，台北成文出版社“中国方志丛书”影印本。
33. 道光《重修胶州志》，道光二十五年刊本。
34. 道光《文登县志》，道光十九年刊本。
35. 道光《重修蓬莱县志》，道光十九年官刻本。
36. 道光《荣成县志》，“中国地方志集成丛书”影印本。
37. 同治《黄县志》，同治十年县学藏版。
38. 同治《即墨县志》，“中国地方志集成丛书”影印本。
39. 光绪《日照县志》，光绪十二年刊本。
40. 光绪《增修登州府志》，光绪七年刊本。
41. 光绪《高密县志》，光绪二十二年刊本。
42. 光绪《莱州府乡土志》，“国家图书馆藏乡土志抄稿本选编丛书”影印本。
43. 光绪《章丘县乡土志》，光绪三十三年石印本。
44. 光绪《海阳县续志》，“山东地方志集成丛书”影印本。
45. 光绪《胶州直隶州乡土志》，“国家图书馆藏乡土志抄稿本选编丛书”影印本。
46. 清末抄本《长山县乡土志》，“国家图书馆藏乡土志抄稿本选编丛书”影印本。
47. 民国《牟平县志》，济南山东印刷局民国二十五年铅印本。
48. 民国《莱阳县志》，“中国地方志集成丛书”影印本。
49. 民国《重修莒志》，“中国地方志集成丛书”影印本。
50. 民国《福山县志稿》，民国二十年烟台福裕东书局铅印本。
51. 民国《冀县新乡土志教科书》，“国家图书馆藏乡土志抄稿本选编丛书”影印本。
52. 民国《枣强县志料》，民国二十年铅印本。

53. 王士性:《广志绎》，中华书局1981年标点本。
54. 顾炎武:《肇域志》，上海古籍出版社2004年标点本。
55. 顾炎武:《天下郡国利病书》，“四库全书存目丛书”影印本。
56. 顾祖禹:《读史方舆纪要》，上海书店出版社1998年影印本。
57. 毛贽:《识小录》，“山东文献集成丛书”影印本。
（五）族谱
1. 《毕节路氏长房宗谱》，光绪二十一年刊本。
2. 《程氏族谱》，民国二十四年天津信华印刷局石印本。
3. 《东莱赵氏家乘》，民国二十四年铅印本。
4. 《冯氏族谱》，民国六年五修本。
5. 《高密单氏家乘》，道光二年宗祠藏版。
6. 《高密傅氏族谱》，道光元年续修本。
7. 《古现王氏世谱》，天津图书馆家谱丛书影印清末稿本。
8. 《王氏家谱》，天津图书馆家谱丛书影印雍正十二年刻本。
9. 《胡氏族谱》，1998年依据旧墓志重修。
10. 《纪氏家谱》，道光十五年刊本。
11. 《青郡赵氏宗谱》，“北京图书馆藏家谱丛刊”影印旧写本。
12. 《日照丁氏家乘》，咸丰九年刊本。
13. 《山东临朐张氏族谱》，2006年编校本。
14. 《山东淄川孙氏族谱》，1997年编印。
15. 《腾冲青齐李氏宗谱》，民国十九年本家宗祠雕版。
16. 《续修张氏谱书》，民国二十年烟台东鲁印刷局代印本。
17. 《张氏族谱》，光绪二十六年七修本。
18. 《淄川高氏族谱》，光绪十九年七修本。
19. 《淄川韩氏世谱》，光绪八年八修本。
20. 《淄川袁氏家谱》，道光三年续辑本，崇德堂藏板。
21. 《淄川张氏宗谱》，光绪九年刻本。
22. 《左氏族谱》，民国二十四年手抄续修，2010年复制本。
23. 昌邑《陈氏家乘》，民国三年山东印刷公司排印本。
24. 即墨《周氏家乘》，同治八年刊本。
25. 日照《丁氏家乘》，咸丰九年刊本。
26. 汪希鹏主编:《黔腹汪氏宗谱》，2001年印制。
27. 枣强《王氏族谱》，追远堂藏版，2009年续修本。
28. 邹平《释氏族谱》，民国二十一年奉先堂续印本。

29. 邹平《张氏族谱》，光绪二十六年七修本。

二 今人论著

（按作者姓氏笔划排序）

（一）著作

1. 山东省科学技术委员会：《山东省海岛志·前言》，山东科学技术出版社 1995 年版。

2. 山东省科学技术委员会：《山东省海岛研究》，山东科学技术出版社 1995 年版。

3. 王日根：《明清海疆政策与中国社会发展》，福建人民出版社 2006 年版。

4. 王婆楞编著：《历代征倭文献考》，正中书局，民国二十九年十月出版。

5. 王赛时：《山东沿海开发史》，齐鲁书社 2005 年版。

6. 冯玮：《日本通史》，上海社会科学院出版社 2008 年版。

7. 刘德增：《大迁徙——寻找“大槐树”与“小云南”移民》，山东人民出版社 2009 年版。

8. 安作璋主编：《山东通史·明清卷》，人民出版社 2009 年版。

9. 李林：《满族宗谱研究》，辽宁民族出版社 2006 年版。

10. 杨金森、范中义：《中国海防史》，海洋出版社 2005 年版。

11. 即墨市政协教科卫与文体文史委员会等编著：《雄崖所古城》，中国文史出版社 2010 年版。

12. 陈懋恒：《明代倭寇考略》，人民出版社 1957 年版。

13. 张铁牛、高晓星：《中国古代海军史》，解放军出版社 2006 年版。

14. 易泽阳：《明朝中期的海防思想研究》，解放军出版社 2008 年版。

15. 赵建民、刘予苇主编：《日本通史》，复旦大学出版社 1989 年版。

16. 顾诚：《南明史》，中国青年出版社 1997 年版。

17. 郭红、靳润成：《中国行政区划通史·明代卷》，复旦大学出版社 2007 年版。

18. 曹树基：《中国移民史》（第 5 卷），福建人民出版社 1997 年版。

19. 彭勇：《明代班军制度研究——以京操班军为中心》，中央民族大学出版社 2006 年版。

20. 樊铧：《政治决策与明代海运》，社会科学文献出版社 2009 年版。

21. ［日本］井上清：《日本历史》，天津人民出版社 1974 年版。

22. ［日本］田中健夫：《倭寇——海上历史》，武汉大学出版社 1987 年版。

23. ［日本］坂本太郎：《日本史》，中国社会科学出版社 2008 年版。

24. ［日本］京都女子大学东洋史研究室编：《東アジア海洋域圈の史的研究》，平成十五年（2003）。

（二）论文

1. 丁超：《明代安东卫城建置年代考》，《历史研究》2004 年第 2 期。

2. 于志嘉：《试论明代卫军原籍与卫所分配的关系》，《中研院史语所辑刊》1989 年第 60 本 2 分。

3. 王臻：《“丁卯之役”的交涉及战后金鲜的矛盾冲突探析》，《韩国研究论丛》2008 年第 1 期。

4. 王臻：《后金政权对朝鲜的第一次征服战争述论》，《多元化视野中的中外关系研究——中国中外关系史学会第六届会员代表大会论文集》，延边大学出版社 2005 年版。

5. 王日根、张先刚：《从墓地、祖谱到祠堂：明清山东栖霞宗族凝聚纽带的变迁》，《历史研究》2008 年第 2 期。

6. 王佩环、王爱军：《刘兴祚兄弟事迹始末》，《吉林师范大学学报》1987 年第 2 期。

7. 王诵亭：《青岛地区明代移民》，《春秋》2008 年第 1 期。

8. 王毓铨：《明代的军户——明代配户当差之一例》，《历史研究》1959 年第 6 期。

9. 王赛时：《明代山东的海防体系与军事部署》，《明史研究》第九辑，黄山书社 2005 年版。

10. 毛佩琦：《“顺案”考略》，《明史研究》第五辑，黄山书社 1997 年版。

11. 方祖猷：《郑和下东洋及其历史意义》，《宁波党校学报》2004 年第 5 期。

12. 石少颖：《和约背后的制衡——对“丁卯之役”及金鲜谈判的再探讨》，《历史教学》2012 年第 4 期。

13. 龙圣：《“小云南”考辨》，《寻根》2011 年第 4 期。

14. 边百森：《〈明太祖实录〉中的“小云南”》，《寻根》2011 年第 1 期。

15. 曲树程：《戚继光在登州》，《山东社会科学》1992 年第 4 期。

16. 吕杨：《“小云南”探源》，《中国地方志》2006 年第 7 期。

17. 朱亚非、赵树国：《明代山东备倭都司考论——兼论戚继光山东御倭》，《戚继光研究会会刊》第1期，黄海数字出版社2013年版。

18. 朱亚非：《从历史档案看戚继光在山东的防倭活动》，《历史档案》1991年第4期。

19. 朱端强：《〈明初移民山东的云南地望考〉商榷》，《云南师范大学学报》1998年第2期。

20. 任光伟：《谈东北汉军旗人及其“烧香”与云南流人之关系》，《民族艺术研究》1995年第3期。

21. 刘建新、刘景宪、郭成康：《一六三七年明清皮岛之战》，《历史档案》1982年第3期。

22. 刘德强、徐明轩：《威海卫与国家“置重在海”》，《东岳论丛》1999年第11期。

23. 刘德煜：《明代的威海卫》，《中国甲午战争博物馆馆刊》2006年第3期。

24. 李宗勋：《高丽与明嘉靖时期的倭寇问题比较——兼谈戚继光剿倭》，《韩国研究论丛》第20辑，世界知识出版社2009年版。

25. 李鸿彬：《试论“丁卯之役”》，《社会科学战线》1987年第4期。

26. 李靖莉：《黄河三角洲明初移民考述》，《中国社会经济史研究》2002年第3期。

27. 吴光范：《“小云南”考》，《中国地方志》2011年第4期。

28. 沈登苗：《明代倭寇兼及澳门史研究中文论著索引》，《澳门研究》第30期（2005年）。

29. 初钊兴：《明清时期威海地区的驻军——三卫一营考》，《中国甲午战争博物馆馆刊》2008年2期。

30. 张一泉、梁秋莉：《浅谈王士性的山东海防思想》，《考试周刊》2009年第20期。

31. 张彩霞：《明初军户移民与即墨除夕祭祖习俗》，《民俗研究》2002年第4期。

32. 张德玉：《谈八旗汉军家谱中的“小云南”》，《满族研究》2010年第4期。

33. 陈昱良：《明人刘兴治与朝鲜关系初探》，《满学论丛》第一辑，辽宁民族出版社，2011年。

34. 罗冬阳：《明代兵备初探》，《东北师大学报》1994年第1期。

35. 宝卫、王若：《罗振玉家藏档案始末》，《中华读书报》2011年9

月21日第15版。

36. 赵红：《论明代山东海防与山东沿海社会的发展》，《泰山学院学报》2009年第5期。

37. 赵红：《论明成祖的海防政策在山东的实践》，《鲁东大学学报》2009年第4期。

38. 赵红：《论明初洪武时期的山东海防》，《烟台大学学报》2005年第4期。

39. 姜守鹏：《刘兴治的归明与叛明》，《社会科学辑刊》1987年第3期。

40. 姜守鹏：《刘兴祚事迹补考》，《东北师大学报》1984年第5期。

41. 夏树藩：《试论历史上的小云南与小云南人》，《满族研究》1999年第1期。

42. 郭成康、成崇德：《刘兴祚论》，《清史研究》1994年第2期。

43. 黄一农：《天主教徒孙元化与明末传华的西洋火炮》，《中研院史语所集刊》第67本4分。

44. 黄尊严：《明代山东倭患考略》，《烟台师范学院学报》1996年第3期。

45. 曹树基：《洪武时期山东东三府地区的人口迁移》，《中国社会经济史研究》1996年第4期。

46. 曹崇岩：《明代兵备道设置时间探析》，《四川文理学院学报》2009年第6期。

47. 彭勇：《从〈广志绎〉看王士性对山东海防的思考》，《怀化学院学报》2008年第12期。

48. 董少新、黄一农：《崇祯年间招募葡兵新考》，《历史研究》2009年第5期。

49. 韩行方、王宇：《明朝末期登莱饷辽海运述略》，《辽宁师范大学学报》1992年第4期。

50. 韩行方：《明末旅顺之役及黄龙其人其事》，《辽宁师范大学学报》1994年第6期。

51. 程皓：《明代胶东半岛的四川移民——以明代掖县为中心》，《鲁东大学学报》2010年第2期。

52. 管宁：《许仪后事迹考略》，《江西社会科学》1992年第4期。

53. 管宁：《明代许仪后、郭国安等忠君报国活动事迹考》，《中国国家博物馆馆刊》1994年第2期。

54. 谭雨明：《小云南与明清移民》，《寻根》2003 年第 10 期。

55. 默书民：《金元时期冀州社会管窥》，《冀州历史文化论丛》，河北人民出版社，2010 年。

56. 鞠明库：《明清史籍中的“小云南”》，《中国地方志》2007 年第 9 期。

57. 魏志江、潘清：《关于“丁卯胡乱”与清鲜初期交涉的几个问题》，《学习与探索》2007 年第 1 期。

后　记

我国是一个有着300多万平方千米海洋国土的国家，但因为来自北方游牧民族的压力持续不断，历朝政府都不约而同地把国防关注点放在了北方。在几千年的发展历程中，除了南宋等少数几个时段，大部分时间内，东部广阔的海洋都被简单地视为华与夷的天然分界，而不是经略的对象。大致从元代开始，由于倭寇的不断袭扰，海防才成为中央政府必须面对的课题。但由于巨大的历史惯性，元、明乃至清朝前期的海防建设一直没能成为一个独立的国防单元，也因此为后世的海防建设留下了丰富的经验和教训。

进入海防史研究，说来有些偶然。2006年7月，我进入社科院历史研究所工作后的第一个研究项目“明代卫所军户研究”终于收尾、定稿。不久，历史所开始启动当年的所重点研究课题申报工作。当时对海洋的关注虽然尚未提升到国家战略高度，但已经明显升温，因而未加细致思索，就匆忙填写了申请表，提出申报“明代海防与地方社会——以山东为中心”项目。因为准备不足，对既有成果收集不全面，项目刚刚提出，就遭到一些同事的善意批评。好在此前有对明代卫所制度的研究基础，明代海防又始终没有摆脱陆防的附属地位，因此在做了适当修改后，项目还是过关了，只是题目改成了“明代山东海防与地方社会研究”。

研究工作正式启动后才发现，虽然明代的海防体系不是一个独立的国防单元，但牵扯到外交史、军事史、区域经济社会史等多个领域，短短三四年时间里，很难拿出一个像样的成果。没办法，只好压缩研究计划，逐渐把研究目标集中到海防本身，至于它与当地社会发展的关系则挪到了附属位置。

2011年，历史研究所开始为全面进入院创新工程做准备，在研项目需要尽快收尾。因此，本项目仅仅完成了不足20万字，尚未形成体系，就退出了所重点项目。不过，留下一个烂尾工程终究心有不甘，于是，在2013年度，我重新拿起笔，开始集中精力完成“未竟”章节。从3月初到11月底，历时9个月，终于完成了全稿。与最初的设计相比，海防与社会发展的互动部分，由于大部分研究内容尚未完成，所以仅仅保留了移民等少部分内容，权当是开了个头，项目名称也因此修正为“明代山东海防研究”。

与上一个项目“明代卫所军户研究”在出版过程中颇费周折相比，本书的出版可谓异乎寻常的顺利。因为在全稿尚未完成之际，我意外地接到了在出版社工作的师妹、刘艳女士的邮件。虽然仅仅是一个群发性的约稿函，但总算是和“组织”搭上了关系。在她的热心帮助下，书稿通过中国社会科学出版社申报了国家社科基金后期资助项目，并于2013年11月获得批准。没有刘女士的帮助，估计书稿至今应该仍停留在寻觅“知音”的过程中。

在本书的写作过程中，历史所明史研究室的同仁从不同角度给予了诸多的帮助，在青岛市委党校工作的张松梅女士协助搜集了《灵山卫志》等大量地方史料，师弟程皓提供了大批山东族谱资料，师弟杜志明也在整理和传递资料过程中做了大量工作。恩师商传在全稿完成后欣然赐序，提携后学。对此，我都铭刻在心。

本书虽然拉拉杂杂，堆砌了几十万字，但因学养有限，很多内容尚未深入展开，且一定存在诸多的遗漏和舛误，敬请广大师友、读者朋友们批评指正。

张金奎

2014年5月